“十三五”国家重点出版物出版规划项目

丝路文库

SILK ROAD LIBRARY

丝路文库

欧麦尔传

〔埃及〕海卡尔 著
王永芳 译

華文出版社
SINO-CULTURE PRESS

سيرة أمير المؤمنين

عمر بن الخطاب رضي الله عنه

شخصيته وعصره

奉至仁至慈的安拉之名

一切赞颂，全归安拉，众世界的主，至仁至慈的主，报应日的主。我们只崇拜你，只求你佑助，求你引导我们上正路，你所佑助者的路，不是受谴怒者的路，也不是迷误者的路。

——《古兰经》开端章

前　言

在伊斯兰历史上，除安拉的使者外，欧麦尔·本·哈塔布的名字被提到得最多。人们赞扬他的伟大品德，推崇他的杰出天赋。当人们谈及有能力、有资格享受人间最美好的生活，但自己却克勤克俭的人时，他们以欧麦尔为典范；当人们谈及不分亲疏、公正无私的人时，他们以欧麦尔为榜样；当人们谈及廉洁奉公的人时，他们以欧麦尔为师表；当人们谈及知识之渊博、教律之精通的人时，他们以欧麦尔为尊长。你可以在书籍中读到很多这方面的事迹。有些事迹近于夸张，难以置信，但又都是事实。欧麦尔的事迹，部分近于先知做出的事迹，部分近于伟人们做出的丰功伟绩。

所有这一切，是由于在欧麦尔时代，穆斯林完成了建立伊斯兰国家的大业。当艾布·伯克尔平息了里达暴动，而穆斯林大军在伊拉克、叙利亚边境与波斯、罗马人对抗之时，欧麦尔继艾布·伯克尔之后，成了信士的长官。当欧麦尔逝世时，伊斯兰国土已将伊拉克、叙利亚纳入了自己的版图，并且将波斯、埃及也并入其中。伊斯兰的疆域或势力东延中国边界，西到非洲，北至里海，南达苏丹。仅十年之内，就创建了一个伟大民族，这无疑是一大奇迹。但更令人称奇的是，波斯、罗马在当时称雄于世，而伊斯兰兴起之前，阿拉伯人还生活在分散的、互相争斗不息的部落之中，称雄于世的两大帝国最终竟败在了阿拉伯人手中。

这一伟大奇迹是发生在欧麦尔时代，是在欧麦尔的领导下实现的。无疑，欧麦尔是一位伟人。其卓越的才能在安拉的使者时代，在艾布·伯克尔时代就已显露。随着穆斯林的节节胜利，欧麦尔的伟大更加光芒四射。历史证明，伊斯兰不是随战争存在而存在，随战争消失而消失，靠战争维持的国家。伊斯兰的政权是建立在强有力的思想基础及伊斯兰文明基础之上的国家。恺撒大帝、沙皇亚历山大大帝、成吉思汗、拿破仑都建立了各自的帝国。如果说，人们由于他们建立了各自的帝国而称颂他们的伟大是正确的，那么对欧麦尔·本·哈塔布的伟大及其卓越业绩则更应大书特书了。

伊斯兰国家的建立是在欧麦尔时代完成的。而欧麦尔初任哈里发时，穆斯林仍对波斯及罗马两大帝国怀有恐惧。因此，当欧麦尔号召他们前往伊拉克与波斯人对抗时，他们有些迟疑。他们的迟疑是有理由的。第一，当时波斯的威名仍在。第二，哈立德·本·瓦利德已奉艾布·伯克尔之命率军离开伊拉克，开往叙利亚。穆斯林迟疑数日后，艾布·欧拜岱·赛格菲挺身而出，率数千人马，开往伊拉克，与波斯人展开了战斗。在吉斯尔之战中，艾布·欧拜岱不幸遇难，他率领的军队遭到了失败。

穆斯林军队的失利并没有动摇欧麦尔的决心。相反，这更激起了他的勇气。为了雪耻，他要亲率大军前往伊拉克，与波斯人交战。但智圆行方的穆斯林劝阻了他。于是，他指派赛尔德·本·艾比·瓦戛斯代他率军出征了。赛尔德果然不负众望在卡迪西亚战役中击败波斯人，取得了决定性的胜利，从此打开了通往波斯首都的大门。与此同时，艾布·欧拜岱·本·贾拉赫及哈立德·本·瓦利德率领的军队在叙利亚传来捷报。两位将领率部遏制住了罗马皇帝希拉克略的军队，并将其击败，逼退回国。

当欧麦尔任哈里发两年之后，穆斯林绿麾所向披靡。他们攻克了波斯首都泰西封[①]，占领了耶路撒冷，征服伊拉克之后向波斯迈进，并攻克叙利亚进入了埃及。在十年之内，欧麦尔建立了伊斯兰帝国。之后，伊斯兰帝国雄居于世，而人类历史发展亦得享伊斯兰文明之熏陶，从而使伊斯兰文明流芳百世。

拥有高尚品德及禀赋天成的欧麦尔，人们对他赞不绝口，他的超群绝伦的功绩将名垂千古。

这不禁引起了人们对历史事实的研究。是什么因素促成欧麦尔创建了伊斯兰民族呢？如果没有诸种因素集聚到一起，仅他的天赋能够创建伊斯

① 今伊拉克城市麦达因，位于首都巴格达东南32公里处，底格里斯河左岸，当迪亚拉河河口。

兰民族吗?

伊斯兰兴起是首要也是最重要的因素。是伊斯兰使原来一盘散沙的阿拉伯人团结起来了，是伊斯兰使原来四分五裂的阿拉伯各部落形成了一个统一的民族，是伊斯兰使阿拉伯人聆听安拉的教诲，推崇安拉的教义，打击那些蛊惑人们背离安拉的人。

伊斯兰兴起之前，阿拉伯人在波斯人及罗马人面前是弱者。阿拉伯很多地区处在波斯及罗马势力范围之下。当阿拉伯人归信伊斯兰教之后，波斯及罗马人的势力很快在阿拉伯半岛上消失了。尽管如此，波斯人和罗马人的余威仍在阿拉伯人心中占有一定的地位。当动员他们进军伊拉克和叙利亚时，他们仍认为敌人的堡垒是不可攻破的，波斯罗马士兵是不可战胜的。但当他们越过边界，面对敌人的军队和堡垒时，他们很快发现，波斯和罗马两大帝国已像基础被蚀空的墙壁，只要向其基础猛烈一击，这面墙便会马上倒塌。

阿拉伯人归信伊斯兰教之后，之所以能战胜波斯人和罗马人，是因为伊斯兰给了他们新生，给了他们一种脱胎换骨的精神力量。从内心深处他们冲破了过去的迷误，纯洁无瑕的认主独一思想在他们心中生根发芽。伊斯兰功课坚定了他们的信仰，使他们紧紧团结在一起。祈祷、斋戒、天课、朝觐是他们心中不可动摇的信念，他们前辈们的意识已一去不复返了。他们的思想已从过去的迷误中解散了，他们的心灵已从拜物的旧俗中纯洁了。所有阿拉伯人都认为，只要多做善功，只要响应安拉的号召，安拉就会与他们同在。

伊斯兰信仰并不是像固定规定的某种事宜，而是安拉给信士们规定的功课，安拉将视信士们完成功课的情况奖励信士们，谁不完成这些功课，谁就将受到惩罚。谁信仰安拉，但不去履行安拉规定的功课，谁也会受到清算。谁履行安拉规定的功课，多做善功，安拉将视其为行善者并给其奖励。安拉的奖励是最好的奖励。

伊斯兰信仰占据了阿拉伯人的心房，使他们团结起来。伊斯兰信仰的影响从个人发展到集体，这种影响是巨大的。穆斯林的集体礼拜，他们的聚礼使他们更加团结。广大穆斯林心系安拉，这消除了他们心中过去的恩怨。穆斯林都是兄弟，个个都像爱自己那样去爱自己的兄弟。他们封斋，富者和贫穷者在安拉和人们面前一律平等。富者同情贫穷者，前者就会得到安拉的奖励。富者出纳天课，使贫穷者有权享受富者的财富。众穆斯林每年从世界各地前去朝觐，这使他们团结一致敬重安拉。

伊斯兰所制定的社会制度，对阿拉伯人的统一起了很大的作用。在安拉面前穆斯林一律平等是伊斯兰统一的基础。在法律面前人人平等是伊斯兰社会制度的基石。在伊斯兰兴起之前，妇女不受尊重。是伊斯兰提高了妇女的地位，在安拉面前，男女平等。男士尊重妇女，为她们花费，善待她们，这使男女之间建立起了友好的相互同情的关系。贫穷者的地位也提高了。在安拉面前是靠敬畏，而不是靠金钱获得尊重。在安拉的使者时代，就是这些观念及安拉的启示组织了阿拉伯集体事务。这一切对加强阿拉伯人的团结、提高他们的精神面貌及在这一基础上建立伊斯兰帝国起了重要的作用。

伊斯兰的影响在先知在世时就已初见端倪，未来伊斯兰帝国的雏形也已显露出来。在先知迁到麦地那之后第七年，先知向波斯皇帝和罗马皇帝及其他国王派遣了使节，动员他们归信伊斯兰教。波斯皇帝很粗暴地接待了先知的使节。然后，这位皇帝给其驻也门的负责人巴扎尼发了一封信。在信中他说："将居住在希贾兹的那位男子的头拿来见我。"但是此信还未到巴扎尼手中，这位皇帝就被杀了。当时，这位波斯皇帝已感觉到了先知穆罕默德及其同伴们的力量。后来，也门摆脱了波斯皇帝的统治，并加入安拉使者的队伍。也门归顺伊斯兰是阿拉伯国家从外国势力统治下解放出来的第一步。

这之后，安拉的使者仍在考虑罗马人的势力及如何与其对抗。伊历 9 年（公元 631 年），先知率军来到塔布克。罗马人由于害怕，当听到先知率军到来之后，他们退到叙利亚之内，无人敢与先知交锋。先知在艾伊拉、杰尔巴、艾季鲁哈地区同意向穆斯林缴纳税务的情况下与该地区达成了和约。这些地区地处阿拉伯半岛，在罗马人的统治之下。这一事件是伊斯兰帝国向叙利亚方向发展的先声。

安拉的使者逝世之后，艾布·伯克尔被穆斯林推选为安拉使者的继任者——哈里发。当时有些心怀叵测的阿拉伯人自认为能造安拉使者的继任者艾布·伯克尔的反，于是他们发动了里达暴动。但艾布·伯克尔很快平息了这一暴动。这充分说明，当时的阿拉伯人对认主的独一思想深信不疑。当时那些自命“先知”的人，谁也不敢动员人们再信拜物教和蒙昧时期的信仰。同时，各种事变也证明安拉使者的门子弟们——迁士和辅士们已准备好为认主的独一思想而献身，他们是不可战胜的。从此阿拉伯人的团结更加坚定。艾布·伯克尔任哈里发不到一年，穆斯林就开始在幼发拉底河三角洲与波斯人较量，并取得成功。艾布·伯克尔任哈里发的第二年，穆斯林开始在叙利亚与罗马人对抗，并在叙利亚站稳了脚跟。新的宗教赢得人心之后，艾布·伯克尔为伊斯兰的开拓大业、为伊斯兰国家的建立创造了条件。欧麦尔继艾布·伯克尔之后，使伊斯兰国家的疆界达到了上述地步。

对伊斯兰国家建立的简单回顾可以证明，是伊斯兰给予了阿拉伯人崇高的精神力量。这一崇高的精神力量促使他们要打破外国势力的枷锁，要穿越他们的国界，要在波斯人和罗马人家园中与他们对抗。精神力量是在任何斗争中获胜的根本，具有精神力量者不知失败是何物，也绝不言败。某一天如果受到挫折，挫折也不会削弱他们的毅力和决心，相反，挫折会使他们加倍努力，蔑视一切困难，为了达到他们要达到的目的，他们会不惜献出自己的生命。古今世界史可见证：斗争的胜利永远属于具有坚定信仰者，具有坚定信仰的人享有排山倒海的力量。

是坚定的信仰建立起了伊斯兰国家。先知穆罕默德具有这一坚定的信仰，为伊斯兰的建立奠定了基础。先知的密友艾布·伯克尔为伊斯兰的建立创造了有利条件。是他消除了妄图敌视伊斯兰信仰的势力，是他使阿拉伯人跨过了伊拉克和叙利亚国界。继艾布·伯克尔之后，欧麦尔·本·哈塔布完成了伊斯兰国家的建立，靠伊斯兰精神产生的力量使伊斯兰的疆界不断扩大。后来促使伊斯兰帝国建立的思想受到了众所周知的挫折，蒙昧时期的旧观念重新抬头，从而导致了穆斯林的内斗和相互仇视。至此，伊斯兰国土停止了扩展。

我们讲述了安拉的使者时代及艾布·伯克尔时代的历史。我们看到了精神力量给信士们带来的影响。本书所讲述的信士们在欧麦尔时代所表现出的英勇壮举使人更加相信精神力量所带来的影响。信士们的英勇壮举也批驳了下述观念。有人说，穆斯林之所以同波斯人和罗马人厮杀，是贪图战利品。人数少装备差的民族如何敢于冒险入侵人数和装备数倍于己的邻居呢？他们这样做只是为满足侵略的本性！何人会为了可能会夺去其生命的战利品而去冒险呢？是对健康信仰的坚定信赖提高了早期穆斯林的士气，使他们在历史上创造了无与伦比的光辉一页。前言不是详细讲这些的地方，读者将在本书中看到具体详细的例证。

如果推动穆斯林奋战的精神力量遇到了另一种精神力量与其抗衡，那么会或多或少地改变历史的进程。但当时波斯、罗马两国已迅速走向衰败，其中任何一个国家都无力阻止信士们的进攻。在波斯王庭，争夺王位的斗争已达白热化程度，为此内战时起时落。当时，罗马帝国的情况也不好。希拉克略起来造罗马皇帝福卡斯的反，并将其杀害后夺取了拜占庭的王位。基督教派系斗争也削弱了罗马帝国的力量。希拉克略想把自己制定的派系统一各派，以便基督教徒们团结起来，但他的努力给他自己带来了灾难。因为他没有用善言和明智的方法规定人们去这么做。另外，波斯与罗马之间的战争也连绵不断，波斯发动了对罗马的战争，从它手中夺走了叙利亚和埃及。然后，罗马皇帝希拉克略又从波斯人手中夺回了失地。是战争拖垮了这两大帝国。波斯人民在观望朝廷的动向，人民已无力挽救朝廷的分裂。处在罗马统治下的人民深受罗马皇帝及其官员们的压迫，他们也不肯再援助罗马朝廷了。由于这些原因，波斯人及罗马人的精神力量已经崩溃。波斯也好，罗马也好，都不能阻止来自阿拉伯半岛的汹涌文化传播潮流。

另一个不可忽视的因素是，当时阿拉伯人散住在伊拉克和叙利亚。莱赫米人在希拉、加萨尼人在叙利亚各自建立了自己的王国。这些阿拉伯人看到自己的同宗兄弟与波斯人和罗马人厮杀，并在厮杀中获得了胜利，于是他们中很多人加入到穆斯林行列。这些阿拉伯人虽然开始没归信伊斯兰教，但他们和穆斯林并肩作战。这些阿拉伯人帮助穆斯林在多次战斗中战胜了波斯人及罗马人。

上述种种原因使伊斯兰国家迅速建立起来，并在此后数个世纪中得以稳定。伊斯兰国家的稳定还有另外一个重大原因，即在被占领国土上及在阿拉伯本土上实行的政策。在制定这些政策的过程中，欧麦尔·本·哈塔布的功绩是不可磨灭的。

这一政策的基本原则建立在伊斯兰原则和教诲之上。安拉的使者及艾布·伯克尔都详细讲述过这些原则，欧麦尔·本·哈塔布继承了这些原则。在这些原则的基础上，欧麦尔为阿拉伯国家，为伊斯兰帝国制定了行之有效的社会制度。这一制度在他去世后仍被使用，这一制度保护了伊斯兰国家，并对波斯人、伊拉克人、叙利亚人、埃及人归信伊斯兰并加入到伊斯兰世界起到了重大的影响。欧麦尔以此在历史上书写了光辉的一页。伊斯兰社会制度的制定可以与伊斯兰国家的建立相提并论。

关于这一社会制度，在此不必详谈，读者会在此书中看到这一制度的详细情况。但我可在此举一例子来说明这一社会制度。当时，出征的穆斯林要求哈里发将伊拉克和叙利亚的土地作为战利品分给他们。但哈里发欧麦尔拒绝了他们的要求，土地仍归当地居民所有，当地居民仍像过去那样耕种自己的土地，但要缴纳地税。不仅如此，哈里发欧麦尔为便于土地的使用，还派出人员丈量土地，兴修水利工程。驻埃及的穆斯林官员阿慕尔·本·阿斯提出从埃及缴纳的土地税中扣除兴修水利及桥梁的款项，哈里发欧麦尔也批准了他的建议。结果送往麦地那的税款仅仅是土地税扣除兴修这些工程的余款。

哈里发欧麦尔认为，应免除被开拓国居民中归信伊斯兰教者的税务，让他们与穆斯林开拓者享有平等的社会地位。这一政策使大批被开拓国家的居民归信了伊斯兰教。大批当地居民的归信使伊斯兰世界的幅员更加辽阔。欧麦尔知道如果免除归信者的税务，使他们享有同穆斯林开拓者同等的社会地位，这将会减少麦地那的收入。尽管如此，欧麦尔仍毫不犹豫地执行了这一政策。穆斯林争取这些国家不是为了使当地人屈服，而是为了在这些国家信教自由。当地居民谁归信了伊斯兰教就能享受安拉的恩惠，谁就会成为穆斯林开拓者的兄弟，他们就应享受应享受的权益并担负起应担负的责任。

这就是欧麦尔实行的政策，这就是欧麦尔为新兴的伊斯兰国家制定的制度。在整个伊斯兰世界，穆斯林们在数个世纪中记着欧麦尔的英名，并无比崇敬地怀念他是很自然的。过去是这样，将来仍将如此。作家学员们给欧麦尔书写的史料比他们给其他信士的长官们书写的史料多得多。欧麦尔并没有存心让人们以各种方法赞扬纪念他，但人们自觉地去为他树碑立坊。

史学家们在给欧麦尔书写传记时，加上了一些只有先知们能做到的没有可靠依据的事迹。欧麦尔·本·哈塔布不需要任何美化。欧麦尔所做出的功绩，在他执政时期所完成的伟业是史学家们完全肯定的。他的功绩及伟业已为他在历史的长河中建起了永存的丰碑。

如果先辈史学家没有在欧麦尔的传记中增加这些离奇的事件，后人就用不着下力气去考证这些事件，也避免了在有关这些事件真实性程度上发生的分歧。去掉这些离奇的事件无损欧麦尔的伟大。我认为，最好还是不去过问这些令人费解经不起推敲的事件。与此同时，我不得不肯定常人认为难于发生的事件。史学家们重笔浓彩讲述这些事件，让人不得不信服。我肯定了使欧麦尔形象更加鲜明的事件，也肯定了与欧麦尔在战斗中实行的政策及在管理国家事务中所实行的政策有关的事件。在科学研究的基础上我尽力去解释我能解释的事件。我最大的希望就是我的努力能取得成功。

考证解释这些事件不是在研究古人书写的欧麦尔传记时遇到的唯一困难。这些先辈们对某些历史事件持完全不同的立场,这就使人非常为难。先辈史学家们对某些历史事件详细介绍，而对另外一些历史事件在书写时又高度概括得使人找不到这些历史事件的依据。在此我举例如下。史学家泰伯里、伊本·艾西尔及白拉左里在讲述伊拉克发生的战斗时，战场上的英雄人物一个个都活灵活现，使读者有身临其境之感。但当讲到穆斯林所实行的政策及管理国家时，下笔又高度概括。上下文的文风完全不同。这些史学家在讲述开拓叙利亚的事件时，尽管写出了史实，但很少详尽叙述。当他们讲述在埃及发生的事件时也是高度概括。泰伯里在书写卡迪西亚战役时，用书六十页，在讲述攻克泰西封时用书十二页，但在讲述解救埃及时用书仅仅五页。

无疑，卡迪西亚战役在历史上是值得极大重视的。卡迪西亚战役为在波斯人从伊拉克撤退之后穆斯林重返伊拉克奠定了基础，此战也为穆斯林打开了波斯首都泰西封及整个波斯的大门。但是攻克埃及的意义并不比攻克伊拉克和波斯次要，攻克埃及也值得史学家们详细记述。

史学家们这样做是有理由的。他们只能记述他们了解的历史事件。或者说，他们更关心发生在自己所生所长的国家的事件，这种关心胜于他们关心发生在遥远国度的事件。我不认为我应批评他们的写作方法，我与他们毕竟相隔几个世纪。我要谈一谈当今书写旧时代史的史学家的努力。应该指出，当今史学家有取之不尽用之不竭的史料。这些史料足可以填补任何空白。对泰伯里、伊本·艾西尔等概括的历史事件，其他史学家有详细的叙述。任何人都可以吸取自己乐意的东西。上面提到，有些史学家对攻克埃及的历史在记述时用了高度概括的手法，但也有史学家对此做了详细的记载。比如史学家伊本·阿卜杜·哈克姆及萨尤退及伊本·台阿利·巴尔迪对攻克埃及就做了详尽的记述。他们的记述比泰伯里详细记述攻克伊拉克事件更加详细。有些用非阿拉伯语书写的书籍也为研究伊斯兰开拓大业及伊斯兰国家提供了方便。用非阿拉伯语书写的史书来考证历史事件是发现真理的好帮手。总之，史料是丰富的，学者们尽可按自己的意愿使用这些史料。

每位史学家都有自己特别关注的方向，他们将其他方向的资料作为自己研究的依据。从各个方面研究某个时代的史学家会把这个时代分段研究，然后再把每个阶段专门研究，辑成一册或数册的作品。如果他想概述这一时代的各个方面，那么他们的作品与其说是史书，不如说是历史哲学。

让我们以研究欧麦尔为例。有人关心欧麦尔的个性，为了进一步显示欧麦尔的形象，他会研究发生在欧麦尔时代的一切事件。有人会关心欧麦尔时代的经济情况和社会情况或其他阿拉伯人生活的各种情况。任何方面都可以作为研究的课题。对任何课题的研究都可以写出让人受益的著作。比如对阿拉伯人在欧麦尔时代文艺生活的研究就是向人们说明当时的经济政治发展情况，并给图书馆提供科学文艺财富，以供人参考和获益。

如同在《穆罕默德生平》及《艾布·伯克尔传》中一样，在这本书中我谈到了相应时代阿拉伯人生活的方方面面。我认为，涉及生活的方方面面可以完善我的研究工作，但我又没有详尽去谈它，因为这不是我要达到的目的。在谈论阿拉伯人的生活时，我力争恰到好处，以能达到我想说明的目的为限。那么，我撰写这一系列的书目的何在呢？我在每本书的前言中已阐明了它。在《穆罕默德生平》一书的前言中我曾写道：在东西方科学技术合作的情况下，应该产生好的结果。但是一些基督教人士和西方作家不断诋毁伊斯兰教和穆罕默德。西方殖民主义者以言论自由为幌子，大力支持进行诋毁的人。与此同时，西方殖民主义者也在支持穆斯林当中宣扬教条的人。他们与反对这些人的人为敌。我看到了在东方伊斯兰国家中，甚至所有伊斯兰国家中所发生的事实。我看到了在这些国家某些人以消除言论自由、消除为追求真理进行的研究的方法，同时在消除精神力量。我认为，我面临责无旁贷的重任。我下决心研究了担负着伊斯兰使命的穆罕默德的生平事迹，研究了基督教诋毁伊斯兰教的目的。另一方面，我也研究了穆斯林中的教条主义者。科学研究为真理而进行，仅为真理而进行。这样的研究能够指引人类走向其所寻求的文明。

在《艾布·伯克尔传》一书中，我开始研究伊斯兰教及其兴衰成败的各种原因。伊斯兰教是在先知教诲和其法规的基础上建立起来的。伊斯兰旗下的人民，在衰败之后仍与伊斯兰连在一起。其中大多数与阿拉伯语紧密相连。只要伊斯兰存在，只要阿拉伯语存在，这些人民就与其历史有着不可分割的联系。研究归纳这一联系对人类有莫大的益处。要想归纳这一联系就必须了解各民族在过去历史上的联系。了解历史是为了审视现在，组织未来。

《欧麦尔传》一书是系列丛书第三册，它有别于前两册，表面上看，每册书都与其他册有所不同，但每册书都与其前册一脉相承。这就像从种子长出根系，又从根系长出树干，然后又从树干上长出树叶。树叶可能会干枯，但是还有强大生命力的树干在。有时树干甚至会干枯，但根系仍健康存在。这健康根系会长出更强壮的树干和更绿的树叶。伊斯兰国家衰败了，但建立伊斯兰国家的伊斯兰仍在，伊斯兰能够建立适应时代精神和制度的伟大人类社会。

要讲述伊斯兰初期的形成过程，需要对阿拉伯半岛及穆斯林先辈们开拓的国家及当时的社会生活进行研究。为了说明伊斯兰国家的建立，我适当地对这方面进行了论述。尽管如此，这也不是件易事。我要简述阿拉伯国家当时的政治、经济、社会情况，也要更简单论述被开拓国家的生活状况。在《穆罕默德生平》及《艾布·伯克尔传》中我是这样写的，在本书中我仍将如此。同时我还要论述波斯及罗马的情况。我最大的希望是，我的简述不影响读者了解我想要描述的事情。

这三册描述伊斯兰国家和伊斯兰世界成长发展史的书，论述了世界史的某个阶段。无疑，这一阶段世界史是人类生活最精彩的时期，也是最值得研究和深思的时代。这一时期的历史证明，人类生活首先是在一种思想的指导下形成的。这一思想指导人类构建一系列的在短时期内相互衔接的生活方式。三册书所论述的时代是自有人类以来人类历史上最光辉的时代。在这一时代出现了前定好的、给世界传达使命者所带来的思想。这一思想是安拉通过启示传达给其使者的，使者用明智的手段和善言将这一思想传给了世人。开始某些人敌视这一思想，并企图消灭之。但这一思想随使者的胜利而获得了胜利。人们被使者的伟大和人格魅力所折服，于是纷纷接受了这一思想。使者逝世之后，一些人为了逃避这一思想给他们带来的功课遂离这一思想而去，他们又回到了过去他们习惯的生活。但另一部分人对这一思想坚信不疑，他们使逃离的人又回到了这一思想教育之下，并强迫他们完成这一思想规定的功课。此后，这一思想牢牢站稳了脚跟，而后在人类生活中变成了一种不可战胜的力量，并形成了自己的世界。在人类历史上还有比这一幕更精彩更震慑人心的画面吗？在世界史上还有横扫两大帝国的思想力量的例证吗？

无疑，人类历史经历了数个主流思想，世界上的社会制度就是在这些主流思想的基础上建立起来的。这些主流思想的任何思想都经历了深入人心、给人类生活造成影响的道路。但任何一种思想在产生的初期都遇到了反抗，并被挤压到狭小的范围之内。然后，人类对这一思想进行推敲，去伪存真，达到合理的令人信服的思想，并在这一思想的指导下生活。但达到合理且令人信服的思想谈何容易，这一过程往往需要数代人去流血奋斗争取。某种主流思想经过推敲取舍往往会变成与这一思想形成时完全不同的思想。

某种思想刚刚诞生就经不起斗争，很快消失得无影无踪。在这方面我们也有如同伊斯兰教刚刚诞生时遭到他人反对的例证。罗马皇帝希拉克略曾企图统一基督教各个派别，并将各个派别归纳成一个正式的派别，强加到整个罗马帝国。希拉克略派人到叙利亚、埃及等处在罗马帝国统治之下的国度，想让人们愿意也好、不愿意也好，一律归到这一正式的派别中来。为了完成皇帝交给的工作，皇帝的工作人员使用了各种方法。但他们没有达到目的。整个帝国内的居民起来造反了。造反者受到了惩罚。希拉克略失败了，他的企图以悲剧告终。这位罗马皇帝死之前亲眼看到了自己的失败。他可能多次问自己：无权无势的阿拉伯先知怎么能创立新的宗教，并将众人团结在新的宗教周围，而自己有权有势反而失败了呢？

希拉克略无法回答他自己的问题。如果他能回答自己的问题，他就不会让自己的官员去迫害、折磨、杀戮国民。是他个人的行为不当才使穆斯林们攻克了叙利亚、埃及，才使他以及他的士兵被迫撤出了叙利亚和埃及。实际上回答希拉克略的问题也很容易。阿拉伯先知成功了，虽然他当时无权无势，但他心中只有健康的信仰，他按安拉的指示动员众人自愿地去接受自己的主张。希拉克略之所以失败，是因为他强迫人们去接受某个主义，而众人不知这个主义比他们原来信仰的主义有什么高明。阿拉伯先知胜利了，因为他是为真理而奋斗的。他当时常常引用安拉给他的启示：

> 你们说："我们信我们所受的启示，与易卜拉欣、易司马仪、叶尔孤白和各支派所受的启示，与穆萨和尔萨受赐的经典，与众先知受主所赐的经典；我们对他们中任何一个，都不加以歧视，我们只归顺安拉。"（《古兰经》黄牛章：136节）

希拉克略失败了，因为他仅仅维护某个主张而忽视了基督及其门徒的其他主张。阿拉伯先知胜利了，因为他当时仅仅想把众人引向安拉的大道而无其他可求。他曾对来自奈季兰的基督教使团说：

> 你说："信奉天经的人啊！你们来吧，让我们共同遵守一种双方认为公平的信条：我们大家只崇拜安拉，不以任何物配他，除安拉外，不以同类为主宰。"如果他们背弃这种信条，那么，你们

说:“请你们做证，我们是归顺的人。”(《古兰经》仪姆兰的家属章：64节)

希拉克略失败了，这是因为他想让某些人将另外一些人当作神，而把安拉放到了一边。而人们看到他的主张没有真理可言，他的主张不足以说服他们离开先辈们的信仰，于是众人起来造了他的反。鉴于上述原因，先知在安拉的佑护下成功了，伊斯兰在先知主张的基础上建立了起来，先知的主张在伊斯兰内站稳了脚跟。坚持先知主张的人后来有所变化，因此，安拉也改变了给他们的命运。如果不是这样，伊斯兰足以发展到全世界。

当穆斯林分成不同的派系之时，他们的内心世界便发生了变化。他们把人们的思想和注意力从探讨纯洁的信仰方面转到了无关轻重的、有关细枝末节的争斗方面去了。这种争斗只能增加分歧，并使他们部分人敌视另外一些人。安拉的使者、艾布·伯克尔、欧麦尔·本·哈塔布一直在批评心怀这种对无关紧要事物争斗的人。安拉的使者曾提醒众人：他们之前的一些民族消亡了，这些民族是因为在一些无关真理、只会产生分歧、争斗、敌视的小事上争斗才消亡的。先期穆斯林们认识到了安拉使者的话的真谛，他们服从使者的教诲。他们认识到，对宗教进行争论无疑像犹太人和伪信者一样。这些人想分裂穆斯林。他们曾提出：如果说安拉创造了一切，那谁创造了安拉？他们或提出有关精神的问题。他们企图以这样的问题使穆斯林对自己的信仰产生疑问。安拉的启示有力地回答了他们的疑问：

你说：他是安拉，是独一的主；安拉是万物所仰赖的；他没有生产，也没有被生产；没有任何物可以做他的匹敌。(《古兰经》忠诚章：1—4节)

他们问你精神是什么？你说：“精神是我的主的机密。”你们只获得很少的知识。(《古兰经》夜行章：85节)

你们不要像那样的人：在明证降临之后，自己分裂，常常争论；那等人，将受重大的刑罚。(《古兰经》仪姆兰的家属章：105节)

分离自己的宗教而各成宗派的人，你与他们毫无关系；他们的事，只归安拉。然后，他将把他们的行为告诉他们。(《古兰经》牲畜章：159节)

欧麦尔·本·哈塔布非常厌恶分裂。他曾威吓过那些闹分裂的人。就算是圣门弟子或在穆斯林中地位很高的人，只要闹分裂，欧麦尔也从不客气。欧麦尔这样做是毫不奇怪的。在蒙昧时期他如此，在伊斯兰时期他也是如此。他这样做并不是像某些人说的那样，是由于他视野狭窄。欧麦尔是他那个时代知识最广泛者，他把集体制度看得高于一切，他认为制度的稳固能保障个人和集体的利益。

伊斯兰主张深思熟虑和明智，那么厌恶意见分歧如何能与伊斯兰主张相容呢？言论自由如何能在当权者威吓闹分裂者的环境里存在呢？

部分东方学家确定提出了这一问题。我们在此之所以反驳他们的这一提问，是因为人类思想史已否定了他们的疑问。今天很多学者认为，在形而上学时代，当人们的智力对生活中的科学定论找不到依据时，理论问题上的抽象逻辑往往控制着人类的思维。抽象逻辑是某些人的避难所。抽象逻辑往往导致无科学依据的理论。人们用抽象逻辑去研究大部分是海尔布尔特·萨伯那希尔所说的不可知的东西。当科学发展、以科学为依据的客观哲学兴起时，抽象逻辑就变成了对思想界影响很小的思维侈谈。安拉的使者及其初期的继任者禁止人们讨论不可知的东西，因为那会引起分歧和斗争。但他们没有禁止思想自由。他们反对我们今天所说的毫无意义的争论。

对于以现实生活为依据的思想活动，也就是我们今天所说的观点问题和研究领域，在那个时代是属于关系协商的问题。其中有关命运天数的问题属于人们苦思冥想、不可捉摸的问题。谁想对了，那是安拉的安排；谁想错了，那属于他个人的问题，是魔鬼在作怪。

读者在本书中将会看到禁止分裂的详细情况及这样做的道理。安拉的使者就禁止对前定进行争论。在形而上学时代，关于前定的问题曾引起了极大的争论。这种争论没有、也不可能有什么结果。这就证明，禁止对前定的争论是有道理的，是明智之举。我们知道，伊斯兰教当时处在开始阶段，犹太人、伪信者及多神教徒正在攻击伊斯兰教的基本原则，他们想提出一些与伊斯兰基本原则有关的争论问题为手段，给这些原则制造疑云，让人们离其而去。在这种情况下，禁止对前定进行争论的道理是显而易见的。争论引起的分歧会损坏穆斯林们的努力，有害于伊斯兰的成功扩张。部分东方学家提出的疑问是不难回答的。当时，欧麦尔严厉禁止争论引起的分歧的统治是正确的，是理所当然的。

我在本前言中概括了伊斯兰建立起来的各种因素。我不能不谈谈欧麦尔本人。在本书的每一章中，读者都会看到欧麦尔那极其鲜明的形象。由于欧麦尔突出的个性，人们可能会将他与艾布·伯克尔比较一下。因此在谈欧麦尔之前，我很快想起了在《艾布·伯克尔传》前言中我所说的话。有人试图对艾布·伯克尔时代及欧麦尔时代进行比较，以便分出高低，其实这是无法做到的。因为两个人在世界历史上都可称得上是伟大的政治家或伟大的民族领袖。无疑，欧麦尔时代是伊斯兰历史上最伟大的时代。在欧麦尔时代，伊斯兰的基础稳固、社会安定，伊斯兰发展到了埃及及原来被波斯及罗马势力所控制的国家。但欧麦尔时代与艾布·伯克尔时代是不可分的。后者是前者的继续，是在前者的基础上发展起来的。这正如艾布·伯克尔时代是先知时代的继续，是在先知时代的基础上发展起来的一样。欧麦尔时代是艾布·伯克尔时代的继续。对两个时代进行比较，不是我所要做的文章，但对两个人的个性进行一下比较是很容易的事。对两个人进行比较使我们更能了解两人各自在自己时代所取得的成就。在此，不妨提起在先知时代所发生的一件事。当先知征求穆斯林大众如何处置在白德尔之战中穆斯林所抓获的俘虏时，艾布·伯克尔主张让俘虏想办法赎身；而欧麦尔主张将这些俘虏杀掉。安拉的使者曾为穆斯林给两人作了评论。艾布·伯克尔像天使米卡勒，米卡勒将安拉的仁慈及宽恕带给了安拉的奴仆们。艾布·伯克尔也像众先知之一的易卜拉欣，他对众人像蜜那样温柔。他的族人们把他抛进烈火，他只是说：

呸，你们不崇拜安拉，却崇拜这些东西，难道你们不理解吗？

（《古兰经》众先知章：67节）

谁顺从我，他确是我的同道；谁违抗我，那么，你是至赦的，是至慈的。(《古兰经》易卜拉欣章：36节)

同时，艾布·伯克尔还像先知尔撒。尔撒曾说过：

如果你要惩罚他们，那么，他们是你的奴仆〔由你惩罚〕；如果你赦宥他们，那么，你确是万能的，确是至睿的。(《古兰经》筵席章：118节)

而欧麦尔呢，他则像天使吉卜利勒，他把安拉的愤怒降于安拉的敌人们。同时，欧麦尔也像先知努哈一样。努哈说：

我的主啊！求你不要留一个不信道者在大地上。(《古兰经》努哈章：26节)

同时，欧麦尔也像先知穆萨一样。穆萨说：

我们的主啊！求你毁掉他们的财产，求你封闭他们的心。但愿他们不信道，直到看见痛苦的刑罚。(《古兰经》优努斯章:88节)

上面的事实，是安拉的使者在世时，对两人准确的描写。当艾布·伯克尔任哈里发之后，他在与信仰无关的事务上，仍表现出了仁慈，但在信仰原则的问题上却非常严厉。艾布·伯克尔内心中有一种毫不犹豫、不知退却的巨大力量，他也具有培养造就人才的良好能力。他能发挥这些人的能力和天赋，使他们在造福广大人民群众的工作中发挥安拉给予他们的才干。但一旦将某项工作交给谁去完成，他往往会给他完成这项工作的自由，并信任他。信任和从好的方面去评价人是他用人的作风。在平息里达暴动及在伊拉克和叙利亚的战争上，艾布·伯克尔仅给各位将领制订了总体计划。只要能战胜敌人，他不问具体的细节，而是让各位将领自己去决定具体的战术。如果将领们未能成功，艾布·

伯克尔只是思考不成功的原因，并寻找解决问题的方法。当某些将领在平息里达的战斗中及在叙利亚的战争中未能获胜而要求退回麦地那时，艾布·伯克尔拒绝了他们的要求。他之所以拒绝，主要怕影响将士们的士气。当出征叙利亚的将士面对罗马人无能为力时，为了消除对罗马人的魔鬼式的幻想，他果断地将哈立德·本·瓦利德从伊拉克调到了叙利亚战场。

他不仅在战场上这样对待他的战将，在宗教问题上他也是以这种作风待人。除处理不走正路者和腐败分子外，他一旦将某件事交给某官员，从不去干涉官员的工作。当他交办的事务走上正轨之后，他就去处理国家的其他事务。如曾让栽德·本·萨比特去整理《古兰经》。艾布·伯克尔将此项任务交给他之后，除后者请示他的问题外，他放手去让他独立做，从不干涉他的工作。

在处理公共事务时，哈里发艾布·伯克尔完全信任自己的官员。在突出自己名字的同时，也尽量让这些官员们成名。有时不求甚解的人认为，在某些事上官员的功绩大于艾布·伯克尔的功绩，这种认识是错误的。被信任的官员们能自由地完成哈里发交给自己的工作，这增加了官员们的积极性和敢于负责的精神，也使哈里发更加信任他们，他们也更加信赖哈里发。

这种作风完全符合艾布·伯克尔温和和信仰坚定的性格，这也与他的年龄有关。他任哈里发之职时已年过六旬，体质很弱。欧麦尔任哈里发职务时才五十岁左右，他具有艾布·伯克尔所没有的精力。欧麦尔性情急躁，身体强壮，干什么都充满了活力。他的个性在所有事件中都显露无遗。只要可行，对于穆斯林个人或集体的事务，他总是事必躬亲。虽然他也信任他的官员，但他的这一性格使他常常与办事的官员联系。当时他身在麦地那，但好像他常常与在伊拉克、叙利亚、埃及工作的官员在一起一样。这使这些官员处在他的严密监视之下，从而使部分官员很不满意。如果没有欧麦尔的威力和果敢，这种不满很可能酿成不可收拾的后果。

欧麦尔具有的鲜明的个性，在精神生活及处理公共事务方面都起了重大影响。他是最敢于发表自己的意见的穆斯林之一。安拉的使者在世时，艾布·伯克尔任哈里发时，以及他任哈里发时，都是如此。只要遇到与伊斯兰集体有关的大事，他必发表自己的意见；只要遇到教律教法之事，他必弄个一清二楚，以便穆斯林大众有法可循。他不止一次地与安拉的使者的见解及安拉使者的继任者艾布·伯克尔的见解发生过分歧。安拉的启示有时支持他的意见，有时不予支持。在他任哈里发时期，人们对他的见解可谓心悦诚服。因为，他从不为个人着想，一切为了主道，为了伊斯兰，为了穆斯林大众的利益。这更增加了他的威信及人们对他的爱戴。在这方面，他之后的任何一位穆斯林首领都无法与之相比。

如果用公而忘私来评价欧麦尔，这是千真万确的。在历史上，他是公而忘私的杰出典范。欧麦尔是位伟人，而且具有先知的风采。在他执掌政教大权时期，达到了最高境界。当时，他是伊斯兰掌权的享有绝对权力的首领，但他从不沉溺于享乐之中。为了体验贫民的生活，他往往像贫穷者那么生活。他对生活的节俭不是厌世者的那种节俭，而是有能力享受生活但却宁愿过节俭的日子。他很虔诚，很敬畏安拉，但他不认同出家人的做派。如出家人以苦为乐，说话低声细语，走路慢条斯理。他们之所以这样做，是想让人们说他们是出家人。但欧麦尔很讨厌软弱无能，尤其讨厌假装软弱无能的人。

欧麦尔节俭的生活使他成为了公正廉洁的典范。除安拉外，他不惧怕任何人和任何事；除安拉外，他不求任何人任何事。他对安拉的惧怕和祈求达到了不可言表的地步。当他担任穆斯林首领后，他知道安拉会清算他任职内的所作所为，因此他更加惧怕安拉。为了使安拉满意，他办事更加公正。他不分亲疏，一律秉公办理。信士们在他面前是一律平等的。在他执政时期，他也要求伊斯兰帝国的各级负责官员一定要公正。穆斯林可以状告任何官员的不公正，如果状告属实，他会还状告者以公正；如果状告不属实，他会公正地对待被告的官员，继续让他任职。

欧麦尔任哈里发时，人们担心他失去公正的作风，然而他更加怜悯贫穷者和弱者。欧麦尔在安拉的使者时代，以公正廉洁处事闻名；在艾布·伯克尔时代，对不仁不义者却以严厉而著称。但欧麦尔在其生活中却有他出人意料的一面。在他执政期间，对不忠不义者，仍很严厉，但对弱者他却关怀、仁慈。对他们来说，他比他们的父母还要仁慈。他有时会陪着被欺凌者流泪，并还他们公道。这位最严厉的首领成了众人们最可亲的人。

欧麦尔并非没犯错误，人们对他所处理的事务并非事事顺从。我们将看到，他在处理哈立德·本·瓦利德问题上所发生的争议。一些人认为，他对为建立伊斯兰帝国立下了赫赫战功的将领哈立德·本·瓦利德不够公正；也有人认为，欧麦尔在处理哈立德问题上是基于对伊斯兰利益的考虑而做出的无奈选择。我们还将看到，为了国家的利益，欧麦尔同样也解除了既非无德，又非无能的穆斯林将领赛尔德·本·艾比·瓦戛斯的职务。但无论如何，人们对欧麦尔的见解、行为及处理政务方面的分歧并没有改变下面的事实：即欧麦尔从未沉迷于享乐，他从未违背过自己的良心。他严于律己。在发表见解、做出判决、颁布命令时，他时时处处都是认真负责的。

我在本书中，对欧麦尔的行为举止做了详细的讲解，以便给读者一个鲜明的形象。从对欧麦尔人品个性的描述中，读者可以看到他在短时期内建立起来的伊斯兰国家所带来的影响。与此同时，我也探索了这位伟人在世界历史上流芳千古的原因。

我在本书所讲述的事情，没有超越先期穆斯林短暂的生活所经历的政治史。书中对阿拉伯社会生活的描写，对波斯及罗马的描写都是概括性的。目的是说明这一时期的政治史。我没有详细谈论伊斯兰建立之后的阿拉伯国家的社会生活，我也没有详细谈论被穆斯林所开拓的国家的政治生活。我们当代的学者已经对以上各个方面做了很好的研究，并写出了令人赏心悦目的成果。在这方面，东方学家们功不可没。他们的名字可与阿拉伯学者、作者的名字并驾齐驱。但这个领域仍需有人去探讨。我不怀疑，有人会重视这方面的研究。

最后，我祈求安拉为了真理使我们的研究能取得成功。真理是一切公正的研究者所追求的目标。愿安拉能使我们免遭失误。安拉是公正的，是最富有同情心的，是万能的。

穆罕默德·侯赛因·海卡尔

目录

第一章　蒙昧时期的欧麦尔

欧卡兹市场

在先知穆罕默德为圣数年之前，每年旧历十一月之初，阿拉伯人按照他们的习俗，在朝觐之前都从阿拉伯半岛各部落，赶着骆驼成群结队地来到欧卡兹市场。市场熙熙攘攘，挤满了来自各部落的阿拉伯人，其中不少人是从麦加赶来的。市场设在宽阔干涸的河谷上。人们在市场一边支起了帐篷居住，在另一边进行商贸活动。在欧卡兹市场上出售的货物，很少有希贾兹人自己生产的产品，其大部分是麦加人在冬夏两季从也门或叙利亚贩运而来的。男女老少聚集在货摊之前，挑选中意的商品。妇女大都云集在布匹、衣服摊前，选购她们喜爱的衣料。小伙子如果在她们中间发现一位美丽的姑娘，往往也走近布匹、衣服摊，以图博得这位姑娘的青睐。市场附近有很多娱乐场所。青年小伙子们，有的白天光顾，有的在夜间来此娱乐。有些美丽的女士也来此凑热闹。夜幕降临，小伙子们开始饮酒作乐，直到酩酊大醉，才东倒西歪地离去。也有些青年人，趁着酒性与姑娘厮混起来。有些放荡的女性往往会引起男子们的争斗。这种争斗时轻时重，甚至会引发部落之间数年之久的仇杀。

在集市举行期间，有些诗人会在市场旁边大声朗诵自己的作品。诗歌的开头大都是谈情说爱，然后是炫耀自己及自己的部落，进而讽刺诋毁与自己部落有争斗的部落。诗人周围站着很多听众。当讲到谈情说爱时，大家一起叫好；当他炫耀时，有人高兴，有人辱骂；当他讽刺诋毁其他部落时，有人兴高采烈，有人骂不绝口。这时会引发争斗，有人甚至动刀动枪。当诗人朗诵完自己的作品时，会有位稳重的长者出面为争斗双方调解，直到他们恢复理智。

青年时期的欧麦尔

在听众中间有位年过二十岁的青年，他人高马大，比所有人都高出半头。他的皮肤白中透红。在诗人朗诵其作品时，这位青年听得很投入，也很欣赏那美好的诗句。只见他不时地点头，对诗人大加赞许。他没有像其他人那样大喊大叫，因为诗人所炫耀的部落及其诋毁的部落与他毫无关系。他既不属于这个部落，也不属于那个部落。因此，他只对美妙的诗句感兴趣，而对或被褒或被贬的那两个遥远的部落毫不留意。诗人朗诵完他的诗篇，在调解人的劝说之下，争斗的双方平静下之后，这位青年人和他的同伴离去了。只见他健步如飞，同伴很难跟上他。为了让他放慢脚步，伙伴们同他边走边聊。他们有时慢声细语，也有时大声争执。当同伴们谈到，有位年轻的摔跤手正在摔跤场同其他人较量，很难找到敢于与其抗衡的对手时，这位青年停了下来。只见他两眼发红、满面怒容，手捻他那长长的小胡子说道："你们想用他把我吓倒！如果我不能一举把他摔倒在地，我就不是欧麦尔·本·哈塔布！"

青年人加快步伐向摔跤场走去，他的同伴一路小跑跟在他后面。当他们来到设在欧卡兹市场边上的摔跤场时，看到了一群身强力壮、肌肉发达的青年人。在摔跤场中心，一位小伙子已将对手摔倒在地。当人们看到欧麦尔·本·哈塔布来到摔跤场后，马上给他让开了道。场中央的那两位摔跤手也停下手脚。他俩已看出，欧麦尔不是来当观众的，而是为一显身手。欧麦尔用眼光扫了一下在场的观众。当时他仍是怒容满面。当欧麦尔的眼光停在他的同伴们刚刚谈到的那位无敌的摔跤手身上时，这位摔跤手马上向欧麦尔发出了挑战。这位摔跤手微笑着站到了摔跤场中央。看上去，他很轻松、很自信。在这之前，他没有同欧麦尔交过手。这是他同本部落成员第一次来到欧卡兹市场，但自本届集市开始摔跤活动后，他还没被摔倒过一次。他与欧麦尔的身材高矮胖瘦相当。欧麦尔走到了他身边。这位摔跤手使出了浑身解数，想把欧麦尔摔倒在地。观众越来越多，真可谓盛况空前。姑娘们也靠近了摔跤场，想一睹两位青年人的风采，并想看一看鹿死谁手。姑娘们知道，在以往欧卡兹市场摔跤活动中，欧麦尔还没有遇到过能胜他一局的对手。在今年的摔跤活动中，来了这位身强力壮的游牧民摔跤手，他已战胜了敢于与他较量的所有摔跤手。欧卡兹居民们都希望欧麦尔与其一决雌雄。他们为两人的胜负赌了起来。欧麦尔与这位摔跤手较量的消息在欧卡兹市场不胫而走，凡是能来观看的人都聚集过来。开始，欧麦尔仅仅用心计与对方周旋，采取了守势，不像对方那样全力进攻。当欧麦尔感到对方已成强弩之末时，便猛扑过去，抓住了对方的双肩，一举将其摔倒在地。摔跤场响起了欧麦尔的名字，赞扬声响成一片。男女老少无不称颂这位身强力壮的古莱什族青年。

太阳慢慢下山了，观众四散而去。欧麦尔在同伴的簇拥下，在市场上闲逛起来。他所到之处，都能看到赞赏的目光。年轻的姑娘们，在他周围喜笑颜开、搔首弄姿，想引起他对自己的注意。对周围的这一切，欧麦尔报之一笑。

欧卡兹市场的尾声

夜幕降临大地，欧麦尔同伙伴们一起来到了市场边缘的咖啡馆。咖啡馆外边是一望无际的沙漠。欧麦尔向他所认识的人道晚安后，自己坐到了离沙漠最近的位置上。这些认识他的人，以更美好的语言回问他晚安。苗条的女老板，满面微笑走到欧麦尔面前。而欧麦尔也高兴地同她谈了几句。老板娘给常到她这儿来光顾的青年们端上美酒。欧麦尔选用了大杯，其他年轻人选用了小杯。这些小伙子们高谈阔论，大口大口地喝起了美酒。谈古论今、谈女人、谈骏马……

正当他们夜谈时，从远处传来了姑娘们美妙的笑谈声。姑娘们的笑谈声使欧麦尔停止了谈话。她们的声音在拨动着他的心弦。当同伴们看到他一声不响、聚精会神地听远方传来的笑谈声时，都用眼睛盯住了他。只见他站起来，对大家说："我离开你们一会儿，很快就回来。"同伴们微笑着看着他。他们都知道，他们这位同伴，既能讨女人的欢心，又对美酒极感兴趣。欧麦尔向传来笑声的方向走去。当他接近她们时，他听到一位姑娘对同伴们说："欧麦尔过来了，别让他欺负我们，我们快逃吧。"

当欧麦尔走到她们面前时，姑娘们假装向四处逃去。只有刚才对同伴们讲话的那位姑娘没走。只见她解开自己的面纱，并对欧麦尔说，她愿与他交往。实际上，欧麦尔几天前曾同这位姑娘邂逅于欧卡兹市场。欧麦尔同姑娘情投意合，共同度过了今年欧卡兹市场期间最美好的时光。不久，姑娘们知道了她们这位同伴的小计谋，于是向她发出了带有愤怒、讥笑、醋味十足的笑声。欧麦尔同姑娘分手后，回到了同伴之中。不久，他付了酒钱，离开同伴们，回到了自己的住处。

第二天清晨，欧麦尔来到了同伴们中间。他们津津乐道地谈起了昨天的摔跤，并对欧麦尔的智勇大加赞扬。同伴们建议，今天欧麦尔再找那位游牧民小伙子较量，再将他制服一次。这样，在日后的摔跤活动中，就没他的立足之地了。欧麦尔不同意伙伴们的提议。他认为，如果这样对待对方，有失侠义精神。自己是胜者，如果对方有意报一箭之仇，他会自己来挑战。欧麦尔绝不再次向对方发难、挑衅。欧卡兹市场的活动就要结束了。三天之后，人们就要离开欧卡兹向麦杰那赶去，在那儿准备转天房及向其所崇拜的偶像献牲的事宜。如果有谁要宰牲，就要到吉·麦扎兹去，然后再去阿拉法特。欧卡兹市场活动的最后三天，人们已无心再去观看摔跤之类的活动，而是准备朝觐了。

三天过去了，那位游牧民青年对败在欧麦尔手下心服口服，他认为欧麦尔是位不可战胜的对手。人们打点行装，准备离开欧卡兹市场。欧麦尔第一个打点完自己的行装。第二天清晨，他让自己的随从将他的坐骑牵了过来。他的坐骑漆黑，两只小耳，昂头，四肢挺拔有力，腹部苗条秀丽。那些前来欧卡兹市场的贵族子弟对欧麦尔的坐骑非常赞赏，同时对欧麦尔对自己及对自己的坐骑的自豪又有些醋意。于是，他们向欧麦尔提出进行骑马比赛。他们计划，比赛之后稍稍休息一下，即向麦杰那赶去。

欧麦尔接受了他们的建议。于是，他们每个人都牵着自己的坐骑来到了一块空旷的土地上。上马之后，一声令下，大家向前冲去。只见欧麦尔骑在坐骑上，人马一体，扬鞭绝尘而去。欧麦尔在摔跤场赢得了满堂彩，在赛马场上又赢得了人们的喝彩声。在场的姑娘们对他佩服得五体投地。曾经与欧麦尔度过了美好时光的那位姑娘在同伴中更加得意扬扬。

人们离开了欧卡兹市场，向麦杰那赶去。然后又去了吉·麦扎兹。他们完成了对各自崇拜的偶像的朝拜仪式。各个部落又回到了各自在半岛上的住地。

年复一年，欧麦尔每年都参加欧卡兹市场上的各项活动。

有一年，欧麦尔没有赶上欧卡兹市场的开幕式。人们开始议论起来，欧麦尔今年为何迟到了呢？有人说，他可能正忙于商务。但是，作为商人，为何不准时参加一年一度阿拉伯人最大的商务活动市场——欧卡兹市场呢？后来大家才明白，欧麦尔已担当起原来由古莱什部落阿迪·本·克阿布家族父兄们担当的、调解古莱什族人与其他族人分歧争斗的重任。古莱什族中的一个部落与塞基夫部落发生了严重分歧。这次的调解任务落到了欧麦尔身上。欧麦尔成功地完成调解后，风风火火地来到了欧卡兹市场。人们对他的到来非常高兴。欧麦尔骑着他的黑骏马来了。到来之后，他首先开始了他的商务活动。数年前，他已开始经商。他的商务并没有影响他参加类似摔跤的其他活动。他仍然嗜酒，仍然追逐女色。

就在这一年的欧卡兹市场活动结束之后，安拉的使者被赋予了使命。使者开始履行他的使命传播伊斯兰教。欧麦尔对此极为恼火，并极力反对安拉使者的活动。在欧卡兹，当欧麦尔听到人们说，古莱什族人中有人号召人们摒弃偶像，应崇拜独一的安拉时，他火冒三丈，大肆辱骂穆罕默德。他指责穆罕默德分裂了古莱什人，背叛了祖先的信仰，背叛了族人。如果不是哈希姆子弟们对穆罕默德的保护，如果不是怕在麦加引起不可收拾的仇杀，欧麦尔甚至想除掉穆罕默德。

后来欧麦尔归信了伊斯兰教。他归信之后，一反过去的立场，尽心竭力地保护安拉的宗教，捍卫安拉的使者。

阿迪·本·克阿布部落

上述情况就是青年时期欧麦尔的形象。古代及近代伊斯兰史书上也有很多记载。至于欧麦尔童年及少年时期的情况，史书上则少有记载。我们很难勾画出他当时的面貌。

欧麦尔属阿迪·本·克阿布家族。阿迪是古莱什部落阿德南的一个分支，也是古莱什部落中具有显赫地位的家族之一。古莱什人中具有显赫地位的部落中首选哈希姆家族、伍麦叶家族、泰姆及麦赫祖姆部落。伊斯兰兴起之前，阿迪家族在麦加的地位及拥有的财产都不能与哈希姆及伍麦叶家族相比。尽管如此，阿卜杜·舍姆斯家族与阿迪家族在各方面竞争很厉害，两个部落之间的竞争延续了很久。到欧麦尔的父亲哈塔布·本·努费勒那一代时，阿迪子弟们被迫离开了建立在赛法的家园，来到了萨海姆部落附近定居下来。尽管阿迪家族人数少，与其他望族相比地位低，但是，阿迪子弟们有知识，聪明能干。正是由于他们的聪明才干，才使得他们担负起了古莱什人的调停大任。当古莱什人与其他部落发生分歧，需要谈判时，都由阿迪子弟们出马。对外他们是古莱什人的代言人。阿迪家族中出了栽德·本·阿慕尔，后又出了欧麦尔·本·哈塔布。可以说，欧麦尔是阿迪家族的最大骄傲。

欧麦尔的父亲哈塔布

欧麦尔的父亲是哈塔布·本·努费勒·本·阿卜杜·欧扎·本·利亚哈·本·阿卜杜拉·本·古尔达·本·拉扎吉·本·阿迪·本·克阿布。阿迪是穆拉的兄弟。穆拉是先知穆罕默德前八代祖父。欧麦尔的母亲是罕塔玛·宾特·哈希姆·本·穆埃拉·本·阿卜杜拉·欧麦尔·本·麦赫祖姆。

哈塔布在族人中很有名望。但他并不富有，没有钱财，也没有用人。阿慕尔·本·阿斯在埃及任负责人时，欧麦尔给他写了一封信。在信中欧麦尔问阿慕尔所敛钱财的来源。看信后阿慕尔很生气。他在给欧麦尔的回信中写道："……指安拉为誓，如果说你指责我不忠是合法的话，我告诉你，我没有对你不忠。过去你是信任我的。我们都出身于高贵的门第。高贵的血统不可能使我不忠于你。我知道，在你身边有比我强的迁士。如果是这样，信士的长官啊，我当初就不应为你敲门开锁。"

当欧麦尔派穆罕默德·本·穆赛利迈到埃及去处理阿慕尔·本·阿斯一事时，阿慕尔气愤地说："……安拉会诅咒这个让我成为欧麦尔属下的世道！指安拉为誓，我见过欧麦尔，我也见过他父亲，他俩当时都穿长不过膝的粗布衣服，肩上扛着烧材，而我父亲阿斯·本·瓦伊勒穿的是华服。"

穆罕默德·本·穆赛利迈回答他说："阿慕尔，请你住口。欧麦尔比你强。你父亲也好，他父亲也好，现在都处在火狱中……"

欧麦尔的父亲哈塔布为人很粗鲁。欧麦尔在任哈里发之后的某一天，当他路过一片长满树丛名叫朵吉南的地方时，他对当时与他一起赶路的人说："我曾在此地为哈塔布放过骆驼。指安拉为誓，我从未见过像他那样粗鲁的人。"泰伯里在他的史书里也记述过这件事：欧麦尔在任哈里发之后的某一天，当他路过朵吉南时对同路人说："除安拉外，绝无应受崇拜的。安拉给予他所意欲的，给予他所意欲给予的人。我曾在此，穿着一块羊皮，为哈塔布放过骆驼。我干活，他令我苦不堪言，如果我稍微偷懒，他就对我大打出手。当时除安拉外，真找不到一个同情我的人……"

哈塔布并不好色，但为了多子多孙曾与数位女人结过婚。多子多孙是阿拉伯人引以为豪的事情。读者可能记得先知穆罕默德的爷爷阿卜杜勒·穆塔里布曾由于人丁缺少而在族人中感到势单力薄。于是，他许愿说，如果能得十子，他将在克尔白宰杀一个儿子为主献牲。同样，前文中我们也提到，阿迪家族由于人丁少，被迫离开了自己的家园。哈塔布追求多子多孙是不足为奇的。

哈塔布聪明，在族人中也很受尊敬。在战斗中他很勇敢，总是冲在阿迪子弟们最前面。阿迪子弟们曾参加了伏贾尔之战。在战斗中，扎德·本·阿慕尔·本·努费勒和哈塔布·本·努费勒一直冲在前面。阿慕尔·本·努费勒是哈塔布的同父异母的兄弟，又是他的继父。努费勒之妻杰达生了哈塔布，不久努费勒去世。努费勒去世后，他的妻子杰达嫁给了他前妻的儿子阿慕尔·本·努费勒。在蒙昧时期，这样的婚姻在阿拉伯人中间是允许的。杰达给阿慕尔生了扎德·本·阿慕尔。扎德·本·阿慕尔是欧麦尔的同母异父的兄弟，又是他的侄儿。扎德与欧麦尔的年龄相近，因此在战斗中他俩总是一起冲锋陷阵。

扎德·本·阿慕尔曾放弃拜物教，不肯食用为偶像准备的食物。他当时说："是安拉使天下雨，使地长出禾苗，安拉创造了农畜。你们为何给安拉之外的偶像献牲呢？大地上除我之外没有任何人相信易卜拉欣的宗教了！"然后吟了一首诗歌表示放弃偶像。于是，哈塔布便与其敌对起来。

哈塔布纠集了一伙古莱什人将扎德·本·阿慕尔赶出了麦加，并不准他再进麦加。哈塔布是当时最粗暴的人。

哈塔布的妻子们中，有位妻子叫罕塔玛·宾特·哈希姆·本·穆埃拉。她属于麦赫祖姆家族。罕塔玛与哈立德·本·瓦利德是堂兄妹。穆埃拉·本·阿卜杜拉·本·阿慕尔·本·麦赫祖姆是罕塔玛及哈立德·本·瓦利德的爷爷。穆埃拉是古莱什人中的一位绅士、英雄。他拥有族长所拥有的率军出征的权利。正是由于他在古莱什人中所享有的显赫地位，他才当先知穆罕默德的爷爷阿卜杜勒·穆塔里布要宰杀子阿卜杜拉给安拉许愿献牲时，第一个站出来劝阻了阿卜杜勒·穆塔里布的行为。他说："你不要杀他，他会得到宽恕的。如果能用我们的财产赎回阿卜杜拉，我们愿赎。"由于罕塔玛家族的地位，她与哈塔布其他妻子们相比，备受哈塔布的关心和重视。当罕塔玛生下欧麦尔之后，作为父亲的哈塔布异常高兴。在欧麦尔出生的那一天，哈塔布给阿迪家族中的人们施舍了丰盛的食品。

欧麦尔生于何年，至今尚无定论。有定论的是，他逝世于伊历 23 年 12 月份（公元 644 年 11 月）最后三天里的某一天。对于他逝世时的年龄，尚有分歧。有人说，他逝世时，享年五十五岁，也有人说，他享年五十七岁，有人说他享年六十岁，甚至有人说他逝世时享年六十三岁。总之，他逝世时，六十岁左右。如果这一判断是正确的话，那么他从麦加迁徙到麦地那时，还不满四十岁。总之，这一判断正确与否，不是我们能下定论的事。

欧麦尔的骑士风采及其对体育及诗歌的爱好

欧麦尔与古莱什子弟们一样，在麦加地区度过了自己的童年时代。但与大多数古莱什子弟们不同的是，他学会了读与写。当时，能读会写的古莱什子弟为数极少。先知穆罕默德为圣时，在整个古莱什人中，能读会写的男子仅十七人。因此，我们说欧麦尔与同龄人相比，很有优势。在蒙昧时期，阿拉伯人没有把能读会写看作是一种长处。他们自己没有，也不愿让自己的子弟们去下功夫学习。

当欧麦尔步入青年时代时，他曾经在麦加郊区的朵吉南为其父放骆驼。前文中，我们已谈到了他的父亲哈塔布及其对欧麦尔的粗暴。放牧骆驼是古莱什子弟们在那个时代常干的事。

欧麦尔步入青年时，他在体魄上已胜过了同龄人。他人高马大，皮肤白中透红，左撇子，走路时健步如飞。有一次，奥夫·本·马立克看到一群人站在一起，其中一人比其他人高出一头。他问:“这个大个子是谁？”人们告诉他：“他是欧麦尔·本·哈塔布！”

欧麦尔年轻时精通各种体育项目，比如摔跤、骑马、剑术。当他归信伊斯兰教之后，一位男子遇到了一位牧羊人，男子问牧羊人：“你知道那位左撇子归信伊斯兰教了吗？”牧羊人说：“是那位在欧卡兹市场上的摔跤能手吗？”男子回答说：“是的，就是他！”牧羊人大声说：“指安拉发誓，这对他们来说，不是大好事，就是极坏的事。”骑马是欧麦尔一生中最喜欢的运动。任哈里发之后的某一天，他看到了一匹骏马，于是一跃骑上了马背，骏马四蹄如飞，几乎踩倒行人。他在战斗中的作风也是一贯冲杀在前。在这方面他继承了麦赫祖姆人的传统。艾布·伯克尔去世前曾说过：“当时如果我将哈立德·本·瓦利德派往叙利亚，把欧麦尔·本·哈塔布派往伊拉克，为了安拉，我早就占领了这两个地方。”

欧麦尔不仅喜爱骑马、摔跤等，同时也很喜爱诗歌。他在欧卡兹及其他地方听到诗人们朗诵各自的作品时，便能背下他所喜爱的诗句。在后文中，我们将谈到他同哈推艾、哈桑·本·萨比特、祖伯尔干等诗人的交往。欧麦尔从他父亲那儿学到了阿拉伯人的家谱学，他是当时最出色的阿拉伯家谱学专家。欧麦尔能言善辩，因此他才能担当起调停古莱什人与其他部落纠纷的重任。

欧麦尔当时同麦加的其他青年人一样喜欢饮酒，也可以说他比其他人更嗜酒。青年时期，他也很贪恋女色。因此，为他撰写生平传记的所有作家一致认为，蒙昧时期的欧麦尔是一位嗜酒好色的人。在那个时期，古莱什人大都如此。麦加人都喜欢饮果酒，他们把酒及女色看成是最大的享受。蒙昧时期的阿拉伯诗歌中，关于酒及女色的内容比比皆是。伊斯兰兴起之后，谈及酒色的诗歌被看成是犯罪。

欧麦尔成年之后，便结婚娶妻了。他同本族的其他男人一样，为了多子多孙，娶了数房妻子。他一生中，娶了九房妻子。她们给他生了八男四女，共十二个孩子。他的第一位妻子是栽娜卜·宾特·马孜欧娜，她给欧麦尔生了阿卜杜·拉赫曼及哈芙赛。第二位妻子是乌姆·库勒苏姆·宾特·阿里·本·艾比·塔利卜，生了大栽德及鲁吉娅。第三位妻子是乌姆·库勒苏姆·宾特·杰尔瓦勒·本·马立克，生了小栽德及欧拜杜拉。第四位妻子是杰米拉·宾特·萨比特·本·艾比·艾夫莱哈，生了阿斯姆。第五位妻子是乌姆·哈克姆·宾特·哈里斯·本·哈希姆·本·穆埃拉，生了法蒂玛。第六位妻子是阿堤克·宾特·栽德·本·阿慕尔，生了阿叶塔。第七位妻子是鲁海叶。第八位妻子是富凯海，她也生有一子。第九位妻子，史学家对其名字有分歧，她也生有一子，名叫小阿卜杜·拉赫曼。

欧麦尔迁徙之前生活在麦加时，娶了前四房妻子。当他迁徙到麦地那之后,娶了后五房妻子。当然,欧麦尔从未同这九房妻子同时生活在一起。他归信伊斯兰教之后，同乌姆·库勒苏姆·宾特·杰尔瓦勒离了婚。他先后又同乌姆·哈克姆·宾特·哈里斯·本·哈希姆·本·穆埃拉及杰米拉·宾特·萨比特·本·艾比·艾夫莱哈离了婚。当艾布·伯克尔任哈里发时，欧麦尔曾同艾布·伯克尔的小女儿订了婚。艾布·伯克尔的小女儿名叫乌姆·库勒苏姆。有一次小女儿来到她姐姐、先知的妻子、信士之母阿伊莎的住处。姐姐想征求妹妹对这门婚事的意见,妹妹当时就表示不愿嫁给他。她说："他生活很艰苦，对女人又很粗野。同样他也同乌特拜·本·拉比阿的女儿乌姆·阿巴娜订了婚，但阿巴娜很讨厌他。"她曾说："但愿他家封门闭户，不得好运。但愿他出门进门都愁眉苦脸。"

艾布·伯克尔的小女儿乌姆·库勒苏姆及乌特拜·本·拉比阿的女儿乌姆·阿巴娜谈到的欧麦尔粗鲁、艰苦及愁眉不展，都是欧麦尔青年时养成的一生都没有改变的习惯。当他任哈里发时，他的第一个祈祷词是："主啊，我很暴躁，使我温文尔雅吧！主啊，我是弱小的，使我坚强有力吧！主啊，我是吝啬的，使我慷慨大度吧！"欧麦尔从他父亲那儿继承了粗暴的特点。至于他的吝啬，是由于从他父亲那一代到他自己这一代，家庭并不富有。充其量，他一生过的都是中等生活。他同大多数麦加子弟一样，也从事商务活动。但由于他脾气暴躁，未能从商务活动中赚到大钱。麦加商人有一句口头禅：要从石头中挤出水来，要把黄土变成金。

欧麦尔性格急躁，他没能像其他商人一样，做到这一点。欧麦尔从未停止过冬夏两季到也门及叙利亚的商务活动，甚至有时也到波斯及罗马进行贸易活动。但在这些商务活动中，他更注重增加自己的知识，他把知识看得比金钱更重要。麦斯欧迪在其《黄金草原》一书中指出了在蒙昧时期欧麦尔的商务活动。在这一活动中他见到了很多阿拉伯酋长并同他们进行了交谈。当时他代表古莱什族与外族交往，学习阿拉伯人的家谱及历史，阅读当代的书籍。这一切都使他把增加知识看得比增加财产更重要。

这种情况使欧麦尔很自负。有钱人为了保持和增加自己的财富，需要同人们保持良好的关系。要想使商务活动成功就需要计谋和手段，而求知者往往蔑视金钱和尘世。贪恋金钱者有时会为了钱财失去理智，而且还需巴结有权势者。求知者则不重视尘世，蔑视金钱，想求知识同时很清高，有某些人会达到与世隔绝的程度。当然，欧麦尔在年轻时还没有达到想与世隔绝的程度，但当时他已很自负、很清高了。

欧麦尔对正教的敌视

随着学识的增加，欧麦尔·本·哈塔布更加关心族人的事务。他很自负，也很固执己见。为了自己的见解，他往往同人争吵，甚至动手。但他对别人的意见也常常推敲，为的是更好地推翻它、压倒它。

在经济、社会及其他领域，麦加人的观念与阿拉伯国家人民的观念没有什么不同。在这些领域，人们形成了多种多样的观念，这些观念是他们从先辈那里拿到现实生活中来的。在他们的相互关系中，他们已习惯这种观念。但是在宗教信仰方面，在他们之间却发生了分歧。这是因为，居住在他们中间的基督教徒、犹太教徒否认偶像崇拜，他们认为拜偶像是荒谬的，有理智的人应与拜偶像分清界限。在夏季商务活动中，阿拉伯人在罗马看到的居民同犹太人和基督教徒一样，他们都比阿拉伯人文明。他们认为，罗马人的文明是他们的宗教带来的。与此同时，基督教传教士像今天一样，积极地传教。于是，在阿拉伯人中间产生了一些开明的、否定偶像崇拜的人士。

欧麦尔是喜欢读书的人，他是否同其他开明人士一样脑筋开化了呢？

他的脑筋没有开化。他当时极力反对这些开明人士。他认为，这些开明人士离开族人们所信仰的宗教是对阿拉伯集体基石的破坏。因此，他反对他们，而且为了不让他们发展成气候，他主张消灭他们。与此同时，他又不像族人那样袒护偶像崇拜。他之所以这样做，仅仅是为了维护阿拉伯人的社会制度，维护这一制度所保障的实体和这一实体面对其他民族时的团结。

自古以来，世人就在两大关键问题上进行辩论，至今仍争论不休。人们有时偏重这一面，有时又偏重另一面。这两大关键问题就是自由和制度，也就是个人自由和集体制度。没有制度，集体就没有生命力；个人没有自由，也谈不上生活。个人自由与集体制度是矛盾的。那么我们是支持个人自由呢，还是支持集体制度呢？无疑，我们支持集体制度。没有集体制度，个人自由就没有保障。如果集体制度受到了侵犯，个人自由也会同时受到侵犯。但是，个人自由难道没有一个度，从而使其不与集体制度矛盾吗？难道集体制度也没有一个度，从而使其不与个人自由矛盾吗？这个度，过去是，今天仍然是产生分歧之所在。个人自由在经济生活、社会生活、政治生活及生活其他方面中是有度的；集体制度在生活各个方面也应有度。正是由于在一个民族或在各个民族关系中，对个人自由和集体制度的认同产生的分歧，才带来了革命，才爆发了战争。当然，为了主权也常常爆发战争。战争贩子们有时打着自由的旗号，有时打着保卫自由的世界制度的旗号。

很多时候，人们认为言论、信仰自由及对两者的表达要在一定程度之内，不能与社会制度相矛盾。但在欧麦尔所处的那个时代，人们还没有达到这种认识程度。当时在波斯和罗马之间往往为了宗教而爆发战争。这之后，在信仰基督教的欧洲与穆斯林之间就爆发了十字军战争。由于信仰的原因，这一残酷的战争持续了很久。这是因为，宗教被认为是社会生活的基础。这也使得那些信仰非本国宗教的人被认为是外来者。他们在所在国可以信仰祖先留给他们的宗教，但所在国家决不允许他们在这个国家传扬他们的信仰的宗教。在蒙昧时期，欧麦尔与不崇拜偶像的人为敌是不足为奇的，他同那些放弃祖辈所信仰的偶像的本族子弟为敌也是正常的。欧麦尔不是不知道，那些放弃偶像崇拜者很有头脑，他可能很敬佩他们。人们不会追随他们中的愚昧者，也不会跟平民百姓走，他们所追随的人是本民族中有远见者和探求真理者。盖斯·本·萨尔德·艾耶迪是基督徒，他有理由指责阿拉伯人所崇拜的偶像。那么，扎德·本·

阿慕尔·本·努费勒等放弃偶像崇拜的麦加子弟也作有关认主独一思想的诗歌，在欧麦尔看来他们没有理由这样做，他必与他们为敌。如果对这些人放任不管，他们就会破坏人们的团结，就会给社会带来麻烦。欧麦尔及与其有同一思想的人要保护人们的团结，要保护麦加的地位。这种想法使欧麦尔等智者不能很好地衡量自己。欧麦尔等人不是想让人们追随自己，而是不想让人改变先辈们留下的信仰。

欧麦尔是对开化者最严厉的古莱什人，也是对待他们最凶狠的人。这也是由他的性格所决定的。他当时还未超过二十五岁，年轻人的好胜之心使他异常自负。暴躁的性格和异常的自负使他非常敌视放弃和指责偶像崇拜的族人。

安拉意愿，穆罕默德为圣。他号召族人们走正路，信仰真理之教。认主独一思想开始流传，有的人归信了伊斯兰教。但麦加偶像崇拜者们开始压迫穆斯林中的弱者。他们企图压迫使他们回到偶像崇拜者的队伍中去。当时的欧麦尔·本·哈塔布是麦加敌视伊斯兰教最严厉的人物。

伊本·哈希姆曾提到，有一天，他遇到欧麦尔正在痛打他的女奴，他的女奴已归信伊斯兰教，为了使其退教，他打她、折磨她。由于时间太久了，他自己都厌烦了，便对她说："我放过你了！但你要明白，是由于我打你打腻烦了才放过你了。"女奴回答说："安拉也会这样待你的！"后来，艾布·伯克尔买下了这位女奴，并解放了她。

欧麦尔反对穆罕默德及其宣教活动并不是盲目的行为。欧麦尔是麦加人中最明智、最有知识的人。穆罕默德的宣讲中不乏令其钦佩之词，但这些更激起了他的怒火，他认为，穆罕默德的宣讲破坏了麦加原有的制度。穆罕默德的行为破坏了麦加人的团结，降低了麦加权贵的社会地位。对欧麦尔来说，维护麦加人的团结、维护麦加权贵的社会地位，比穆罕默德及他的宣讲更重要。

归信伊斯兰教的穷人们有何过错？他们为何要受别人的折磨呢？要说错，应该是穆罕默德的错，是他那迷人的宣讲的错！穆罕默德的宣讲打动了穷人们的心灵，使他们放弃了原来的信仰而归信了伊斯兰教。如果穆罕默德死去，一切都会风平浪静。为了一个部落，为了麦加的所有部落，为了社会的安定，为何不能除掉穆罕默德呢？

但是穆罕默德对人好言相劝，用令人信服的语言劝人归信，他在麦加却从未说过一句谎言。难道仅仅为了他自己的信仰，为了他说过“我的主是安拉”就杀了他吗？

穆罕默德是哈希姆族子弟，哈希姆子弟们对他大加保护，怎样才能杀掉他呢？穆斯林当中也有一批很有地位的人，他们属于麦加很有权势的家族。各自的族人都会像哈希姆族人保护穆罕默德一样保护这些本族已归信伊斯兰的穆斯林们。如果欧麦尔动员起古莱什人一起对穆罕默德及穆斯林们诉诸武力，那么在麦加将会发生可怕的内战。

每当自己一个人没事时，欧麦尔总是思考这些问题。当穆罕默德为了信仰让部分穆斯林离开麦加到阿比西尼亚[①]避难时，欧麦尔动了恻隐之心。他看到，他们离乡背井时心中很痛苦。他考虑了很久，决定要除掉穆罕默德，制止他的宣讲活动。尽管这样做可能会给自己带来灾难，但为了古莱什人的团结，为了麦加的安定，有什么灾难也在所不惜。

欧麦尔已下定了决心：除去穆罕默德！但他忘了，安拉在造物时自有他的道理。在安拉哲理感召下，欧麦尔的理智战胜了他自己的鲁莽。他后来信服了穆罕默德，并成了历史上让人称颂的人物。

① 今埃塞俄比亚。——译者

第二章　欧麦尔归信伊斯兰教

有关欧麦尔归信伊斯兰教的种种说法

最著名的说法是，欧麦尔·本·哈塔布是继四十五名男子及二十一名女子先后归信伊斯兰教之后归信的。其他说法只不过是先他归信的人数上有多有少而已。伊本·凯西尔在其《始末录》一书中提道：欧麦尔是在部分穆斯林迁徙到阿比西尼亚之后归信伊斯兰教的。迁徙到阿比西尼亚的男女穆斯林大约九十人。在部分穆斯林迁徙之后，欧麦尔曾到地处赛法的艾尔盖姆房子去找穆罕默德及他的门弟子和穆斯林们。当时，同穆罕默德在一起的男女穆斯林大约有四十人。这样算来，欧麦尔是继一百三十人之后归信伊斯兰教的。但说法不一，现在很难准确统计。

关于他归信的原因，也存在着不同的说法。其中被人谈及最多的说法如下：欧麦尔认为穆罕默德的宣教破坏了古莱什人的团结，因此欧麦尔及其同伙为了迫使信奉的穆斯林放弃伊斯兰，便千方百计地折磨他们。穆罕默德为了保护穆斯林的安全，便指示他们迁徙到阿比西尼亚去。当欧麦尔看到他们背井离乡远走异国时，不免动了恻隐之心。乌姆·阿卜杜拉·宾特·哈苏麦曾这样说过："我们动身前往阿比西尼亚时，欧麦尔·本·哈塔布走了过来，他站在我面前神情很忧郁地问道：'乌姆·阿卜杜拉，是到阿比西尼亚去吗？'我回答说：'是的！我们到安拉容我们安身之地去。你们欺压我们，但安拉会给我们出路的。'他说：'安拉与你们同在。'我从他脸上看到了过去从未看到过的善意及怜悯之情。然后他走了。我看得出，他对我们出走阿比西尼亚很痛苦。"她丈夫回来时，她同丈夫讲了和欧麦尔之间的对话。当时她想动员欧麦尔归信伊斯兰教。她丈夫对她说："就算哈塔布养的驴能信奉，他也不会信奉。”

还有一种说法：欧麦尔看到自己族人中有人受折磨之后背井离乡时很痛苦。他想找到解脱他们的办法。是到了当机立断的时候了。于是，他下决心要杀掉穆罕默德。他认为，只要他留在古莱什人之中就无法统一古莱什人的意志。有一天，他听说穆罕默德正与其门弟子在赛法的艾尔盖姆房子中聚会。于是他腰系佩剑，要找穆罕默德及其同伴们算账。当时聚会的男女穆斯林大约有四十人。在路上他遇到了努艾姆·本·阿卜杜拉。努艾姆问欧麦尔：“你到哪儿去呀？”他说：“我去找穆罕默德。是他分裂了古莱什人，指责了古莱什人的品德，责难了他们的神灵及信仰，我要杀掉他。”努艾姆对他说：“指安拉起誓，欧麦尔！你自己骗你自己！如果你把穆罕默德杀了，阿卜德·麦纳夫子弟们能放过你吗？赶快回家去吧，去看看你的家人在干什么？”欧麦尔问：“我哪个家人？”努艾姆说：“你的姐夫和你姐姐。”欧麦尔的姐姐名叫法蒂玛，姐夫是他的堂弟赛义德·本·栽德·本·阿慕尔。努艾姆接着说：“你姐夫和你姐姐已归信了伊斯兰教，你应先从他俩身上入手开始行动。”于是，欧麦尔急急赶到姐姐家。当时，赫巴卜·本·艾尔泰正在他姐姐家给他姐姐及姐夫念《古兰经》的“塔哈”章节。当听到了欧麦尔的脚步声后，赫巴卜藏了起来，法蒂玛赶紧收起了《古兰经》。欧麦尔走进姐姐家时，他听到了赫巴卜的诵读声。他走进房门问道：“刚才我听到有人在读书，你们读的什么？”法蒂玛说：“我没听到什么！”欧麦尔说：“不对，别人告诉我你俩已跟从了穆罕默德，信奉了他宣讲的宗教。”说完就要动手打赛义德。法蒂玛起来保护丈夫，欧麦尔便把他姐姐打得头破血流。这时赛义德和法蒂玛也火了，他俩对欧麦尔大喊起来：“是的，我们已归信了伊斯兰教，我们信仰安拉，信仰安拉的使者。随你的便吧！你想干什么就去干吧！”当看到姐姐血流满面时欧麦尔悔悟了，他对姐姐说：“把你们刚读的《古兰经》给我看看吧。我要看一看穆罕默德到底带来了什么？”姐姐回答说：“我怕你把《古兰经》给毁了。”他说：“你不用怕，我以我信仰的神灵起誓，我读完后一定完璧归赵。”于是，法蒂玛把《古兰经》交给了欧麦尔。当他读了前几句后便说：“这是多么完美、多么崇高的言语啊！”赫巴卜听到他称赞《古兰经》后便从藏身之处走了出来，他喊道：“欧麦尔！指安拉发誓，我希望安拉能使你听从安拉使者的宣讲。我昨天听安拉的使者讲：'主啊！以艾布·哈克姆·本·哈希姆或欧麦尔·本·哈塔布支援伊斯兰吧。'欧麦尔，我指安拉起誓，我说的句句都是实话。"这时，欧麦尔说："赫巴卜，告诉我穆罕默德在哪儿？我找他去，我要归信伊斯兰。"赫巴卜告诉他，他正在赛法的一个人家里，与同伴们一起做功课。欧麦尔系上佩剑，来到了穆罕默德所在的地方。他敲响了大门。同穆罕默德在一起的穆斯林听到了敲门声，其中一人从门缝往外一看，看到了腰系佩剑的欧麦尔。他马上回到了内屋，害怕地说："安拉的使者啊！来人是腰系佩剑的欧麦尔。"哈姆扎·本·阿卜杜勒·穆塔里布说："放他进来。如果他为善而来，我们答应他；如果他心怀歹意，图谋不轨，我们用他带着的佩剑将他干掉！"这时，安拉的使者说："让他进来吧！"待欧麦尔进门后，安拉的使者迎了上去，两人在房间里相遇了。安拉的使者整了整衣服说道："伊本·哈塔布，来此何干？"欧麦尔说："安拉的使者啊，我来此是为了向你表示，我信仰安拉，信仰安拉的使者，信仰安拉的使者从安拉处得到的启示。"这时，安拉的使者放声赞美安拉。在场的穆斯林们，从使者的赞美声中已知欧麦尔归信了伊斯兰教。

以上所述，是有关欧麦尔归信最著名的说法。还有一种说法是根据欧麦尔的自述而来。欧麦尔曾经说过："我原本与伊斯兰教格格不入。在蒙昧时期我是酒徒。当时我爱酒、酗酒。我们古莱什男人有一个聚会的地方。有一天晚上，我到聚会的地方去找我的酒友，但一个也没找到。我心想，到酒馆去吧。当时在麦加有个卖酒的铺子，但愿我能买到酒喝。于是我向酒馆走去，但没能买到酒。干吗去呢？到天房去转它七圈或七十圈吧！于是我来到了天房。在天房里我看到安拉的使者正在祈祷，他当时祈祷的朝向是叙利亚，天房处在他与叙利亚方向的中间，他祈祷的地方是两根立柱中间。一根立柱是黑色的，另一根是玛瑙色。我见到安拉的使者后心想，我何不听一听穆罕默德在咏诵什么呢？但我又怕走近他时惊动了他。于是，我从玄石前绕过去蹑足走进了天房的幔帐里面。这时，安拉的使者正在咏诵《古兰经》，我与他仅隔着一层幔帐。听到《古兰经》，我的心颤抖了，我流下了热泪。信仰的种子已植入我的心房，我一直站在那儿。安拉的使者祈祷完后往家走去，我悄悄地跟了上去，在离安拉的使者家不远的地方，我赶上了他。当他听到我的脚步声后，回头认出了我，他当时认为我要伤害他，便斥责我说：‘伊本·哈塔布，深更半夜了，你跟着我要干什么！’我回答说：‘我是来向你表示：我信仰安拉、信仰安拉的使者及他从安拉处得到的启示。’安拉的使者赞美安拉后说：‘欧麦尔，安拉已使你走上了正道。’然后，他摸了摸我的胸口，让我坚定了信仰的立场。我向安拉的使者表示了归信伊斯兰教，之后我离开了安拉的使者。”

关于后一种说法，伊玛目艾哈迈德·本·罕百勒在他撰写的书中也曾提到。他在书中写道：欧麦尔自己说：“我在归信伊斯兰教之前曾遇到过安拉的使者在天房做祈祷。我站在他后面，听他咏诵《古兰经》‘真灾’章。我对《古兰经》的神韵感到由衷的敬佩。我心里说：这不是同古莱什人都喜爱的诗句一样的诗篇吗？安拉的使者读到：

> 这确是尊贵的使者的言辞；并不是诗人的言辞，你们很少信仰，也不是卜人的言辞，你们很少觉悟。这是从众世界的主降示的。假若他假借我的名义，捏造谣言，我必以权力逮捕他，然后必割断他的大动脉，你们中没有一个人能保卫他。（《古兰经》真灾章：40—47节）

我听完‘真灾’章后，伊斯兰已占据了我整个心房。”

上述是欧麦尔归信的两种说法。伊本·伊斯哈格肯定了它。他说：“只有安拉知道哪种说法是正确的。”

欧麦尔的思维方式

上面的种种说法描述了欧麦尔放弃祖先宗教信仰的情况，也描述了安拉的使者见证他信仰安拉、信仰安拉使者的情况，但并没有对欧麦尔归信伊斯兰的心理进行足够的记述。他的归信是偶然的吗？欧麦尔本来与伊斯兰格格不入，并敌视伊斯兰，是安拉醒悟了他，让他听了赫巴卜及使者的咏诵后走上了正道吗？还是另有别的原因呢？实际上，过去欧麦尔也曾听过《古兰经》，他对《古兰经》也曾用心想过。他也认真考虑过穆罕默德的宣教及穆斯林们的事情。他思考很久之后，在安拉的启示下，才归信了伊斯兰教。

史学家对欧麦尔归信伊斯兰教还有这样或那样的描写。他们的描写并不是难事，尽管他们的描写已被群众所接受，但我认为他们的描写在批评面前是站不住脚的。

按著名的说法，欧麦尔想去杀害与同伴一起处在赛法的穆罕默德。后来当他读了赫巴卜给他姐姐和他姐夫读的《古兰经》后，安拉使他走上了正道。但说欧麦尔身带宝剑去杀与四十位穆斯林在一起的穆罕默德是不合情理的。当时在这四十名穆斯林中有哈姆扎·本·阿卜杜勒·穆塔里布、艾布·欧拜岱等麦加的英雄人物。他能达到自己的目的吗？是的，他当时的确是决心杀死穆罕默德，他也考虑过杀害他的手段。当他读了《古兰经》，看到《古兰经》的内容后，放弃了自己的想法，然后归信了伊斯兰教。但他想按着传说中提到的方法去杀穆罕默德是不合情理的。我认为，此结论是一种猜想。我倾向第二种欧麦尔自己讲述的，伊玛目艾哈迈德·本·罕百勒支持的说法。

欧麦尔颇具同情心和正义感。他将姐姐的头打破后很后悔就是明证。这种同情心我们往往能在有正义感的强者身上看到。当他们认为自己做事过了头时，往往能表现出这种同情心。在乌姆·阿卜杜拉·宾特·艾比·哈斯麦迁徙阿比西尼亚之前，欧麦尔同她的对话，又是一个明证。乌姆·阿卜杜拉曾对其丈夫说："我如果以前能看到欧麦尔同情我们，我早就动员他归信伊斯兰教了。"这也能从侧面解释欧麦尔归信伊斯兰的心理原因。

欧麦尔曾经非常重视麦加的社会秩序及其在阿拉伯人心中的崇高地位，也很担心伊斯兰教会破坏麦加的社会秩序和撼动其崇高地位。当他看到了先知及其伙伴们奔走相告，以善言劝导人们归信安拉，穆斯林的言行并没有给社会带来不良影响，穆斯林坚定地信仰自己的宗教并把自己的信仰看得高于一切，甚至高于自己的生命时，欧麦尔便开始重新考虑自己对穆斯林的态度及立场了。这些穆斯林受威胁、受折磨、受伤害，但他们从未屈服。他们面对这一切坦率地说："我们的主是安拉！"他们宁愿背井离乡，也不会放弃自己的信仰。这样的宗教，必然对其信仰者的生活及所生活的社会产生影响。这样的宗教必然给个人及民族一种巨大的向心力。从伊斯兰兴起，这种力量的影响已在麦加出现。欧麦尔是有知识、有见解的人物，他能一直与伊斯兰及穆斯林们格格不入吗？他能不认真地，能不放弃宗派仇恨的眼光再好好地认真研究一下伊斯兰吗？

欧麦尔是如何走上正道而归信伊斯兰教的

欧麦尔及其族人听到了穆罕默德的宣传及安拉启示给先知的《古兰经》。他也听说，穆罕默德夜间在家做礼拜时，有些人到那儿听他宣讲。这些人怎会夜夜听他宣讲呢？与此同时，欧麦尔也听到了穆斯林们与艾布·哈克姆·本·哈希姆的争论。当艾布·哈克姆·本·哈希姆被问对听到的穆罕默德的宣讲有何想法时，艾布·哈克姆说："我们与阿卜德·麦纳夫子弟们为荣誉而争斗过。他们为人提供过食物，我们也提供过，他们担负其所担负的责任，我们也担负过，他们给予过别人，我们也给予过。可以说我们能与他们并驾齐驱。他们说，我们有先知，天上会给其降下启示来，我们何时听到过这种事？我们发誓不相信他，不信仰他！"为此，艾布·哈克姆之流一直无理地折磨穆斯林。但穆斯林一直坚守自己的宗教，折磨不仅没能动摇他们，反而使他们更加热爱穆罕默德，更加依附于他。这难道不能充分说明，真理是在穆斯林这一边吗？由于阿卜杜·舍姆斯子弟与阿卜德·麦纳夫子弟之间的竞争，艾布·贾海勒也拒绝穆罕默德所宣讲的宗教。欧麦尔为何不好好研究一下这个宗教呢？阿迪子弟与阿卜德·麦纳夫子弟之间又没有什么竞争之说。因此，欧麦尔来到了天房，他想躲到帐幕之内看穆罕默德如何祈祷，他更想听一听他所诵读的《古兰经》。他曾在他姐姐那儿得到的《古兰经》中读过"塔哈"章节。考虑很长时间后，欧麦尔走上了正道。安拉用欧麦尔支持自己的宗教，支持自己的使者。

先知一直希望能有一位勇敢强有力、又能为了信仰不惧怕同敌人进行斗争的人站出来支持伊斯兰教。因此，他向安拉祈祷说："安拉啊！请让艾布·哈克姆·本·哈希姆或欧麦尔·本·哈塔布站出来支持伊斯兰吧！"艾布·哈克姆是位铁面利嘴，强有力、不惧怕战争的人物。欧麦尔·本·哈塔布的为人，读者在上文中也已知道。如果两人中任何一位能归信伊斯兰教，都能大力支持穆斯林及避免他们所遭受的迫害。由于艾布·哈克姆不肯顺从，让他信仰穆罕默德所宣讲的宗教并非易事。而欧麦尔呢，种种原因使他慢慢地走上了正道，慢慢地放弃了对族人们的袒护和对麦加制度的袒护。他心中的正义感战胜了其他因素，最后归信了伊斯兰。于是，他来到赛法艾尔盖姆房中，或他跟随穆罕默德从天房回到了穆罕默德家中。而安拉的使者问他为何而来时，他毫不犹豫地说："我是为信仰安拉、安拉的使者及使者从安拉那里带来的《古兰经》而来的。"

当欧麦尔看到伊斯兰对穆斯林的影响及其对社会的影响之后，心悦诚服地归信了伊斯兰教。他归信之后，希望穆斯林也能制定自己的制度。既然古莱什人都能保卫自己的社会制度，那么，穆斯林也应像古莱什人一样站起来保卫自己的制度。欧麦尔归信伊斯兰后，他马上在古莱什人中间公开宣布了自己的决定。欧麦尔曾说过："归信的那天夜里我就想，古莱什人中谁最反对、敌视安拉的使者呢？我要当面告诉他我归信了伊斯兰。第二天清晨，我来到艾布·贾海勒家，敲响了他家的门。他出门看到我后说：'欢迎你！兄弟有什么事？'我说：'我来告诉你，我已信仰安拉、信仰安拉的使者穆罕默德，相信了使者的话。'他当着我面，用手砸门并大声说：'真神会让你出丑，会让你今天所说的成为丑闻！'"

欧麦尔宣布自己归信伊斯兰教

欧麦尔归信伊斯兰教时，他的儿子阿卜杜拉·本·欧麦尔已是懂事的人。阿卜杜拉曾说过："当我父亲归信伊斯兰教时，父亲对我说：'我把我归信的事先告诉哪位古莱什人呢？'有人对他说，先告诉杰米尔·本·马阿麦尔·纠马哈。于是，父亲来到杰米尔家，并对他说：'杰米尔，你知不知道我已归信伊斯兰？我信奉了穆罕默德所倡导的宗教。'杰米尔没容父亲再说什么，拽着他的衣服把他拉到天房克尔白。杰米尔大声喊道：'古莱什人们啊！欧麦尔·本·哈塔布已背叛了他父兄们的信仰！'父亲站在他身后说：'你说谎！我归信了伊斯兰教，我见证除安拉外，绝无应受崇拜的，穆罕默德是安拉的仆人和使者。'古莱什人对父亲的言行愤怒了，父亲一人同他们打了起来。太阳升起后，父亲感到累了，于是他坐在了地上，这时古莱什人又向他扑了过来，父亲严厉地对古莱什人讲道：‘你们愿干什么就干什么吧！我指安拉发誓，当我们穆斯林男子达到三百人时，必将同你们一决高低，或者我们离开麦加，或者我们将你们赶出麦加！’这时一位古莱什长者走了过来。他站在他们面前说：‘你们在干什么？’古莱什人说：‘欧麦尔背叛了祖宗！’这位长者说：‘奇怪，只不过是一个人选择了他自己所愿意的事，你们想干什么？难道说，你们看到阿迪·克阿布族人中有人归信伊斯兰，你们就欺负他吗？阿迪子弟们也是有人保护的。你们放开他……’”

当穆斯林们迁徙到麦地那后，欧麦尔的儿子阿卜杜拉问父亲：“父亲，你归信伊斯兰的那一天，古莱什人同你厮打，出面制止古莱什人的那位长者是谁呀？”欧麦尔告诉儿子：“儿子啊！他是阿斯·本·瓦伊尔·赛海米。”

阿斯·本·瓦伊尔·赛海米是阿慕尔·本·阿斯的父亲。而欧麦尔归信伊斯兰时，他多次保护了欧麦尔。古莱什人曾威胁恐吓欧麦尔。于是，他只好躲在家里。欧麦尔的儿子阿卜杜拉·本·欧麦尔说：当他害怕躲在家里时，阿斯·本·瓦伊尔·赛海米来到他面前。阿斯是赛海米家族子弟，在蒙昧时期他们是我们的同盟者。阿斯问欧麦尔:“你怎么了？”欧麦尔说:“由于我归信了伊斯兰，你的族人扬言要来杀我。”阿斯说：“他们动不了你。”于是，欧麦尔得到了安全。阿斯从欧麦尔家出来后，在河谷遇到了一群人。阿斯问他们：“你们要到何处？”众人回答说：“我们要去找改变自己宗教的欧麦尔·本·哈塔布。”阿斯对他们说：“欧麦尔是改变了自己的信仰，那又怎么样。我是他的邻居，我保护他。”于是人们散去了。

阿斯保护欧麦尔是不足为奇的。前文我们已提到，当阿迪族人与阿卜杜·舍姆斯族人在蒙昧时代竞争失败后，他们被赶出了在赛法的家园，被迫来到赛海米族人的住地。从那时起两个家族和睦相处、相互保护。正是这种睦邻互保的关系使欧麦尔敢于公开自己的信仰，敢于与古莱什人对抗，敢于保护穆斯林不受古莱什人的伤害。也正是由于这些，欧麦尔的个性更加突出，他更加自信，这使他比先他归信伊斯兰的穆斯林在与古莱什人斗争中采取了更加强硬的立场。史学家对他的坚定强硬的立场都大加赞扬。

据说，有一次欧麦尔问先知穆罕默德：“安拉的使者，难道不是无论我们生还是死，真理都在我们一边吗？”先知回答说：“是的！我以掌我生死的主起誓，你们无论生还是死，真理都在你们一边。”欧麦尔又说：“那么我们躲什么？我以给你真理使你为圣的主起誓，让我们站出来吧！”于是，先知在两队穆斯林的簇拥下来到了天房。欧麦尔领着一队，哈姆扎领着一队。古莱什人看到这一阵势，个个都垂头丧气、不敢接近。

欧麦尔归信伊斯兰教后穆斯林同古莱什人的关系

欧麦尔归信了伊斯兰教，他认为应该让所有人都知道，他已光明正大地归信了伊斯兰教。谁愿不高兴、生气、发怒，就随他们去，谁愿与自己为敌，就为敌吧！他坦白地告诉他们，他已与古莱什人势不两立，男性穆斯林人数何时达三百人，双方将一争高下，或者穆斯林将偶像崇拜者赶出麦加，或者穆斯林被他们赶走。自从欧麦尔归信伊斯兰之后，穆斯林不再在麦加郊区山间小路上做祈祷了，他们一起来到天房，在那儿公开做祈祷。

阿卜杜拉·本·麦斯欧德曾这样说过：“欧麦尔归信伊斯兰教是个壮举，他的迁徙是胜利的标志，他任哈里发是主给予人们的慈祥。原来我们不能在天房进行祈祷，欧麦尔归信伊斯兰之后，他同偶像崇拜者们进行了斗争，直到他们不再干涉我们在天房进行祈祷了。”他又说：“自欧麦尔归信伊斯兰教之后，我们强大了。”苏海卜·本·希纳也曾经说过：“欧麦尔归信伊斯兰之后，伊斯兰及伊斯兰宣教活动公开了。我们在天房坐成一圈，然后绕天房。谁敢于欺侮我们，我们必予以还击，找回公道。”

为了自己、为了穆斯林兄弟像其他人一样有权在天房进行祈祷，欧麦尔一直同古莱什人做斗争。在斗争中，哈姆扎·本·阿卜杜勒·穆塔里布一直同他并肩战斗。欧麦尔、哈姆扎及穆斯林大众在斗争中采取了以前从未有过的积极立场。为了享有古莱什人享有的权利，为了传教自由他们奋起斗争了。古莱什人也好，其他偶像崇拜者也好，对穆斯林已无能为力。

穆斯林的积极立场给古莱什人所有部落造成了影响。很多古莱什人已心向伊斯兰，但他们害怕受伤害，一时未能归信伊斯兰教。部分古莱什人看到欧麦尔归信了伊斯兰教，便开始同其他穆斯林在天房进行祈祷，开始同古莱什人斗争了，因为他们认为不会再由于归信而受伤害，于是很多人归信了伊斯兰。这时，古莱什人感到大事不好。他们商量说：“哈姆扎、欧麦尔已归信了伊斯兰，穆罕默德在古莱什人中的宣教活动越来越活跃。他们应重新认真考虑如何面对这一局面了。”

很多古莱什人归信伊斯兰教的消息不胫而走。消息从希贾兹地区传到了阿比西尼亚。在阿比西尼亚的一些穆斯林得知这一消息后，他们返回了家乡，就在他们快到麦加时，又听到了不同的消息。古莱什人当看到很多本族子弟像欧麦尔一样归信了伊斯兰，于是各个部落之间订立了盟约。盟约规定：古莱什人各个部落同哈希姆子弟及阿卜杜勒·穆塔里布子弟断绝往来。古莱什人不与他们通婚，也不与他们通商。他们把这一盟约张贴在天房克尔白中央。那些心向伊斯兰，但仍未信奉伊斯兰教的古莱什人，面对这样的局面犹豫了，他们不敢跟随穆罕默德了。于是，穆斯林与古莱什人的斗争又重新开始了。从阿比西尼亚返回的穆斯林看到这种局面后，没有回麦加，他们或隐藏起来，或又回到了阿比西尼亚。

古莱什人与穆斯林们的斗争又重新开始了。欧麦尔同其他圣门弟子一样也受到了伤害。但他紧跟安拉的启示，信仰更加坚定，也更加靠近先知了。在先知时代，在艾布·伯克尔时代，在伊斯兰生活中，欧麦尔都起了重大作用，从而使他成了力量、公正、同情他人的象征，使他的时代成为伊斯兰史上及人类文明史上最伟大的时代。

第三章　同先知在一起的时期

古莱什人同穆斯林之间的敌视加剧

欧麦尔归信了伊斯兰教，并在古莱什人中宣布了此事。他归信伊斯兰教之前，穆斯林不能在天房进行祈祷。于是，他同古莱什人斗争，直到古莱什人不再阻止穆斯林在天房进行祈祷。他归信前，伊斯兰的宣教活动秘密进行；他归信之后，这一活动公开化了。因此，穆罕默德的宣教活动遍及所有古莱什部落。很多古莱什子弟归信了伊斯兰教。面对这样的局势，古莱什各部落签订了同穆罕默德、哈希姆子弟、穆塔里布子弟断绝往来的盟约。盟约规定：双方不通婚、不通商。因此，古莱什人与穆斯林之间的斗争加剧了。

在斗争中，古莱什人利用了一切可以利用的手段。首先，他们利用了宣传的手段。他们伪称，穆罕默德是位伶牙俐齿、能言善辩的人。他的话能使父子疏远，能让兄弟不和，能把夫妻拆散，能叫族人分裂。古莱什人派奈达尔·本·哈里斯跟在穆罕默德身后捣乱。穆罕默德在哪儿宣讲，他就跟到哪儿。他对人们讲解波斯人的消息和信仰。然后，他又说："穆罕默德讲的并不比我讲的好。他所讲的只不过是先人们所讲的神话。"当时，穆罕默德常到一个名叫杰卜尔的青年基督教徒那儿去。因此，古莱什人造谣说，穆罕默德所宣讲的大部分内容都是从杰卜尔那儿学来的。

古莱什人变本加厉地对穆罕默德及穆斯林进行迫害。古莱什人艾布·赖海卜的妻子乌姆·贾米勒常常在安拉的使者所经过的路上投放荆棘。伍麦叶·本·海莱夫每当见到安拉的使者都进行中伤、诽谤及嘲笑。当时用暴力手段迫害穆斯林的事在麦加已司空见惯。

安拉的使者及没有迁徙到阿比西尼亚、同使者一同居住在麦加的穆斯林忍受着古莱什人的迫害。当古莱什人同穆斯林断绝往来后，一些穆斯林躲避在麦加郊外的山路上。在那里，他们历尽了千辛万苦，有时甚至要忍饥挨饿。他们在山路上一直躲避了三年，只有在禁月才走出山路。在禁月，穆罕默德仍然走向来麦加的阿拉伯人中，向他们宣讲安拉赋予他的使命。部分阿拉伯人看到穆斯林为了信仰安拉启示的真理不屈不挠地忍受着各种迫害，便加入了穆斯林行列。

哈希姆·本·阿莱尔及祖海尔·本·艾比·伍麦叶认为断绝往来的盟书太残酷无情，于是他俩与同情穆斯林的人撕毁了贴在天房内的绝交书。古莱什人对撕毁绝交书一事并没有采取什么行动。穆罕默德领导穆斯林走出了山路后，在麦加及其他阿拉伯部落仍然继续他的宣教活动。

穆罕默德加紧宣教活动。与此同时，古莱什人对他的暴力迫害愈演愈烈。适逢穆罕默德的叔父艾布·塔利卜逝世了，穆罕默德的妻子赫蒂彻也离开了人世。这使得古莱什人对穆罕默德的迫害频繁起来。穆罕默德想借助塔伊夫的塞基夫族人，但他失败了，他也曾想借助其他部落的力量，但都未能成功。

先知穆罕默德的夜行和升宵就发生在这一时期。夜行之后，少数归信者放弃了伊斯兰教，而古莱什人乘机大肆迫害未离教的穆斯林。而此时穆罕默德的宣教活动已持续多年，他所宣传的伊斯兰教义已给人们留下了深刻的印象，致使很多人都在思考他所宣传的真理。尤其是麦地那人受到的影响最大，一些麦地那人归信了伊斯兰教，他们首先同穆罕默德签订了首次阿盖白誓约，从而使穆罕默德开始考虑迁徙到麦地那去宣传、去发展伊斯兰。

一年过去了。麦地那的七十三名男子和两名女子共七十五位穆斯林从麦地那来到了麦加。他们同穆罕默德签订了第二次阿盖白誓约，穆罕默德要求他们要像保护他们的妻子儿女一样来保护他。从那一天起，穆罕默德命令居住在麦加的穆斯林分批地、秘密地离开麦加，到麦地那去。从此以后，伊斯兰教的中心移到了麦地那并从麦地那发展到整个阿拉伯半岛。

欧麦尔在麦加的立场及其迁徙到麦地那

欧麦尔·本·哈塔布像其他穆斯林一样，也迁徙到了麦地那。他离开麦加时，没有把自己的行踪告诉家人。但一些史书提到阿里·本·艾比·塔利卜时说道：“据我所知，除欧麦尔外，所有穆斯林都是秘密离开麦加的。当欧麦尔决定迁走时，他系上了自己的佩剑，背起了弓箭，腰带上别着一根削尖了的木棍，走进了天房。当时很多古莱什人都聚在天房里。欧麦尔在天房转了七圈后，走到祈祷处前做了祈祷。然后他站在古莱什人面前说：‘你们这些嘴歪眼斜的东西们听着，谁要想让母亲丧子、让儿子成为孤儿、让妻子成为寡妇就跟着我到河谷来！’”

但是伊本·哈希姆、伊本·赛尔德及泰伯里在他们的史书中没有肯定这一说法。伊本·哈希姆在其传记、伊本·赛尔德在其史书中提道：安拉的使者见到许多穆斯林要迁往麦地那时，便要求他们要分散，悄悄地离开麦加，以免遭受古莱什人的伤害。于是，穆斯林或骑马或步行分批离开了麦加。欧麦尔·本·哈塔布曾说过：“我，阿叶希·本·艾比·拉比阿及哈希姆·本·阿斯·本·瓦伊勒三人出走前商定，秘密离开麦加。我们约好，谁如果在约定的时间不到约定的地点，其他两人就不用等，马上出发。我和阿叶希如期到达约定地点，哈希姆·本·阿斯被家人看起来未到。我和阿叶希到达了麦地那附近的古巴厄之地。阿叶希应其母的要求，又从古巴厄回到了麦加。”

上述两种说法是否相互矛盾呢？还是欧麦尔先公开离开麦加，后来又回去过，而后又秘密离开麦加的呢？欧麦尔是秘密离开麦加的。他这样做并不是由于胆小害怕，他一生中从未胆怯过。欧麦尔很注重秩序及纪律。他集体观念很强，同时他也要求其他人这样做。从麦加到麦地那迁徙中，穆斯林都是秘密进行的。

迁徙之后欧麦尔的地位

欧麦尔到达古巴厄后定居下来。当安拉的使者在艾布·伯克尔的陪同下，从麦加来到麦地那时，欧麦尔同其他穆斯林一起前来迎接。欧麦尔和其他穆斯林们同安拉的使者一起在麦地那建造了清真寺及住宅。住宅完工后，安拉的使者从辅士艾布·阿尤布家里搬到了自己的住处。

从麦加迁到麦地那是伊斯兰及穆斯林新时代新政策的开始。麦加的穆斯林同麦地那的穆斯林聚到了一起，形成了一股强大的力量，从而提高了穆斯林的威望。为了加深穆斯林之间的关系，安拉的使者号召他们结拜成一对一对的兄弟。使者同阿里·本·艾比·塔利卜结成了兄弟，使者的叔父哈姆扎同使者的义子栽德·本·哈利塞结成了兄弟，艾布·伯克尔同哈里杰·本·栽德结成了兄弟。同样，每一位迁士——从麦加迁来的穆斯林同一位辅士——麦地那的穆斯林也结拜了兄弟。当时欧麦尔同海兹拉吉族穆斯林乌特拜·本·马立克结成了兄弟。

穆斯林之间结拜兄弟之举加强了他们在麦地那的地位。麦地那的偶像崇拜者及犹太人对穆斯林的强大开始害怕起来。犹太人马上同安拉的使者讲和并订立了和约。和约规定：尊重信仰自由、言论自由，麦地那城、个人生活、个人财产是神圣不可侵犯的，禁止犯罪。和约的签订削弱了麦地那城中偶像崇拜者的地位。也进一步巩固了穆斯林的地位。

穆斯林在麦地那社会生活中所赢得的地位给欧麦尔提供了在麦加所未曾得到的用武之地。欧麦尔是个很注重社会秩序、颇有见解的人物。为维护社会秩序，他会挺身而出进行斗争。在麦加时穆斯林属少数，对他人的迫害只能是忍受或进行消极斗争。这种消极的反抗不符合欧麦尔强硬的本性，所以在麦加没有他的用武之地。而穆斯林迁到麦地那之后局势改变了，欧麦尔大显身手的时刻到来了。

不仅如此，欧麦尔到达麦地那之后还显露出了在麦加时人所未知的特性——健谈及有预见。安拉的使者及穆斯林在麦地那稳定后，礼拜时大家不约而同地聚在一起进行礼拜。安拉的使者曾考虑像犹太人那样，用号角声来召唤穆斯林前来做礼拜，但他又否定了用号角的办法；或像基督教那样用钟声来召唤人们做礼拜。于是安拉的使者梦铸了一口大钟，并委托欧麦尔去做钟架。欧麦尔在家睡觉时做了一梦。在梦中他听到有人对他说："不要用钟声，而应该宣礼。"于是，他来到了安拉的使者面前，把梦中所听之言告诉了使者。可巧，安拉的使者也得到了同样的启示。

关于宣礼，还有另外一种说法。阿卜杜拉·本·栽德先于欧麦尔来到安拉的使者面前。他对使者说："安拉的使者，夜里我做了一梦。梦中有位穿绿色衣服的男士手提一口钟来到我身边。我问他：'安拉的奴仆，你卖这口钟吗？'他说：'你买它何干？'我说：'用钟声召唤穆斯林来做礼拜。'他说：'你不想让我告诉你更好的方式吗？'于是，此人把宣礼词告诉了我。"安拉的使者便让比拉勒大声宣读了宣礼词。欧麦尔在家听到了宣礼声，他马上拿起衣服来到了安拉的使者面前。当他了解到事情的来龙去脉后，他说："先知啊，我也做了一个梦。我在梦中也见到了同样的事情！"

从那天起，穆斯林每天五次礼拜的宣礼声响彻在麦地那上空。这说明，穆斯林的信仰在麦地那已至高无上，穆斯林的生活已开始秩序化。

犹太人及偶像崇拜者对穆斯林力量的增长害怕、不满起来。他们开始耍阴谋诡计来对付穆斯林。穆斯林对他们的阴谋诡计以牙还牙。在斗争中发生了暴力行为。欧麦尔和其他穆斯林一样参加了这一斗争。

安拉的使者有意给犹太人及偶像崇拜者施加压力，并让古莱什人明白：双方最好的出路是讲和并尊重伊斯兰的传教活动。于是穆斯林成立了武装小分队。武装小分队由哈姆扎·本·阿卜杜勒·穆塔里布等人负责。有时使者亲自带小分队外出活动。史书没有提到欧麦尔参加当时小分队的活动，因为使者故意让他发挥自己的特长留在麦地那处理政务。

白德尔之战中欧麦尔的立场

古莱什人不尊重安拉的使者提出的宣教自由的主张，并继续敌视安拉的使者及穆斯林。三百名全副武装的穆斯林与一千多名全副武装的古莱什人在白德尔相遇。安拉的使者问穆斯林是选择战斗还是退回麦地那去？欧麦尔及艾布·伯克尔主张战斗。于是，双方爆发了伊斯兰史上有名的白德尔大战。欧麦尔·本·哈塔布的仆人米海杰阿是第一位战死的穆斯林。在战斗中，欧麦尔将他仍未归信伊斯兰教的舅父阿斯·本·哈希姆砍死。据说，后来欧麦尔与赛义德·本·阿斯见面后，欧麦尔对他说："看上去你对我耿耿于怀，你认为是我杀了你父亲。但如果真是我杀了他，我也不会向你道歉，我杀的是我的舅父阿斯·本·哈希姆。是你的堂兄阿里杀了你父亲。"

欧麦尔上述的一席话，说明了他在这一改变伊斯兰史、改变世界史面貌的白德尔战斗中所持的坚定立场。同时也说明了伊斯兰在他心中深不可撼的地位。为了伊斯兰一切都在所不惜！为了伊斯兰，哪怕敌人是自己的亲兄弟也不能犹豫手软。

白德尔大战中，穆斯林俘虏了七十名古莱什人，他们大都是麦加有身份有地位的人。欧麦尔主张对俘虏采取最严厉的手段，应该把他们全部杀掉。这些俘虏不愿失去生命愿意赎身，于是派人来到艾布·伯克尔跟前，请求他在安拉的使者面前为他们求情，求使者开恩允许他们赎身。艾布·伯克尔答应为他们求情。但他们又怕欧麦尔坏了他们的求情之事，于是也派人来求他，他们同欧麦尔讲了同艾布·伯克尔所讲的同样的话。欧麦尔瞟了他们一眼，没说什么。这之后，艾布·伯克尔来到安拉的使者面前，求他施恩于这些俘虏，或允许他们赎身，以便用赎金壮大穆斯林的力量。欧麦尔则主张采取严厉的立场。他对安拉的使者说："安拉的使者，他们是安拉的敌人，他们曾经诽谤你是骗子，同你交战，并把你赶出家乡。杀掉他们吧！他们是亵渎安拉的元凶，是迷误的温床。让安拉把他们作为伊斯兰的垫脚石，用他们使多神教徒丢脸吧。"

安拉的使者在征求了其他穆斯林的意见后，决定让俘虏们赎身。他们交付赎金之后，安拉的使者便释放了他们。但不久安拉降下了启示：

> 先知在大地上重惩敌人之前，不该有俘虏。你们欲得尘世的浮利，而安拉愿你们得享后世的报酬。安拉是万能的，是至睿的。假若没有从安拉发出的以往的判决，那么，你们必为收纳赎金而遭受重大的刑罚。(《古兰经》战胜品章：67—68 节)

欧麦尔关于如何处置战俘的见解是正确的。在关于如何宣礼及处置战俘两件事发生之后，欧麦尔在先知及穆斯林心目中的地位提高了。

古莱什人米克拉兹·本·哈夫斯从麦加来到麦地那，他要赎回苏海勒·本·阿慕尔。苏海勒是位能言善辩的演说家。当欧麦尔看到米克拉兹前来为其赎身时，便立即来到安拉的使者面前说："让我敲掉苏海勒的两颗门牙吧，以免他回家乡后再攻击你。"先知回答说："我既然身为先知，我就不能凌辱他，否则安拉必凌辱我。"欧麦尔之所以如此，目的是不让俘虏中有能力的人回去再与穆斯林为敌。尽管穆斯林决定收取赎金后释放俘虏，但欧麦尔仍坚持自己关于如何处理俘虏的见解。

之后，安拉的启示支持了欧麦尔关于如何处置俘虏的主张。这令他更加靠近先知，他在先知心目中的地位也更高了。他和艾布·伯克尔一样，成了安拉使者的重臣。欧麦尔的女儿哈芙赛原来嫁给了胡奈斯·本·侯扎法，白德尔大战前几个月两人离婚了。正如先知娶了艾布·伯克尔的女儿阿伊莎一样，也娶了欧麦尔的女儿哈芙赛。先知与欧麦尔的翁婿关系密切了两人的感情。这之后，欧麦尔同艾布·伯克尔一样常常出现在安拉的使者面前。

吴侯德之战中欧麦尔的立场

又一年过去了。古莱什人伺机报白德尔之仇。麦地那人建议安拉的使者在麦地那郊区吴侯德再次与古莱什人交战。安拉的使者走进家门，艾布·伯克尔和欧麦尔紧随其后。他们两人帮先知穿戴好盔甲，先知自己系好佩剑后，同穆斯林一起出城迎敌了。上午，穆斯林大获全胜。而当弓箭手为获取战利品违背先知的命令，擅自离开自己的战斗岗位之后，战况发生了逆转。古莱什人哈立德·本·瓦利德带领骑兵抄了穆斯林的后路。当哈立德看到穆斯林正忙于缴获战利品时，他大喊一声，招呼上午溃逃的古莱什人又杀了回来。在古莱什人的攻击下，穆斯林的阵势崩溃了。这时，有位偶像崇拜者高喊："穆罕默德被杀死了！"穆斯林听到此话后都绝望了，他们来到山脚下，坐在了那里。安斯·本·纳德尔看到他们这样后，对他们说："你们为什么坐在这儿？"他们回答说："安拉的使者阵亡了。"他说：

“今后怎么办呢？起来，为了他为之牺牲的事业去进行殊死的战斗吧！”他说完此话后就向敌人冲了过去。他与敌人展开了一场殊死的搏斗。在搏斗中，他身体负伤七十处后，英勇就义。他牺牲后，他姐姐凭他的手指特征才认出了他的尸首。

不久，穆斯林得知安拉的使者并未阵亡。艾布·伯克尔、欧麦尔、阿里·本·艾比·塔利卜、祖拜尔·本·阿瓦姆及其他穆斯林马上来到安拉的使者身边。当哈立德·本·瓦利德得知安拉的使者的位置后，马上带骑兵登上了山头，他想居高临下发起冲击，一举消灭穆罕默德及与他同在的穆斯林。但欧麦尔率一伙穆斯林对哈立德进行了顽强的抵抗，并把他及他所率领的古莱什人赶走了。哈立德枉费心机。

先知时代欧麦尔的奋斗历程

当先知率军征战迈斯达里格族人的战斗结束后，两位穆斯林为争水发生了争执，并打起架来。他俩中一位是迁士，一位是辅士。迁士大喊道：“迁士们快来帮我！”那位辅士也大喊道：“辅士们快来帮我！”当时，为获取战利品，麦地那伪信者之首阿卜杜拉·本·艾白叶也参加了那次争斗。当他听到那位辅士的喊叫声后，他内心中对迁士、对安拉使者的不满爆发了。他乘机对坐在他周围的人讲道：“众多的迁士来到我们的家园，指安拉起誓，我们将像谚语讲的那样‘喂肥了你的狗，他最终会吃掉你’。当我们返回麦地那后，麦地那的高尚者一定要把卑劣者赶走。”这话传到了安拉的使者耳边，正巧欧麦尔与使者在一起，欧麦尔听到此话后勃然大怒，他对安拉的使者说：“安拉的使者啊！命令阿拜德·本·拜夏尔把他杀掉吧！”安拉的使者回答说：“那怎么行？欧麦尔，如果杀了他，人们就会说，穆罕默德在杀自己人。”为了平息此事，使者命令部队马上开拔。

阿卜杜拉·本·艾白叶来到安拉的使者面前，他极力否认他说过的话。就在这时，《古兰经》“伪信者”章降示了：

他们说：“你们不要供给使者左右的人，以便他们离散。”天地的库藏，只是安拉的，伪信的人们却不知道。他们说："如果我们返回麦地那，尊荣者必将卑劣者驱逐出城。"尊荣只是安拉和使者以及信士们的，而伪信的人们却不知道！（《古兰经》伪信者章：7—8 节）

人们认为，这几节《古兰经》的降示是对阿卜杜拉·本·艾白叶的判决。无疑，安拉的使者将会下令将他处死。阿卜杜拉·本·艾白叶的儿子阿卜杜拉是位虔诚的穆斯林。他来到安拉的使者面前说："安拉的使者，我听说你要处死阿卜杜拉·本·艾白叶。如果你真的要杀他，那就命令我去执行吧，让我把他的头交给你。指安拉起誓，海兹拉吉族人都知道，我是我们族中最孝敬父母的，我担心如果你命令别人去杀他，我会与杀父的执行者不共戴天的，我会去报杀父之仇的。那我就会由于不仁不义地杀害一位信士而进火狱。"先知说："我们不杀他，只要他同我们在一起，我们就会仁厚地对待他，同他友好相处。"从此之后，麦地那人很看不起他。有一天，先知同欧麦尔讨论穆斯林的事务时，提到了阿卜杜拉·本·艾白叶及族人们谴责他的话。先知对欧麦尔说："欧麦尔！你看到了吗！指安拉为誓，那一天你说杀了他吧，如果我杀了他，一些人会不服，会认为他是为了某些人的利益被杀的。而今天，如果我命令人们杀掉他，他们会毫无怨言地去杀掉他。"欧麦尔回答说："指安拉起誓，我明白了。安拉使者的命令比我的想法宽厚仁慈得多。"

当阿卜杜拉·本·艾白叶逝世后，先知想为其祈祷。这时，欧麦尔站出来说起了阿卜杜拉·本·艾白叶对伊斯兰的不忠，并提到了有关的《古兰经》：

你可以替他们求饶，也可以不替他们求饶。即使你替他们求饶七十次，安拉也不会饶恕他们。（《古兰经》忏悔章：80 节）

先知对欧麦尔微笑着说："如果我为他求饶超过七十次，安拉能饶恕他，我就为他求饶超过七十次。"然后先知为他做了祈祷，并参加了他的葬礼。这之后，安拉又降示了如下的《古兰经》：

你永远不要替他们中已死的任何人举行殡礼，你不要亲临他们的坟墓，他们确已不信安拉及其使者，他们是悖逆地死去的。（《古兰经》忏悔章：84节）

穆斯林从麦加迁徙到麦地那六年之后，安拉的使者允许人们到麦加朝觐。当安拉的使者率众快到达麦加时，古莱什人派出骑兵阻止安拉的使者进入麦加。古莱什人发誓不让穆罕默德强行进入麦加城。因为，此次安拉的使者是为朝觐而来，不为动武而来，所以安拉的使者率众停留在了侯代比亚。使者决心与古莱什人谈判，使他们让路，以便众人巡礼天房，履行朝觐功课。他把欧麦尔叫来，让他先进麦加城，告诉古莱什人他们此次来麦加的目的。欧麦尔对使者说："安拉的使者，我担心古莱什人会对我下毒手。在麦加没有一位阿迪·本·克阿布我本族的人保护我。另外，古莱什人深知我对他们的敌视和强硬，我想向你推荐一位比我在麦加更有地位的人前去麦加城。他就是奥斯曼·本·阿凡。"奥斯曼受命进入了麦加城。他在麦加城同古莱什人谈了很久，迟迟未回到驻在侯代比亚的穆斯林队伍中来。穆斯林认为，古莱什人杀害了奥斯曼。安拉的使者向穆斯林盟誓——"里德万"誓言——如果古莱什人杀害了奥斯曼，他将同古莱什人血战到底。但不久奥斯曼回来了，他转述了古莱什人的意见：为了维护古莱什人在阿拉伯人中的威望，他们拒绝接受穆斯林于今年进入麦加城。但当他们确信穆罕默德今年是为朝觐，而不是为战争而来之后，他们不拒绝为了结束双方的敌对立场而进行谈判。于是，双方为达成和解进行了谈判。欧麦尔对在谈判中先知接受的对方提出的条款很不满意。他站起来来到了艾布·伯克尔跟前。

欧麦尔说："艾布·伯克尔，难道他不是安拉的使者？"

艾布·伯克尔说："不，他是安拉的使者。"

欧麦尔又说："难道说我们不是穆斯林了？"

艾布·伯克尔说："不，我们是穆斯林。"

欧麦尔又说："他们不是偶像崇拜者了？"

艾布·伯克尔说："不，他们是偶像崇拜者。"

欧麦尔说：“那么，我们为何接受这些有损于我们宗教的条件呢？”

艾布·伯克尔说：“欧麦尔，跟着先知走，不要违背他的命令。我见证他是安拉的使者。”

欧麦尔说：“我也见证他是安拉的使者。”

欧麦尔同艾布·伯克尔讲了上面的一席话后，仍耿耿于怀。于是，他怒气冲冲地来到安拉的使者面前说：“安拉的使者！难道你不是安拉的使者吗？”

先知答道：“我是安拉的使者！”

欧麦尔说：“难道我们不是穆斯林吗？”

先知答道：“你们是穆斯林！”

欧麦尔又说：“难道他们不是偶像崇拜者吗？”

先知答道：“他们是偶像崇拜者！”

欧麦尔又说：“那我们为何接受这些有损于我们宗教的条件呢？”

先知答道：“我是安拉的奴仆和他的使者。我绝不违背他的谕令，他也绝不会遗弃我。”

听了先知的回答后，欧麦尔不说话了。此事过后，欧麦尔曾说过下面一席话：“尽管我出于好意，当时我说了我所说的话。但我于心不安，很后怕。为了弥补此事，我愿舍我的财产、封斋、祈祷、释放奴隶。”

欧麦尔是自负呢，还是自持己见呢？在关于如何处理战俘问题上，安拉的启示支持了欧麦尔的意见。在关于杀不杀伪信者阿卜杜拉·本·艾白叶问题上，他承认安拉使者的意见比他的意见更仁慈妥当。在有关侯代比亚和约问题上，安拉的启示支持了先知的见解，并明确指出，侯代比亚和约是明显的胜利。欧麦尔在同安拉的使者讨论问题时，就像普通人之间那样坦率。他们探讨、争论直到达到真理，或安拉降谕启示，或事实证明对否。

欧麦尔与禁酒

在蒙昧时期，麦加人大都嗜酒，欧麦尔也是如此。在麦加及迁徙到麦地那后的前几年内，穆斯林也一直饮酒。但是，欧麦尔看到，饮酒常常使穆斯林之间打架斗殴。犹太人及伪信者也常常乘穆斯林饮酒之时挑起奥斯族和海兹拉吉族之间的旧怨。欧麦尔看到这一情况后，他向先知提出了如何对待饮酒的问题。当时，关于禁酒的启示还未降谕。欧麦尔曾向安拉祈祷说：“主啊，向我们启明饮酒的事宜吧！”于是，安拉降谕了如下的启示：

他们问你饮酒和赌博〔的律例〕，你说：“这两件事都包含着大罪，对于世人都有许多利益，而其罪过比利益还大。”（《古兰经》黄牛章：219节）

这节《古兰经》文中并没有提出禁酒。因此，穆斯林并未停止饮酒。有些穆斯林晚上痛饮后，去做礼拜时竟念不出礼拜词来。欧麦尔再次向安拉祈祷说：“主啊，向我们阐明饮酒的事宜吧。饮酒使人丧失理智，使人破产。”所以安拉又降谕了如下的启示：

信道的人们啊！你们在酒醉的时候不要礼拜，直至你们知道自己所说的是什么话……（《古兰经》妇女章：43节）

从这节《古兰经》降谕之日起，安拉使者的传话人，在礼拜时宣布：醉汉不准履行拜功。从此后，醉酒的现象减少了，人们虽然没有戒酒，但开始节饮了。尽管如此，穆斯林之间仍然由于饮酒而发生纠纷。有一次，部分穆斯林在一起饮酒，由于话不投机，一位辅士用啃光了肉的骆驼骨头打破了一位迁士的头。还有一次，人们喝醉后发生争吵，打起了群架。他们本来都是战友，但由于饮酒斗殴却积下了怨恨。针对这种情况，欧麦尔再次向安拉祈祷说：“主啊，饮酒使人丧失理智，使人消耗资财。请给我们降谕有关饮酒的断然启示吧！”于是，安拉降谕了如下的启示：

信道的人们啊！饮酒、赌博、拜像、求签，只是一种秽行，只是恶魔的行为，故当远离，以便你们成功。恶魔唯愿你们因饮酒和赌博而互相仇恨，并且阻止你们记念安拉，和谨守拜功。你们

将戒除〔饮酒和赌博〕吗?(《古兰经》筵席章:90—91节)

但人们对禁酒并不理解。他们说，难道酒是肮脏之物吗?某某人饮酒后，在吴侯德战斗中英勇牺牲了，某某人饮酒后，在白德尔战斗中英勇牺牲了。面对人们的议论，安拉降谕了如下的启示：

信道而且行善的人，对于已用的饮食，是毫无罪过的，如果他们敬畏而且信道，并努力为善；然后，敬畏而且信道；然后，敬畏而且行善。安拉是喜爱行善者的。(《古兰经》筵席章:93节)

欧麦尔与先知的女眷们

这就是欧麦尔在如何处理穆斯林公共事务时的立场。在欧麦尔看来，安拉使者的家事与一般人的事务不一样，应把使者的个人事务与穆斯林公共事务等同起来。因此，他常常干预先知的个人事务，并同先知一起商讨这些事务。布哈里在他的史书中曾有如下的记载：有一次，先知的妻子阿伊莎说，欧麦尔对先知说："让你的妻子们戴上面纱吧。"先知没有采纳欧麦尔的意见。当时先知的妻子们常常晚上到厕所方便。有一次，先知的妻子萨乌黛·宾特·宰姆阿出门方便，她是位身材修长的妇女。欧麦尔在议事厅看到了她。他对她说："萨乌黛，我认出了是你!"欧麦尔的意思是说，她没戴面纱。于是，安拉降谕了有关妇女戴面纱的启示。据欧麦尔自己说，他曾对使者说过如下的话："我说：'安拉的使者啊，到你这儿来的人良莠有别，你不妨命信士之母们戴上面纱。'"于是安拉降谕了有关妇女戴面纱的启示：

先知的妻子们啊!你们不像别的任何妇女，如果你们敬畏安拉，就不要说温柔的话，以免心中有病的人，贪恋你们；你们应说庄重的话。你们应当安居于你们的家中，你们不要炫露你们的美丽，如从前蒙昧时代的妇女那样。你们应当谨守拜功，完纳天课，顺从安拉及其使者。先知的家属啊!安拉只欲消除你们的污秽，洗

净你们的罪恶。(《古兰经》同盟军章：32—33节)

先知啊！你应当对你的妻子、你的女儿和信士们的妇女说：她们应当用外衣蒙着自己的身体。这样做最容易使人认识她们，而不受侵犯。安拉是至赦的，是至慈的。(《古兰经》同盟军章：59节)

由于欧麦尔的女儿哈芙赛是先知的妻子，所以他对家事所采取的立场与态度与他人不同。有一天，当先知同妻子阿伊莎在一起时，众圣妻推举其中一个名叫栽娜卜·宾特·杰赫什的找欧麦尔传话。她坦率地说，他对众妻不公平，由于偏爱阿伊莎而怠慢了她们。当埃及国王送来的美女玛丽娅为先知生下儿子易卜拉欣，先知很喜欢这个儿子时，哈芙赛、阿伊莎带着其他众妻来到先知面前，对此表示不满。史书曾有如下的记载：

伊本·阿拔斯问欧麦尔："是哪两位妻子带头到先知那儿表示不满的？"欧麦尔答道："是哈芙赛和阿伊莎。"然后欧麦尔又说："指安拉为誓，在安拉降谕有关妇女的《古兰经》章节及给予她们应享受的地位之前的蒙昧时代，我们根本不把女人放在眼里。有一次，我同别人商量一件事时，我的女人对我说：你假若怎样怎样去做。我对她说：'我商量的事与你何干，谁让你来干预我要做的事！'她对我说：'伊本·哈塔布，你真怪！难道你不许我同你商议事情吗？你的女儿就同安拉的使者商议事情。有时她甚至使安拉的使者整天不高兴！'我拿起衣服，走出家门，来到哈芙赛那儿，我对女儿说：'女儿啊，你真的干预安拉使者的事情，有时竟让他整天不高兴吗？'哈芙赛说：'指安拉为誓，我们常常同他商议事情。'我对她说：'你听着，你这样做，安拉会惩罚你，他的使者会向你发怒的。女儿啊，你不要因为自己漂亮，安拉的使者喜欢你而有恃无恐。'我离开女儿后来到乌姆·赛莱迈那儿。鉴于我同她的亲缘关系，我把与女儿讲的话同她讲了一遍。她对我说：'伊本·哈塔布，真奇怪！你什么事都管。难道你要干涉安拉的使者与他众妻之间的事吗！'"欧麦尔又说道："乌姆·赛莱迈的话使我清醒了些，有些想说的话我也没再说，于是便离去了。当时我与一位辅士搭档，如果我不在时，有什么消息他来告诉我，如果他不在，有什么消息我去告诉他。当时一位加萨尼人国王要到我们这儿来，我们大家都惦记着此事。这时我的辅士搭档前来敲门。他说：‘开门！快开门！’我说：‘加萨尼人来了？’他说：‘有比这还更重要的事，安拉的使者与他的众妻们分居了。’我说：‘又是哈芙赛和阿伊莎惹的事！’然后我拿起衣服、出门找先知去了。先知已住进了饮水处，门口放着一棵砍成阶梯状的树干，先知的黑人男仆站在树干旁边。我对男仆说：‘告诉使者，欧麦尔·本·哈塔布求见。’先知让我进了门，我同先知讲了我同其妻子讲的话。当我讲到乌姆·赛莱迈所讲的话时，先知微笑了。”

另据其他书籍记载：先知同他的妻子们分居了一个月。有些穆斯林为此事很着急。他们在清真寺里纷纷议论说，安拉的使者已同他的妻子们离婚了。这时,欧麦尔来到了安拉使者隐居的饮水处。他对先知的男仆说：拉拜哈，进去给我通报一下。先知的男仆拉拜哈没有答应。欧麦尔再次让他通报，他连说两遍先知的男仆都未答应。这时，欧麦尔高声喊道：“拉拜哈！给我通报让我进去，我想使者认为我是前来为哈芙赛求情的，不，不是！如果使者命令我取她的人头，我马上去拿！”这时先知让他进屋相见。欧麦尔对先知说：“安拉的使者啊！关于你众妻们的事，你有何为难之处？如果你想离弃她们，安拉、安拉的众天使吉卜利勒、米卡勒及我、艾布·伯克尔及众穆斯林都会支持你。”然后两人深谈起来。先知脸上的怒容慢慢消失了，最后先知笑了起来。

据说，先知同众妻分居时，欧麦尔曾教训过先知的妻子们。先知的一位妻子曾对欧麦尔说：“欧麦尔，安拉的使者都未教训过他的妻子们，你来教训她们！”为此，安拉降谕了如下的启示：

> 先知啊！安拉准许你享受的，你为什么加以禁戒，以便向你的妻子们讨好呢？安拉是至赦的，是至慈的。安拉确已为你们规定赎誓制，安拉是你们的保佑者。他是全知的，是至睿的。当时，先知把一句话秘密地告诉他的一个妻子，她即转告了别人，而安拉使先知知道他的秘密已被泄露的时候，他使她认识一部分，而隐匿一部分。当他既以泄露告诉她的时候，她说：“谁报告你这件事的？”他说：“是全知的、彻知的主告诉我的。”如果你们俩

向安拉悔罪，〔那么，你们俩的悔罪是应当的，〕因为你们俩的心确已偏向了。如果你们俩一致对付他，那么，安拉确是他的保佑者，吉卜利里和行善的信士，也是他的保护者。此外，众天神是他的扶助者。如果他休了你们，他的主或许将以胜过你们的妻子补偿他，她们是顺主的，是信道的，是服从的，是悔罪的，是拜主的，是持斋的，是再醮的和初婚的。（《古兰经》禁戒章：1—5节）

这场风波由此而告结束。先知的妻子们清醒了。她们忏悔之后，先知回到了她们中间。

安拉让欧麦尔说出真理

史学家一致肯定，在上述的几件事上，安拉的启示支持了欧麦尔的意见。布哈里在他的史书上曾提到，欧麦尔自己说："在三件事上安拉肯定了我的意见。我曾对安拉的使者说，但愿我们以易卜拉欣的立足地为礼拜处。以后，安拉降谕了'你们当以易卜拉欣的立足地为礼拜处'的启示。我曾对安拉的使者说：希望你让你的众妻戴上面纱，因为与她讲话的人良莠不齐。安拉降谕了有关妇女戴面纱的启示。当先知的妻子们互相争风吃醋时，我对她们说：愿主让他的使者离弃你们，娶比你们更好的妇女为妻。安拉降谕了上述的启示。"安拉的先知曾说过："安拉使真理在欧麦尔的口中和心中。"或"安拉把真理放在了欧麦尔的舌尖上，让他说出真理。"

欧麦尔的诚实及节俭

光复麦加前夕，先知的叔父阿拔斯·本·阿卜杜勒·穆塔里布曾到穆斯林军营中去看望先知。他看到了侄儿所率军队的威力是古莱什人无法抗拒的。他骑着先知的白色骡子出了大营，正巧古莱什人艾布·苏富扬·本·哈尔卜出麦加城探听消息。艾布·苏富扬和自己的同伴交谈时，阿拔斯听出了艾布·苏富扬的声音。阿拔斯走到艾布·苏富扬面前说："艾布·

苏富扬！前面就是安拉使者率领的人马，我以古莱什人的名义起誓，如果让他强行进入麦加，古莱什人就惨了！”艾布·苏富扬说：“你有什么好主意？”阿拔斯让艾布·苏富扬的同伴回麦加城，然后他同艾布·苏富扬同骑着先知的白骡子，进了穆斯林军队的大营。阿拔斯要把他带到先知那儿去谈判。欧麦尔认出白色的骡子是先知的坐骑，也看到了艾布·苏富扬。欧麦尔已猜出，阿拔斯想做艾布·苏富扬的保护人。他急忙来到先知的帐篷，请求先知让他砍下艾布·苏富扬的脑袋。这时，阿拔斯也到了先知的帐篷。他看到这种情况，马上说：“安拉的使者，我已向艾布·苏富扬提供了安全保障。”为艾布·苏富扬的事，阿拔斯与欧麦尔争得面红耳赤。安拉的使者将此事推到第二天再行定夺。第二天，艾布·苏富扬与安拉的使者对话后，艾布·苏富扬归信了伊斯兰教。安拉的使者给了艾布·苏富扬很大的体面。因为安拉的使者曾说，当穆斯林军队进入麦加城后，“麦加人谁进入艾布·苏富扬的院落，谁就有安全保障；谁闭门不出，谁就有安全保障；谁进入清真寺，谁就有安全保障。”

安拉的使者逝世前，病情加重。曾对在他身边的穆斯林说：“拿笔来，我要给你们口述遗嘱，免得日后迷误。”这令在场的穆斯林发生分歧。部分穆斯林说：“让使者口述遗嘱吧！免得日后迷误。”以欧麦尔为首的另一部分穆斯林则反对说：“安拉的使者头很痛，你们手中有《古兰经》，有安拉的经书，一切都够了。”使者看到他们发生了分歧，于是说：“你们出去吧！在先知面前不应该争执不休。”使者没有口述遗嘱。他这样做，可能是受了欧麦尔所讲的话的影响。使者知道欧麦尔是诚实的、坦率的。

一个人大公无私，一心忠于集体和社会公共事业，他就会令人敬佩和推崇。欧麦尔在这方面是最好的典范。在蒙昧时代，欧麦尔很喜欢饮酒，为了集体的利益，为了社会秩序，在禁酒这项大事上，他大公无私。在生活中，他很节俭，但当安拉的使者分给他战利品时，他总是说：“把它分给比我更需要的人吧。”有一次分战利品时，他又这样说，安拉的使者便对他说：“拿着吧！你可以把它施舍给他人。”

有一次，欧麦尔在海白尔获得了一片土地。他来到先知面前说：“我在海白尔获得了我一生中最昂贵的一片土地。你想令我如何处置这片土地？”安拉的使者回答说：“如果你愿意，你可保留土地的所有权，然后将它施舍给他人去耕种。”欧麦尔将这块土地分给了贫穷的人去耕种。耕种者可以食用土地的产品，也可以将产品分给没有参加耕种的朋友食用。欧麦尔说：“这块土地的所有权不可出卖，不能馈赠，也不能继承。”这是穆斯林永久宗教义产的首例，也为宗教义产的制度打下了基础。

欧麦尔请示去行副朝。使者同意后对他说：“兄弟呀！你祈祷时别忘了我们。”欧麦尔每当提到这话就说：“在大地之上，没有比先知称我‘兄弟呀！’这句话更为珍贵的东西了。”

欧麦尔的尊号为“法鲁克”（辨别真伪的人——译者）。关于他的尊号，人们有不同的解释。先知的妻子阿伊莎对欧麦尔的尊号有如下的说法。当有人问她为何称欧麦尔为“法鲁克”时，她说：“先知曾说过，安拉使真理在欧麦尔的口中和心里。使者以‘法鲁克’辨别真伪。”伊本·萨阿迪在他的史书中也有如下的说法：“据我所知，有经典的民众首先称欧麦尔为‘法鲁克’，穆斯林受到影响，也称欧麦尔为‘法鲁克’。我没有看到安拉的使者对此有任何评论的资料。”不论上面两种说法哪一种正确，欧麦尔都是当之无愧的“法鲁克”。

由于欧麦尔作风严厉及性格急躁，与艾布·伯克尔相比之下，安拉的使者更看重艾布·伯克尔。除艾布·伯克尔之外，使者所看重的人首推欧麦尔。尽管欧麦尔有同情他人的一面，但更多的时候他铁面无私、不留情面给人留下的印象过于强硬。有一次，欧麦尔求见使者，当时有些女士正大声同使者讲话。当使者允许欧麦尔进去时，那些女士们马上站起来，戴好了面纱。欧麦尔进门后，使者笑着对他说：“这些女人们真怪，她们听到你的声音后，就马上戴上了面纱。”欧麦尔说：“使者啊！你更值得她们害怕。”然后，他又说：“她们为何自己与自己过不去！难道说她们怕我而不怕安拉的使者？”女士们说道：“是的！你比使者更严厉、更可怕。”

也正是由于欧麦尔过于严厉的一面，所以当使者患病时，他令艾布·伯克尔领拜。有一天，艾布·伯克尔不在场，欧麦尔以他那洪亮的嗓音领穆斯林礼拜。使者听到是欧麦尔在领拜时，马上说：“艾布·伯克尔哪儿去了！安拉不接受这样做，穆斯林也不接受这样做。”

先知逝世后欧麦尔的忧伤

令人奇怪的是，当先知逝世时，欧麦尔那雷厉风行的作风荡然无存，因为他被先知逝世的消息惊呆了。有人劝他接受这令人悲痛的事实，但他指责劝他的人是骗子。他站在穆斯林中间说："伪信者们谎称安拉的使者逝世了，指安拉为誓，他没有死，他到他的主那儿去了。他像穆萨·本·仪姆兰那样见他的主去了。穆萨·本·仪姆兰曾离开族人们四十天，而后又回到了族人中间。当时不是有人说他逝世了吗？指安拉为誓，安拉的使者也会像穆萨·本·仪姆兰那样，将会回来的。谁再伪称安拉的使者逝世了，我就砍下他的手和腿。"当艾布·伯克尔到了现场，看到安拉使者的状况后，他确信使者已逝世。于是，艾布·伯克尔镇定地站在穆斯林中间说："人们啊！你们中谁崇拜穆罕默德，穆罕默德已逝世离去；谁崇拜安拉，安拉是永存不灭的。"接着，他宣读了安拉曾降谕给使者的如下启示：

> 穆罕默德只是一个使者，在他之前，有许多使者，确已逝去了；如果他病故或阵亡，难道你们就要叛道吗？叛道的人，绝不能损伤安拉一丝毫。安拉将报酬感谢的人。（《古兰经》仪姆兰的家属章：144节）

当艾布·伯克尔诵读完这节《古兰经》之后，欧麦尔两腿发软，跌坐到了地上。那个一贯严厉及铁骨铮铮的欧麦尔哪儿去了？

待欧麦尔清醒后，恢复了他那政治家的风度。他开始考虑在这令人悲痛的事件之后穆斯林的命运。正是由于欧麦尔面对敏感的局面能够深思熟虑运筹帷幄，才为伊斯兰教在世界上的发展奠定了坚实的基础。

第四章　在艾布·伯克尔时代

欧麦尔确信安拉的使者逝世后，便开始考虑此后穆斯林的命运。这是一个应该深思熟虑的大问题。如果阿拉伯人内部发生分歧、闹起内乱来，那么伊斯兰会遇到无法抗拒的灾难。离麦加及麦地那较远的阿拉伯人已对古莱什人政权、麦地那政权有所不满。正是这种不满才使也门的哈尼法人跟随了自诩"先知"的穆赛利迈·本·哈比卜。同时，也使得艾塞德人跟随了伪称"先知"的图莱哈[①]。安拉的使者逝世之后，穆斯林此时如果不采取果断的措施，如果不能团结一心面对这一局面，伊斯兰的命运会如何呢?

先知逝世之后，欧麦尔首先考虑的就是伊斯兰的命运问题。他很清楚地看到，如果这时没人站出来主持大局、没人能为穆斯林制定方针政策，迁士与辅士之间就会发生分歧，阿拉伯社会就会发生动乱。因此，他分开在清真寺谈论安拉的使者逝世的人群，来到了艾布·欧拜岱·本·贾拉赫面前。他对艾布·欧拜岱说："请举起你的手，让我向你宣誓效忠，安拉的使者曾说过，你是民族的忠臣。"欧拜岱对欧麦尔的举动很吃惊。虽然他和欧麦尔都知道，处理穆斯林政局大事迫在眉睫，但他不同意欧麦尔的做法。他用眼睛瞪着欧麦尔说："自你归信伊斯兰之后，我还没听到过你说这种蠢话，有骚尔山洞的第二人艾布·伯克尔在，难道你想向我宣誓效忠？"正当两人讨论这一大事时，有消息说：辅士正在萨伊代人的塞基法会场聚会，他们想在辅士中推选穆斯林领袖。欧麦尔听到这一消息后，马上派人叫正在阿伊莎房中的艾布·伯克尔出来。艾布·伯克尔对传话的人说："我很忙！出不去。"但欧麦尔认为事关大局，

① 图莱哈，其名意为"小泰勒哈"，全名泰勒哈·胡韦利德·艾塞迪。——译者

必须叫出艾布·伯克尔来。他再次派人对艾布·伯克尔说："发生了你必须到场的大事。"

欧麦尔在塞基法会议中的立场

艾布·伯克尔出来后问道："什么事比准备安拉使者的后事更重要？"欧麦尔回答说："我听说辅士正在萨伊代人的塞基法会场聚会。他们想推选赛尔德·本·欧巴岱为穆斯林领袖。他们中最客气的人的意见是：在我们辅士中推选一位领袖，在迁士中推选一位领袖。"于是艾布·伯克尔认识到了事态的严重，他马上同欧麦尔及艾布·欧拜岱向塞基法会场奔去。

当三人到达塞基法会场时，首先艾布·伯克尔同辅士进行了对话。他的讲话立场既态度坚定又温文尔雅。欧麦尔站在艾布·伯克尔身边，观察着事态的发展。这时，有人提议：在辅士中推选一位领袖，在迁士中也推选一位领袖。欧麦尔看出了辅士侯巴卜·本·孟泽尔想发难，他想鼓动辅士们闹事。于是，他站出来说道："不可能！一个位置不能由两个人来坐！指安拉为誓，阿拉伯人的先知没出生在你们当中，阿拉伯人不会同意由你们中的人当领袖。阿拉伯人不会反对在诞生先知的族人中推选领袖！我们有明显的理由及权利说服不同意者。我们是先知穆罕默德的同伴，我们与其同宗同族，谁想与我们争夺穆罕默德所享有的权利及领袖地位，谁就是荒谬的，就是在犯罪，或者说谁就是陷入到了死亡之中。"侯巴卜这时煽动辅士将迁士赶出麦地那城，或让迁士把领导权交给辅士，他对在场的三位迁士——艾布·伯克尔、欧麦尔及艾布·欧拜岱说："指安拉为誓，如果你们愿意，就看着麦地那城处在四分五裂的状态之中吧！"欧麦尔针锋相对地吼道："如果那样，安拉会杀了你！"侯巴卜回答道："不，安拉会杀了你！"

两人的对话使局势紧张得一触即发。这时，艾布·欧拜岱·本·贾拉赫发言了。他对麦地那人说："辅士们！你们是第一个站出来支持伊斯兰的民众，你们谁也不要成为第一个站出来变节的民众。"

艾布·欧拜岱的话使人们的心情平稳了下来，人们继续争论着。海兹拉吉族人首领之一拜希尔·本·艾塞德在争论中倾向了迁士一边。这样一来，辅士们的意见不统一了。艾布·伯克尔看到，事态已平稳，是见分晓的时候了，于是站出来，号召辅士们要团结，要警惕分裂。然后，他同时举起欧麦尔及艾布·欧拜岱的手说：“这位是欧麦尔，这位是艾布·欧拜岱，你们可以从二者中选一个，然后向他宣誓效忠！”当欧麦尔看到人们意见不一致时，他认为不能再节外生枝犹豫了。于是，他站出来，用洪亮的声音喊道：“艾布·伯克尔！请举起你的手来！”艾布·伯克尔举起了手，欧麦尔率先向他宣誓效忠。欧麦尔说道：“难道先知没有命令你艾布·伯克尔为穆斯林领拜吗？你是安拉使者的哈里发（继任者——译者），你是安拉使者最喜爱的人，我们向你宣誓效忠。”接着，艾布·欧拜岱也向艾布·伯克尔宣誓效忠。他说：“你是迁士之中最出色的人，你是骚尔山洞中的第二人，你是安拉使者的哈里发，没人比你更应担当领袖大任！”于是，除赛尔德·本·欧巴岱外，参加塞基法会议的所有人都向艾布·伯克尔宣誓效忠了。事毕之后，人们来到了清真寺，他们想了解从阿伊莎房间传出的关于准备安拉使者后事的消息。第二天，艾布·伯克尔坐在清真寺中。欧麦尔由于说先知没有逝世而向众穆斯林道了歉，他说：“我昨天说的话，既不是从安拉的经书中看到的话，也不是安拉使者同我讲过的话，但我当时认为，安拉的使者还会继续为我们筹措大事，他会比我们活得更长。安拉已给我们留下了用以指导其使者的经典。如果你们谨守安拉的经典，安拉会像引导使者那样引导你们的。安拉已使你们团结在你们中最出色的人的领导之下，他是安拉使者的伙伴，当他们两人在骚尔山洞时，他是洞中的第二人，大家站起来，向他宣誓效忠吧！”于是继在塞基法会议宣誓之后，全体穆斯林再次向艾布·伯克尔宣誓效忠。

这是安拉的使者逝世之后，欧麦尔采取的第一个重大立场。正如我们所看到的一样，这是一个果断、有远见而又明智的政治立场。他之所以这样做，不是为了私利，而是为了强化伊斯兰集体及社会秩序。对于安拉使者的辞世，他异常痛苦，甚至不相信使者已逝世了，但他的痛苦没使他忘记思考及处理穆斯林所面临的最严重的大事。尽管他有资格担当大任，但他没有为自己考虑，而是大公无私地迅速向艾布·欧拜岱宣誓效忠。当艾布·欧拜岱提醒他艾布·伯克尔更应担当起大任来时，他同意了他的建议，当他听说辅士在塞基法会场聚会时，他马上叫艾布·伯克尔一起前往与辅士对话，毫不犹豫地向艾布·伯克尔宣誓效忠，由此稳定了时局，防止了内部的分裂，使穆斯林又团结起来了。

据说，阿里·本·艾比·塔利卜及哈希姆家族子弟们很晚才向艾布·伯克尔宣誓效忠。我对这种说法持怀疑态度，但我可以断言，阿里及哈希姆子弟们没有像其他穆斯林们那样心甘情愿地向艾布·伯克尔宣誓效忠。安拉使者的女儿法蒂玛至死一直对艾布·伯克尔耿耿于怀。这是由于艾布·伯克尔拒绝了她要继承父亲的遗产的要求呢，还是由于她认为她的丈夫阿里比艾布·伯克尔更有资格任使者的哈里发呢？这是人们一直存在分歧的问题。但没有分歧的事实是：欧麦尔同艾布·伯克尔一致认为，先知的遗产不能由谁来继承，而应成为穆斯林的永久义产。无疑，欧麦尔的这一见解激怒了法蒂玛。是法蒂玛的不满导致了阿里对欧麦尔的成见及阿里对欧麦尔诉诸威胁吗？但不管当时的真相如何，人们议论的这一问题，在伊斯兰历史上造成了一定的影响。这一影响至今仍存在。正是由此之故，什叶派穆斯林不推崇欧麦尔，甚至对他不满。

艾布·伯克尔及欧麦尔的方针政策

艾布·伯克尔任哈里发之后的方针是：安拉的使者下决心要做的事，绝不放弃；安拉的使者放弃的事，绝不去做。所以艾布·伯克尔任哈里发后做的第一件大事就是，完成安拉的使者准备好的，由伍赛迈·本·栽德率领的大军向驻叙利亚的罗马人进军。安拉的使者在世时，有些穆斯林对此事颇有微词。艾布·伯克尔任哈里发后，他们仍持同样的态度。因为伍赛迈是位不满二十岁的年轻人，人们担心他不能胜任。与此同时，他们也担心，一旦伍赛迈率军进攻叙利亚，阿拉伯人来侵犯麦地那城该如何应付呢？鉴于此，他们对艾布·伯克尔说：“这些人——指伍赛迈率领的军队——是穆斯林的主力军。你已经看到，阿拉伯人已群起闹事了。你不应让穆斯林的主力军离开你。”艾布·伯克尔坚定地回答说：“我以掌握我生命的安拉发誓，即使猛兽要袭击我，我仍要遵照先知的命令派遣伍赛迈出征。即使只留下我一个人，我也一定要派遣他出征。”

在这件事上欧麦尔的立场是否同艾布·伯克尔的立场一样，也是坚定的呢？有人说，伍赛迈曾请求欧麦尔，让艾布·伯克尔允许他带兵进入麦地那，以帮助哈里发对付偶像崇拜者们闹事。同样，辅士也同欧麦尔说："如果艾布·伯克尔坚持让我们出征，请他任命一位比伍赛迈年长的人做统帅。"欧麦尔没有拒绝伍赛迈的请求，也没有拒纳辅士的意见。他来到艾布·伯克尔面前，转达了伍赛迈及辅士的意见。艾布·伯克尔回答说："即使野狗及恶狼向我扑来，我也绝对不放弃安拉使者的命令。"关于辅士的意见，他对欧麦尔说："伊本·哈塔布！你这个丧家的东西，安拉的使者任用他，而你竟敢让我撤他的职！"

伍赛迈率领的大军就要出征了。军中有迁士也有辅士。欧麦尔也是军中的成员之一。艾布·伯克尔亲自到军营与将士们告别。当他与部队分别时，他对伍赛迈说："如果你认为合适，可让欧麦尔留下助我一臂之力。"伍赛迈欣然答应，让欧麦尔离开军队，同艾布·伯克尔一起返回了麦地那。

艾布·伯克尔与欧麦尔在政见上的区别

在此，我们应探讨一下，艾布·伯克尔与欧麦尔在政见上的区别。艾布·伯克尔墨守成规。安拉的使者要做的事，他一定去做。穆斯林说三道四也好，反对也好，凡是安拉的使者命令要做的，其他人的意见他一概不听。使者命令伍赛迈率军出征，尽管迁士及辅士有不同的意见，尽管整个半岛面临暴动的局面，尽管面临危险，但他仍然要完成使者的使命。艾布·伯克尔认为安拉选择了穆罕默德为使者，安拉给他降谕启示，安拉许诺胜利，那么作为一名穆斯林怎能不执行使者的命令呢？作为安拉使者的哈里发，怎能违背使者的意愿呢？

欧麦尔认为，作为一位政治家，在处理大事时应审时度势。先知在世时，在迁士与辅士之间没有发生类似在塞基法会议暴露的分歧。当先知逝世的消息在半岛传开后，阿拉伯人对麦地那政权的不满达到了要造反的程度。穆斯林原来心悦诚服地执行先知的命令，艾布·伯克尔不能妄想穆斯林像服从先知一样去服从他，作为哈里发应对此有清醒的认识。先知逝世后，安拉已停止降谕他的启示，作为哈里发应该像一位政治家那样，用敏锐的目光、高瞻远瞩地去处理问题。

这就是两人在方针政策上的本质区别。但两个人的分歧，没有影响两人的友情及相互尊重。欧麦尔对艾布·伯克尔尽心尽责，除向他转达穆斯林的意见外，并没有对艾布·伯克尔的决定做更多干涉。当艾布·伯克尔坚持要完成安拉使者的成命派遣伍赛迈率军出征时，欧麦尔作为一名战士，在伍赛迈的率领下就要上前线杀敌了。他已向艾布·伯克尔宣誓效忠，他已承认艾布·伯克尔的哈里发地位，他只有服从他的命令。而艾布·伯克尔也给了欧麦尔应得的权利，他选择他做了自己的重臣，让他像辅佐安拉的使者一样来辅佐自己。为了伊斯兰，为了穆斯林的利益，两人友好相处、相互尊重。

欧麦尔对里达暴动及叛教者的立场

当伍赛迈率军在半岛北部征战时，艾布·伯克尔与欧麦尔之间发生了意见分歧。当时，距麦地那不远的阿卜斯部落及祖卜扬部落想拒付天课。艾布·伯克尔主张同他们进行斗争。他对与其意见不一致的人说：“以安拉的名义起誓，假如他们拒绝缴纳向安拉的使者缴付的任何一点儿天课，我一定同他们坚决斗争！”当时，欧麦尔是持不同政见者之一。他们主张同拒纳天课者讲和，并利用他们同叛教者进行斗争。欧麦尔当时很激烈地反对艾布·伯克尔的意见。他对艾布·伯克尔尖锐地说：“你怎能同这些人进行斗争呢？安拉的使者说过，我命令同人们斗争的目的是让他们承认，‘除安拉外，绝无应受崇拜的，穆罕默德是安拉的使者。’凡承认这一条的人除应缴纳的天课外，其财产及生命必受安拉的保护。否则，他们会受到安拉的报应。”艾布·伯克尔不同意欧麦尔的意见，他回答说：“以安拉起誓，我一定同那些把拜功和天课截然分开的人做斗争。天课是穆斯林在财务上应尽的义务。先知说……除应缴纳的天课外……”尽管有这样的分歧，尽管艾布·伯克尔负全责，并在斗争中战胜了拒缴天课者，但这一切都没有影响两人的友谊。欧麦尔一直同艾布·伯克尔并肩战斗。欧麦尔作为幕僚，应知无不言，言无不尽。同时，他也应该服从哈里发的命令，他是这样做的。与此同时，艾布·伯克尔也很重视他的意见。

欧麦尔对哈立德·本·瓦利德的态度

哈立德平息了艾塞德族人的里达暴动后，又率军平息了居住在白塔哈的泰米姆族人的里达暴动，并杀了泰米姆族人的首领马立克·本·努维拉，并把马立克的妻子占为己有。哈立德的这种行为违背了阿拉伯人的习俗。因为在战斗中，阿拉伯的斗士们是不应该近女色的。

当时马立克已宣布自己归信伊斯兰教，因此辅士艾布·格台代对杀害马立克很愤怒。他认为，哈立德之所以杀害马立克，完全是为了霸占他美丽的妻子莱雅来。据说，在蒙昧时代，哈立德就迷恋上了莱雅来。艾布·格台代同马立克的兄弟穆泰米姆·本·努维拉来到了麦地那，他们向艾布·伯克尔诉说了事情真相。艾布·伯克尔指示给马立克家属抚恤金并释放战俘，但他拒绝了艾布·格台代提出的要制裁或指控哈立德的要求。艾布·格台代又同欧麦尔讲了哈立德的行为，欧麦尔同意了要制裁哈立德的意见。欧麦尔很气愤地来到艾布·伯克尔面前，他说："哈立德刀剑不义，理应受到制裁。"而艾布·伯克尔没有制裁哈立德。当欧麦尔坚持要制裁哈立德时，艾布·伯克尔说："即使像其他人所说，他有错误又能怎样，你不要再谈论哈立德了！"欧麦尔对艾布·伯克尔的回答仍不满意，仍要求剥夺哈立德的军权。哈里发对此很不满，他对欧麦尔说："不！欧麦尔，我不能把安拉抽出来讨伐叛教者们的宝剑插入鞘中！"

艾布·伯克尔坚决的回答表明他绝不会剥夺哈立德的军权。欧麦尔对此罢休了吗？他是否认为应服从艾布·伯克尔的意见呢？没有，他仍对哈立德耿耿于怀。他把马立克的兄弟穆泰米姆、艾布·格台代及其他人召集到一起，让穆泰米姆吟诗悼念马立克。在欧麦尔看来，谁杀了穆斯林，并霸占了人家的妻子，就应该用石头击死他！就算杀人者是安拉的宝剑，是欧麦尔的舅父，是自己的母亲的堂兄，就算他在平叛中建立了战功，也应被制裁！欧麦尔认为，这件事关系着社会制度，关系着社会的稳定。厚此薄彼最能破坏社会秩序。欧麦尔的愤怒直到艾布·伯克尔将哈立德召回麦地那才平息下来。欧麦尔认为，哈里发会采纳自己的意见，解除哈立德的军权。但艾布·伯克尔仅仅指责了哈立德，说他不应在一位女人前夫血迹未干时就娶其为妻。对于哈立德杀害马立克及泰米姆族人的事则只字未提。然后，艾布·伯克尔命令哈立德向叶麻麦进发，前去征讨伪称"先知"的穆赛利迈及其追随者。艾布·伯克尔完全相信，安拉会助哈立德战胜哈尼法族人。胜利会使人们忘记哈立德同莱雅来结婚之事。

欧麦尔在如何对待哈立德的这一问题上仍坚持己见，仍认为应撤他的职务。当欧麦尔任哈里发之职后，马上解除了哈立德的军权，然后撤了他在军队里的一切职务。在本书中，我还将详细论述此事。

史书上没有记载，在艾布·伯克尔与欧麦尔之间发生过像在如何处置哈立德这件事上所发生的如此大的分歧。这样的分歧与两人的性格与施政方针是一致的。欧麦尔认为，一个人犯了罪，必须受到处罚，这样社会才能稳定，只有这样，建立在平等基础之上的法律才能生效。在欧麦尔看来，大人物犯罪更应严办。对犯罪的大人物原谅是对社会制度的最大危害。而艾布·伯克尔呢？他一直记着，安拉的使者曾命名哈立德为安拉的宝剑。在和平年代他要用这把剑保家卫国，在战争时期，他要用这把利剑杀敌。当时，穆斯林需要哈立德及他的军事指挥才能。因此，艾布·伯克尔仅仅将哈立德召回麦地那，对他进行了指责，没有撤他的军职。此后将他派往叶麻麦去征讨伪称"先知"的穆赛利迈，尔后又将他派往伊拉克、叙利亚去征战。他攻克了伊拉克，并使罗马人打消了魔鬼般的企图。

欧麦尔对哈立德的立场是，他有任何过错，必须要求艾布·伯克尔处罚他。在叶麻麦胜利后，哈立德又娶了一房妻子。为此，艾布·伯克尔去信谴责了他。他在信中说："哈立德母亲生的儿子，你好荒唐！一千二百名穆斯林的血迹未干，你又娶妻纳妾！"哈立德看完信之后说："这又是那位左撇子搬弄出来的。"左撇子是指欧麦尔·本·哈塔布。哈立德攻克伊拉克之后，占领了胡宰勒族人的家园。哈立德在斩杀胡宰勒族人时，杀了两名拥有艾布·伯克尔出具的证明归信伊斯兰教信件的人。欧麦尔认为，这应当惩罚哈立德。艾布·伯克尔对欧麦尔说："这是突然，谁让他遇到这位战神了呢。"

有些人对欧麦尔如此对哈立德耿耿于怀感到很奇怪。哈立德是欧麦尔的舅父，是安拉用以使其宗教胜利的宝剑。但当我们读了史学家们的著作后，就见怪不怪了。史学家们写道：在哈立德归信伊斯兰教之前，欧麦尔对哈立德的印象就极坏。欧麦尔一生中从未对哈立德有过好印象。可能欧麦尔是念念不忘哈立德在吴侯德战斗中的所作所为。在吴侯德战斗中，是哈立德凭借自己的指挥才干，使偶像崇拜者击败了穆斯林，然后他又向安拉的使者发起了攻击。当时如果不是欧麦尔拼死保护使者，真不知要发生什么可悲的局面。总之，尽管欧麦尔也很欣赏哈立德的军事才干，但他不喜欢他。哈立德也很不喜爱欧麦尔。每当哈里发给哈立德的信件中有不如哈立德意的决定时，哈立德就认为是欧麦尔在起作用。当艾布·伯克尔命令哈立德从伊拉克开往叙利亚时，哈立德就说："这又是那位左撇子、乌姆·赛赫莱生的儿子干的事。他忌妒我攻克了伊拉克。"

欧麦尔建议整理《古兰经》

艾布·伯克尔没有剥夺哈立德的军权，而是将他派往叶麻麦去征战了。哈立德在叶麻麦取得的胜利是决定性的胜利，这一胜利标志着在整个半岛的里达暴动已被平息。在平息里达暴动中，有一千二百名穆斯林壮烈牺牲。麦地那人为战友们的牺牲非常悲痛。在战斗中，欧麦尔的弟弟栽德也牺牲了，他为此也很痛苦。当他的儿子阿卜杜拉从战场上返回麦地那城时，欧麦尔对儿子说："栽德战死了，你怎么回来了？别让我见到你！"儿子虔诚地回答："栽德向安拉求牺牲，安拉满足了他的意愿。我同样在战斗中奋力厮杀，愿为主牺牲，但主没满足我的意愿。"

欧麦尔为弟弟的牺牲而痛苦，但他个人的痛苦没使他忘记考虑伊斯兰及穆斯林整体的大事。在牺牲的烈士中有很多能背诵《古兰经》的穆斯林。如果战事仍连绵不断，如果能背诵《古兰经》的穆斯林在战斗中仍像在叶麻麦战斗中壮烈牺牲，将会造成什么样的后果呢？欧麦尔对此事考虑了很久。当他拿定主意后，便来到哈里发艾布·伯克尔那儿。当时艾布·伯克尔在清真寺的办公室里，欧麦尔对他说："在叶麻麦战斗中，有很多能背诵《古兰经》的穆斯林牺牲了，我担心在日后的战斗中还会有能背诵《古兰经》的穆斯林牺牲。那么，《古兰经》就不免会有遗失。我认为，你应下令整理《古兰经》。”

艾布·伯克尔对欧麦尔的建议感到有些突然。他回答说："我怎能做安拉的使者未曾做过的事呢？"欧麦尔据理力争，最后说服了艾布·伯克尔。艾布·伯克尔将栽德·本·萨比特召来，向他讲了他与欧麦尔一起商议的事情，然后对他说："你年轻有为，很理智。你整理《古兰经》，我们大家不会说你什么，你原来就负责为安拉的使者记录安拉降谕的启示。继续干吧！把《古兰经》汇集成册。"栽德像艾布·伯克尔一样，开始有些犹豫，但犹豫之后便下了决心。是安拉使欧麦尔、艾布·伯克尔及栽德下定决心将《古兰经》汇集成册。栽德把写在布片上、刻在骨头上及写在树叶、石板及记在人们心中的所有原始记录全都收集起来。是欧麦尔的建议促成了《古兰经》的整理工作。《古兰经》从整理完毕之日起到现在，一直完美无缺。英国东方学家瓦里姆·穆唯尔曾对《古兰经》发表评论说："全世界没有任何一本书像《古兰经》一样，完美无缺地流传了十二个世纪。"

有些书籍称，欧麦尔是第一个将《古兰经》汇集成册的人。这种说法与人们口头流传的定论不符。人们口头流传的定论承认是欧麦尔建议并说服了艾布·伯克尔下令整理《古兰经》。如果在叶麻麦战斗后，欧麦尔没有意识到，在日后的战斗中，还会有能背诵《古兰经》的穆斯林壮烈牺牲，那么《古兰经》的很多内容不免会遗失，他就不会建议、说服艾布·伯克尔下令整理《古兰经》。艾布·伯克尔说："我怎么能做安拉使者未曾做过的事呢？"因此，没有欧麦尔的建议、说服，艾布·伯克尔也不会下令做这件事。在这项不朽的伟大业绩中，艾布·伯克尔是有功劳的。因此，阿里·本·艾比·塔利卜曾说："安拉恩赐艾布·伯克尔，在整理《古兰经》中他的功劳最大。当然，欧麦尔在这项伟大的业绩中也是功不可没的。"

欧麦尔对进军叙利亚所持的立场

读者从上述事件中看到了欧麦尔在艾布·伯克尔任哈里发时代所享有的政治地位。读者也看到了，欧麦尔在艾布·伯克尔时代同他在安拉使者时代一样，更多的是出谋划策，他很少到战场征战。读者也看到了，在与拒纳天课者的斗争中，在派遣伍赛迈出征时，他不同意艾布·伯克尔的意见。当他看到斗争取得了胜利时，他对艾布·伯克尔信服了，并开始全力支持艾布·伯克尔。通过，斗争平息了里达暴动，使叛教者重新回到伊斯兰队伍中来，并统一了阿拉伯半岛。斗争的结果打开了伊拉克的大门，为战胜波斯奠定了基础。毫不足奇，在这之后，欧麦尔全力支持艾布·伯克尔的方针政策了。

当哈立德率军在伊拉克前进，胜利的消息传遍整个半岛时，艾布·伯克尔决心向叙利亚进军。一天上午，艾布·伯克尔将以欧麦尔为首的幕僚召来向他们提到，安拉的使者原就有意进军叙利亚，使者逝世了，他的遗愿还未曾实现。然后，他对他们说：“阿拉伯人本是同宗同祖的兄弟，我要动员阿拉伯人向驻在叙利亚的罗马人进攻，在战斗中牺牲者为烈士，安拉会给予他们最后的报偿；而生还者是为捍卫宗教而生，安拉也会给他们应得的报偿。”欧麦尔第一个站出来支持艾布·伯克尔。他说：“指安拉起誓，凡是对伊斯兰有益的事，你总是走在我们前面，我完全同意你的意见，你今天的意见是安拉意欲的事，安拉通过你给我们指出了正确的路。向驻在叙利亚的罗马人进攻，并源源不断地派遣骑兵、步兵，安拉会助其宗教、助其穆斯林战胜敌人取得胜利，会让我们实现安拉允诺给其使者的业绩。”

对出征叙利亚，参加召见的其他人没有像艾布·伯克尔及欧麦尔那样热情。他们对罗马人还存有惧怕心理。当艾布·伯克尔再次动员他们准备出征时，他们都默不作声。这时，欧麦尔喊道：“信士们！你们怎么了，难道你们不响应安拉使者的哈里发的号召吗？这是他动员你们去做使你们振兴的事业，你们不响应吗？”欧麦尔的喊声震撼了在场人的心灵。他们同意出征了，但他们更愿意哈里发借助也门人及半岛上的居民向敌人进攻。

欧麦尔的思想发生了很大的变化。他已开始全力支持征战的方针政策了。他的这一思想变化使我们更清楚地看到，欧麦尔是位务实的人。他从与伊斯兰格格不入到归信伊斯兰，他从对征战的方针持保留意见到全力支持，都说明他是位务实的人。当他看到艾布·伯克尔征战的方针取得了胜利，消灭了叛教者、攻克了伊拉克的事实时，欧麦尔改变了原来的想法。

欧麦尔的新思想对他继任哈里发之后的施政方针、对由首任哈里发开始的、他继续完成的开拓大业的胜利都带来了巨大影响。我们将会看到，由于欧麦尔积极推行开拓方针，从而导致了穆斯林能在波斯、罗马帝国统治的地盘上建立起伊斯兰帝国。

欧麦尔施政方面的思想变化没有改变他原有的社会观念。欧麦尔的社会观念在很多本质问题上与艾布·伯克尔的观念不同。在某些问题上，两人的观念甚至大相径庭。艾布·伯克尔极力主张，不分阿拉伯人与非阿拉伯人，归信不分先后，穆斯林一律平等。在艾布·伯克尔时期，在麦地那附近开挖了一座金矿，艾布·伯克尔把出产的金子平等地分给所有穆斯林。据说，有人向他提出，考虑到先期归信伊斯兰的穆斯林的社会地位，应多分一些黄金给他们。艾布·伯克尔回答说："他们归信伊斯兰教是为了安拉，安拉在后世会给他们报偿的。今生只是为后世得到报偿的报告书。"艾布·伯克尔在出兵叙利亚问题上，同样也听取了麦加人的见解。欧麦尔主张划分阶级，他偏爱先期归信的穆斯林，他更偏爱圣门子弟。欧麦尔的这一思想给穆斯林的生活、伊斯兰国家的政策留下了很大的影响，这种影响持续了几个世纪，至今这一影响仍在。

在艾布·伯克尔时代，欧麦尔就不加隐讳地承认了某些阶层优于其他阶层的观点。在出征叙利亚问题上，艾布·伯克尔征求了麦地那人的意见，同样，他也征求了欧麦尔的意见。欧麦尔反对艾布·伯克尔的某些做法。欧麦尔认为，先期归信伊斯兰教的迁士和辅士比其他穆斯林更有优先发言权和决定权。苏海勒·本·阿慕尔曾反对欧麦尔说："难道我们不是你们的伊斯兰兄弟，难道我们不是同宗同族！即使说，安拉给了你们比我们先归信的机会，难道说你们要切断我们之间的血缘关系，无视我们的权利吗？"欧麦尔坦率地回答说："指安拉起誓，你们听到的有关我所讲的话仅仅是对先期归信者们的评价，也是为了在你们及比你们更有优越地位的穆斯林之间实现公正。"

欧麦尔的公正秉性

欧麦尔认为，先期归信伊斯兰教的、参加过白德尔战斗的穆斯林及圣门弟子都应享有优越的地位。他的这种认识不是为了私利，而是为了心安。在艾布·伯克尔时代、在他任哈里发时代，他都公正无私地对待穆斯林大众。欧麦尔天生公正，公正二字在他身上也得到了完美的体现。在艾布·伯克尔时代，他曾经任过两年的法官职务。这两年，没有任何人到他这儿来打官司。当然，一方面是由于穆斯林当时忙于征战、平息里达暴动及进军伊拉克和叙利亚；另一方面，欧麦尔以公正著称，没有理的人不敢到欧麦尔这儿来胡闹，任何人别妄想欧麦尔会错判任何案件。实际上，人们从未发现过欧麦尔对任何人有过不公的举止。人们不敢因为想找什么便宜而到他那儿打官司。与此同时，那些不义之人，由于害怕欧麦尔的严厉判决，他们都在私下向受到伤害的人做出了让步或了断。所以两年之内，无人到欧麦尔这位法官面前来诉控就毫不足奇了。

欧麦尔自青年时代就酷爱公正。随着年岁的增长，公正二字在他身上得到了完美的体现。欧麦尔对公正的追求，使他的身心都凌驾于世俗和私欲之上，他从未让私欲左右自己的行为举止。青年时代他曾经商，他经商的目的是养家糊口，并不是为了大富大贵。在经商活动中，他到过伊拉克、叙利亚及也门。为了增长知识，他常常与当地的首领、哲人长谈。增长知识对于他来说比赚钱更重要。他归信伊斯兰教之后，更加洁身自好。他从不觊觎别人手中的财物，他对任何人都不存妄想，也不向任何人奉承、讨好。当签订侯代比亚和约时，他来到安拉的使者面前说："难道你不是安拉的使者吗？难道我们不是穆斯林？还是他们不是偶像崇拜者？为何我们接受有损于我们宗教的条件？"欧麦尔不是假装胆大勇敢，而是敢于直言不讳。对尘世有所求者，才对他人奉承讨好；而对尘世无所求者，不屑奉承讨好他人。后者的心胸是宽广的，是完美无瑕的。欧麦尔可谓是其中的佼佼者。

艾布·伯克尔推荐欧麦尔为其继任者

欧麦尔关心集体的利益胜过关心个人及家人的利益。因此才使他全力支持艾布·伯克尔开拓伊拉克和叙利亚的方针。这也使艾布·伯克尔认为，欧麦尔是继承大业的最佳人选。但欧麦尔性格中又有急躁的一面，从而使一些同事不能与他友好相处。这些助手是哈里发施政的左膀右臂，如果这些人不能与他齐心合力，他很难治理好国家。艾布·伯克尔对欧麦尔的优缺点做了认真考虑。

艾布·伯克尔患病，感到自己将不久于人世时，便开始考虑继任者的问题了。让穆斯林自由去推选哈里发，自己不发表意见，不指定继任者，安拉的使者就是这样做的。这样做，对于艾布·伯克尔来说最省心。但艾布·伯克尔想起了发生在赛伊代家族住地塞基法会场的事件及辅士当时的立场。他也想到，如果不是安拉统一了穆斯林的意见向他宣誓效忠的话，当时几乎酿成不幸的大事。自己逝世后，如果在穆斯林中间发生了分歧，可能导致严重的后果。阿拉伯人正在伊拉克及叙利亚征战，一旦出事，就不仅仅是局限于迁士与辅士之间的事了，如果穆斯林发生了分歧，很可能导致整个阿拉伯半岛的内乱。这样就会毁坏大局，就会毁坏刚刚开始的开拓大业。而自己如果指定继任者，统一穆斯林的意志，所担心的后果可能就不会发生。安拉的使者没有指定继任者，使者之所以这样做，是为了不让人误会：认为使者的哈里发还会得到安拉降谕的启示，从而变成安拉的哈里发。现在情况不同了，艾布·伯克尔如果指定继任者，就能避免在穆斯林中间发生分歧，就能保证开拓政策继续下去直到胜利。那么，何乐而不为呢？就指定欧麦尔为自己的继任者！让他来统一穆斯林的意志。他如能胜任，则大业成矣。

艾布·伯克尔把阿卜杜·拉赫曼·本·奥夫召到面前问他对欧麦尔的看法。阿卜杜·拉赫曼说：“指安拉为誓，他是位比你对他的评价还要好的杰出人物，但他的性格有些急躁。”艾布·伯克尔回答说：“这是因为他看到我办事太柔和的原因。如果我把大局交给他，他会改掉他的缺点的。艾布·穆罕默德（穆罕默德的父亲——即指阿卜杜·拉赫曼），我细心观察了他，我在某件事上对他发怒，他会认为我喜爱他，反之，我对他客客气气，他会认为我对他严厉。”阿卜杜·拉赫曼离去后，艾布·伯克尔又把奥斯曼·本·阿凡召来，问他对欧麦尔的看法。奥斯曼回答说：“指安拉为誓，据我所知，他的内心世界比他公开的举止更出色，在我们当中没有一位像他这样的人。”奥斯曼离开后，艾布·伯克尔又听取了赛义德·本·栽德及艾塞德·本·侯代尔等迁士和辅士们对欧麦尔的看法。艾布·伯克尔下决心，要通过指定欧麦尔为其继任者之举来统一全体穆斯林的意志。部分圣门子弟当听说艾布·伯克尔为指定欧麦尔为其继任者在征求穆斯林的意见时，他们担心欧麦尔·本·哈塔布由于性格原因，会使穆斯林闹分裂。他们一致认为，应该告诉哈里发艾布·伯克尔这件事的利害，收回指定欧麦尔为他的哈里发的决定。他们请示后来到了艾布·伯克尔面前。泰勒哈·本·欧拜杜拉说："如果你让欧麦尔做你的继任者来掌管我们的事务，安拉问起此事时，你将怎样回答呢？你已看到，你和他同在时，人们就受到了他的种种伤害。如果你逝世后，由他自己一人来处理穆斯林事务，他将会怎样呢？"艾布·伯克尔听到此话后很气愤，他厉声喊道："把我扶起来！"人们将他扶起之后，他对他们说："难道你们要以安拉的惩罚来恐吓我吗？有不义之想的人会失望的！我告诉你们！主啊！我为你们选择了最好的人！"然后，他冲着泰勒哈说："把我上面所说的话，告诉你背后的人！"

艾布·伯克尔仍然担心，穆斯林不同意欧麦尔做他的继任者。当天晚上他失眠了。第二天早上，阿卜杜·拉赫曼·本·奥夫又来到他身边。两人互道平安后，艾布·伯克尔对昨天所发生的事很重视。他对阿卜杜·拉赫曼说："我心中总惦记着你们的这件大事，你们每个人都很不满意，都想自己而不是欧麦尔任哈里发。"阿卜杜·拉赫曼回答说："不要太费心，安拉会怜悯你的！这样会使你伤身体的。对当前这件事有两种人。一种人同意你的意见，另一种人不同意你的看法，但也仅仅是给你忠告而已。对欧麦尔，你自己定夺吧。我们都了解你，你向来都是为了把大家的事办好。"

艾布·伯克尔没有满足仅仅听取幕僚们的意见。尤其是当他看到他们中有人不同意他的意见后，他认为还要进一步做工作。于是，他来到他家邻近清真寺的一间房子里。他对众穆斯林说："你们对我选定的继任者满意吗？指安拉起誓，我认认真真地为你们做了选择。我没有选择与我有血缘关系的人，我选择了欧麦尔·本·哈塔布做我的继任者。你们要听从他，要服从他！"人们回答说："我们听从，我们服从。"这时艾布·伯克尔举起了双手，他对人们说："主啊！我之所以这样做，完全是为他们好。我曾担心他们中间会发生动乱，因此我为他们做了你最知晓的工作。我为他们精心挑选，我选择了他们当中最优秀者、最强有力者、最愿执行我引导他们要做的大业者。"人们听了艾布·伯克尔的祈祷和讲演后，大部分穆斯林对他的决定放心了。

艾布·伯克尔将欧麦尔召来，把掌管穆斯林事务的大任托付给了他。艾布·伯克尔嘱咐欧麦尔要毫不犹豫地继续完成在伊拉克和叙利亚的征战，并告诫他说："掌管穆斯林大业者应该是追求真理的人，安拉降谕有关惩罚的章节的同时，也降谕了有关同情、怜悯的章节。一个人在追求真理的过程中，应是安拉的奴仆。一个人只要追求真理，不管是生还是死，他都是安拉最喜爱的人，安拉会以此对每个人予以清算、报偿的。"艾布·伯克尔讲完之后，欧麦尔一边考虑着自己肩上担负的大事，一边离开了艾布·伯克尔。他当时多么想艾布·伯克尔能痊愈，能亲自掌控穆斯林面对的复杂的大局啊。

欧麦尔毫不犹豫地接受了落在自己肩上的大任。这是伟大的使命，也是一副异常沉重的担子。有谁能像欧麦尔·本·哈塔布能担负起这副重担呢? 欧麦尔义无反顾地、坚定地挑起了这副重担。在他逝世之前，伊斯兰的开拓工作已发展到了波斯、叙利亚、埃及，并建立起了稳固的伊斯兰帝国。

第五章　欧麦尔开创新时代

宣誓效忠前夕欧麦尔的忧虑

伊历13年6月21日(公元634年8月22日)，星期一，黄昏后，艾布·伯克尔逝世了。天黑后，他的遗体被洗净放到了安拉的使者曾用过的床上，被抬到了清真寺。人们为他祈祷之后，他的遗体被安放在墓穴内。他的墓穴紧靠着安拉使者的墓。他的头与安拉使者的肩膀取齐，他的身体与使者的身体呈一个方向。欧麦尔·本·哈塔布、奥斯曼·本·阿凡、泰勒哈·本·欧拜杜拉及艾布·伯克尔的儿子阿卜杜·拉赫曼·本·艾比·伯克尔主持了他的葬礼。

首任哈里发的葬礼结束之后，欧麦尔向其家属表示安慰，然后离开了处在阿伊莎院落内的坟墓。午夜之后,他才回到家里。欧麦尔躺在床上，开始思考明天将要发生的事情。明天清晨，穆斯林将向他宣誓效忠；他将担负起穆斯林的军政大事；他要面对那些并不情愿让他担当哈里发之职的人们；还将筹划在伊拉克及叙利亚的战事。怎样才能将这些事做好呢? 这些事对新生的国家来说是至关重要的大事。

穆斯林在伊拉克及叙利亚面临的局面非常微妙。在叙利亚，穆斯林军队在罗马人面前已站稳了脚跟。艾布·伯克尔已派哈立德·本·瓦利德率军从伊拉克到达了叙利亚。尽管如此，麦地那的人们还没有得到穆斯林军队必胜的消息，他们对自己军队的命运仍忐忑不安。由于哈立德带着部分部队离开了伊拉克，穆斯林军队在伊拉克的力量减弱了。穆斯林将领穆桑纳·本·哈里斯·希巴尔虽然智勇双全，但他没有力量守住穆斯林军队原来占领的土地，只好退到了希拉，并在那儿固守阵地。是的，他击败了夏汗利兰·本·阿尔达希尔派遣的由霍尔木兹·贾菲唯率领的波斯军队。两军曾在巴比伦废墟上大战一场，结果波斯军队大败而回。穆斯林军队取胜之后，穆桑纳认为，他只能守，而不能攻。由于担心部队受到袭击，因此他采取了固守的立场。实际上，他非常清楚，一旦波斯帝国的内乱消除，穆斯林军队连固守阵地都很困难。所以，穆桑纳写信给艾布·伯克尔求援，要求动员曾参加了里达暴动、而后表示了悔改的民众前来伊拉克参战。艾布·伯克尔曾下令禁止使用参加里达暴动的民众参战。哈里发艾布·伯克尔对穆桑纳的请求迟迟未答。穆桑纳在这种情况下，只好将驻伊拉克军队交给巴希尔·本·赫沙随代管，亲自来到麦地那述职、求援。

欧麦尔将如何处理这些事呢？他思考了整整一个夜晚，他祈求安拉为其指明一条正确的道路，并给其明确的启示。天一亮他将见到穆桑纳，他必然向自己提出原来他向艾布·伯克尔提出的请求：动员曾参加过里达暴动而又表示忏悔的民众。穆桑纳反复强调，这些人贪图战利品，比谁都愿参加战斗。艾布·伯克尔在征战伊拉克问题上曾给欧麦尔下了遗嘱，欧麦尔必须执行艾布·伯克尔的遗嘱。艾布·伯克尔逝世前曾召见欧麦尔，并对他说：“欧麦尔你听着，我说的话你必须去做！我希望我今天就死去。如果我死去，晚上你就动员人们同穆桑纳去征战。如果我今天晚上死去，明天清晨你就要动员人们去同穆桑纳一起征战。如果叙利亚的问题解决了，你就要把哈立德率领的军队召回伊拉克，他们是伊拉克的主人，是伊拉克的治理者。他们英勇无比，伊拉克人惧怕他们。”是动员麦地那人前去征战，还是让穆桑纳去利用曾参加过里达暴动而又表示了忏悔的人呢？欧麦尔担心，麦地那人已看到自己的军队在叙利亚僵持无法进攻，他们也看到穆桑纳对波斯人的惧怕，在这种情况下，动员他们前往伊拉克征战，他们会响应吗？但是，穆斯林驻伊拉克军队如果得不到增援是无法坚持下去的。是穆桑纳首先请求艾布·伯克尔出兵伊拉克，他在哈立德率军前往伊拉克之前，就带兵到了伊拉克，他有信心和决心攻克伊拉克。穆桑纳从未想过从伊拉克撤军。如果欧麦尔同意动员曾参加了里达暴动而又表示忏悔的民众前往伊拉克参战，他必将战胜波斯人。

同样，欧麦尔也从未想过从伊拉克撤军。艾布·伯克尔之所以指定欧麦尔为自己的继任者，是由于相信他能继承自己制定的开拓方针。欧麦尔明白，在面前的形势下，要想继承艾布·伯克尔的大政方针，必须采取果断措施完成艾布·伯克尔的遗嘱，动员人们前往伊拉克，同穆桑纳去征战，同时也必须增援驻叙利亚的穆斯林军队。穆斯林的头面人物及不满意他任哈里发的圣门弟子们会诚心诚意地支持他吗？如果他们不马上响应他该怎样办呢？如果他们不响应哈里发的号召，这将会在阿拉伯人中造成什么样的影响呢？会给麦地那政权带来什么后果呢？面对这种情况，只有断然行事才能取胜。欧麦尔素来严毅刚决：那就大胆干吧，一切全靠安拉的佑护了！

穆斯林向欧麦尔宣誓效忠及欧麦尔动员他们前往伊拉克征战

欧麦尔思考了上述问题后，第二天清晨来到清真寺的穆斯林中间。全体穆斯林大众开始向他宣誓效忠，这使他的心情稍稍平静下来。中午，清真寺里挤满了做礼拜的人们。欧麦尔走上讲台，站在比艾布·伯克尔原来站的更低一级的地方赞美安拉，颂扬安拉的使者，提到艾布·伯克尔功绩之后说："人们啊！我只不过是你们中的一员，如果不是我不愿意拒绝安拉使者的哈里发艾布·伯克尔的指令，我不愿掌管你们的事务。"他讲此话时很动情。当时他既谦虚又温和。他的话打动了在场者的心。人们认为艾布·伯克尔没有看错人，他指定欧麦尔为其继承人表明他很有眼力。人们当场纷纷表示，愿欧麦尔好运。欧麦尔接着说道："安拉啊！我是个鲁莽之人，使我温和吧！安拉啊！我是个弱小之人，使我坚定有力吧！安拉啊！我是个吝啬小气之人，使我慷慨大方吧！"欧麦尔上述的讲话，赢得了人们普遍的赞扬。欧麦尔停了一会儿，当人们静下来之后又说："安拉用我来考验你们大家，并用你们大家来考验我。安拉在艾布·伯克尔逝世之后，把我留在了你们当中。指安拉起誓，有关你们的任何事情，都由我亲自处理，绝不推给他人，你们任何人来找我，我定给他公正。做善事者，我定善待他们；行不义者，我定惩罚他们。"

欧麦尔讲话完毕之后，走下讲台，同众人一起做礼拜。礼拜之后他扫视了一下众人，然后动员他们到伊拉克去同穆桑纳一起征战。他向众人讲述了艾布·伯克尔对此事的遗嘱。众人听了哈里发的动员之后，相互看了看，但没一人出来响应。他们好像想到了穆斯林部队在叙利亚的处境，他们不愿遭受在叙利亚征战的穆斯林兄弟们所遭受的困苦。当初艾布·伯克尔动员大家到叙利亚去征战时，众人也曾犹豫不决。看到此景，当时欧麦尔站起来喊道："信士们！你们怎么了。难道你们不响应安拉使者的哈里发的号召吗？他动员你们去做使你们振兴的事业，你们不响应吗？"众人听了欧麦尔的话之后才响应了艾布·伯克尔的号召，才出征叙利亚，与罗马人对峙起来。原来艾布·欧拜岱·本·贾拉赫、阿慕尔·本·阿斯、耶济德·本·艾比·苏富扬等圣门弟子及半岛上的英雄人物全到了叙利亚。但他们未能战胜罗马人。艾布·伯克尔只好将哈立德·本·瓦利德从伊拉克调到了叙利亚。如果现在响应欧麦尔的号召，到伊拉克同穆桑纳一起去同波斯人战斗，后果会怎样呢？众人谁也不能指望欧麦尔会把哈立德从叙利亚调回到伊拉克。他们都知道，欧麦尔对哈立德的印象不好，也知道在马立克·本·努维拉事件上他对他的态度和立场。

无疑，穆桑纳·本·哈里斯是位伟大的将领，但他不是古莱什人，也不是圣门弟子。他属于瓦伊勒族人。当艾布·伯克尔将哈立德·本·瓦利德从伊拉克调到叙利亚之后，穆桑纳马上率军从伊拉克撤到了希拉。之后，他又来到麦地那向哈里发求援。这说明，他在伊拉克的处境并不乐观。也许他有他认为合理的理由。当时，阿拉伯人对波斯人仍有恐惧心理。部分人认为，哈立德之所以能战胜波斯人是由于波斯人轻敌所致。伊拉克的战局可能会发展成对穆斯林不利的局面。如果是这样，干吗还去冒险参战呢？

穆斯林上层人物们没一个人站出来带头响应欧麦尔的号召。这些人不动，其他人更不会动了。欧麦尔沉思了一下，回到他的座位上。人们接着向他宣誓效忠。晚上，人们离开了清真寺。欧麦尔夜里又思考了很久。第二天清晨，他来到清真寺，昨天没有宣誓的穆斯林又继续向他宣誓效忠。晌礼的时间到了，欧麦尔做完晌礼后，大声命令人们：将把在平息里达暴动中所得到的女俘全部释放。他解释说："我不愿意让占有女俘成为阿拉伯人的制度。"

欧麦尔发布的第一道命令及他的首次讲演

自从艾布·伯克尔逝世两天以来，欧麦尔基本上没睡。众穆斯林尊重艾布·伯克尔的遗嘱，陆续向欧麦尔宣誓效忠。但是，很多穆斯林首领由于他的鲁莽对他仍不满意。如果一个国家的头面人物不能齐心合力，国家的事很难办好。局面很微妙，当时不容欧麦尔用更多的时间去做这些人的工作，让他们热爱自己。如果不采取断然措施，国家就会面临动乱的局面。如果把女俘送回阿拉伯各个部落中去，就会赢得人心。下定决心，就这么干！第三天，他又来到清真寺，他对人们说："阿拉伯人就像戴上鼻环的骆驼，主人领它到哪儿，它就跟到哪儿。以天房的主发誓，我要逼他们上路。"

人们注视着欧麦尔，在场的人都认为，欧麦尔要对他们发威了。欧麦尔从他们的脸色上也看出了他们的心情。当人们做晌礼时，欧麦尔走上了讲台。他说："我听说人们害怕我的严厉，惧怕我的粗暴。有人说，安拉的使者在世时，他就对我们异常严厉，艾布·伯克尔任首领时，他仍对我们异常严厉，现在他已掌握了大权，还不知他会怎样对我们呢？说这话的人说对了。"

他停了一会儿又继续说："……我同安拉的使者在一起时，我是他的侍从。在仁慈及同情心方面没有任何人能与使者相提并论。使者正如安拉讲的一样，他对信士们来说是仁慈的。我在使者手下工作，犹如一把利剑，任使者收发自如。我一直伴使者奋斗，直到他逝世。使者对我是满意的，我同他相处是很幸福的。"

欧麦尔又说："此后，艾布·伯克尔掌管了穆斯林的军政大事。谁也不否认，他柔和、豁达、慷慨大方。我是他的助手，我严厉、他温和，二者相得益彰。我是一把出鞘的利剑，任他收发。我与他相伴直到他逝世。他对我是满意的，感谢安拉，我同他相处是很幸福的。"

他又说："人们啊，现在我已掌管了你们的军政大事。你们知道，我原来的严厉作风已柔和多了。但对那些不义之人，对那些侵犯穆斯林利益者我仍然严厉；对主张和平、信守教义、诚实者，我会比谁都温和。我决不允许谁去欺侮谁，或谁去侵害谁，否则，我会将他打倒在地，再踏上一只脚，直到他在真理面前低头。我这样做之后，宁愿向廉洁者们谢罪。”

欧麦尔又说：“人们啊！我向你们做如下保证：我公正合理地收取你们的所得税；你们任何一个人来找我，定会得到他应得的权益；如果安拉意欲，我会增加你们的收入；我要保卫国家的疆界，但绝不会不顾你们的生命安全去战争；我不会让你们长期地战斗在边界线上，如果你们在麦地那之外进行战斗而迟迟不能回来，我负责照顾你们的妻儿老小。”

欧麦尔又说：“敬畏安拉吧！崇拜安拉吧！你们要好自为之，不要干让我惩罚你们的坏事。要助我多行善举，要为我献计献策，管好你们的事务。我的话到此为止。愿安拉宽恕我，宽恕你们大家。”

欧麦尔讲完此话后走下了讲台，同众穆斯林做了礼拜。之后，他离开了他们。人们开始议论起他的讲话。大家都知道欧麦尔是位坦率、表里如一的人，尽管他严厉、暴躁，但他为人公正。他今天对众人说，今后他只对那些不仁不义者采取严厉措施。他将温和地对待爱好和平、诚实的君子。欧麦尔是位说到做到，从不骗人的男子汉。人们都知道，他过去在某些问题的处理上很有同情心，这是人所共知、不容否认的事实。欧麦尔保证增加他们的收入，如果到前线去征战，他负责照顾穆斯林将士的妻儿老小。他都做了如此的保证，难道人们还不相信他，还不响应他的号召吗？

大部分在场的穆斯林都持上述态度。而穆斯林首领们仍持保留态度。有些首领对欧麦尔不满意，而大部分首领人物是担心叙利亚及伊拉克的战局。欧麦尔又回到清真寺做宵礼来了。礼毕之后，仍再次动员人们同穆桑纳一起前往伊拉克征战。人们还是不动声色。当时穆桑纳也在场，他非常希望欧麦尔动用参加过里达暴动，后又表示了忏悔的人。这些人最愿同波斯人开战。当欧麦尔下令释放在平息里达暴动时穆斯林们所得到的女俘时，穆桑纳的这一愿望更加强烈了。他相信，欧麦尔所采取的这一措施会更加激励各部落的阿拉伯人前去征战。穆桑纳看到麦地那人迟迟不响应哈里发的号召，知道他们是由于害怕波斯人，这时他站出来发表了如下讲话：

“你们不要害怕波斯人，现在我们已占领了波斯的中部，我们在伊拉克已打败了他们，我们已将他们分割开来，我们的力量强于他们的力量，我们将继续前进。”

欧麦尔听了穆桑纳的讲话。他看到他的讲话在人们心中起了积极的作用和影响。于是，他站起来发表了如下讲演：

“希贾兹地区之所以是你们的家园，是由于这里有水草。希贾兹人是靠水草来维持生计的。安拉已给迁士们许下了能过幸福生活的诺言。你们应走出去,去寻找更好的地方。安拉说:‘以便他使正教胜过一切宗教。[①] 愿安拉使伊斯兰胜过其他一切宗教。安拉必将使他的正教取胜。安拉必将把其他民族的遗产赠与穆斯林。虔诚崇拜安拉的君子到哪儿去了？”

欧麦尔成功地动员人们赴伊拉克征战

穆斯林听了穆桑纳及欧麦尔的讲话后，觉得如果再迟迟不响应哈里发的号召，那就是他们的耻辱。他们曾支持安拉的使者，从而使正教发展壮大起来；他们也曾支持艾布·伯克尔，安拉使他们取得了节节胜利；现在对于新任哈里发之职的欧麦尔的动员为何迟迟不动呢？是响应，还是不响应呢？正在这时，艾布·欧拜岱·本·麦斯欧德·本·阿慕尔·赛格菲挺身而出站了出来，他愿响应号召到伊拉克去征战。之后，萨里特·本·盖斯也站了出来。这时，人们纷纷站了出来响应召唤。一千名麦地那人站到了一起，他们愿到伊拉克去征战。欧麦尔看到这一情况，非常高兴。他感赞安拉！是安拉让穆斯林们出来，从而打破了僵局。因为如果这一僵局再持续下去，就会毁坏穆斯林的大局。

让哪位迁士或辅士任这队人马的首领呢？人们担心欧麦尔会任命一位非麦地那人来任首领。因此，他们急忙来到欧麦尔面前说：“请你任命一位迁士或辅士来做他们的首领吧！”这些人迟迟三天之内不响应欧麦尔的号召，使他很生气。他对他们说：“指安拉起誓，不行！我不会这样做！

---

① 《古兰经》列阵章:9节。

你们只有用你们手中的宝剑去奋勇杀敌，安拉才会提高你们的地位。如果你们胆小，不愿与敌人厮杀，谁首先响应号召，谁就比你们更有资格任首领。我要任命第一位站出来响应号召的人为首领。”说完此话后，他把艾布·欧拜岱叫到面前，当场任命他为这支人马的首领。然后，欧麦尔又将赛尔德·本·欧巴岱及萨里特·本·盖斯叫到面前，他对他俩说：“如果你俩先艾布·欧拜岱一步站出来，我会任命你俩为首领。尽管你俩的资历都比他深，更适合当首领，但你俩晚了一步。”

穆桑纳·本·哈里斯看到这队人马准备同他一起赴伊拉克征战时，他放心了。欧麦尔认为，穆桑纳已没理由再留在麦地那，于是他命令他立即返回伊拉克归队。欧麦尔告诉他说：“到伊拉克后，等到援军到达后再行动……”新组建的这队人马开始做出发的准备。出发之前，欧麦尔对艾布·欧拜岱说：“要随时听取与先知共过患难的穆斯林的意见，遇事多同他们商量。在情况不明时不要冒进。这是一场战争，要善于抓住战机，知道何时进退的聪明人才能驾驭战争。”

任哈里发之职后四天之内，在安拉的引领下，欧麦尔解决了自己面临的难题。解决上述向伊拉克发援军难题的同时，欧麦尔没有忘记其他问题。如叙利亚的问题、有关居住在奈季兰基督教徒的问题、有关自己的主张与前任哈里发主张见解相左的问题，等等。他在考虑，如何施行实现自己的计划，如何将穆斯林团结在自己周围。他为人坦率，也很果断，并且敢于负责。他相信，真理在自己手中。

解除哈立德·本·瓦利德所任驻叙军队统帅的职务

人们都知道，欧麦尔对哈立德·本·瓦利德的印象不好。马立克·本·努维拉事件后，欧麦尔曾要求艾布·伯克尔解除哈立德的军职。欧麦尔对哈立德的这一成见一直未变。艾布·伯克尔将哈立德从伊拉克调到了叙利亚，并任命他为穆斯林军队驻叙利亚的统帅。哈立德到叙利亚已经一个多月了，他不但未能战胜罗马军队，而且一次也未同罗马人交锋。这是为了解除哈立德职务，让艾布·欧拜岱取而代之的大好时机。欧麦尔正是这样做的。艾布·伯克尔逝世之后，欧麦尔给艾布·欧拜岱发了两次信函。在第一封信中，他告诉他使者的哈里发逝世了，在第二封信中，他下令解除哈立德统帅的职务，让艾布·欧拜岱取而代之，让哈立德降级任艾布·欧拜岱原来率领的旅团司令。第一封信是由欧麦尔的仆人叶尔发送去的。第二封信由马哈米叶·本·扎尼木和夏达德·本·奥斯送去。在第二封信中，欧麦尔嘱咐艾布·欧拜岱说："不要由于求胜心切而使穆斯林陷于死亡的境地；在实地考察了解退路之前，不要让穆斯林驻扎此地；不要派遣人数少的团队去战斗。请你千万注意，不要让穆斯林遭受灭顶之灾！安拉以我考验你，同时，安拉也以你在考验我。不要让世俗浮荣迷了你的眼睛，心中要有安拉。你已经看到，世俗浮荣已使某些人栽了跟头，你要从中吸取教训，不要像他人那样做使自己难堪的蠢事。"

当时穆斯林军队所处的局面很微妙。他们既不能战胜罗马人，罗马人也不能战胜他们，两军正处在相持不下的阶段，谁都在寻找战机一举歼灭对方。欧麦尔为何在这种情况下冒险解除哈立德的职务呢？他不担心这样做会动摇军心吗？他不能等哈立德扭转局面后再撤他的职务吗？

上面的考虑对战局的发展是有很大影响的。后面我们会看到，艾布·欧拜岱看到了这些，因此，他不顾欧麦尔对自己的不满和气愤采取了自认为是正确的措施。但是欧麦尔处理此事是从另一角度来考虑的。如果等战斗结束之后再处理哈立德，欧麦尔会认为影响他的大政方针。战争的结局无非是两种情况，胜或败。如果失败了，解除哈立德的军职也于事无补。如果胜利了，欧麦尔却不能解除一位取胜将军的职务。欧麦尔决心不让哈立德任军队的统帅，因此他急忙解除了他原来的军职。他有理由这样做。因为哈立德没能实现艾布·伯克尔交给他的使命。如果解除哈立德统帅之职后，实现了艾布·伯克尔号召的使命，那么解除哈立德原来的军职是无可非议的。欧麦尔做了自己认为是对的、想做的事，哈立德也无话可说。

解除哈立德统帅之职的原因

直到今天，人们还在议论，解除哈立德统帅之职的原因到底何在呢？安拉的使者曾说过，哈立德是安拉的一把宝剑。是他率军平息了里达暴动，是他率军攻克了伊拉克，他是英雄，是无可争议的军事天才。难道说仅仅由于他杀了马立克·本·努维拉，娶了马立克的妻子就使欧麦尔这样对待他吗？还是由于欧麦尔担心哈立德屡战屡胜，这样人们会过分崇拜他呢？如果这样，哈立德功高震主对国家不利。部分人认为，解除哈立德统帅之职的原因就在于此。有人提到，哈立德回麦地那后问欧麦尔为何解除他统帅之职。欧麦尔回答说："不是由于怀疑你才解除你的职务，是由于人们过分崇拜你了。我担心，你会以此来闹事。"这种说法是没有根据的。可以断言的是，解除哈立德统帅之职后，哈立德没有回麦地那。他一直在艾布·欧拜岱的指挥下进行战斗，直到伊历17年（公元638年）欧麦尔解除了哈立德的一切军职。我不认为杀马立克并娶其妻是解他职的原因。杀马立克到欧麦尔任哈里发之间经历了两年。在这两年之内，哈立德的军事才干发挥得淋漓尽致。他的战绩在整个半岛，甚至在波斯和罗马广为传颂。我认为，欧麦尔之所以解除哈立德的统帅之职是由于，无论在欧麦尔任哈里发之前还是在其任职内，两人之间没有起码的信任感。

欧麦尔不是不承认哈立德的军事才干；哈立德也不是不承认欧麦尔的公正。我指的信任感是指两人各自对对方的总体看法。两人的关系没有达到各自多看对方优点的程度。恰恰相反，各自都盯着对方的不足之处。欧麦尔认为哈立德过于自负，因此使他往往急急忙忙地投入战斗，哪怕没有理由急忙开战，哪怕违背哈里发的指令，哈立德总是我行我素。光复麦加的那一天，先知下令不让开战，但哈立德不顾先知的指令，急忙开战了。在平息里达暴动中，哈立德没有请示艾布·伯克尔，又同泰米姆族人开战，并杀了其首领马立克·本·努维拉。当时，哈立德把首任哈里发艾布·伯克尔对他的所有指责都归罪于欧麦尔。当艾布·伯克尔调他从伊拉克开往叙利亚时，他说："这又是那位左撇子干的，他妒忌我攻克伊拉克的战功。"两人相互不信任到了这种地步，还谈什么合作呢？！一位是国家的元首，一位是国家军队的首领，如果相互不信任，能合作吗？欧麦尔解除哈立德的职务，使两人没有直接的关系是毫不足奇的。这样做，可以让艾布·欧拜岱向哈立德传达哈里发的指令。当时，哈立德与艾布·欧拜岱是相互友好和信任的。

将奈季兰的基督教徒赶出家园

欧麦尔下令释放在平息里达暴动中穆斯林抓到的女俘。他以此赢得了人心。阿拉伯各个部落的成员纷纷响应欧麦尔的号召,前往伊拉克征战。他们想以此洗去参加里达暴动的耻辱，并在战斗中像其他穆斯林一样获取战利品。欧麦尔在解决组织军队到半岛之外去征战的问题之后，开始着手解决其他问题。他的思路是，基本上不违背先知及艾布·伯克尔的大政方针，但具体做法上有所不同。

安拉的使者曾动员所有的人归信伊斯兰教。麦地那的犹太人却认为，这对他们构成了威胁。于是，犹太人同先知穆罕默德达成了信仰自由的协议。但是，当犹太人看到先知穆罕默德已掌握了大局之后，开始耍阴谋了。先知只好同他们进行斗争，并将他们赶出麦地那及在半岛上的大部分家园。海白尔之战后，只有少数犹太人留在了他们自己的土地上。但是，他们必须将自己收成的一半交给穆斯林。奈季兰的基督教徒曾派代表团同先知穆罕默德辩论。先知动员他们信仰安拉,不要崇拜除安拉外的任何人。他们返回了家园。这之后，他们同先知达成了有关他们缴纳税收、穆斯林保证他们信仰自由的和约。艾布·伯克尔任哈里发之后，仍执行上述同奈季兰基督教徒及同海白尔的犹太人达成的协议及和约。

称欧麦尔为“信士的长官”

有一天，欧麦尔坐在清真寺内，布置完工作之后，艾布·欧拜岱及其他将要到伊拉克去征战的穆斯林将士来向他告别。他们都向安拉使者的哈里发的哈里发（安拉使者的继任者的继任者）致意。大家都感到“安拉使者的哈里发的哈里发”称呼很拗口。这时有位穆斯林来向欧麦尔致意说：“信士的长官啊，安拉为你赐福。”人们对这一新的称呼很满意，于是从那一天起，穆斯林不再称欧麦尔为“安拉使者的哈里发的哈里发”了，而改称“信士的长官”。从此之后，欧麦尔及其之后的历任哈里发及国王们都使用了这一称呼。

第六章　艾布·欧拜岱及穆桑纳在伊拉克征战

穆桑纳在回希拉的路上

由于艾布·欧拜岱·本·麦斯欧德·赛格菲第一个站出来响应了欧麦尔的号召，愿意到伊拉克去征战，所以欧麦尔任命他为穆斯林征战伊拉克军队的统帅，并命令他，部队一旦准备完毕，马上率军赴伊拉克。欧麦尔令穆桑纳马上回伊拉克，并对他说："到伊拉克后，等援军到达后再行动。"于是，穆桑纳骑上他的骏马返回了希拉。穆桑纳在路上想起了艾布·伯克尔任哈里发时期自己的经历。平息在巴林发生的里达暴动，然后征战波斯湾，长驱直入幼发拉底河入海口。艾布·伯克尔派哈立德前来援助他。他在天才将领哈立德的指挥下战胜了波斯军队，攻克了希拉、安巴尔、阿尼·台木尔及其他地区，直到哈立德占领了伊拉克北部地区及与叙利亚交界的法拉多地区。

哈立德在波斯国王统治的地区站稳了脚跟，穆桑纳对此很高兴。他率领的军队在希拉及萨瓦德地区驻扎了一年之多。然后，艾布·伯克尔将哈立德从伊拉克调到了叙利亚，哈立德率军在叙利亚同罗马人开始了战斗，哈立德从伊拉克带走了精良的穆斯林部队。穆桑纳很担心这件事在伊拉克造成的后果。在安拉的佑护下，穆桑纳在巴比伦废墟附近战胜了由霍尔木兹·贾兹唯率领的波斯军队，然后他退守到希拉并向艾布·伯克尔求援，直到他亲自返回麦地那。艾布·伯克尔逝世了，欧麦尔继任了哈里发之职。现在穆斯林响应了欧麦尔的号召，并将在艾布·欧拜岱的率领下前来伊拉克征战了。

穆桑纳回想这些往事时，他没有忘记波斯朝廷的内乱，是波斯朝廷的内乱削弱了波斯军队的战斗力，鼓舞了穆斯林的士气。波斯国王独断专行地统治着波斯人民及伊拉克的阿拉伯人。波斯国王阿巴拉维兹曾杀害了艾布·格布斯·努尔曼·本·穆兹尔，消灭了希拉的莱赫米人国王。也是这位波斯国王曾战胜了罗马人，将波斯的势力扩大到耶路撒冷和埃及。当希拉克略当上了罗马皇帝之后，希拉克略战胜了波斯国王阿巴拉维兹。阿拉伯人为此很高兴，那些对阿巴拉维兹不满的波斯人也很高兴。阿巴拉维兹的儿子西鲁维起来造反，杀害了父亲阿巴拉维兹，从此波斯朝廷发生了内乱。西鲁维极端愚蠢和幼稚，王公大臣们对他很不满意。所有想篡权的王子都结成自己的党羽，伺机夺权。结果西鲁维被杀身亡。想篡权的王子们相互残杀起来。胜者当了几个月的国王后，又被他人谋杀。四年之内，九位王子执政。因此，波斯军队的力量被削弱了。所以波斯人在与阿拉伯人的战斗中，屡战屡败就毫不奇怪了。

波斯人看到了内乱给自己带来的后果。于是，他们将阿尔达希尔的儿子夏汗利兰推上了王位。各位王子达成协议，一致拥护他。当夏汗利兰得知哈立德从伊拉克调到了叙利亚之后，他做出的第一个决定就是将穆斯林赶出伊拉克。但是，穆桑纳在巴比伦废墟附近一举战胜了他派遣的将领，夏汗利兰大病身亡。

杜赫特·扎娜公主继承了哥哥的王位。但这位公主无力承担治理国家的大任，她被罢免了王位。夏汗利兰的儿子沙普尔继承了王位。沙普尔任命法尔赫扎德为自己的重臣，并要将公主阿扎尔米杜赫特嫁给法尔赫扎德。公主认为，将自己嫁给这位奴仆是一种耻辱。于是，在新婚之夜，她让萨耶瓦赫希刺杀了法尔赫扎德。之后，她带人包围了沙普尔王，并将其杀死。穆桑纳看到波斯帝国内乱不止，便向艾布·伯克尔求援攻打波斯人。但艾布·伯克尔迟迟未答复他。穆桑纳只好亲自到麦地那求援。事情已经过去了，他现在正驰骋在回希拉的路上。波斯帝国的内乱仍然存在吗？如果是的话，这是战胜波斯人的最好机会。如果波斯帝国已经稳定，要战胜波斯人则是需大批的人马。

穆桑纳到达了希拉。他首先询问了波斯朝廷的情况。他得知，他不在希拉期间，波斯人忙于内乱，根本无暇与穆斯林军队战斗。不久，他听说布兰公主正在调停王公大臣们的意见。布兰公主人很明智，每当发生分歧时，人们都愿听她的意见，并服从她公正的断决。当萨耶瓦赫希刺杀了法尔赫扎德、阿扎尔米杜赫特公主坐上王位后，王公大臣们对此发生了意见分歧。布兰公主认为，此事已无法调停。于是，她派人将法尔赫扎德被杀的消息告诉了法尔赫扎德的儿子罗斯图姆将领，并让他马上赶回泰西封。当时,罗斯图姆驻扎在福尔吉·赫拉赛。罗斯图姆是位杰出的将领。当他得知父亲被杀身亡的消息后，率军急忙向泰西封赶来。在路上，他遇到了阿扎尔米杜赫特的军队。他将她的军队击败后，包围了波斯首都泰西封。将阿扎尔米杜赫特及萨耶瓦赫希围在了城中。罗斯图姆战胜了敌人，进入了泰西封城。进城后杀了萨耶瓦赫希，挖了阿扎尔米杜赫特的眼睛。此后，他将布兰公主扶上了王位。布兰公主答应只做十年国王。十年之后,她就将王位归还王室。届时或推选男性国王,或推选女性国王。布兰国王任命罗斯图姆为重臣,把国家大政完全交给了他。让他掌握军队,并命令波斯人民绝对服从于他。

穆桑纳在希拉,对波斯朝廷的情况了如指掌,但他无力采取任何行动。在艾布·欧拜岱率援军到达之前，他所率领的军队无力发起攻击。穆桑纳离开麦地那之后，艾布·欧拜岱的人马在麦地那准备了一个月之后才出发。当艾布·欧拜岱的人马到达伊拉克之后，穆桑纳的部队从希拉撤到了沙漠边上的赫凡。

罗斯图姆是位既勇敢又有雄心大志的人。正因为如此，波斯人才对他很敬佩。史学家们说他是位星象学家，他当时已知道波斯朝廷的寿数已尽。当时有人问他，既然如此，那又何必临危受命呢?他回答说，雄心及荣誉感。

布兰女王任命他为重臣后，他马上给伊拉克的各级官员写信，动员他们起来与穆斯林斗争，并要求在每个村镇都要安排专人做动员工作。这之后，他马上派军去迎战穆桑纳。罗斯图姆的命令传到每家每户后，伊拉克人全都被动员起来了。穆桑纳得知这一切之后，他看到自己率领的部队无法与罗斯图姆动员起来的人马抗衡，为避免自己的部队从背后受到袭击，他率军从希拉撤到了赫凡。艾布·欧拜岱所率人马在赫凡与穆桑纳的人马会师了。部队休息之后，两位将领开始筹划迎敌计划。

艾布·欧拜岱在纳马利格及萨格退战胜波斯人

为同穆斯林军队交战，罗斯图姆从泰西封派出了两支军队。一支由贾拜率领。罗斯图姆命令他跨过幼发拉底河，直奔希拉。另一队人马由纳尔希率领。罗斯图姆命令他将军队驻扎在幼发拉底河与底格里斯河之间的克斯克尔。艾布·欧拜岱从麦地那出发时，军队的人数是四千名。他一路上不断扩军，当到达赫凡时，他所率领的人马人数已上万。人马准备好之后，艾布·欧拜岱率军迎战了。两军在希拉与卡迪西亚之间的纳马利格交手了。激战之后，安拉使艾布·欧拜岱战胜了贾拜。贾拜被俘，他手下的一位叫马尔丹沙的将领被俘。贾拜是位老奸巨猾之人，他欺骗俘虏他的穆斯林说："你们是很重信义的阿拉伯人，如果你保证我的安全，我送给你两名年轻力壮的男仆，还将给你贵重的东西。"他信誓旦旦，保证做到自己的许诺，俘虏他的穆斯林答应了他的请求，然后贾拜又说："请你带我见你的首领，他可为我做见证。"这位穆斯林把他带到了艾布·欧拜岱面前。在艾布·欧拜岱的见证下，这两人完成了相应的手续。但是，穆斯林认出了贾拜是波斯人的统帅，他们对艾布·欧拜岱说："他是波斯军队的首领，杀掉他！"艾布·欧拜岱说："就算他是统帅，我也不能杀他，因为一位穆斯林兄弟已给了他安全保证。广大穆斯林相亲相爱，他们是一体，一个人做出的保证，大家也都应遵守。"

布兰女王及大臣罗斯图姆知道了贾拜所遭到的失败。于是，他命令贾里努斯率军支援驻扎在克斯克尔的纳尔希。但艾布·欧拜岱没等贾里努斯到来就向纳尔希发起了攻击。两军在克斯克尔附近的萨格退交战了。纳尔希的命运并不比贾拜的命运好。交战不久，他把很多辎重丢下带兵逃跑了。此后，艾布·欧拜岱得知贾里努斯已率领波斯军队到达了巴鲁斯马村。穆斯林军队便乘胜迎了上去，并把贾里努斯所率波斯人马击败。波斯人逃回了泰西封。

艾布·欧拜岱派穆桑纳为先锋，协同其他穆斯林将领四面出击。很快穆斯林军队占领了伊拉克全境。伊拉克人害怕了，他们又想起了哈立德在伊拉克的日子。伊拉克各级官员全部倒向了艾布·欧拜岱，并同他订立了和约。此后，伊拉克各级官员带着丰盛的食品来到了艾布·欧拜岱面前。官员们对他说："这是款待你的。"他对他们说："你们也这样款待我的士兵吗？"他们回答说："没有。"他回答说："那好！我不需要这些食品！士兵们同我一起背井离乡，一起流血杀敌，我不能一人去享受这些食品，除非他们也受到这样的款待，我才能享受！"直到士兵们也得到了类似的食品后，艾布·欧拜岱才接受了伊拉克人献上的食品。

萨格退胜利之后，穆斯林获得了大量战利品。其中有很多食品。艾布·欧拜岱将战利品分发给士兵们，并把其中的五分之一送回了麦地那。他给欧麦尔写了一封信。他在信中写道："安拉将波斯国王喜欢吃的食品恩赐给了我们，我们愿让你也看看这些食品，以便让我们记住安拉的恩赐。"

穆桑纳率军返回了希拉。他希望局势能从此平静下来。在这之前，哈立德所率领的穆斯林军队曾在此驻扎过一年之久，波斯军队未曾向哈立德进行过挑衅。穆桑纳能否也像哈立德那样在希拉平安过一段时间，准备好力量再进攻泰西封呢？他希望如此。

古斯·纳堆夫之战

穆桑纳的希望很快破灭了。波斯军队惨败在阿拉伯人面前，这对罗斯图姆来说是奇耻大辱。他对他的随从人员说："你们看，谁能率军战胜阿拉伯人呢？"随从们回答说："有祖勒·哈吉布·巴海曼·贾兹维能胜任。"于是，罗斯图姆将巴海曼召来，把一支庞大的军队交给他指挥，并令贾里努斯随军出征。罗斯图姆对贾里努斯说："如果再次大败而归，一定要砍下你的人头示众。"罗斯图姆想以此向波斯人民表示他雪耻的决心。波斯大军前锋打着一面宽 8 腕尺、长 12 腕尺的虎皮波斯王大旗，在巴海曼的率领下，从泰西封出发，声势浩大地向穆斯林大军杀来。

艾布·欧拜岱率军退到古斯·纳堆夫村。不久巴海曼率军杀来。两军仅一河之隔。巴海曼向艾布·欧拜岱下了战书。他在战书中提出："要么你们过河来厮杀，要么我们过去厮杀。"艾布·欧拜岱的幕僚们劝艾布·欧拜岱不要过河，应让波斯人过来厮杀。但是，艾布·欧拜岱很自负，他对幕僚们说："波斯人并不比我们更不怕死，让我们过河杀过去！"于是，他将萨里特·本·盖斯及其他将领召来，对他们说："阿拉伯人还从未遇到过像我们面前这样的波斯军队。他们已杀到我们面前。你们要杀过河去，占据进可攻、退可守的阵地。"萨里特回答说："不能这样做！"艾布·欧拜岱指责萨里特是胆小鬼。萨里特回击说："指安拉起誓，我比你更勇敢。我已向你陈述了意见。你将看到你固执己见的后果。"

令人奇怪的是，艾布·欧拜岱为何听不进幕僚们的劝告，他为何忘记了欧麦尔对他的嘱咐。欧麦尔曾告诉他，多听圣门子弟们的意见，要重视萨里特的建议。欧麦尔很信任萨里特，他曾对艾布·欧拜岱说："萨里特往往在战斗中易匆忙行事，否则我会任命他为统帅。"在战斗中匆忙行事会吃亏的，只有冷静果断的人才能驾驭战争。艾布·欧拜岱之所以这样做，也可能是由于他打了胜仗后自己昏了头脑，或萨里特等人的建议起了反作用。艾布·欧拜岱下令，穆斯林军队从驻守的马尔瓦哈过河，向波斯军队驻扎的古斯·纳堆夫村挺进。萨里特·本·盖斯一马当先，走在过河者们的最前面。

当时穆斯林军队的人数不到万人，他们刚过河，巴海曼就命他们向波斯军队下令进攻。走在波斯军队前面的是一群脖子上系有铜铃的大象。穆斯林的坐骑看到这群大象，听到铃声后，都惊了。与此同时，波斯人开始放箭，当场射杀了为数不少的穆斯林士兵。还没交上手，穆斯林军队就受到了重创，为此穆斯林将士很痛苦。当艾布·欧拜岱看到自己的军队快要乱了阵脚时，他下马了，士兵们跟着全下了马。他们个个手持宝剑向敌阵冲去，当场杀死了六千余名波斯人。这时波斯人的象群冲了过来，象群把穆斯林军队的阵脚冲散了。艾布·欧拜岱高声命令士兵砍大象的肚子，把骑在象上的波斯人弄到地下来，避开大象砍杀驭手。双方展开了拉锯战，战斗在白天进行得异常激烈。

穆斯林军队退回马尔瓦哈

艾布·欧拜岱急于当天就战胜波斯人。因为萨里特·本·盖斯及其他穆斯林曾建议他不要过河来厮杀，他要证明自己的正确，所以更加急于取胜。如果他败在了波斯人手下，那将是他个人的终身耻辱。他当时心情很乱。波斯人后退他高兴，当波斯人进攻时，他又害怕失败。这使他铤而走险了。他看到他附近有一头白象，挥舞着鼻子左右冲杀，把穆斯林军队冲得七零八落。艾布·欧拜岱想，只要杀了这头白象，就能提高穆斯林的士气，从而削弱波斯人的战斗力。艾布·欧拜岱手持宝剑向白象冲来，他一下砍下白象的鼻子。白象受伤后发怒了，它向艾布·欧拜岱冲了过来，并用脚把他击倒在地。马上又用脚踏在了他身上。艾布·欧拜岱被这头白象活活踏死了。战前，艾布·欧拜岱曾从他本族中选了七个人。规定如果他战死，七个人中第一个人站出来替他指挥战斗；如果第一个人死了第二个人站出来指挥……当看到主帅阵亡后，第一个人便举起了战旗，开始指挥战斗。只见他向大象冲去，大象放开了艾布·欧拜岱，穆斯林将他的尸体拉了过来。第一个人想把大象杀死为主帅报仇，但他得到了艾布·欧拜岱所得到的同样下场。在战斗中，这七位塞基夫族勇士全都阵亡了。这时，穆斯林士兵担心起来，他们的士气被削弱了。很多穆斯林向桥上退去，他们要逃命。主帅阵亡了，士气削弱了，穆斯林军队阵脚大乱。

穆桑纳冷静地看到了战局的发展。他挺身而出举起了战旗。受到重创之后，穆桑纳已不奢望战胜敌人，他只想让将士们有秩序地退到河对岸的马尔瓦哈去，而后再做计较。正当穆桑纳筹划退兵之计时，塞基夫族人阿卜杜拉·本·马尔赛德来到用船架的桥上，他要破船、毁桥。只见他高声喊道："人们啊！为死去的将领们为之而奋斗的事业拼死，直到胜利！"人们看到阿卜杜拉·本·马尔赛德的所作所为后害起怕来。有些人跳到了河里，不会游泳者则溺水而死。穆桑纳担心会乱不成军，他高举战旗大声喊道："我给你们断后，不要惊慌，有秩序地退到河对岸去。若你们过不了河，我决不离开这儿！"同时，他命令法吉埃将阿卜杜拉·本·马尔赛德杀掉。大桥保住了，军队开始退却。穆桑纳为他们断后，不让波斯人靠近。穆桑纳在英勇战斗中受了伤，但仍然奋不顾身保护战友。基督教徒艾布·祖白德·塔伊为保护穆斯林士兵撤退，同穆桑纳并肩作战。萨里特·本·盖斯同穆桑纳一样英勇杀敌。最终部队退回马尔瓦哈，穆桑纳最后也过了河。但萨里特·本·盖斯壮烈牺牲。他的鲜血同数千名穆斯林英雄的鲜血一起洒到了这块土地上。

穆桑纳对驻在伊拉克的穆斯林命运的忧虑

巴海曼是率军过河追击呢，还是满足于目前的胜利呢？这一胜利足可以使他在罗斯图姆及布兰女王面前邀功了。

穆桑纳认为，敌人可能追过河来。因此，他率军从马尔瓦哈退到了希拉，然后又往南向乌勒叶斯退去。他做好了迎击追兵的一切准备。在战场上，将士有的牺牲了，有的溺水而亡，而且有两千名麦地那人逃命了。穆桑纳做好了一切应变的准备。但穆桑纳的命运比艾布·欧拜岱的命运好得多。正当战斗即将进行时，巴海曼得到消息：在泰西封，波斯朝廷又起了内乱。朝臣们分成两派，一派支持罗斯图姆，另一派支持与罗斯图姆为敌的菲劳赞。巴海曼得知这一消息后，除将贾拜及马尔丹沙率部分军队留下外，他率其他将士返回了泰西封。贾拜同马尔丹沙率领波斯人追击穆斯林，他俩认为，有能力一举将穆桑纳部队消灭。乌勒叶斯的居民们将他们得到的有关波斯人的消息告诉了穆桑纳。穆桑纳认为转机来了。于是，他率领穆斯林将士及乌勒叶斯居民向波斯人发起了反击，活捉了贾拜和马尔丹沙及他俩率领的波斯人，使波斯人全军覆没。老奸巨猾的贾拜这次没有逃脱死亡的命运。

上面已讲到，有两千名麦地那人从战场上逃命了。第一个逃回麦地那的人是阿卜杜拉·本·栽德。当欧麦尔走进清真寺，看见他。欧麦尔问他："阿卜杜拉，怎么回事？"于是，阿卜杜拉将大桥之战的情况告诉了欧麦尔。欧麦尔听到这一消息后没有惊慌。从战场上逃命的人陆续回到了麦地那，他们个个垂头丧气，为战败及临阵脱逃而感到耻辱；也有一些逃兵没敢回麦地那，而滞留在了山谷。欧麦尔很同情他们，他想消除人们对这些人的不满。便对大家说："指安拉起誓，我宽恕所有的穆斯林！我对每一位穆斯林都负有责任。穆斯林大众啊！不要惊慌。你们如果遇事跟我商量，我就会对你们负责。安拉宽恕艾布·欧拜岱。如果他事先请示了我，我同样会对他的行为负责的……"纳杰尔的兄弟穆阿扎·格利埃也是逃兵之一。每当人们背诵下面这段《古兰经》时，他总是痛哭流涕。这段《古兰经》如下：

除非因为转移阵地，或加入友军，在那日，谁以背向敌，谁要受到安拉的谴怒，他们的归宿是火狱，那归宿真恶劣。(《古兰经》战利品章：16节)

欧麦尔看到他这样后，便对他说："穆阿扎，不要哭，你已经同我讲了事情的经过，我对你的行为负有责任。"

动员各部落支援穆桑纳

欧麦尔这次对待逃兵的态度，使我们想起了安拉的使者对待从穆乌泰之战回来的穆斯林的态度。在那次战斗中，很多穆斯林将士牺牲了，最后哈立德·本·瓦利德带领穆斯林军队不胜而归。当时，麦地那人向归来的将士脸上撒土，并对他们说："逃兵！你们是为了安拉而逃吗？"面对这样的局面，安拉的使者对众人说："他们不是逃兵，他们是向敌人进攻的战士。"当然，在穆乌泰之战中，穆斯林没有遭到惨败。欧麦尔也不像使者那样仁慈。尽管如此，欧麦尔很同情这次战败的将士，并表示对他们的行为负有责任。这样穆斯林将士们心安了些。欧麦尔现在已是信士的长官，他应该对信士们仁慈。

穆桑纳斩杀了贾拜、马尔丹沙及其率领的波斯士兵之后，在乌勒叶斯修整了一段时间。此后，他开始考虑伊拉克的局势及穆斯林在伊拉克的命运。他面临的局面很艰难，他清楚地看到，只要波斯朝廷消除内乱，波斯军队还会带着大象来进攻的，到时应如何迎敌呢？难道说，命中注定，波斯王的势力还要在伊拉克恢复吗？如果是这样，穆桑纳及穆斯林就无法留在伊拉克，他也只好返回自己族人在巴林的住地，在那儿度过余生。

有一次，艾布·伯克尔问盖斯·本·阿绥姆有关穆桑纳的情况。后者回答说："他不是无名之辈，出身也不一般。穆桑纳·本·哈里斯·希巴尼是栋梁之材。"当初穆桑纳从巴林来到两河三角洲时，他所面临的局面比今天所面临的局面还要困难。因此，艾布·伯克尔派哈立德率军前来支援他。当哈立德从伊拉克调到叙利亚时，他也曾陷入困境。他是位从不向困难低头的人，在他身上有一种能改变世界的力量。

大桥之战失败后，他坚强地度过了一段困难的日子。他没有向欧麦尔求援。他知道从麦地那派出援军到伊拉克需要一段时间。在援军到达前或许波斯人已经发动了攻势。他将手下人派往各个阿拉伯部落，动员阿拉伯人前来伊拉克参战。大批阿拉伯人来到了他麾下，其中有信仰基督教的尼木尔族人。穆桑纳将驻军从乌勒叶斯移到处在赫凡与卡迪西亚之间的萨巴赫草原，这里离阿拉伯边界更近些。在此进可攻，退可守。在萨巴赫草原上集聚了为数众多的穆斯林军队。穆桑纳等待时机同波斯人一决胜负。

大桥之战失败后，穆斯林在伊拉克的处境，使得欧麦尔比穆桑纳更加焦虑，他知道穆桑纳急需援军。为响应哈里发的号召，参加过里达暴动、后又表示了忏悔的阿拉伯人纷纷从半岛各地云集到麦地那，但这些人都不愿到伊拉克而愿到叙利亚去征战。当时，哈立德已在叶尔穆克战役中大胜罗马人，驻叙利亚的穆斯林军队已不需援军。欧麦尔不想把云集在麦地那的阿拉伯人派遣到叙利亚去，但这些人又不想到伊拉克去。在艾布·伯克尔任哈里发时期，巴吉莱部族的杰利利·本·阿卜杜拉曾找过艾布·伯克尔。他要求艾布·伯克尔落实安拉的使者在世时许下的诺言：让散居各部落的巴吉莱族人集住在一起。当时艾布·伯克尔回答他说："你已看到，我们忙于支援前线的穆斯林正与波斯及罗马人对抗。难道你现在让我去做安拉及其使者不满意的事吗？到哈立德·本·瓦利德那儿去吧！去看一看安拉给波斯人、罗马人安排了什么样的命运。"当欧麦尔任哈里发之后，杰利利旧话重提，并拿出了有关的证据。欧麦尔于是下命，让其下属官员将巴吉莱族人集居在某个高地上去了。这之后，欧麦尔对杰利利说："到穆桑纳那儿去征战吧！"杰利利回答说："不！我们要求到叙利亚征战。因为，我们的祖先在叙利亚。"欧麦尔回答说："应该到伊拉克，叙利亚已不需要援军。"最后欧麦尔答应，在他们应得到的战利品之外，另将应归麦地那的五分之一的战利品的四分之一给他们。这样族人们同意在杰利利的率领下赴伊拉克作战。其他阿拉伯人看到巴吉莱族人同意赴伊拉克作战后，也纷纷响应了哈里发的号召。那些从大桥之战逃回来的穆斯林也愿意重返伊拉克战场，以报仇雪恨。同意到伊拉克去征战的各部落如下：由阿拉法特杰·本·海尔赛迈率领的艾塞德族人，由阿里布·本·阿卜杜拉率领的克纳纳族人及其他各部落的很多阿拉伯人。这些人带着妻儿老小奔向伊拉克，支援由穆桑纳指挥的军队去了。

波斯首都泰西封的局势怎样呢？波斯人得知欧麦尔已向穆桑纳派遣援军的消息，看到了局势的严重性。罗斯图姆和菲劳赞瓜分了波斯政权后，波斯人组成了一支由马海兰·海汗扎尼率领的庞大军队。罗斯图姆及菲劳赞命令马海兰迅速出兵迎击穆斯林军队。波斯军队仍由象群开路。马海兰决心要打一场比大桥之战更大的胜仗。穆桑纳在萨巴赫草原得到了波斯军队前来决战的消息，马上给穆斯林援军将领们写了一封信告诉他们说："我们面临的局面很严峻，只有你们到达后，我们才能对抗敌人，火速赶来，在布外卜会师。"随后穆桑纳率军到了幼发拉底河河岸上的布外卜。不久，援军也到达了。这时波斯军队到达了对岸，两军又是仅一河之隔。

布外卜之战及波斯人的失败

穆桑纳看到自己的将士们士气高昂后，他放心了。虽然自己的军队没有波斯军队拥有的象群，但从半岛内外来的援军全部到齐，援军中有响应哈里发号召前来参战的阿拉伯人，有信仰基督教的阿拉伯人，也有久居伊拉克的阿拉伯人，这些人异口同声地说："我们要同自己同宗同族的兄弟站在一起杀敌。"

马海兰派人前来向穆桑纳下战书。来者说："或者你们过河，或者我们过河，然后决战。"穆桑纳没有忘记艾布·欧拜岱在大桥之战中的教训，欧麦尔也来信告诉穆桑纳，战胜敌人之前，不能过河。因此，穆桑纳告诉马海兰："请你们过河决战。"波斯人过河后来到了布外卜，在此他们列成三队，每队前面有一头大象为前锋。

穆桑纳骑上他那匹只在战斗中才骑的骏马。他走到每一队穆斯林将士面前做了战前动员。他说："我希望每队都负起责任，不能让敌人从你们任何一队中找到攻击我们的机会。今天为我自己、为你们，大家奋勇杀敌吧！"当时，正逢斋月，他又对穆斯林将士说："人们啊！你们正在封斋，封斋会减弱人的体力。你们今天要进早餐，吃饱后杀敌。"人们响应统帅的号召，纷纷进了早餐。当穆桑纳听到动静，知道波斯人靠近时，他对将士们说：“保持沉默，不许大声说话。”大家注视着自己爱戴的将领，都聚精会神地听他指挥。穆桑纳又对将士们说：“我喊三次‘安拉至大’你们做好进攻准备，当我第四次喊‘安拉至大’时，你们开始向敌人发起攻击。”穆斯林各队人马已做好攻击敌人的准备。

但是，当穆桑纳刚刚喊完第一次‘安拉至大’时，波斯人便开始了猛烈的进攻。在敌人攻击下，阿吉尔族穆斯林的队伍被冲开了阵脚。穆桑纳派人对他们说：“统帅向你们问好，并告诉你们，今天不要给穆斯林兄弟脸上抹黑。”阿吉尔族的士兵稳住了阵脚，并与其他穆斯林一起与波斯人展开了厮杀，直到他们的队形恢复了原状。双方激战数小时后，战斗仍未分出胜负。面对这样的形势，穆桑纳在想取胜的方略。他认为，只有首先斩杀敌人的首领，才能制胜。他马上把纳木尔部落的艾斯·本·海莱勒及台厄鲁布部落的伊本·米尔戴叫到面前，分别对他俩说：“虽然你没有归信伊斯兰教，但你是阿拉伯人，你看到我攻击马海兰时，马上跟我一起冲上去。”说完此话后，穆桑纳便向马海兰冲去。在他们的冲击下，马海兰退却了，穆桑纳杀入了波斯军队的右翼。波斯人见到自己的统帅受制，便纷纷过来保护马海兰。这样，双方的中军便展开了厮杀。当时尘土飞扬，一时分不出胜负。尘土消失之后，穆斯林看到波斯军队的中军向后退去。机不可失，失不再来，穆斯林军队左右两翼马上向敌人压了过来。敌人向河边退却，开始想逃了。穆桑纳见总攻时机已到，便派人告诉全体穆斯林将士：“为安拉立功的时候到了！安拉定会助你们取胜。”穆斯林士气大振，向敌人发起了总攻。

波斯人在英勇的穆斯林将士冲击下阵脚大乱，他们开始溃逃了。敌人想过河逃命，穆桑纳见敌军已呈败象，便抢先一步占据了桥头，断了敌人的退路。波斯人见此，便纷纷向河岸方向逃去。穆斯林骑兵追上去，将敌人包围、消灭了。敌人已吓破了胆。当时一位穆斯林士兵连杀数名波斯士兵，而波斯士兵竟不敢抵抗。布外卜之战被称作是杀敌十人英雄日。据统计，在这一战斗中，有上百名阿拉伯人，每人在战场上杀死了十名波斯士兵。

穆斯林士兵开始追击溃逃的敌人，直到天黑才罢休。第二天，穆斯林又继续追击敌人。在布外卜战斗中，双方伤亡的士兵人数比以前任何一次战斗伤亡的人数都多。波斯人在这次战斗中阵亡了上万人。直到库法城建城时，他们的尸骨才被掩埋入土。

胜利后，将士们兴高采烈地夜谈起来。穆桑纳说道："在蒙昧时期及伊斯兰时期，我同外国人及阿拉伯人都打过仗。在蒙昧时期，百名外国人能敌千名阿拉伯人。今天，正好相反，百名阿拉伯人能敌千名外国人……"当有人谈到，在战斗中穆桑纳抢占桥头的功劳时，他谦虚地说："开始我指挥不当，是安拉弥补了我的无能，让我抢占了桥头，才使敌人溃不成军了。"

在布外卜战斗结束后，穆斯林获得了大量战利品。其中有牛羊、有面粉。部队派人将战利品送到住在半岛边界及希拉的将士们的家眷那里时，家眷们看到有马队开来，认为是敌人来袭击了，他们便拿起石头瓦块准备战斗了。率队的阿慕尔·本·阿卜杜·马希哈说："穆斯林的家眷们就应如此！"来人告诉她们，穆斯林胜利了，他们送缴获的战利品来了。

穆桑纳命令将士们继续前进。他们一直挺进到距泰西封近在咫尺的塞勒巴迪。波斯军队在穆斯林的追击下不顾一切溃逃。在进军的路上，穆斯林军队攻占了赫纳菲斯及安巴尔，当时，这两个城镇正赶上集日，所以穆斯林又缴获了大量战利品。之后，部队挺进底格里斯河袭击巴格达占领提克里特。一路上获得了数不清的战利品。至此，穆斯林占领了伊拉克全境。穆桑纳将战利品分发给将士们，并按欧麦尔的命令，额外又给了巴吉莱族人们应得的战利品。又将应给麦地那的五分之一战利品中的四分之三送给了欧麦尔。

局势稳定后，穆斯林分散到了伊拉克各地。穆桑纳仍驻扎在希拉。他在希拉悼念了阵亡的将士，也考虑好了加强穆斯林军队的手段，他没有急于向欧麦尔求援。布外卜之战之后，波斯人已吓破了胆。此战斗之后，波斯朝廷内乱加剧，波斯帝国的力量进一步被削弱了。

让我们总结一下布外卜之战在历史上的意义。在这次战斗中，信仰基督教的阿拉伯人同穆斯林一起并肩作战。在战斗中，穆桑纳曾分别对纳木尔部落的艾斯·本·海莱勒及台厄鲁布部落的伊本·米尔戴说："虽然你没有归信伊斯兰教，但你是阿拉伯人，你看到我攻击马海兰时，马上跟我一起冲上去。”这说明，伊拉克的战争与“十字军”战争不同。这场战争不是为宗教而战，而是为摆脱外族压迫而战。在伊拉克是这样，在叙利亚也是如此。艾布·伯克尔、欧麦尔从未想到过用宝剑去发展伊斯兰教。

用武力发展伊斯兰教不符合伊斯兰教的原则，也是安拉降谕的《古兰经》所不允许的。先知及其哈里发们常常记着安拉的教导：

> 你应凭智慧和善言而劝人遵循主道，你应当以最优美的态度与人辩论……(《古兰经》蜜蜂章：125节)

布外卜之战说明，阿拉伯人与波斯人之间的仇恨已到了不可调解的地步。在大桥之战中阿拉伯人惨败，在布外卜之战中，波斯人惨败。大桥之战后，阿拉伯人没有屈服，布外卜之战后，波斯人也没有屈服。看来双方之间的战争还要继续下去，直到一方将另一方彻底制服，直到有一方无条件投降才算结束。

布外卜之战结束后，波斯人开始考虑自己的命运。他们认为，阿拉伯人将攻打他们的首都泰西封。罗斯图姆与菲劳赞还在争权，波斯人的意志怎能统一呢？因此波斯人开始警告他俩争斗的后果。

罗斯图姆与菲劳赞协商后，要求布兰女王找一位王子继位。经了解，王室中只有波斯王的王孙叶兹德吉尔德·本·夏汗利兰①还活着。在王室争权中，所有的王子、王孙都被杀了，只有叶兹德吉尔德被母亲保护起来，躲到了舅父家，才幸免于难。这位王孙已二十一岁。波斯人将叶兹德吉尔德推上了王位。此后，波斯人开始为复仇做准备了。

穆桑纳了解到波斯帝国的变化后，警惕起来。他意识到，波斯人的兵马一到，伊拉克人会起来反对穆斯林。于是，他写信将知道的一切及预料到的事情告诉了欧麦尔，但此信迟迟未到欧麦尔手中。波斯人开始行动了，伊拉克人也蠢蠢欲动。穆桑纳再次率军撤到了半岛边界，驻扎在祖勒·盖尔。他一边等待援军，一边筹划攻打泰西封的方略。

当穆桑纳的信到达欧麦尔手中之后，欧麦尔说：“指安拉起誓，我要

① 即叶兹德吉尔德三世。《旧唐书》作伊嗣侯，《新唐书》作伊嗣俟，是波斯萨珊王朝末代君主。——译者

用阿拉伯各国王来痛击这些外国的君主！”欧麦尔给穆桑纳写了回信。在信中哈里发要求穆桑纳开赴伊拉克边界，分散在有水的地方，动员当地人一起参战。

穆桑纳驻扎在祖勒·盖尔，直到欧麦尔派遣赛尔德·本·艾比·瓦戛斯率援军到来。不久穆桑纳伤势复发不幸逝世。还有一种说法，赛尔德·本·艾比·瓦戛斯到达之前，穆桑纳就逝世了。穆桑纳去世前给赛尔德写下了遗书。

穆桑纳的伟大及其在伊斯兰历史上的地位

此章结束之前，我想谈一谈穆桑纳。在穆斯林与波斯人的战争中，他担负了任何人都无法担负的重任。他是来到两河三角洲的第一位穆斯林，是他劝说艾布·伯克尔开拓伊拉克的。他同哈立德·本·瓦利德一起攻占了伊拉克。哈立德从伊拉克调到叙利亚之后，是他一人带兵在伊拉克奋战，否则穆斯林不可能在伊拉克站稳脚跟。他参加了大桥之战，又指挥了布外卜之战。波斯人从布外卜之战之后再也没有恢复元气，再也没有胜过穆斯林。可以说，穆桑纳是伊斯兰帝国建立的先驱者之一。他既不是古莱什人，也不是圣门弟子，但在伊斯兰帝国的创建中功不可没，在布外卜之战中他所表现出来的军事才能可与哈立德相媲美。

第七章　攻克大马士革及扫荡约旦

当艾布·伯克尔决心攻打叙利亚时，他曾向叙利亚派遣了四路大军。一路由艾布·欧拜岱·本·贾拉赫率领，第二路由伊克里迈·本·艾比·贾海勒率领，第三路由耶济德·本·艾比·苏富扬率领，第四路由阿慕尔·本·阿斯率领。每一路大军各负责进攻某一个地区。如果四路大军会师，则由艾布·欧拜岱为统帅。四路大军在叙利亚遇到了罗马人的顽强抵抗后，被迫退到叶尔穆克河畔的某高地上。艾布·伯克尔对穆斯林军队在叙利亚的表现很不满意，于是下令将哈立德·本·瓦利德从伊拉克调到了叙利亚，并委任他为全军统帅。哈立德到叙利亚之后，在叶尔穆克河畔驻扎了一个月。在此，他没采取任何军事行动。艾布·伯克尔逝世，欧麦尔继任哈里发之职。穆斯林军队在叙利亚仍未打破与罗马人对峙的僵局。欧麦尔继任哈里发之职后不久，便给艾布·欧拜岱发来信函，他下令解除哈立德·本·瓦利德统帅职务，让艾布·欧拜岱任全军统帅。当时，送信的人是马哈米叶·本·扎尼木和夏达德·本·奥斯。

艾布·欧拜岱遵照欧麦尔的命令解除哈立德的职务

当马哈米叶和夏达德带着解除哈立德统帅之职的信函赶往叙利亚时，哈立德·本·瓦利德已做好了同罗马人交战并一举消灭之的战斗部署。哈立德知道，罗马人也已做好战斗准备。在与罗马人交战中，哈立德出奇兵，一举击败了罗马人，使罗马人留在叙利亚的希望彻底破灭。

有些书籍记载，欧麦尔的特使马哈米叶和夏达德带着解除哈立德军职的信函，在穆斯林将士与罗马人交战的那一天到达了叙利亚。他俩到达后马上将信函交给了艾布·欧拜岱。但艾布·欧拜岱没有马上宣布信中的内容。穆斯林在战斗中取胜之后，他才将信的内容告诉了哈立德，并在全军中予以公布。此后他接替了哈立德的军职，做了全军的统帅。还有部分书籍记载，那一天的战斗结束之后，艾布·欧拜岱仍未宣布欧麦尔的命令，他秘而不宣，在哈立德的率领下，随军向大马士革进发了。直到攻克大马士革，同大马士革人订立了和约后，艾布·欧拜岱才宣布了欧麦尔的命令。还有的书籍记载，欧麦尔下令解除哈立德的一切军职，并要审判他。

我认为，无论艾布·欧拜岱是在叶尔穆克之战开始前还是在战斗结束之后收到了欧麦尔的信，推测他将信函压了几天是无疑的。他当时要考虑如何来处理这件事，如何来宣布这一命令。穆斯林将士们已知道艾布·伯克尔逝世了，欧麦尔已继任了哈里发之职。对于欧麦尔任哈里发之职，将士们与麦地那人一样，部分人很不满意。但是，当他们知道这是遵照艾布·伯克尔的遗嘱决定的之后，他们就平息下来，并接受了这一事实。哈立德也已预料到，欧麦尔决不会再让他任穆斯林驻叙利亚军队的统帅，他必定要解除他的职务。哈立德将自己的这一想法告诉了艾布·欧拜岱。于是，艾布·欧拜岱将欧麦尔的来信内容告诉了哈立德。哈立德听到这一消息后并没有恼怒，而是很平静地交出了军权，并愿在艾布·欧拜岱统帅之下任某路军的长官。哈立德在伊拉克率军征战时，艾布·欧拜岱是穆斯林驻叙利亚军队的统帅。当艾布·伯克尔将哈立德从伊拉克调到叙利亚之后，哈立德替代了艾布·欧拜岱的职务。当时，艾布·欧拜岱也没恼怒。欧麦尔解除哈立德统帅之职的命令也没有在军中引起骚乱。因为，将士们都知道欧麦尔与哈立德之间的恩恩怨怨。再说，军权的交接是在哈立德的指挥下，穆斯林军队取得胜利之后进行的。因此，这件事没有在军中造成什么恶果。

艾布·欧拜岱写信给欧麦尔作了汇报。告诉他穆斯林在叶尔穆克大胜罗马人，并把五分之一的战利品送回了麦地那。他说他已将拜希尔·本·赛尔德率领的人马留在了叶尔穆克殿后，穆斯林大队人马开始向苏夫尔草地进发，追击向斐哈勒集结的罗马逃兵。他已得到消息，罗马皇帝已派驻霍姆斯的军队增援大马士革。当时，罗马皇帝就在霍姆斯。他不知道，是先攻取大马士革呢，还是先攻取约旦境内的斐哈勒。欧麦尔看了艾布·欧拜岱的来信后马上回了信。他在信中告诉艾布·欧拜岱："先攻取大马士革，它是叙利亚的堡垒，是叙利亚的首府。派骑兵去攻打斐哈勒。如果能在攻取大马士革之前占领了斐哈勒，那是大好事。如果先攻取了大马士革，你留少数人马驻守大马士革，然后率领众将士攻取斐哈勒。攻取斐哈勒后，你同哈立德一起向霍姆斯进发。让夏拉·哈比勒留守约旦及巴勒斯坦。"

艾布·欧拜岱收到欧麦尔的信后，马上派出以艾布·艾阿沃尔·萨莱米率领的穆斯林军队十分之一的人马开往斐哈勒。他与哈立德·本·瓦利德率大队人马奔向大马士革。叶尔穆克之战后，逃到斐哈勒的罗马士兵们仍惊恐万分。当他们看到穆斯林人马杀来时，将太巴列湖及约旦河的堤坝拆毁，放水淹没了斐哈勒周围的土地。穆斯林将士们对敌人的行为非常气愤，但面对大水无法进军，只好将斐哈勒包围起来，直到穆斯林兄弟们攻克大马士革后，终于前来增援他们。

包围及攻打大马士革

穆斯林大军向大马士革一路挺进，几乎没遇到什么抵抗。在战斗中，罗马人不像波斯人那样士气高昂。长期以来，波斯人占据着大面积的伊拉克领土，波斯首都泰西封就在底格里斯河畔。而叙利亚在当时只不过是罗马人统治下的一个行政区。罗马首都距大马士革远在千里。波斯人当时是为保卫首都而战，而罗马人则没有这种战斗热情。

穆斯林大军到达大马士革郊区后，将士们士气更加高涨。他们看到大马士革古城坐落在乐园般的平地上。那里流水潺潺，泉水清清，树木茂盛，葡萄、无花果、橄榄及其他水果树枝叶繁茂。在绿树泉水之间耸立着一座座建筑。同哈立德一起在伊拉克征战过的穆斯林将士们从没见过如此美丽的地方。在伊拉克时哈立德曾同将士们说："你们已看到，面前的食物堆积如山！指安拉起誓，我们是为安拉、为正道而战。这暂且不论，就算我们只是为食物而战，也是值得的。经过奋斗我们占领了这些地方，我们最应享受面前的食物。让那些不敢前来征战者去挨饿吧。"如果哈立德说出这话在伊拉克是正确的话，那么这话在叙利亚更加正确。在大马士革郊区，穆斯林将士们才真正获得了堆积如山的食物。

穆斯林将士们看到大马士革郊区的住房及宫殿全都空无一人。房子的主人们都已逃进了大马士革城。大马士革城墙异常坚固，它用巨石建造而成，高达6米，宽3米。城墙四周有数道坚固的大门。城门一关，谁也别想出城或进城。城四周有宽3米的护城河。整个大马士革就像一座固若金汤的堡垒。要想取城，只有长期围攻，逼迫敌人投降。

艾布·欧拜岱估计到了长期围城所需要的一切准备事项。他下令让将士们住进了郊区的教堂及空房间。同时他也想到，罗马皇帝很可能从霍姆斯及巴勒斯坦调兵来增援大马士革。因此，他派祖勒·开莱阿率军驻在了霍姆斯与大马士革之间，派阿勒格迈·本·哈克姆和马斯鲁格·阿齐率军驻扎在巴勒斯坦通往大马士革的路上。一切准备好后，他下令众将士开始围城。他本人负责围攻贾比叶城门。阿慕尔·本·阿斯负责围攻土马城门。夏拉·哈比勒·本·哈赛乃负责围攻法拉迪斯城门。耶济德·本·艾比·苏富扬负责围攻克赛城门。哈立德·本·瓦利德负责围攻东城门。离东门不远有一座叫萨里巴的修道院。哈立德就将此修道院作为了自己的指挥部。因此，后来此修道院又叫哈立德修道院。穆斯林们开始用弩炮及战车攻击敌人的城堡，但城堡异常坚固，穆斯林的攻击毫无用处。守城的罗马人用弓箭将穆斯林攻城部队很快击退。大马士革总督奈斯塔斯及城防司令巴汉很自信。他们认为，罗马皇帝决不会让大马士革失守。罗马皇帝正住在叙利亚北部城市霍姆斯。在霍姆斯驻有庞大的罗马军队。阿拉伯人不可能攻克大马士革。正是由于罗马人的自信，才使他们进行了长时间的抵抗，而穆斯林一时没能攻破大马士革城。在此期间，罗马皇帝曾从霍姆斯调兵增援大马士革。但他们在路上遭到了祖勒·开莱阿所率部队的阻击。双方经过激战后，罗马人大败之后退回了霍姆斯城。当大马士革总督及城防司令知道援军失败后，曾一时惊慌失措，但他俩很快镇定下来。他们认为，叙利亚的气候很快变冷，这些在沙漠中生活的阿拉伯人绝对耐不了风寒，他们自会自动离去的。尽管被围在大马士革城中的罗马人很自信，但仍然派人向罗马皇帝求援。他们担心，长期被包围会使士兵丧失了斗志。与此同时，罗马皇帝也派人送来信函，告诉被围士兵，他会派援军并鼓励他们坚守。罗马皇帝的信坚定了被围罗马人的意志，使他们顽强地进行了抵抗。双方对峙了相当长的时间。有人说攻防相持了七十天，有人说相持了四个月，也有人说双方攻防相持了六个月。冬天过去了，春天来到了，穆斯林仍然包围着大马士革。罗马帝国的援军仍未到。被围的罗马人的力量削弱了，他们的士气和意志减退了。他们盼援军、盼穆斯林退军的希望也落空了。罗马人开始考虑同穆斯林和解。

攻克大马士革及订立和约

最后，穆斯林入城同大马士革居民订立了和约。穆斯林是如何进城的呢？他们是攻进去的呢，还是大马士革人自己打开城门的呢？是哪位穆斯林同大马士革人订立的和约？和约的内容又是什么呢？对于这些问题，有关书籍有不同的记载，而且很混乱。流传最广的说法如下：

当时，哈立德·本·瓦利德负责攻打大马士革城东门。他日夜攻城，自己不休息，也不让敌人休息。他在城市安排了很多耳目，城内的一举一动都逃不过他的耳目。有一天，哈立德听说大马士革大主教喜得贵子，主教宴请众人及将士们。罗马士兵喝得酩酊大醉，已不能坚守岗位。于是哈立德用绳子编制了云梯。当夜深人静时，他把曾同他在伊拉克征战的将士召到面前对他们说："当你们听到我们喊'安拉至大'时，你们就马上登梯向城墙上爬。"说完此话后，哈立德、盖阿嘎阿·本·阿慕尔、马兹欧尔·本·阿迪及其他勇士越过了护城河。然后，他们把云梯固定好后，便向城墙上爬去。爬上城墙后，哈立德同其他勇士进了城，向城门冲去。城外的穆斯林勇士们听到"安拉至大"的喊声后，就马上顺云梯向城上爬去。

大马士革城东大门是最坚固的大门，因此罗马人仅派了少数士兵把守此大门。哈立德及其他穆斯林勇士乘敌不备，冲到了城门，将守门的罗马士兵杀死，打开了城门。穆斯林士兵们高喊着"安拉至大"从东门冲进了大马士革城。城内居民一片混乱。大马士革人见大势已去，便自己将所有大门打开，并同艾布·欧拜岱订立了和约。艾布·欧拜岱给了他们安全保证。艾布·欧拜岱从贾比叶门进了城。当时，他对哈立德及其他穆斯林勇士们已杀进东门的事一无所知。当他听说哈立德正在率军厮杀时，他马上派人告诉哈立德，他已同大马士革人订立了和约，并给了他们安全保证。

命令哈立德立即停止战斗。哈立德反对说，他是靠士兵们奋战攻进城的，为何停止战斗？但艾布·欧拜岱是全军的统帅，哈立德只好服从命令。在这种情况下，哈立德也同东门区的大马士革人订立和约，并停止了战斗。

还有另外的种种说法。部分有关书籍记载如下：艾布·欧拜岱率军强攻贾比叶城门。在穆斯林将士的努力下，他们攻克了城门。与此同时，哈立德同东门区的大马士革人订立了和约。当艾布·欧拜岱与哈立德在市中心会合后，艾布·欧拜岱批准了哈立德与大马士革人之间的和约，并在全城实施了这一和约。上述两种说法没有本质的区别。从上述两种说法中我们可以得出如下结论：穆斯林将士们知道，长期的围攻已削弱了被围者的意志。他们决定，同时向各自负责的城门发起攻击。当大马士革人看到穆斯林将士发起全面攻击时，他们对如何行动发生了分歧。部分大马士革人先打开了一些城门，而另外的人则迟迟不知如何是好。在这种情况下，穆斯林将士们攻开了另外的部分城门。穆斯林无论是先订立了和约而后进城，还是强行进城，但都没遇到有力的抵抗，于是，在全城实施了和约所规定的内容。

还有的书籍有如下的记载：大马士革主教多次来到城头与哈立德对话。有一天，他对哈立德说："艾布·苏莱曼，你们肯定能占领这座城市，但我劝你再等几天攻城。同我订立和约和平解决吧！"哈立德同意和平解决问题。他让部下拿来笔墨，给主教写下了如下保证：

> 奉至仁至慈的安拉之名
>
> 如果大马士革人让哈立德入城，哈立德向大马士革居民保证：他们人身财产安全；他们的教堂及城墙不受破坏；他们的住宅不受侵犯。如果他们缴纳赋税，他们必受善待。我以安拉、安拉的使者、哈里发及信士们的名义向他们做上述保证。

有关书籍记载说，一天，太阳升起时，哈立德进了城。这时，艾布·欧拜岱也从贾比叶城门攻进了城。大马士革主教向艾布·欧拜岱出示了哈立德与他订立的和约书。部分穆斯林说："指安拉起誓，哈立德已不是统帅，他怎能同他订立和约呢？"艾布·欧拜岱说："任何一位穆斯林都有权同他们订立和约。"

另外还有如下的记载：长期围城使大马士革人很绝望。于是，他们派人来同穆斯林和谈。穆斯林们提出，大马士革城一半的财产应为穆斯林所有。大马士革人对这一条件犹豫不决。后来，当他们看到驻城军队已无力保护这座城市，他们必降无疑时，又派人来到艾布·欧拜岱面前。艾布·欧拜岱给了他们安全保证，大马士革人自己打开了城门。于是，艾布·欧拜岱没有经过率军战斗便进入了大马士革城。

部分东方学家说，大马士革城防军面对穆斯林长期对城市的围困感到绝望后弃城而逃。大马士革居民决定打开城门，将城市交给阿拉伯军队。艾布·欧拜岱进城后同居民们订立了和约。

在谈到和约条款之前，我们想看一看大马士革城。因为，这与和约条款有很大的关系。自古以来，大马士革是东西方贸易的集散地，是这个地区人口最多、最富有的城市。一条笔直的大街，从东到西穿城而过。它东连城市的东大门，西连城市的西门及贾比叶门。大街两旁各种商店鳞次栉比。巴拉代河流经整个城市。河两岸耸立着花园式的宫殿。在这座城市内有十五座教堂。其中最雄伟的教堂是圣约翰教堂。教堂周围是宫殿、商场、剧院、浴池及娱乐场所。这样富有的城市，其居民们能对和约条款等闲视之吗？他们渴望要给自己保留最少一半的财富。

巴拉齐拉在其撰写的书中写道：双方的和约是在哈立德写给大马士革主教的保证书的基础上制订的。保证书上写有，为保证大马士革居民的生命财产、住宅、教堂及城墙的安全，居民们向穆斯林缴纳赋税。巴拉齐拉在书中还引用了艾布·阿卜杜拉·瓦格迪的话作为证据。艾布·阿卜杜拉·瓦格迪提道：“我读了哈立德·本·瓦利德写下的保证书，我没有看到将住宅及教堂双方平分的词句。”瓦格迪还说：“破城之时，很多居民逃离了住宅，他们到因达卡找罗马皇帝去了，很多住宅成了空宅。穆斯林进城后，住进了这些空宅。”

泰伯里则有不同的记载。泰伯里说：“大马士革和约是建立在双方平分财物的基础上的。每位居民缴纳一个第纳尔的赋税。伊本·凯西尔对此做了解释。他说，被穆斯林强攻进去的城区，那里的一切财产归穆斯林所有。居民们自己打开了城区的城门，他们只需缴纳赋税。因此，穆斯林占据了城内一半的教堂、住宅和财物，并让该城居民缴纳赋税。”

也有人说，穆斯林占据了大马士革城内的七座教堂，并同当地居民平分了圣约翰教堂。一半教堂留给了基督教徒，另一半则改建成了清真寺。

这一状况一直持续了八十年。这期间穆阿维叶·本·艾比·苏富扬及阿卜杜勒·麦利克·本·麦尔旺曾提出，或以给基督教徒们赔偿的方式，或以购买的方式，将圣约翰教堂属于基督教徒的那一半改建为清真寺，但基督教徒们以大马士革和约为理由，拒绝了他俩的要求。当瓦利德·本·阿卜杜勒·麦利克任哈里发时，他也曾提出了上述要求，同样遭到了基督教徒们的拒绝。他威胁他们说，如不同意，他将下令毁坏那部分教堂。基督教徒仍不同意。最后他下令毁了教堂，改建成了清真寺。当欧麦尔·本·阿卜杜勒·阿齐兹任哈里发时，基督教徒们对前任哈里发的作为提出了诉讼。现任哈里发接受了其诉讼，并责成有关人士将原来属于他们的建筑归还给他们。当时，有的穆斯林不满意哈里发的决定，他们说："难道要我们把清真寺毁掉，在此重建教堂吗？"最后，作为不归还的条件，穆斯林将大马士革郊区被穆斯林占有的教堂归还给了基督教徒。这样哈里发同意了这一协商结果。基督教徒也满意了。

如果大马士革和约的条款不是建立在双方平分大马士革城市的财产的基础之上，那么圣约翰教堂的一部分就不会变成清真寺，也不会发生后来穆阿维叶、阿卜杜勒·麦利克要求将圣约翰教堂的另一部分改建成清真寺的事情。当然也不会发生瓦利德毁教堂再改建成清真寺的事，也不会发生基督教徒向欧麦尔·本·阿卜杜勒·阿齐兹提出诉讼的事。持不同意见的人说，在哈立德写的和约书里没有提出平分圣约翰教堂及其他教堂、住宅一事。和约仅仅规定了大马士革居民向穆斯林缴税。在大马士革成为伊斯兰国家首都之后，其城内的穆斯林人数超过其中基督教徒人数之后，在信士的长官掌握了大马士革的行政管理权之后，穆阿维叶·本·艾比·苏富扬及阿卜杜勒·麦利克·本·麦尔旺才提出将圣约翰教堂改建成清真寺。基督教徒们拒绝了上述两人的要求。上述两人也没采取什么强硬的措施。这证明了伊斯兰的宽容精神，也证明尽管时局发生了很大变化，穆斯林仍然尊重自己订立的条约。大马士革原来是罗马基督教的大马士革，现在已变成了伊斯兰阿拉伯人的大马士革，在这种情况下，瓦利德·本·阿卜杜勒·麦利克才干了他毁教堂的事。在欧麦尔·本·阿卜杜勒·阿齐兹时代，基督教徒同意将圣约翰教堂改建成清真寺，而他们要回了郊区的所有教堂。

我倾向后一种意见。持这一意见的人也比较多。

尽管有不同的意见，但大家一致认为，和约规定：为了保证大马士革居民的人身财产安全，保证他们信仰自由，保证大马士革城不受破坏，居民们应缴纳赋税。每人缴纳的赋税是一个第纳尔及一定数量的粮食和食油。这些赋税用以解决穆斯林的供应问题。除此之外，大马士革人还要向穆斯林缴纳他们原来向罗马统治者缴纳的税务。

艾布·欧拜岱向哈里发欧麦尔汇报了和约的条款。欧麦尔回信，对和约条款做了修改。欧麦尔指示，不同阶层的人缴纳的赋税应不同。富有者每人缴纳四个第纳尔，其他人缴纳四十个迪尔汗。据说，他将居民们分成了上、中、下三个阶层，各个阶层的人缴纳的赋税各不相同。除此之外，大马士革居民还应向穆斯林提供粮食、食油等食品供应。

穆斯林占领大马士革之后，他们在市内实行了艾布·伯克尔派遣哈立德攻取伊拉克时所规定的政策，即让大马士革人自己来管理他们的城市。一切平静之后，穆斯林开始考虑下一步的行动了。

部分穆斯林将士返回伊拉克

艾布·欧拜岱首先想到了驻扎在约旦斐哈勒的穆斯林将士，其次也考虑到征服罗马军队之后急需办的事。他根据欧麦尔的指示调整了赋税，然后将哈立德从伊拉克带来的穆斯林将士调回了伊拉克，但哈立德应留在叙利亚。艾布·伯克尔指定欧麦尔任他的继任者时曾嘱咐他说：“如果安拉助我们战胜了叙利亚的罗马军队，要马上将哈立德带到叙利亚的将士调回伊拉克，他们了解伊拉克，他们比别人更能对付伊拉克人。”现在穆斯林将士们已占领了大马士革。驻扎在伊拉克的穆斯林将士们正在与波斯人浴血奋战，他们更需要这支援军。这支从伊拉克来的人马是支不可轻视的力量。给这支人马补齐了人力后，艾布·欧拜岱命令哈希姆·本·乌特拜率领这支人马回伊拉克。并命令盖尔嘎阿·本·阿慕尔为他的副将。他们当时没有想到，他们将要在赛尔德·本·艾比·瓦戛斯的领导下，同波斯人进行卡迪西亚决战，并从而攻克波斯人的首都泰西封。

穆斯林将士在斐哈勒大败罗马人

艾布·欧拜岱居住在大马士革，他开始考虑攻取约旦境内的斐哈勒了。他的部下热情高涨，建议他从大马士革出发直取霍姆斯城。大马士革被围时，罗马皇帝居住在霍姆斯城。当他看到罗马援军无法到达大马士革后，他从霍姆斯退到了因达卡城。如果艾布·欧拜岱能攻取霍姆斯，逼着罗马皇帝从因达卡城退回到罗马帝国的首都离开叙利亚的话，那么罗马人在叙利亚的势力就大势已去。但是艾布·欧拜岱没有听取这一建议。欧麦尔曾命令他，当自己背后有罗马军队威胁时，不能冒进。从叶尔穆克之战逃走的罗马士兵已集结在斐哈勒、太巴列湖一线，罗马皇帝还给这支人马派去了援军。当艾布·艾阿沃尔·萨莱米率军前来斐哈勒时，罗马人将太巴列湖及约旦河水放出，淹没了这一带的土地，致使穆斯林军队无法前进。但同时罗马军队也无法行动，罗马皇帝派来的援军也没起什么作用。整个冬季，在大马士革被围困时，这里的罗马将士也被围在斐哈勒后面的比萨河谷。大马士革被穆斯林占领后，夏季来临，被淹没的土地开始干涸。艾布·欧拜岱命令耶济德·本·艾比·苏富扬率骑兵部队留守大马士革。而后，他同哈立德·本·瓦利德率大队人马向斐哈勒及比萨河谷挺进。

艾布·伯克尔曾命令夏拉·哈比勒·本·哈赛乃负责在约旦境内指挥作战；艾布·欧拜岱负责在霍姆斯地区指挥作战；耶济德·本·艾比·苏富扬负责在巴尔干地区指挥作战；阿慕尔·本·阿斯负责在阿拉巴特地区指挥作战。欧麦尔没有更改艾布·伯克尔的这一命令。因此，夏拉·哈比勒担负起了指挥在约旦境内斐哈勒的战斗任务。

扫荡驻约旦的敌人

夏拉·哈比勒命令艾布·艾阿沃尔率一路穆斯林人马包围了太巴列地区，命令哈立德·本·瓦利德任前锋，命令艾布·欧拜岱及阿慕尔·本·阿斯负责两翼，命令迪拉尔·本·艾孜瓦尔率领骑兵部队。布置好之后，穆斯林大军在地处约旦河入海口附近的乌姆·盖斯渡过了叶尔穆克河，而后穿过欧尔河谷，到达了斐哈勒地区。在那儿大军安营扎寨。罗马军队就集结在不远的比萨河谷内。当时，斐哈勒地区的土地还没有完全干涸，大军无法再向前挺进与敌人交战。夏拉·哈比勒与众将商议之后，将情况给欧麦尔写信作了汇报，并按兵不动，等待欧麦尔的回信。对面八万名罗马将士非常渴望战胜面前的穆斯林军队，他们想报叶尔穆克及大马士革之战之仇。

两军对峙一段时间之后，罗马将领萨格拉尔·本·马赫拉格沉不住气了。他想利用偷袭的办法置敌人于死地。他选好偷袭的路线后下了决心，夜幕降临他率军出发了。他自认为穆斯林军队肯定没做好战斗准备，他将一举击败穆斯林。但他想错了，穆斯林对罗马人很警惕，夏拉·哈比勒常常彻夜不眠，时刻准备与敌人交战。因此，萨格拉尔率领的罗马人刚一出现，两军就展开了激战。双方一直战斗到第二天夜幕降临。哈立德·本·瓦利德、迪拉尔·本·艾孜瓦尔在战斗中表现出了大无畏的英雄气概。夜幕降临时，罗马人垮了。萨格拉尔及其他将领阵亡后，罗马士兵开始溃逃，溃逃的罗马军队既无退路又无防线，慌乱中他们逃进了一片泥潭。穆斯林马上将他们包围起来，罗马军队至此已无还手之力。八万罗马将士仅少数人逃脱了死亡的命运。战斗结束后，穆斯林又缴获了大量的战利品。艾布·欧拜岱写信给信士的长官欧麦尔报捷，称他即将同哈立德·本·瓦利德一起率军向霍姆斯进军。

斐哈勒大捷后，艾布·艾阿沃尔仍率军包围着太巴列。夏拉·哈比勒同阿慕尔·本·阿斯则率人马从斐哈勒出发包围了比萨城。比萨城居民试图抵抗穆斯林的进攻。因为，他们得知哈立德同艾布·欧拜岱已率军经大马士革向霍姆斯进军了。艾布·艾阿沃尔仍包围着太巴列，他们面前只有一路穆斯林人马，他们为何不抵抗呢？但他们没能抵抗多久，自己就乱了阵脚，最后只有投降，接受了类似大马士革和约一样的条款。

比萨人投降的消息传到了太巴列。太巴列人也向艾布·艾阿沃尔提出，他们愿意同夏拉·哈比勒订立和约。最后双方订立了类似的和约。约旦境内的其他城市，也同穆斯林订立了类似的和约。至此，穆斯林占领了约旦全境。

艾布·欧拜岱同哈立德在向霍姆斯挺进，哈希姆·本·乌特拜率一支穆斯林人马返回了伊拉克。先让我们放下艾布·欧拜岱和哈立德，来看一看即将在伊拉克发生的卡迪西亚战役吧。卡迪西亚战役是穆斯林军队与波斯军队之间最关键的一战。此战役后，穆斯林打开了通往波斯首都泰西封的大门。史学家一致认为，卡迪西亚战役是一次改变世界历史面貌的大战役。

第八章　卡迪西亚战役

穆斯林军队在斐哈勒消灭罗马军队之后，艾布·欧拜岱及哈立德率军向霍姆斯挺进，哈希姆·本·乌特拜及盖尔嘎阿·本·欧麦尔率另一路人马开赴伊拉克，支援驻伊拉克穆斯林部队。与此同时，根据欧麦尔的命令，赛尔德·本·艾比·瓦戛斯率领人数达三万的穆斯林将士，从麦地那出发，前往伊拉克消灭波斯人在伊拉克的势力。

任命赛尔德为驻伊拉克穆斯林军队的统帅

任命赛尔德为统帅是经过长时间讨论后才定的。布外卜之战后，穆桑纳给欧麦尔写信汇报了伊拉克的局势。他在信中提到，波斯人已将皇孙叶兹德吉尔德推上王位。波斯国王已派出军队同阿拉伯人交战。在这一形势的影响下，伊拉克居民又起来反对穆斯林了。穆斯林被迫撤到了地处半岛边界的祖勒·盖尔。欧麦尔接到穆桑纳的信后，马上向他委任的阿拉伯各个部落的酋长发了信。他在信中说："将所有手中有武器、有战马、作战勇敢、有智谋的人全都集合起来，让他们到我这儿来集合。十万火急！"他还在信中说："指安拉起誓，我要用阿拉伯各酋长打击外国皇帝们！"一时间，几千名将士云集到麦地那城。欧麦尔下令让他们驻扎在有水源的名叫苏拉尔的地方。穆斯林不知道是欧麦尔亲自率领大军前往伊拉克，还是他选派将领率军前往伊拉克，他坐镇麦地那指挥。当时奥斯曼·本·阿凡曾问过他这一问题。欧麦尔将穆斯林召来做礼拜。当穆斯林集合后，他问他们应当由谁来率军前往伊拉克？大家异口同声地说："由你亲自带领我们去吧。"欧麦尔考虑了大家的意见，他不愿打击他们的热情。然后，他又将可与其协商的穆斯林们召集到一起，并对他们说：

“我现在很犹豫，请你们发表意见，应由谁率军前往伊拉克。”大家经过讨论后一致认为，派一名圣门弟子率军前往伊拉克，欧麦尔坐镇麦地那指挥，以便不断给前方派援军。他们说：“如果穆斯林能一举战胜敌人，这是哈里发和穆斯林想要看到的结果，如果不能一举将敌人击败，哈里发还可以再组织人马同敌人战斗，直到在安拉的佑护下战胜敌人。”阿卜杜·拉赫曼·本·奥夫支持这一意见，并且说：“请你坐镇麦地那，派将士们前往伊拉克。你知道，无论是过去还是将来，安拉是佑护你及你的将士们的。你所派遣的军队如遭遇失败，与你自己遭遇失败大不一样。如果你阵亡或遭遇失败，我担心穆斯林再不能高喊‘安拉至大’，再不能说‘除安拉外，绝无应受崇拜的’了。”欧麦尔听了幕僚们的话后，马上将穆斯林召集起来讲了如下的话：“穆斯林大众有权参加商议他们的事情。我原来同意你们的意见，但有远见的穆斯林们使我放弃了我原来的主张。我认为，我应当留在麦地那，而应派遣一名将领率军前往伊拉克。”

欧麦尔问他的属下，让谁统帅他召集的这支军队呢？正当属下向他建议任用某人或某人时，欧麦尔收到了在纳季德工作的赛尔德·本·艾比·瓦戛斯写来的信。信中说，他已挑选好一千名智勇双全的骑士。当欧麦尔的属下得知赛尔德书信中的内容后，他们对欧麦尔说：“你已经发现了合适的人选！”欧麦尔问道:“谁？”属下们回答说:“雄狮赛尔德啊！”欧麦尔采纳了属下的建议。他马上派人到纳季德将赛尔德召到了麦地那，并任命他做驻伊拉克穆斯林军队的统帅。他嘱咐赛尔德说：“赛尔德，你不要以安拉使者的舅父、圣门弟子的身份而自居自傲。安拉不以罪恶消除罪恶，而是以善功消除罪恶！任何人都应服从安拉，人们在安拉的宗教面前是不分贵贱的，要想让人们尊重自己，要想得到安拉对自己的欢心，必须靠善行和对安拉的服从才能得到，要以先知为榜样。先知遵守的事情，你必须去遵守，处事应耐心！”

欧麦尔之所以这样嘱咐他，是由于赛尔德在穆斯林心目中享有很高的地位，也由于他与安拉的使者之间有特殊的血缘关系。赛尔德是先知舅父们所属的祖赫拉族人，也是最先归信伊斯兰教的古莱什人之一，他归信时年仅十七岁。赛尔德曾说过：“我归信伊斯兰教时，安拉还没规定做礼拜呢。”他还说过：“没有任何一个人比我先归信的。只有另外一个人与我同日归信。我归信的时候，我可以说，当时我是伊斯兰的三分之一。”赛尔德的女儿阿伊莎曾这样描述过她父亲。她说：“我父亲是位矮胖的男子，他身穿毛纺及丝织品衣服，手戴金戒指。他年轻时曾住在麦加，当时曾大病一场。病魔几乎使他丧生。有一天，安拉的使者来看望他，他对使者说：‘安拉的使者啊！我有很多钱，但只有一个女儿。我想把我三分之二的钱财在我死后捐出去。’安拉的使者说：‘不行。’他又说：‘那就捐一半。’使者回答说：‘不行。’他又问：‘捐三分之一行吗？’这时，安拉的使者说：‘三分之一？三分之一也很多。让你的后代过上富足的生活比让他们乞讨度日好。’”

除此之外，赛尔德还是位勇敢的骑士、善战的英雄，是安拉使者同伴中为数不多的神射手之一。他参加过白德尔之战、吴侯德之战、壕沟之战、侯代比亚之战、海白尔之战、光复麦加之战。可以说，安拉的使者参加过或策划过的所有战争，他都参加了。在光复麦加的战斗中，他是三位迁士掌旗手之一。在吴侯德之战中，当其他人逃走时，他仍坚定地站在安拉的使者身边，光荣地保卫着安拉的使者。使者曾对他说：“赛尔德，射！我愿用我父亲和我母亲为你赎身！”在伊斯兰史上，是他射出了第一箭。当时，他用欧拜岱·本·哈里斯率领的武装分队来到地处拉比厄河谷的希贾兹附近的水源边。这时，他们遇到了艾布·苏富扬率领的古莱什人。双方没有战斗就各自后退了。但在这次行动中赛尔德射了一箭。此箭称为伊斯兰第一箭。因此，赛尔德说：“我是阿拉伯人中第一个为了安拉的正道射箭的人”。他被称作“张开爪子的雄狮”，这是毫不奇怪的。因此，穆斯林大众一致同意让他担任驻伊拉克穆斯林部队的统帅。

赛尔德在伊拉克及其与穆桑纳的遗孀结婚

赛尔德率四千人马及其家眷们离开麦地那向伊拉克进发了。赛尔德出发后，应召的阿拉伯人仍不断地来到麦地那。哈里发让后来的人马急行军，加入赛尔德的行列中去。因此，赛尔德率领的部队日益发展壮大。整个阿拉伯半岛上的英雄人物、骑士、诗人、演说家、各部落首领带着各自人马，都来到了赛尔德的麾下。其中有阿慕尔·本·穆阿德·凯勒比、图莱哈、艾希阿斯 · 本 · 盖斯等。当赛尔德率军快到扎鲁德时，他麾下的将士已达两万人之多。穆桑纳率领的将士当时是三千名，另外有五千名各部落成员加入了穆桑纳的麾下。由哈希姆 · 本 · 乌特拜率领的从叙利亚赴伊拉克的穆斯林将士是八千人。这就是说，前来参加卡迪西亚战役的穆斯林将士人数已达三万六千人。这是自艾布 · 伯克尔时代穆桑纳进军两河三角洲以来，穆斯林们动员的最庞大的一支攻取伊拉克的军队。

当赛尔德率军到达西拉夫时,穆桑纳由于伤口复发病逝了。他去世前，将他所率部队的指挥权交给了巴希尔 · 本 · 赫沙随。当时穆桑纳的弟弟穆阿奈 · 本 · 哈里斯不在军中。听说波斯王朝已派格布斯 · 本 · 格布斯赶到了卡迪西亚，穆阿奈得知这一情况后，他也赶到了那儿，并动员当地的阿拉伯人同穆斯林一起与波斯人斗争。此举成功后他同嫂嫂萨尔玛回到祖勒 · 盖尔。然后又同萨尔玛一起赶到了西拉夫。

萨尔玛与穆阿奈拜见了赛尔德，并把波斯人的行动及当地阿拉伯人的情况向他作了汇报，然后告诉了他穆桑纳的遗嘱：敌人一旦齐心协力时，不要同他们交战，不能深入到敌人后方去，要在边界上同敌人决战。在边界上如能战胜敌人，就继续深入，否则应马上退回，等待时机再战，直到消灭敌人。赛尔德听了穆桑纳的遗嘱后，对他的不幸逝世更加痛苦。他安慰了穆桑纳的家属，令穆阿奈仍回原来岗位，然后同萨尔玛结了婚。这样的婚姻是当时阿拉伯人的习惯，表达了对死者的尊重及对其遗孀的关心照顾。

欧麦尔布置在伊拉克的军事行动

坐镇麦地那的欧麦尔 · 本 · 哈塔布随时掌握驻伊拉克穆斯林大军的行动。他曾命令赛尔德，要随时向他汇报情况并听从他的命令。赛尔德到达西拉夫后，在知道穆桑纳逝世之前，马上向欧麦尔作了汇报，并请教作战方略。欧麦尔读了赛尔德的来信后，马上给他写了回信。欧麦尔的意见同穆桑纳在其遗嘱中发表的意见完全一样。欧麦尔命令赛尔德率军开赴卡迪西亚。卡迪西亚是通往波斯的门户。欧麦尔在信中写道："不要被敌人的数量和装备所吓倒。要耐心等待战机，要好好筹划，希望你们能战胜敌人。敌人这次失败后绝不能再卷土重来。如果失利，马上退回到哈杰尔一带。你们知道哈杰尔的情况，穆斯林们在哈杰尔会勇敢作战，而敌人则对哈杰尔的情况一无所知。待时机成熟再向敌人发起攻击。”欧麦尔在信的最后说：“把一切细节都写信告诉我。你们在何地驻扎，敌人在什么位置，让我看了你的信后，就像我亲临战场一样。”

对于战场上的变化，欧麦尔都一一事无巨细过问。他来信鼓励穆斯林将士们，并让他们对狡猾的敌人高度警惕。他亲自为将士们制订计划，并告诉他们从某地到某地出发的时间。他在部队从西拉夫出发的那一天写信告诉赛尔德：“如果某天发生什么事，你要带人驻扎在欧扎卜·黑杰南特与欧扎卜·格瓦迪斯之间。然后，率军向东、再向西进发。”欧麦尔在另一信中写道：“告诉我，敌人的位置在哪儿？敌人的指挥官是谁？告诉我穆斯林将士现在的位置在哪儿？在你们与泰西封之间有哪些城镇？”赛尔德把战场上的一切情况都写信告诉了欧麦尔。他在信中把卡迪西亚周围的城镇及其情况写得很详细。卡迪西亚地处幼发拉底河支流阿堤格河与萨布尔谷地之间。绿色的卡迪西亚平原一直延伸到希拉。他在信中还提到，原来同穆斯林和解的伊拉克当地人又倒向了波斯人。欧麦尔回信说：“看到来信，知道了你们的情况。请你们仍驻扎在现在的驻地，等待安拉为你们创造战机消灭敌人。若在卡迪西亚取胜后，应对敌人穷追不舍，直到攻克泰西封为止。我有预感，你们会战胜敌人。对此，你不要有任何怀疑。”

赛尔德与欧麦尔之间的书信来往说明了信士的长官对伊拉克的重视。当时非常细微地了解驻伊拉克战士的情况，从而使人感觉到是他亲自在带兵准备战斗，是他亲自在调动部队并掌握着部队的任何一次行动。他也是如此关心在叙利亚的穆斯林将士。他像给赛尔德·本·艾比·瓦戛斯写信一样，也给驻叙利亚将领艾布·欧拜岱·本·贾拉赫写信。当时欧麦尔全身心地注视着将士们的行动，好像将士们开始每步行动时，他都同他们在一起一样。他怕将士们遭到敌人的袭击，他与他们同甘共苦。他千方百计地去支援他们。为了获胜，他在半岛上一次又一次地发布动员令，让一切能参战的人都赶到了伊拉克和叙利亚。欧麦尔当时坚信，如果攻不下波斯首都泰西封，整个伊拉克会落入波斯人之手；攻不下哈斯和恩达吉，整个叙利亚会落到罗马人之手。波斯和罗马这两头巨狮会一直威胁着阿拉伯国家，从而威胁着在阿拉伯国家诞生的年轻的宗教。捍卫宗教、捍卫宗教自由是每个穆斯林的责任，更首先是信士的长官的责任。一定不能让两头巨狮的利爪侵犯新生的宗教，一定要消除威胁半岛的任何力量。

赛尔德在卡迪西亚

赛尔德率军离开西拉夫向卡迪西亚出发了。出发前全军做好了一切战斗准备。赛尔德在欧麦尔的指挥下，给各路人马任命了长官，并按每十人一个班的编制任命了班长。然后，在先期归信的穆斯林中间选择了旗手，让曾同安拉的使者一起征战过的穆斯林组成了先锋和左右翼部队。在这支大军中，有一千四百名穆斯林战士曾同安拉的使者一起征战过。其中有七十多人曾参加了白德尔之战，有十几人曾参加了里德万盟誓，有三百人曾参加过光复麦加的战斗，有七百名圣门弟子。赛尔德率领他们驻扎在了欧扎卜，休整后再向卡迪西亚进发。

欧扎卜原是波斯军队的一个驻地，四周建有坚固的堡垒。清晨，穆斯林先头部队赶到了欧扎卜。当穆斯林先头部队发现堡垒中有波斯人时，他们停了下来。后续部队到达后，穆斯林部队想攻占欧扎卜。波斯人见此马上向卡迪西亚逃去。欧扎卜所有的堡垒中已空无一人。这时穆斯林们才明白，逃走的波斯人是波斯人安置的眼线。祖赫拉特·侯唯叶曾追击过逃走的波斯人，但没能追上。

赛尔德率军来到了欧扎卜，他在此没发现波斯人，部队便驻在了这里。稍许休整后，部队便在欧扎卜周围四处出击。这样做的目的有二：一是给波斯人制造紧张空气，让他们惊慌失措；二是获取战利品，抓俘虏。有一支穆斯林人马在袭击希拉的路上遇到了希拉人马尔扎班的女儿出嫁的队伍。她是嫁给波斯人的一位绅士。穆斯林们当场抓了很多俘虏，并获取了大量的战利品。他们把抓获的俘虏及得到的财物带回到欧扎卜，交给了赛尔德，赛尔德把财物分给了穆斯林们。

伊拉克人害怕了，不敢与穆斯林为敌了。赛尔德在欧扎卜站住脚后，马上布了防，并让很多阿拉伯人家庭住了进来。他命令阿里卜·本·阿卜杜拉·莱伊赛率骑兵保卫欧扎卜。布置好后，赛尔德率军向卡迪西亚进发。

到达卡迪西亚之后，他住进了古代斯堡垒，祖海尔·本·侯唯叶驻扎在了阿堤格河的一座桥边，并让部队分别驻在了不同的地方。部队驻扎好之后，赛尔德派小股部队四面出击，为部队筹集军需。他们获得了大量的牛、羊、白面及生活用品。

赛尔德在卡迪西亚住了一个月，在这期间，在袭击敌人的活动中，他给部队筹足了给养。于是，他向欧麦尔写信作了汇报。他在信中提到，他没遇到一个波斯人，也没听说波斯帝国派哪位将领率军前来交战。信发走后不久，他从希拉人中得知波斯国王叶兹德吉尔德已派罗斯图姆·本·福兹赫扎德率军前来交战。他马上又给欧麦尔写了信。欧麦尔回信说："不要被听到的关于他们的消息吓倒，要求助于安拉，派有经验的将士迎敌，要向安拉祈祷，安拉会使祈祷者削弱其对手，并给他们出路。从今之后，每天都要给我写信汇报情况。"

令人奇怪的是，叶兹德吉尔德坐上王位后，波斯人要雪布外卜失败之耻，那他们为何迟迟不来迎战呢？赛尔德率领穆斯林在当年春初离开麦地那，在西拉夫、欧扎卜驻扎了数月，又在卡迪西亚驻扎了一个多月。在这期间波斯人在干什么呢？叶兹德吉尔德在想什么呢？

实际上，波斯人对时局非常关注。波斯王叶兹德吉尔德曾对罗斯图姆·本·福兹赫扎德说："现在你是波斯的栋梁，我想派你去迎战阿拉伯人。"罗斯图姆回答说："让我留在泰西封吧。我不想去征战，国家会由于我留在泰西封而稳定。我们也许会不战而达到目的，因为掌握大局比取得局部胜利更有利，稳扎稳打比匆忙迎战更好。"叶兹德吉尔德国王同臣下商议了罗斯图姆的意见。但是当国王得知了阿拉伯人的行动，并抢走了希拉马尔扎班的女儿后，又对罗斯图姆讲了话。罗斯图姆回答说："如果能有其他方法解决问题，我不会讲我同你讲的话。让我同我的将士们留在泰西封，然后派贾里努斯率军前去迎战。如果我们战胜了，那是求之不得的事。如果他不能战胜敌人，我们另派其他将领前去迎战。如果再不能战胜敌人，我们只有忍耐，等待时机。只要我没有被敌人击败，人民仍会爱戴我，国家仍会稳定。"在伊拉克的波斯官员们来信告诉波斯国王，如再不派军队前去迎击穆斯林军队，他们只好被迫向穆斯林投降了。这时波斯国王下了决心，他下令让罗斯图姆率军前去迎敌。罗斯图姆只好率军来到了塞勒巴迪。赛尔德得知这一情况后，马上向欧麦尔作了汇报。欧麦尔回信命令赛尔德派使者去见波斯掌权的人，动员他归信伊斯兰教。

穆斯林使团晋见波斯国王

欧麦尔在信中所说波斯掌权的人是指波斯军队的统帅罗斯图姆，还是指波斯国王叶兹德吉尔德呢？赛尔德究竟向他们两人中的谁派了信使呢？对此，史书上有不同的记载。有的史书说，赛尔德向罗斯图姆派了信使，信使的任务失败后，发生了卡迪西亚战役；有的史书说，赛尔德向波斯国王派去了代表团，代表团的任务失败后发生了卡迪西亚战役；还有的史书说，使团首先见了罗斯图姆，双方谈判失败后又去见了波斯王。双方谈判失败后，发生了卡迪西亚战役。

我认为，穆斯林使团首先到了泰西封，见了波斯国王。当时，罗斯图姆仍率军驻扎在塞勒巴迪，他还没到达卡迪西亚与赛尔德率领的穆斯林军队对峙。当时，罗斯图姆仍不愿与穆斯林交战，他率军驻扎在塞勒巴迪为的是稳定伊拉克人的心。

赛尔德必须执行欧麦尔的命令。因此，他派使团见了波斯王叶兹德吉尔德。使团由德高望重、智勇双全的穆斯林们组成。其中有努尔曼·本·穆格拉乃、夫拉特·本·哈扬、艾希阿斯·本·盖斯、阿慕尔·本·阿迪·凯勒比、穆吉拉·本·苏阿拜、穆阿奈·本·哈里斯等。赛尔德让使团动员波斯国王归信伊斯兰教。如果不归信伊斯兰教，可以讲和，条件是每年向穆斯林缴纳贡税；如果拒不缴纳贡税，只好诉诸武力。使团到达了泰西封。当泰西封人看到消瘦的穆斯林时，个个都感到惊奇。他们细细打量他们的模样，看他们的穿戴。只见他们手拿马鞭，脚蹬拖鞋，骑着瘦马。于是，他们互相问道："这样的人如何敢于进犯我们？如何妄想战胜我们，并闯进我们的首都？"使团成员要求晋见国王。波斯王同大臣们商议后接见了穆斯林使团。国王高傲地对来者们说："是什么事使你们来到我们国家？你们不去忙你们自己的事情，难道你们竟敢侵犯我们吗？"努尔曼·本·穆格拉乃首先劝他归信伊斯兰教，然后对国王说："如果你不肯归信伊斯兰教，可以向我们缴纳贡税、讲和；如果拒不缴纳贡税，那么只好兵戎相见。”他最后对国王说：“如果你归信我们的宗教，我们给你留下《古兰经》，让你仍然管理你的国家，我们马上离开。如果不归信我们的宗教，可以缴纳贡税，我们保证你们的安全。否则，只有战争。”

波斯国王听了此话后很震惊，但他控制住自己的情绪后，对使团人员说：“据我所知，大地上还没有一个像你们这样顽劣、人数这样少、内乱不休的民族。我们原来委托伊拉克的部分农村居民对付你们，但波斯国并没有侵犯你们，你们也别妄想来侵犯波斯国。如果说你们民众的人数增加了，请你们不要妄自尊大；如果你们需要食品及衣服，我们可以给你们提供这些东西。我们也可以给你们委派一位同情你们的国王。”当使团成员听了国王的话后，都沉默了。这时，使团成员之一穆吉拉·本·苏阿拜开口说：“国王陛下，站在你面前的这些人都是阿拉伯人的首领及尊贵的人。他们都很尊重高贵的人。高贵的人由于知道尊重别人而受到尊重。他们要讲的话还没讲完，他们也没回答你所讲的话。请你明确答复我向你提出的问题，他们都是见证人。”最后，他对波斯国王说：“请你做出选择，或缴纳贡税，或兵戎相见，或为了你自身的安全赶快投降。”

叶兹德吉尔德国王听了此话异常愤怒，他已无法忍耐。他对使团成员说：“如果没有不斩来使的惯例，我会马上杀掉你们。我不想再同你们说什么了。”他命令让人拿来一筐土，然后说：“让他们中最高贵者担起此土，把他们赶出泰西封大门！”然后，他又对使团成员说：“回去告诉你们的主子，我已派出罗斯图姆迎击你们去了。他会把你们的主子及你们全部埋葬在卡迪西亚深谷！”

波斯国王的盛怒没有吓倒使团成员。阿绥姆·本·欧麦尔站出来，担起了土筐。他说：“我是他们中最高贵者，我是负责人。”他担着土筐走出了宫殿。使团成员回到了卡迪西亚。他们拜见了赛尔德。阿绥姆·本·欧麦尔向他汇报了一切及他如何担回了波斯人的土筐。他说：“喜讯，安拉已把打开波斯国大门的钥匙交给了我们！”

阿拉伯史学家一致同意上述的记载。只不过在双方交谈的措辞上有所分歧。但部分东方史学家认为上述记载是杜撰的。就算实质内容不算杜撰，但至少双方谈判的细节是杜撰的。在本章中，我仅谈到了有关双方谈判的很少部分细节。为了支持自己的观点，东方学家们提出了下面的问题。他们说，穆斯林史学家在有关穆斯林使团同波斯人及基督徒谈判的问题上，不放过任何机会，用穆斯林谈话的方式讲阿拉伯人的情况。先知被差遣之前，阿拉伯人相互为敌，生活在苦难之中，先知给他们带来真理之教后，阿拉伯人的心聚到了一起，不再受苦挨饿，安拉给他们带来了他们先辈们从未见过的幸福。实际上，在伊斯兰兴起以前，穆斯林中就有人生活得很富足，如也门人及波斯湾沿海地区的居民。史学家记载，当阿比西尼亚皇帝问迁到阿比西尼亚的穆斯林们来到伊拉克与当地人接触时，穆斯林们讲了类似的话；哈立德·本·瓦利德在叶尔穆克之战与罗马将领相遇时，哈立德也讲了类似的话。难道这不说明，这些话是为了政治目的在不同的时期杜撰出来的吗？以先期穆斯林之口讲这种话，难道不是一方面为了宣传伊斯兰教，另一方面为了巩固信士首领的权势吗？

为了支持自己对他人的批评，东方学家竟说，穆斯林史学家竟敢撰写一些近于迷信的神话。他们举例说，穆斯林史学家记载了以下故事：

波斯国王叶兹德吉尔德将有见解的人及罗斯图姆从塞勒巴迪召到面前。他将他与穆斯林使团之间发生的情况告诉了他们。国王说："穆斯林中最尊贵者是愚昧的，他竟头上顶着土走了。如果他愿意，他可以让别人来顶土啊。"罗斯图姆对国王说："他并不愚昧，他也不是穆斯林中最尊贵者，他是想为他的民族献身。"罗斯图姆认为，他所听到的话是一种凶兆。于是他很气愤，很悲观地离开了国王。罗斯图姆是位星象学家，星象告诉他，从泰西封带走泰西封泥土者意味着他带走了波斯大地。为了避免他预测的后果，他派人去追赶穆斯林使团。他对被派的人说："如果能赶上他们，一定把泰西封的泥土从他们手中要回来，这样可以弥补厄运。如果他们将泰西封的泥土交给了他们的首领，他们会在我们的土地上战胜我们的。"被派人员未能赶上穆斯林使团。于是罗斯图姆更加认为这是凶兆，也更加鄙视国王的见解及行为了。

但当国王命令他前去反击穆斯林将士时，他不能违背国王的命令。叶兹德吉尔德对他说："你去，或我亲自去。"罗斯图姆率领大军从塞勒巴迪出发了。前锋贾里努斯率四万人，罗斯图姆亲率六万人，右翼由海尔木扎率领，左翼由马海兰·本·巴赫拉特木·拉齐率领。然后，罗斯图姆给其兄弟宾德万写了一封信。在信中他说:“向你致意。修足堡垒,做好准备。阿拉伯人好像要到你们的土地上来同你们的子弟进行厮杀。我的意见是,抵抗他们,拖住他们,把他们的好运变成厄运。”当他提到他通过观天象得到的结论后,他写道:“这些人将会出现在我们面前,他们将会占有我们所有的东西。尽管如此,你仍率军前进。好像命运在将波斯推向死亡。”

东方学家认为,有关星象的说法是迷信的神话。好像他们找到了诋毁记载波斯国王与穆斯林使团对话的穆斯林史学家的根据。我不去指责他们的观点,但我也不认同他们的这一观点。

先期穆斯林向他们的敌人指出,伊斯兰之前他们如何分裂和软弱,当他们聚在伊斯兰旗帜之下后,他们又是如何团结和强大。实际上,他们在向对手们讲安拉的使者所肩负的伊斯兰教使命,在讲伊斯兰教崇高的原则,在讲信仰伊斯兰是他们强大团结的原因。这一切都是毫不奇怪的,也不是后人为政治目的或非政治目的所杜撰的故事。伊斯兰教是针对当时存在于阿拉伯国家、波斯、罗马的旧信仰和旧制度的一切革命。这是一次世界性的革命,肩负使命者要将其告诉全世界人民,并动员世人信仰革命原则。信仰这一使命的人肩负着宣传这一使命的义务。安拉的使者曾给罗马皇帝希拉克略、波斯国王库思老及其他各国的国王写过信。在信中他向他们传达了伊斯兰使命,并动员他们归信伊斯兰。穆斯林效仿使者宣讲伊斯兰是毫不奇怪的。穆斯林所到之处都谈他们的宗教,而且都同与他们有联系的人大讲伊斯兰教。这是很自然的事情,任何一场革命爆发时,革命者宣讲新的原则是再自然不过的事情。法国革命爆发时,革命者所到之处也大谈这次革命的原则。他们也是大谈革命之前法国受到的压迫和虐待,革命后崇高的革命原则给法国带来的主权和强大。俄罗斯人过去、现在不都是如此吗?因此我说,穆斯林谈他们信仰的宗教,谈这一宗教成立之前他们艰难的情况及宗教成立后他们享有的崇高地位是毫不奇怪的。如果他们不这样做反而奇怪了。一位信士怎能不去动员人们信仰他所信仰、认为是真理的宗教呢?信士们认为,面对真理而不去宣讲真理是恶魔的行为。当信士看到他所信仰的原则是人类幸福的源泉时,他怎能不去向人们宣讲这一原则呢?人们相信这一原则之日就是信士们心安理得之时。因为这一原则是信士们与他人建立健康友谊的基础，是人们自由幸福和平的基础。

至于说，谈星象近似于迷信，我不想评论这一点。我不是星象学家，我不知道星象如何能告诉我们有关我们生活的地球上的事物的发展变化。但现在很多人相信星象学，他们认为，星象能告诉他们其他人所不知的事情。不管怎么说，在那个时代，很多波斯人相信星象学，相信星象能指引公共和个人的生活，他们不认为星象学是迷信。历史学家不能把个人肯定或否定事物的标准作为衡量客观存在的事物和观点的尺度。在那个时代，波斯人相信星象学，带兵的将领更加相信和关心星象学。罗斯图姆本人就是位星象学家。通过观星象，他看到了波斯的未来。但是他的雄心、他的自负使他背离了观星象时他所看到的预兆，他只好按国王叶兹德吉尔德的命令率军去反击赛尔德·本·艾布·瓦戛斯所率领的穆斯林将士。

罗斯图姆迎击穆斯林军队

在罗斯图姆率两万波斯将士向卡迪西亚进发的同时，赛尔德仍派小股部队袭击纳杰夫、菲拉堆及伊拉克各部落的家园。这样，就为穆斯林士兵筹集了大量的牛、羊、粮食及其他食品。

罗斯图姆率军到达了希拉。希拉人已与穆斯林们讲和。罗斯图姆将希拉头目们召来，指责了希拉人的行为，并用报复威胁他们。对于他的指责，希拉人回答说："你既不能保护我们，何必指责我们自保呢？"罗斯图姆率军离开希拉向纳杰夫挺进。贾里努斯率先锋部队到达了赛耶莱黑。罗斯图姆到达纳杰夫后得知穆斯林们正在袭击两河流域，他马上派部队迎击穆斯林们。袭击两河流域的穆斯林们得到消息后，在阿慕尔·本·穆阿德的率领下退了回来。但是，图莱哈不肯同阿慕尔等穆斯林一起退走。这时，有人对他说："你是位有雄心的男人。欧卡夏死后，你不会再有胜利的机会。"欧卡夏是图莱哈的属下，当图莱哈自诩"先知"与哈立德·本·瓦利德在布扎赫之战中交手时，欧卡夏战死了。[1] 尽管有人指

① 详见《艾布·伯克尔传》第七章。

责他，他仍然拒绝退走。他悄悄地进入罗斯图姆的营地，在那儿他杀死了两名波斯骑兵，并带走了他们的坐骑，然后骑马扬鞭而去。罗斯图姆派出一队人马去追击他。在接近穆斯林营地时，图莱哈又杀了两名追兵，并俘虏了一名波斯人，波斯追兵只好退回。图莱哈带着俘虏来到赛尔德面前。当赛尔德问俘虏有关图莱哈的行动时，这位波斯被俘人员说："我从年轻时就参加战斗，我也听到过英雄们的英雄行为。但我还未听到过像他这样的人。他奔走了两法尔萨赫的路程[①]来到驻有七万人的营地。他没有空手而归，而是带着我们的战马，毁了我们的住处才走的。当我们追上他时，他又杀了我们最前面的两人。当我看到他杀了两人后愤怒了，我离开大队赶上了他。当我看到死神要降到我的身上时，我只好做了俘虏。"

罗斯图姆率军离开泰西封四个月之后终于到达了卡迪西亚。他之所以迟迟不到卡迪西亚来，是由于他认为，阿拉伯人一旦没有了给养，一旦厌烦后他们自己就会退兵的。另外，他也不愿意与赛尔德率领的穆斯林们交战。他是位星象学家，他从观星象中已看出了波斯国的厄运。他本不愿意离开泰西封，想让其他波斯将领率军去同穆斯林们周旋，以便削弱穆斯林们的意志。但波斯国王拒绝了他的意见，命令他亲率大军迎敌。因此，几天可以走完的路，他竟走了四个月。

罗斯图姆率十二万波斯将士到达了卡迪西亚。大军前面是由三十三头大象组成的先锋队。头象是一只叫萨布尔的白象，其他大象都跟着它走。尽管他手下有这支庞大的军队，但他仍希望阿拉伯人不战而退。因为他知道，如果他一旦失败，泰西封的门户、整个波斯国的门户就被打开了。罗斯图姆是位备受各方关注的骑士，是波斯无与伦比的、有能力的英雄将领。通过观星象他已看到了凶兆。此外，他做了一个梦，梦中所见使他更相信观星象时看到的凶兆。在战斗中，阿拉伯人表现出了英雄气概，波斯人无论从人数上讲还是从装备上讲，在这一英雄气概面前都不值一提。从穆桑纳率穆斯林军队闯入两河三角洲以来，双方进行了一系列交战，在交战中，波斯的象群都抵挡不了穆斯林们的攻击。在布瓦卜战斗中，穆斯林们取得了巨大胜利。在所有战斗中，阿拉伯军队的数量和装备都

① 一法尔萨赫相当于6.24千米。

比不上波斯人的军队。尽管如此，阿拉伯人还是战胜了波斯人，并运走了大量战利品。阿拉伯人注定会取得胜利。如果不战而使阿拉伯人退回到半岛上去，这对波斯、对波斯国王来说就是莫大的胜利。

穆斯林使节会见罗斯图姆

波斯军队在穆斯林军营对面安营扎寨后，罗斯图姆让将士们列好队形。象队排在最前面。他想以此显示自己的力量来恐吓对方。然后，他派人来到赛尔德面前，让他派人说明穆斯林为何来到伊拉克。赛尔德派穆吉拉·本·苏阿拜为使节来到了罗斯图姆面前。穆吉拉同罗斯图姆讲了安拉的使者及穆斯林使团人员同波斯国王所讲的话。然后，穆吉拉告诉他："波斯人或归信伊斯兰，或缴纳贡税，否则只有战争。"

穆吉拉提出的让波斯人向阿拉伯人缴纳贡税的话，对罗斯图姆及其将领们来说分量是很重的。他们听后个个目睁眦裂、怒发冲冠。但是，罗斯图姆仍听完了穆吉拉的讲话。第二天清晨，罗斯图姆派人来见赛尔德，让他派遣和谈代表。和谈代表的讲话与穆吉拉的讲话完全一致。罗斯图姆提出：给阿拉伯人提供食品，款待阿拉伯人首领，然后让阿拉伯人返回自己的国家。和谈使节提出：或归信伊斯兰教，或缴纳贡税，否则兵戎相见。罗斯图姆仍然听完了和谈使节的话。但他要求赛尔德再次派使节谈判。自从先知穆罕默德时代起，在战场上谈判的时间从未超过三天。或签订和平协议，或战争，穆斯林坚持自己的立场：或归信伊斯兰教，或缴纳贡税，否则兵戎相见。这样一来，双方的战争就是不可避免的了。

罗斯图姆是否要不惜任何代价与穆斯林和解呢？部分学者认为，如果不是其他将领的反对，罗斯图姆本人很想归信伊斯兰教。另一部分史学家则认为，罗斯图姆是在使用拖时间的战术，以便让穆斯林内部发生分歧，达到不战而胜的目的。但是，当他看到穆斯林的立场始终如一时，他只有下决心战斗了。他派人告诉赛尔德：或者你们过河来交战，或者让我们过河去交战。对于赛尔德来说，大桥之战的教训仍历历在目。他目前的位置是，前有大河，右边是萨布尔深谷，背后是广袤的沙漠。他为何要过河交战呢？

赛尔德不肯过河来交战，罗斯图姆只好下决心过河同穆斯林厮杀。天快黑时，罗斯图姆命令士兵们用土、芦草及战斗中用不上的东西在阿堤格河上建起了一座临时桥梁。波斯军队过河了。象群居前，象群周围是高大的挡板及负责保护的士兵。大队士兵在象群后面。两军做好了战斗准备，谁都知道，这是至关重要的大决战。波斯军队败了，那就意味着通往波斯首都泰西封的门户大开。阿拉伯人败了，那就意味着他们必须要退回到半岛沙漠中去。只有安拉才知道，他们日后能否再回伊拉克来。

波斯国王对战局也很关注。他想时时知道战场上的消息。因此，从泰西封到卡迪西亚的路上布满了传递消息的人。他相信波斯人一定会战胜穆斯林。

赛尔德患病

波斯国王听到的第一个消息是，赛尔德·本·艾比·瓦戛斯旧病复发，他只能躺在床上指挥战斗。波斯王听到此消息后很高兴，这使他更相信自己的军队定能取胜。赛尔德患的是坐骨神经痛。有些穆斯林对赛尔德在这关键时刻旧病复发很沮丧。他们编了诗歌讽刺赛尔德，以表示心中不满：

我们奋勇杀敌到胜利，
赛尔德在卡迪西亚生病卧床不起。
无数妇女已丧夫，
赛尔德的女人们不会寡居。

赛尔德听到了部分穆斯林对他的议论。他也知道一些部落的首领们指责他软弱、意志不坚强。对此他很痛苦，也很气愤。他对他的随从们说：“把我抬起来，我要见一见这些人。”随从们抬着他来到穆斯林将士面前。将士们看到他确实有病，并且痛不堪言，于是都谅解了他。赛尔德对讽刺他的人们说：“指安拉起誓，如果不是大敌当前，我一定从重处理你们，看日后谁再敢扰乱军心。”他下令将这些人拘押起来。其中有塞基夫族人艾布·米哈杰尼。众穆斯林将士纷纷表示一定服从他的指挥。杰利利·本·阿卜杜拉表示说：“我曾向安拉的使者宣誓效忠：我一定服从安拉委任的首领。哪怕被委任者是位奴隶，我也一定服从。”这样，穆斯林们对赛尔德的不满情绪很快平息了。

双方的战前准备

赛尔德见大局已稳，于是向穆斯林各路人马发布了命令：“由于我旧病复发，我已命令哈立德·本·欧尔富塔代我指挥战斗。你们要服从他的指挥。他仅仅是向你们传达我的命令。”穆斯林们谅解了赛尔德，对他的安排表示满意。

赛尔德尽管患病，但他还是给将士们做了战前动员。赞颂安拉之后，他讲道：“安拉是独一无二的，安拉的启示必能实现。安拉曾启示：

> 我确已在《宰甫尔》中写道：大地必为我的善仆所继承。（《古兰经》众先知章：105节）

面前的土地就是安拉许给你们的财产。三年前安拉就已将这块土地许给了你们。你们已从这块土地上获取了食品，征服了这块土地上的民众，从他们手中收取贡税。今天波斯人来到了你们面前。你们个个都是阿拉伯的杰出者，各个部落都是你们的坚强后盾。你们不要贪恋今世，要想到后世。这样安拉会将今世和后世全都给予你们。如果你们失败了，既得不到今世，也得不到后世！”

当阿绥姆·本·阿慕尔看到赛尔德带病做战前动员时，他很受感动。他马上站出来说：“安拉已将这块土地上的人民交给了你们。三年来你们从他们手中获取了他们不可能从你们手中获取的东西。你们比他们强。安拉与你们同在。你们要坚强、要狠狠地打击敌人。他们的财物、他们的女人们、他们的子女们、他们的国家，全都属于你们所有。如果你们害怕了、失败了，你们将一无所有。要多想后世！”

战前动员之后，赛尔德又将众望所归的阿拉伯人召到面前，其中有穆厄拉·本·休阿卜、阿绥姆·本·阿慕尔、图莱哈、阿慕尔·本·穆阿迪·卡拉卜。他们中还有诗人夏马赫、侯退艾、欧拜德·本·达比卜等其他人。赛尔德对他们说："请你们到众人中去做动员，把你们及众人应尽的义务及责任告诉大家。人们是勇敢的。你们在阿拉伯人心中享有你们所享有的地位，你们是阿拉伯人中的诗人、演说家，你们是勇敢的人，你们是阿拉伯人的主人。请你们到将士们中去，鼓励他们参加战斗。"

这些人来到众将士那儿之后开始讲演。他们用激励人心的语言鼓励他们去战胜敌人。胡扎勒·艾塞迪对参战的族人说："族人们啊！做好准备，拿起宝剑，要像雄狮猛虎一样向敌人扑去。要相信安拉，不要把敌人放在眼里。宝剑钝了就用石块打击敌人，铁剑解决不了的敌人，可能用石块就能解决他。"阿绥姆·本·阿慕尔动员人们说："你们是阿拉伯的英雄，你们过去已击败了外国人。你们是为乐园而战，他们是为今世而战，他们的今世抵不过你们的后世。你们不要做令你们将来蒙辱的事。"每位诗人、演说家都在做动员，动员人们服从指挥，要有忍耐精神。众人也相互保证为胜利而战，为战胜敌人不怕牺牲。

罗斯图姆看到阿拉伯人已做好战斗准备。这时，他的爱国热情油然而生，他又恢复了波斯英雄的本色。波斯将士过河后，马上列好了战斗队形。罗斯图姆戴上了头盔、拿起了武器。他也做起了战斗动员，他对士兵们说："明天，要狠狠地打击他们。"然后他也派出他的幕僚到部队进行战前动员。

两军面对面列阵了，双方都等待着冲锋的命令。双方的士气都很高涨。穆斯林们企盼着乐园，波斯人则想着祖国、想着他们的国王。

"艾尔玛斯日"之战

赛尔德向下发布命令："当你们听到我第一次喊'安拉至大'的时候，你们要将鞋子系好，我第二次喊'安拉至大'的时候，你们做好战斗准备，我第三次喊'安拉至大'的时候，你们马上向敌人发起攻击。"当穆斯林将士们听到赛尔德第三次高喊'安拉至大'的时候，马上向波斯人发起了攻击。波斯人也士气高涨地迎了上来。

阿里卜·本·阿卜杜拉·艾塞迪一马当先，他一边向敌人冲杀，一边吟诗道：

众人皆知我英雄，
杀敌取胜立奇功!

波斯人霍尔木兹与阿里卜捉对厮杀，不久阿里卜活捉了霍尔木兹，并将他交给了赛尔德。然后，阿里卜又向敌人冲去。

赛尔德第四次高喊“安拉至大”，这时两军交手厮杀起来。穆斯林将士们表现出了大无畏的英雄气概。赛尔德还从未见过这种壮烈的场面。阿慕尔·本·阿迪·凯勒比在军中鼓励战士们英勇杀敌，一位波斯人向他放箭。箭射中了他的盔甲，他马上向这位波斯人冲了过来。只见他先把波斯人抱住，而后扭断了他的脖子，又一刀刺透了他的咽喉。然后，他大声对穆斯林们说：“就应如此杀敌!”

波斯人见到由杰利利·本·阿卜杜拉率领的巴吉莱族在战场左右冲杀，如入无人之境。于是，他们让十三只大象向他们冲了过来。骑士们由于战马受惊逃散了，只有步兵与敌人象群苦战。赛尔德见到这一情况后，马上命令艾塞德族人冲上去保护巴吉莱族人。图莱哈带领族人们冲了上去。图莱哈对族人们说道：“族人们啊!应该像雄狮一样冲垮敌人。你们被称为艾塞德[①]族人，就应像雄狮一样做事。冲上去，绝不能后退。以安拉的名誉向敌人冲击!”一时间，他们把象群杀退了。但象群又返回向艾塞德族人冲了过来。赛尔德又派人对阿绥姆·本·阿慕尔说:“泰米姆族子弟们!你们不是善于调教骆驼和战马吗?难道你们没有办法对付大象吗?”泰米姆族子弟们说：“指安拉为誓，我们有办法对付它!”阿绥姆命令弓箭手，向波斯驭象手放箭，以保护其他人接近大象，从而消灭之。在泰米姆族人的攻击下，大象抛下骑手逃跑了。大象的骑手全部被杀。泰米姆族人救了艾塞德族人及巴吉莱族人。仅此一战，艾塞德族牺牲了五百名壮士。

① “艾塞德”，阿拉伯语意为雄狮。

赛尔德躺在病榻上关注着战事的进展。他时而为穆斯林将士的英勇高兴，时而为巴吉莱族人、艾塞德族人的遭遇而痛苦。同时，也由于自己重病缠身，不能像以往在战场上驰骋而苦恼。穆桑纳·本·哈里斯的遗孀、赛尔德现在的妻子萨尔玛·宾特·哈夫斯在赛尔德的身旁同丈夫一起注视着事态的发展。她回想起了前夫穆桑纳在世时，在这种重大战斗中所表现出的英勇气概。她不禁喊道："穆桑纳啊！今天你不能骑马驰骋了！"她的话触痛了赛尔德的心。赛尔德抽了自己一个耳光说道："穆桑纳在哪儿？败军中有穆桑纳吗？"赛尔德此举没能使萨尔玛低头。她瞪着赛尔德说："你是吃醋呢，还是胆怯呢？"赛尔德对自己的言行感到羞愧。他头上冒出了汗珠。他对萨尔玛说："你知道我重病缠身，如果你不愿原谅我，今天谁也不会原谅我了！"当穆斯林将士们知道此事后，个个对萨尔玛表示了敬佩之意。他们知道了赛尔德并非胆小懦弱的人。

尽管穆斯林将士表现了大无畏的战斗精神，但是赛尔德仍然对战局很担心。因为他看到了波斯人的勇敢，看到了波斯士兵在数量上超过了穆斯林士兵。同时，他也看到了波斯人象队的威力。太阳落山了，战事一直持续到深夜，双方才各自返回营地，以备明日再战。穆斯林将士由于在第一天的战斗中损失较大，他们为第二天的战斗做了更充分的准备。

史学家们将卡迪西亚战役第一天的战斗称为"艾尔玛斯日"之战。但无人提到为何这样命名。部分东方学家认为，"艾尔玛斯"是发生这场战斗的地名，但这不正确。卡迪西亚战役在同一地点持续了三天三夜，但每一天的战斗都有不同的命名。

"艾尔玛斯日"之战的夜间，两军各自回到了自己的营地。第二天拂晓，双方各自掩埋了阵亡的将士。阵亡的穆斯林将士被掩埋在欧扎卜附近的谷地，受伤者被送到了欧扎卜。波斯人将阵亡者埋在了木赫拉，把伤者运到了河对岸。

两军激战时，遵照欧麦尔·本·哈塔布的命令，盖尔嘎阿·本·欧麦尔率千名穆斯林先锋部队正赶往伊拉克战场。穆斯林部队攻克大马士革、在斐哈勒战胜罗马人后，艾布·欧拜岱遵照哈里发欧麦尔的命令，命令哈希姆·本·乌特拜率六千名穆斯林将士前往伊拉克，援助赛尔德·本·艾比·瓦戛斯率领的穆斯林军队。哈希姆命令盖尔嘎阿为先锋，率领千名穆斯林将士火速前进。盖尔嘎阿是著名的阿拉伯英雄。当年艾布·伯克尔曾派他援助在伊拉克作战的哈立德·本·瓦利德。有人问艾布·伯克尔为何派盖尔嘎阿援助哈立德时，艾布·伯克尔回答："军中有了这样的人物，此军就不会失败。"盖尔嘎阿是哈立德的一员爱将。当哈立德离开伊拉克前往叙利亚征战时，哈立德任命他为一路人马的将领。盖尔嘎阿对波斯人作战很勇敢，他也最了解波斯人的战略战术。哈希姆命他为先锋是毫不足奇的。

"艾阿瓦斯日"之战

"艾尔玛斯日"之战的次日拂晓，盖尔嘎阿率军赶到了卡迪西亚附近。他的到来增强了穆斯林将士的信心。盖尔嘎阿将千人分成十队，十队先后向战场上挺进，第一队先走，当第二队将要看不到第一队踪影时，第二队前进，以此类推。盖尔嘎阿率第一队人马前进。第二天的战斗开始之前，盖尔嘎阿率领的穆斯林将士来到了赛尔德率领的穆斯林军中。他向众将士道"色兰"后，告诉他们援军已到。然后，他来到队列的前面。他向将士们说："学我的样子，我怎样杀，你们就怎样杀。"两军对峙后，他来到阵前。他向敌人高喊道："你们谁敢跟我单打独斗？"波斯人祖勒·哈吉布·巴海曼·贾兹维站了出来。他自我介绍说："我是巴海曼·贾兹维！"盖尔嘎阿见是自己的老对手，他马上喊道："我要为艾布·欧拜岱，为萨里特·本·盖斯，为大桥之战阵亡的将士报仇！"两人交手没几个回合，盖尔嘎阿就杀死了波斯人祖勒·哈吉布。

穆斯林将士们看到盖尔嘎阿如此神勇，看到从叙利亚来的援军已到，个个都振作起来。当他们看到波斯人军中已没有了象队时，更加活跃起来。在第一天的战斗中，波斯人控制大象的木箱已遭破坏，今天他们正在加紧修理这些木箱。因此，在第二天的战斗开始时波斯人无法赶大象上阵作战。盖尔嘎阿所率领的十队人马一队一队地开来。每到一队，众穆斯林都齐呼"安拉至大"。波斯人看到穆斯林援军一队一队开来，他们害怕了，认为自己无法抵抗了。这时，两位波斯勇士要为祖勒·哈吉布报仇，他俩站出来要与盖尔嘎阿决斗。盖尔嘎阿同哈里斯·本·扎卜叶·哈里斯一起迎了上去。他俩手起刀落一举杀死了那两位波斯勇士。盖尔嘎阿喊道："穆斯林将士们！用剑杀啊！" 在他的鼓舞下，众穆斯林个个奋勇杀敌，直杀到傍晚。

上文曾提到，赛尔德战前拘押了一些穆斯林。被拘押者中有艾布·米哈杰尼。艾布·米哈杰尼在阿拉伯人中是位著名的骑士。战斗激烈时，穆斯林高喊"安拉至大"的呼声不断地传入他的耳中。于是，他戴着枷锁来到赛尔德面前，求他原谅他，放他去参战。赛尔德未同意。于是，他又来到赛尔德的妻子萨尔玛面前，求她放他去战斗，并提出借用赛尔德的坐骑。他发誓说，如果能活着回来，他自动再给自己戴上枷锁。萨尔玛对他说："这事与我无关。"艾布·米哈杰尼只好沮丧地回去了。在拘押所他吟诗道：

看别人骑马厮杀，而自己被押是何等痛苦！
我想站起，但铁锁使我寸步难动。
我的钱财堆积如土，兄弟成群无数，
但今天无一人前来将我解救。
安拉啊！如将我释放，
我马上到战场上杀敌立功！

萨尔玛听到他的诗歌后，对他起了同情之心。她对他说："我已向安拉祈祷，我相信你的诺言。"于是，萨尔玛释放了他，并把赛尔德的坐骑借给了他。只见他骑马杀入敌阵，手拿宝剑一会儿向左，一会儿向右，把波斯人杀得痛不堪言。在战场上的穆斯林将士一时未能认出是他。他们认为，他是从叙利亚来的援军中的一位英雄。赛尔德看到此情此景时感慨道："如果艾布·米哈杰尼没被拘押，我真想说这位就是艾布·米哈杰尼，他的坐骑就是我那匹心爱的战马。"战斗结束后，他又自动给自己戴上了枷锁。当赛尔德看到自己的战马浑身是汗时，他问下人是怎么回事。萨尔玛向他讲了实话，于是赛尔德原谅了艾布·米哈杰尼，并释放了他。

卡迪西亚战役第二天的战斗一直持续到深夜。穆斯林将士们在战斗中已看到胜利的曙光。史学家提到，在这次战斗中，仅盖尔嘎阿一人就斩杀了三十名波斯人。史学家还提到，在这次战斗中，盖尔嘎阿堂兄弟们将骆驼稍加化装，赶着它们向波斯人进攻。波斯人的战马受惊后，到处乱跑。穆斯林士兵大受鼓舞，他们高举战刀毫不手软地砍杀敌人。有位穆斯林竟想杀入敌人军中去砍杀敌人主帅罗斯图姆。但波斯将士们死死保护着主帅，这位穆斯林士兵才没成功。波斯人进行了顽强的抵抗。如果不是他们人数众多，穆斯林们在第二天就能大获全胜。午夜了，两军只好收兵，等待明日再战。

史学家称卡迪西亚战役第二天的战斗为“艾阿瓦斯①日”之战。部分东方学家认为，之所以有这样的命名，是由于盖尔嘎阿在这天率从叙利亚来的穆斯林援军来到了卡迪西亚战场。史学家称卡迪西亚战役第一天的夜晚叫“海德艾”夜，称第二天的夜晚叫“萨瓦德”夜。

穆斯林对“艾阿瓦斯日”的战果很满意，也很高兴。他们开始各自回到各自部落的队伍中。赛尔德对战果也很满意，此战之后，他更加相信穆斯林的力量了。当他想睡下休息一会儿时，他对跟前的人说：“如果人们整队完毕，不要叫醒他，穆斯林比他们的敌人强大。如果人们未整队完毕，但很平静，也不要叫醒他。如果整队时发生了吵闹，就要叫醒他，如果那样，可能有什么不好的事情发生。”

赛尔德安心地睡下了。盖尔嘎阿·本·阿慕尔当天晚上让随自己从叙利亚来的士兵们回到了“艾阿瓦斯日”早上所处的沙漠之中。他命令他们，太阳出来时，如果哈希姆·本·乌特拜带援军赶到，要像昨天那样，百人一队、百人一队地向敌人冲杀。如果援军未到，就要重新编队，等待援军。这样的安排，增强了士兵们的勇气和取胜的信心。

决战前的准备

天亮了，两军开始集结。在第二天的战斗中，穆斯林两千名将士伤亡，而波斯人的伤亡人数达到了万人。两军各自掩埋了阵亡的将士，送走了伤员。穆斯林妇女们对自己的伤员给予了无微不至的照顾。对于她们在卡迪

① 意为救援。——译者

西亚战役中的功绩，诗歌及史书中都有明确的记载。

太阳升起来了，盖尔嘎阿向沙漠深处望去。部队马上就要进入战场了。只见他高喊“安拉至大”，众穆斯林也齐声呼喊“安拉至大”。这时，有人高喊道：“援军到了！哈希姆·本·乌特拜率领的从叙利亚赶来的后续援军到了！”哈希姆了解了昨日的战况后，马上将援军分成了数队人马。像昨天一样，一队接一队地进入战场。哈希姆率第一队人马走在最前面。盖斯·本·胡白拉也在第一队。穆斯林将士列好战斗队形时，哈希姆赶到了卡迪西亚战场。众穆斯林见到哈希姆时，都齐声高呼：“安拉至大！”哈希姆冲到阵前，他开始向敌人放箭，但是波斯人没一个敢上来同他交手。

“艾阿马斯”夜战

穆斯林后续援军的到来，并没有使波斯人吓破胆。他们已修好控制象群的木箱，今天波斯人的象队又来参战了。波斯人相信，象群还会像在第一天的战斗中发挥作用。为了保护大象不受攻击，波斯人派出骑兵在象队周围进行掩护。训练好的大象很熟悉它们的保护者，绝对不会伤害自己人。波斯人没有想到，这次这些大象连敌人也不伤害了。大象单独活动时是很凶狠的，如果有训象手在它们周围，大象就会变得很温顺。穆斯林骑士首先向保护象群的波斯人骑兵发起了攻击。波斯人的大象不分敌我，不知攻击谁好了。两军开始了拉锯战。时而阿拉伯人前进波斯人后退，时而波斯人前进阿拉伯人后退。双方正打得难分难解时，波斯国王的警卫部队从泰西封赶到了卡迪西亚战场。波斯人士气大振。但这并没有削弱穆斯林的战斗意志。

波斯人的象群适应战场上的情况后，又发起威来。象群冲乱了穆斯林的战斗队形。赛尔德看到这一情况后，马上问已归信伊斯兰的波斯人如何才能置象群于死地。他们回答说：“砍大象的鼻子，刺它的眼睛。”赛尔德马上派人向盖尔嘎阿和阿斯木·本·欧麦尔下达了命令：“将你们面前的大白象干掉！”同时也向哈马勒及拉比勒下令：“将你们面前这头生疥疮的大象干掉！”白象及生疥疮的大象是象群中最凶狠的头象。其他象都跟着这两头象行动。盖尔嘎阿及阿斯木接到命令后，马上用长矛刺瞎了白象的眼睛。白象被刺后，发疯似的摇头、后退，并将骑象手抛在地上。哈马勒及拉比勒向生疥疮的大象冲去，他俩刺瞎了它的一只眼睛，并砍伤了它的鼻子。两头受伤的大象不分敌我，一会儿在阿拉伯人中乱冲，一会儿在波斯人中乱闯，最后象群全部逃进了河中。

穆斯林将士看到象群逃走后士气大振。他们认为这是安拉助他们战胜敌人的迹象。但波斯人仗恃自己的优良装备，也没有丧失斗志。波斯人重新布置了战斗队形，双方又开始交战了。战场上尘土飞扬，夜幕降临时双方也没分出胜负。

史学家称卡迪西亚战役第三天的战斗为"艾阿马斯"之战。

夜幕降临时，战斗的节奏慢了下来。赛尔德估计，两军会在晚上休整，来日再战。他担心敌人从自己军营后面的谷地来袭击，于是派图莱哈和欧麦尔带一队人马到谷地查看。他对他俩说："如果你们发现敌人到了谷地，设法阻止他们。如果敌人未到谷地，你们要守住谷地，就地等我的命令。"这队人马到谷地后没发现敌人。这时两人自作主张，要越过谷地，到敌人后方去袭击。但两人在如何行动上发生了分歧。图莱哈原地不动，守着穆斯林军营的后方。他高喊了三次"安拉至大"。波斯人害怕了，他们认为穆斯林们要袭击他们。在战场上的穆斯林将士听到图莱哈的呼声也很感奇怪，他们认为这是自己的战友在求援。与此同时，欧麦尔带着他的士兵袭击了靠谷地的一伙波斯人。这时波斯人确信，穆斯林确在袭击自己。于是，波斯人列队冲了过来。盖尔嘎阿看到敌人的行动后，也未请示赛尔德，马上带穆斯林将士向波斯人冲去。当赛尔德在考虑波斯人为何向后冲击时，他看到盖尔嘎阿已带领将士们冲了上去，于是他说道："主啊！原谅他吧，佑助他吧！虽然他未请示我，但我已同意了他的行动。"他对周围的将领说："我高呼三次'安拉至大'后，向敌人发起全面攻击。"当他第一次高呼"安拉至大"时，他已看到艾塞德族人、纳赫阿族人、巴吉莱族人已向敌人冲了过去。基恩代族人也已前进了。战斗围绕着盖尔嘎阿率领的人马激烈地展开了。当赛尔德高呼三次"安拉至大"时，全体穆斯林人马都冲了上去。在战场上只听见刀剑的撞击声和呐喊声。深夜了，战斗异常惨烈。双方的主帅赛尔德及罗斯图姆都看不清战斗的结局会如何。整个晚上，从赛尔德到士兵谁都没合眼。天亮了，穆斯林将士开始归队了，这时赛尔德才放心了。他已知道，在这次战斗中穆斯林们肯定占了上风。这时，赛尔德听到盖尔嘎阿正在战场上吟诗。他吟道：

杀得敌人到处窜，
他们倒下一个、四个、五个、一大片。
战士们勇猛像雄狮，
直到把敌消灭完。
我高呼安拉无数次，
主啊！我只把你来称赞！

天亮了。史学家们称这一夜为“海利利”之夜。至此两军还未分出最后的胜负。战士们已连续战斗了二十四小时，他们是否要休息呢？不！只见盖尔嘎阿对众穆斯林说：“我们要做好准备，马上行动！坚持下去就是胜利！谁能坚持下去，胜利就属于谁。”各路穆斯林兵马又集结起来，他们向波斯统帅罗斯图姆的中军冲了过去。各部落的穆斯林见到迁士和辅士们如此英勇，他们也不甘落后。各部首领指着迁士和辅士们说：“我们应向他们看齐！要效忠于安拉的事业。”他们又指着波斯人说道：“他们不会像你们一样视死如归。”于是，阿拉伯各个部落又向各自前面的敌人发起了攻击。战斗持续到中午。波斯人的阵脚已乱。菲劳赞及霍尔木兹率领的波斯左右两翼开始后退。罗斯图姆的中军完全暴露在穆斯林军队面前。这时一阵大风刮起，风将罗斯图姆的大帐吹到了河中。罗斯图姆只好走出大帐，躲在了一头驮着两袋钱币的骡子旁边。盖尔嘎阿的人马杀到了河边，他们不知道这里有一头驮钱的骡子，也不知道罗斯图姆就躲在这头骡子的旁边。穆斯林海莱勒·本·阿尔格麦来到这头骡子旁边，只见他手起刀落砍断了骡子背上系着两钱袋的绳子。一个钱袋落在了罗斯图姆的背上，他的脊椎被砸断了。罗斯图姆忍痛向河边爬去，并爬到了河里。海莱勒这时认出了他就是波斯人的统帅罗斯图姆。他跳入河中将罗斯图姆拉上岸，一刀将其砍死。然后，他大声喊道：“我杀死了罗斯图姆！主啊！我杀死了罗斯图姆。”众穆斯林围过来，都高兴地大喊：“安拉至大！”当波斯人知道自己的统帅已阵亡时，他们的斗志已丧失殆尽。这时，贾里努斯站出来，指挥波斯人退却。他想像菲劳赞及霍尔木兹一样率军从用土修成的桥上过河，但土桥塌方了，当场淹死了三千名波斯士兵，没死的波斯人过河后落荒而逃。

赛尔德命令盖尔嘎阿及夏拉·哈比勒率军追击敌人。泰米姆族人祖赫拉特带人追了上去。祖赫拉特追上了贾里努斯，并斩杀了他。穆斯林将士一路追杀波斯人，他们斩杀及俘虏了众多波斯士兵。在追杀敌人的路上，穆斯林没遇到任何抵抗。波斯士兵的士气已彻底瓦解，他们已丧失了抵抗能力。波斯人兵败如山倒。波斯将领们逃了，士兵们投降了。

穆斯林取得了决定性胜利。胜利后他们的妻子及孩子们来到了战场。据史书记载，穆斯林海曼姆·本·哈里斯·努赫阿的妻子曾说过："我们同丈夫一起参加了卡迪西亚战役。听说穆斯林取胜后，我们系紧衣服，拿起木棍来到了战场。在战场上我们收拾阵亡的穆斯林将士的遗体，收容受伤的穆斯林战士。遇到未死的、受伤的敌人，我们就结果了他们。孩子们跟我们一起行动。"穆斯林男女老少都参加了这次激烈的、具有决定性的战役。如果说白德尔之战对伊斯兰教的发展起了开创性作用的话，那么卡迪西亚战役对伊斯兰的扩大起了决定性的作用。

在这次战役中，穆斯林付出的代价也是巨大的。在第一天及第二天的战斗中，牺牲了两千五百名穆斯林，在第三天连续二十多个小时的战斗中牺牲了六千名穆斯林。在当时来说，阵亡这么多穆斯林将士是史无前例的。但这个数字与阵亡的波斯人数相比又是微乎其微的。

盖尔嘎阿、祖赫拉特及其他穆斯林将士大胜而归。将士们欢欣鼓舞，把赛尔德围了起来，巨大的胜利减轻了他的病痛。穆斯林战士开始打扫战场。他们获得了堆积如山、无法想象的战利品。赛尔德派人将杀死罗斯图姆的穆斯林海莱勒·本·阿尔格麦叫来，问了一下情况，而后对他说："罗斯图姆身上的东西全归你所有。"他从罗斯图姆身上获得了价值七万第纳尔的财物。泰米姆族人祖赫拉特提出，被他杀死的贾里努斯身上的东西也应全归他所有。但赛尔德不同意贾里努斯身上的全部财物归他所有。赛尔德给哈里发欧麦尔写信请示如何处理这件事。欧麦尔回信说："祖赫拉特同你一起战斗、吃苦。你想让他发怒吗？把该给他的全部给他。给将士们分战利品时，多给他五百第纳尔。”

赛尔德给参战的穆斯林将士分发了战利品。每位骑士得六千第纳尔，每位步兵得两千第纳尔。另外给当地参战的穆斯林另加五百第纳尔。除给麦地那送回五分之一的战利品外，还有很多未分发的战利品。赛尔德写信请示欧麦尔如何处理余下的战利品。欧麦尔回了信。在回信中说："把应该送给麦地那的五分之一的战利品退给穆斯林们，将其分给没有参加战斗，但赶到了战场的穆斯林。"[①] 赛尔德执行了欧麦尔的命令。但仍剩有很多战利品，赛尔德只好再给欧麦尔写信，请示如何处理剩下的战利品。欧麦尔命令赛尔德，将余下的战利品给能背诵《古兰经》的穆斯林。当赛尔德按欧麦尔的命令分发余下的战利品时，阿慕尔·本·穆阿迪·凯拉布及拜夏尔·本·莱比阿·赫斯米来到了赛尔德面前。由于作战勇敢，这两位穆斯林得到双倍的奖励。以自己勇敢为理由，他俩也想得到能背诵《古兰经》的穆斯林应得到的战利品。赛尔德问阿慕尔·本·穆阿迪·凯拉布："你能背诵哪章哪节《古兰经》？"阿慕尔回答："我在也门归信的伊斯兰教，然后就参加了战斗，没时间去背《古兰经》。"因此，赛尔德不肯再分给他战利品了。赛尔德又问拜夏尔能背诵哪章哪节《古兰经》，拜夏尔回答说："我能背'奉至仁至慈的安拉之名'！"众穆斯林听到他的回答后大笑起来。拜夏尔也没能再得到战利品。

这两位穆斯林骑士对赛尔德的决定满意吗？没有满意。两人对此各做了一首诗歌，表达对赛尔德决定的不满。

阿慕尔在诗中说：

如果我们说我们无人同情，
古莱什人说这是纪律的实行。
我们应按战功享受平等，
但分到哪儿时都不公平。

① 泰伯里等其他史学家指出，从叙利亚随哈希姆·本·乌特拜前来参加卡迪西亚战斗的穆斯林们，其实没能全部参加战斗。其中有一部分人在穆斯林获胜波斯人逃走后才赶到。他们就是欧麦尔给赛尔德的信中提到的"赶到了战场的穆斯林们"。

拜夏尔·本·莱比阿在其诗中说：

我赶着我的骆驼来到卡迪西亚大门，
赛尔德·本·瓦戛斯是领导人。
赛尔德的善小于他的恶，
伊拉克领导人的善臭气熏人。
愿安拉使他记住我们的宝剑在卡迪西亚的功绩，
要忘记万万不行。
夕阳下族人们其乐融融，
如果鸟儿受到侮辱她便会飞走投奔树林。

赛尔德将这两人的故事及他俩做的诗歌寄给了欧麦尔。哈里发欧麦尔写回信指示说："看在他俩勇敢杀敌的份儿上，分给他俩战利品吧。"于是，赛尔德又给了他俩每人两千迪尔汗。他俩满意了，其他人也没说什么。所有的人都很知足，这俩人作战勇敢，但比其他人更爱财。

战斗结束了。穆斯林将士取得了巨大的胜利。当时整个半岛上的居民都在急切地等待战斗的消息。史学家们这样记载："从欧扎卜到亚丁，从伍伯莱到耶路撒冷，人们都在关注着卡迪西亚战役。他们认为这是决定国家存亡的战役。每个城镇的居民都派人去打探卡迪西亚战役的消息。"哈里发欧麦尔·本·哈塔布是最关心战局的人。他每天早上都到麦地那郊外等消息，到中午才回家。一天，他在郊区看到了一位骑骆驼者，当他知道他是从卡迪西亚来的后，马上问他："请告诉我，卡迪西亚有何消息？"骑骆驼者说:"安拉击败了多神教者。"欧麦尔高兴得跟着骑驼人一路小跑。他一边跑一边跟骑驼人交谈。骑驼人不知道跑着跟他谈话的人就是哈里发欧麦尔。骑驼人叫赛尔德·本·欧麦勒·法扎拉。他是赛尔德·本·艾比·瓦戛斯派来向哈里发报捷的信使。他怀中装有赛尔德给欧麦尔报捷的信件及穆斯林将士伤亡情况。当两人一个驼上、一个驼下进入麦地那城时，众穆斯林齐向欧麦尔道安。这时，赛尔德·本·欧麦勒吃惊地说道："为何你不早告诉我你就是信士的长官呢？"欧麦尔回答说："老弟，没关系！"他接过赛尔德的来信，并当众宣读了信件。

欧麦尔在麦地那宣读捷报时，波斯王叶兹德吉尔德正在泰西封忧伤苦恼。面对败局他不知如何办了。他能怎么办呢？波斯国又能怎么办呢？穆斯林们已纵横驰骋在整个伊拉克。由于波斯人已被战败，伊拉克人离开了波斯人的统治归顺了穆斯林们。为了团结他们，为了伊拉克的安定，赛尔德原谅了伊拉克人过去的行为。散住在两河流域的阿拉伯各个部落也归顺了赛尔德。在这些部落中聪明有头脑的人，早已归信了伊斯兰教。这些人归顺后，当着赛尔德的面全部都宣布信仰安拉及安拉的使者。面对这样的局面，波斯国王叶兹德吉尔德已无能为力。他得到的消息使他更加忧愁。如果不是他还年轻，还怀有一丝希望，还对他少年时未能得到的现在被动摇的王位眷恋，他几乎绝望了。他的希望不可能实现，他抵抗不了命运的安排。

卡迪西亚战役打通了通往处在波斯首都的波斯帝国的道路，并为彻底消灭它奠定了基础。因此，很多史学家都详细记载了这次战役。他们对此战役的记载比传记小说对自德尔之战的记载还要详细。史学家在记载中加入了一些无可考证的事。这次战役在世界上有着重大而关键的影响。东方学家、波斯人如同穆斯林史学家一样，都对卡迪西亚战役做了细微而详尽的记载。这是毫不奇怪的。在人类历史上，卡迪西亚战役的影响比当代任何战役所带来的影响都大。此战役对人类文明的发展起了重要作用。

鉴于卡迪西亚战役的重大影响，史学家们有理由认真研究这一战役，探讨它的秘密，以便从中吸取教训。哈立德·本·瓦利德以前也曾攻克过伊拉克，将伊拉克广大农村和城镇处在了他的领导之下，掌握了伊拉克的大权。在伊拉克，在战胜波斯人的过程中，哈立德也曾创造了名垂青史的奇迹。哈立德之所以能战胜波斯人是因为波斯朝廷的内乱，是由于王子们为争王位进行的争斗和厮杀。当时波斯王子们时而暗斗，时而公开相互为敌。四年中，有九位国王登上过王位。如果说波斯的内乱使哈立德战胜了波斯人，那么卡迪西亚英雄们又是如何战胜了他们的呢？在发生卡迪西亚战役之前，波斯人之间已经消除了分歧，他们已团结起来，波斯上下已决心团结在国王叶兹德吉尔德的周围，要帮助他，要支持他。人数较少的穆斯林如何战胜了人数较多的波斯人呢？再说，战争发生在波斯人的地盘上，波斯人在装备上、文明程度上都优于阿拉伯穆斯林。穆斯林远道而来，他们本质上是一群游牧者，他们没有敌人拥有的战斗装备，也不懂敌人所精通的战术，他们如何能战胜波斯人的呢？

当时，波斯人的团结仅仅是表面现象，表面的团结未能改变波斯人的内心世界，表面的团结只是解决了一时的需要。在内心里，波斯人仍是各算各的数，各吹各的号。波斯王公大臣们仍是在考虑国家利益之前，首先考虑的是个人及个人的野心。就算他们战胜了阿拉伯人，并将阿拉伯人赶走，但波斯国内的局势仍会像过去一样一团糟，朝廷仍会动荡不安，个人的野心仍会高于一切。读者已知道，罗斯图姆是被迫率军迎敌的，因此他才拖拖拉拉。他担心在波斯，人们会发动革命将国王叶兹德吉尔德推翻。读者看到罗斯图姆及其将领从泰西封出发，在路上走了四个月才到达了卡迪西亚！实际上，通过观星象，罗斯图姆看到的只是他内心世界的反应。他热爱自己在他心中占了上风，他不愿遭到失败，更不愿死在战场上。正是由于他害怕失败、害怕被杀，他才将他祖国的命运与星象联系在一起。如果他想的是祖国而不是自己，如果他能为了他的祖国视死如归，他就不会找理由拖延，他也不会在星象中看出他当时所看到的未来。他会以大无畏的精神去行动，他也会感染他的将士，并使他们不怕死地去投入战斗。波斯将士当时与罗斯图姆一样，个个都在为个人着想，害怕自己遭到不测。波斯人个个都把自己的性命看得高于国家及国家利益。波斯将领心怀此心走向战场，而士兵们则是按世世代代养成的习惯，被迫走上战场。解决燃眉之急的表面团结能消除根深蒂固的埋在人们心中的弊病吗？这种弊病使每个人都在为自己而生活，使每个团体都在考虑自己的利益。

当时在波斯国内存在的各种弊病，所以使一个民族为之而生存、为之而奋斗的最高准则在波斯人的心中消失了。人们一旦失去了为实现某种使命而团结的最高准则，他们只会为了自我和自我生存而活着。波斯的王公贵族及国王叶兹德吉尔德就是如此。他们爱自己、爱王位胜过了他们对国家的热爱，除了自己及自己的野心外，他们看不到其他任何东西。这种状况蔓延到了波斯整个民族。而波斯人民则满足于受屈辱的生活。当波斯人战胜了罗马人，并从罗马人手中夺取了叙利亚和埃及时，波斯人看不到本身的弊病，他们忘了，当时罗马正日益走向衰败。当他们将罗马人赶出叙利亚和埃及时，这仅仅是双方战争的结果。当穆斯林开始攻击他们时，他们没有把穆斯林的攻击放在心上。他们认为，穆斯林不久便会由于对波斯的惧怕而原路退走。当他们看到穆斯林已战胜了他们，他们这才睁大了眼睛。但他们看到的只是波斯的失败和消亡。

士气如此低落的军队，一旦站在士气高昂、为其信仰的最高准则而战、视死如归、为正道不怕牺牲、乐园大门为其而开、其士兵为永居其中而战斗的军队面前，能有什么用呢？穆斯林为了最高准则已团结起来，他们为了安拉的正道可以献出自己的生命，他们为了实现最高准则宁愿赴汤蹈火。

正因为如此，波斯人的象群在此面前逃跑了，在英勇的穆斯林面前，波斯人的队伍溃退了。由于害怕穆斯林英雄们，波斯人四散而逃。传播伊斯兰使命的光辉大道畅通了。世人心甘情愿地接受了这一使命，他们从穆斯林的言行中看到了真理的力量。这一力量正在摧枯拉朽般地消除谬误。

这就是在卡迪西亚战役中，穆斯林战胜波斯人的原因。至于从这一战役中总结出来的教训，安拉的话是最好的总结。安拉在《古兰经》中指出：

> 安拉必定不变更任何民众的情况，直到他们变更自己的情况。
> （《古兰经》雷霆章：11 节）

对安拉及对安拉使者的信仰改变了穆斯林的内心世界。是安拉指引穆斯林走上了高尚文明赖以成立的真理。伊斯兰使穆斯林强大了，穆斯林也加强了伊斯兰。反倒是波斯人、罗马人一直贪恋今世的享受而忘了使人类生活具有价值的高尚原则。正是贪图享受使波斯人和罗马人败落了。

当穆斯林信仰了安拉、信仰了安拉的使者之后，他们的内心世界发生了变化。穆斯林聚集在安拉赋予了其使者的使命中所描述的最高原则之下。于是，穆斯林生活在一个民族之中。在这个民族之内，每一位穆斯林都好比是一个机体的某个器官。某个器官并没有什么巨大的力量，但这个机体凭借所有器官的努力形成了巨大的能力。在这个民族之内，每位男女穆斯林都在为最高准则努力，从而在这个民族内形成了一种不肯退却、不接受失败、宁死不屈的力量。在里达战斗中，图莱哈在哈立德·本·瓦利德面前不堪一击，但在卡迪西亚战役中他怎会变得强大起来了呢？读者也知道，阿慕尔·本·穆阿迪·凯拉布和艾希阿斯·本·盖斯在里达战斗中，在穆斯林面前屡屡失败，但在卡迪西亚战役中，这两人都表现出了英雄气概。图莱哈伪称"先知"时，他身体强壮，但无信仰可言，强壮的体魄弥补不了信仰的欠缺。阿慕尔·本·穆阿迪、艾希阿斯·本·盖斯及那些背叛了伊斯兰教与穆斯林为敌的人都是如此。当这些人重归伊斯兰教后，由于信仰的力量，他们个个成了民族不可缺少的一部分。这个民族也因此强大起来，是信仰给了他们新的力量。在卡迪西亚战役中，在日后的斗争中，这些人都在历史上树立了英雄形象。

信士的长官就好像这一机体上的头，为了大家的利益，他为大家出谋划策；为了大家的幸福，他以苦为乐。在这方面，欧麦尔以安拉的使者为表率，以艾布·伯克尔为榜样。欧麦尔在公正、办事有决心方面，是人们的最高典范。遇事他首先想到的是其他穆斯林而不是自己。在他看来，全民族的利益高于任何个人的利益。卡迪西亚战役后，他将麦地那应得到的五分之一的战利品退给了参战的穆斯林将士，他让赛尔德慷慨地对待伊拉克人民，为了团结当地广大伊拉克人民，他原谅了他们曾起来造反的过失。麦地那对此毫无怨言。因为他们知道，欧麦尔之所以这样做，是为了伊斯兰的利益。另外，欧麦尔当遇到任何大事时总是与众穆斯林协商后才做决定。他们知道，伊斯兰的利益就是他们的利益。毫不利己是安拉教导众穆斯林的内容之一。因此，众穆斯林全力支持欧麦尔下决心要做的事情，事后安拉会加倍地奖励他们。

这就是在卡迪西亚战役中穆斯林取胜的部分原因和经验。在安拉的佑助下，正是这些因素成就了伊斯兰帝国及帝国的辉煌。让我们继续同伊斯兰帝国的缔造者们、高举伊斯兰帝国辉煌大旗者们，一起走下去。他们不久后便攻克了波斯的首都泰西封，赛尔德在波斯国王库思老逃走后登上了他的宝座，库思老从此以后一去不复返了。

第九章　攻克泰西封

波斯人在卡迪西亚战败后，像鸵鸟一样逃跑了。大部分逃兵来到了巴比伦废墟。其他逃兵则逃到了波斯国各地。穆斯林将士在卡迪西亚休整了两个月。这期间赛尔德病愈。哈里发欧麦尔在这期间曾给赛尔德来信，命令他原地待命。当一切准备就绪后，欧麦尔下令赛尔德率军向波斯首都泰西封进发。并命令他，将穆斯林将士的家眷留在卡迪西亚，并留下一队人马保护他们。留守的将士将同其他参战的将士一样，有权得到战利品。

穆斯林将士从巴比伦向泰西封挺进

赛尔德令祖海尔·本·侯唯叶为先锋。先锋部队首先到了希拉，并驻扎在那儿。当阿卜杜拉·本·穆阿台木及夏拉·哈比勒·本·希木堆率后续部队到达希拉后，大军继续向泰西封进发。在进军的路上，穆斯林部队在布尔斯遇到了一股逃跑的波斯士兵。穆斯林将士一举将他们击败。活下的波斯逃兵又逃到了巴比伦。祖赫拉特同哈希姆·本·乌特拜驻在希拉时，就已听说，波斯逃兵已集结在巴比伦。他马上将这一消息告诉了赛尔德。赛尔德率军来到了巴比伦，他没费吹灰之力就将菲劳赞率领的波斯人击败了。菲劳赞战败后逃到了尼哈万德，霍尔木兹逃到了阿瓦士，马海兰·海汗扎尼则逃到了泰西封。穆斯林部队继续向前挺进。在库特，穆斯林遇到了波斯将领夏海尔叶尔的抵抗。穆斯林又一举击败了他。夏海尔叶尔在战斗中身亡。赛尔德下令，将夏海尔叶尔身上的全部财物归杀死他的穆斯林所有。祖赫拉特·本·侯唯叶则率军到达了塞勒巴迪。塞勒巴迪居民愿意缴纳贡税同穆斯林和解。

赛尔德率大军驻扎在巴比伦。先锋祖赫拉特·本·侯唯叶率军继续向泰西封前进。在巴比伦赛尔德及将士们想起了巴比伦古文明，想到了巴比伦的空中花园及其美丽的建筑。但他们现在要全力以赴攻克波斯首都泰西封，只不过在夜谈时提到了巴比伦的文明及其令人敬仰的建筑。

过去穆斯林曾占领过巴比伦、卡迪西亚、希拉、布尔斯、库特及其他城镇。今天他们从卡迪西亚东边向北进发，一路上过希拉、布尔斯、巴比伦、塞勒巴迪，马上就要到达泰西封了！

先锋部队在祖海尔·本·侯唯叶及哈希姆·本·乌特拜的率领下抵达泰西封郊区巴胡尔希尔附近。在这里他们遇到了布兰公主卫队的抵抗。卫队中有一头波斯国王驯服的雄狮。双方交手后，穆斯林将士很快击败了公主的卫队。哈希姆·本·乌特拜首先向雄狮冲去，他用手中的宝剑杀了这头雄狮。波斯人战败后，活下的人逃回了巴胡尔希尔。赛尔德率大军赶了上来。当他了解到战斗情况后，他亲吻了他的侄儿哈希姆·本·乌特拜的前额，以表扬他杀死了雄狮。哈希姆也吻了叔叔。这时，赛尔德扬起头来，对安拉表示感谢，然后放眼向泰西封望去。他大声念起了《古兰经》：

> 难道你们以前没有发誓说，你们绝不会灭亡吗？（《古兰经》易卜拉欣章：44 节）

当天晚上赛尔德开始考虑下一步的行动。现在穆斯林军队士气正高，是乘胜攻打泰西封，还是让将士们先休息一下呢？如果不马上进攻，那就会让波斯人提高防御的决心。最好马上发起攻击。夜深之后，赛尔德下令，攻打巴胡尔希尔。

巴胡尔希尔属泰西封郊区，坐落在底格里斯河右岸。泰西封城坐落在底格里斯河左岸。巴胡尔希尔与泰西封城仅一河之隔。泰西封城在底格里斯河左岸，北起巴格达向南延伸达 20 千米。当时的巴格达仅仅是一个小小的村庄。

很久以来，泰西封就是波斯的首府。在历史上它代替了巴比伦的位置，而后又超过了巴比伦。尽管罗马人曾不止一次地占领过泰西封，尽管波斯帝国内乱不止，但泰西封当时在世界上仍享有很高的声望。

穆斯林将士包围巴胡尔希尔城

赛尔德率军来到了巴胡尔希尔城下。穆斯林将士个个士气高昂。各路兵马到达之后，将士们都齐呼："安拉至大！"穆斯林将士们到达后，看到巴胡尔希尔城居民们已将城门紧闭，穆斯林无法冲进城去，只好将城包围起来。

赛尔德毫无后顾之忧地包围着巴胡尔希尔城。与此同时，他又派出多路人马到幼发拉底河与底格里斯河流域去活动。在两河流域穆斯林抓获了上万名农民。他们将这些农民集合在一起，然后在他们四周挖了深沟。农民不是士兵，俘虏他们毫无益处。塞勒巴迪原来的首领波斯人希尔赞建议赛尔德释放这些被俘的农民，让他们各回自己的村庄去种地。赛尔德请示哈里发欧麦尔后释放了这些农民。他们各自回到自己家园后，都在安分守己地耕种土地。因此，赛尔德毫无后顾之忧。与此同时，伊拉克各地的首领陆续将贡税送到了穆斯林军中。穆斯林军队再也不缺给养了。

穆斯林架起弩炮，开始向巴胡尔希尔城内射击。但这没有削弱波斯人的意志。因为他们很清楚，如果不能把敌人击溃，泰西封城就会更加危险。另外，守护巴胡尔希尔城并不困难。城墙很坚固，城墙上面处处建有堡垒。在巴胡尔希尔与泰西封之间有一座桥。波斯人所需要的一切都通过这座桥从波斯各地源源不断地送来。因此，他们坚守了数月之久。部分史学家记载说，他们坚守了九个月。也有的史学家记载说，他们坚守了十八个月。在他们坚守期间，也常常出城与穆斯林交战，但被击败后就马上退回城去。经过数次交战后波斯人的士气渐渐丧失，他们认为这些穆斯林是不可战胜的。

巴胡尔希尔的战斗情况每日，甚至每时都要报到波斯国王叶兹德吉尔德那里。面对这种状况国王非常沮丧，甚至是绝望。几个月过去了，穆斯林攻城的决心毫无减退，而波斯士兵们的士气却每况愈下。看到这些后国王已明白，巴胡尔希尔城迟早会落入敌人之手。波斯国王审时度势，便派出使节向赛尔德提出议和。和解的条件是：以底格里斯河为界，右岸归阿拉伯人所有，左岸归波斯所有。但赛尔德拒绝和解，他把波斯国王的使节赶了回去。哈里发欧麦尔已命令他攻克泰西封，他怎能与波斯人和解呢？另外，穆斯林将士们马上就要攻克巴胡尔希尔城，面对这样大好的局面，赛尔德当然不会接受和解。波斯国王的使节还没回到泰西封城，赛尔德·本·艾比·瓦戛斯就开始下令强攻巴胡尔希尔城。在穆斯林强大的攻势下，波斯人竟毫无反应。原来敌人的城防部队早已弃城而去。穆斯林进城后才知道，国王已下令撤到泰西封城。敌人撤退时烧毁了连接巴胡尔希尔和泰西封城的桥梁，并把所有船只拉到了对岸，使得底格里斯河已成为保卫泰西封城的一条天然防线。

那天夜里，穆斯林进入了巴胡尔希尔城。尽管夜已深，但他们纷纷来到底格里斯河岸，希望马上进攻泰西封城。但是桥已被烧，船只全都被拉走了。他们只好站在岸边遥望对岸的泰西封城。高大的建筑、美丽的城市使长期居住在沙漠中的阿拉伯人目瞪口呆，赞不绝口。当穆斯林迪拉尔·本·哈塔布同其他人来到岸边，看到泰西封城内高大美丽的建筑时，禁不住高喊道："安拉至大！这就是波斯国王的王宫吗？安拉、安拉的使者早就将其许给了我们。"众穆斯林听了他的话后，齐声高呼："安拉至大！"顿时，群情激昂，个个摩拳擦掌、跃跃欲试，巴不得立刻过河冲进泰西封城。

穆斯林的这一表现是毫不奇怪的。因为，当时波斯王宫可算为世界奇迹之一了。这座王宫当时建成还不到百年。波斯国王艾努希尔万于公元550年建造了这座王宫。它比当时罗马最豪华的建筑更加雄伟。王宫正面宽150米，高近40米。内有5个大厅，大厅上面有数个圆屋顶。当时人们常常谈到波斯国王的御座，据说御座上镶满了宝石。波斯国的首都、王宫、御座就在眼前！

当穆斯林将士们在河岸遥望泰西封城时，波斯国国王叶兹德吉尔德正愁眉苦脸地坐在王宫内。他思绪万千，如坐针毡。底格里斯河正是涨水期。宽阔的河面、汹涌的河水是泰西封城的一条天然防线。现在桥已烧毁，船只已全部拉到泰西封城一边，穆斯林是无法过河的。难道说波斯军队连一条河岸都不能守住吗？应该把将士们召集起来，应该提高他们及全体居民保卫首都的士气。作为国王，这是起码应该做的事情。

但是波斯国王已晕头转向，不知所措了。他认为，穆斯林是一群精灵、是不可战胜的。在自己面前只有逃跑一条路了。因此他下令，带上金库中的钱财、金银细软及女眷们逃往胡尔万。将士、居民看到国王已逃，他们的士气瓦解了，都开始考虑如何自救了。波斯国人民的抵抗意识彻底垮了。

河这边是毫无斗志听天由命的波斯驻军，河那边是斗志昂扬、对胜利满怀信心的穆斯林将士。穆斯林想到了古时候先知穆萨从埃及逃往过河的事。当时先知穆萨手拿一根木棍，向河水一击，大河马上断流，河中出现了一条路。他们也真想今天会出现这样的奇迹，马上过河冲进泰西封城，推翻波斯帝国，让真理的旗帜在这古老国度的上空飘扬。

强渡底格里斯河

是的，穆斯林渡过底格里斯河、攻克泰西封可称为奇迹。面对汹涌的河水，赛尔德在考虑如何渡河。他命令将部分波斯水手带到面前，询问他们过河的办法。波斯人告诉他，底格里斯河的某处有浅滩，可以从浅滩处渡河。但赛尔德担心有危险，他不愿让将士们冒险。因此他当时很犹豫，没有按波斯人说的办法去渡河。第二天，当他听说波斯国国王带着钱财、金银细软及女眷们逃到了胡尔万时，他将穆斯林将士召集到一起，对他们做了动员。赞颂安拉后，他说："敌人想用面前的这条大河阻止你们。如果敌人想在水上交战，那就在水面上同他们打。现在你们已无任何后顾之忧。敌人已在破坏渡口，你们应全心全意地开始同敌人战斗。我决心已定，渡河！前去消灭敌人。"

将士们感到很突然。昨天赛尔德还在犹豫不决，不愿让将士们冒险渡河，今天为何又决心渡河了呢？难道他不怕穆斯林不愿冒险而不服从他的这一命令吗？但是，穆斯林将士没有犹豫。他们听了赛尔德的动员后，齐声回答说："愿安拉给我们力量和意志，你下命令吧！"

怎样渡河呢？能否让穆斯林骑士们同各自的战马一起渡过去呢？况且敌人站在对面的河岸上，能让他们上岸吗？面对这样的局面，赛尔德对众将士讲道："先过河者一定要抢占渡口，保护后续者登岸！"阿绥姆·本·阿慕尔首先响应了赛尔德的命令，而后有 600 名纳季德来的骑士表示愿同阿绥姆一起渡河。赛尔德命令阿绥姆率这 600 名勇士马上下水渡河。当他们来到河岸时，阿绥姆对众将士说："谁愿同我一起首先渡过去，抢占渡口？"有60名骑士愿首批渡河。阿绥姆首先来到水边，当他看到有些人很犹豫时，他马上对他们说："难道你们怕水吗？安拉对我们说，'不得安拉的许可，任何人都不会死亡；安拉已注定各人的寿限了。'[①]"他讲完话后，马上同自己的战马下到了河中，其他人也一起下河了。盖尔嘎阿·本·欧麦尔看到勇士们向对岸游去。他抬头向对岸望去，看到波斯人已准备迎击。他马上带领600名将士中还未下河的骑士下河了。波斯人看到这一场面后都大吃一惊。他们有的说："这是一群疯子！"也有的说："这是一群精灵！我们不是在同人交战，而是在同一群精灵交战！"

波斯人看到阿绥姆及其他穆斯林已游到了河中心时，他们派来了骑兵部队，想阻止穆斯林上岸，并将他们杀死在水中。当穆斯林快游到对岸时，阿绥姆对战友们说："准备好长矛，刺敌人战马的眼睛！"波斯骑士们的战马受伤后后退了，波斯骑士已控制不了自己的战马。穆斯林将士们乘机上岸。波斯骑兵逃跑了。盖尔嘎阿带领第二批人马也上岸了。这时波斯人逃得一干二净，岸上再也见不到一个波斯人。

赛尔德见阿绥姆率人占领了渡口，他马上命令所有骑兵各带自己的战马下水渡河。一时间数千名穆斯林骑士连人带马冲进了底格里斯河，向对岸渡口游去。整个河面黑压压一片，再也看不到河水。阿绥姆命令将士们赶紧收集所有能收集到的船只，并马上将其开到了巴胡尔希尔。未能渡河的穆斯林将士乘船渡过了底格里斯河。整个大军渡河之后，泰西封城的居民逃走了。只有少数人留守着王宫。留守者没有抵抗，他们愿意缴纳贡税以保平安。这之后，他们自动为穆斯林打开了王宫的所有大门。

这几乎是令人无法相信的战争奇迹。伊本·凯西尔在《始末录》一书中对这一奇迹是这样描写的："这是伟大的日子，是令人惊奇的事件，是光辉的创举。这是安拉为其使者、为广大穆斯林创下的奇迹。这是无论在哪个国家、在世界任何地方，前所未有的奇迹。"伊斯兰史学家用这样的语言描述了他的感受，也写出了我们的感受。除奇迹这个词外，还能用什么词来形容这一壮举呢？阿绥姆带领一队人马冲进大河，然后盖尔

① 《古兰经》仪姆兰的家属章：145节。

嘎阿又带领人马冲进了大河，两队人马劈风斩浪，冒着对岸波斯人射来的箭雨奋勇向前游去。对胜利的信心提高了人的精神状态。生也好，死也好，都是为了实现所要实现的目的。穆斯林不能再给泰西封任何喘息的机会，他们要冲进泰西封。当时，他们不惜付出任何代价，哪怕是自己的生命。当波斯人看到这种情况时说："我们不是在和人作战，而是在同精灵作战。"当这些"精灵"从河水中冲出来到他们面前时，他们再也站不住脚了。穆斯林好像具有能翻山倒海的大自然力量。火山爆发、电闪雷鸣是大自然的力量；两队穆斯林战士也好像是大自然的力量；赛尔德及其领导的军队，一批一批连人带马冲入大河之中奋勇向前，也好像是大自然的力量。什么样的力量能阻止这种好像是大自然所具有的力量呢？波斯人能做什么呢？他们的力量已经涣散，他们的精神已被摧毁，面对这批"精灵"，他们被吓破了胆，只好抱头鼠窜逃走了。

"这是无论在哪个国家，在世界任何地方都前所未有的奇迹。"这是史学家伊本·凯西尔在描述此战时使用的词汇。铁木真在公元 14 世纪 90 年代，在攻打巴格达率军过河时也曾创下了类似的奇迹。如果没有铁木真所创下的奇迹，一些人也不敢相信穆斯林在攻打波斯首都泰西封时创下的奇迹。史学家白拉左里在谈到这一奇迹时就很谨慎，而且加上了很多他认为让人容易相信的事迹。关于渡河之事艾巴尼·本·萨里哈曾这样说："穆斯林来到底格里斯河岸，只见河水前所未有地涨满河槽。波斯人已将船只拉到了东岸，毁坏了渡口和桥梁。由于找不到渡河的办法，穆斯林们很难过。这时，有位穆斯林挺身而出。只见他拉着他的战马下水了，然后游到了对岸，于是穆斯林都游过去了。然后他们找来船只，将重物运过了河。波斯人见到穆斯林的英雄行为时说：'我们不是在同人交战，而是在同精灵交战。'波斯人大败而逃。"艾布·阿慕尔·本·阿莱对渡河也做了记载。他说："赛尔德没有找到渡口，但有人告诉他在一个渔村处有一个浅滩。于是，穆斯林骑兵开始从浅滩渡河。波斯人用箭射他们。除一个中箭外，其他人都平安无事。"

毫无疑问，读者可以体会到，作者在记载上述各式各样的说法时都有一定的保留。这种保留使人觉得，这些作者们在认定他们所描述的泰伯里、伊本·艾西尔、伊本·赫勒敦、伊本·凯西尔等史学家都认可的事情时有些犹豫。但他们的保留既否定不了事实，也肯定不了反对这些事实真相的言语。他们之所以有所保留，是因为当他们看到奇怪的事时，奇怪心不免使他们对奇怪的事有所怀疑。如果这些有怀疑的人生活在公元 14 世纪末，当他们看到铁木真率军队像赛尔德所率军队渡河一样渡过了底格里斯河，他们对众口认可的事实也不会奇怪，也不会怀疑了。他们会相信，赛尔德及其战马闯过了底格里斯河，所有穆斯林将士无一例外跟他一起闯过了这条大河。穆斯林将士们在河面上前进如同他们在地面前进一样。当时河面上黑压压一片全是人头和马匹，人们几乎看不到水面。众穆斯林将士在河面上交谈如同他们在地面上交谈一样，将士们感到很安全，他们相信安拉许下的诺言，他们相信安拉的佑助和支持……赛尔德在那一天为将士们的平安和胜利做了祈祷。赛尔德命令将士们冲进大河之中，是安拉指引保护了他们。当天穆斯林将士没损失一人，没丢失任何东西。一位战士系在身上的木碗，由于绳断了被浪冲走了。但其他人又拿住了这个木碗，并将其还给了碗的主人……当天同赛尔德一起在河水中的是骑士萨勒曼。赛尔德曾对萨勒曼说：“有安拉和我们在一起就足够了。安拉会佑助安拉的支持者的，安拉会使安拉的宗教获胜的，安拉会使安拉的敌人失败的。在一个军队里，如果没有虐待、不公平的事，如果没有这样或那样的弊病，那么优良的品德就会在这个军队内占上风。”萨勒曼回答说：“敌人在陆地上失败了，在河水中他也必败。我向掌握我生命的安拉祈祷——让穆斯林将士一批批下水，也让他们一批批安全出水上岸。”将士们正如萨勒曼所祈祷的那样，安全地到达了对岸。当天无一人淹死，也没有任何东西丢失。

赛尔德进入波斯王宫

穆斯林将士们上岸了。骑士们的战马抖落身上的河水后，他们乘马进入了泰西封城。除守卫王宫的波斯士兵外，他们没遇到任何其他人。波斯国王已带领居民、士兵及他能带走的钱财、金银细软逃到了胡尔万。赛尔德派人守住王宫大门后，他带着士兵们进了王宫。放眼望去，王宫内堆积着大量贵重物品。赛尔德情不自禁地高声诵读起下面这一节《古兰经》来：

> 他们曾抛下若干园圃和泉源，庄稼和美宅，以及他们所享受的福泽！结局是这样的：我曾使别的民众继承他们，天地没有哭他们，他们也没有获得缓刑。(《古兰经》烟雾章：25—29节)

来自半岛沙漠中的穆斯林士兵，面对王宫内的景色及建筑，个个惊奇万分。御花园内种有各种鲜花、绿树及水草。当他们离开花园走进各个大厅时，大厅内的景色更令他们惊叹不已。美丽的雕刻、昂贵的家具、镶金嵌银的地毯，东方所有著名的艺术品应有尽有。胜利应首先归于安拉的佑护。面对这些贵重的财物，赛尔德及众穆斯林心中只有安拉，只有感谢安拉。赛尔德礼了八拜，做了祈祷。然后他下令，让穆斯林将士的家眷从希拉及伊拉克各个城镇搬到泰西封来。

赛尔德住进了王宫。他将王宫正殿变为礼拜堂，其他一切建筑及雕塑都照原样保护起来。

赛尔德在王宫内发现了大量的钱财及华丽的服装。其价值是无法估量的。与此同时，赛尔德派穆斯林将士们追击向胡尔万逃跑的波斯人。当追到他们后，穆斯林将他们及他们所带的钱财全部送回了泰西封。他们所追回的财物的价值与留在王宫的财物的价值不相上下。这次穆斯林所获得的战利品多得惊人。

据说，赛尔德在波斯国王的金库里发现了价值数亿第纳尔的财物。他们缴获了镶有宝石的王冠及国王的盔甲。盖尔嘎阿在追击敌人时，斩杀了一名波斯骑士。这位波斯骑士身边带有两个大皮包。皮包内有波斯王的宝剑及波斯王在以往的战争中缴获的罗马皇帝、拜占庭国王及其他国王的宝剑。其他穆斯林将士在追击敌人时也缴获了大量的金银财宝及宝石。

穆斯林将士没有私拿任何东西，他们把战利品如数上缴了。当时，盖尔嘎阿缴获了很多宝剑。其中有波斯国王用的，也有其他国王用的。当盖尔嘎阿将这些宝剑上交给赛尔德时，赛尔德让他任选一把宝剑归己用，他选拿了罗马皇帝用过的宝剑。有一位战士拿着一个宝盒来到负责保存战利品的人面前。这位负责人与其在一起的人说："我们这儿还没见到类似的宝物。"负责人问这位战士："你从盒中拿走什么了没有？"这位战士回答："没有，以安拉的名义起誓。如果不是信仰安拉，我不会把这个宝盒交给你的。"当赛尔德知道这位战士的事迹以后，他评论说："指安拉为誓，我们军队的士兵们都很诚实。我们的将士可与参加白德尔之战的穆斯林相媲美。"贾比尔·本·阿卜杜拉也曾说过："指唯一的安拉为誓，参加卡迪西亚战役的穆斯林们，没一个贪恋今世的。我们曾指责过图莱哈、阿慕尔·本·穆阿迪·凯拉卜和盖斯·本·马克休哈。但他们也是诚实的，是不贪恋今世的。"贾比尔的话有它特殊的含义。上述三人曾带头叛教，艾布·伯克尔曾与他们交过战，他们为了今世和权势也曾反对过艾布·伯克尔。当他们诚心诚意地归信伊斯兰之后，他们也站到了为了安拉正道而斗争、不贪恋今世的阿拉伯人之列。他们要以善功，要以勇敢的战斗靠近安拉。

赛尔德将五分之一的战利品送回了麦地那。他把精品都放在了这五分之一的战利品中。他们缴获的波斯国王用的地毯面积达 60 平方腕尺。地毯上织有波斯国内的主要道路、河流及山脉。上面镶满了各种各样的宝石。这块地毯如何分呢？赛尔德建议，将整块地毯而不是五分之一送回麦地那。穆斯林将士同意了赛尔德的建议。

赛尔德给将士们分发了战利品。参战的六千名骑士每人分到一万两千第纳尔。其他将士根据各自的功劳都得到了不同的战利品。然后赛尔德又给将士们的家眷分配了住房。面对如此多的战利品，众将士及其家眷们皆大欢喜。这使他们征战的热情更加高涨。

巴希尔·本·赫沙随即率人将五分之一的战利品运回了麦地那，交给了哈里发欧麦尔。当时，欧麦尔已得知攻克泰西封的消息。赛尔德向他做了详细的报告。尽管如此，当他看到如此多的战利品后仍很惊奇。他将麦地那的穆斯林们召来，看了看他周围的人道："广大穆斯林如此奋斗，他们是多么忠实的人啊！"阿里·本·艾比·塔利卜回答说："上行下效，你清廉，你的臣民们也会清廉；如果你追求安乐奢侈的生活，他们也会那样做。"欧麦尔看到波斯国王的衣服、佩剑、盔甲后，令人将波斯国王的衣服套在一根木头上让人们观赏。据说，他又将体魄魁梧的苏拉格·朱阿夏木叫到面前，让他穿上波斯国王的衣裤，系上波斯国王的宝剑及其他饰物。然后令他来回走动，以便让穆斯林观看。此事结束后，欧麦尔抬头望着天空，然后说道："主啊！与我相比你的使者、你的先知更可爱，与我相比，使者在你那儿享有更高的地位，但你没有给予他面前的这一切；与我相比，艾布·伯克尔更可爱，在你那儿享有更高的地位，但你没有给予他面前的这一切。今天你把这一切给予了我。求安拉保佑，你的给予是对我的考验！"

对于欧麦尔的这一立场及其影响，后文将进一步论述。当时欧麦尔已觉察到，奢侈的生活必然会败坏人心。为了追求奢侈的生活，一些人会不择手段地干伤天害理的坏事，从而抛弃使人身心净化的高尚的人道主义。欧麦尔认为，安拉将波斯国王所拥有的东西给予他，是对他的考验。他落泪了。他周围的穆斯林纷纷上前来安慰他。他指着面前的战利品对阿卜杜·拉赫曼·本·奥夫说："我向你发誓，我不会变卖这些战利品，你离开我之前，我要你将这些战利品全部分发给穆斯林大众！"

欧麦尔将战利品分发给了穆斯林。当他看到波斯国国王那块地毯时，他不知如何分了。他对他周围的人们说："请告诉我，如何处理这块地毯？"众穆斯林说："这是前线将士们送给你的，你想怎样处理它就怎样处理它。"还有人说："这块地毯理当归信士的长官一人所有。"欧麦尔拒绝接受这块地毯归自己一人所有。这时，阿里·本·艾比·塔利卜站出来说："安拉没使你的才智变成愚蠢，没使你的自信变成寡断。在今生今世，除给予你的衣食住行之外，都是身外之物。今天如果你把这块地毯留给自己所有，明天你就不能禁止别人占有本不属他所有的东西。"欧麦尔马上说："你说得对，你劝得好！"然后他将这块地毯分成数块，分给了大家。阿里分到了不是最好的一小块地毯。后来他以两万第纳尔出售了它。

当欧麦尔给穆斯林分发战利品、赛尔德住进了波斯王宫时，波斯国王沮丧地到达了胡尔万。

战败的年轻的波斯国国王到达胡尔万后没有思考下一步的行动方针。他已向穆斯林提出和解，提出两国以底格里斯河为界。穆斯林攻克泰西封后满意了吗？他们是否会到此结束征战呢？如果如此，对波斯国王来说问题就好办了。将来的事将来再作打算吧，明天的事明天再说。

明天会怎样呢？

第十章　穆斯林在伊拉克

伊拉克的变迁

赛尔德住进了波斯王宫，穆斯林将士们住进了泰西封王宫周围的住宅里。他们获得了大量战利品，过上了安定美好的生活。他们的给养从周围地区源源而来。底格里斯河从他们脚下流过。泰西封的环境几乎使他们忘却了沙漠中的生活。

穆斯林将士在波斯王宫常常同赛尔德聚会。赛尔德同有学问的穆斯林谈论这一地区的历史及其在人类文明史上的地位。在这片土地上曾孕育了巴比伦文明、亚述文明及迦勒底文明。

在历史上，这块土地一直被称作“两河流域”，即底格里斯河和幼发拉底河流域。这块土地，在埃及法老统治时期，在希腊人继法老之后仍称作“两河流域”。因此毫不奇怪，“两河流域”的名称一直保留至今。

当波斯人统治这块土地时，“两河流域”被称为伊拉克。埃及人、希腊人离开这块土地之后，波斯人从伊朗平地来到这块沃土上。从此之后，“两河流域”被称为伊拉克。

穆斯林占领的伊拉克，南起两河三角洲，北到地处叙利亚边界的摩苏尔。由于伊拉克与叙利亚接壤，因此使希腊人的拜物教、波斯人的拜火教传入了这一地区，一大批犹太侨民也曾在这一地区定居，基督教也从叙利亚传到了这一带。

两河流域与阿拉伯国家接壤，同时也与非阿拉伯国家接壤。阿拉伯半岛上的很多部落迁到了这一地区，并在此定居下来。阿拉伯半岛上的很多部落也迁到了叙利亚，也在那儿定居下来。当阿拉伯人攻占了两河流域后，他们已习惯伊拉克这一名字，因此没有给这一地区另起新的名字。不久，阿拉伯人将地处底格里斯河、幼发拉底河及与其邻近的地区称作萨瓦德。史学家们为了区分阿拉伯人占领的伊拉克与非阿拉伯人占领的伊拉克，他们将前者称作阿拉伯伊拉克，把后者称作非阿拉伯伊拉克。

阿拉伯伊拉克的自然条件与非阿拉伯伊拉克的自然条件大不一样。阿拉伯伊拉克是平原地区，那里有底格里斯河和幼发拉底河，大小河流纵横其间，其大部分土地是绿色的耕地和果园。阿拉伯伊拉克东部是一座高山，高山的东边就是非阿拉伯伊拉克。那里是连绵的高山和谷地，直到伊朗平原。这座高山将亚洲的大部、远东与处在西亚的阿拉伯伊拉克断然分开。因此，阿拉伯伊拉克与地中海沿岸及欧洲，有着更广泛的联系。

这样的地理特点使很多阿拉伯部落迁到了伊拉克和叙利亚，使阿拉伯人的定居点从南面的亚丁湾、印度洋一直延伸到伊拉克、叙利亚北部。生活在伊拉克、叙利亚及半岛上很多地区的阿拉伯人几个世纪中一直处在波斯人或罗马人的统治之下。今天半岛上的阿拉伯人占领了大马士革，占领了泰西封。赛尔德·本·艾比·瓦戛斯占领了波斯国的王宫。

赛尔德及穆斯林将士们在泰西封休息，他们没有到底格里斯河后面伊拉克广袤的土地上追击波斯人。因为，哈里发欧麦尔没有允许他们去追击敌人。赛尔德仅仅是放出眼线，打探波斯人的消息。他得到消息说，战败后逃脱的波斯人已集结到地处泰西封北面 40 里的贾鲁兰。贾鲁兰是交通枢纽，从这个城镇可到达伊朗各地。逃到此地的波斯人说："如果我们今天逃散了，将来再也集结不起来了。让我们在此集结起来，同阿拉伯人再较量一下。如果能战胜他们更好，如果不能战胜他们，我们也尽了责任，再逃也有理由了。"赛尔德也得到了如下消息：波斯国王在逃往胡尔万的路上，又集结了从波斯各地来的兵马。波斯国王令马海兰率领这批人马到了贾鲁兰。马海兰率领的人马与从泰西封逃到此处的波斯士兵汇集到一起。他们围贾鲁兰城挖了一道深沟，并在沟四周放置了铁刺。汇集到贾鲁兰的波斯人发誓绝不逃跑，要彻底消灭穆斯林，把他们赶出国土。

波斯人逃进贾鲁兰

赛尔德得知上述消息后，马上向哈里发欧麦尔作了汇报。欧麦尔给赛尔德写了回信。他指示说：命令哈希姆·本·乌特拜率一万两千名将士征讨贾鲁兰。盖尔嘎阿·本·欧麦尔任先锋，并为大军委任了左右翼、后卫指挥官。穆斯林将士们在泰西封休息数月后已恢复了体力，求战心情很切。哈希姆率军到达了贾鲁兰。波斯人固守城池，顽强抵抗。哈希姆看到这一情况后，命令将士们把贾鲁兰城包围起来。穆斯林们的包围未能使敌人投降。波斯国王从胡尔万不断地给守卫贾鲁兰的波斯士兵们运送给养，而穆斯林将士的给养也从泰西封源源不断地运来。就这样，穆斯林军队对贾鲁兰的包围持续了 80 天。在包围期间，波斯士兵也出城同穆斯林交战，但失败后又马上退回城内固守。波斯人清楚地看到，长此以往，士兵的士气必然会低落下去，自己的人数再多也无济于事。因此波斯将领马海兰在某天早上，命令士兵们同穆斯林展开了一场残酷的战斗。伊斯兰学者伊本·凯西尔曾记载说：双方展开了史无前例的厮杀。箭射完了，长矛断了，士兵又开始用宝剑及其他短兵器拼杀起来。礼拜的时间到了，穆斯林照常礼拜。拜火教徒们由于人数多，他们同穆斯林将士们展开了车轮战术。这一队下去休息，另一队马上补充上来。面对这样的局面，盖尔嘎阿站出来对穆斯林将士说：“穆斯林将士们！你们对你们看到的战况感到惊奇吗？”众将士回答：“是的！我们连续作战，而他们在轮流休息。”盖尔嘎阿又说：“是的！但是我们仍要坚定地攻击敌人，直到安拉为我们做出判决。你们要齐心协力，像一个人一样地攻击敌人！”他说完话后马上带人向敌人冲了过去。盖尔嘎阿带着穆斯林骑士、英雄们一直冲到贾鲁兰城外的护城沟大门处。夜幕降临了，当他看到将士们有些犹豫想停步不前时，他又对大家喊道：“穆斯林们哪儿去了？你们的将领已杀到敌人的护城沟门口！赶快杀过来！谁也阻止不了你们杀过来！”穆斯林士兵又振作精神杀了过来。当他们杀到护城沟大门时，他们看到盖尔嘎阿已占领了护城沟大门，他断了波斯人的退路。波斯人开始退却。但他们已无退路。

在护城沟前面，双方又厮杀起来。仅此一战，穆斯林将士就斩杀了十万波斯士兵。

未被消灭的波斯士兵向胡尔万逃去。盖尔嘎阿率领众将士追了上去。在汗尼格尼，盖尔嘎阿追上了马海兰，并当场将其击毙。菲劳赞率领部分波斯士兵逃进了胡尔万。他向波斯国王叶兹德吉尔德汇报了贾鲁兰战斗的结果。波斯国王得知失败的消息后马上从胡尔万逃到了雷伊。盖尔嘎阿率军来到了胡尔万城下。守城的波斯士兵迎了上来，双方激战后，波斯人又被击败了。穆斯林将士们占领了胡尔万城。他们获得了大量的战利品，并让城内及城附近地区的居民缴纳贡税。

占领伊拉克后欧麦尔的政策

赛尔德给哈里发欧麦尔写信报捷。告诉他穆斯林已占领了贾鲁兰和胡尔万，并缴获了大量的战利品。现在盖尔嘎阿已进入胡尔万。赛尔德要求欧麦尔同意他继续在波斯国内追击敌人。但是欧麦尔对此持谨慎立场，他不同意卡迪西亚战役的英雄、攻克泰西封的战将赛尔德的意见。欧麦尔写信告诉赛尔德："我想以萨瓦德与高山之间的地区为界。不让他们来骚扰我们,我们也不去骚扰他们。我们占领萨瓦德地区的农村就够了!我把穆斯林将士们的安全看得比其他任何事情都重要。"

欧麦尔之所以这样决定不仅仅是注重穆斯林士兵的安全，更重要的原因是，穆斯林在伊拉克还未站稳脚跟。虽然攻占了泰西封及其周围地区和城镇，但在伊拉克北部仍有暴动的危险存在。伊拉克南部的局势也未彻底稳定。在这种情况下，让穆斯林将士们深入到伊朗山区及山区后面的平原地区是不明智的，是没有远见之举。如果穆斯林将士深入敌后，伊拉克发生了暴动的话，想平定暴动就不是件容易事了。所以最好的选择是，以伊朗的高山作为敌我双方的界线，全力以赴消除伊拉克暴动的隐患，然后在伊拉克组织健全管理的机构。这才是上策!

欧麦尔当时的政策是阿拉伯主义政策。其目的是将南到印度洋，北到伊拉克、叙利亚的阿拉伯人统一到一个整体中来。这个整体的权力中心在阿拉伯半岛、在麦地那。在麦地那的领导下，这个阿拉伯整体能安定地生活，能自由地传播安拉的宗教，然后再同波斯及罗马建立睦邻友好关系。

赛尔德只能遵守、执行信士的长官的指示。事后，在萨瓦德各地发生了不同程度的暴动，穆斯林部队时而到这儿去镇压，时而到那儿去平叛。这时，人们才看出欧麦尔当时的指示是正确的。他们都心悦诚服地接受了欧麦尔当时制定的这一方针政策。在卡迪西亚战役，在攻克泰西封、贾鲁兰的战斗中，穆斯林缴获了大量的战利品。在贾鲁兰的战斗中，还缴获了很多牲畜及装备和俘虏。当时，每位骑士分到了九千第纳尔、九头牲畜及女俘。赛尔德派一哨穆斯林人马将五分之一的战利品送回到麦地那。其中有齐亚德·本·艾比·苏富扬。当这伙穆斯林晋见哈里发欧麦尔时，齐亚德将贾鲁兰、胡尔万的战斗情况向他做了绘声绘色的描述。欧麦尔很满意。他马上对齐亚德说："你能否到众穆斯林面前，把这些战况同他们再讲一遍呢？"他回答说："信士的长官，完全可以！指安拉为誓，在这个大地上，我心中最钦佩的人就是你。我怎么会不敢同其他人再讲一遍呢？"于是他来到人群中，再次讲述了战斗情况及穆斯林英雄的壮举。穆斯林将士们斩杀了多少波斯人、获得了多少战利品。他的讲话打动了所有在场的听众。欧麦尔对他的讲演很赞许，于是说道："这是位雄辩的演说家！"齐亚德对此很感激，他说道："是我们将士的壮举才能使我讲出这些话来。"

幕僚们向信士的长官指出，应把战利品放到国库。欧麦尔回答说："指安拉为誓，国库已放不下这些战利品了，因此我才要将其分给众人。"战利品被堆放在清真寺院中，由阿卜杜·拉赫曼·本·奥夫和阿卜杜拉·本·艾尔格木守卫。第二天，欧麦尔领着众穆斯林礼拜后，下令将盖在战利品上面的苫布去掉。当他看到面前的宝石、黄玉、珠宝、金银时，他哭了。阿卜杜·拉赫曼·本·奥夫对他说："信士的长官，你为何哭呢？指安拉起誓，这是值得我们感谢的啊！"欧麦尔对他说："指安拉起誓，安拉给予众人这些东西，他们必然会互相嫉妒、互相憎恨。相互嫉妒的民众，其士气必然消失。"

我想在此对欧麦尔上述明智的话评论一番。在获得如此多的战利品之前，阿拉伯人想赚钱是很不容易的事。为了生计，他们东奔西跑，冬夏两季到也门和叙利亚经商。现在他们在战场获得了大量的战利品，生活发生了变化。这必然会让他们追求舒适和奢侈的生活。如果每个人都想更舒适、更奢侈，那么他们必然会互相嫉妒及憎恨。长此以往，他们的意志就会丧失殆尽。欧麦尔担心获得如此之多的战利品会导致这样的后果，因此他哭了。欧麦尔与穆斯林们协商后，当众分发了战利品。

穆斯林将士在伊拉克北部、南部及东部的胜利

齐亚德·本·艾比·苏富扬在麦地那看到分发完战利品后，带着欧麦尔的信回到了赛尔德·本·艾比·瓦戛斯那儿。欧麦尔命令赛尔德不能深入到敌后去追击敌人。赛尔德看了信后，明白了信士的长官的英明决策。不久赛尔德得知，摩苏尔的罗马人已集结到泰西封北部、底格里斯河岸的提克里特城。很多信仰基督教的阿拉伯人加入罗马人行列，他们要一起反抗穆斯林。赛尔德将这一情况向欧麦尔作了汇报。欧麦尔给他回信，命令阿卜杜拉·本·穆阿台木率五千名穆斯林将士前往提克里特。到达后，他们将此城围困了40天。久困之后，罗马人想用船只将他们的财物运走。阿卜杜拉·本·穆阿台木得知这一消息后，马上给信仰基督教的阿拉伯人写了一封信，动员他们归信伊斯兰教，支持帮助穆斯林，胜利之后他们可与穆斯林一样得到战利品。这些阿拉伯人响应了阿卜杜拉的号召。阿卜杜拉要求他们占领通往船只的城门。如果罗马人想乘船逃走，马上同他们交战。与此同时，穆斯林开始攻城。穆斯林在城外高呼“安拉至大”，而那些原来信仰基督教的阿拉伯人在城内也高呼“安拉至大”。罗马人害怕了，他们开始出城逃跑。穆斯林在城外攻打，新归信伊斯兰教的阿拉伯人在城内敌人的背后打击他们。在双方的夹击下，罗马人一个也没逃脱。至此，阿卜杜拉·本·穆阿台木遵着欧麦尔在信中写给赛尔德的指示，命令利伯阿·本·艾夫卡勒率领人马向摩苏尔杀去。起初摩苏尔人想在堡垒中抵抗，但当他们得知罗马人在提克里特战败时，同意缴纳贡税和解。穆斯林分发了在提克里特获得的战利品。每位骑士得到三千第纳尔，每位步兵得到一千第纳尔。

正当驻叙利亚的罗马人遭到哈立德·本·瓦利德及艾布·欧拜岱·本·贾拉赫率领的穆斯林大军的顽强攻击时，传来了他们罗马兄弟在提克里特及摩苏尔大败的消息。罗马人害怕了，他们担心驻伊拉克的穆斯林部

队开往伊叙边界从背后攻击他们。驻叙利亚的罗马军队在哈立德及欧拜岱的压迫下正向伊叙边界节节败退。一旦发生这样的情况，罗马人就会被包围，就没了退路，只有投降了。因此罗马人给半岛上支持他们的民众写了信，唆使他们起来反对穆斯林。赛尔德得到这一消息时，正巧哈希姆·本·乌特拜从贾鲁兰胜利归来。与此同时，赛尔德得到消息说，一支由半岛居民组成的支持罗马人的军队集结在幼发拉底河岸的希特城。哈里发欧麦尔已派阿慕尔·本·马立克率军消灭这支部队。阿慕尔到达希特城后，看到敌人围城挖了护城沟，并坚守城池不出战。阿慕尔下令让哈里斯·本·耶济德率领部分将士包围了希特城，而他自己则率领其余兵马来到了伊叙边界处、幼发拉底河与哈布尔河交汇处的格尔格斯叶城。他乘敌不备强攻下这座城市,该城的居民们同意缴纳贡税和解。阿慕尔命令留在希特城包围敌人的哈里斯，在敌人护城沟外面再挖一道深沟，要把敌人困死在城中。敌人得知这一消息后，出城投降了。穆斯林占领了希特城。

当赛尔德得知穆斯林将士在希特城及格尔格斯叶城的胜利后，他更加认识到哈里发欧麦尔决策的英明。欧麦尔不让他深入到波斯山区及平原去追击敌人是正确的。如果穆斯林将士深入到敌人后方，而伊拉克人又起来造反了,穆斯林将很难应付这样的局面。哈希姆在贾鲁兰胜利之后，赛尔德得到消息说，波斯军队又集结到地处阿拉伯伊拉克东面、波斯西面的马·萨巴赞城。于是，赛尔德派迪拉尔·本·哈塔布率军赶到了这儿。两军在马·萨巴赞平原大战一场。穆斯林战胜了波斯人，并击毙了他们的将领。敌人逃进了马·萨巴赞城。穆斯林强攻占领了这座城市。其居民们逃进了深山。穆斯林们动员他们走出山区和解。波斯人同意缴纳贡税后，回到了自己的城市。

穆斯林将士在伊拉克北部及东部一系列的胜利，使这一地区的伊拉克人顺服了。在这之前伊拉克南部的居民早已顺服了穆斯林的管理。当哈里发欧麦尔派赛尔德·本·艾比·瓦戛斯到卡迪西亚征战时，他已派乌特拜·本·阿孜万到伊拉克南部去征战了。乌特拜·本·阿孜万同阿拉法特杰·本·海尔赛迈一起率军来到了现在巴士拉附近的伍布莱。同波斯人进行了长达数周的激烈的战斗后，穆斯林收复了伍布莱。伍布莱当时是一个重要的港口，来往于中国、印度的船只都停靠该港口。那时有很多印度商人生活在这座城市里。波斯人战败后，这些印度商人也离开了这座城市。穆斯林占领该城，并获得了大量的战利品。此后乌特拜率军渡河追击逃敌。一路上，穆斯林征服了伊拉克南部的很多乡镇。伊拉克南部居民们对穆斯林臣服了。

欧麦尔对伊拉克政务的考虑

穆斯林在伊拉克站稳了脚跟，应该考虑在伊拉克实行什么样的社会制度了。他们是否仅仅满足于在归信伊斯兰教的伊拉克人中教授《古兰经》，在未归信伊斯兰教的伊拉克居民中收取赋税呢？安拉的使者当年在阿拉伯半岛各乡镇中就是这么做的。但是在安拉的使者逝世前夕，半岛各地的叛教者们起来造反了。当艾布·伯克尔任哈里发之初，里达暴动遍及半岛各地。半岛上的居民大都是阿拉伯人，麦地那政权并没有对他们实行暴政。半岛上的阿拉伯人并不像非阿拉伯人那样憎恶麦地那政权。尽管如此，里达暴动仍然引发了一场残酷的战争。现在伊拉克的大部分居民还未归信伊斯兰教，欧麦尔担心伊拉克的波斯人起来造反是很自然的。伊拉克归信伊斯兰的阿拉伯人及未归信伊斯兰的阿拉伯人也可能起来造反。伊拉克居民已习惯奢侈的生活，他们的生活方式在很多方面与半岛上的阿拉伯人生活方式不同。如果对他们放任不管，他们比半岛上的阿拉伯人更容易起来造反。欧麦尔高瞻远瞩，他非常警惕，决不让新开拓的地方产生暴动。

不仅如此，欧麦尔还应时刻警惕着战败后逃往深山背后的波斯人。逃到深山后伊朗平原上的波斯人时时刻刻想返回伊拉克，为自己报仇，恢复他们失去的地盘。

欧麦尔对上述两件事看得一清二楚。但这两件事不是欧麦尔考虑的重点所在。他重点考虑的是，将伊拉克、叙利亚纳入南到亚丁湾、印度洋、波斯湾，北到叙利亚的阿拉伯版图中来；想尽快使伊拉克稳定下来，在伊拉克建立合理的管理制度。欧麦尔要在新兴的伊斯兰政权开拓的疆土上建立一个怎样的社会制度呢？

如果信士的长官欧麦尔效仿波斯人及罗马人在伊拉克的做法，他可以让占领伊拉克的穆斯林将士们为所欲为，给伊拉克人留下够维持生计的食品及日用品就可以了。凭借伊拉克的富饶，穆斯林完全可以靠手中的武器在伊拉克过着奢侈舒适的生活。

欧麦尔在伊拉克实行的方针政策

未来对伊拉克实施什么样的方针政策呢？欧麦尔考虑了很多，并同幕僚们进行了多次协商。欧麦尔想到了艾布·伯克尔派遣穆斯林将士们前往伊拉克征战时给将领们下达的命令。居住在伊拉克的阿拉伯人大都是农民。在波斯人的统治下，农民们将土地上的大部分收成交给了波斯统治者。艾布·伯克尔命令前往伊拉克征战的将领们：不许伤害居住在伊拉克的阿拉伯农民；不能杀害他们中任何一人；不许俘虏他们；不许虐待他们。无疑，这是英明的政策。应该对伊拉克的阿拉伯农民及非阿拉伯农民实行上述政策。应该让波斯人明白，他们中凡是未抵抗及未反对穆斯林者，新政权绝不侵害他们的物资利益，对他们及其家属绝不横加迫害。他们中凡是没离开自己的土地者，或是由于害怕战争逃走后又回来者都会平安无事。穆斯林负责人仅从他们那儿收取他们所能负担的赋税。只有实行这一公正的政策，伊拉克人民才会对穆斯林政权顺从，才能安居乐业。

与此同时，必须让伊拉克人民看到，穆斯林统治者有能力粉碎任何不良企图。这样就应给穆斯林开拓者们新建他们自己居住的城市。穆斯林将士们居住在自己的城市里，时刻准备着镇压任何暴动。

经过协商后，欧麦尔决定在伊拉克实行上述政策。

伊拉克现有的城市环境生活不利于穆斯林将士们的身体健康。当时，由驻守在贾鲁兰、胡尔万、提克里特的穆斯林将士们组成的代表团来晋见哈里发欧麦尔。当把应做的事做完后，欧麦尔问他们："你们的精神面貌怎么与你们出征前的精神面貌大不一样了呢？从卡迪西亚、泰西封来的将士代表团成员也是如此！是什么原因使你们消瘦了呢？"代表团成员回答："是气候原因。"欧麦尔又写信给留守在泰西封的赛尔德，问他，是什么原因使穆斯林将士们消瘦了、改变了他们的精神面貌？赛尔德的回答与士兵代表团成员的回答是一样的。在这之前，同赛尔德一起留守在泰西封的侯宰法·本·叶曼曾给哈里发欧麦尔写了信。他在信中说："阿拉伯将士们消瘦了，他们的脸色都变了。"哈里发欧麦尔担心这会影响战士们的身体健康。于是，他给赛尔德发去了指示：适合骆驼生活的地方才适合阿拉伯人生活，然后派人去寻找靠近水源的土地。但对要寻找的城市欧麦尔有两个指示。第一，找一个气候干燥、靠近水源，适合阿拉伯人生活的地方，在那儿给将士们修建住所。第二，居住在这一地方的将士们一旦需要援助，不能让河流、桥梁影响了大事。

建库法城及赛尔德宫

赛尔德分别从摩苏尔及贾鲁兰将阿卜杜拉·本·穆阿台木和盖尔嘎阿·本·欧麦尔召来，派他俩按哈里发欧麦尔的要求，寻找适合阿拉伯人居住的地方。与此同时，哈里发在麦地那询问了解伊拉克地理的人，何地适合阿拉伯人生活。最后大家一致认为，希拉附近的库法最适合阿拉伯人生活。库法同希拉一样，地处幼发拉底河畔，但离沙漠又不远。赛尔德离开泰西封来到了库法。他下令在库法的最高处修建清真寺。在清真寺周围留出一箭远的空地作为市场。清真寺建好后，在寺周围挖了护寺沟。赛尔德又请来波斯工匠，在清真寺外面给自己建了住所，并在住所内建了金库。他的住所被称为赛尔德宫。在清真寺周围给将士们建了住所。阿拉伯各部落也选择了自己住地。一切安排好后，赛尔德写信向欧麦尔作了汇报。他在信中说："我在库法的住所处在希拉与幼发拉底河之间。这里有水、有绿色的青草。我让穆斯林将士们自己做选择，愿来库法的来库法，愿留在泰西封的，让他们作为卫戍部队留守在泰西封。"

将士们在库法生活得很好，他们的体力很快就恢复了。他们请示哈里发，允许他们用芦苇修建住房。欧麦尔同意了，并来信说："用芦苇修建军营更适合于你们的生活，我不愿违背你们的意见。"将士们得到允许后，马上用芦苇建了住所。但是后来发生了火灾。一场大火把住所一烧而光。他们已习惯住在房间内，不愿再住帐篷。于是他们派人来到欧麦尔面前，报告了火灾情况，并要求用土坯建房。欧麦尔同意了，并对他们说："用土坯建房吧，但每人的住所不能超过三处，住所不能占太多的土地，你们要遵守国家制定的法规。”如此这般库法城建起来了。后来它取代了希拉城在这一地区的地位。莱赫米人的首府希拉城与库法城相比简直成了一个小小的村庄。此后，库法在伊斯兰历史上成了一座举足轻重的名城。

建巴士拉城及其与库法的竞争

巴士拉与库法是在同一时期建立起来的。它地处连接波斯湾、两河三角洲上的伍布莱附近。这座城市，于伊历 18 年（公元 639 年），即欧麦尔任哈里发四年后建造起来的。有史书记载说，巴士拉城的建立先于库法。巴莱祖利在他撰写的书上记载说：乌特拜·本·阿孜万率众穆斯林将士于伊历 14 年（公元 635 年）攻占了伍布莱城。攻克此城后乌特拜给哈里发欧麦尔写信说，冬季快到了，穆斯林必须建立住所避寒，一旦战争结束也好在住所内休整。哈里发回信说：“让你的将士们住在同一个靠近水源及牧场的地方。请告诉我，你们想要建立住所地方的情况。”当乌特拜把巴士拉的地理情况告诉欧麦尔后，欧麦尔同意在巴士拉给将士们修建住所。于是，将士们用芦苇在巴士拉建起了房屋。乌特拜用芦苇修建了清真寺。打仗时，将士们将房子拆除，并把芦苇运走。战斗结束后，他们仍回巴士拉，重新用芦苇把房子修好。像库法的火灾一样，一场火灾把将士们的住房全部烧毁。经请示欧麦尔，巴士拉的将士们像库法的将士们一样，用土坯修建了住房。此后，巴士拉成了伊拉克在波斯湾的重要港口。所有住房全用石料翻新，并在城内修建了一座豪华的清真寺。巴士拉同库法一样，在伊斯兰教历史上有巨大的影响。

库法及巴士拉在语言、文学、教法、伊斯兰文化史上，各自留下了自己的学派，其影响至今仍在。在政治领域及上述诸方面，两个城市有过竞争。当时库法是伊拉克的首都，而巴士拉是伊拉克的第一大港。也门南部的居民迁到了库法，麦地那周围及半岛北部的阿拉伯人迁到了巴士拉。两座城市在上述领域中的竞争是很自然的事情。

两座城市建立之后，居民们以何为生？阿拉伯人不是农民，他们不能靠耕种为生。难道说他们像以前的波斯人一样，靠剥削当地的农民来生活吗？

前文我们已提到，欧麦尔在伊拉克实行了艾布·伯克尔制定的方针政策。他曾命令穆斯林将士们不许伤害伊拉克当地的农民，必须在伊拉克建立令当地人信服的公正制度。穆斯林地方官只许向当地居民收取他们能负担得起的赋税。当穆斯林将士们攻克贾鲁兰之后，赛尔德把伊拉克当地农民的情况向欧麦尔作了汇报。欧麦尔回信指示："除参加战争及逃到敌人一方去的农民外，让其他农民保持他们原来的状况。对他们实行原来的政策。如果我写信告诉你某某部落，则对我提到的部落实行对当地农民实行的政策。非农民的事情，你们视情况自行处理。对由于参加战争而离开自己土地的人，你们有权自行处置他们。经过你们动员其归信伊斯兰教者，让其保持原来的状况。对你们未曾动员其归信伊斯兰教者，其土地你们有权自行处理。"赛尔德执行了欧麦尔的指示。让农民们安居乐业。没收了波斯王室的土地，没收了波斯王朝各行政长官的土地。所有没收的土地一律不许买卖。同时，公共设施、丛林、水源、邮路及波斯拜火教的寺庙一律不许买卖。

实行上述政策后，农民们保住了自己的土地，他们的人身安全得到了保障。被没收的土地归国家所有，禁止买卖，但可以租给伊拉克人耕种，耕种者向国库缴纳税金。对拜火教教会原来拥有的土地实行上述同样的政策。

上述政策的实施使国库财源滚滚。从国库向库法及巴士拉居住的将士们拨款，以保证他们的生活。但是众将士希望得到土地，将土地变成各自的私产。他们将自己的愿望报告了信士的长官。但欧麦尔拒绝了将士们想得到土地的要求。从一开始欧麦尔就拒绝分配土地给将士们，不让他们过稳定的农耕生活。如果将士们都得到了土地，过上了稳定的农耕生活，那么一旦需要他们上前线同敌人交战，他们就不会像以往那样积极参战了。国家当时仍需要养军，仍需要将士们时刻准备着参战。波斯人仍伺机报仇，伊拉克人很可能像以往一样伺机作乱，哈里发、信士的长官怎会允许马放南山、将士们解甲归田呢？！

伊拉克及半岛上的穆斯林过上了舒适的生活。他们安定地生活了数年。这期间没有进行新的征战，只不过在巴士拉东南方同霍尔木兹率领的波斯士兵进行过几次小规模的战斗。欧麦尔坚持以往的方针,保卫边界,不深入到敌人的后方去战斗。敌我双方也曾和谈过，但都被霍尔木兹破坏了。最后霍尔木兹被俘,被押送到了麦地那。关于这件事后文还将提到。

当赛尔德·本·艾比·瓦戛斯从卡迪西亚前往泰西封，派将士攻克贾鲁兰、提克里特、摩苏尔，建库法、巴士拉城时，艾布·欧拜岱·本·贾拉赫、哈立德·本·瓦利德、耶济德·本·艾比·苏富扬、阿慕尔·本·阿斯、夏拉·哈比勒·本·哈赛乃正率领穆斯林将士们在叙利亚同罗马人拼杀。现在我们应从伊拉克转到叙利亚去了，让我们看一看穆斯林如何在从阿拉伯半岛南部直到叙利亚北部这块广袤的土地上，建起了统一的阿拉伯实体。

第十一章　罗马皇帝希拉克略撤离叙利亚

当赛尔德·本·艾比·瓦戛斯在卡迪西亚战胜波斯人，然后攻克泰西封、建巴士拉城及库法城，在伊拉克组织建立社会秩序时，艾布·欧拜岱·本·贾拉赫正率领穆斯林将士们在叙利亚攻城略地，驱赶罗马人。他们攻克了大马士革，消灭了斐哈勒的罗马军队，征服了太巴列、比萨地区。现在他们要实现艾布·伯克尔及欧麦尔的夙愿了。那就是占领整个叙利亚。

占领叙利亚的计划与占领伊拉克的计划不同。当时在伊拉克的军事指挥权归一人所有。在艾布·伯克尔时代，哈立德·本·瓦利德是驻伊拉克穆斯林军队的统帅，在欧麦尔任哈里发之后，他任命赛尔德·本·瓦戛斯为统帅。读者还记得，艾布·伯克尔向叙利亚派遣了四路大军，每路军队负责攻占某个地区，每路军队的将领都有权在各自负责的地区指挥作战。如果四路大军汇集到一起，则由艾布·欧拜岱·本·贾拉赫为统帅。当时负责攻占巴勒斯坦的将领是阿慕尔·本·阿斯。

由于四路大军都难于各自独立同罗马人交战，于是四支军队汇集到了叶尔穆克同敌人对峙。艾布·伯克尔对此很不满意，于是将哈立德·本·瓦利德从伊拉克调来叙利亚，并任命他为四路军队的统帅。当艾布·伯克尔逝世后，欧麦尔解除了哈立德统帅的职务，任命艾布·欧拜岱·本·贾拉赫为四路军队的统帅。攻克大马士革之后，艾布·欧拜岱命令耶济德·本·艾比·苏富扬留守大马士革。然后，艾布·欧拜岱同哈立德·本·瓦利德、阿慕尔·本·阿斯率领众将士在斐哈勒消灭了罗马军队，攻占了比萨及太巴列地区。这时，欧麦尔来信命令艾布·欧拜岱率军北上攻占霍姆斯。接到命令之后，艾布·欧拜岱命令阿慕尔·本·阿斯及夏拉·

哈比勒·本·哈赛乃留在约旦，负责攻占巴勒斯坦，然后他同哈立德率军取道大马士革北上了。

哈立德及艾布·欧拜岱在大马士革附近同罗马军队交手

让我们首先跟随艾布·欧拜岱，看一看他在叙利亚的征战，然后再谈阿慕尔·本·阿斯在巴勒斯坦的征战。首先谈艾布·欧拜岱的征战不是由于他是四路军的统帅，更重要的是由于艾布·欧拜岱同哈立德将来还到巴勒斯坦，他们将同欧麦尔一起进入耶路撒冷城的大门。在那具有历史意义的一天，也就是欧麦尔同伊里叶大主教一起走进圣城、为撒哈拉清真寺奠基、三大天启宗教即犹太教、基督教、伊斯兰教汇集于一地的一天之前，最好将穆斯林将士们攻占整个叙利亚的史实向读者全部介绍完毕。

当艾布·欧拜岱率军来到大马士革之后，他命令哈希姆·本·乌特拜率领部分穆斯林将士前往伊拉克，支援将要进行卡迪西亚战役的穆斯林将士。然后艾布·欧拜岱率军向霍姆斯挺进。在行军的过程中，由祖勒·开莱阿率领的，驻在大马士革北面的穆斯林军队加入大军行列。在大马士革东北部的草原中，穆斯林军队遇到了由图扎尔·巴达利格及夏纳斯率领的罗马军队及骑兵的阻击。经商议之后，决定由哈立德负责攻打图扎尔率领的罗马军队，由艾布·欧拜岱负责攻打夏纳斯率领的罗马骑兵部队。

晚上，哈立德和艾布·欧拜岱各自做好了迎击敌人的计划。第二天清晨，当哈立德马上要行动时，令他吃惊的是，图扎尔的军队没了踪影。他们到哪儿去了呢？他们怎样走的呢？敌人的计谋怎能逃过哈立德这位天才将领的眼睛？瞬间，哈立德明白了。敌人昨天晚上已奔向大马士革。图扎尔认为穆斯林部队全都集中起来在同夏纳斯作战，留在大马士革的少数穆斯林士兵绝对不是他们的对手。他想乘穆斯林不备，一举拿下大马士革城。留在大马士革的穆斯林士兵确实很少，他们是无法抵抗这支罗马军队的。如果让图扎尔的计谋得逞，击败夏纳斯也没什么重大意义。如果让敌人占领了大马士革，艾布·欧拜岱必将率众穆斯林将士杀回来，重新攻城。如果发生这种情况，必然会动摇军心，必然会削弱穆斯林将士的斗志。请示艾布·欧拜岱之后，哈立德率骑兵部队追了回来，他不能让留守在大马士革的穆斯林兄弟们处在危险之中。留守的穆斯林将领耶济德已得到图扎尔率罗马人前来攻城的消息，尽管他不知道哈立德已率骑兵杀了回来，但他仍率将士们出城迎敌了。他下令将大马士革的城门全部关闭，然后同敌人交手了。他相信，两军久战之后，穆斯林援军必然会到。正当图扎尔向耶济德发起攻击时，哈立德率骑兵部队从敌人身后杀了过来。哈立德同众穆斯林骑士高呼："安拉至大！"耶济德手下的士兵听到喊声后，知道自己的援军已到，于是他们的士气大振。而罗马人听到喊声后，也知道哈立德已率军杀了回来，他们的士气垮了，阵脚乱了。耶济德率军在敌人正面攻击，哈立德指挥骑士们在敌人背后砍杀。除逃亡者外，穆斯林将士将罗马人全部消灭。穆斯林缴获了大批战马、牲畜及战斗装备。胜利后，耶济德将战利品分给了众将士，然后率军回到了大马士革城内。

包围霍姆斯城，同霍姆斯居民和解，向阿勒颇、安塔基亚进军

在战斗中罗马将领图扎尔阵亡。胜利后哈立德率军回到了草原。回来之后，他看到艾布·欧拜岱已战胜了夏纳斯率领的罗马军队，并斩杀了敌人的主帅夏纳斯。艾布·欧拜岱一路追杀敌人的逃兵，直杀到霍姆斯附近。罗马皇帝知道了自己士兵战败的消息，并知道艾布·欧拜岱已率军包围了巴勒贝克城。罗马皇帝派人到霍姆斯城，给居民们鼓舞士气，让他们抵抗穆斯林的进攻，并许诺给他们派援军。之后，罗马皇帝来到了拉海城。当时霍姆斯人对抵抗穆斯林的进攻很有信心。因为冬天快到了，霍姆斯冬天的气候很冷，前来攻城的阿拉伯人忍受不了这样的严寒。不久，巴勒贝克的居民同穆斯林和解。穆斯林离开巴勒贝克城来到了霍姆斯城下。以哈立德为先锋的穆斯林大军包围了霍姆斯。敌人坚守不出，只在最冷的日子里出城来同穆斯林交交手，此后又退回城中。穆斯林将士忍受着寒冷仍死死地包围着霍姆斯城。被包围的罗马人等待着援军，或等待着穆斯

林耐不住寒冷自动离去。但是穆斯林顶住了严寒，罗马人的援军未来。冬天过去了，霍姆斯人清楚地认识到，他们已无力抵抗了。部分霍姆斯人主张同穆斯林和解，但也有人宁死不屈。这时霍姆斯城发生了地震，一时间城内房倒屋塌。居民们害怕了，他们来到首领面前要求同穆斯林和解。

如果穆斯林将士们乘地震之机攻城，他们不会遇到抵抗，会轻而易举地拿下霍姆斯城。但是穆斯林错过了攻城的机会。当霍姆斯城的首领们提出和解时，穆斯林同意了。他们保全了市民们的住房，让他们跟大马士革市民一样缴纳赋税。然后，穆斯林将士在城市找了居住的地方。艾布·欧拜岱向欧麦尔写信作了汇报。欧麦尔回信指示他说："住在城内，广招叙利亚勇敢的阿拉伯人参军。"

艾布·欧拜岱于伊历 15 年（公元 636 年）春天率军驻扎在霍姆斯城。冬天过去了，穆斯林将士们征战的积极性恢复了。与此同时，很多叙利亚阿拉伯人参军了，穆斯林队伍壮大了，将士们的士气提高了。艾布·欧拜岱考虑，应开始在叙利亚北部征战。这时传来了有关阿慕尔·本·阿斯在巴勒斯坦同罗马人交战的消息，这更坚定了艾布·欧拜岱征战的决心。同哈立德·本·瓦利德商议之后，决定兵分两路，一路向安塔基亚进军，另一路向阿勒颇进军。进军安塔基亚仍沿艾尔努德河岸，经哈马城、夏耶扎尔城，然后攻克拉塔基亚城堡后才能到达。进军阿勒颇，必先攻克肯奈斯林城堡。

艾布·欧拜岱令阿拜代·本·萨米特留守霍姆斯后，亲率大军向哈马进军了。哈马市民们亲自打开城门，按照霍姆斯的方式同穆斯林们和解了。当夏耶扎尔市民们得知穆斯林军队已到城下时，他们也像哈马市民们一样，同穆斯林议和。此后艾布·欧拜岱率军攻克了塞莱米耶城。然后来到了拉塔基亚港口。拉塔基亚市民得知穆斯林将士已杀到城下后，他们马上关闭了城门，走进了城堡，准备抵抗。他们相信，如果穆斯林包围城市，他们能够抵抗，罗马帝国的援军会从海上前来助阵。艾布·欧拜岱发现城堡异常坚固。他看出，如果围城，必然需要一段时间。在围城期间，如果敌人的援军到来，久攻不下，只能撤走。这样会影响攻克安塔基亚的战略部署。看来只有智取了。在离城不远处，穆斯林将士安营扎寨了。艾布·欧拜岱命令将士们各挖一个能隐藏一个骑着战马的骑士的深坑。

深坑挖好后，穆斯林将士假装离开拉塔基亚返回霍姆斯去了。拉塔基亚市民看到穆斯林士兵已撤走，个个放下心来，城内的生活又恢复了原貌。天黑了，穆斯林将士们又回来了，他们隐藏到已挖好的深坑中。天亮时，拉塔基亚城门大开，部分市民出城来到了郊外。穆斯林将士看到时机已到，他们马上出坑，向城门冲击。穆斯林将士很快占领了拉塔基亚城。居民们愿意缴纳赋税投降。艾布·欧拜岱保留了他们的教堂。此后不久，在教堂附近修建了一座清真寺。

哈立德·本·瓦利德攻克肯奈斯林城

艾布·欧拜岱率军从拉塔基亚出发来到了霍姆斯·马阿拉城下，并一举攻克了它。艾布·欧拜岱命令哈立德·本·瓦利德率军从霍姆斯·马阿拉出发前去攻打肯奈斯林城。哈立德·本·瓦利德知道肯奈斯林城很坚固，也知道罗马援军已到了肯奈斯林。但是，坚固的城堡挡不住哈立德，敌人的千军万马在哈立德眼中如同草芥。哈立德满怀信心地出发了。他相信安拉会助他旗开得胜。在肯奈斯林南郊住着屠台努赫部落及萨里哈部落的阿拉伯人，住在帐篷里的阿拉伯人犹如保卫这座坚固城堡的先锋部队。在叙利亚，阿拉伯兄弟大都住在各大城市郊区，他们担负着保卫城市的使命。当罗马人得知前来攻城的穆斯林将士们是由天才将领哈立德率领的部队时，他们不放心了。他们认为，住在郊区的居民无力抵抗前来攻城的穆斯林将士们。地位仅次于罗马皇帝的罗马将领米纳斯率领大军出城来到了郊区。他在郊区给士兵们做了动员，并准备在郊区阻击敌人，不让敌人再前进一步。米纳斯派出眼线打探穆斯林军队的情况，并制定相应的阻击部署。正当他等候眼线们的情报时，一天清晨，哈立德率军从罗马人所不知的方向突然杀来。米纳斯企图抵抗，但哈立德根本没有给他布阵的机会，便率全军压了上来。罗马人抵抗不住了，想逃跑。但哈立德派兵堵住了敌人的一切退路。这支罗马士兵在战斗中绝大部分被杀。他们的将领米纳斯也倒在了血泊中。幸免于难的罗马士兵逃回了肯奈斯林城，他们关上城门开始固守。哈立德派人警告罗马人说："就算你们逃到天上去，安拉也会让我们上天抓你们，或让你们下地来投降！"罗马人凭着城堡抵抗了一段时间后明白，他们已逃脱不了失败的命运。于是他们派人向哈立德提出，按霍姆斯方式和解。但哈立德认为，由于他们的抵抗，必然要惩罚他们。哈立德拒绝了敌人的和解要求，他决心攻城。罗马人见大势已去，于是丢下他们的钱财、妇女儿童后逃到了安塔基亚城。

上述记载是攻克肯奈斯林城最著名的说法。但爱好文学的史学家给这一著名战斗增加了一些浪漫色彩。杰巴莱·本·艾海木是受罗马人保护的加萨尼王国的最后一名国王。他像加萨尼王国及希拉王国的其他国王们一样，很忠于罗马人。杰巴莱很喜欢阿拉伯诗人，并经常款待他们。安拉使者的诗人——辅士哈桑·本·萨比特是他最热爱的诗人。哈桑·本·萨比特赞扬杰巴莱国王的诗句至今仍脍炙人口。杰巴莱当时住在安塔基亚附近艾尔努德河上的一座铁桥边。当他听说肯奈斯林城被哈立德率领的穆斯林们包围后，他马上率领他的人马前往救援。在行军的路上，国王的先头部队抓到了一名叫赛义德·本·阿米尔的、属于麦地那海兹拉吉族的穆斯林。国王听到他是麦地那海兹拉吉族人时，便想起了他的朋友哈桑。杰巴莱国王问赛义德："你离开哈桑几天了？"赛义德回答说："前不久刚见到哈桑。"他参加了哈桑组织的聚会，并听了哈桑创作的赞美杰巴莱的诗句。

杰巴莱国王听了这些后，马上释放了赛义德，并告诉他，他是奉罗马皇帝的命令前往救援肯奈斯林城的。这位国王让赛义德提醒哈立德，他手下的士兵个个都很勇敢，他们手中的宝剑异常锋利。在战斗中，如果不是穆斯林援军及时赶到，杰巴莱几乎战胜了哈立德。但是，哈立德还是打败了杰巴莱，占领了肯奈斯林城。罗马人从肯奈斯林逃到了安塔基亚，郊区的大多数阿拉伯人归信了伊斯兰教。没有归信伊斯兰教仍信守基督教的阿拉伯人仍需缴纳赋税。

艾布·欧拜岱写信向哈里发欧麦尔汇报了哈立德攻克肯奈斯林城的英勇壮举。欧麦尔对哈立德在这一战斗中表现出的指挥天才非常敬佩。欧麦尔当时曾说："哈立德以自己的行为说明，他是位名副其实的将帅！安拉怜爱艾布·伯克尔！他比我更加知人善任啊！"

欧麦尔的话表明，哈立德在攻克肯奈斯林城时的表现，超过了他在以往攻克大马士革、霍姆斯及其他城市时的表现。我们都知道，欧麦尔对哈立德的印象很不好。当他刚刚继任哈里发之职后，马上撤了哈立德驻叙利亚穆斯林部队统帅的职务。由于哈立德在攻克肯奈斯林城时所立下的功绩，数月后，欧麦尔任命哈立德为肯奈斯林的总督。

哈立德攻克肯奈斯林后，艾布·欧拜岱来到了该城。当他了解情况后，认为哈立德的处置很正确。与此同时，他认为应广施仁政，便同意了肯奈斯林居民们的请求。据说，该城的教堂及民宅被一分为二，穆斯林占据了其二分之一。还有人说，仅在肯奈斯林的某处建了清真寺，教堂及民宅全归居民们所有。因此逃到安塔基亚的肯奈斯林人又回到了自己的城市，他们同意缴纳赋税。

但是，当穆斯林将士们前去攻打阿勒颇时，肯奈斯林居民由于心中的仇恨，又起来造反了。艾布·欧拜岱马上派出了平叛部队，再次击败了他们。平叛部队将居民们手中的牛羊全部没收。此后，穆斯林在肯奈斯林留下了足以维持治安的卫戍部队。这样，征战的穆斯林部队后方得到了安全保障。一切安排好之后，艾布·欧拜岱率大军来到了阿勒颇郊区。居住在郊区的阿拉伯人，有的归信了伊斯兰教，有的愿意缴纳赋税同穆斯林和解。艾布·欧拜岱令阿叶塔·本·阿乃木为先锋，包围了阿勒颇。阿勒颇居民鉴于其他城市的情况，同时他们认为自己根本无力抵抗面前这些不怕死的穆斯林，于是提出了和解的请求。据说，阿叶塔同意了他们的请求，保证了他们的人身安全，保证了城市、教堂的安全。阿勒颇人让出了修建清真寺的地方。还有人说，和解的条件是，在居民与穆斯林之间平分民宅及教堂。还有人说，艾布·欧拜岱进了阿勒颇，但城内空无一人，居民们全都逃到安塔基亚去了。和解之后，居民们才回到了自己的城市。

罗马皇帝撤离叙利亚

本章多次提到安塔基亚城。当穆斯林攻克大马士革时，罗马皇帝离开了霍姆斯来到了安塔基亚城。现在艾布·欧拜岱正率领穆斯林大军向安塔基亚城进发，马上就要攻克这座名城了。安塔基亚城被攻克后，罗马皇帝撤离了叙利亚，回到了君士坦丁堡，加萨尼国王杰巴莱·本·艾海木也加入了穆斯林队伍中来，并来到了麦地那，晋见了欧麦尔。安塔基亚当时是罗马皇帝在东方的首府。

欧麦尔认为，攻克安塔基亚的重要性不亚于攻克泰西封和耶路撒冷。因此，欧麦尔急切地等候艾布·欧拜岱攻打安塔基亚的消息，就像等待卡迪西亚战役的消息一样焦急。艾布·欧拜岱知道，安塔基亚城很坚固，罗马人原驻叙利亚其他城市的逃兵全都聚集到了该城市内。安塔基亚四周的城墙又高又厚，远远望去，城墙就像一座山脉围城而立。城市是坚固的，罗马驻军也不少，罗马皇帝还可从海上派援军。罗马人完全可以抵抗一段时间。但是罗马皇帝没想给安塔基亚城派援，也没想固守这座城池，而是拱手将该城让给了艾布·欧拜岱。安塔基亚的守军出城迎击穆斯林将士，他们一战而退，穆斯林马上将该城围了起来。罗马人见大势已去，只好投降了。艾布·欧拜岱让居民们在缴纳赋税的前提下，给了他们人身、财产安全保证。

安塔基亚居民认为自己遭受了奇耻大辱，他们撕毁与穆斯林订立的和约，并起来造反。艾布·欧拜岱马上派阿叶塔·本·阿乃木前去镇压。阿叶塔平息了暴动，又重新与他们订立了和约。艾布·欧拜岱向哈里发欧麦尔汇报了安塔基亚的情况。欧麦尔指示他，在安塔基亚留下卫戍部队，以防居民再次造反。

攻克安塔基亚后，穆斯林将士铁骑又扫荡了叙利亚北部地区及镇压了部分地区的暴动。罗马人再次集聚在阿勒颇。艾布·欧拜岱率军再次击败了他们。此后，艾布·欧拜岱率军又攻克了基利斯、曼比季。哈立德率军攻克了马拉什。就这样，从叙利亚到幼发拉底河整个地区全被穆斯林们攻占。驻叙利亚及驻伊拉克的两支穆斯林大军会师了。与此同时，耶济德·本·艾比·苏富扬率军从大马士革出发，攻克了贝鲁特及其附近的港口。这些消息传到了罗马皇帝耳中，他已清楚，罗马帝国已失去了叙利亚。

杰巴莱·本·艾海木在麦地那的故事

加萨尼国王杰巴莱·本·艾海木看到罗马皇帝已撤离叙利亚，叙利亚的很多阿拉伯部落归信了伊斯兰教。他确信，他的王国再也不会存在下去，他只有归信伊斯兰教才能保住他的荣华富贵。于是，他给艾布·欧拜岱写了一封信，在信中他宣布，他及加萨尼人全部归信伊斯兰教。艾布·欧拜岱很高兴。他马上将这一消息告诉了哈里发欧麦尔。欧麦尔也很高兴。杰巴莱给欧麦尔写信要求前往麦地那晋见哈里发。欧麦尔同意了他的请求。杰巴莱带着500名随从来到了麦地那。欧麦尔让全城人出城迎接。在麦地那，欧麦尔热情地接待了他。

杰巴莱在麦地那住了一段时间后，又同欧麦尔一同前往麦加朝觐。在转天房时，一位法宰拉族人踏到了杰巴莱的外衣下摆。这使杰巴莱打了个趔趄。杰巴莱举手将此人的鼻骨打断了。这位法宰拉族人向欧麦尔求助。欧麦尔将杰巴莱叫到面前，问他事情的真相，杰巴莱承认了是他打了人。欧麦尔对他说："你已承认，或者你自己去处理此事，让对方满意，或者我为对方讨回公道。"杰巴莱很惊讶，他说道："这怎么行？他是平民百姓，我是国王！"欧麦尔回答道："你与他同为穆斯林，穆斯林只靠敬畏安拉分高低，除此之外一律平等。"杰巴莱回答说："信士的长官，我本认为，我归信伊斯兰教后比我在蒙昧时代更尊贵。"欧麦尔回答说："别再想你的尊贵不尊贵了，如果你不能让其满意，我会为他讨回公道。"杰巴莱说："那我就加入基督教。"欧麦尔回答说："如果你加入基督教，我就要砍下你的头。因为你已归信伊斯兰教，如果你叛教，我就能杀你！"杰巴莱看欧麦尔很认真，便回答说："请允许我晚上考虑一下再说吧。"

当时围观的人很多，有人赞扬欧麦尔的立场，有人认为欧麦尔过于严厉。为此，双方要闹起乱子来。天黑了，围观的人散去了，欧麦尔允许杰巴莱走了。夜深人静时，杰巴莱带着他的人离开了麦加。后来他带着他的随从又来到了君士坦丁堡，晋见了罗马皇帝，并改信了基督教。罗马皇帝将此看成是一次伟大的胜利，他给了杰巴莱封地及他需要的一切。

杰巴莱在君士坦丁堡过着奢侈的生活，但他很想念故土。据说，欧麦尔曾向罗马皇帝派了送信的使节。当欧麦尔的使节要离开君士坦丁堡时，使节会见了杰巴莱。当时他的随从正在给他朗读哈桑的诗歌。杰巴莱向使节询问哈桑的近况，使节回答说，哈桑已年迈。杰巴莱让使节给哈桑带回了五百第纳尔和五套华丽的服装。

部分史书记载，杰巴莱很怀念自己的故乡。他希望欧麦尔能将自己的一个女儿嫁给他，他再次归信伊斯兰教。但没等到答复之前，他就逝世了。这一提法是不正确的。因为杰巴莱一直活到穆阿维叶·本·艾比·苏富扬时代。据说，穆阿维叶曾向他提出，归信伊斯兰教，在大马士革郊区给他封地，但杰巴莱拒绝了。还有一种说法，杰巴莱向穆阿维叶提出，可以归信伊斯兰教，但必须在大马士革郊区给他十个村庄作为他的封地。穆阿维叶同意了他的要求。但杰巴莱没能等到答复就逝世了。

现在我们应该离开叙利亚，到巴勒斯坦来，看一看穆斯林将士们在巴勒斯坦的征战。

第十二章　欧麦尔在耶路撒冷

驻巴勒斯坦的阿拉伯军队及罗马军队

欧麦尔任哈里发初期，穆斯林将士们在叶尔穆克击败了罗马人。罗马败兵从叶尔穆克逃到了斐哈勒。艾布·欧拜岱派艾布·艾阿沃尔·萨莱米率一路穆斯林人马负责攻击逃到斐哈勒的罗马败兵。此后，艾布·欧拜岱率大军开始围攻大马士革。攻克大马士革之后，艾布·欧拜岱、哈立德·本·瓦利德、阿慕尔·本·阿斯、夏尔·哈比勒·本·哈赛乃率穆斯林各路人马包围了斐哈勒的罗马人。不久，穆斯林将士攻克了斐哈勒，占领了太巴列、比萨地区。这样他们来到了巴勒斯坦的大门口。此后，根据欧麦尔的命令，艾布·欧拜岱和哈立德·本·瓦利德率军攻打霍姆斯；阿慕尔·本·阿斯及夏尔·哈比勒负责攻占巴勒斯坦。穆斯林将士们在艾布·欧拜岱的指挥下，先后攻占了霍姆斯、哈马、阿勒颇、安塔基亚及叙利亚北部地区。罗马皇帝只好离开叙利亚逃到了君士坦丁堡。

当艾布·欧拜岱在叙利亚北部取得节节胜利时，阿慕尔·本·阿斯、夏尔·哈比勒·本·哈赛乃率领众穆斯林将士开始攻击驻巴勒斯坦的罗马军队。在巴勒斯坦驻有一支庞大的罗马军队，这支罗马军队的将领是智勇双全的艾塔拉布。艾塔拉布是罗马最著名的将领。想击败他指挥的这支罗马军队不是易事。为防止被穆斯林各个击破，为了统一指挥起见，艾塔拉布没有把兵力分散到过多的城镇。他在拉姆拉放下一支大军，在耶路撒冷放下了类似的另一支大军。在加沙、萨巴斯退、纳布卢斯、卢德、雅法仅派了卫戍部队。布置好之后，他等待着阿拉伯人到来。他当时相信自己的才能，相信他能击败前来与其交战的阿拉伯人。

包围凯撒利亚

阿慕尔·本·阿斯很清楚他面临的局势。他认为，与艾塔拉布指挥的这支罗马军队交战，他胜不了，而且很可能被对方击败。因此，交战之前他给哈里发欧麦尔写信，作了汇报。哈里发欧麦尔收到信后，马上命令耶济德·本·艾比·苏富扬派耶济德的兄弟穆阿维叶·本·艾比·苏富扬率一路人马攻占凯撒利亚。不让罗马援军从海上在凯撒利亚登陆去增援艾塔拉布。凯撒利亚当时是一个重要港口，那里有一支庞大的罗马军队驻守。穆阿维叶率军包围了凯撒利亚。经过激烈的战斗之后，穆斯林将士打败了罗马人。在战斗中，穆斯林将士斩杀了八万名罗马士兵。罗马人失败之后，他们死伤人数达到了十万名。攻占凯撒利亚之后，穆斯林大军的侧翼安全了，而且敌人无法再从该城前去增援艾塔拉布了。

此后，阿拉伯人又攻占了加沙。在艾布·伯克尔时代，穆斯林曾占领过加沙，后来他们又主动撤离了。穆斯林攻占凯撒利亚及加沙之后，阿慕尔·本·阿斯所率领的大军靠海洋一侧的安全得到了保障，也断了艾塔拉布援军的来路。这样他只有靠他手下的士兵来同穆斯林厮杀。

穆斯林将士攻占艾季纳代因

阿慕尔发现艾塔拉布率军去了艾季纳代因。阿慕尔马上派阿勒格迈·本·哈克姆及马斯鲁格·阿齐各率一路人马向耶路撒冷方向挺进，以牵制该城的罗马军队。同时，阿慕尔又派艾布·阿尤比·马立克率一路人马向拉姆拉方向运动。然后，阿慕尔将自己的布置写信向哈里发欧麦尔作了汇报。他在信中详细汇报了罗马军队的实力、装备及艾塔拉布如何诡计多端。阿慕尔之所以这样汇报，他是想让哈里发给他派援军来。哈里发欧麦尔看了阿慕尔的信后笑了。哈里发对他周围的人说：“我要用阿拉伯人的艾塔拉布来对付罗马人的艾塔拉布，看鹿死谁手！”

穆斯林援军来到了巴勒斯坦。阿慕尔将援军分派到向耶路撒冷及拉姆拉方向运动的穆斯林军中，然后，他亲率主力部队向艾季纳代因方向挺进。他要与艾塔拉布交战了。但敌人固守在堡垒中不出战。怎样才能战胜敌人呢？怎样才能了解敌人的情况呢？只有用计谋才能实现这一目的。阿慕尔想派使节到敌方去和谈。他告诉自己的使节，要弄清敌人堡垒的进出口及其薄弱环节。但是，阿慕尔的使节没能完成这一使命。阿慕尔决定自己化装，充当使节，自己深入到敌方去了解情况。但是决不能让艾塔拉布认出自己是阿慕尔，否则即使不被敌人杀掉也会被扣押。阿慕尔化装后来到了敌方，他认真察看了敌人的堡垒后，以使节的身份来到了艾塔拉布本人面前。两人谈判时，艾塔拉布对来者的身份产生了怀疑。他心中说："此人即使不是阿慕尔，也必是阿慕尔言听计从的人。我把此人杀掉是对敌人的最大打击！"艾塔拉布利用某一个机会叫来了一位士兵，他告诉这位士兵，在这位来谈判的阿拉伯人经过某某地方时，马上把他杀掉。艾塔拉布布置好此事后又回到了阿慕尔面前。阿慕尔从对方的举动中看出，敌人在耍阴谋诡计。于是，他从容不迫地对艾塔拉布说："你听了我要说的话，我也听了你要说的话。我对你说的话很满意。我是哈里发欧麦尔派来谈判的十名使节之一。我现在回去，将谈判的情况向负责人汇报一下。我回去后，将十名负责谈判的使节全都带到你面前来。如果他们的意见与我的意见一致，那么军政各方就会同意谈判的结果；如果他们的意见与我的意见不一致，请你将他们送回，让我留下来，再继续同你谈下去。"

艾塔拉布听了阿慕尔的一席话之后，对自己原来的猜想产生了怀疑。于是，他马上下令召回了要杀掉阿慕尔的那位士兵。然后，他对阿慕尔说："你回去吧，请尽快将谈判使节们带来。"阿慕尔离开敌方回到了自己的军营。他根本没打算再到敌方去。艾塔拉布知道真相后说："此人欺骗了我，他是个很狡猾的人物。"后来哈里发欧麦尔也知道了这件事。他当时说："阿慕尔打败了他。阿慕尔是好样的！"

了解敌人情况、一切准备就绪后，阿慕尔向敌人发起了攻击。两军在艾季纳代因交手了。敌我双方都知道此战对罗马帝国及伊斯兰帝国的重大意义及影响。因此，艾季纳代因的战斗异常激烈，双方死伤都很惨重。但穆斯林将士比罗马将士们更有耐性。同时，穆斯林将士在叙利亚的胜利大大鼓舞了参战的穆斯林将士的士气。巴勒斯坦的犹太人及基督教徒们对战争持旁观立场。双方的战斗一直持续到傍晚。天快黑时，罗马人乱了阵脚，他们开始向耶路撒冷方向退却。负责围攻耶路撒冷的阿勒格迈·本·哈克姆及马斯鲁格·阿齐命令穆斯林将士们给敌人让开一条路，让他们进了耶路撒冷城。

阿慕尔命令将士们包围耶路撒冷，等待时机攻取它。在攻打耶路撒冷之前，阿慕尔要切断敌人从海上逃走的一切后路。于是，他下令攻占了拉法、加沙、萨巴斯退、纳布卢斯、卢德、阿姆瓦斯、贝特贾夫林及雅法。这样，在巴勒斯坦敌人只剩下了耶路撒冷和拉姆拉两座城市。是进攻这两座城市呢，还是请示欧麦尔后再定夺呢？

正当阿慕尔考虑如何行动时，他接到了艾塔拉布的来信。艾塔拉布在信中说："你是我的朋友，也是与我旗鼓相当的人物。你在你的国家同我在我的国家一样，都是有身份的人。你们攻占艾季纳代因后，不可能再攻下巴勒斯坦的任何一个城市。我劝你收兵，否则你会像过去遭受到失败的人物一样失败的！"阿慕尔读了此信后很惊讶。他回信说："我要占领的是这个国家。"他劝艾塔拉布同其幕僚们商议一下，但愿他们能劝他投降。否则他会遭受灭顶之灾。但是，当时驻在艾季纳代因的穆斯林将士们也急需给养和支援。于是，阿慕尔给哈里发欧麦尔写信求援并请示方略。他在信中说："我面临的是一场残酷的战斗。巴勒斯坦这个国家好像只有你亲自来才能攻占它。请你指示如何行动。"

哈里发欧麦尔收到并仔细看了阿慕尔的来信。穆斯林及非穆斯林史学家们公认，欧麦尔收到信后来到了耶路撒冷，并同该城的居民们签订了和约。但是对从欧麦尔收到阿慕尔的信开始到他来到耶路撒冷签约之前这段时间内所发生的情况，史学家们有很大分歧。

但史学家们公认的是，发生在艾季纳代因的战斗使耶路撒冷的居民们很害怕。他们相信，毫无疑问阿拉伯人能够攻占他们的城市。因此，他们同萨夫拉尼尤斯大主教商议后，将大十字架及教堂中的贵重物品运到了船上，然后将其运到了君士坦丁堡。在欧麦尔同耶路撒冷的使节和谈之前，艾塔拉布率罗马军队从耶路撒冷撤到了埃及。对于除此之外的其他事件，史学家们各有各自的不同记载。是在艾塔拉布离开耶路撒冷、在欧麦尔到来之前提出和谈的呢，还是阿慕尔率军包围了耶路撒冷之后提出和谈的呢？是哈立德及艾布·欧拜岱从叙利亚来到巴勒斯坦后，由他俩负责围城、阿慕尔没参加围城呢，还是由上述三个人一起负责围城的呢？是欧麦尔率领大量援军从半岛来到巴勒斯坦，并参加了围城，然后开始和谈的呢，还是在耶路撒冷居民先提出同哈里发欧麦尔和谈后，欧麦尔带着少数人马来到巴勒斯坦的呢？围城的时间是很长呢，还是很短呢？关于这些问题，我们很难做出正确判断。在此，我们对上述问题只能简述，然后再谈和谈前后欧麦尔在耶路撒冷的活动。

圣城耶路撒冷

耶路撒冷坐落在巴勒斯坦南部山区，自古以来是兵家必争之地。古埃及人曾利用耶路撒冷抵御想从巴勒斯坦入侵埃及的敌人。耶路撒冷居民曾多次起来造反，脱离了埃及人的统治。在达乌德和苏莱曼时代，耶路撒冷曾脱离了埃及的统治。苏莱曼在耶路撒冷建立了苏莱曼圣殿。公元前6世纪，波斯人入侵耶路撒冷时，苏莱曼圣殿及整个耶路撒冷曾被大火烧光。此后，又重建了苏莱曼圣殿。犹太人将圣殿作为他们进行宗教活动的圣地。犹太人加固了圣殿，并使圣殿成了在公元前1世纪抵抗罗马人入侵的堡垒。罗马人占领巴勒斯坦后，圣殿再次被毁。后来，耶路撒冷人又重建了圣殿，并使它比原来更雄伟。基督教在巴勒斯坦兴起后，苏莱曼圣殿不再被重视，它几乎成了废墟。在公元7世纪初，当波斯人入侵时，耶路撒冷抵抗了十八天后才献城投降。当罗马人收复耶路撒冷后，罗马皇帝狠狠地惩罚了犹太人。

有关围困耶路撒冷的记载

有关耶路撒冷城没有抵抗穆斯林的进攻及当时听到穆斯林即将攻城的消息后，艾塔拉布马上撤离了耶路撒冷，萨夫拉尼尤斯主教马上提出和解的记载是不真实的。在历史上，耶路撒冷城多次抵抗入侵者。很自然地，耶路撒冷城的居民们，像以往抵抗波斯人一样，对穆斯林进行了顽强的抵抗。有记载说，和谈之前，穆斯林已将该城围困了数月。这一记载是真实可信的，而没有抵抗就提出和谈的记载是不真实的。

同样，我们应该排除有关是哈立德·本·瓦利德，或艾布·欧拜岱·本·贾拉赫，或这两人一起负责包围了耶路撒冷的记载。包围耶路撒冷时，上述两人正在攻击霍姆斯、阿勒颇及安塔基亚。围困耶路撒冷城和攻占叙利亚上述城市都发生在伊历 15 年（公元 636 年）。围困耶路撒冷城长达数月。当时，哈立德及艾布·欧拜岱正在叙利亚北部征战。因此，说是哈立德或是艾布·欧拜岱负责包围了耶路撒冷是不真实的。

还有记载说，是阿慕尔·本·阿斯率军包围的耶路撒冷，围困该城持续了很久。这期间，阿慕尔遇到了耶路撒冷居民的顽强抵抗。笔者认为，这一记载是真实可靠的。这符合耶路撒冷居民在各个历史时期抵抗入侵者的历史传统。在指挥技巧和驾驭战争能力方面，阿慕尔·本·阿斯并不比艾布·欧拜岱差。阿慕尔攻克了埃及罗马人修筑的坚固堡垒。在艾布·伯克尔派军出征叙利亚时，当时如果他愿意，他就是这支军队的统帅。欧麦尔·本·哈塔布曾对他说："这次你不挂帅，如安拉意欲，很快你就会成为至高无上的军队统率。"在艾布·伯克尔时代，他也曾率军打击过发生在吉达阿的里达暴动。无论在战时或在和平时期，他都有过人的计谋和策略。另外，阿慕尔当时是穆斯林在巴勒斯坦征战的总指挥。由他负责包围耶路撒冷是理所当然的。无疑，是阿慕尔率军包围了耶路撒冷，是他与耶路撒冷居民开始了和解谈判。

对耶路撒冷的包围持续了很久，该城的居民进行了顽强抵抗，因此阿慕尔才向哈里发欧麦尔求援。他在求援信中说："我面临的是一场残酷的战斗。巴勒斯坦这个国家好像只有你亲自来才能攻占它。请你指示如何行动。"泰伯里记载说："耶路撒冷城重创了阿慕尔的军队，阿慕尔也重创了耶路撒冷城的城防。阿慕尔没能攻占耶路撒冷城和拉姆拉城。"为了战胜敌人，哈里发欧麦尔给阿慕尔派来了庞大的援军。

萨夫拉尼尤斯派使节晋见欧麦尔及订立和约

欧麦尔是随援军一起来到了巴勒斯坦呢，还是当耶路撒冷居民提出和谈，并要求哈里发欧麦尔亲自主持和谈大计之后来到了巴勒斯坦的呢？

多数人认为，欧麦尔是为了主持和谈大计，带着少数随从离开麦地那来到了耶路撒冷。令人奇怪的是，从麦地那到耶路撒冷乘快驼也要走三个星期，仅仅为了和谈，耶路撒冷居民就能要求欧麦尔到耶路撒冷来。我认为，当时欧麦尔对耶路撒冷久攻不下很不满意。以前，阿慕尔曾向哈里发要求援军。当阿慕尔再次向哈里发请求援军时，哈里发欧麦尔亲自随军来到了处在叙利亚与约旦边境上的贾比尔城。当时，艾布·欧拜岱及哈立德已占领了叙利亚。欧麦尔下令让艾布·欧拜岱、哈立德·本·瓦利德及其他穆斯林将领前来贾比尔，共商攻克耶路撒冷的战斗部署。

罗马将领艾塔拉布及大主教萨夫拉尼尤斯当得知欧麦尔已到达贾比尔城，艾布·欧拜岱及哈立德已完全击垮了驻叙利亚的罗马军队后，已清楚地看到，耶路撒冷城已不可能再长久抵抗下去了。于是，艾塔拉布率罗马军队悄悄弃城并逃到了埃及。大主教萨夫拉尼尤斯在得知大军得救后，决定同穆斯林和谈，将城市交给穆斯林。因为大主教知道欧麦尔在贾比尔城，他才提出必须由欧麦尔主持和谈大计。而贾比尔城距耶路撒冷很近，欧麦尔没理由拒绝对方的要求。

欧麦尔离开麦地那之前，曾征求了众穆斯林的意见。当时，奥斯曼·本·阿凡不同意欧麦尔离开麦地那。他对欧麦尔说："如果你留在麦地那不到他们那儿去，他们会认为，你并不重视他们所提出的事情，你在准备战斗。这样他们很快就要屈服并缴纳赋税。"阿里·本·艾比·塔利卜不同意奥斯曼·本·阿凡的意见。他向欧麦尔提出，应该到耶路撒冷去。穆斯林将士们在外长期征战，他们已经历了千辛万苦。如果你亲临前线，这对你、对穆斯林们都有利。我担心敌人对你、对和谈一旦失望，会固守待援。耶路撒冷对他们来说很重要，耶路撒冷是他们的朝觐圣地。欧麦尔采纳了阿里的意见。他委任阿里代管麦地那的政务，并命令随从准备同他一起出发。

欧麦尔从麦地那出发来到了贾比尔城。在他出发之前，已经命令征战的各路穆斯林将领们，将政务安排好之后，于某日赶到贾比尔城来见他。将领们知道哈里发欧麦尔到达贾比尔城后，便纷纷前来晋见。最先到达的是耶济德·本·艾比·苏富扬、艾布·欧拜岱及哈立德·本·瓦利德。欧麦尔看到将领们一个个都穿着绫罗绸缎向他走来，他生气了。只见他翻身下马，拿起一块石头向他们投去。他愤怒地说："你们变得好快啊！不要穿这样的衣服来见我！只是近两年来你们才能吃饱饭啊！指安拉起誓，就算有二百名将士像你们这样，我也要全部撤换你们的职务。"将领们道歉后对他说："信士的长官啊，这仅仅是外衣，我们个个都带着武器呢。"欧麦尔看到他们身上的武器后才消了气。他对他们说："这样才对。"于是，将领们簇拥着欧麦尔进了贾比尔城。

有一天，两名骑士手拿宝剑向欧麦尔的驻地走来。穆斯林马上拿起了武器。欧麦尔见状微笑着说："没事，不要怕，别伤来人。"这是耶路撒冷大主教萨夫拉尼尤斯派来同信士的长官和谈的使节。参照大马士革和约，欧麦尔同耶路撒冷居民订立了和约。根据泰伯里的记载，和约如下：

> 奉至仁至慈的安拉之名
>
> 安拉的奴仆、信士的长官欧麦尔给予耶路撒冷居民人身财产安全保证，并保证他们的教堂及其财产不受侵犯。不强迫他们中任何人改变其宗教信仰，他们中任何人不受伤害。不允许任何一位犹太人居住在耶路撒冷。同其他城市的居民一样，耶路撒冷居民应缴纳赋税。居民们愿离该城者，其人身、财产受到保护。耶路撒冷居民中有谁愿同罗马人一起撤离该城，他们的人身、财产受保护……

欧麦尔在和约上签了字。哈立德·本·瓦利德、阿慕尔·本·阿斯、阿卜杜·拉赫曼·本·奥夫、穆阿维叶·本·艾比·苏富扬作为见证人签了字。

大主教萨夫拉尼尤斯的使节带着和约回到了耶路撒冷。大主教及居民们皆大欢喜。他们怎能不高兴呢？穆斯林给了他们人身、财产安全保证，给了他们信仰自由。他们怎能不高兴呢？和约允许愿同罗马人一起离开该城者安全离城，允许居住在耶路撒冷的外国人继续安全地留在城中。这一和约给耶路撒冷城基督教徒们带来了新纪元。这一和约是史无前例的，也是他们没有意料到的。

有关耶路撒冷和约的消息传到了拉姆拉城。拉姆拉城居民翘首相望，盼着同信士的长官签订同样的和约。巴勒斯坦其他地方的居民们也盼着能签订同样的和约。哈里发欧麦尔满足了巴勒斯坦人的愿望，同他们签了和约。这之后欧麦尔给巴勒斯坦任命了两位负责人。每个人各自负责巴勒斯坦国土的一半。阿勒格迈·本·哈克姆负责拉姆拉及其所属地区。阿勒格迈·本·木杰扎负责耶路撒冷及其所属地区。

欧麦尔进耶路撒冷远寺

欧麦尔签订和约后，马上命令艾布·欧拜岱、哈立德及随从人员回到各自的岗位上。他准备在阿慕尔·本·阿斯、夏尔·哈比勒·本·哈赛乃的陪同下进耶路撒冷城。当时他的坐骑患病未愈，他只好让人给他另外找了一匹坐骑。但当他骑上这匹新的坐骑时，发现它摇头摆尾，脖上的挂铃不停地叮当乱响。欧麦尔生气了，他翻身下马，用自己的衣服抽了一下马头后说："安拉讨厌像你这样自负的东西！"他只好等了几天，当他自己的坐骑病愈后，便骑上它进了耶路撒冷城。大主教萨夫拉尼尤斯及其他头面人物热情欢迎他的到来。欧麦尔讲了使他们放心的话。耶路撒冷居民们认为欧麦尔是诚实可信的，他们在他身上看到了在罗皇统治时所没看到的东西。罗马皇帝只是压迫，而欧麦尔热爱真理，公平待人。居民们走后，欧麦尔做了礼拜。在礼拜中，他感谢安拉给他的恩惠。

能够到耶路撒冷远寺是何等的荣耀啊！安拉曾在升宵之夜使他的奴仆、使者穆罕默德从麦加清真寺来到耶路撒冷远寺，他曾在苏莱曼圣殿的废墟上做了礼拜。从那夜之后，安拉的使者再没到过耶路撒冷远寺。使者的继任者艾布·伯克尔也没到过耶路撒冷远寺。而欧麦尔得到了这一莫大的荣耀。耶路撒冷曾是穆斯林礼拜的朝向，也是犹太人的圣地。欧麦尔非常感谢安拉给予他的恩泽。他到耶路撒冷的当天晚上除处理了一些必要的事务之外，还向安拉做了整夜的礼拜。

第二天，大主教萨夫拉尼尤斯前来拜访欧麦尔并陪同他参观了耶路撒冷的古迹。该城的古迹数不胜数。它是众先知的故乡。与安拉交言的先知穆萨曾带领以色列人从埃及来到了这里。在这里建有基督教圣墓教堂。尔撒升天的故事也发生在这里。这里有达乌德壁龛、叶尔孤白岩石。据史书记载，安拉的使者就是从这块岩石上升宵的。这里还有苏莱曼圣殿遗址。大主教不厌其烦地向欧麦尔讲解了这些古迹。正当两人参观圣墓教堂时，礼拜的时间到了。大主教请欧麦尔在教堂做礼拜，但欧麦尔婉言拒绝了大主教的请求。他认为，如果他在圣墓大堂做礼拜，将来世世代代的穆斯林也会来此礼拜，还会将基督教徒赶出圣墓教堂，这样就违背了双方的和约。同样，欧麦尔也谢绝了让他在君士坦丁教堂做礼拜的请求。人们为欧麦尔在君士坦丁教堂的门口铺上了一块毯子，他在毯子上做了礼拜。也就是说，他在苏莱曼遗址上的圣石附近做了礼拜。此后，穆斯林在此建造了清真寺。它就是阿克萨清真寺（远寺）。在欧麦尔时代，阿克萨清真寺就像先知穆罕默德刚到麦地那时建立的那座清真寺一样很简陋。

部分东方学家认为，欧麦尔不在圣墓教堂礼拜是由于教堂内有画图和塑像。欧麦尔为了掩盖真正的原因，也为了不伤大主教的感情，才说了上述的托词。对于有关在不同地区不同宗教关系的重大历史事件，这些东方学家的说法是不正确的。下面的事实说明，这些东方学家的说法是不对的。在参观圣墓教堂之后，萨夫拉尼尤斯主教陪欧麦尔参观了麦海迪教堂。当礼拜的时间到来时，欧麦尔就在麦海迪教堂做了礼拜。这个教堂和圣墓教堂一样，里面也有画图和塑像。欧麦尔担心其他穆斯林以此为例，也在教堂做礼拜，于是他让他的同伴们离开了教堂，并给主教写了一份特殊约定书：这个教堂归基督教所有，每次除一名穆斯林外，其他穆斯林不得入内。我们也知道，赛尔德·本·艾比·瓦戛斯曾让穆斯林们在布满了画图和塑像的波斯王宫内做礼拜。赛尔德完全能将王宫内的画像和塑像搬走，但他没这样做。安拉的使者在迁到麦地那之前，也曾在布满偶像的天房内礼拜。使者迁到麦地那七年之后，他带着两千名穆斯林来麦加做副朝，穆斯林转天房时，偶像仍然存在。比拉勒登上天房的屋顶，宣了响礼，先知穆罕默德同两千名穆斯林一起做了礼拜。当时，穆罕默德及跟他在一起的穆斯林只好在有画图和塑像的地方做了礼拜。伊斯兰信仰安拉，他们的行为来自内心，谁虔诚信仰安拉、心系安拉，无论他到何处，安拉总是与他同在。光复麦加之日，穆罕默德摧毁了围绕在天房周围及在天房之内的偶像。这是为了禁止除伊斯兰教之外的任何宗教在天房内存在，也是为了不使这些偶像提醒任何人在蒙昧时期的信仰。对心中虔诚信仰安拉的人，他不怕在任何地方行礼拜。

欧麦尔不在圣墓教堂礼拜是宗教史上及有关在世界各地信仰各种宗教者之间关系方面的重大事件。这件事说明了伊斯兰的宽容精神，也表明了欧麦尔真真正正地实行宗教无强迫主张，也描绘了那个时代穆斯林的政策及这一政策是建立在信仰自由的基础上的。传播安拉的宗教靠的是理智、劝导和善言相辩。如果你和他人之间有敌意，与之相处时，首先将其视为朋友。令人称奇的是，一千三百年之前，在耶路撒冷发生的这件事竟是欧麦尔·本·哈塔布的手笔。在数代数个世纪中耶路撒冷一直是连绵不断的战争的焦点，时至今日耶路撒冷仍是发生在世界各地的宗教纠纷、门户偏见的发源地，是基督教徒、犹太教徒和穆斯林不断争斗的场所。如果各国的国王及政治家们都能像那个时代的欧麦尔一样，能认识到宗教无强迫，是谁的就是谁的，是恺撒的归恺撒，是安拉的归安拉，他们就不会打着上帝许给的土地的幌子或打着苏莱曼圣台的旗号，说巴勒斯坦这块土地是他们的了。如果他们能像欧麦尔那样，世界各地及各民族就不会遭受像今天所受的这种苦难了。公正的人有理由问：人们何时想喘口气休息一下？除斗争外人们能否找到达到体面、光彩、和睦的途径？世界历史就是由不断的战争组成的历史。有野心的人一会儿以宗教的幌子，一会以信仰自由的旗号发动了这些战争。宗教和信仰自由是无辜的，它只不过被人当作了战争的理由。一些野心家为了满足自己的欲望利用了宗教及信仰自由。如果没有他们的野心，宗教和信仰自由早就实现了。这是正确的回答。与此同时，这也证明人类的良知仍在童年时代。先知们、使者们、哲学家们及明哲们的教导还没在人的心目中开出他们所想要的果实，还没起到他们所想要的影响。

一些基督教徒说，欧麦尔在与耶路撒冷人的和约里给基督徒加上了一个约定：他们不能禁止穆斯林白天或晚上进入他们的教堂；他们不能谈他们的宗教，或企图让别人加入他们的宗教；他们不能穿穆斯林穿的衣服，不能按穆斯林的打扮来打扮自己；他们不能讲胜利者的语言阿拉伯语，不能给自己起胜利者用的名字；他们不能骑马，不能携带武器；如果穆斯林经过，他们必须立正站住，如果穆斯林走过来，他们应一直站着，直到这位穆斯林坐下为止；他们不能卖酒，不能在教堂上挂十字架，不能敲钟；他们不能使用穆斯林使用过的仆人。上面我已谈过欧麦尔是如何对待基督教徒的。上述说法不值得我去批驳。这些基督徒的说法不符合欧麦尔在圣墓教堂及麦海迪教堂的立场。大主教萨夫拉尼尤斯及耶路撒冷居民对当时的和约都很满意。如果和约中有部分基督徒所说的内容，大主教及耶路撒冷居民还会满意吗？信仰基督教的先期史学家都详细记载了欧麦尔对教堂的大度及大主教和耶路撒冷权贵们对欧麦尔的欢迎。在先期阿拉伯史学家的著作里，我们没有看到对欢迎场面的描写。而上述部分基督徒的说法，是鼓动十字军侵略巴勒斯坦的战斗强加到欧麦尔身上的。这些鼓吹者们是别有用心的，他们把发生在后代的缺点毛病及偏见都强加在了欧麦尔身上。日后导致伊斯兰帝国没落的各种因素发展成了统治上的弊病。在后来的时代，在穆斯林之中有些持门户偏见或宣扬门户偏见的人。但欧麦尔与这些人毫无关系，他们这些人站得高，他比他们崇高伟大得多。安拉已给欧麦尔打开了世界上所有的门户，他无须这种门户偏见。很多人自愿地、成批地归信了伊斯兰教，波斯和罗马两大帝国的军队已无力站在欧麦尔所统帅的大军面前，两大帝国的军队见到穆斯林军队时只有逃窜的份。欧麦尔是位有远见老练的政治家，他的本性使他能善待打开城投降的人。但胜利没有使他忘记保持警惕，没有使他自高自大和骄傲自满。胜利也没有使他忘记公正和有同情心地处理甚至打动被统治民族的心。因此，信仰基督教的公正的史学家都异口同声地赞扬他的公正和宽容，赞扬他在耶路撒冷的立场及他在与耶路撒冷居民签订和约时所表现出的温和态度。

欧麦尔在耶路撒冷期间，给穆斯林作了讲演。在讲演中他引用了下面这段《古兰经》：

> 安拉引导谁，谁遵循正道；安拉使谁迷误，你绝不能为谁发现任何朋友作为引导者。（《古兰经》山洞章：17 节）

当欧麦尔讲这话时，一位基督教神父站起来插话说：“安拉不会使任何人迷误。”当这位神父反复讲这话时，欧麦尔对身边的人说：“看住他，如果他再讲这话时，砍掉他的头。”这位神父默不作声了。当时欧麦尔正在讲演，他顾不上同这位神父争辩。这位神父插话打断欧麦尔的讲演是很不礼貌的，因此，欧麦尔才警告了他。当这位神父默不作声后，欧麦尔也没伤害他。欧麦尔讲演完毕后，他同穆斯林一起做了礼拜。

欧麦尔的大度不等于说他将耶路撒冷全部交给了基督教徒。难道说，穆斯林不能在该城进行宗教活动吗？耶路撒冷是穆斯林礼拜的第一个朝向。先知穆罕默德曾夜行到过耶路撒冷。耶路撒冷的神圣地位在欧麦尔心中不亚于其在基督教徒心中的地位。穆斯林每占一城必在其中建造清真寺。前文中我们已经提到，欧麦尔向大主教萨夫拉尼尤斯提出不在圣墓教堂礼拜。他在圣坛废墟上的叶尔孤白岩石附近做了礼拜。在他礼拜的地方建起了一座像先知在麦地那时的清真寺一样的简陋的清真寺。史学家伊本·凯西尔曾提到，欧麦尔向凯阿卜·艾哈巴尔问要在何处礼拜。凯阿卜·艾哈巴尔是犹太人，后归信了伊斯兰教。凯阿卜·艾哈巴尔对欧麦尔说："如果你同意我的意见，你就在叶尔孤白岩石后面礼拜。这样整个耶路撒冷就处在你手中了。"欧麦尔回答说："我像犹太教那样做？不行！我要在安拉的使者礼拜的地方礼拜。"史学家泰伯里记载说："欧麦尔问凯阿卜：'你看我们在哪儿礼拜？'凯阿卜回答说：'在叶尔孤白岩石上。'欧麦尔回答：'凯阿卜啊！指安拉为誓，这样我不是像犹太教那样了吗？！我们要像安拉的使者那样，把我们礼拜的正向放在清真寺的中间，我们不朝叶尔孤白岩石礼拜，我们要朝向天房克尔白礼拜。'于是，他将礼拜的正向放到了朝向天房的清真寺中间，而没有朝向叶尔孤白岩石。"

欧麦尔将正向朝向天房，没有使叶尔孤白岩石在正向前面。这是因为，《古兰经》已经指出，天房是穆斯林们礼拜的朝向。欧麦尔对叶尔孤白岩石也很尊敬。圣训指出，这块巨石是夜行升霄之处。欧麦尔看到，在这块岩石上有罗马人扔下的垃圾，于是他对同伴们说："跟我一起做。"然后，他亲自清除了这些垃圾，把这些垃圾扔到了远离巨石之处。与欧麦尔同行的穆斯林跟着他一起做了这件事。从那天开始，叶尔孤白石一直受到穆斯林的关心。直到阿卜杜勒·麦利克·本·麦尔旺在这块巨石上修建了出色的建筑。当然，后来阿克萨清真寺和禁寺超过了这座建筑。在这之后，阿卜杜勒·麦利克修建的所有清真寺都超过了这个建筑。他所修建的清真寺都很漂亮。

欧麦尔返回麦地那

处理完一切政务后，欧麦尔离开了耶路撒冷。他在贾比尔城停留了几天后返回了麦地那。阿里率众穆斯林在麦地那郊区为欧麦尔举行了盛大的欢迎仪式。

欧麦尔对于穆斯林开拓的疆界满意了吗？当时，欧麦尔想到此结束征战，好好治理国土。但命运往往胜过个人的意志。占领了巴勒斯坦，艾布·欧拜岱及哈立德率军平定了叙利亚的暴动后，穆斯林又攻占了一些王国。

第十三章　征服叙利亚后哈立德的情况

罗马皇帝及伊拉克的阿拉伯基督教徒们

艾布·欧拜岱、哈立德·本·瓦利德、耶济德·本·艾比·苏富扬从耶路撒冷各自回到自己的岗位上。耶济德回到了大马士革，艾布·欧拜岱回到了霍姆斯，哈立德·本·瓦利德回到了肯奈斯林。他们都认真、公正地管理各自负责的城市和地区。从南到北穆斯林征服了整个叙利亚。敌人惨败之后，穆斯林已不担心敌人再会突然袭击他们了。

但居住在地处伊拉克和叙利亚之间的希特、提克里特、摩苏尔及格尔格斯叶地区的居民，由于以前赛尔德·本·艾比·瓦戛斯率穆斯林将士毁坏了他们的家园，便对穆斯林耿耿于怀。他们认为，他们的家园仍受到穆斯林的威胁，因此便给罗马皇帝写信求助。他们在信中表示，如果罗马皇帝从海上派军队来，他们将帮助罗马人打击穆斯林，并帮助他们恢复失地。罗马皇帝认真考虑了此事。他认为，这样做有百利而无一害。罗马人或许能借助这些同盟者而战胜自己的敌人，从而收复叙利亚北部地区，收复大马士革，进而收复耶路撒冷。

上述地区的居民们再次向罗马皇帝求助。这让他看到了他们的决心，并了解到他们中的大多数人都是信仰基督教的阿拉伯人。另外，发生在叙利亚的激战已过去一年多了，罗马皇帝已从惊怕中清醒过来。当时很多港口仍在罗马人手中，罗马人的舰队没受什么损失。同时，罗马皇帝也看到穆斯林不善海战，惧怕罗马军队从海上来攻击他们。这一切使他下定了决心，帮助上述地区的居民同穆斯林斗争。如果这些地区的居民从东方袭击穆斯林，罗马人同时从西方乘船来袭击他们，在双方的夹击之下穆斯林难以应付，这样整个叙利亚的居民就会乘机作乱，罗马人报仇的机会就会到来。

罗马人及阿拉伯基督教徒们包围了驻扎在霍姆斯的艾布·欧拜岱

罗马皇帝给上述地区的居民们写信，鼓励他们起来同穆斯林斗争，并告诉他们，他已派舰队从亚历山大出发，前来安塔基亚支援他们。这些居民收到信后马上全副武装向霍姆斯杀来。艾布·欧拜岱得到了敌人行动的全部情况。他马上将哈立德·本·瓦利德从肯奈斯林城召来。两人一致同意：把驻扎在叙利亚北部的所有穆斯林部队集合起来，共同抗击来犯的敌人。于是驻安塔基亚、哈马、阿勒颇及其他霍姆斯附近的穆斯林军队集合到了霍姆斯。罗马人及信仰基督教的阿拉伯人前来攻打霍姆斯的消息传遍了叙利亚。人们问道，罗马皇帝同其同盟者们发起的新的战争会是什么结局呢？罗马军舰到达安塔基亚城时，该城居民为罗马人打开了大门，并起来反对留守此城的穆斯林。于是，叙利亚北部又重燃战火。艾布·欧拜岱被困在了霍姆斯城。艾布·欧拜岱如何行动呢？他同幕僚们进行了商议，他们提出，应向哈里发欧麦尔求援，固守待援。当时只有哈立德·本·瓦利德一人主张马上同敌人展开战斗。艾布·欧拜岱采纳了多数人的意见。他马上给欧麦尔写信求援。

欧麦尔一天也没忘记，驻叙利亚及伊拉克的穆斯林将士很可能遇到类似今天遇到的危险。因此，他专为穆斯林将士建造了巴士拉城和库法城，并在其他六个城镇驻扎着四千骑兵部队，其目的就是为应付这种突发事件。当哈里发收到艾布·欧拜岱的求援信及了解到他面临的危机后，他马上给赛尔德·本·艾比·瓦戛斯下达了命令：此信到达之日，令盖尔嘎阿·本·欧麦尔率穆斯林将士马上开赴霍姆斯。艾布·欧拜岱已被敌人包围。十万火急支援霍姆斯的穆斯林。在接到命令的当天，赛尔德就执行了哈里发的命令。他马上派盖尔嘎阿率四千骑兵从库法出发开赴霍姆斯。

新兴的伊斯兰帝国全民动员，艾布·欧拜岱战胜敌人

当时的局势是很危险的，仅靠盖尔嘎阿率领的四千骑士是应付不了局面的。参加围困艾布·欧拜岱的阿拉伯基督徒人数多达三万。罗马皇帝派来的援军已占领安塔基亚。哈里发欧麦尔知道，驻扎在叙利亚各城镇的穆斯林同时还要忙于各自的事务。如果驻叙利亚各城镇的所有穆斯林都前往霍姆斯，那么叙利亚就会大乱。派遣盖尔嘎阿出兵之后，哈里发欧麦尔经过深思熟虑又下达了一系列命令。他分析半岛上信仰基督教的这些阿拉伯部落为何敢于起来造反呢？那是由于他们认为，自己的家园远离穆斯林控制区，鞭长莫及，所以不会受到穆斯林的侵犯。但如果他们的家园受到侵犯，他们必然会不顾其他，要回来保卫自己的家园，这样一来给艾布·欧拜岱带来的压力就会减轻不少。于是，哈里发欧麦尔命令赛尔德：派苏海勒·本·阿迪率一路人马前去攻击拉卡地区；派阿卜杜拉·本·乌特拜率一路人马攻击奈绥宾地区，占领奈绥宾后马上攻击哈郎地区、拉海地区；派瓦利德·本·阿戈白率一路人马攻击拉比阿地区及台努赫地区；令阿亚多·本·阿乃姆为各路军的总指挥。欧麦尔之所以这样布置，目的是让造反的信仰基督教的这些阿拉伯人想起居住在希特、格尔格斯叶及摩苏尔兄弟们的下场。

欧麦尔想，罗马人在叙利亚已遭惨败。一般来讲，他们不会再从海上派军队来冒险。除非他确实相信自己有能力获胜才会这样做。罗马来的援军是由皇帝的儿子君士坦丁率领的。这说明罗马皇帝决心要报仇雪恨了。如果这次让罗马皇帝得逞，那就会毁了哈里发欧麦尔的大计。欧麦尔绝对不会让这样的事情发生，他要不遗余力地打破罗马人的计划。欧麦尔想方设法动员一切可以动员的力量来应对目前的危险局势。他决定亲自出征了。他集合了麦地那及其附近的穆斯林力量后，准备亲自率领大军取道大马士革开赴战场。

盖尔嘎阿率军火速奔向霍姆斯，其他各路人马全面出击。欧麦尔率军

离开麦地那奔向霍姆斯。穆斯林将士全面出击的消息传遍了伊拉克、叙利亚及整个半岛。艾布·欧拜岱及霍姆斯城中的穆斯林得到了上述消息。前来围困霍姆斯城的那些信仰基督教的阿拉伯人也获得了上述消息。艾布·欧拜岱放心了。前来围城的阿拉伯人却坐不住了。他们开始担心自己家园的命运，并决定赶紧返回去保卫家园。

一天早上，艾布·欧拜岱发现围困霍姆斯城的阿拉伯人已四散离去，城外只剩下罗马士兵。于是，他马上将众将召来，并对他们说与敌人交战的时机已到。哈立德·本·瓦利德很高兴，并指出在敌人未做出新的布置之前，应马上突然袭击敌人。当罗马人看到围城的阿拉伯人已撤走，霍姆斯城内的穆斯林走出堡垒要与自己交战时，他们认为这其中必有阴谋。因此，他们很迷惘。艾布·欧拜岱率众将士向敌人发起了攻击。尽管敌人不知所措，但他们仍进行了顽强的抵抗。这足以证明，罗马人为此战做了充分的准备。无怪乎艾布·欧拜岱及哈里发欧麦尔当时对局势很担心。如果不是围城的阿拉伯人突然离去，穆斯林则很难应付当时的局面。这突发的情况削弱了敌人的力量，罗马人很快就失败了。在盖尔嘎阿·本·欧麦尔率军到达霍姆斯之前，哈里发欧麦尔率军到达贾比尔城之前，敌人就逃跑了。欧麦尔到达贾比尔城时，见到了艾布·欧拜岱派来的特使。特使告诉哈里发，在盖尔嘎阿到达霍姆斯城前三天穆斯林就已战胜了敌人。他请示如何分配战利品，盖尔嘎阿率领的穆斯林应不应得到战利品。欧麦尔悬着的一颗心总算放了下来。穆斯林战胜了敌人，哈里发欧麦尔没必要再向前走了。于是，他给艾布·欧拜岱写了一封信，在信中告诉他：从库法来的由盖尔嘎阿率领的穆斯林应该得到战利品。为救援霍姆斯城内的穆斯林，他们长途跋涉来到霍姆斯。他们的行动已使敌人胆怯，战胜敌人有他们的一份功劳。信发出之后，欧麦尔返回了麦地那。罗马士兵逃到哪儿去了呢？他们逃到了肯奈斯林还是哈马了？还是穆斯林得胜后继续追击敌人，并将敌人骑兵消灭了呢？起来造反的阿勒颇、安塔基亚居民们又如何了呢？史学家对此没有写出值得研究的记载。我认为，罗马士兵们乘船从安塔基亚逃走了；他们逃到了亚历山大或拜占庭。从此之后，罗马皇帝再不奢望打回叙利亚了。而起来造反的当地居民也平息了下来。哈立德·本·瓦利德回到了肯奈斯林，各将领也都回到了各自的岗位。

叙利亚北部全部归顺穆斯林统治

在阿叶塔·本·阿乃木的指挥下，苏海勒·本·阿迪、阿卜杜拉·本·乌特拜、瓦利德·本·阿戈白率军展开了行动。当穆斯林将士到达前去攻打霍姆斯城的阿拉伯人的家园，那些前去攻城的阿拉伯人已开始从霍姆斯返回。苏海勒·本·阿迪取道法拉多来到了拉卡地区。当地居民进了堡垒，苏海勒派兵包围了他们。当地居民说："我们生活在叙利亚与伊拉克边界地区，我们何苦今天与这个打，明天与那个打呢？"于是，他们派人到了阿叶塔·本·阿乃木面前要求和解。根据阿叶塔·本·阿乃木的指示，苏海勒·本·阿迪同当地居民签了和约。阿卜杜拉·本·乌特拜沿底格里斯河率军来到了摩苏尔，然后渡河来到了奈绥宾地区。当地居民同他签订了和约。瓦利德·本·阿戈白率军来到了台格勒布及其他阿拉伯部落居住的家园，除伊亚德部落外，其他部落都归顺了穆斯林。伊亚德部落成员逃到了罗马人占领的土地上去了。瓦利德·本·阿戈白给哈里发欧麦尔写信作了汇报。此后阿卜杜拉·本·乌特拜攻占了哈郎地区，并同当地居民签了和约。苏海勒·本·阿迪占领了拉海地区，并同当地居民签了和约。这样整个阿拉伯半岛都归顺穆斯林的统治。叙利亚、伊拉克政权连在了一起。

上面已提到，瓦利德·本·阿戈白向欧麦尔写信作了汇报。他在信中说道："除伊亚德部落外，所有阿拉伯部落都归顺了。伊亚德部落成员离开自己的家园逃到了罗马领地。"收到此信后，欧麦尔给罗马皇帝写了一封信。他在信中说："我听说有一个阿拉伯部落离开了家园，到达了你的领地。我希望你将他们引渡回来。将来如果有基督教徒逃到我的领地，我也会将他引渡给你。"罗马皇帝答应了欧麦尔的要求。他马上将伊亚德部落赶出了他的领地。有四千名伊亚德部落成员返回了自己的家园，归顺了穆斯林的统治。这个部落的其他成员有的逃到了叙利亚，有的逃到了其他地方。欧麦尔之所以这样做，是不让穆斯林击败的人有避难所，防止他们日后复仇。他这样做，也是为了将阿拉伯人统一到一个政权之下生活。

台格勒布部落成员没像伊亚德部落成员那样逃到罗马领地。但他们拒绝了瓦利德·本·阿戈白向他们提出的必须归信伊斯兰教的要求。最后，他们要求哈里发欧麦尔作裁决。于是，瓦利德又把情况报给了欧麦尔。欧麦尔批准了他们的意见，不同意瓦利德强迫他们归信伊斯兰教。他们对欧麦尔的裁决很满意。这个部落的成员有的归信了伊斯兰教，有的仍信仰基督教。但这个部落的成员不接受自己是被保护的居民而缴纳赋税。为此，他们又派代表团来到了麦地那。代表团成员中有的人已归信伊斯兰教。穆斯林成员对欧麦尔说："不要在赋税问题上使他们不高兴，从而使他们离你而去。你可以加倍收他们的施舍物。他们一听让他们缴纳赋税就不高兴。"欧麦尔坚持让他们缴纳赋税。代表团成员说："如果你把赋税强加到我们头上，我们就到罗马领地上去。"欧麦尔回答说："就算你们逃到罗马，我也会把你们抓回来。"代表团成员回答说："这样吧，我们缴纳财物，但不要称之为赋税。"欧麦尔回答道："我们称之为赋税，你们愿称之为什么就是什么。"阿里·本·艾比·塔利卜见双方争论得很激烈，便站出来说："信士的长官，赛尔德·本·马立克以前也不是加倍收取他们的施舍物吗？"欧麦尔说："是啊！"于是，欧麦尔同意让他们缴纳施舍物代替他们应缴纳的赋税。台格勒布部落成员是阿拉伯人，欧麦尔当时注重的是阿拉伯人的统一。在类似这样的问题上变通一下效果更好，日后的事实证明了欧麦尔的真知灼见。在历史上，台格勒布部落曾多次帮助穆斯林战胜了他们的敌人。

有关围攻凯撒利亚的记载

上述一系列事件发生在伊历 17 年（公元 638 年）。此后，在叙利亚穆斯林政权从南到北稳固下来。欧麦尔再也没看到在叙利亚有什么暴动，再也没看到罗马皇帝对叙利亚有什么不轨之举。但关于凯撒利亚城在此应谈几句。上文中曾提到，穆斯林进耶路撒冷城前夕，穆阿维叶·本·艾比·苏富扬率军包围了凯撒利亚城。对于该城有很多不同的记载：有人说是穆阿维叶攻克了该城；有人说阿叶塔·本·阿乃木在艾布·欧拜岱去世之后，他接替了后者的职务，是阿叶塔攻克了凯撒利亚城；也有人说是阿慕尔·本·阿斯攻克了该城。但学者们一致的意见是，阿慕尔·本·阿斯于伊历 13 年 5月(公元 634 年 7月) 首先率军包围了凯撒利亚城。此后，穆阿维叶在耶济德的命令下才包围了该城。

总之，凯撒利亚城被围了很长时间。有人说该城被围了七年之久。凯撒利亚城是重要的港口，并有坚固的城防。在该城中的居民及驻军比安塔基亚、大马士革的居民及驻军多得多。有人记载，当时每天晚上都有上十万人负责守卫城墙。后来，一位犹太人，在一天晚上，将穆斯林从秘道引入城中。

哈立德·本·瓦利德在肯奈斯林没住多久便同阿叶塔·本·阿乃木开始了新的征战。在征战中他获得了大量战利品。罗马人从霍姆斯城下逃走之后，阿勒颇、哈马、安塔基亚及其他城镇的暴动没有马上平息，因此，需要哈立德·本·瓦利德等其他将领前去平定这些暴动。据说，阿勒颇居民进行了顽强的抵抗，哈立德将该城围困了很久之后才解决了战斗。阿叶塔·本·阿乃木平定了发生在半岛上的暴动后，为了巩固边界，他率军向阿尔明尼亚方向出征了。哈立德·本·瓦利德也从叙利亚北部向了阿尔明尼亚方向。在征战中，哈立德率军到达了阿米德及拉海城。在征战中，哈立德攻占了很多城镇，获得了大量战利品。得胜后，他率军返回了肯奈斯林城。由于他获得了丰厚的战利品，很多人为了得到奖励便纷纷前来投奔他，哈立德对他们毫不吝啬。艾希阿斯·本·盖斯投奔他时，从哈立德手中得到了一万迪尔汗[①]。

人们以敬佩的口吻谈论着哈立德·本·瓦利德的壮举，谈论着他在伊拉克及叙利亚所取得的胜利，谈论着他对英雄人物、诗人们的慷慨，谈论着他对艾希阿斯·本·盖斯的惠赠。当时人们将他与加萨尼国王与希拉国王相提并论。这一切都传到了哈里发欧麦尔耳中。哈里发不禁勃然大怒，他认为哈立德是不知悔改。在这之前，哈里发欧麦尔曾听说哈立德在阿尔明尼亚沐浴时用酒擦身。他写信告诉哈立德：“安拉曾明令禁酒，你不要用酒擦身。”哈立德回答说：“我们将酒稀释成为浴液，

① 古希腊银币名。

它已不是酒了。”哈立德的答复没能使哈里发欧麦尔满意。欧麦尔生气地回答说：“安拉使穆埃拉家族不和睦。我向安拉祈祷，但愿你们不要为此而死去！”欧麦尔也曾命令哈立德，将缴获的财物分出一部分发给迁士中的弱者。但哈立德却将财物大量地给予战斗中的英雄人物及诗人们。这难道不能证明哈立德不执行哈里发的命令吗？这难道不证明是哈立德在说了算吗？哈里发给哈立德下达这项命令时，哈立德曾说过：“要么放手让我去干，要么别让我为你干事。”看来哈立德仍在坚持他自己的观点和立场。

哈立德想大权独揽，独断专行。这怎么能行呢？人们在赞扬哈立德及他的壮举，而哈立德也自认为自己是说一不二的人物，好像自己成了令行禁止的国王。如果再这样发展下去，他总有一天会不把哈里发放在眼里。到那时再去处理哈立德就晚了。他会借此造反，他率领的士兵及叙利亚人会支持他，甚至连罗马人也可能会支持他。如果发生这种情况，哈里发只能怪自己，安拉也会由于哈里发的失职而去惩罚他。

欧麦尔勃然大怒。他说：“我发誓，今后绝对不让哈立德担任任何职务。”他给艾布·欧拜岱写信，让艾布·欧拜岱将哈立德召到艾布·欧拜岱面前，要当场除掉哈立德的帽子，并用哈立德的头巾将哈立德的双手捆在他的背后。然后问哈立德，他给艾希阿斯·本·盖斯的钱财是他个人的私款还是公款。如果是公款，哈立德就犯了背叛罪；如果是个人私款，那他就犯了挥霍浪费罪。不管是何罪，马上解除他的职务。他的职务移交给艾布·欧拜岱。

哈立德·本·瓦利德受辱

艾布·欧拜岱收到此信后很惘然。因为哈立德·本·瓦利德在艾布·欧拜岱心中，在广大穆斯林将士心中，在众穆斯林心中享有崇高的威望。但是信士的长官的命令必须服从和执行。那就将哈立德召来，然后让哈里发欧麦尔的使臣、先知的宣礼员比拉勒来执行哈里发的命令吧。于是艾布·欧拜岱写信将哈立德召来，但他对哈里发的指示一字未提。然后他把该到场的人叫来，自己坐在了讲台上。欧麦尔的使臣问哈立德："你赠给人的一万迪尔汗是从公款中出的，还是从你私人的款项中出的？"哈立德对使臣的提问很惊讶，但他没有回答。使臣又将问题重复了一遍，但哈立德仍一字不答。当时，艾布·欧拜岱坐在讲台上也一句话不说。使臣见哈立德不肯回答问题时便站起来说："信士的长官命令，用你自己的头巾从背后捆起你的双手，除去你的帽子，直到你回答所问的问题。"哈立德更加惊异，但他仍保持沉默。这时，使臣走过来，摘下了哈立德的帽子，并把他的双手放在了他背后，然后用头巾捆上了他的双手。使臣说："怎么说，是动用的公款呢，还是动用的私款？"

哈立德仍沉默不语。他有权保持沉默。这种做法不是公开控告他不忠吗？一般的人如果在大庭广众面前遭受这样的待遇也会气愤的，更何况是著名将领哈立德·本·瓦利德了！

这叫什么指控方式？这完全是对一个人的侮辱。把他的双手捆在背后，摘掉他的帽子，这对哈立德来说是奇耻大辱！哈里发欧麦尔何必用这种方式来对待哈立德·本·瓦利德呢？他已经解除了哈立德的职务，将哈立德召回麦地那再作处理不更好吗？

在场的穆斯林比哈立德本人更加吃惊。他们相互小声地议论道：哈立德·本·瓦利德攻占了伊拉克、叙利亚，并使波斯人、罗马人威风扫地。他是位杰出的天才将领，是安拉的一把宝剑。现在要怎样处置哈立德呢？为了一万迪尔汗就要捆他的双手、摘他的帽子？广大穆斯林靠他的智勇已获得了数十万，甚至数百万的战利品！仅仅为了一万迪尔汗就这样侮辱他吗？他把战利品独占了吗？他没有把战利品上缴给艾布·欧拜岱或哈里发欧麦尔吗？没有，他没这样做。他是给了艾希阿斯·本·盖斯一万迪尔汗。艾希阿斯·本·盖斯是基恩代部落的首领，在伊拉克及叙利亚的战斗中他表现得非常勇敢。类似艾希阿斯·本·盖斯这种身经百战、历尽艰苦的将士们不都是常常得到重奖吗？哈里发欧麦尔这样对待安拉的使者、艾布·伯克尔及众穆斯林信仰的将士不是太过分刻薄了吗？

艾布·欧拜岱坐在讲台上，他已看到在场者脸上表现出来的不满情绪。他仍保持沉默。或许他比其他人更加吃惊，对此更加遗憾。因为他比谁都清楚，欧麦尔常谴责哈立德自负、好战、独断专行。在以往的岁月里，为了消除哈里发欧麦尔对哈立德的成见，艾布·欧拜岱曾做了很多工作。在肯奈斯林战斗后，艾布·欧拜岱曾迫使欧麦尔表扬了哈立德及哈立德立下的功劳。难道说，艾布·欧拜岱的努力白费了吗？肯奈斯林战斗后，欧麦尔不是说过："哈立德自己的行为说明，他是位名副其实的将帅！安拉怜爱艾布·伯克尔！他比我更知人善任啊！"肯奈斯林战斗之后，哈立德被任命为肯奈斯林城的负责人。欧麦尔当时说这种话，是由于哈立德的壮举使欧麦尔一时感动，但他仍对哈立德抱有成见。如果是这样，那就令人感到奇怪。但使人更加奇怪的是，解除哈立德职务的事发生在哈立德正处在顶峰时期，发生在波斯人、罗马人、阿拉伯人、穆斯林众口赞扬哈立德的时期。

艾布·欧拜岱及所有在场的穆斯林对发生的事情都感到惊讶。哈立德·本·瓦利德的心情又如何呢？我们能够用文字形容他当时的心情吗？吃惊、痛苦、受伤害、愤怒，这些词加起来也无法来形容他的心情。哈立德无论在蒙昧时期还是在伊斯兰时期从未向别人低过头，从不接受别人对他的侮辱，他把自尊看得很重。他手中的宝剑征服了多少敌人啊！而今天他竟被别人捆起了双手。真是命运捉弄人啊！被别人指责背叛还不如战死在沙场上啊！

哈立德怎样才能摆脱这种尴尬的处境呢？哈里发欧麦尔的使臣比拉勒在问他：赠给艾希阿斯·本·盖斯的一万迪尔汗是动用的私款呢还是动用的公款？他不回答，比拉勒不会给他松绑。是保持沉默让人捆着受辱呢，还是自己挣开双手，戴上帽子，对众人说："我没什么好回答的，欧麦尔愿怎样干就怎样干！"但他是信士中的一名战士，欧麦尔是信士的长官。哈立德曾斩了不少曾对艾布·伯克尔造反的叛教者，自己能起来造欧麦尔的反吗？不行！最后他只好回答说："我动用的是私款！"

在场的穆斯林听到哈立德的回答后，个个都松了一口气，并为此而高兴。很多人都认为事情已经结束，哈立德仍会回到自己在肯奈斯林城的住所。随着时间的流逝，这场不愉快的事件很快就会被忘记。更使人高兴和放心的是，当使臣比拉勒听到哈立德的回答后，马上给他松了绑，给他戴上帽子，并亲手给他缠上头巾。然后说道："我们听从首领们的指示，我们赞扬首领并为他们服务。"

哈立德·本·瓦利德及其他穆斯林离开了会议室。人们开始议论起来。有人认为哈里发欧麦尔这样做是对的；有人认为这样做不应该。哈立德是位杰出的将领，在纠正他的错误时应考虑到他的功绩。如果哈里发要问哈立德什么事情，本可以将哈立德召回麦地那，由哈里发亲自问他才对，不应出现这一令哈立德尴尬的场面。而哈立德的亲信们则认为这是对哈立德的侮辱。他们提到了在艾布·伯克尔时代欧麦尔的态度，也提到了欧麦尔任哈里发之职后马上解除哈立德统帅之职的事。他们说，欧麦尔侮辱哈立德是出于妒忌。由于他看到人们非常热爱哈立德，他妒忌了。这引起了旧怨。在这件事上毫无公正而言。

欧麦尔解除哈立德的一切职务

会议之后，哈立德·本·瓦利德仍感到惊诧。他很茫然。他开始深思起来。欧麦尔要怎样处置自己呢？自己回答给艾希阿斯·本·盖斯的一万迪尔汗是动用的个人私款后，欧麦尔对自己绝不会就此罢休。欧麦尔肯定给艾布·欧拜岱写了信，信的内容绝不会仅仅是有关给艾希阿斯·本·盖斯一万迪尔汗的事。如果仅为此事，那就应由艾布·欧拜岱问自己，自己回答后，再由艾布·欧拜岱将自己的答复转告欧麦尔就行了。此事根本不需当众侮辱他。欧麦尔之所以要当众侮辱自己，背后肯定还会有别的事情。背后的事情也不会简单。艾布·欧拜岱之所以惘然，之所以沉默就证明背后肯定有重大事情。是否问一问艾布·欧拜岱呢？哈立德把自己的心事告诉了自己的亲信。哈立德的亲信们告诉他，人们在议论这件事。他们议论说：哈立德应告诉欧麦尔，他给艾希阿斯的一万迪尔汗是动用的公款。这样回答，哈立德不会受到伤害，他仍能回到自己的岗位上去。哈立德是否要找艾布·欧拜岱谈一谈，以弄清欧麦尔的真正意图呢？他想找艾布·欧拜岱谈一谈，但又很犹豫。如果人们知道哈立德找艾布·欧拜岱谈话要求什么，这会有损自己在人们心目中的声望。他来到了姐姐法蒂玛·宾特·瓦利德面前，把自己的心事告诉了姐姐，并问她自己该如何做。姐姐对他说：“欧麦尔从来就不喜爱你，你不要做违心的事，然后再让他撤你的职务。”哈立德同意了姐姐的意见。他亲吻了姐姐。然后对她说："你说得对，等着吧，一切都会明白的。"

上述事情发生在霍姆斯城。当时欧麦尔在麦地那等着哈立德被解除一切职务后回到他面前来。欧麦尔万万没想到艾布·欧拜岱会不向哈立德传达解除他一切职务的命令。欧麦尔在麦地那等了很久，但哈立德迟迟不来麦地那。他估计到出了什么事。他知道，艾布·欧拜岱肯定估计到了一旦哈立德知道被解职后的心情及由此在穆斯林们中引起的不安。当时，艾布·欧拜岱是指望哈里发能更改有关解除哈立德职务的命令呢，还是指望欧麦尔愤怒平息下之后改变命令，让哈立德官复原职呢？哈里发欧麦尔也想到了这一点。欧麦尔想到这一切之后，他马上给哈立德本人写了信。在信中召他回麦地那，并告诉了他，艾布·欧拜岱没有向他转达解除他职务的命令。哈立德收到此信后很生气。他认为艾布·欧拜岱在同情他，在怜悯他。他不愿让任何人同情和怜悯。哈立德来到了艾布·欧拜岱面前。他心中对艾布·欧拜岱既喜爱又生气。他对他说："安拉怜悯你！你为何要这样做呢？你对我隐瞒了我今天之前就想知道的命令！"艾布·欧拜岱非常友好地回答："我知道这一命令会使你很吃惊，除隐瞒外我找不到使你不吃惊的办法。"

哈立德返回麦地那

哈立德被解职后回麦地那去见信士的长官欧麦尔。他满腔怒火地离开霍姆斯城向肯奈斯林走去。难道说自己戎马一生立下了赫赫战功之后，这就是自己的下场吗？难道说欧麦尔是在需要自己帮助他，需要自己的军事才干时隐瞒了他对自己的仇恨而使用了他数年，而现在不需要他了，就找借口处置自己了吗？看来有关给艾希阿斯·本·阿斯一万迪尔汗的事只不过是欧麦尔利用它整自己、侮辱自己的借口，这只不过是一场闹剧而已。欧麦尔真可谓是有仇必报啊！看来欧麦尔对自己的仇恨随着自己地位的升高，是越来越深啊。如果当欧麦尔刚刚继任哈里发之职时就解除自己的一切职务，那欧麦尔是有理由的。因为欧麦尔继任哈里发之职之前，曾要求过艾布·伯克尔解除哈立德的一切职务，但艾布·伯克尔没同意他的要求。那么欧麦尔继任后，他要马上解除哈立德的一切职务，是很自然的事。欧麦尔任哈里发之职已经四年之久。在这四年中，哈立德东战西征，攻克大马士革，攻占约旦，占领霍姆斯，强行攻下肯奈斯林，平息阿勒颇的暴动，将罗马皇帝赶出叙利亚，放马作战到了阿尔明尼亚。立下这些战功之后，自己竟以叛逆罪或挥霍罪而被解除了一切职务。这种做法是哈立德无法忍受的背信弃义行为。哈里发欧麦尔没理由这样处置哈立德。哈立德一没犯罪，二没犯不可饶恕的过错。他所得到的财物与他建立的功绩是无法相比的，其他人立下的功劳与他立下的战功也是无法比拟的。赛尔德·本·艾比·瓦戛斯取得了卡迪西亚战役的胜利，攻下了泰西封，赶跑了波斯国王，是立下了大功。阿慕尔·本·阿斯负责攻占了耶路撒冷，也取得了伟大的胜利。但是，哈立德在攻占伊拉克及叙利亚的战斗中是立下首功的。如果说哈立德给艾希阿斯·本·盖斯一万迪尔汗是恶行，安拉不是说过“善行必能消除恶行”[①]吗？愿哈立德能从安拉那儿得到报偿。

哈立德走在从霍姆斯通往肯奈斯林城的路上，他一边走，一边想。为了心中好受些，在路上他把自己心中的话告诉了部分亲信。身边的亲信用下面这一段《古兰经》来安慰他：

> ……而任何人都不知道自己明日将做什么事，任何人都不知道自己将死在什么地方。(《古兰经》鲁格曼章：34 节)
>
> 我的主是全知幽玄的，天地间微尘重的事务，不能远离他；比那更小的，和更大的，无一件不记录在一本明白的经典中。(《古兰经》赛伯邑章：3 节)

哈立德痛苦地对亲信们说：“欧麦尔就算当时将整个叙利亚交给自己管理，一旦叙利亚平定后成了乐园，他也会撤我的职。”到达肯奈斯林城之后，哈立德压下了心中的怒火，对属下作了讲演。在讲演中他表扬了下属同他一起建立的功绩，但他没讲欧麦尔的一句坏话。这之后，他打理好行装，同亲属一起又回到了霍姆斯城。在霍姆斯城他对居民们作了讲演，

① 《古兰经》呼德章：114 节。

并告别他们回到了麦地那。

穆斯林对解除哈立德之职的态度

哈立德到麦地那之后，会见了自己的亲朋好友，并同他们讲了有关欧麦尔侮辱他、撤他职务的事。哈立德同他们讲述了自己的工作，并说明自己是忠于安拉、忠心于伊斯兰教的。他对他们说，在他的领导和指挥下，穆斯林们获得了大量战利品，自己所得到的只不过是其中的一小部分。亲友们都为哈立德的遭遇愤愤不平，并主张要谴责及报复欧麦尔。这之后，哈立德前去见了哈里发欧麦尔，他对哈里发说:“我已向穆斯林们诉说了你。指安拉为誓，欧麦尔，你对我做的这些事并不漂亮！”欧麦尔并没示弱，他仍责问哈立德：“哪来的这么多财富？你给艾希阿斯·本·盖斯的钱哪来的？”欧麦尔每次见到哈立德都提这一问题。哈立德在忍无可忍的情况下回答说：“从我应得到的战利品中来的。如果我的财物超过六万迪尔汗，多余的部分归你。”另外还有记载说，当时哈立德回答说：“在艾布·伯克尔时代我得到了六万迪尔汗，其余的财物是在你任哈里发之后得到的。这其余部分归你。”经过清算，哈立德拥有八万迪尔汗。欧麦尔给他留下了六万，把另外两万上缴了国库。

人们对欧麦尔讲起了哈立德及对哈立德的处分。大家都认为处分过于残酷了，哈立德是位值得尊敬的人。大家对欧麦尔说：“信士的长官，你何不将没收的哈立德的钱退还给他？”但欧麦尔仍对哈立德抱有成见，仍然指控他有过失。他对大家说:“我在为穆斯林大众谋福利。指安拉为誓，我绝不给他退钱！”大家对欧麦尔的态度持否定立场。他们认为，欧麦尔太过分了。这只能说明欧麦尔很憎恨哈立德，他有意在整他。八万迪尔汗仅合七千第纳尔。哈立德东战西征，就算拥有上百万也不足为奇呀！

哈立德回麦地那之后，欧麦尔过于严厉地处置他，是因为欧麦尔看到有一群热爱哈立德的人要闹事。如果他示弱，这些人会认为他可欺。不处置哈立德，人们会相信，哈立德无过失而被欧麦尔撤了职。这会引起不安定因素的出现。哈立德也看到了这一层意思，他明白欧麦尔严厉处置自己的用意。当欧麦尔单独同哈立德在一起时，欧麦尔对哈立德很客气。

但当众人在他面前谈起哈立德时，他对哈立德的态度又很严厉。有一天，当两人单独在一起时，哈立德指责欧麦尔说："在我的问题上，你做得不漂亮。"欧麦尔回答说："哈立德！以安拉的名义起誓，我很尊重你，我很热爱你。从今之后，你不该再在任何问题上指责我了。"哈立德听到这话之后，他的怒火消了。这也使哈立德拒绝了欧麦尔的对手想鼓动他起来反对欧麦尔的企图。哈立德对他们说："欧麦尔只要活着，就不能起来反对他！"哈立德怎能为了自己的私事而起来反对信士的长官呢？他是个遵守纪律的军人，他是位高尚的穆斯林。他关心的是伊斯兰教的兴旺发达。从此之后，他过上了自己不愿过的生活。原来他在沙场上征战，现在哈里发使他远离了沙场。在艾布·伯克尔时代，他遵照哈里发的命令，在希拉安定地生活了一年。当时他曾说过："这一年生活得真像位女人。"

欧麦尔实现了再不任用哈立德的誓言，同时处置哈立德也没引起轩然大波。欧麦尔放心了。这之后，欧麦尔在各个城镇宣布说："我之所以解除哈立德的职务，不是由于讨厌他，也不是由于他犯有什么叛逆之罪。但很多人过于崇拜他，我担心人们会依赖于他。我要让大家明白，安拉是创造者。"

这是欧麦尔的真心话吗？欧麦尔的上述讲话是否证明哈立德没有犯叛逆罪，也没有犯挥霍罪呢？他的讲话是不是出于安定人心的一种政治目的呢？这是一项为避免发生不测而安定人心的政治讲话。哈立德被解职四年后逝世了。除了他的战马、书童及武器外，他什么也没留下。当欧麦尔知道此事后，他很痛苦。他曾说："安拉怜悯苏莱曼[①]的父亲！他不像我当时想象的那样。"有一次欧麦尔在贾比尔讲演时说："我为我解除哈立德的职务而向你们道歉。我曾命令他将缴获的财物分出一部分发给迁士中的弱者。但哈立德却将财物大量地给予战斗中的英雄人物及诗人们。因此，我命令艾布·欧拜岱解除了哈立德的职务。"

人们对欧麦尔的讲话并不满意，他们认为讲话不能令人信服。当欧麦尔在贾比尔讲演时艾布·阿慕尔·本·哈夫萨·本·穆埃拉对欧麦尔说："指安拉为誓，欧麦尔！你没有道歉。你撤了安拉使者使用过的人，你扳倒了

① 即哈立德之子。——译者

安拉使者树起的旗帜。你放弃了安拉抽出来的利剑。你没同情心，你妒忌你的堂兄！”欧麦尔回答说："你是他的亲属，少管闲事，你在为堂兄生气。”

哈立德被解职之后，远离战场生活了四年。这四年之中他非常郁闷。他生活在家中，听着有关穆斯林兄弟们、战友们越过巴勒斯坦攻占埃及，越过伊拉克征战在波斯战场上的消息。他再也不能手持利剑驰骋沙场了。这对哈立德来说是非常痛苦的。因为，他当时仍有能力建功立业，他甚至有能力率军攻占罗马帝国的首都。而欧麦尔不任用他，他只好留在家中过痛苦的日子。他痛苦地生活了四年，郁闷而死。临终前他曾说："我未能死在死亡随时降临的战场上，反而死在了床上。”有记载说，哈立德临终前曾说过："我参加了什么战斗、什么战斗？我身上布满了剑伤、枪伤、箭伤吗？我没想到今天竟像一头野驴一样死去。胆小鬼是睡不好觉的！”

哈立德去世后欧麦尔对他的态度

对哈立德的逝世，穆斯林们非常悲痛。欧麦尔·本·哈塔布是最痛苦的人。哈立德去世后他母亲哭他时曾说道："你比成千上万的人都强啊！你的死等于成千上万的人死。”

欧麦尔听到哈立德母亲的话后说道："她说得对。指安拉为誓，哈立德确是这样的人！”当时，欧麦尔不允许对死人放声大哭。在艾布·伯克尔逝世后，妇女们聚在艾布·伯克尔女儿阿伊莎房内放声大哭，欧麦尔下令驱散了她们。当哈立德逝世后，麦地那的妇女们聚在一起放声大哭，欧麦尔对此未加干涉。据说，有人对欧麦尔说："你没听到她们在放声大哭吗？难道你不禁止她们这样吗？”欧麦尔回答说："古莱什妇女们在为苏莱曼的父亲放声大哭。让她们哭吧！像哈立德这样的人值得让人放声大哭！”诗人哈希姆·巴赫台利见欧麦尔时，欧麦尔对诗人说："哈希姆，为我吟一首赞扬哈立德的诗吧。”哈希姆吟了一首最好的诗歌。当他吟毕，欧麦尔说："你没能全部赞扬苏莱曼父亲的优点。安拉怜悯他。他是位很注重荣誉的人。如果有人妒忌他，安拉会憎恨妒忌他的人。”阿里曾问欧麦尔："你为何要解除哈立德的职务呢？”欧麦尔回答说："对我做的这件事，我很悔恨！”有记载说，哈立德逝世时，欧麦尔朝觐去了。他当时已决心朝觐回来后重新起用哈立德。但是他回来之后，哈立德已与世长辞。

欧麦尔对哈立德的逝世表示痛苦，违反常规允许妇女们对哈立德的逝世放声大哭，然后又对解除哈立德的职务表示悔恨，这一切都是出于真心吗？还是他想在堂兄死后仅仅做一下姿态呢？还是他想安慰一下哈立德的家属呢？只有安拉才知道人的内心世界。面对各种各样不同的记载，我们很难下断言哪个是正确的、哪个是不正确的。

对解除哈立德职务的舆论

对于哈立德与欧麦尔之间的恩恩怨怨，很多史学家做过研究。有人认为，欧麦尔冤枉了哈立德。有的说，欧麦尔解除哈立德的职务，欧麦尔没冤枉哈立德。很多人同情哈立德，认为欧麦尔处理哈立德不公正。他们认为，就算哈立德给艾希阿斯·本·盖斯一万迪尔汗时动用了公款，这也不能成为解除哈立德职务的理由。阿慕尔·本·阿斯在埃及执政时，也发生了类似的事件，但欧麦尔并没由此而解除阿慕尔的职务。欧麦尔仅对哈立德如此严厉是不公正的。而那些认为欧麦尔没有冤枉哈立德的人说，哈立德给艾希阿斯·本·盖斯一万迪尔汗不是解除哈立德职务的唯一理由。哈立德自负，他多次不执行欧麦尔的指令等，都促使欧麦尔下决心解除了他的职务。

总之，哈立德和欧麦尔都是杰出的人物。如果他俩能团结合作到底，伊斯兰帝国可能建得更快些，它的疆界可能更大。哈立德也可能率军攻克君士坦丁堡。

第十四章　饥荒与瘟疫

穆斯林将士在伊拉克及叙利亚取得了节节胜利，他们将五分之一的战利品源源不断地送回麦地那。哈里发欧麦尔将战利品分发给麦地那的穆斯林们。他们摆脱了过去贫苦的生活，过上了好日子。穆斯林们为此而兴高采烈。这些战利品增加了他们从也门、叙利亚、埃及的购物能力。麦地那及整个阿拉伯半岛呈现出空前的繁荣景象。所有这一切使穆斯林们更加热爱生活，更加热衷于征战，也更加笃信自己所信仰的伊斯兰教。

发生饥荒的原因

正当人们享受幸福生活时，灾难不幸突然降临到他们头上。穆斯林们遭受了两场灾难。这两场灾难发生在伊历 17 年末及 18 年（公元 638—639 年）。第一场灾难发生在阿拉伯半岛。第二场灾难降到了在前线征战的穆斯林将士们的头上。第一场灾难是发生在整个半岛上的饥荒。这场饥荒持续了九个月，毁坏了一切农作物及牲畜，使半岛上的居民吃尽了苦头。第二场灾难是首先发生在阿姆瓦斯的瘟疫。这场瘟疫从叙利亚传到了伊拉克，使数千名杰出的穆斯林，其中包括妇女、战士和平民都丧失了生命。哈里发欧麦尔及所有的居民对这场瘟疫感到极大的震惊。

阿拉伯半岛上，当时连续九个月没下一滴雨。接着火山爆发。熔岩烧焦了地皮，毁坏了农作物。整个大地被一层黑色灰尘所覆盖。一旦起风，黑色的灰尘铺天盖地地席卷而过，把一切都淹没了。因此，在历史上当年被称为灰尘年。久旱不雨、狂风大作、农作物的毁坏，引发了使人及牲畜丧命的饥荒。牲畜变得异常丑陋，男人们不忍看它们，只好忍着饥饿将其杀掉。因此，市场萧条，集市上空空如也。人们手中的钱币已分文不值。由于饥饿，人们到地里去挖鼠洞，用从洞内发现的东西来充饥。

饥荒开始时，麦地那居民们的情况比半岛其他地方居民的情况好一些。麦地那是文明之都，按文明人的习惯，麦地那人在丰年存放了一些食品。饥荒开始后，麦地那靠储备的食品度日。而沙漠上的居民们手中毫无储存，饥荒开始后不久他们便陷入了困境。灾民们从四处来到了麦地那，他们向哈里发欧麦尔求救，向麦地那居民们乞讨。由于灾民越聚越多，麦地那人无能为力，也陷入了困境。

欧麦尔如何面对饥荒

面对困境哈里发怎么办呢？怎样能救这些饥民呢？他自己又怎样生活呢？穆斯林的国库掌握在他手中，他也可以让驻伊拉克及叙利亚的工作人员给他运送维持生计的食品。他有理由这样做，因为他担负着重任，在荒年他完全不必苛求自己，但在灾荒中哈里发欧麦尔的举止堪称民族领袖的楷模。

饥荒加重时，有人给欧麦尔送来了黄油面包。但欧麦尔不愿独享，他叫来一位游牧人来同他分享。当欧麦尔看到这位游牧人狼吞虎咽地吃面包时便问他：“看来你很需要吃些脂肪类食品。”游牧人回答道：“是的！已经几天没吃黄油，没见油水了。”见此情景，欧麦尔发誓，在情况好转前，绝不吃任何肉类及黄油食品。直到饥荒过后，欧麦尔才肯食用。

欧麦尔非常认真地履行了自己的誓言。有一次，市场上来了批货，欧麦尔的男仆给他买了四十迪尔汗的黄油和牛奶。男仆来到欧麦尔面前说：“安拉已解除了你的誓言，并加倍地报偿了。市场上有黄油和牛奶卖，我给你买了四十迪尔汗的黄油和牛奶。”欧麦尔回答说：“你太过分了，把它送给别人吧。我不愿在吃的方面挥霍。”他低头沉思了一会儿，然后说道：“如果我不亲自体验百姓们的苦处，我如何能关心他们呢？”

多么伟大、多么崇高的哲理啊！当这一哲理出自欧麦尔之后，它更显得伟大和崇高。当时欧麦尔已拥有波斯国王和罗马皇帝所拥有的一切，穆斯林已拥有可与波斯人和罗马人及整个世界所拥有的相媲美的一切。欧麦尔已拥有了伊拉克和叙利亚及两国的一切物产。但他认为贪图安逸是迷恋今世的表现，追求奢侈能使人迷误。欧麦尔想的是后世，想的是安拉及让安拉满意。欧麦尔认为，自己是穆斯林的首领，如果自己不亲自体验百姓的苦衷，他就不能关心百姓的生活，就不能努力尽快摆脱困境。在灰尘之年，人们发现欧麦尔那原来白里透红的面孔已发黑。饥荒之前，欧麦尔常食用黄油、牛奶及肉类食品，当饥荒发生后，欧麦尔再也不食用这类食品了。当人们看到欧麦尔的情况后说："如果安拉不解除灰尘之年的饥荒，我们认为他会为穆斯林的困境忧郁而死。"

欧麦尔的确非常关心穆斯林的生活，并为此做了所有努力。他曾给驻伊拉克及叙利亚的穆斯林负责人发信，让他们救济半岛上的居民。他在信中所用的措辞都是肺腑之言，都见证了他的责任心及对安拉、对自己的良心、对每位老百姓的感情。在给驻在巴勒斯坦的阿慕尔·本·阿斯的信中写道："安拉使你平安！我及我的百姓们快饿死了，你及你的百姓们能见死不救吗？救援！十万火急！十万火急！"阿慕尔回答道："我将派驼队马上救援。驼队的头驼在你那儿，驼队的尾驼在我这儿。"同时，欧麦尔也给驻在叙利亚的穆阿维叶·本·艾比·苏富扬、艾布·欧拜岱·本·贾拉赫，驻在伊拉克的赛尔德·本·艾比·瓦戛斯发了内容相似的信件。各位将领同阿慕尔一样，都作了积极的响应。

在救助半岛居民方面，艾布·欧拜岱·本·贾拉赫是行动最快的将领。他首先给半岛居民送来了驮着面粉的四千头骆驼。哈里发欧麦尔让他负责将这些面粉分发给麦地那周围的居民。当他分发完这些面粉时，欧麦尔下令奖励他四千迪尔汗银币。但他回答说："信士的长官！我不需要钱。我在为安拉而工作，不要让我贪恋今世。"欧麦尔回答说："请你拿着这些钱，这没什么关系，你并没有向我索要钱财。我曾为安拉的使者做过类似的工作。使者奖励我时，我也说了像你所说的话。"最后，艾布·欧拜岱只好收回了这笔款项，回到了自己的岗位。

阿慕尔·本·阿斯从巴勒斯坦海运来了二十船只的面粉及黄油，陆运来了一千头驮面粉的骆驼。穆阿维叶·本·艾比·苏富扬从叙利亚运来了三千头驮着面粉的骆驼。赛尔德·本·艾比·瓦戛斯从伊拉克运来了一千头驮着面粉的骆驼。此外，阿慕尔送来了五千头驮着衣服的骆驼，穆阿维叶运来了三千头驮着衣服的骆驼。

欧麦尔委任了负责分发救济品的人员。这些人员深入到各个城镇及沙漠地区。欧麦尔本人负责救济麦地那居民及前来麦地那求救的阿拉伯人。他向半岛各地派出了工作人员。这些工作人员减轻了人们所遭受的苦难。这些被欧麦尔派出的工作人员在伊拉克口岸遇到了赛尔德·本·艾比·瓦戛斯派人送来的食品。于是，工作人员就地给居民们宰杀了体弱的骆驼，分了面粉和衣服，减轻了人们的苦难。工作人员在麦加和麦地那之间的地区也是这样做的。欧麦尔对派出等候从叙利亚来的救援驼队者说："在前面你就会见到食品，将这些食品送到居住在沙漠中的人。骆驼皮就让人们用它做被子。送来的骆驼就地宰杀，让人们吃肉，脂肪运走。送来的面粉也直接用它做食品，分给当地人吃，直到安拉给我们带来出路。"

欧麦尔负责救济麦地那人和来到麦地那的外来人口。他下令将面包掰碎做成油汤泡馍。每隔几天宰几头牲畜，然后将肉放到泡馍里。欧麦尔与居民们同甘共苦，在一起用餐。当伊拉克及叙利亚的救济品到达后，欧麦尔下令每天宰杀二十头骆驼供居民们食用。他还派出了调查人员，每天晚上向他汇报情况。一天晚上，当人们用完晚餐后，欧麦尔下令统计在他那儿就餐的人数。统计的结果是七千名，而老弱病残不能前来就餐的是四万名。几天之后再次统计，前来就餐者达万人，而没能前来就餐者达五万人。黎明之前，厨师们来到欧麦尔架起的炉灶前来工作一直忙到天亮。欧麦尔下令，将食品分发给不能前来就餐的老弱病残者。欧麦尔向人们保证，他一定让人们度过荒年。当时，他将面粉及椰枣按月份分发到各家各户。分配时他按我们现代战时按"票证"分发的办法一样，每户所得到的食品根据情况或多或少。当时欧麦尔说过："如果实在没别的办法可想，我将让没有食品者到有食品者家中去就餐。一个人的食品两个人用，直到安拉给我们活路。半饥不饱死不了人。"

饥荒在阿拉伯半岛造成的影响

尽管哈里发做出了很大努力，但由于饥荒和疾病，半岛上还是死了很多阿拉伯人。欧麦尔关心患病者，体恤死者家属，为死者送"卡凡"（穆斯林裹遗体的布），站殡礼。在受灾前九个月内，由于各地总负责人的援助，欧麦尔还能减轻人们所受的苦难。当各地负责人再不能提供援助时，半岛上的疾病、死亡的情况更加严重。欧麦尔只有求助于安拉了。在闹饥荒的九个月中，欧麦尔天天带穆斯林们做宵礼。然后回到家中，继续向安拉祈祷，希望安拉不要让整个民族毁在他任哈里发的时代。安拉一时没有响应欧麦尔的祈祷，天仍然无雨可下。欧麦尔决定进行大规模的求雨活动。他向各地负责人写信，命令他们在规定好的那一天，带人们一起向安拉求雨。在规定好的那一天，他身穿安拉使者留下的斗篷，带人们向安拉求雨。祈祷完之后，欧麦尔泪流满面，泪水浸湿了他的胡须。当时，先知的叔父阿拔斯·本·阿卜杜勒·穆塔里布站在欧麦尔身边。欧麦尔握住阿拔斯的手，望着上空说道："主啊！我以你的使者的叔父的面子，求你同情我们吧！"阿拔斯也老泪纵横地向安拉做了祈祷。人们虔诚地向安拉祈祷，他们相信，如果安拉再不降雨水救他们，他们就死定了。安拉回应了信士们的请求。安拉是同情他的奴仆们的。

安拉响应了穆斯林们的请求。天门大开，下了一场滂沱大雨。大地变绿了，到麦地那来避难的阿拉伯人没有理由再留在麦地那了。因此欧麦尔来到他们中间，并对他们说："走吧！走吧！回你们的家乡吧！"他担心这些难民中，有人看到城市生活比沙漠生活舒适而想留在麦地那城。欧麦尔派人将难民们送回了沙漠，给他们提供了食品，并给他们安排好住处。必要时，他亲自出马来安排这些难民。当难民们回到自己的住处时，他们又开始过上了他们自己习惯的生活。半岛上的生活恢复了平静。为了度过饥荒，欧麦尔严令征战的士兵们，除了自卫不准向敌人发动进攻。

在灰尘之年，欧麦尔没有派税收人员前往各地去收取天课。当人们生活慢慢富余之后，他才派人到各地去收取天课。有能力的人交双份天课，一份是灰尘之年的天课，一份是次年的天课。灰尘之年的天课分给了贫民，灰尘之年次年的天课送回了麦地那。这样不仅减轻了穷人的苦难，也不给有能力者过重的负担。

在此我们应看一看在欧麦尔及他的人民所遭受的灾难时，欧麦尔的行为所体现的欧麦尔政策。我们不想描述他的行为给人们所带来的敬佩和仰慕，我们想看一看这位注重伊斯兰集体制伟人的思想。欧麦尔没有强迫自己放弃安拉恩赐他的美好的东西。欧麦尔之所以这样做，是为了体会弱者及贫穷者们的需要。他当时曾说："如果我不亲自体验百姓们的苦处，我如何能关心他们呢？"因此，他同成千上万到他设立的餐桌上就餐的贫穷者一样生活。他同他们一起就餐，不在自己家吃饭，这样任何人都不会以为他享受穷人享受不到的食品。他这样做实现了两大目的。第一，体会穷人们的生活，这样能使他加倍关心贫穷者，并为使他们摆脱苦难加倍努力。第二，让老百姓放心，信士的长官在与他们共苦，老百姓心中不会再有造反的想法。他们会坦然地面对一切困难,哈里发与他们同在。欧麦尔比任何民族的统治者都更好地实现了这两大目的。

欧麦尔认为，负责人的第一个任务就是使他的生活置于人民生活的水平上。同时，他也认为，让有能力者经营他的财产和土地，并享受幸福生活，这样才能过上更好的日子，才能为了增加收入更好地经营。人民大众更加热爱负责人，更加拥护他的政策，他们为了这一政策可以牺牲自己。当有能力有地位的人看到广大人民热爱负责人时，他们眼里负责人的形象会更加高大，他们才不敢与其为敌，更谈不上去反对他了。这样社会各阶层的友好关系才能更加巩固。对各个阶层来说负责人就好像一个人的心脏，他在为大家的生活而工作，在为公共的利益引导各个阶层去努力。

阿姆瓦斯发生瘟疫

饥荒刚刚结束不久，叙利亚及伊拉克又发生了瘟疫。瘟疫首先发生在巴勒斯坦的阿姆瓦斯，然后传到了叙利亚。凡是被传染上瘟疫者全都丧了命。瘟疫流传了整整一个月，这期间死了二万五千名穆斯林，其中不乏著名人士。死者中有艾布·欧拜岱·本·贾拉赫，有穆阿兹·本·杰拜勒、耶济德·本·艾比·苏富扬、哈里斯·本·哈希姆、苏海勒·本·阿慕尔、阿特白·本·苏海勒等人。当时哈里斯·本·哈希姆带着全家七十口人离开麦地那到叙利亚去，除四人外全部丧生。据说，哈立德·本·瓦利德的四十个儿子死在了这场瘟疫中。人们对此惊恐万分，不知如何是好。如果敌人乘机杀回来，穆斯林士兵已无力抵抗了。但是罗马人也害怕这场瘟疫，他们没敢行动。

瘟疫初起时，从叙利亚及伊拉克传来的消息并不十分可怕。为了安排叙利亚战后的政务，欧麦尔离开麦地那，决心到叙利亚视察。当他到达塔布克附近的赛尔阿时，前方将领艾布·欧拜岱·本·贾拉赫、耶济德·本·艾比·苏富扬、夏拉·哈比勒·本·哈赛乃来到他面前。将领们告诉他，在叙利亚及伊拉克瘟疫发生得很严重，已经死亡了很多人。欧麦尔对此很担心。晚上，他把迁士们召到一起商议：是继续前进到叙利亚呢，还是返回麦地那？对此人们意见不一。有人主张，这次视察是为了安拉，不应由于发生了瘟疫而半途而废。也有人主张，在叙利亚已发生了瘟疫，没必要再去了。欧麦尔再次召集古莱什族中的迁士商议。他们一致认为，应该马上返回麦地那，所发生的是致命的瘟疫，不能等闲视之。于是欧麦尔下令，第二天早上返回麦地那。

艾布·欧拜岱没有出席欧麦尔召集的会议，他也不知道会议做出的决定。当他得知欧麦尔要返回麦地那时，艾布·欧拜岱对欧麦尔说："欧麦尔，你要逃避安拉的前定吗？"哈里发欧麦尔对他的问话很惊讶。他看了一眼艾布·欧拜岱说道："艾布·欧拜岱，但愿说这话的不是你！是的！逃避安拉的这一前定，而服从安拉的另一种前定。"欧麦尔低头沉思了一会儿又说："有人来到某一河谷。河谷两边是两块不同的土地，一块是沃土，一块是贫瘠的土地。有人会在沃土上放牧，有人会在贫瘠的土地上放牧。这两种情况都是安拉的前定。"

此后，欧麦尔又同艾布·欧拜岱单独谈了叙利亚的政务及如何面对瘟疫的事。正当两人交谈时，阿卜杜·拉赫曼·本·奥夫了解情况后走了过来。他说，他知道遇到这种情况该怎么办。安拉的使者曾说过："如果你们听说在某地发生了瘟疫，你们不要到该地去。如果某地发生了瘟疫，而你们正巧处在此地，那你们不要逃避。"欧麦尔听到他的话后，心安理得地告诉大家："感赞安拉，马上返回！"

欧麦尔想让艾布·欧拜岱逃避瘟疫

欧麦尔率众返回了麦地那，各位将领及其随从人员回到了各自的工作岗位。欧麦尔开始考虑叙利亚穆斯林的情况及他们所遭受的灾难。当时他非常担心艾布·欧拜岱会染上瘟疫，并由此而丧生。哈里发欧麦尔希望他能多活几年，以便将来接任他的位子，做信士的长官。艾布·伯克尔在先知逝世之后，曾动员穆斯林在艾布·欧拜岱及欧麦尔两人中选一位任先知穆罕默德的继任者，但众人推选了艾布·伯克尔。艾布·伯克尔逝世之后，欧麦尔接任了哈里发的位置。欧麦尔有理由让艾布·欧拜岱任自己的继任者。如果艾布·欧拜岱染上瘟疫而丧生，将来由谁来接任哈里发的位置呢？欧麦尔非常爱戴艾布·欧拜岱，他在欧麦尔心中占有很崇高的位置。为此，欧麦尔考虑应该让艾布·欧拜岱离开叙利亚，避开这场瘟疫。但同时，欧麦尔也很了解艾布·欧拜岱。他对安拉笃信不疑，责任心很强。他绝不会为了逃避安拉安排的命运而离开他手下的将士。欧麦尔给艾布·欧拜岱写了一封信。信中欧麦尔丝毫没谈自己的想法，他只是告诉艾布·欧拜岱："你好，我遇到了一些非与你面谈才能解决的事情。见到此信后，马上来见我。"艾布·欧拜岱读了哈里发的来信，他明白欧麦尔的用心，哈里发是想让自己避开这场瘟疫。艾布·欧拜岱给欧麦尔回了信。他写道："愿安拉宽恕信士的长官！我已知道你需要与我面谈的苦心。我现在率军在外，不愿离开穆斯林将士们。我将同将士们一起面对安拉安排的这一考验。信士的长官，请恕我不能按你的这一意愿去做，请让我留在军中。"欧麦尔看完艾布·欧拜岱的回信后哭了。他左右的人问他："难道艾布·欧拜岱死了？"欧麦尔哽咽着回答说："他没死！但好像已经死了。"

我真想探讨一下，在艾布·欧拜岱不肯回麦地那时欧麦尔和艾布·欧拜岱所讲的话。难道要逃避安拉的前定吗？我也真想探讨一下两人的互相来信。在欧麦尔及两人的书信中我们可以看到那个时期生活的某一面。在这一面中，我们可以看到伊斯兰帝国发展壮大的原因。但还是先让我讲一讲，安拉在消除这场灾难前，叙利亚生活恢复正常之前所发生的事情。这些事情使我们更能看清穆斯林生活中的这一面，也能说明跟随安拉使者的先期穆斯林们的思想状况及追求真理的情况。

欧麦尔读了艾布·欧拜岱的信后流下了热泪。然后，他开始考虑从瘟疫中解救叙利亚人的办法，并在商议后他又给艾布·欧拜岱写了一封信。在信中他写道："你已让众人躲到了深山之地。请让众人到空气新鲜的高地去避难。"当艾布·欧拜岱正要执行欧麦尔的这一指示时，他染上了瘟疫，并丧了命。穆阿兹·本·杰拜勒接任了艾布·欧拜岱的职务。不久，穆阿兹·本·杰拜勒也染病身亡。阿慕尔·本·阿斯接任了穆阿兹·本·杰拜勒的职务。阿慕尔告诉人们说："瘟疫一旦发生，它就像燎原之火，请你们到山区避难去吧。"于是，阿慕尔带着人们躲进了高地逃过了这场瘟疫。当欧麦尔知道了阿慕尔的行动时没加否认，欧麦尔认为，他是执行了自己给艾布·欧拜岱下的指示。

发生这场瘟疫的原因何在呢？我们手头上的记载没能说明这一原因，各种小说也未提供让我们信服的原因。有些后人认为，首先发生在阿姆瓦斯的这场瘟疫，是由于战场上死亡者过多，而又暴尸荒野，空气中产生了大量的细菌导致了瘟疫的发生。也有的先期史学家将这场瘟疫的发生归罪于艾布·欧拜岱的咒语。当时一伙叙利亚人犯禁饮酒，为此艾布·欧拜岱给欧麦尔写信汇报并请示如何处置他们。他在信中写道："有几位穆斯林饮酒了。我们审问他们时，他们找理由为自己辩解。他们说，《古兰经》中是说：'你们将戒除（饮酒和赌博）吗？'[①] 安拉没有明令我们戒酒，是让我们自己做选择。"《古兰经》、安拉的使者及艾布·伯克尔没有明确规定如何处置饮酒者。为此，欧麦尔召开了有关人员参加的会议。与会者一致认为《古兰经》中所说的"你们将戒除（饮酒和赌博）吗？"是明令禁止饮酒。饮酒者应被鞭笞八十。欧麦尔给艾布·欧拜岱写了回信。信中说："将他们召到一起。如果他们声称饮酒是合法的，那就将他们全部杀掉；如果他们承认，饮酒是非法的，那就对他们各鞭笞八十。"艾布·欧拜岱遵照哈里发欧麦尔的指示，当众问他们饮酒是合法的还是非法的？他们承认，饮酒是非法的。于是，饮酒者各被鞭笞八十。事情解决之后，艾布·欧拜岱说："叙利亚人啊！你们要为此遭难的，灾难就是瘟疫。"

今天，大多数人同意前一种说法。他们不认为艾布·欧拜岱的上述咒语是发生瘟疫的原因。我本人对艾布·欧拜岱是否说了上述咒语表示怀疑。人们所犯下的过失和罪行是很多的，安拉并没有降下使犯罪者和无辜者都死亡的灾难！艾布·欧拜岱性格很温和，信仰也很坚定。他不可能对他领导的属下说出这样的话。仅仅为了几个人犯禁饮酒，艾布·欧拜

① 《古兰经》筵席章：91节。

岱就发上述咒语？艾布·欧拜岱很热爱他的属下。欧麦尔让他离开叙利亚，逃避瘟疫，他都不愿离开他的战友及士兵。当然，我不否认可能有几个人犯禁饮酒了。当他问他们时，他们用安拉的话为自己辩解："你们将戒除（饮酒和赌博）吗？"他为如何处置他们请示了欧麦尔，然后执行了欧麦尔的决定。很多史书提到了这件事。从此之后，对如何处罚饮酒者也有了明确的规定。这符合先知生前所发生的事情。先知生前欧麦尔就曾向安拉祈祷，让安拉给穆斯林说明有关饮酒的事，并给他们一个断然的回答。饮酒使人失去理智、破费钱财。欧麦尔对饮酒者非常严厉。在他任哈里发时期规定了对饮酒者处罚的制度。在他之后，这一制度一直在执行，并将其看成是安拉规定的制度之一。

在阿慕尔·本·阿斯的动员下，人们纷纷躲进了高地，一直到瘟疫过后他们才回到各自的家园。这场瘟疫使二万五千多名穆斯林丧失了生命。瘟疫从叙利亚传到了伊拉克。巴士拉城的居民死亡最惨重，他们都是杰出的穆斯林将士。波斯国王和罗马皇帝一样，都没敢乘瘟疫肆虐时对穆斯林采取任何军事行动。他们也担心自己的士兵染上瘟疫，从而使瘟疫传到他们的国家。瘟疫往往比战争更可怕，其后果影响也比战争的影响和后果更坏。

瘟疫过后欧麦尔到叙利亚视察

瘟疫过后欧麦尔如何面对困难的局面呢？在叙利亚，瘟疫使很多穆斯林将士丧失了生命。如果不进行调整，叙利亚的发展工作就会遇到很多令人不愉快的麻烦。罗马人也企图夺回他们的失地。在叙利亚，就如何分配死者遗产的问题也给经济秩序带来了混乱。欧麦尔不愿看到，由于遗产分配不公平而给穆斯林带来纠纷。他决定亲自到叙利亚，处理安排瘟疫过后叙利亚穆斯林的政务。欧麦尔安排阿里代管麦地那的政务之后，带着随从人员离开了麦地那。当他到达艾伊莱时，他穿的衬衣前后开线了。他把衬衣交给当地的一位神父，并告诉他："劳烦你让人给洗一下，并将它缝好。"神父将他的衬衣洗缝好之后，又按尺寸做了一件新衬衣。神父拿着两件衬衣来到欧麦尔面前说："这件是你的旧衬衣，我已将它洗好、缝好。这件新衬衣是我送给你的。”欧麦尔穿上了他的旧衬衣，并将新衬衣退还给了神父。他对神父说：“我的旧衬衣更能吸汗。”

欧麦尔离开艾伊莱来到了贾比尔城。该城穆斯林政权驻叙利亚及巴勒斯坦的负责人向欧麦尔作了汇报。欧麦尔视察了叙利亚，了解了穆斯林的情况。他重点视察了大马士革、霍姆斯及发生瘟疫较重的城镇。在这些城镇，他调整了穆斯林的住宅，安排了他们的生活。之后，他又调整了军队的布防，处理了遗产的继承问题。整个叙利亚的社会情况恢复了正常。罗马人再没有想打回叙利亚来。

艾布·欧拜岱及耶济德·本·艾比·苏富扬逝世后，欧麦尔让夏拉·哈比勒·本·哈赛乃及穆阿维叶·本·艾比·苏富扬接替了前两人的职务。但在贾比尔城，欧麦尔撤了夏拉·哈比勒·本·哈赛乃的职务。夏拉·哈比勒问欧麦尔道：“撤我的职是由于我有什么过错吗？”欧麦尔回答说：“不！我很喜欢你。我想任命比你更强的人来担任这一职务。”夏拉·哈比勒又说：“请你对众人说明一下，免得对我产生误会。”于是，欧麦尔来到众人面前说：“人们啊！我撤了夏拉·哈比勒的职务，不是由于他有什么过错。我是想任命一位比他更强的人来担任他的职务。”夏拉·哈比勒是位杰出的战将，但他不是位政治家。穆阿维叶·本·艾比·苏富扬则不同，尽管他年轻，但他已成为一位有远见卓识的政治家。

先知的宣礼员比拉勒在耶路撒冷附近宣礼

视察完之后，欧麦尔又回到了贾比尔城。在那里，他想返回麦地那城。在贾比尔，欧麦尔为众人作了演讲。在演讲中他赞美安拉后说道：“我已为你们委任了负责人。我已处理完安拉委任我应该处理的事务，我已公正地给你们分配了战利品、住宅及其他财产。我已给你们委派了驻军。我已给你们安排了生活的出路及确认了你们的财产。如果谁认为还有我应做的事就告诉我，我尽量按你们的意见去做。”

礼拜时间到了，欧麦尔决定礼拜后启程回麦地那。众穆斯林对他说：“但愿你能让比拉勒再给我们宣一次礼。”自安拉的使者逝世之后，比拉勒再没进行宣礼。瘟疫过后，众穆斯林想再听一听他宣礼的声音，以回顾先知在世时的美好时光。安拉将其使者派到他们之间，引导他们走上了伊斯兰之路，给他们土地，巩固了他们的美好生活，使他们战胜了波斯和罗马。当灾难降临时，是安拉使他们度过了困难，安拉并没有以此来惩罚他们。比拉勒用他那洪亮的声音宣礼了。他的宣礼声使曾同先知同生死共患难的穆斯林们想起了先知时代。当时他们站在先知身后，同先知一起礼拜，礼拜之后先知为他们讲经论道，使他们坚定信仰。听到比拉勒的宣礼声之后，他们个个激动得泪流满面。欧麦尔是哭得最厉害的人，因为他是最感谢安拉的恩惠、最记得安拉使者功绩的人。比拉勒的这次宣礼是先知的宣礼员在靠近耶路撒冷的叙利亚上空第一次，也是最后一次宣礼。史学家多次提到比拉勒的这次宣礼。他的这次宣礼象征着穆斯林的最后胜利，象征着伊斯兰已在这块大地上站稳了脚跟。

任命穆阿维叶为叙利亚的负责人及欧麦尔返回麦地那

欧麦尔离开叙利亚，返回了麦地那。当时他曾下决心到伊拉克视察，但未能成行。据说在去叙利亚之前，他曾想先去伊拉克，视察完伊拉克之后再去叙利亚。凯阿布·艾哈巴尔劝阻了他。因此，他先到了叙利亚。他对叙利亚的视察是他进行的最后一次到半岛外的视察工作。

我们谈完了在阿姆瓦斯发生的瘟疫及欧麦尔在瘟疫发生时的立场。现在让我们谈一谈，那个时代穆斯林的思想自由及这一自由所蕴藏的力量。让我们谈一谈，日益强大的伟大的伊斯兰帝国的大门如何为穆斯林而开，直到穆斯林改变了他们自己，安拉改变了他们所有的一切。

当欧麦尔想到叙利亚视察时，他在赛尔阿遇见了军队的各位将领。各位将领告诉他，当地的情况很不好，于是他命令人们返回麦地那。艾布·欧拜岱反对说:"欧麦尔，你想逃避安拉的前定吗？"欧麦尔说:"是的！逃避安拉的这一前定，而服从安拉的另一种前定。"艾布·欧拜岱的反对及欧麦尔的回答给我们描绘了有关前定的思想及围绕着前定发生的分歧。这种分歧至今仍然存在。我们认为欧麦尔的话更确切地描绘了伊斯兰前定问题。艾布·欧拜岱及主张欧麦尔到叙利亚的人说:"你为了安拉而出来，我们不认为你遇到的灾难会阻止你。”这些人认为除安拉决定的事，人们不会遭到任何不测。任何人都有一定的寿数。寿数到了，他不能提前或拖延一个小时。他们认为，我们的思想不能阻挡前定的到来。如果我们下决心做一件事，那就要不顾一切去做这件事，任何灾难或险阻都不能阻挡我们。将士们信仰的这一思想是他们力量的源泉。信仰安拉的士兵一定能取得胜利。正确的信仰首先是不怕死，应视死如归。如果牺牲了，他是为安拉的大道而牺牲，为祖国、为了他追求的事业而牺牲。如果胜利了,他将光荣地活着。士兵们的这一思想是他们在各个战场取胜的动力。他们宁愿为安拉的大道而牺牲，相信安拉会给他们体面的生活。

这一影响士兵生活、具有伟大意义的有关前定的思想不是负责人们战时和非战时利益和命运的政治家理解的有关前定的思想，也不是对事情从各个方面反复琢磨的思想家所能理解的有关前定的思想。是的，任何一个人的寿数都是注定的,我们的思想不能阻止前定的到来。尽管如此，我们应对各种事物进行观察，进行安排，要为了达到我们的目的而努力。智力、知识、慎重考虑指引我们去做的事，它就是属于安拉所定范围之内的前定。士兵在战场上敢于牺牲，这个士兵勇敢的后果就是安拉的前定。将领的首要任务不是由于自己安排不好让士兵去冒死，也不是将士兵们置于死地后再来调整战术。一旦投入战斗，将领就要考虑用最小的牺牲获得胜利。政治家、国家领导人首要的任务是在不能损害国家最高利益和目前及将来政策的情况下，不能让自己和老百姓陷入能够避免或能挽救的绝境。如果自己的意愿成功了，他的成功如同士兵在战场取胜一样，值得骄傲。成功就是安拉给其奴仆安排的前定。

在这方面欧麦尔给艾布·欧拜岱举的例子很好地解释了他对前定的看法。他说一个牧羊人来到一个河谷，河岸两边一边是沃土，一边是贫瘠的土地。他选择了沃土是前定，他选择了贫瘠的土地也是前定。如果他了解两岸的情况，他会在两岸中选择，他的选择就是前定，是安拉给他的智力指引他选择了他要选择的。如果他不了解两岸的情况，他只好按前定到任何一边去放牧。因为他不了解情况，他不会去选择好坏。欧麦尔了解了叙利亚的情况，也了解了瘟疫的情况。因此，他要选择去还是不去。在听取了别人意见的情况下，他做出了选择。他逃避了安拉的一种安排，选择了安拉的另一种安排。

当阿卜杜·拉赫曼讲了安拉使者的下面这段话后，安拉使欧麦尔更加放心于自己的选择了。安拉的使者曾说："如果你们听到在某个国家发生了这种瘟疫，你们不要到这个国家去；如果你们所在的国家发生了瘟疫，你们不要为逃避瘟疫而离开这个国家。"安拉使者的这段话，实际上就是我们这个时代所说的卫生防疫要做的工作。也就是说，发生瘟疫的国家应与其他国家隔离。在发生瘟疫的国家，患者与健康的人隔离；为了防止瘟疫蔓延，瘟疫所在的健康人，即使没有在他们身上看到瘟疫的症状，也不能与其他国的居民接触。这种防备措施是应该的。信士的长官要回麦地那，他必然要采取防备措施。

卫生防疫不禁止人们到瘟疫所在国的某些地区去躲避瘟疫，这正如欧麦尔在给艾布·欧拜岱的信中所写的内容。欧麦尔在给他们的信中写道："你要让人们到空气新鲜的偏僻的高山上避难。"阿慕尔·本·阿斯也要求人们到高山上去躲避瘟疫。欧麦尔没有反对阿慕尔·本·阿斯的提议。欧麦尔认为这一提议也是逃避安拉的一种安排，选择安拉的另一种安排。有头脑有见解的人都会这样做。我们生活中所待命的是安拉的安排、是前定，安拉会指引有理智的选择最好的，这是安拉的前定。如果某个人的智慧没能使他躲过灾难，他所遭受的灾难也是安拉的前定。

对前定的理解有两种观点。艾布·欧拜岱及支持他的穆斯林们持一种观点，欧麦尔·本·哈塔布及支持他的穆斯林持另一种观点。持不同观点的双方都认为自己有坚持自己观点的自由，同时任何一方都应尊重另一方。支持这种观点或另一种观点，都不损害自己的信仰。欧麦尔是信士的长官，他的意见必须执行。艾布·欧拜岱及支持其观点的穆斯林可以保留自己的观点。欧麦尔仍然尊重他们、尊重他们的观点，而另一方也很尊重欧麦尔、尊重他的意见。

先期穆斯林所享有的思想自由及互相尊重是他们力量的源泉，是他们战胜敌人、胜利开拓的原因。因为他们都认为，发表自己的见解是为了集体的利益，是为了安拉而探讨真理。在自由人之间意见不一致是很平常的。集体认为某种意见是真理、是为了集体的利益，集体就采纳这种意见。集体利益在不同的时间和不同的地方，由于情况不同，也会发生变化。

在一定的时间、一定地点，大家认为是真理的意见，集体不妨去采纳它。虽有其他不同意这一意见的人，但只要是为集体好、只要是为了追求真理，可以自由地保留自己的意见。

前面我已说过，我认为欧麦尔的意见更准确地描绘了伊斯兰有关前定的思想。欧麦尔的意见也符合我们这个时代我们所理解的宿命论，也符合两千年以来西方哲学家们所理解的宿命论。这种宿命论认为，对任何意见或工作我们是不可选择的。我们选择这种意见或那种意见，选择这种工作或那种工作，都受我们无法控制的各种因素决定。各种因素包括环境、遗传、受教育程度、身体状况。与此同时，选择也受人的本性、个人爱好的影响。我们的生活、我们的思想、我们的工作也常常会遇到我们及他人无法预料的紧急情况。环境、遗传、教育程度、本性、爱好、紧急情况，都是我们改变不了的安拉的前定。因此，我们说，谁逃避安拉安排的这种前定，必然会选择安拉安排的另一种前定。

欧麦尔与艾布·欧拜岱在关于前定方面的分歧使欧麦尔不再考虑让艾布·欧拜岱离开发生瘟疫之地。让他留在那儿，一是尊重他个人的意见，二是为了穆斯林们的利益。两位巨人之间关于此事的通信值得我深思，也给我们遐想。如果从感情方面来看他俩的通信，我们会从中看到诚实、仁义、关心的典范。信中充满了欧麦尔对艾布·欧拜岱的关心之情。艾布·欧拜岱是民族的忠臣、是赛格法会议上志同道合的战友、是令叙利亚人满意的政治领导人。同时，我们从信中也看到了艾布·欧拜岱对同他一起出生入死、为了安拉的大道不怕牺牲自己性命、同他一起战胜罗马人的士兵们的关爱之情。如果我们从为了新生的国家公共利益方面来看他俩之间的通信，我们会看到，两人虽然意见不同，但都是在为国家利益着想。欧麦尔知道艾布·欧拜岱继续生存下去对穆斯林们的重大意义，因此他想把他从致命的瘟疫中解救出来，死在瘟疫的魔爪之下是不值得的。而艾布·欧拜岱也知道自己肩负着的对士兵们的责任。他认为，在这种情况下，为了自己活命而离开士兵们非常不好，这样会给其他将领留下坏的先例。在信中两人都坚持自己的意见。欧麦尔认为，逃避安拉安排的一种命运，选择安拉安排的另一种命运是无妨的，因此他才让艾布·欧拜岱躲避瘟疫。而艾布·欧拜岱坚持不躲避命中注定的事情，哪怕死亡就在面前，也不去躲避它。因此他留在了叙利亚，心安地离开了人间。欧麦尔读艾布·欧拜岱的回信时，看到他违背了自己的意见、不服从自己的命令，但他没生气、没动怒，他不认为他的不服从是违背制度。相反，看信时同情心袭上心头，他哭了，因为他看到自己的战友好像已死去。

信士的长官与穆斯林杰出人物之间的信任及首领对他们个人及意见的尊重，是促使众穆斯林杰出将领们积极开拓的动力源泉。卡迪西亚战役及叙利亚北部地区的战役就是明证。穆斯林对安拉的信仰使他们奋不顾身、勇敢杀敌，领导人之间的信任增加了他们的坚定和力量。受人尊敬的自由及相互信任是保证在各个时代横扫整个世界各大帝国的赖以壮大的支柱。

我不想就此结束本章的叙述。在本章结束之前我想指出，欧麦尔撤掉夏拉·哈比勒·本·哈赛乃负责约旦的职务，并把整个叙利亚交给穆阿维叶·本·艾比·苏富扬管理，从而导致了在历史上伍麦叶王朝的建立，使得伊斯兰政权中心从麦地那转到了大马士革，也使阿拉伯人同其他归信伊斯兰教的民族混住在一起。这一混住使新兴的国家与其说是阿拉伯国家，不如说是伊斯兰国家了。欧麦尔出于对哈希姆子弟的尊重，他从没有在哈希姆子弟中选择负责人到新开拓的国土上任职。他把哈希姆子弟们留在麦地那，并让他们作为自己的智囊团。据说，有一天，他同伊本·阿拔斯说道："我看到安拉的使者给其他人分配工作，而没有给你们分配工作。你们有能力胜任各种职务，我不知道是为了尊重你们而不愿让你们工作呢，还是怕一旦你们在工作中失误必须责罚你们，而不给你们分配工作。"穆阿维叶是位英明的人物，他对自己的去向可谓深藏不露，并由于他的作用将很多人吸引到了他身边。在欧麦尔时期，他曾长期在叙利亚任职。在奥斯曼任哈里发时期，他仍是穆斯林政权在叙利亚的负责人。长期以来使叙利亚人团结在了他周围，这对伊斯兰国家历史有着一定的影响。

当然欧麦尔当时没能预料到后来发生的变故。自从艾布·苏富扬归信伊斯兰、光复麦加之后，阿卜杜·舍姆斯家族子弟与阿卜德·麦纳夫家族子弟之间的争斗业已平息。因此，人们忘记了两个家族之间的旧怨。任命穆阿维叶为叙利亚的负责人在人们心目中没有引起疑义，当时谁也没想到后来所发生的变故。但是两个家族的旧怨就像深藏在地下的种子，一旦遇到合适的气候，便会重新萌发。

欧麦尔回到麦地那平静地过了一段时间之后，像往年一样，率众穆斯林到麦加朝觐。朝觐之后，返回到麦地那。当时，他严密地注视着波斯人及罗马人在埃及的动向。他要制定新政策，以防不测发生。欧麦尔所制定的新政策使伊斯兰的势力向东扩展到了中国，向西发展到了突尼斯。

第十五章　扩展疆域，攻占波斯

欧麦尔的政治主张是，使伊斯兰帝国的疆界维持在伊拉克和叙利亚境内，而不再向外扩张。把阿拉伯统一在南起半岛，北至萨玛瓦荒漠的区域内。为此，在解放了泰西封之后，当赛尔德·本·艾比·瓦戛斯派人向欧麦尔请战，把波斯人驱赶到他们的山后时，欧麦尔致信于他说："我希望在伊拉克和波斯山之间有一道我们和他们都不去超越的界限，我们以伊拉克的农村为界。我主张穆斯林们以和平代替战争。"欧麦尔是不折不扣地履行这一政策的。实际上，先知穆罕默德曾衷心希望阿拉伯半岛及其周边地区安全，希望罗马、波斯不再侵犯它。他希望安拉引导库思老（波斯国王）、恺撒（罗马皇帝）以及埃及、叙利亚和伊拉克的统治者们归信伊斯兰教。这也是艾布·伯克尔的政治主张。当时，他曾像先知所命令的那样，派伍赛迈去攻打叙利亚境内的罗马人。当穆桑纳·本·哈里斯进入伊拉克时，艾布·伯克尔派哈立德·本·瓦利德帮助他，结果战胜了波斯人。后来攻占叙利亚时，艾布·伯克尔和欧麦尔绝没有想到，他们俩要拓展伊拉克和叙利亚的疆界。他俩之所以派兵攻打伊拉克和叙利亚的罗马人和波斯人，是因为在伊拉克和叙利亚有一些从半岛迁来的阿拉伯部落，他们成立了希拉王国和加萨尼王国。他们视穆斯林为亲友，所以穆斯林可能会得到他们的帮助，将他们融到自己的队伍之中，有可能取胜那里的罗马人和波斯人。至于除此之外的罗马人、波斯人的领土，前两任哈里发丝毫没有企图攻占它。

事情的变化往往超乎人的意料，往往会使人改变其最初的主张和政策。现实使欧麦尔改变了他针对罗马和波斯的政治主张，尽管起初他不情愿也罢。而当新政策使他取得令人预想不到的胜利时，这种新政策和策略又使他充满了无比的激情。

需要交代的是，霍尔木兹是波斯人在卡迪西亚战役时的一位将领。他死里逃生，战败后逃到了阿瓦士，并在那里定居。叶兹德吉尔德是波斯皇帝，在穆斯林攻克泰西封后，他逃到了胡尔万，后又到了雷伊。波斯国的其他一些将士纷纷逃散到各地。当欧麦尔命令赛尔德停止追击他们，而致力于建设伊拉克时，波斯人误认为，阿拉伯人不追击他们是因为害怕他们。为此，他们企图挑起战火。阿瓦士人是最早挑起冲突的。他们与穆斯林发生了冲突，但却遭到了重创。其实，他们的败北就是波斯人全面失败的开始。

阿瓦士地区位于伊拉克的东南部，并与伊拉克相连。底格里斯河的支流杜杰勒河和卡伦河从中流过。波斯的祖拉山脉除一些山峰外，也未能将其与伊拉克分开。在这些山峰上只有当地人才熟悉的羊肠小道。另外，阿瓦士和巴士拉相邻，这也是以前造成当地波斯人和阿拉伯人冲突的主要原因。很多传述提到穆斯林在艾布·伯克尔时期，哈立德·本·瓦利德一到伊拉克就攻占了阿瓦士。此后，波斯人又收复了它，且一直在他们的统治中。直到欧麦尔时期，阿特巴·本·阿孜万又再次攻克了它。

巴士拉首领被革职及其原因

阿特巴死后，欧麦尔让穆吉拉·本·苏阿拜上任管理巴士拉。阿特巴临终前到了麦地那，阿瓦士人趁他不在时企图谋反，穆吉拉·本·苏阿拜出兵镇压了他们，从而使边界得到了安宁。穆吉拉·本·苏阿拜轻而易举地战胜了敌人。但根据他对欧麦尔政策的理解，只是击退了敌人而没有到他们的国内去歼灭他们，只是满足于战胜了他们，以他们缴纳赋税而讲和。后来很快阿瓦士人就背信弃义，撕毁了和约。

后来，欧麦尔革了穆吉拉·本·苏阿拜的职，让艾布·穆萨·艾什尔里替其执政巴士拉（并命令把穆吉拉带到他那里受审，并不是因为他错误理解了欧麦尔的命令）。事情的原委是这样：有个希拉伦族人的妇女乌姆·杰米勒，她爱钻高官贵族的房间（当时有部分妇女乐于此道）。她有一天钻到了穆吉拉的房间，此时外面刮起了大风，风刮起他房间的帘子，艾布·伯克拉及其他人看到了他和那女人在一起。事后，穆吉拉出来带人礼拜，艾布·伯克拉上前阻止了他，说道："你不配带我们礼拜。"并且写信给欧麦尔，告诉了他所发生的一切。欧麦尔一看信，就马上召来艾布·穆萨·艾什尔里，对他说："艾布·穆萨呀！我要重用你，把你派到一个恶魔猖獗的地方去，你要坚守法度，不要胆大妄为，免遭安拉的惩罚。"艾布·穆萨回答说："我认识很多迁士和辅士，他们是安拉使者的门弟子。我认为，他们在我们民族事业中起到了决定性的作用，如同食盐在食品中所起的作用一样。"欧麦尔说："就让你喜欢的人一起去吧，以便帮助你。"艾布·穆萨挑了二十九位圣门弟子为其帮手。

艾布·穆萨带着欧麦尔写给穆吉拉的信到了巴士拉。这是一封很简单的书信，写道："的确，我得到了一个可恶的消息。所以我派艾布·穆萨为首领，你速将手中的权力移交给他。"信士的长官（欧麦尔）也给巴士拉人民写了一封短信，写道："我派遣艾布·穆萨为你们的领袖，让他为你们扶困济贫，带你们杀敌奋战，保护你们的宗教，为你们获取和分配战利品，保护你们的正道。"

穆吉拉以及告他的人一起回到麦地那，到达后欧麦尔召见了他们。三个证人做证告发穆吉拉。当第四个人来证实前面三个人的证词时，他说他没有看到那个女人，也未看到他干了什么。为此，欧麦尔命令对三个证人进行了处罚。穆吉拉向信士的长官说道："你让我离开这些人吧！"他这样说的目的，是想再回到巴士拉。但欧麦尔气愤地看了他一眼说道："你闭嘴吧！哼！以安拉发誓，要是证据十足的话，我一定会以石击死你。"就这样，艾布·穆萨接替他做了巴士拉的军政长官。

阿瓦士人看到巴士拉的军政长官已换，他们幻想着这会引起穆斯林之间的纷争，便可以利用他们的矛盾而群起造反。现实难道不是这样吗？这种现象在库思老的王宫司空见惯。他们曾看到波斯权贵们之间尔虞我诈，每个人都伺机搞垮自己的对手！为此，他们背信弃义，拒绝交付他们讲和作为条件的人头税。使他们背叛穆斯林还有另一个原因：原来巴林的军政长官阿莱·本·哈达拉米带兵乘船跨过了波斯湾去攻打波斯地区，他带兵战胜了沿途的波斯军队后直奔最大的城市伊达哈尔。但是，他忘却了自己的退路。波斯人割断了他回到船上的路线，使他陷入了险境。其实，他知道欧麦尔反对他渡海作战。所以，此次作战未经欧麦尔的许可。他之所以这样做，只是嫉妒赛尔德·本·艾比·瓦戛斯攻占了泰西封。他想和艾布·瓦戛斯比个高低，以解放伊达哈尔来获得同他一样的殊荣。当他被困时，只好求救于信士的长官。为此，欧麦尔让他在巴士拉、库法的卫队去解救阿莱及他的军队，结果他获得了解救。因此，欧麦尔革了他巴林军政长官之职，作为对他这次冒险的惩罚，并将他贬为艾布·瓦戛斯部下的一名将领。

这些因素促使波斯人反叛，拒绝缴纳他们本来情愿缴纳的人头税。在这种情况下，别无选择只得攻打他们，以免穆斯林对他们的沉默宽容会怂恿他们更加胆大妄为。这种现象如果蔓延，必会影响驻伊拉克穆斯林们的威严。为此，艾布·穆萨聚集他的部队开向阿瓦士城，在攻克了麦纳孜尔和堤利河之后攻占了它。

在这次战役中，穆斯林的将领是哪些人？他们又与波斯的哪些将领相交锋？穆斯林将士是怎样战败波斯人的？部队的行程是怎样的？战斗计划是什么？有关这些问题的传述各种各样，但一致认为，穆斯林越过胡齐斯坦的边界，并横跨其领土，然后包围了阿瓦士而攻占了它。波斯人在阿瓦士沦陷后祈求和解。穆斯林答应了他们的祈求，条件是穆斯林攻克的阿瓦士的土地归穆斯林所有，波斯人继续居住在他们的家乡不必迁出。

关于攻打阿瓦士的不同传说

各种各样的传说都证实了欧麦尔的政策和愿望，那就是开拓大业到阿拉伯伊拉克边界为止。同时，这些传说也详细论述了欧麦尔政策的意义。在此，我们将这些传说概述一下。

泰伯里对解放麦纳孜尔、堤利河以及霍尔木兹对待穆斯林的态度作了长篇论述。其传述的要点是：霍尔木兹从卡迪西亚逃到了阿瓦士。然后，他鼓动当地居民袭击迈萨尼和达斯特·迈萨尼。迈萨尼和达斯特·迈萨尼从麦纳孜尔和迪兹河两个方向与伊拉克相连。穆斯林将领乌特拜·本·阿孜瓦尼向赛尔德·本·艾比·瓦戛斯求援以迎击霍尔木兹。赛尔德·

本·艾比·瓦戛斯派萨尔玛·本·格尼和哈尔马莱·本·拉伯达率军前来援助乌特拜。这两位将领率军驻扎在迈萨尼和达斯特·迈萨尼边界，为迎击霍尔木兹又向阿里拜和库莱拜求援。阿里拜和库莱拜是居住在阿瓦士的阿拉伯人，于是他们与波斯人展开了战斗。在斩杀了大批波斯人之后，穆斯林占领了麦纳孜尔和迪兹河。然后他们来到杜杰勒河岸，渡河后他们来到阿瓦士市场。当霍尔木兹知道他的人马遭到的失败后，便请求穆斯林和解。穆斯林答应了他的请求，但穆斯林的条件是：穆斯林不撤出他们已占领的胡齐斯坦的领土。

不久霍尔木兹为了边界问题又与阿里拜和库莱拜发生了分歧。霍尔木兹不服从萨尔玛和哈尔马莱的裁决，他又借助于库尔德人与穆斯林们为敌。当他的人马聚齐之后，他撕毁了与穆斯林所签订的和约。欧麦尔知道所发生的事情后，命令侯尔古斯·本·祖海尔·萨阿迪率军去击杀霍尔木兹。穆斯林军队将霍尔木兹赶出了阿瓦士，霍尔木兹只好向东逃到了杜马胡尔木孜。侯尔古斯命令杰孜伍·本·穆阿维叶追击霍尔木兹，霍尔木兹看到自己无力抵抗穆斯林追兵，只好再次求和。欧麦尔同意与其讲和。欧麦尔写信告诉杰孜伍和侯尔古斯，必须占领他俩已占领的地区，并同意杰孜伍任当地的负责人。

这是伊本·杰利利所记载传说的简述。伊本·艾西尔在其编撰的史书中引用了这一传说，伊本·凯西尔在其史书中也简述了上面的传说。他在其史书中说：“穆斯林们战胜了霍尔木兹，攻占了麦纳孜尔、阿瓦士及迪兹河地区。他们斩杀了大批霍尔木兹所率领的士兵，并从他手中夺取了直到土兹台尔的广大地区和城镇。”伊本·赫拉杜的记载更加简单。伊本·杰利利的记载与白莱吉的记载有所不同。也许正是有不同的记载，才使史学家不得不从简记述上面的事件。

白莱吉的传说则是：穆吉拉·本·苏阿拜在击败了比里瓦孜，并以要其缴纳赋税而讲和之后，袭击了阿瓦士的市场。当艾布·穆萨继穆吉拉之后执政巴士拉时，比里瓦孜毁约。为此，艾布·穆萨攻打了它，解放了阿瓦士。穆斯林从波斯人那获得了大批战俘和战利品。但是，欧麦尔写信告诉他们：“你们无法控制这片土地，你们放了你们手中的俘虏，让他们缴纳税务。”为此，他们释放了俘虏。艾布·穆萨取远道攻向了麦纳孜尔。他包围了其居民，并严惩了他们。迁士伊本·齐亚德在战斗中牺牲，敌人砍了他的头，将其钉在了他们皇宫的两个阳台之间。伊本·齐亚德的弟弟拉比阿担起了指挥战斗的任务，他一举攻占了麦纳孜尔。欧麦尔给艾布·穆萨发了一封信，在信中写道："麦纳孜尔是伊拉克的一个村庄，请将缴获的战利品退给他们。"

读者会发现传述的分歧，不仅仅局限在关于领导这些战役的人名和他们是怎样战斗的，还涉及战争延续的历史时期。有人说战争始于伊历15年（公元636年），有人说是始于16年，也有人说是始于17年，还有人说是始于19年，或是20年。最大的可能性是，在伊历15年末开始，后来讲和又毁约，反复折腾长达数年。

不同的传述都反映了欧麦尔坚持他的政治主张：开拓大业不超出伊拉克疆界。为此，波斯人战败后的每次求和都得到了同意。欧麦尔命人释放俘虏，给他们出路。然后又命令他的民众建设家园，开荒挖渠，在人民中树立公正。假若波斯人尊重事实，接受这种政策，坚守他们和穆斯林间的条约，那么，波斯及其他在欧麦尔时期所开拓的地方的统治仍然归波斯国王叶兹德吉尔德。

战胜各地的波斯人不是一件容易的事情，因为他们是一些负隅顽抗的家伙。他们和穆斯林周旋，有时还使穆斯林被迫撤回。吉孜伍·本·穆阿维叶在拉姆霍尔木兹追赶霍尔木兹时就曾发生过这种事：霍尔木兹逃到夏格尔村，令吉孜伍一筹莫展。

叶兹德吉尔德把希望寄托于他的国民，企图通过其国民的斗争来收回失去的王权。为此，他鼓动波斯人造反，他煽风点火向他们提起阿拉伯人占领他们国家给他们带来的耻辱，以此来激起他们的造反热情。有人说他当时是在伊达哈尔，也有人说当时在木鹿[①]或是库姆。他写信给波斯人，指责他们说："波斯人啊！你们情愿阿拉伯人在伊拉克和阿瓦士战胜你们、统治你们。但他们并不满足这些，他们要把你们驱逐出境。波斯人啊！你们行动起来吧！你们一定会胜利。"波斯人、阿瓦士人开始相互

① 中亚古城，亦译梅尔夫，中国文献称木鹿、大鹿城（《后汉书·安息传》）、末禄（《新唐书·大食传》）、蒙奇、马鲁、麻里兀（《元史》）、马兰等，位于中亚土库曼斯坦马雷州的一个古代绿洲城市。——译者

勾结、结约谋反，去谋取成功。

这些消息传到了哈尔高斯·本·祖海尔和其他穆民领袖那儿，他们把这些事告诉了欧麦尔。为此，欧麦尔写信给赛尔德·本·艾比·瓦戛斯：“你派重兵随努尔曼·本·穆卡林和阿杰勒去阿瓦士。”这支部队被称为“穆斯林精兵团”。欧麦尔同时写信给艾布·穆萨：“你派重兵由苏海勒·本·阿迪率领去讨伐阿瓦士。”这支部队被称为“英雄支队”。他们联合讨伐了阿瓦士。

欧麦尔的政治主张开始改变

难道是欧麦尔要改变穆斯林军队只驻扎在伊拉克境内的政治主张吗？他这样派兵是要占领波斯领土，还是要教训波斯人呢？失败给波斯人带来了耻辱，但他们不能背信弃义！欧麦尔原来在这些问题之间踌躇，但最终还是偏向于坚持他原来的政治主张，不想占领波斯的领土。当叶兹德吉尔德鼓动波斯人群起反抗穆斯林的消息传到了欧麦尔那儿时，欧麦尔当即决定要好好教训一下这些背信弃义的家伙，杀鸡儆猴。为此，他派努尔曼·本·穆卡林和苏海勒·本·阿迪去镇压他们。

努尔曼穿越了阿瓦士的领土，准备在拉姆霍尔木兹擒拿霍尔木兹。霍尔木兹得知他的行踪后，纠集了部队，想在波斯驻艾尔白克的大本营里与他交锋。他恼羞成怒，想要断努尔曼的后路，结果两军展开了激烈的战斗。几个回合下来他发现穆斯林英勇无敌势不可当，于是就从艾尔白克撤到了拉姆霍尔木兹，继而又跑到了舒什塔尔。他深信，他能够借城墙和堡垒的保护死里逃生。随即努尔曼乘胜追击赶到了拉姆霍尔木兹并占领了它。

波斯人在舒什塔尔的抵抗

苏海勒·本·阿迪从巴士拉出发去擒拿霍尔木兹。当他得知努尔曼已占领了拉姆霍尔木兹，且已开向了舒什塔尔，于是他就从阿瓦士的市场改道开向这座严防的城市。他到后发现努尔曼已经到了，并将部队安营扎寨于其城墙的附近。萨尔玛、哈尔马莱、哈尔高斯及吉孜伍都先后赶到，驻扎在城墙脚下，将城池围得水泄不通。霍尔木兹以及负隅顽抗的波斯人和阿瓦士的部队处在围城壕沟的保护之中，他们以为，城墙的保护设施会使穆斯林军队无法闯入城内，他们能够抵御来犯者。

霍尔木兹确实没有估计错，穆斯林几次攻城都被挡了回来。波斯人不止一次地从城中出来袭击他们。有时，他们不得不拔营撤退，两军之间的拉锯战持续了很长时间。穆斯林们很清楚，如果各地的敌军大部队响应库思老（波斯国王的称号）的号召聚集到阿瓦士后，敌人会更加猖狂。穆斯林要想攻下城池，除非拥有比他们更多的援兵。

艾布·萨伯拉统率着库法和巴士拉的军队。他写信给欧麦尔，叙述了在舒什塔尔受阻以及城中波斯人的情况，他要求增援。为此，欧麦尔写信给艾布·穆萨·艾什尔里，让他带领巴士拉所有的部队去支援艾布·萨伯拉，并让艾布·穆萨和他的部队都归艾布·萨伯拉统一率领。艾布·穆萨遵命率兵去支援那些南征北战遭受了千辛万苦的英雄们去了。

包围在持续，战斗仍很残酷。波斯人常常从城中钻出来，偷袭穆斯林将士。而后，又钻进城堡。艾布·穆萨写信给欧麦尔，详述了他们所遭遇的一切。为此，欧麦尔又写信给在库法的阿马尔·本·亚细尔，让他也去援助艾布·萨伯拉，并让阿卜杜拉·本·麦斯欧德留守库法。

当阿马尔及其部队到达时，穆斯林看到敌人在城墙周围已无立足之地。在包围了此城数月之后，穆斯林将士下决心攻克它。霍尔木兹从城堡顶上看到了穆斯林在准备攻城。于是，他命令其军队去袭击穆斯林，去重创他们。他深信他会胜利，会击败穆斯林军队。于是，他亲自挂帅。他刚一出城门就和穆斯林展开了厮杀。他正好遇见拜拉乌·本·马立克。拜拉乌并没有隐瞒自己的身份，他是一个身经百战的英雄。穆斯林深知他在平叛和攻克叙利亚、伊拉克的战役中所表现出来的英勇气概，他在舒什塔尔之前已杀死了百名挑衅者。霍尔木兹自己自然没有力量和胆识杀他，但他命令手下的士兵一起涌向他，挥剑乱杀。马吉扎·本·绍尔马上来替拜拉乌解围，不幸，寡不敌众，他俩都如同无数穆斯林先烈一样献出了自己的生命。

穆斯林很清楚，舒什塔尔是胡齐斯坦的首都，是防备最严的地方，如果攻克它，就会重挫波斯人的士气，动摇他们的决心。为此，他们没有因为将士的牺牲而松懈；相反，更加增加了他们战斗的激情，更加鼓舞了他们舍生忘死的斗志！太阳西落，波斯人已感到疲惫不堪，不得不躲到城中。第二天清晨，他们没敢再出城来战斗。这是因为他们看到了穆斯林不怕牺牲、英勇无敌的气概，他们发誓绝不离开舒什塔尔，直到最后胜利！

城里挤满了波斯人，战争已持续了很久。后来，城中有一个人在人们不注意的时候溜了出来，他向艾布·穆萨要求保护。他要求只要保证他的安全，他就把城中出口的秘密告诉艾布·穆萨。艾布·穆萨许诺胜利后将给他及其家属丰富的财产。于是，这人带着他们去了城池水渠的入口处。艾布·穆萨派艾细拉斯·本·奥夫跟他一起，潜到了达黑勒河（底格里斯河的小支流）。他们从水渠入口旁的洞中进了城。进城后，他们换上了侍从的衣装在大街上行走。他让艾细拉斯看到了城池的薄弱环节，并看到了霍尔木兹。然后，又把他送回到艾布·穆萨那。这就证实了这个波斯人所说的一切都是真实的。随即艾布·穆萨安排了四十个人跟艾细拉斯行动。他们的后面跟随着二百名将士，在夜深人静时突击城池。他们进城后，杀了卫兵，登上了城墙，高赞“安拉至大”。霍尔木兹被这突如其来的声音所震惊，他逃到他的堡垒里，对身边的人说：“让阿拉伯人知道我们秘密出口的人，必定是我们当中熟悉城中事务的人。”波斯人看到他们的领袖逃离了他们，顿时乱成一团。他们看到城门已被阿拉伯人打开，并且已杀到他们跟前，便惊恐万分、魂飞魄散。有的人甚至到了因害怕遭受攻击而把自己的孩子杀死扔到达黑勒河中的地步。领袖已逃跑，城门已被打开，他们的下场是不言而喻的。霍尔木兹躲在他的堡垒里，穆斯林这时已将它团团围住。面对战局霍尔木兹说：“我的箭筒里有一百支箭，我发誓，只要我有一支箭，你们就休想到我跟前，我的箭是不客气的。我杀死或杀伤你们一百人，我被俘又何妨？”他说这话时已想到如果他被俘，必定是死路一条。他也知道要想活命只有求和。他的民众问他想怎么办，他回答说：“你们把我交给欧麦尔发落吧。”民众们同意了他的要求。他放下了弓，让他们把他捆起来后，带着他去见艾布·穆萨。霍尔木兹由安斯·本·马立克和艾哈纳夫·本·盖斯押往欧麦尔处。

波斯人在舒什塔尔的失败是对敌人的严厉教训

霍尔木兹的投降宣告舒什塔尔的归顺。为此，所有抵抗者都放下武器投降了。穆斯林接管了城池，他们得到了城中的财产为战利品，将其中五分之四归为己有，五分之一交信士的长官。

在叙述穆斯林是怎样攻克胡齐斯坦的其他地方之前，我们总述一下前面已简单谈到了攻占舒什塔尔所具有的意义。舒什塔尔是胡齐斯坦的首都，它是波斯布防最严密的城市。叶兹德吉尔德曾许诺霍尔木兹要把胡齐斯坦以及其南部波斯地区的统治权给他。为此，这成了霍尔木兹负隅顽抗，抵御穆斯林数月之久的最大动力。那么，又是什么原因使舒什塔尔的一个人鬼使神差地告诉阿拉伯人城池的秘密入口，向他们揭示城池的薄弱环节呢？甚至有部分传说谈道：波斯的一群领袖，将他们的部队交给了包围舒什塔尔的穆斯林，帮助他们攻城。霍尔木兹在守城历尽千辛万苦之后，又怎么愿意投降，把自己交给穆斯林的哈里发呢？

无须再提有关卡迪西亚战役之后波斯人的精神面貌。他们把贪生、自私作为第一精神支柱，权势之争导致了宫廷混乱，权贵相互残杀。正是由于这些原因导致了舒什塔尔和其他地方的失败。

一个民族的社会凝聚力的瓦解会导致民族精神的崩溃，导致这个民族的抵抗力减弱。为此她不能放眼于未来，不会正确评价她所遭受到的一切。社会凝聚力是民族精神生活的主要部分。民族精神要求我们尽可能地保护我们中的每一员，而当保护我们的共同生命需要牺牲某一员时，我们会毫不犹豫地因为这一民族精神而牺牲自己。就这样，群体正确的精神力量号召每个人建立起这种民族精神，因为群体以最大限度保护我们中的每一员。当必须要牺牲某一伙人来保护整体的存在时，群体会不惜牺牲他们。这一伙人也愿意牺牲自己而保护那比他们更重要的民族的存在，保护他们的子孙后代。

这和人的身体一样，各个肢体都是根据自己的职能去发挥作用，而不是根据身体所有的职能去发挥作用，而这种保护生命的本能衰退，最终会导致死亡。同样，民族的精神力量会因为社会凝聚力而削弱，在这种情况下，民族就会由强变弱，由荣变衰。其精神的瓦解，是死亡的警告。

一个民族，其精神达到崇高境界时，她就不会失望和投降，她会宁可站着死，不愿跪着生。像这样的民族，不可能衰弱和屈服，也不会消亡。因为她的精神会战胜软弱，防止瓦解。她的所有成员会凝结成经得起考验、相互保护的一体，当这个民族失去其中的一部分时，马上就会有另一部分人代替他们而完成其使命，形成自然弥补失去的东西，因而比原来更加有抵抗力，更加英勇。这个民族中不会出现把本民族的薄弱环节告诉敌人而求得自己的生存的人。当她的任何一个人遭到像霍尔木兹那样的围攻时，他会宁死不屈，让他的努力、他的死作为后人的榜样。假若这个民族有一天被战胜，她明天仍然会复兴恢复其力量，会为她自身报仇，跻身于其他民族之林。

波斯民族社会凝聚力因多种原因而瓦解，这种瓦解导致民族精神力量的削弱。罗马人曾战胜了她，阿拉伯人战胜了她。因为她的人民，当看到厄运降临于他们时，马上就向其敌人泄露城池的秘密出口，并且为了苟且偷生而与敌为友。我们确已看到了很多这样的事：宫廷混乱，尔虞我诈，将领和士兵的逃跑。叶兹德吉尔德自己就从泰西封和胡尔万逃跑是不足为奇的。因为民族的精神生活衰弱到了其人民忘却了自己是民族的儿子，忘却了民族利益比个人利益更伟大。民族凝聚力遭到瓦解时，每个人只寻求自己的生存、自己的名利，而不拯救自己的民族。这就是波斯人的现实。

攻占舒什

舒什塔尔坐落在阿瓦士北部的卡伦河畔，大约离阿瓦士 50 法尔萨赫[①]。舒什在舒什塔尔以西约几法尔萨赫。这样，在穆斯林包围舒什塔尔时，他们与舒什人的战争也未间断。当他们结束舒什塔尔的战争时，自然去攻打舒什。穆斯林包围了舒什，敌人仍然负隅顽抗，直到城里弹尽粮绝。这时，舒什人发现他们唯一的活路就是求和。于是，他们要求舒什市长和穆斯林谈判。市长要求艾布·穆萨保护他的一百口家人的性命。他同意

① 1 法尔萨赫等于 6.42 千米。

了他的要求。市长后来被称为"一百零一"，他忘却了自己。为此，艾布·穆萨命令杀了他，当时他叫喊道："你慢点！我可以给你很多的钱财。"艾布·穆萨拒绝了他的要求，处决了他。

泰伯里在叙述解放舒什的传述中说：原来赛雅胡·艾斯旺确已奉叶兹德吉尔德的命令从伊斯法罕出发，准备去攻打穆斯林。当他看到穆斯林已战胜了舒什塔尔、占领了阿瓦士的领土时，他召集那些和他一同前去的首领们，他向他们叙述了穆斯林的情况："他们战必胜，遇垒必摧。你们看看自己吧！"为此他们一致同意求和。他派人到艾布·穆萨那儿说："我们愿意接受你们的宗教，我们和你们一起杀非阿拉伯人而不会杀阿拉伯人。如果我们杀任何一个阿拉伯人，你们可惩罚我们。我们居住在我们愿意的地方，我们接受你们中我们所拥戴的人的统治。让你的领袖为我们立下此约。"艾布·穆萨写信给欧麦尔，叙述了此事。欧麦尔回信说："你满足他们向你要求的一切。"因而，他们归信了伊斯兰教，艾布·穆萨为他们分配战利品。他们中的一百人，每人二千，他们中的六位首领，每人二千五百。

艾布·穆萨写信给欧麦尔提道："在舒什有丹叶勒的坟。他的尸骨已露在了外面，人们在那儿求雨。"欧麦尔命令他将其用布裹了后用土掩埋。丹叶勒的坟今天尚在此城，人们视其为尊贵之地。19世纪，基督教徒在其旁建立了一个教堂，供人参观，以求吉庆。

穆斯林攻克舒什后，直奔坐落在其东北附近的君迪·萨布尔。他们包围此城一段时间后，突然其城门自开，似乎他们和君迪·萨布尔人之间有和约已定。穆斯林害怕这是陷阱，派人去打听虚实。他们说他们接受穆斯林提出的和约。他们缴纳人头税，受穆斯林的保护。对此穆斯林开始感到奇怪，后来才知道事情的真相：原来他们中有一个人给麦地那写信求和。欧麦尔批准了和约，并命令执行。

这些胜利的消息都及时传到了欧麦尔那里，他每当听到这些喜讯时，都叩拜安拉，感谢安拉给予穆斯林成功。使他更加感激的是，他了解了这些被攻占的城市的情况以及特使们向他提及有关这些城市他所未知的东西：阿瓦士波斯语称之为霍尔木兹·细尔，它是一个拥有七个县级市的大市，那里人丁兴旺、百业昌盛、生意兴隆，是波斯人向往的地方。舒什塔尔是当时世界闻名的胡齐斯坦的首都，是伊朗和舒什平原西北部波斯人防御最好的堡垒。它漂亮迷人。胡齐斯坦是一个疆域辽阔的王国，它是库思老皇冠上最璀璨的一颗明珠。安拉确实相助了穆斯林，攻克了这些地方，现在欧麦尔是继续战斗，命令攻克波斯的最东部，还是停止开拓以此为界呢？

霍尔木兹在麦地那

正当欧麦尔考虑这件事，寻求安拉指引正确选择时，安斯·本·马立克和艾哈纳夫·本·盖斯带着随从从舒什塔尔带着五分之一的战利品和霍尔木兹来见信士的长官。当他们快到麦地那时，他们给霍尔木兹穿上了他的丝绸衣服，戴上他的嵌有珠宝的帽子，让他手拿着纯金嵌有宝石的权杖，以便欧麦尔和伊斯兰首都的人们看看波斯权贵们的样子。他们到麦地那后，直奔欧麦尔家，他去了清真寺，在那儿会见库法代表团。为此，他们又去清真寺找他，还是没有看到他。他们在城中行走时，一伙年轻人看到了他们，知道了他们的来意，就告诉他们信士的长官在礼拜殿的右边，枕着他的斗篷睡着了。原来，欧麦尔穿着他的斗篷，席地而坐和库法代表会谈。他们走了之后，他便脱下了他的斗篷，枕着睡着了。安斯·本·马立克和艾哈纳夫又返回清真寺，年轻人们和那些被波斯穿金戴银的权贵所吸引而看热闹的人们跟着他们，他们走在霍尔木兹的后面，上下打量着他，直到他们进了清真寺。他们到处观望，发现清真寺里除了欧麦尔之外没有任何人，他们静静地等候着，害怕打扰他休息。霍尔木兹不清楚人们为什么接踵而来，因为他不懂他们在说什么，当他看到他们静候在清真寺里，而里面只有睡着的这个人时，他想他们在见到他们的国王之前要礼拜。他想象着这个指挥军队征服了罗马和波斯的国王，一定会在士兵把守的宫殿中。无论人们怎么说他生活简朴，也简朴不到这种地步。信士的长官必定有厅堂楼阁，有侍从来安排他的时间和工作。他看到艾哈纳夫示意小声说话的人不要出声，以免干扰哈里发休息。他问他身边那些懂他语言的人：“欧麦尔在哪里？”他们指着睡着的人说：“那儿，他就是。”波斯的领袖被他所见到的这一切惊呆了。他缄默片刻，然后问：“他的卫队和侍从呢？”他们说：“他没有卫兵和侍从，也没有书记和宫殿。”这使霍尔木兹更加吃惊。他自言自语道：“这个人该是圣人。就算他不是圣人，也做着圣人的事业。”

嘈杂声吵醒了欧麦尔，他一下子坐起来，他看到眼前有个穿金戴银，手拿权杖的人。于是他说道：“他是霍尔木兹？”民众们说：“是的。”他打量了一下他的装饰和面目，然后说：“求安拉从火狱上保护我，我求安拉相助，感谢安拉引导我们伊斯兰！信士们啊！你们要坚守这个宗教，以你们的圣人的引导而得正道，你们一定不要让现世所迷惑。的确，它只是骗人的享受。”从舒什塔尔来的那些人说：“这就是霍尔木兹，你想对他说些什么吗？”欧麦尔回答说：“不，让他先脱了这些装饰。”信士的长官，不愿和这位杀了穆斯林英雄还穿金戴银的人说话，也许等着他的是严惩甚至杀头。

民众们脱下了霍尔木兹身上所有的装饰，给他穿上了紧身的衣服。当欧麦尔看到他这种装扮时，对他说：“嘿！霍尔木兹！你看背信弃义和违抗安拉命令的人的结果是什么？”霍尔木兹回答说：“欧麦尔呀！在愚昧时代，我们和你们都不信安拉，因为安拉没与你们、也没与我们同在，我们战胜了你们。而现在安拉与你们同在，所以你们战胜了我们。”欧麦尔说：“你们在愚昧时代之所以战胜我们，是因为你们团结，我们分裂；现在你们一次次地败北，原因是什么呢？”霍尔木兹看到欧麦尔愤怒地向他提出这个问题，便回答说：“我害怕，在我回答你之前，我担心你会杀了我。”欧麦尔说：“你不要害怕。”霍尔木兹要水喝，有人给他拿来了水。当他拿水时，他两手颤抖，他说：“我怕我喝完水后会被杀害。”欧麦尔说：“没关系，你喝吧！”

他拿起器皿，一口喝干了里面的水。欧麦尔说：“再给他拿水来，不要让他渴着被处死。”霍尔木兹说：“我再不需要水了，我只求饶我一命。”

此时，发生了下面一段对话，泰伯里和伊本·凯西尔的传述是这样的：

欧麦尔：“我要杀掉你！”

霍尔木兹：“但你确已饶恕了我。”

欧麦尔：“你胡说！”

安斯·本·马立克：“信士的长官啊，你确已饶恕了他。”

欧麦尔："安斯呀！你发疯了？我饶恕了马吉扎和拜拉乌的人吗？以安拉发誓，你给我说清楚，否则我要惩罚你。"

安斯·本·马立克："你已对他说：'没关系，你告诉我。'你还对他说：'没关系，你喝水吧。'"

艾哈纳夫及其旁边的人都肯定了安斯的话，他们都提到信士的长官确已饶恕了霍尔木兹不死。欧麦尔生气地看了他一眼说："你蒙骗了我！以安拉发誓，我只接受穆斯林无恶意的欺骗。"于是霍尔木兹信奉了伊斯兰教，欧麦尔规定给他二千薪俸，并让他居住在麦地那。

欧麦尔改变政策

当时穆吉拉·本·苏阿拜为欧麦尔和霍尔木兹对话作翻译。但他没达到栽德·本·萨比特所具有的语言水平。欧麦尔从霍尔木兹的话中没有发现他承认一次次违背条约的言辞。为此，欧麦尔问那些从舒什塔尔来的人说："也许穆斯林伤害了被保护的人。这是违约的行径。"舒什塔尔来的人说："我们认为穆斯林是践约的。"欧麦尔说："破坏条约的人，他们的后果是什么呢？"他们面面相觑，每个人都想为破坏条约而找借口。然而，他们任何人都未说出所以然来。此时，艾哈纳夫说："信士的长官啊！我告诉你，你曾禁止我们在各地围剿，只维持已有的阵地。我确已发现我们所采取的任何行动都是因为他们的反抗和背信弃义造成的。他们的国王就是鼓动和唆使他们反抗的人，如果我们不彻底围剿他们，废除他们的国王，各地的叛乱还会继续发生。一国岂能有两个国王？他们听从他们国王的话。这就必然背叛与你的和约。要想他们服从你，就必须彻底地打击他们，消除他们的幻想。"

欧麦尔完整地听完了艾哈纳夫的呈词。他沉默了很长时间后对他说："你说得对，以安拉发誓，你替我解释了事情的真相。"霍尔木兹明白了艾哈纳夫的叙述，他肯定了他的分析，这样欧麦尔对他更加信任。后来，尼哈万德人聚兵攻打穆斯林的消息传来时，信士的长官更加同意了艾哈纳夫的观点。他认为，把战果维持在伊拉克境内已是不可能的了。事态的发展迫使他不情愿地改变了过去的政治主张，促使他决心征服波斯全国，直到把叶兹德吉尔德彻底驱逐出波斯。为此，他允许穆斯林们在波斯全国进行围剿。

霍尔木兹在麦地那定居，并且虔诚地信奉了伊斯兰教。他和欧麦尔成了知己，形影不离。他向欧麦尔提供了很多建设性意见。当欧麦尔被杀时，他被指控为预谋暗杀欧麦尔的刽子手。欧拜杜拉·本·欧麦尔硬要坚持这种指控，他杀了他以及和他一起的朱发纳。我们后面再详细叙述这一经过。

现在，我们再回到波斯，看看那里所发生的一切。看看尼哈万德人是怎样抵抗穆斯林的，欧麦尔又是怎样实施他的新政策而攻取了整个波斯和埃及的。

第十六章　血战尼哈万德

波斯首领们写信给叶兹德吉尔德国王，建议聚兵于尼哈万德。

在麦地那，欧麦尔听完艾哈纳夫的话后说道：“你说得对，以安拉起誓，你的确为我揭示了事情的真相。”当他听到尼哈万德的消息后，他不再犹豫了。

这些消息消除了欧麦尔心中的疑虑。波斯各部落的首领得知霍尔木兹及其军队的遭遇时，他们马上意识到如果他们再这样分裂下去，霍尔木兹今天的下场就是他们明天的下场。因此他们互相写信，互派特使，统一行动，妄图抵抗穆斯林的攻击。在历史上阿拉伯人都信服波斯的强大和权威，他们中的任何人都害怕波斯，从不敢轻举妄动。而今天他们向波斯发起了攻击，并不断地占领它的城池。波斯大地上没有人能够阻挡他们的英勇行为。

这些首领们做的第一件事就是统一领导。他们写信给国王叶兹德吉尔德，请他领导他们的行动。波斯人都加入这一行列之中，聚集在他的旗帜下。叶兹德吉尔德是波斯国王，是波斯传统的继承者、权力的维护者。波斯各地的人们都服从他，无论大人还是小孩都不违背他的意愿。叶兹德吉尔德自从逃离泰西封之后就被迫流亡于波斯各地。他从胡尔万到了雷伊，而后又到了伊斯法罕、伊达哈尔、木鹿。穆斯林胜利的消息使他忐忑不安。当各地领袖的书信寄给他时，他从中看到了他们的共同心声和抵抗穆斯林的热情。他情绪高涨，并妄图把失望变成希望，使镇定代替波斯人心中的恐惧。他立即写信给所有波斯人，鼓动他们，激发他们的热情。他写信给胡尔万、吉木佳、德马温德、雷伊、伊斯法罕、锡斯坦、土布尔斯坦以及王国中其他邦州和地区。他鼓动波斯人站出来抵抗穆斯林。他说，阿拉伯人的攻击只不过是狂风一阵，转瞬即逝，浮云一片，会马上消失。

只要波斯人坚定信心，他们就能从他们家园里赶走敌人，使敌人闻风丧胆，大败而逃。

胡齐斯坦和霍尔木兹的消息传播于波斯各地，男女老幼都惶恐不安。当库思老的信到达他们那儿时，他们马上响应他的号召，各首领都派兵到尼哈万德，以便听从菲劳赞的命令。波斯人共聚集了十五万军马。这些从各地来的军队领袖来到库思老面前。他对他们说："给阿拉伯人带来这个宗教的穆罕默德没有袭击我们的国家，他之后艾布·伯克尔为哈里发时，也未侵略我们的家园，他只攻克了与阿拉伯相连的伊拉克。而这个欧麦尔，他一执政就侵犯我们的尊严，占领我们的国土，他仍不满足，还要捣毁我们的家园建立他的王国，把你们从伊拉克和阿瓦士赶出，如果你们不进攻他，他就会袭击你们。现在唯一的办法是你们带领军队摧毁巴士拉和库法这两个地方的穆斯林军营，这样他们就会忙于自己的事务，而无力攻打你们。"

首领们把这些话传达给士兵，激起了他们的战斗热情。他们安营扎寨，等待着与敌人决战。他们每个人都发誓：不获全胜，决不撤兵。这些消息也不断地传到欧麦尔耳中，为此他更加深信：艾哈纳夫·本·盖斯的看法是正确的。如果不给波斯人以沉重的打击，他们就会不断地挑衅，也许有一天他们会重新踏上伊拉克的土地。那么在伊拉克一定会发生动乱，穆斯林甚至会失去伊拉克。

库法军政长官赛尔德·本·艾比·瓦戛斯被革职

解除赛尔德·本·艾比·瓦戛斯库法军政长官的职务后，欧麦尔认真考虑了伊拉克的前途。赛尔德·本·艾比·瓦戛斯是如何被解职的呢？居住在库法的一些阿拉伯人表现出了不和、贪图享受的情况。为了现世的享乐，他们相互争斗、仇恨。波斯人准备攻打并没有使他们停止争斗。当赛尔德·本·艾比·瓦戛斯派人把叶兹德吉尔德和法尔宰及他们的军队聚集到尼哈万德的消息告诉欧麦尔时，以贾拉赫为首的一伙库法人背叛了赛尔德·本·艾比·瓦戛斯，他们要推翻他的领导。他们向欧麦尔诉说了很多理由，甚至说他不好好礼拜。随后欧麦尔在麦地那会见了他们，听取了他们的诉讼。然后对他们说："你们的举动是错误的，敌人正准备向你们进攻。以安拉起誓，我会处理你们的事情。"原来欧麦尔已让穆罕默德·本·穆斯莱迈负责调查这件事。欧麦尔把他派到库法，他开始调查有关赛尔德·本·艾比·瓦戛斯的情况。但人们都说："我们知道的都是他好的一面，我们不愿意替换他。"他只是不合反对他的那些人的意愿。贾拉赫以及他的伙伴一起回到麦地那。欧麦尔听取了他们的汇报。欧麦尔没有发现赛尔德·本·艾比·瓦戛斯有什么过错。但他还是选择了不再让他担任库法军政长官的决定，因为在库法已有人鼓动反对他。贾拉赫问欧麦尔："你让谁担任库法的领袖？"他说："让阿卜杜拉·本·阿特班担当此任。"阿特班是位德高望重的长者和圣门弟子。欧麦尔决定让他代替赛尔德·本·艾比·瓦戛斯在库法执政，让赛尔德·本·艾比·瓦戛斯留在麦地那。要不是赛尔德·本·艾比·瓦戛斯告诉了欧麦尔有关波斯人要集结于尼哈万德的消息，若赛尔德·本·艾比·瓦戛斯到麦地那后欧麦尔未和他面谈关于敌人准备进攻穆斯林的消息，那么欧麦尔一定会让他继续回到库法执政，因为他没有发现别人诉讼他的事是真实的。而现在大敌当头，赛尔德·本·艾比·瓦戛斯担当不了此任。欧麦尔要以大局为重，所以解除了他的职务。

伊本·阿特班派人到欧麦尔那儿，进一步肯定了赛尔德·本·艾比·瓦戛斯所说的有关敌人准备进攻他的消息，也进一步增加了哈里发对敌的警觉。接踵而来的消息令人担忧。消息说：波斯因菲劳赞的命令而聚集的军队已经到了哈马丹，现在又继续向胡尔万进发，正取道奔向库法，很快就要到库法了。信士的长官怎么办呢？根据他的分析，他知道这些消息中有夸大其词、故弄玄虚的成分。消息远远超过事实，但无疑波斯人已聚集，他们正准备战斗。如果不给他们点儿厉害，他们就会更加嚣张。而且，也许他们会威胁到已有穆斯林驻军的胡齐斯坦和伊拉克。

欧麦尔下令攻打尼哈万德

欧麦尔同处理一般事务的习惯一样，在做出重大决策之前征求了大家的意见。他先是唤宣礼员召人成班礼拜，拜后让众人在寺里坐下，自己走上讲台向人们叙述波斯人聚兵准备反扑的消息。他说："……我在想一件事，你们听着，然后作一个答复。你们不要纷争，否则你们会面临失败和灭亡。你们看这样是否可行？我带人到巴士拉和库法两地中间地带动员人们参战，我作为他们的坚强后盾，直到安拉援助他们取得美好的结局。"民众们七嘴八舌，有人主张信士的长官带兵去伊拉克，召集在也门和叙利亚的军队去攻打波斯；另外有人说，让他留在麦地那，派所有的军队去攻打波斯；更多的人表示，要以谨慎的态度对待此事，其中包括阿里。阿里站起来说："信士的长官啊！如果你让叙利亚人离开叙利亚，罗马人就会攻其后方；如果你让也门的士兵离开也门，埃塞俄比亚人就会攻其后方；如果你离开这儿，那到处都会出现乱子；你走后的后果会比现在更糟糕。你在阿拉伯人中的地位就像一串珠子的线一样，如果它一断，珠子就会全部散落，而再不会全部串在一起。敌人在等着你的选择。"众穆斯林说："你是阿拉伯人的领袖、阿拉伯人的根本。如果你离开麦地那是敌人渴求的事，那么他们会全力向你进攻。我们过去参战不多，但我们也打过胜仗，就由我们去对付他们吧。你在这儿坐镇指挥。你写信给库法人，他们是阿拉伯的先锋，让他们三分之二的人去出征，留下三分之一。你写信给巴士拉人，让他们去支援库法人。"

欧麦尔被阿里的一番话说服了，并高兴地采纳了他的意见后当众宣布：他驻守麦地那并不断派兵攻打波斯。然后接着说："你们该给我挑选一个人，我让他指挥这次战斗，他必须是伊拉克人。"大家说："你说得很对，你的见解太伟大了。当时伊拉克的代表已来到麦地那，你去听听他们的意见吧！"他说："以安拉起誓，最宜管理他们事务的是年龄最大的人，他就是努尔曼·本·穆卡林，人们都说他合适，努尔曼·本·穆卡林有资格担当此任。"穆斯林都知道他是一个英勇的骑士，从不退缩、从不害怕且机智勇敢。他曾辅助艾布·伯克尔攻打拒缴天课的人，在伊拉克的多次战役中一直与哈立德·本·瓦利德并肩作战。只要他在，哈立德就能获得胜利。当欧麦尔让赛尔德·本·艾比·瓦戛斯领导伊拉克的军队时，努尔曼·本·穆卡林又始终和他一起冲锋陷阵。在卡迪西亚战役和攻占伊拉克中，他战功卓越。后来在胡齐斯坦的战争中，他更是英勇无比、所向无敌。据传述，他原在克斯克尔任职。他写信给欧麦尔诉苦说，赛尔德·本·艾比·瓦戛斯让他负责征收土地税，而他喜欢打仗。为此欧麦尔写信给赛尔德·本·艾比·瓦戛斯："努尔曼写信给我，提到你让他征收土地税，他确讨厌这项工作，他喜欢打仗。你让他到最重要的前线去吧！"当欧麦尔决定让他率兵攻打由菲劳赞率领的波斯军队时，他给他写了信：

奉至仁至慈的安拉之名

努尔曼·本·穆卡林：

你好！

赞颂独一的安拉。非阿拉伯民众为攻打你们而在尼哈万德城聚集了军队。你接到信后马上带着你周围的穆斯林将士出发。你不要让他们走泥泞小路而受伤害，不要妨碍他们的权益而影响他们的斗志，不要让他们进入丛林。在我看来，一个穆斯林的生命比十万第纳尔更昂贵。你带兵一直前进到玛哈。我已写信给库法负责人让他们在那里和你会合。军队全部到齐后，你就去攻打菲劳赞及聚集在其身边的波斯人和其他非阿拉伯人。

再见！

欧麦尔

欧麦尔写信给继赛尔德之后的库法长官阿卜杜拉·本·阿特班说："你动员库法人去和努尔曼·本·穆卡林一起出征。我已写信给他，让他从阿瓦士到玛哈，让他们在那儿会合，然后随他去尼哈万德。我任命侯宰法·本·叶曼为他们的首领，直到与努尔曼会合。我已写信给努尔曼说：如果你有不测，人们就听从侯宰法·本·叶曼的命令。如果侯宰法·本·叶曼有什么不测，那么人们就听从奈伊姆·本·穆卡林的命令。"欧麦尔把这封信交给萨伊卜·本·艾格拉阿让他送到库法。又让萨伊卜负责战利品的管理。欧麦尔对他说："如果安拉使你们胜利，那你在他们之间分配战利品。你不要欺骗我，如果民众的工作你没做好，那你就不要来见我，我也不想再见到你！"

同一天，欧麦尔写信给艾布·穆萨·艾什尔里："你带领巴士拉的军队去玛哈，接受努尔曼的领导。他还写信给萨尔玛·本·盖尼和哈尔马莱·

本·利塔以及所有在波斯与阿瓦士的军队首领。信里说：你们设法阻碍波斯人同你们兄弟部队的交锋。你们保护好民众和领土。你们驻扎在波斯和阿瓦士交界处等候我的命令。”欧麦尔这样做是为切断波斯到尼哈万德的援军通道，防止菲劳赞力量得到加强。

这一切都是为应付面前的危险而做的准备，以便营造一种气氛，使穆斯林面对波斯人而不畏惧。部队开向玛哈，会合到努尔曼·本·穆卡林的麾下。他们中有勇敢的骑士和视死如归的英雄，也有参加过卡迪西亚和泰西封等战役身经百战的老将，还有未参加过卡迪西亚战役的新兵。他们要在尼哈万德建立战功，接受考验。

尼哈万德战役的前两天

部队到胡尔万之后，努尔曼要探听一下波斯人的消息，以便了解沿途需要小心的地方。为此，他派艾塞德族人图莱哈、阿慕尔·本·穆阿迪和阿慕尔·本·艾比·萨尔玛前去侦察敌情。他们走了一天，晚上阿慕尔·本·艾比·萨尔玛回来了，说他未发现任何情况。图莱哈和阿慕尔·本·穆阿迪又继续夜行。回来之后，人们问阿慕尔·本·穆阿迪发现了什么，他说:“我们走了一天一夜，没有发现任何情况，我怕我们是走错路了。”图莱哈没有像他的两个同伴那样，一直到了尼哈万德，见到了那里的民众，探到波斯人的消息。他回来对努尔曼说：“我们和尼哈万德之间的路上没有任何不利因素。”在这种情况下，努尔曼下令出发，并在队伍中鼓舞士气。部队在敌人的堡垒附近停下来,穆斯林在那里高念“安拉至大”三次。这声音使敌人胆战心惊。

当菲劳赞知道穆斯林只有三万人马同他作战时，他没有轻敌。他曾在卡迪西亚战役中领教过阿拉伯人那种令人生畏的英勇。在卡迪西亚战役中他遭到了失败，并像霍尔木兹一样从战场上溃逃出来。他认为十五万坚强堡垒中的盟军，未必能阻止穆斯林军队的攻击。他派人到穆斯林军营说：“你们派一个代表来和我们谈判。”穆吉拉·本·苏阿拜被选为代表与敌人对话。他穿过城墙，进了尼哈万德城菲劳赞的住地。尼哈万德城坐落在伊拉克境内,东离胡尔万三十法尔萨赫,西面是哈马丹及法尔萨赫。

那里的广阔肥沃的草原，丰富的水源和富饶的园圃给当地人带来了巨大恩泽。城中的堡垒坚不可摧，高墙林立、戒备森严。他被带到菲劳赞帐前，菲劳赞正坐在黄金宝座上。他周围的士兵排列整齐，刀光闪闪，怒目狰狞，个个像恶魔一样。在泰西封叶兹德吉尔德同穆斯林代表经历的谈判又在他们两人之间重开了。谈到最后菲劳赞说："我之所以没有命令骑兵进攻你们，只是怕你们的尸体玷污我们的土地。你们如果离开，我们就放你们一条生路，否则你们就等着瞧自己的下场吧。"穆吉拉说："以安拉发誓，自从安拉的使者来到我们中间，我们只知道胜利。以安拉发誓，你所说的鬼话不会实现。我们或要用你们的武器战胜你们，或在你们的土地上阵亡。"

引蛇出洞，智取强敌

穆吉拉谈判失败后返回，他在宽大威严的帐篷里见到了努尔曼。努尔曼得知谈判未果，便下令包围了城池。这场阿拉伯人和波斯人之间的战斗持续了整整两天。波斯军队只在有机会的时候，才肯从堡垒中出来。他们在城墙前布置了铁刺网，只留一个他们可出入的小门。穆斯林无法穿过刺网。情况十分不利，他们担心久攻不下会遭到不测。军队中有经验的人一起去见了努尔曼说出了他们的担忧。努尔曼和他们的看法一致。当有人要离去时他说：你们先别走，我找过那些有战争经验和远见卓识的人，他们说多神教徒们以堡垒为庇护，只在必要时才出来，这对我们很不利，你们认为怎样才能诱敌出战，不再拖延下去？有人认为缩小包围。阿慕尔·本·穆阿迪说："不要害怕向他们挑战。"在场的人都反驳说："高墙对他们有利，我们怎么挑战呢？"图莱哈说："我认为这样可行。派一支装备精良的骑兵，把敌人先包围起来，然后向他们放箭挑战，让敌人生气。一旦他们追杀出来，让骑兵假装败走而往我们这里逃。敌人见我们逃跑，就会企图一举战败我们。他们一旦出了堡垒与我们交锋，我们必严惩他们，直到安拉在敌我之间做出最终判决。"

在场的人都赞成这个建议，认为他的想法很好。次日清晨，努尔曼命令盖尔嘎阿·本·阿慕尔攻城。他们好像决心攻进城堡，这激起敌人的怒火。

敌人出来后发现他们人数不多，便越过城墙和铁刺网攻打他们。盖尔嘎阿为不露出破绽，故意多停了一会儿才带兵逃跑。敌人见此情景，便跟踪追击。努尔曼清晨就命令部队撤到了敌后塔瓦利特高地，那里可躲过敌人的视线。敌人不停地在后面追击。波斯人确信穆斯林的失败已成定局。菲劳赞亲自带兵，把所有部队都带出堡垒。这样一来，尼哈万德城中除了守门士兵外，已无人把守。他们远离城池时，感到了恐惧。当他们看到盖尔嘎阿又杀回来时，才知道这是穆斯林军队的计谋。

盖尔嘎阿将其军队和其他部队汇合在那里，等待努尔曼的进攻命令。那天是星期五，努尔曼下令太阳偏西时开始反击。波斯人追上穆斯林时是在太阳偏西之前。他们放箭使不少穆斯林受伤。有人催促努尔曼下令，但他没有这样做。穆吉拉·本·苏阿拜说："如果我负责战斗，我知道该怎么做，我会马上反击。"努尔曼心平气和地回答："你好好看看你自己吧，你过去指挥战斗之所以取胜是因为安拉的佑护。今天迟缓的目的是要达到你所希望的效果。"

太阳偏西了，努尔曼骑上战马朝着一面军旗驰过去，他鼓励战士们说："你们原是卑贱的，安拉使你们高贵了。敌人冒犯安拉的宗教是自取灭亡。波斯人热爱现今浮荣，但穆斯林更加热爱自己的宗教。你们坚守阵地，等我下令。我将高喊三次'安拉至大'。第一声要你们做好准备，第二声要你们拿好武器，第三声我们共同投入战斗。安拉啊！求你使宗教尊贵，求你相助你的仆人吧！你让努尔曼成为第一个为宗教的尊荣而献身的人吧！"

波斯人大败，菲劳赞被杀

努尔曼做完动员后回到自己的阵地。士兵用热切的目光看着这位身穿白色外衣，戴白色头巾的将领。穆斯林士气高昂，他们要冲向战场，消灭敌人，夺取胜利。努尔曼喊完"安拉至大"三次，手持战旗奔向了敌人，如同扑向猎物的雄鹰英勇杀敌。不一会儿他周围就躺倒了一片敌人。穆斯林围绕在他周围团结作战。两军交火，刀光剑影，杀声震天。其残酷史无前例。尸体满地，血流成河。由于地面沾满鲜血，人马常常滑倒。

战斗持续到太阳西沉。努尔曼挥旗指挥。他的战旗向东，穆斯林的剑就向东砍；战旗向西，穆斯林的剑就向西砍。正当他要插入敌人心脏时，他的战马滑倒，他从马上摔了下来。安拉使他实现了他战前的祈祷。他的弟弟奈伊姆用衣服盖上了他的尸体，接过战旗交给了侯宰法·本·叶曼，由侯宰法接替了他的位置。为避免穆斯林恐慌，侯宰法命令奈伊姆暂时不要张扬努尔曼的死讯。战斗持续到深夜后，穆斯林直插敌人的心脏。波斯人失败逃散，穆斯林乘胜追击。敌人伤亡无数。据历史学家们估计，战场上阵亡约三万人，坠入深沟而亡的达八万，各地聚合的波斯士兵除部分逃亡之外，全部被消灭了。

菲劳赞混在逃亡的士兵之中，向哈马丹奔逃去。奈伊姆·本·穆卡林发现了他，派盖尔嘎阿·本·阿慕尔去追杀。在一条小路上，出现了一群驴和骡子驮着蜂蜜箱在行走，挡住了菲劳赞的路。于是，奈伊姆追赶上去把正要往山里逃亡的菲劳赞杀死了。穆斯林知道这件事后说，安拉确有“密军”。这话成了阿拉伯谚语，那条山路后来也被称作“密径”。

波斯败军逃到哈马丹仍未得到安宁。穆斯林赶到后包围了城池，他们发誓不攻开城门决不离开。哈马丹城的首领明白结局是什么，他派人和穆斯林讲和。盖尔嘎阿接受了他们和议：将哈马丹和达斯堤比两城作为抵押，穆斯林保护他们的安全。他们可以保持原来的生活习俗。和约签订不久，逃走的人又回到城中，过上了平静的生活。

当盖尔嘎阿带兵返回时，侯宰法已带军队进入了尼哈万德。他把城中的战利品交给由欧麦尔任命的负责分战利品的萨伊卜·本·艾格拉阿。那天的战利品多得超过了穆斯林的预料。侯宰法·本·叶曼把战利品分给参战士兵、后方援军和负责监视敌人、不让敌人抄穆斯林后路的人。尽管如此，参战的骑兵每人分得了六千迪尔汗，每位步兵分得了两千迪尔汗。

欧麦尔与尼哈万德的战利品

库思老曾把许多珠宝存放在一个拜火神庙主持人手中，以备灾难时用。穆斯林当时未发现这批珠宝。大神庙的主人跑来将此事报告了侯宰法，以求保护。侯宰法保护了告发者，取出了珠宝。穆斯林已为自己所得的战利品而满足。穆斯林虽看到这价值连城的珠宝，但并未分它。他们要求把它送给欧麦尔，归他所有。由萨伊卜·本·艾格拉阿带着五分之一的战利品去麦地那向欧麦尔汇报胜利消息，并交付这些丰厚的战利品。

对尼哈万德战事的发展，欧麦尔时刻在关注着。他极为担心，常常彻夜不眠，祈求安拉相助他的军队。他计算着日子，派人去打听消息。侯宰法派了塔利格·本·萨海木赶到麦地那报讯。抵达后向欧麦尔汇报了安拉赐给穆斯林的巨大恩惠，但没告诉他不幸的一面。欧麦尔和众穆斯林异常高兴，举手向天，赞颂安拉，并到清真寺向安拉感恩礼拜。为得知事情的经过，他们来到通向波斯的路上迎接凯旋的军队。奥斯曼·本·阿凡发现了萨伊卜·本·艾格拉阿，他走近他时首先问候平安。欧麦尔问："详情怎样？"他说："胜利和喜讯。"欧麦尔又问："努尔曼的情况如何？"他说："他倒在血泊中，牺牲了。"这消息震惊了欧麦尔。他说："我们都属于安拉，我们都要归于他。"他失声痛哭，像死了自己的孩子一样。稍稍平静之后，他问萨伊卜穆斯林的伤亡情况。萨伊卜提了死者的姓名，然后又说："还有许多，但信士的长官不知道他们的名字。"欧麦尔悲哀地说："他们的名字欧麦尔不知道，但安拉知道他们。安拉见证了他们的高贵，他们的所为不是为了欧麦尔！"

民众们起步回麦地那，萨伊卜同他们一块儿入城。他们把五分之一的战利品送到清真寺。欧麦尔命令包括阿卜杜·拉赫曼·本·奥夫和阿卜杜拉·本·艾尔格木在内的一些人，留宿清真寺，并在穆斯林之间分配战利品。

欧麦尔起身回家，萨伊卜紧随其后，并向他汇报了其中有两篓珠宝的事情。欧麦尔说："你把它放到国库里。它应归你的士兵。"萨伊卜把珠宝送进国库后，马上回了库法。这天晚上，欧麦尔做了个梦。第二天一早就派人去追萨伊卜，追到库法才追上萨伊卜。那人说："我奉信士的长官的命令追你回去。"萨伊卜说："为了什么？"那人说："不知道。"于是，他们又一块儿回到欧麦尔跟前问："发生什么事了？"欧麦尔说："你真可气！你走的那天晚上，我梦见天使把我拽到珠宝跟前，那两篓子珠宝着了火。天使说：'我们要用这火烤你。'我说：'我是要在穆斯林中把它分了呀？'萨伊卜！你把它拿走吧，随你处理。应该将它卖了，解决穆斯林的生活。"

后来，萨伊卜把珠宝放到了库法清真寺里。阿慕尔·本·哈里斯用二百万第纳尔将珠宝买走了，又在非阿拉伯地区卖了四百万。当时库法人的钱不多，这已是一个大数了。

泰伯里也记载了这件事。他说："萨伊卜带着那两篓珠宝跟着欧麦尔回到欧麦尔家里。萨伊卜将珠宝的事告诉了欧麦尔。欧麦尔对他说：'木莱开的儿子啊！他们不知道这件事，你没有和他们在一起。赶快补救，你回到你原来的地方去，让侯宰法将这两篓珠宝分给安拉想给予的穆斯林们！'萨伊卜回去了，他将珠宝交给了侯宰法，侯宰法以四百万的价格将珠宝卖了。然后他把这笔款项分给了安拉想给予的穆斯林。每位参战的骑兵除原来应得的六千迪尔汗之外又分得四千迪尔汗。"

欧麦尔下令占领波斯

对攻占尼哈万德，库法人比麦地那人更高兴。他们甚至把它称为胜利之最。也许因为战斗中的英雄都是库法人；也许是因为他们离战场更近，更关心战局。"胜利之最"的称呼表达了他们内心的喜悦和期盼国家安宁的心情。此战之后，波斯人再无立足之地，穆斯林捣毁了他们的老巢。波斯人再也不能聚集起来对付穆斯林了。库思老最终也被赶走，逃亡异乡并最终死于他乡。

欧麦尔比库法人更高兴。他给予将士们崇高的评价和赞赏。多给他们战利品，以示他们劳苦功高。他知道聚集在尼哈万德的波斯军中有各地的豪杰，他们要结盟把阿拉伯人赶出他们的领土，使他们回到阿拉伯半岛，结果是这些豪杰败北。他们并没找到避难所。他们发现到处都是阿拉伯人的天下，他们的名字威震库思老的各个联邦。

哈马丹的人得知尼哈万德和菲劳赞的结局之后，马上向穆斯林求和。艾布·穆萨·艾什尔里是巴士拉攻打尼哈万德部队的首领。他凯旋后经过迪努尔时住了五天，最后一天发生了战斗。结果还是迪努尔人求和，同意缴纳土地税和人头税，要求保护其生命财产安全。穆斯林将军艾布·穆萨和希尔万人订了与迪努尔人同样的和约。他的手下人又接受了随马拉人的求和。沿途所有地方都获得了解放。他们只要每年向穆斯林首领缴纳税务，就有安全保障。

尼哈万德的失守，使波斯人成了惊弓之鸟。更使他们恐慌的是欧麦尔要收拾他们，而他们只能坐以待毙。欧麦尔要征服波斯其他联邦，不让任何地方留下对抗伊斯兰的力量。为此他亲自制作令旗，任命旗帅，要征服整个波斯大地。他把呼罗珊旗交给哈纳夫·本·盖斯，把阿德希尔和萨布尔的旗交给穆扎希尔·本·麦斯欧德，把伊什塔克尔旗交给了奥斯曼·本·艾布·阿斯，把达拉巴杰尔德的旗交给了克纳尼族人萨雷伊·本·扎尼木，把克尔曼的旗交给了苏海勒·本·阿迪，把锡斯坦旗交给了阿西希姆·本·阿慕尔，把穆克雷旗交给了哈克姆·本·艾比·阿斯，并令这些将领进军这些联邦和地区。

尼哈万德战役在解放波斯中的作用就像卡迪西亚在攻占伊拉克中的作用一样。叶兹德吉尔德还想在雷伊、木鹿和伊什塔克尔负隅顽抗。阿塞拜疆、呼罗珊和穆克雷联邦的首领都像在泰西封一样帮助他，企图阻挡穆斯林的进攻，企图用自己的威望保卫国家。读者一定能看到他们的企图会有什么结局，叶兹德吉尔德将会怎样在他们的联邦间狼狈逃窜。

第十七章 消灭波斯库思老政权

波斯历史一瞥

尼哈万德和哈马丹坐落在伊拉克境内，这两座城市是波斯王国的脊梁。那里的居民无论在语言、血缘、国籍还是宗教方面，都与阿拉伯人和伊拉克人毫无联系。生活在尼哈万德的波斯人的灾难就是库思老国王的灾难。面对困局，他和他的国民只有两种选择：要么顺服穆斯林的统治，要么进行残酷的斗争。斗争的结果要么是胜利，胜后可把阿拉伯人赶出他们的领土；要么是失败，失败则使库思老政权彻底垮台。到那时，他们的国家和国王的统治都将不复存在。

情况就是这样，特别是伊拉克地区，它是王国联邦的中心地带。它的北边是阿塞拜疆、土布尔斯坦和吉兰，东边是塞姆南和伊朗大沙漠，南边是法尔斯[1]和克尔曼，西边和西南边是胡齐斯坦。在伊拉克地区，有很多相当于首都地位的大城市，其中有伊斯法罕、哈马丹、雷伊等。穆斯林攻克并占领了这些城市。也就是说，穆斯林已打开了伊朗的所有大门，他们可在其中畅通无阻，想用武力阻止他们，那是太难了！

但是，叶兹德吉尔德又是怎样面对这势如排山倒海的进攻呢？他目睹了穆斯林们自卡迪西亚战役之后，通过伊拉克进入了泰西封和哲鲁拉，盘踞于巴士拉和库法。他们粉碎了霍尔木兹在胡齐斯坦的反抗。他们面对聚集在尼哈万德的大军不屈不挠，最终彻底消灭了这支军队。这难道不是说明幸运与穆斯林同在吗？难道不是证明目前任何人也无法阻挡他们的进攻了吗！命运曾使他们战胜在叙利亚的希拉克略（罗马皇帝）并把他

① 法尔斯（波斯），今伊朗南部省份。它是古波斯人最初定居的地方，亦是阿契美尼德帝国及萨珊王朝的中心所在。——译者

赶到君士坦丁堡，他们也曾占领了基督教的发源地耶路撒冷。对叶兹德吉尔德来说他该如何行动呢？是和入侵者讲和，随便他们去占领，而他依旧满足于他所拥有的祖先的王权，还是利用在波斯根深蒂固的国王的威严而要点新的花招呢？他举棋不定，不知所措。如果他求和，又有谁能保证穆民的领袖哈里发不会拒绝他的请求呢？如果那样的话，他所遭到的拒绝就是他的最大耻辱。如果他号召他的民众进行新的冒险，那么谁又能保证波斯的民众和领袖们一定会响应他的号召呢？如果他们不响应他的号召，那么他虽名为国王却形同草民，再无人听从他的命令，无人回到他的麾下。怎么办？听天由命，任随事态的发展吧！但他希望能走好运。

令他失望的是所有的波斯将领、士兵都只考虑自己的利益。叶曼曾与他结盟，但那是因为他作为一国之王仍有影响力，仍掌有军权。波斯人曾投靠到他的旗帜下，派兵到尼哈万德去对付他的敌人，但那是因为在波斯人的心目中他的军队还是强大的。今天他的军队的战斗力削弱了，已无法对付来犯的穆斯林了。因此，波斯人不得不更多地考虑自己的利益及其民族的归宿。是抵御穆斯林，还是和他们讲和，并接受他们的统治呢？今天在这些将领和叶兹德吉尔德之间已不再有隶属关系了。如果命中注定国王的王权寿数已尽，那么波斯民众便不会再理睬他了。

有什么理由责备这些将领有以上想法呢？弱国之王还谈什么地位？近期波斯国所遭到的一切重创必然会使他们产生上述这些想法。这也是自古以来波斯历史的写照。

波斯人自公元前若干世纪，就居住在他们称之为“波斯”的土地上。那时，他们是一群生活质朴、任性、英勇强悍且好战的民众。他们曾与伊拉克和米底人展开过生死搏斗，最终征服了米底人，使他们成为波斯的一分子。波斯人从伊朗国扩展到两河流域，又从那儿延伸到埃及和希腊。那时的波斯国由众多州邦组成，每个州邦都相对独立。各州邦有各自的军队将领，这些将领独立管理其州邦的事务。库思老为王中之王，掌握众联邦的公共事务。他被称为最大的国王。波斯人攻克了其东西面的邻国，扩展了他们的势力。后来亚历山大袭击并战胜了他们，在他们的国度里实施了统治。当时，亚历山大的政策是，每个州邦的内部事务仍由各州邦自己管理。为此，波斯的各首领仍然享有绝对的权力。他们相当于诸侯一样管理自己的州邦。这种政策，使他们更加紧密地团结在这位征服者的周围。亚历山大之后，波斯国又恢复了独立，萨珊人成了它的“库思老”，掌管了政权。当时，泰西封是它的首都。萨珊人为使波斯恢复其原有的兴盛，开始战略扩张，从被攻克的地方，大肆掠夺搜刮钱财。他们把掠夺作为使其人民富裕的一个主要途径。波斯人心安理得地享受着这种富裕，日渐沉溺于现实的享受，慢慢失去了他们祖先所具备的英勇、刚毅的性格。他们坚定的信念和健康文明所带来的坚忍渐渐消退。为此，他们的统治被一点一点地削弱。到了公元7世纪初，他们也确曾企图恢复他们的统治。为此，他们与罗马战斗，取得了胜利，占领了耶路撒冷和埃及。罗马的失败是由于他们制度的腐败和错误的判断造成的。当希拉克略掌管罗马政权时，他击败了波斯人，又恢复了罗马政权。失败的阴影一直笼罩着波斯人。为此，他们宫廷混乱，信心动摇。当阿拉伯人突然进攻他们时，他们懦弱的一面表现得更加明显：无力抵抗穆斯林的攻击，每个人都只为自己寻找活路。他们的领袖们在胜利者的怀抱里寻找虚无缥缈的权势，而抛弃了库思老。让他去听天由命吧！

欧麦尔下令解放伊斯法罕

上面分析的就是波斯皇帝和众多波斯将士的情况和立场。现在穆斯林将士在尼哈万德胜利了，哈马丹人讲和了。欧麦尔马上想到艾哈纳夫·本·盖斯的话：“波斯人，只要叶兹德吉尔德还在他们中间，他们是绝不会停止反抗穆斯林的。要想波斯各地平安，唯一的办法是让库思老彻底完蛋，让波斯真正属于穆斯林。”那么怎样才能达到这一目的呢？

欧麦尔在未完全解放伊拉克非阿拉伯人之前，没有让各路兵马横扫波斯大地。他首先要把伊拉克非阿拉伯人地区置于他的控制之下，以保证后方平安及控制从伊拉克的阿拉伯人地区和半岛到各个地区援兵的通道。现在是从伊拉克直奔雷伊呢？还是从尼哈万德杀向伊斯法罕呢？

阿拉伯军队进入尼哈万德和哈马丹的时候，叶兹德吉尔德住在雷伊，当他看到阿拉伯军队逼近时，便逃到了伊斯法罕，在那里鼓动人们抵抗。欧麦尔知道这一消息后，命令部队直接开向伊斯法罕。他希望叶兹德吉尔德应战并将之俘虏，希望一举摧毁波斯人的所有抵抗。为此，欧麦尔命令阿卜杜拉·本·阿特巴带领库法军队，以及在尼哈万德受其统帅的努尔曼·本·穆卡林的部队奔赴伊斯法罕。

据传说，欧麦尔曾和霍尔木兹商量此事，询问他先攻法尔斯还是先攻阿塞拜疆或伊斯法罕。霍尔木兹回答说："法尔斯和阿塞拜疆只是两个翅膀，伊斯法罕则是头，断其一翼，则另一翼尚存，如果断其头，则两翅亦同样无用了，故当从其头开始。"欧麦尔采纳了这一建议，所以下令先攻取伊斯法罕。

伊斯法罕是一个极大的城市，原是伊拉克非阿拉伯人的一个地方省会。它由相邻的两个城市组成，一个是吉叶，一个是犹太城。犹太城是早期犹太人的居住地，相传是叶兹德吉尔德一世为取悦于他的犹太妻子休希尼·杜赫特而建造的。而吉叶则是个都会。那里土地肥沃，气候宜人，淡水充足。所以，历来国王都选它为栖身地。伊斯法罕坐落在山区的北麓，空旷辽阔，那里有与王国各地相通的大道。其中通向雷伊的道路经过卡尚再到库姆。阿卜杜拉·本·阿特巴率兵急进，在伊斯法罕的前线地带与一支庞大的波斯军队遭遇。顷刻间两支军队便展开厮杀，战况异常残酷。当时波斯部队前锋部队中有一个老者名为夏汗利兰·本·贾孜唯叶。他是波斯人中屈指可数的英雄之一。当他看到战斗激烈，波斯人伤亡惨重时，害怕长此下去会削弱士兵们的士气。于是，他便站到了队伍的最前列，叫嚣着向穆斯林挑战以激励士气。阿卜杜拉·本·瓦尔格上前应战并将其杀死。波斯人目睹此情惊恐万状，纷纷逃离了这被称为拉斯坦的地方。穆斯林在此驻扎下来，改称其为拉斯坦谢赫。后来波斯人撤到了吉叶，躲进了伊斯法罕城内，而穆斯林则制订了他们攻城的计划。

叶兹德吉尔德知悉波斯人在拉斯坦谢赫的遭遇后立刻从伊斯法罕逃至克尔曼。

阿卜杜拉·本·阿特巴到达吉叶并包围了伊斯法罕。波斯人凭借有利的地形，不时从城中出来偷袭穆斯林，而后再回守城堡。久攻之后，波斯人承受不住压力，他们要出城决一死战。两军相持，战斗开始之前伊斯法罕守军领袖发祖斯坦出来和伊本·阿特巴谈判。几经交涉最终发祖斯坦对伊本·阿特巴说："我不愿和你们交战，你的确是一位善良的人，我愿意和你一起到你的军营中和你讲和。我把城市交给你，凡愿留城者缴纳人头税。自愿离去者自由离去。他们的土地归你们。”伊本·阿特巴接受了这项提议。之后，伊斯法罕人成为顺民，只有三十人反对这项协议，投奔了克尔曼。

占领伊斯法罕攻打波斯北部

当穆斯林为解放伊斯法罕而战斗时，克孜乌赞河北部各邦聚集部队，以曾在卡迪西亚战役中阵亡的拉斯特姆的弟弟伊斯发迪叶尔为首准备抵御穆斯林，保卫雷伊。哈马丹的人得知这一消息后深受鼓舞，随即破坏了在尼哈万德解放后他们与穆斯林之间达成的和约。哈马丹人背约的消息传到欧麦尔那儿，为此他命令奈伊姆·本·穆卡林去那里严惩他们，以免类似的事情再度发生。哈马丹人听到奈伊姆的名字，知道穆斯林军队已向他们开来的消息后惊恐不安，他们马上想到尼哈万德，想到菲劳赞的下场。面对当前的局势，哈马丹人惶惶不可终日。他们大祸即将临头。

奈伊姆占领哈马丹周边地带的消息不断传来，这无疑使他们更加恐惧，结局必将是悲惨的。当奈伊姆到达哈马丹时，马上包围了这个地方。波斯人又纷纷向奈伊姆求和。因为他们曾破坏过和约，他怎么会相信他们不再毁约呢？但奈伊姆接受了和议，其条件是缴纳人头税。在波斯人看到穆斯林部队驻扎在哈马丹维护和约并征收人头税时，其内心仍未感到完全的安宁。奈伊姆何以会接受他们的和约呢？

奈伊姆和哈马丹人讲和的原因是，聚集在波斯将领伊斯发迪叶尔身边的军队，一天天地壮大，而奈伊姆在哈马丹的军队只有一万二千人。他了解到伊斯发迪叶尔的军队来自不同的方向。其中从迪里木来的军队首领是穆塔，从雷伊来的军队首领是栽拿比，从阿塞拜疆来的军队则由他本人指挥。他们以瓦吉·鲁孜作为集结地。拉斯土比距穆斯林部队最近，所以奈伊姆让他的探子去那里打听消息。迪里木的军队率先到达汇合地。为此，奈伊姆让耶济德·本·盖斯留守哈马丹而他自己率兵前去迎敌。穆斯林军在波斯盟军前方扎营。波斯盟军方面人数众多，声势浩大。他们深信能战胜穆斯林，能彻底地消灭他们，但他们没有料到穆斯林行动如此迅速。穆斯林部队的到来使波斯人措手不及。两军开始激战，双方伤亡惨重。最后，穆斯林大军获得胜利。

奈伊姆派人告诉了欧麦尔，他征服哈马丹并统治其民众的消息，同时提到迪里木、雷伊、阿塞拜疆的联军正向他开来的情况。欧麦尔为此深感不安，他祈求安拉襄助他的军队战胜敌人。他在麦地那等待着这支军队的消息。一天，阿尔瓦·本·栽德突然来到他的跟前。欧麦尔看到他时便问道："是白西尔（喜讯）吗？"他回答说："我是阿尔瓦。"欧麦尔意识到情况可能不妙，说道："我们来自安拉，我们将归于他。"[①] 因为以前阿尔瓦曾向欧麦尔汇报过吉斯尔之战的消息，那次战役穆斯林大败，艾布·欧拜岱被杀。这时，阿尔瓦马上说："感谢安拉，我们胜利了，我们胜利了。"并把战斗的经过告诉给欧麦尔。当他说完，欧麦尔说："你怎么不留在那，派人回来汇报战况呢？"阿尔瓦答道："我让我的弟弟留在那儿，我愿意亲自来见你。"从那一日起欧麦尔便称阿尔瓦为白西尔（喜讯）。欧麦尔命人宣读阿尔瓦带来的奈伊姆胜利解放雷伊的书信，人们大赞安拉，用礼拜来感谢安拉的恩惠。

阿尔瓦带着欧麦尔的回信回到哈马丹。信中指示："你让人替你驻守哈马丹，带兵去雷伊攻击敌军。然后在那儿驻守。因为雷伊位于中间地带，地势重要。"奈伊姆读了这封信后，马上决定让耶济德·本·盖斯留守哈马丹，自己带兵去雷伊。他深信安拉将使他胜利，对此他毫不怀疑。他曾参加了与雷伊和迪里木、阿塞拜疆的盟军的战斗，战胜并杀死了迪里木的诸侯穆塔。也许奈伊姆过于乐观了。雷伊的诸侯萨耶瓦赫希·本·马海兰已通过瓦吉·鲁孜之战知道，穆斯林绝不会拖延，马上就将发起对自己的攻击。为此，他向顿保德、土布尔斯坦、古木斯和吉尔佳的人求援。他对他们说："你们知道，如果这些人占领雷伊，那么你们也无处可逃。"因此，他们组成联军支持萨耶瓦赫希。波斯联军人数超过了奈伊姆军队人数几倍。以雷伊城为依托，设置了重重防线。萨耶瓦赫希深信穆斯林绝不可能战胜他，他们攻不破他的防线。

波斯北方的人聚集起来保卫雷伊这并不奇怪。雷伊是一个大都会，

---

① 此句为穆斯林听到有人故去的消息时，所念的经文。

也是避难者的庇护所。雷伊周围散处着“火神宫”的庙宇，民众在宗教季节去朝拜它。他们认为侵犯它就是侵犯了应受保护的神灵。另外，雷伊的地理位置决定了它是东西商贾云集的地方。那里的人们生活在富裕和安逸之中。他们及其周边地带的居民在它的保护中安居乐业，一旦它遭到进攻，人们就会结盟保卫它。

如果不是命运的安排，波斯人保卫雷伊的激情，也许会使穆斯林在进攻它时遭受重大的伤亡。然而结果出乎奈伊姆及其伙伴们的预想。雷伊的诸侯萨耶瓦赫希在瓦吉·鲁孜之战后伤害了栽拿比，斥责他面对穆斯林而退却，还革了他的职务。这一切使栽拿比十分气愤。他耿耿于怀，并离开了雷伊守候在奈伊姆进攻雷伊的道路上。在郊外他见到了奈伊姆，向他表达了自己的善意，愿意与之结盟共同对抗萨耶瓦赫希。穆斯林军队在雷伊的山脚下扎营。雷伊的守军在那儿与他们相遇。双方开始了激战。战斗直至月升还没有分出胜负。夜幕降临后栽拿比对奈伊姆说：“你与敌人人数相差悬殊。我可以率一队骑兵从秘密入口进入雷伊，而你在此处设法将他们留住。这样我们就可以里应外合夹击他们。”奈伊姆听从了他的话。夜间以伊本·阿尔瓦为首的骑兵随从栽拿比悄悄摸进城去。奈伊姆向雷伊守军发起佯攻牵制雷伊守军。黎明到来时，穆斯林的骑兵突然在城中出现，他们高喊“安拉至大”，响声震天。波斯人发现他们腹背受敌，意识到大势已去，败下阵逃走了。穆斯林乘胜追击。萨耶瓦赫希已溃不成军。奈伊姆率军进入雷伊城，穆斯林在雷伊获取了如同在其他被克之城一样的战利品。奈伊姆致信欧麦尔，报告胜利的喜讯，同时将五分之一的战利品交回麦地那。

波斯北部州邦与穆斯林和解

雷伊解放以后，波斯人会怎样呢？他们会向穆斯林求和吗？是的，他们求和了。奈伊姆通过波斯人栽拿比与雷伊的民众讲和。在摧毁雷伊的堡垒要塞之后，栽拿比取代萨耶瓦赫希的领袖地位统治雷伊。他命令在旧城旁边建造新城。从此巴赫拉特姆家族皇亲贵族的荣誉落到了栽拿比及其后裔的身上。雷伊城尽管遭到破坏，但在伍麦叶和阿拔斯王朝时期仍是穆斯林的主要口岸和重镇之一。只是在其西北部附近建立了德黑兰城。不久，德黑兰城取代了雷伊城的地位。今天我们所能见到的雷伊城遗址，仍在向人类展示它昔日的辉煌。

穆斯林在雷伊的胜利震撼人心，导致其附近的城镇、地区民众纷纷向穆斯林求和，缴纳人头税。当苏韦德·本·穆格拉奉欧麦尔之命到达古木斯时，已无人与之对抗。他和平解放了这个城市，在此驻兵并与其民众和平解决了问题。而顿保德的民众在盟军保卫雷伊失败后，各自回到自己的驻地，不久也和奈伊姆一一议和。

顿保德是邻近雷伊的一个山城，其民众曾参与保卫雷伊。当城市失守、联军溃散时，顿保德的民众逃回他们的家乡，不久与奈伊姆签约议和。城市的居民每年缴纳人头税。任何人未经许可不得进入其领土。古木斯是一个大省，拥有众多城市、乡村和农场。它坐落在雷伊和尼沙布尔之间的土布尔斯坦山的南部。克孜乌赞河流经土布尔斯坦山脉和古木斯城之间。

随着雷伊的解放、古木斯和顿保德的议和，波斯大地上只有吉尔佳、土布尔斯坦和阿塞拜疆未被占领。穆斯林要想解放这些地方，使其民众顺服，首先必须占领这一地区最北端的库思老国王的地盘。苏韦德·本·穆格拉在征服古木斯之后驻扎于巴斯塔木，他致信吉尔佳国王，希望他投降或双方议和。波斯国王立即接受了和平建议。迪海斯坦和吉尔佳两地的民众缴纳人头税，他们的生命、财产和信仰受到保护。在这次和约里写下了过去从未有过的条款：“凡你们当中的任何人求助于我们中的任何人帮助，当他得到帮助时可免除其人头税。”

吉尔佳坐落在克孜乌赞河岸的东南部，土布尔斯坦在此与吉尔佳接壤。而阿塞拜疆西南部则与土布尔斯坦相邻。土布尔斯坦人看到穆斯林已从南面占领雷伊、征服古木斯，在东面征服了吉尔佳，这时穆斯林军队对他们已成合围之势。他们唯一的出路就是逃向阿塞拜疆。但阿塞拜疆也受到了穆斯林军队的威胁。因此，他们选择了和解。他们派人和苏韦德议和。土布尔斯坦和吉兰顺服，其居民每年缴纳人头税，而他们的领土受到保护，不经他们的允许任何人不得侵入。

阿塞拜疆西邻土布尔斯坦，北与迪里木接壤，南与伊拉克和众岛屿相毗邻。它是一个山脉之国，其海拔平均高达一千五百米，有很多山峰高达四千米。阿塞拜疆一词是波斯语，意思是火或火神庙。原因是当时境内有很多火神庙。当波斯拜火之风熄灭时，人们信奉了伊斯兰教。

正当苏韦德在吉尔佳和土布尔斯坦签订和约时，他的同胞奈伊姆正在安排栽拿比统治雷伊。事情办妥后，他让攻打雷伊的一支部队以赛马克·本·赫尔什为统帅去支援奉欧麦尔之命攻占阿塞拜疆的阿特拜·本·菲尔格德和巴克尔·本·阿卜杜拉。巴克尔在进军途中与从瓦吉·鲁孜败逃的伊斯发迪叶尔相遇，两者展开激战。伊斯发迪叶尔战败被俘。巴克尔对他说："你要和平还是要战争？"伊斯发迪叶尔选择了和平。他说："你不能将我扣留在此，如果我不去和阿塞拜疆人说明情况，他们是不会出来接受和平的。他们会躲到山里，伺机而动。"当阿特拜·本·菲尔格德遇伊斯发迪叶尔的兄弟巴赫拉特姆的军队时，阿塞拜疆的抵抗已彻底失败。巴赫拉特姆被迫逃窜，阿特拜和伊斯发迪叶尔和平解决了阿塞拜疆。阿塞拜疆人的生命财产受到保护，他们缴纳相应的人头税。

穆斯林在波斯北部连续作战，他们消灭了一切抵抗势力。在克孜乌赞河与阿塞拜疆之间有个叫发尔塔的地方，人们称之为"门中之门"。这是波斯人的一道重要防线。水路上设有锁链，船只未经许可无法出入。其守护者的首领名叫夏海尔·巴拉孜。当他知道穆斯林到来时，便写信给穆斯林的首领阿卜杜·拉赫曼求和。于是，阿卜杜·拉赫曼将他带到赛拉格·本·阿慕尔面前。

赛拉格接受了夏海尔·巴拉孜的和议，免除了那些愿与穆斯林一致抗敌者的人头税，不愿同穆斯林站在一起者则必须缴纳人头税。之后，这一条款成为惯例。赛拉格把这种做法写信告诉了欧麦尔，欧麦尔同意且赞赏这一做法。

赛拉格离开发尔塔，发兵进攻环绕着它的山区。当地的人们都愿意缴纳人头税而免战。只有穆干除外，他曾逃避了巴克尔的攻击。后又进行了顽抗，但最后他还是以缴纳人头税讲和而告终。在此期间，赛拉格逝世了。阿卜杜·拉赫曼继承了他的职位。当阿卜杜·拉赫曼离开发尔塔，要去攻打土耳其时，夏海尔·巴拉孜对他说："但愿土耳其人让我们在发尔塔内安生。"阿卜杜·拉赫曼则回答说："我们不愿如此，我们要打到他们的家园。以安拉发誓，我们有众多的民众。如果我们的领袖愿意，我一定会带领他们战胜罗马。”波斯的领袖问他：“这些民众指的是谁？”他回答说：“他们是安拉使者的门弟子，那些在蒙昧时代就德高望重，后来更加尊贵的先贤们。”但他未能攻克土耳其（因为欧麦尔逝世的消息传到了这里，穆斯林们停止了军事行动）。

北部州邦议和后波斯领袖们的情况

读者已看到，在哈马丹和雷伊被攻占之后，波斯北部的抵抗已经崩溃，其国王和大臣们纷纷同穆斯林议和。他们中有的以缴纳人头税来求和，有的因加入穆斯林的队伍中帮助穆斯林抗敌而被免于人头税。同样读者会发现，在伊拉克非阿拉伯居住区以外的东部和南部的波斯其他联邦，并没有向北部地区伸出援助之手。这是对北部的背信弃义，还是因为这些联邦自身难保而无暇顾及呢？其实，读者完全可以找到答案。那就是穆斯林在波斯王国内的节节胜利，使这些地区惶恐不安，恐惧使他们无力考虑支援他人来抵抗无往而不胜的穆斯林军队。另外每一个联邦都认为穆斯林将进攻自己，因为穆斯林的目的是要攻克整个波斯。他们最大的希望就是能够保护自身不遭厄运。一个自身难保的人不可能去帮助他人。

他们不仅估计到穆斯林的进攻，还进一步考虑着进攻将带来的可怕后果。他们谈及所发生的一切都为之色变。他们已看到穆斯林在胡齐斯坦和伊拉克非阿拉伯居住区北部逼近波斯联邦，从西部逼近了呼罗珊。一旦穆斯林进入波斯、呼罗珊，战争就会蔓延到南部的克尔曼和莫克兰，从呼罗珊一直到最远的波斯地带都会成为残酷的战场。波斯人对遭受到攻击、领地被毁已司空见惯。他们认为，一切仿佛是命运的安排，无可抗拒。波斯联邦的人也曾回味过他们昔日的灿烂辉煌。当时，阿莱·本·哈达拉米乘船进攻波斯湾，在波斯人的顽强反击下他遭到了惨败。今天他们还会像昔日一样走运吗？穆斯林能否如攻克伊拉克、胡齐斯坦、伊斯法罕和雷伊一样占领他们的大片土地呢？

奈伊姆解放雷伊后，欧麦尔同意他提出的有关授权将领们全面攻击波斯的建议。在伊斯法罕的军队奔赴呼罗珊，另外的部队从巴士拉和巴林开向波斯的克尔曼。阿拉伯国家的援军不断派兵支援分布在库思老大地上的穆斯林军队。欧麦尔深信安拉将会帮助他解放这所有的土地，会让穆斯林继承这些土地。他不给波斯以喘息之机。整个波斯从北到南都成了激烈的战场。此前穆斯林军队尽管在每次战斗中人数总少于敌人，但每一次都获得胜利。逃亡的波斯国王叶兹德吉尔德不论逃到哪里都会迫不及待地打听战争的消息。在波斯国土上他没找到一处可供栖身的安宁之地。他只得从一个避难所到另一个避难所，从一个城池躲到另一个城池，但没有一个城市能保护他，他只好不断地逃亡，最终离开自己的国家远走他乡寻求保护。

穆斯林进军波斯的萨布尔、阿德希尔和伊什塔克尔

穆斯林从巴林和巴士拉开始进军波斯各个联邦。奥斯曼·本·艾比·阿斯率军乘船越过波斯湾进驻艾孜卡万岛，接着取道奔向波斯大地。他带兵到达杜吉城，并包围了它。在那儿与从巴士拉来的被波斯人阻截在杜吉的穆扎希尔·本·麦斯欧德会合。城中的波斯守军对从北部和西部而来的两支穆斯林军队进行了一系列抵抗。但包围时间一长，抵抗力削弱，城市陷落。守军大部分被击毙，穆斯林占领城池，规定了人头税。曾以击败阿莱·本·哈达拉米的进攻而自豪的杜吉城沦陷了。

此后，穆扎希尔进军萨布尔和阿德希尔，略经战斗便攻克了这两个地方。奥斯曼·本·艾比·拉斯则去攻打这个地区最大的城市——首府伊什塔克尔。波斯将领赫尔布兹集中一切力量保卫这座城市。他决心击退穆斯林的进攻，誓死捍卫它。伊什塔克尔在波斯人心中有着神圣崇高的地位。它是波斯人在伊朗大地兴建的第一个首都，是当时波斯库思老——萨珊人的故乡。萨珊国王阿尔达希尔一世的祖父是伊什塔克尔火神庙的建造者。有人称其为神灵阿娜希塔的火神庙。自从萨珊人定居后，这里就成了国家的宗教中心，长期作为国家的首都，众多的国王长眠于此。这一切都促使波斯人集中起来誓死保卫伊什塔克尔城。

伊什塔克尔与另一古都波斯波利斯相邻。波斯波利斯是萨珊人之前的阿契美尼德王朝的首都。伊什塔克尔的部分萨珊国王的陵寝与波斯波利斯的阿契美尼德国王的陵寝相连。极有可能伊什塔克尔就是亚历山大

一世侵入波斯波利斯后在伊塔马哈莱勒的遗址上建成的，它的建设利用了很多旧城的废墟。伊什塔克尔建成后很快得到了发展，并成为萨珊后裔王国的正式首都。因其宗教的中心地位在此建造了诸多宏伟的建筑。穆格迪斯曾描述过那里宏伟的清真寺。传说这个清真寺原来是过去某朝代的火神庙。其建筑材料从波斯波利斯运来。另外，附近山上蕴藏着丰富的金属矿藏，也是导致它发展繁荣的原因之一。

赫尔布兹聚集了所有的力量来保卫这座重要的城市。他在城郊的前沿阵地与奥斯曼·本·艾比·阿斯相遇。奥斯曼击败了他，将他逼至伊什塔克尔城墙以内。守军以城墙为掩护与穆斯林展开顽强的战斗。穆斯林援军纷纷而至加强了对波斯人的围困。时间在延长，守军因围城而遭遇的困难日趋严重。军心在动摇。不久城门被攻破。奥斯曼·本·艾比·阿斯以收取人头税为条件，给予了当地人生命财产安全保证，不少逃离的人又回到了伊什塔克尔。

当奥斯曼·本·艾比·阿斯得知部分穆斯林私分战利品的消息后，他向人们说道："安拉欲使一些人高贵，就会使他们节制自己，使自己成为诚实之人。你们不要失去忠诚。一旦你们失去它，就会失去一切。"奥斯曼收集所有战利品，将其分为五份，五分之一送交哈里发（欧麦尔）。欧麦尔对奥斯曼的行为十分赞赏，让他做了巴林的军政长官。

伊什塔克尔真的会屈服于它的遭遇而听天由命吗？不会的，往日的辉煌使它产生美好的幻想，这些幻想不断激起它反抗和毁约的念头。在赫尔布兹与奥斯曼和解后不久，伊什塔克尔就撕毁和约。之后在奥斯曼时期又再次毁约，但两次毁约的结果都是再次被迫归服，执行条约。

两次毁约的原因之一归咎于波斯将领夏赫拉特克。原来夏赫拉特克的住地在库思老克尔曼的住地附近。库思老和夏赫拉特克知道伊什塔克尔的遭遇时，便鼓动其民众反抗。他俩在该地区尽力煽风点火，并向人们提起他们不久前的光荣历史。为此，伊什塔克尔毁约了，在波斯，一切能够反抗的地方都相继毁约。波斯人集于夏赫拉特克的旗帜之下。哈克姆·本·艾比·阿斯去征讨夏赫拉特克。他在杜吉安营扎寨，将其作为指挥部的所在地，然后开始讨伐周边地区的城镇。战斗结束则撤回杜吉，将战利品聚集于此。萨布尔、阿德希尔、艾尔佳和伊什塔克尔这些地区没有屈服于这些小的战斗。但穆斯林的行为刺激了夏赫拉特克，他带兵去征讨在杜吉的哈克姆。他在自己部队的后面安排了督战队，凡有人临阵脱逃格杀勿论。两军展开激烈的战斗，战斗进行了很长时间仍未分出胜负。后来战事突变，波斯人开始逃窜。夏赫拉特克和他的儿子都在此役阵亡。这一仗，对消除敌人的侥幸心理起了重要作用。之后奥斯曼·本·艾比·阿斯从巴林出兵的征讨部队在这一广泛地区再未受到任何阻力。

穆斯林解放并占领波斯各个州邦

史学家巴拉齐利记载，艾布·穆萨·艾什尔里奉欧麦尔之命从巴士拉出兵，去支援奥斯曼·本·艾比·阿斯并听从其调遣。此后他们以缴纳人头税和土地税的方式和平解放了艾尔佳，又以同样的方式征服了希拉孜，除自愿离开者外希拉孜的居民接受缴纳人头税和土地税而成为顺民。他们未受丝毫伤害和虐待。同时他俩还解放了阿德希尔地区的希尼扎，让其居民开荒种地。之后不久奥斯曼来到达拉巴杰尔德。这里原是波斯人宗教和文化的中心，穆斯林们和平解放了这座城市，让其居民和其他被征服地区的居民一样缴纳人头税。邻近达拉巴杰尔德的另一城市法萨亦以此方式被解放。

关于解放法萨和达拉巴杰尔德，史学家泰伯里及同意他的观点的学者们所撰写的史料与史学家巴拉齐利的记载不一样。泰伯里等史学家记载说，萨雷伊·本·祖奈木率军到法萨和达拉巴杰尔德地区。当他遇到这两地的军队时，他率军包围了敌人，并将其围困了很长时间。当地的波斯军队四处求援。波斯的库尔德人加入波斯人之中，四面八方的波斯人也赶来了。波斯人汇聚成一股穆斯林无法与之抗衡的力量，决心明天向穆斯林军队发起攻击。那天晚上，欧麦尔·本·哈塔布做了一梦。梦中看到东方露出曙光，战斗开始了。他也看到敌我双方的态势及双方士兵们的数量。穆斯林们处在沙漠之中，如果他们在沙漠中扎营，就会被四面包围；但如果他们从沙漠中退到山区，他们就无后顾之忧，敌人只能正面攻击他们。退到山区是战胜敌人唯一的方略。第二天天刚亮，欧麦尔记起梦中所见。于是，他令宣礼人招呼众人礼拜。欧麦尔来到众人面前，他对众人说：“人们啊！

我看到了敌我两军的情况。”他将梦中所见告诉了众人。欧麦尔在讲演时突然大声喊道：“萨利叶·本·祖奈木！高山！退到山上去！”然后，他又对众人继续演讲。他说：“安拉是有士兵的，但愿安拉的部分士兵能将我的话告诉萨利叶·本·祖奈木率领的穆斯林将士们！”

欧麦尔讲演之时，正是萨利叶及他率领的将士一致同意退守到山区之时。他们退到山区后，从山正面一个方向同波斯人展开了激战。穆斯林将士们胜利了，在战斗中他们斩杀了大批敌人。在缴获的战利品中，穆斯林们发现了一篓珠宝。萨利叶将珠宝交给一名穆斯林士兵，让他带着这些珠宝回麦地那向哈里发欧麦尔报捷。萨利叶所派的士兵来到了麦地那，他看到欧麦尔正同众人一起用餐。当欧麦尔离开时，这位士兵跟随着欧麦尔来到了欧麦尔家门前。欧麦尔认为此人还没吃饱，于是将他让进家中。有人给这位士兵拿来了哈里发欧麦尔常吃的食品：面包、油和盐。欧麦尔看了这位士兵一眼，然后喊他妻子。他说：“唉！我说你还不出来吃饭吗？”他妻子回答说：“我听到有陌生男人的声音。”欧麦尔又说道：“是的。”她说：“如果你想让我见其他男人，你应该先给我买一套不是我现在穿的衣服！”欧麦尔回答说：“你不满意别人说欧麦尔的女人乌姆·库勒苏姆就是这样吗？”他妻子乌姆·库勒苏姆在其闺房生气地回答：“我所要的东西还能再少吗？”欧麦尔回过头来对这位士兵说：“吃吧！如果她愿出来，我们能吃上更可口的食品。”

吃完饭后，这位士兵将萨利叶率军战胜敌人的消息告诉了欧麦尔。然后，他又说萨利叶让将穆斯林缴获的珠宝送给信士的长官。欧麦尔马上变了脸，他喊道：“不，不行！”他让这位士兵将珠宝带回去，并将其分给参战的穆斯林。欧麦尔打开大门，将这位士兵从家中赶了出去。这位士兵道歉之后说，他的骑驼已很疲弱。欧麦尔给他换了一匹骑驼后，他只好闷闷不乐地回到了前线。

这是史学家泰伯里等学者对解放法萨和达拉巴杰尔德地区的记载。这也是著名的记载。如果说这一记载是真实可靠的，那么读者有理由提出下面的问题：欧麦尔在讲演时所喊“萨利叶！高山，退到山区去！”与在同一时刻萨利叶率领众穆斯林开始退到山区去有关系吗？或者说，这纯属偶然呢？欧麦尔正忙于处理在波斯征战的穆斯林们的事务，他在梦中见到了梦中所见。是否碰巧萨利叶也下决心率军退到山区去呢？还有记载说，麦地那人问萨利叶派来的那位士兵："发动战斗的那一天，你们在波斯听到什么没有？"这位士兵回答说："是的，我们听到'萨利叶！高山！退到山上去'！当时我们几乎要崩溃了，我们退到山区后，安拉使我们战胜了敌人。"我不认为，我找到了令我信服这一记载的科学的解释。安拉的使者逝世之后，安拉的启示就已停止。当时，无线电广播还未出现。在那个时代，人们还从未想过什么是无线广播。我不能断言，这是思想的传递还是欧麦尔精神中的气息传给了萨利叶，于是他执行了哈里发的命令。这好比睡中之人由于磁场的作用在执行使他入睡者的命令一样。当然，这也是令人难以想象的。如果说这件事属实，也只能用上面的理由来解释这件事。这种解释比较接近事实。萨利叶率军退到山区时，他可能对众穆斯林说，他从空中听到了传达这一命令的声音。

正当伊本·艾比·阿斯的军队在波斯地区推进时，赛黑勒·本·阿迪在攻打克尔曼、哈克姆·本·阿慕尔在进攻穆克雷。克尔曼的波斯人未作任何抵抗便被穆斯林征服。穆克雷则与其相反，他们以穆克雷河为依托和穆斯林展开周旋，经过激烈的战斗最终还是穆斯林获胜。哈克姆致信欧麦尔告捷，并将五分之一的战利品送抵麦地那。

穆斯林进攻克尔曼的时候叶兹德吉尔德正在那里，当他发现克尔曼亦不比其他地方更安全时，便跑到呼罗珊。他最大的希望是呼罗珊的人和锡斯坦的人能阻止穆斯林的进攻。之所以他会产生这种想法，是因为呼罗珊和锡斯坦与巴士拉和库法等穆斯林的阵地相距甚远。因此派兵攻打这两个地方不像攻打伊拉克或波斯其他地方那样容易。

锡斯坦坐落在穆克雷以北，欧麦尔将攻打它的任务交给了阿希姆·本·阿慕尔。他在那儿与穆斯林将领阿卜杜拉·本·阿米尔率领的部队会合。锡斯坦人在边界遇上来犯者时并没有进行抵抗，而是撤回境内，躲进了首府扎黑丹。穆斯林迅速包围了扎黑丹，先攻击其周围地区，获得不少战利品和俘虏。扎黑丹的守卫者们认为长期的围困将不利于他们，于是便向穆斯林求和。条件是锡斯坦的庄稼要受到保护不可践踏，而他们缴纳土地税。穆斯林同意了这一要求，行军时注意保护农作物。但战争期间很难不伤一草一木，锡斯坦人亦以此为借口而不纳土地税，双方暂时相安无事。

锡斯坦人为何顺服得如此之快呢？原因很简单。因为他们看到库思老在其任一避难地只要发现穆斯林在进攻便会逃窜，这自然会使他们不进行将给自己带来灾难的反抗。至尊的国王都不反抗，他们又凭什么反抗呢？国王贪生怕死，他们又何必为国王牺牲自己的生命呢？

国王库思老在其最后的避难地呼罗珊会抵抗吗？他已别无选择。如果他像过去从胡尔万、雷伊和伊斯法罕、克尔曼那样逃跑的话，那么至此他已无处可逃了。波斯的大地上，再也没有他可避难的地方。那么如同霍尔木兹那样向自己的敌人投降，接受他们的统治？还是越过国界逃到塔塔尔或中国寻求保护？那他或许会得到帮助而夺回失去的江山，或许会被冷落在异国他乡，孤独无依无靠地死去。

艾哈纳夫·本·盖斯进军呼罗珊

艾哈纳夫·本·盖斯奉欧麦尔之命带兵进入呼罗珊疆域时叶兹德吉尔德住在木鹿。呼罗珊是一个地域辽阔的地区，它与伊拉克为邻，东接阿富汗和印度。克尔曼和锡斯坦在它的南面，其北部一直延伸到伊朗边境。它的主要城市有内沙布尔、赫拉特、木鹿和巴勒赫。当时的呼罗珊有着丰富的农业资源，棉纺业和丝绸纺织业十分发达。叶兹德吉尔德在那里避难的时候，一度期望其居民能奋起抗敌，保卫其祖先留下的最后一片土地。但他似乎忘记了他曾聚集所有的波斯部队去保护尼哈万德，结果还是难逃厄运，穆斯林彻底地毁灭了他的梦想。

穆斯林史学家们称尼哈万德战役是解放战争中最有意义的战役。他们的话不是夸张之谈。当波斯人听到尼哈万德失守后，在北部和南部的很多场战斗中他们再未进行过激烈的抵抗。呼罗珊也不例外。艾哈纳夫·本·盖斯从塔宾进入，没有遇到什么阻击就到达了赫拉特。赫拉特是呼罗珊中部的一个大城市，它四面环山，道路河流星罗棋布。商业的繁荣使之比其他城市更富有。它储藏的食品够其居民吃若干个月。另外，它具有优越的地理位置，众多的防御工事和抵御入侵的城墙，可以说固若金汤。尽管如此，艾哈纳夫·本·盖斯并未退却，硬是将它攻克使其顺服。

赫拉特的失守预示着呼罗珊中部的全部沦陷。艾哈纳夫在赫拉特留下一支部队，其余的去攻打内沙布尔和萨拉赫斯。他自己则率兵去叶兹德吉尔德所在地木鹿。木鹿坐落在赫拉特的北部，内沙布尔在两城之间，从前木鹿曾是呼罗珊的首都，也是它最大的城市。但它的地理位置不如赫拉特易于防守，四面无山，周边粮水充足。所以叶兹德吉尔德听到艾哈纳夫进攻木鹿的消息后，马上逃到木鹿·鲁孜。这是一座离木鹿很近的城，有一条大河可作为防线。但艾哈纳夫没有给他躲避的机会，从库法来的援军也已赶到，使他能够乘胜追击。这使库思老再次觅地托身。他又从木鹿·鲁孜逃到巴勒赫。艾哈纳夫在木鹿·鲁孜安营扎寨，库法的部队开向巴勒赫。当他们包围了这座坐落在波斯和塔赫尔斯坦边界上的城池时，艾哈纳夫随后而至。同样，巴勒赫未进行顽强抵抗。叶兹德吉尔德自然要再次逃亡，他似乎对于在穆斯林面前逃窜已习以为常。

艾哈纳夫率领库法的军队进入巴勒赫控制其局势后，让莱比阿·本·阿米尔管理它及周边地区。而他自己则回到木鹿·鲁孜，把它作为大本营及战斗指挥部。叶兹德吉尔德在他的领土上已再无栖身之地，不得不越过波斯和塔塔尔之间的大河，为投奔土耳其国王而到了撒马尔罕。从前他在木鹿的时候就曾写信给土耳其可汗和中国的皇帝，求他们帮助征服穆斯林，但他的使者去后没有带回任何消息。这次，当穆斯林向他逼近时，他避难到了土耳其可汗的领地。他鼓起勇气，做最后一次求援的努力。也许是土耳其的可汗看到穆斯林的到来会威胁到他的王权，故而选择在穆斯林到达他的领土之前阻挡他们，而把库思老的求助作为一种借口来激发其民众的斗志。国王聚集了他的部队和夫尔阿迪、随夫德两地的民众，同叶兹德吉尔德一起去挑战在呼罗珊的穆斯林。

在此期间艾哈纳夫曾写信给欧麦尔，告诉了解放呼罗珊，攻克木鹿和巴勒赫的消息。欧麦尔得到这一消息时高赞安拉，他大声说道：“艾哈纳夫是东方人的领袖！”惊喜之后欧麦尔马上想到此后的部署。他思虑再三说：“真希望我当初没有派兵攻打呼罗珊，希望我们和它之间有一条不可逾越的火海。”他害怕艾哈纳夫会继续攻打呼罗珊以外的东方诸国。同时，他也害怕胜利的喜悦会使穆斯林忘乎所以，而在大地上为非作歹。为此，他马上写信给艾哈纳夫说道：“你千万不要过河，你们应清楚，你们是凭着什么进入呼罗珊的。你们要坚守所拥有的土地，就会常胜不败，你们要警惕不要过河到对岸。”

欧麦尔的这种警告即是不允许艾哈纳夫再开辟新的战场。因为东部被解放的土地已经很大，包括了波斯所有的土地，穆斯林的战线已拉得很长，军队已分散到叙利亚、伊拉克和波斯的所有地方。哈里发不放心部分地区，也许他们会反叛，继续进军可能会导致塔塔尔和蒙古奋起保卫他们的国家。所以最好是暂停战争，直到社会秩序稳定，被解放的地方都心悦诚服地顺服于穆斯林的统治。所以，艾哈纳夫及其他将领驻守在波斯的国界以内。

穆斯林同时面对土耳其可汗和波斯国王叶兹德吉尔德

事态的发展证明欧麦尔确有真知灼见。土耳其国王真的带兵渡河到了巴勒赫，叶兹德吉尔德与之同行。库法的穆斯林被迫撤到木鹿与艾哈纳夫汇合。退军之际，土耳其国王紧追不舍，不断有波斯人加入他的军队里。当他们到达木鹿时，已是一支数量庞大的军队。艾哈纳夫注意到敌众我寡，如果交锋必败无疑。为此，他以木鹿为防线坚守。其实这正是穆民领袖(欧麦尔)的主张。为此他将部队撤到木鹿河的岸边阵地，它后面是山，前面是河，形成了一道天然防御工事。敌人无法从山后进攻只得涉水来战。艾哈纳夫召集士兵号召道：“你们人数远远少于敌人。你们千万不要幻想。不要想凭着安拉的佑助以少胜多。安拉和坚忍者同在，你们离开这个地方，撤到山前让它保护你们。河则是你们与敌人的分界，这样你们只需从一个方向防御敌人。”所以，部队撤到了背山面河的这一天然战壕中。土耳其军队逼近，在他们的不远处驻扎。

艾哈纳夫在备战的同时，更希望避免战争。他想让土耳其人和他们的国王知道，欧麦尔命令穆斯林不越河进攻土耳其。他派暗探到对岸去散播这一消息。土耳其国王看到穆斯林并没有越河进攻的行动，相信了这一消息。两军隔河相持数日，土耳其人逐渐放松了警惕。两军隔河互不侵犯。土耳其人早上出来观望着穆斯林们的行动。他们只是在岸边走来走去，晚上土耳其就离岸回营。穆斯林们也不上前挑衅。艾哈纳夫派出眼线，侦察土耳其人晚上的驻地。有一天晚上，艾哈纳夫亲自出来，到土耳其军营附近侦察敌情。天快亮时，他发现了一名侦察穆斯林情况的土耳其骑兵。艾哈纳夫与其遭遇后，将他杀了。接着又来了第二名土耳其骑士，艾哈纳夫又将其杀掉。接着又来了第三名土耳其骑士，艾哈纳夫又杀了他。

艾哈纳夫返回到营地。土耳其国王走出自己的大帐，他发现了三名被杀的骑士。他眼望着将他和穆斯林隔开的大河，他也看到艾哈纳夫无意出战。土耳其国王已确信欧麦尔的命令是真实的，为此，他对其部下说："我们已在此多日，我们没有必要与这伙民众作战，你们回去吧！"他也带兵回到巴勒赫。穆斯林征询艾哈纳夫是否可以进攻？他让士兵们原地不动。至此，土耳其国王确信穆斯林无意与他为敌，也不会进攻他的领土。这便促使他决心离开波斯回自己的首都。让穆斯林去和波斯国王清算他们之间的事情吧。

当库法的部队从巴勒赫撤军与艾哈纳夫会合的时候，叶兹德吉尔德随着波斯的军队从巴勒赫赶到了木鹿·夏海佳，包围了哈里斯·本·努尔曼和他的部队。他取出了他的宝藏，委托给自己信赖的人保管。当可汗（土耳其国王）从木鹿撤军到巴勒赫时，叶兹德吉尔德获悉其盟友要撤军回国的消息便准备携其财宝去投靠他的盟友。这批珠宝数量惊人，它包括皇家藏宝及其逃亡期间所聚集的波斯宝藏，价值连城，不计其数。当波斯人知道他要挟财逃跑时便去问他："你想要如何？"他回答说："我要去找可汗或是到中国。"他们说："这种想法是错误的，难道你要抛弃你的领土和民众吗？你带我们回去和穆斯林讲和吧！的确，我们的国土被占领了，但对于我们来说，即使我们的国土被占领也比别国好。"他拒绝了下属的建议。后来，民众们要求他留下属于波斯的财富，他们宁愿将其交给新的统治者也不愿让这批财富流出波斯。叶兹德吉尔德反对民众的意见，坚持携宝出逃。结果，民众背叛了他，要杀死他和他的卫士。叶兹德吉尔德撇下财宝逃到了巴勒赫，而土耳其可汗已从那儿撤走了。所以他们又继续追赶土耳其可汗，一直追到土耳其在撒马尔罕的首府费尔阿纳。

波斯人去向艾哈纳夫投降，向他求和，结果得以和解。他们把库思老的金钱和财宝交给了艾哈纳夫。之后回到了他们的土地上安居乐业。艾哈纳夫带着库法的部队从木鹿到了巴勒赫，让他们在那安营，然后他回到了战斗指挥部。

艾哈纳夫写信给欧麦尔告诉了胜利的消息，送去了五分之一的战利品。欧麦尔命令人读了信，然后他对人们发表了讲演，其中说道：“安拉毁灭了拜火教的国家，瓦解了他们的联盟。他们再也不能伤害穆斯林了。安拉让你们享有了他们的领土、家园和财产，以便考验你们的行为。安拉是优胜的、践约的、深知万事的。所以，你们对于安拉的命令要不折不扣地执行。你们千万不要篡改安拉的命令，以免安拉用其他民族替换你们。我不害怕别人的侵略，但我害怕你们自身的变质。”

叶兹德吉尔德的下场

叶兹德吉尔德从波斯的大地逃到了土耳其的国土，他以逃亡结束了萨珊后裔的库思老对波斯的统治。尽管如此，数年来他一直还幻想着有朝一日东山再起，重新回到他祖辈留下的王国。为此，他经常给呼罗珊居民中他所信赖的人写信，希望有朝一日能推翻穆斯林的统治而得到报仇的机会。奥斯曼时期，呼罗珊确实曾发生过叛乱，叶兹德吉尔德幻想着时机已到便离开土耳其，到达木鹿。在那里他聚集了那些曾与他通信勾结的人。但穆斯林很快平息了叛乱，牢固地控制了当地的局势。至此，叶兹德吉尔德的追随者们已看到他们无力为他实现愿望，便相继离开了他。叶兹德吉尔德又开始了逃亡生涯。但这次逃跑并非容易，他已无容身之地。穆斯林已派暗探将他包围，流亡的他知道自己的处境后逃到了河岸边的一座磨坊，并惨死在那里。对于他的死有很多传闻，有人说是呼罗珊的人包围了他，将他擒住杀了，然后将他的尸体扔到了河里；也有人说是磨坊的主人看到他身上戴着饰物，等他睡觉的时候便将他杀了。萨珊后裔的库思老以此而告终。

波斯人与伊斯兰教

波斯彻底被解放了。那么波斯人能心安理得地顺服穆斯林的统治吗? 无疑，这种统治比库思老的统治要光明磊落、公正得多，对他们的压迫也少得多。阿拉伯人让他们自由地生活，没有干涉他们的宗教和事务，只是比叶兹德吉尔德时期设置了更多的州邦。同时，让波斯人享有原有的社会地位，他们只需要根据所签的和约缴纳人头税就可以了。但是，波斯人很快就感受到接受外国人统治所带来的耻辱，觉得条约中的有关条款的存在是对他们感情的伤害和人格的轻视。如有条款说:"谁骂穆斯林，谁就要受处罚；谁打穆斯林，谁就要被杀头。"让波斯人宗教信仰自由，不侵犯他们所拥有的财产能弥补对他们人格的伤害吗? 因此，波斯人在穆斯林定居在他们之间不久便开始毁约，奥斯曼被迫经常派军队去惩罚他们。

征服波斯人并使其顺服，不是一蹴而就的事情。欧麦尔意识到，像波斯这样一个历史文化悠久的民族，绝不会轻易顺服于外国人的统治。因此，他让军队驻扎在各个地方，随时准备平息其民众可能发起的叛乱。欧麦尔在处理这件事和其他事务中所表现出的远见卓识，令人折服。尊严给人带来的感受比其他任何感受更强烈，只能靠足以使为了尊严起来造反的人服从的力量才能压制这种感受。当人们被迫在尊严和生存之间做出选择时，他们会面临很尴尬的处境。这样的处境，给波斯人民的生活带来了巨大的影响。在这样的处境下，他们归信了伊斯兰教。这种情况也给伊斯兰带来了很大影响。不过，作者在本书中无暇谈及这一影响的细节。

波斯人中的智者们看到了伊斯兰的崇高，也看到要想解脱条约对自己尊严的伤害。只有信仰统治者所信仰的宗教，只有将自己汇入统治者队伍中去，才能收复国王叶兹德吉尔德没能用武力保住的权利。波斯人对他们宗教的偏爱没有达到妨碍他们分享伊斯兰优势的程度。头等重要的是，只要他们归信伊斯兰，他们就能与统治者平起平坐，就能与统治者通婚。他们归信伊斯兰之后，仍可用他们过去的信仰影响政权的发展，只有这样他们才能达到他们想要达到的目的。因希库鲁比迪亚·比利塔尼卡发表的《史学家的历史》一书对这一问题进行了论述。其要点如下：

波斯被征服之后，大批波斯人归信了伊斯兰教。当然，这是很多原因造成的。但可以归结为两大原因：第一，伊斯兰教是统治者信仰的宗教；第二，波斯人对自己原来国家的正式国教关心的程度已很小。同时在很多问题上，两种宗教有相同之处。从其中的一种宗教信仰过渡到另一种宗教信仰，在波斯人的心目中根除不了对原来信仰的认同。另外，波斯人对多神的信仰本来就很脆弱。比如《古兰经》规定的天课与波斯原来宗教主张的行善就很近似。《古兰经》中提到的乐园、火狱，后世在波斯人的书籍中就有所记载。在波斯人看来，伊斯兰并没有改变他们原来的基本信仰。只不过增加了两个新名词：安拉和穆罕默德，只不过表达伊斯兰基本信仰的八个字代替了表述波斯人信仰的二十一个字。

这一宗教的变迁，在政治上是有影响的。波斯人的信仰主张：权力归国王，国王是神的儿子，他天生就是神圣的。波斯人对麦地那政权、对大马士革政权的反叛使他们聚集在了穆罕默德合法后人的周围。他们认为，穆罕默德的堂弟阿里最有资格接任哈里发的职务。因此，他们像他们先辈所习惯崇拜他们的国王那样来崇拜阿里。波斯先辈们习惯将国王库思老称为“神的儿子、神圣的国王”。在伊斯兰时期，波斯人将阿里称为“伊玛目”。这个词很简单，但具有深刻的意义。“伊玛目”是掌握今世权力和思想引导的人。

阿里去世后，波斯人聚在了阿里的两位儿子哈桑和侯赛因周围，然后又聚在他们的后人周围。据说，侯赛因同萨珊王朝最后一位公主结了婚，因此他们的后人具有了神圣性，伊玛目的职务便集中到了他们身上。

推翻伍麦叶王朝，使与安拉的使者有血缘关系的人登上阿拔斯王朝宝座的革命，这便是波斯人的杰作。

《史学家的历史》一书及其他史学家们所提到的一系列事件已超出了欧麦尔时的范围。在此，我们之所以提一提这些事件是想告诉读者，波斯人没有心甘情愿地接受阿拉伯人的统治，他们厌烦阿拉伯人的统治，从一开始就想造反。波斯人失败了，但他们一心想重新获得政权。当穆斯林征服波斯以后，部分波斯人对欧麦尔心怀不满，解放呼罗珊之后，欧麦尔被刺身亡，据说这是波斯人阴谋的产物。在本书的后面将详细谈这件事。解放呼罗珊之后，欧麦尔给艾哈纳夫写了一封信。他在信中说："安拉毁灭了拜火教者的国王，并把他们的土地和家园及子孙交给了伊斯兰。"解放呼罗珊宣告了萨珊人建立的库思老国家的灭亡。①

我已谈完了解放波斯的事件，现在让我们转到另一个战场上去。穆斯林在波斯征战的同时，他们又在另一个战场上开始了征战。他们在另一个战场上创造了如同在波斯战场上创造的光荣业绩。在另一个战场上指挥穆斯林作战的将领就是阿慕尔·本·阿斯，他是位足智多谋的穆斯林战将。另一个战场就是埃及。

① 读者可能看到，我没有指出在解放波斯时发生的多次战役的日期。我也没有指出指挥这些战役的将领的名字。确定解放波斯各个战役的日期不是件易事，也可能是件不可能的事。比如对卡迪西亚战役和尼哈万德战役发生的日期，学者们就有诸多疑问。穆斯林史学家对此有疑问，外国史学家对此更是有疑问。他们认为，卡迪西亚战役发生在公元 636 年或 637 年初，尼哈万德战役大约发生在公元 640 年、641 年、642 年。史学家泰伯里认为，卡迪西亚战役发生在伊历 14 年，也就是公元 635 年或 636 年初，尼哈万德战役及解放艾斯巴海尼发生在伊历 22 年（公元 643 年）。他认为解放法尔斯、克尔曼、莫克兰、锡斯坦发生在伊历 22 年。而史学家白拉左里的观点与上述看法有很大不同。他认为，波斯是在奥斯曼·本·阿凡时期解放的。同样，泰伯里及与其持同一观点的学者在是谁指挥了发生在波斯的各个战役方面与其他史学家也有不同的看法。我尽了我所有的能力，并参阅了各种记载及那个时代的波斯自然、政治地图，在本章中我采用了我认为最接近事实的记载。对各种记载有不同说法，而又对伊斯兰帝国欧麦尔时期无重大意义的事件，我只好不过多去推敲。我认为，这不会使读者对本质问题发生误解。我最大的希望就是，我已显明地给读者描述了伊斯兰在波斯大地上的开拓大业。

第十八章　运筹帷幄解放埃及

正当穆斯林部队在艾赫纳发·盖斯、奈伊姆·本·穆格利尼、苏韦德和阿卜杜拉·本·乌特拜等一些德高望重、英勇善战的将领们的指挥下，在波斯大地上浴血奋战时，阿慕尔·本·阿斯已率军奔赴了埃及。他解放了那里的一些城市，赶走了那里的罗马人，建立了自己的家园。阿慕尔·本·阿斯是在伊历18年12月（公元639年12月）开始向埃及进发的。进入埃及境内时已是伊历19年初了。为了警告当地居民，他杀了一些罗马人。当哈里发的援军赶上他的大军时，他加快了进攻的节奏，并最终获得了胜利。

攻打埃及的最初想法

当然，阿慕尔·本·阿斯进攻埃及是得到哈里发欧麦尔的许可的。欧麦尔是在犹豫了很长时间后才同意了这一行动的。在解放了耶路撒冷，信士的长官在伊历16年与其居民签订和约后，阿慕尔·本·阿斯就开始不断地向欧麦尔提议攻打埃及。他反复强调，罗马将领艾托里布将罗马军队从巴勒斯坦撤到了尼罗河谷。我们正好可以乘胜追击。趁他在埃及还没有找到栖身之地前，给予其重创，这样他就再也无法得到充足的粮草，再也不可能找出防御的方法了。同时，可以让希拉克略（罗马皇帝）永远记住他的失败，终生难忘他在耶路撒冷的逃亡。他在同欧麦尔的谈话中还反复指出，埃及人的财富大部分都被罗马人掠夺走了，而埃及人仅仅只拥有勉强可以维持生产的少量财富。他还进一步说明了，罗马人统治埃及的情况比波斯人统治伊拉克的情况还糟。党派的纷争已激起了尼罗河两岸埃及人的怨恨。尽管他们没有造反，但他们对统治者已经失去了信心。所有这一切，都可能是阿拉伯人战胜占据在尼罗河富饶河谷的敌人的有利因素。另外，还有穆斯林的勇敢——安拉与他们同在，无人能战胜他们，这已是人所共知的。所以攻打埃及已是瓜熟蒂落、水到渠成之事，不应再有任何迟疑。同时，穆斯林从埃及获得大量的财富，会给他们的现世生活带来幸福，这会更加促使他们为后世而奋斗。

欧麦尔为何对攻打埃及犹豫不决

欧麦尔不止一次地听到这些慷慨陈词。可每次他都沉默不语、独自思虑。进攻埃及并解放它，当然是一件好事。伊拉克和叙利亚哪里有埃及富有、美丽？难道埃及的辉煌与古老（这是历史所见证的）还不够促使他下决心解放它吗？但欧麦尔还是举棋不定，不允许阿慕尔·本·阿斯去攻打它。就这样经过了两年，欧麦尔最终还是同意了解放埃及的提议。但同时他也发现，一些住麦地那的圣门弟子反对这种做法，害怕这样会带来不良后果。为此，他又想收回命令，将阿慕尔·本·阿斯调回。

欧麦尔之所以这样犹豫不决，原因很多。首先在伊历 17 年末，他在被征服地区实行的政策还是纯粹的阿拉伯化政策。因此，他在伊拉克和叙利亚归属半岛后，不想使战场再扩大到伊拉克和叙利亚以外的非阿拉伯地区。原来他之所以认为可以进攻伊拉克和叙利亚并使之归附于阿拉伯半岛，是因为侨居那里的阿拉伯部落能够使赫密依人和加萨尼人自愿接受阿拉伯政权的统治。阿拉伯人统一了从亚丁湾、印度洋到萨玛瓦荒漠以北的广阔地区，所以欧麦尔不愿越过伊拉克而到波斯山脉。他希望在伊拉克和波斯山脉之间有道隔火墙，使波斯人和阿拉伯人互不侵犯对方。这种政策一直延续到穆斯林不得不攻打霍尔木兹。当波斯人在此之后，在尼哈万德与穆斯林军队展开战斗时，安拉使穆斯林战胜了波斯人，欧麦尔下令围攻他们的国家并驱逐叶兹德吉尔德。

欧麦尔对攻打埃及犹豫不决的第二个原因是，直到伊历 16 年末，叙利亚还没有完全顺服于穆斯林的政权。在其北部地区仍然还时有战争发生。直到艾布·欧拜岱·本·贾拉赫和哈立德·本·瓦利德彻底消除了他们的反抗，战争才告结束。当时，希拉克略曾派兵乘船从亚历山大到因达卡岛，岛上居民纷纷加入他的部队，不过还是以罗马人的失败而逃告终。但那里还有格赛利叶一直是海岸上抵抗穆斯林的要塞。它威胁着穆斯林在巴勒斯坦的总部。叙利亚的情况也不容乐观。并且，他还发现奥斯曼及麦地那的部分圣门弟子也不主张冒险。这就使他举棋不定。所以，欧麦尔没有贸然派兵攻打在埃及的罗马人。

当叙利亚全部归顺时，又有了新的因素使他犹豫不决。饥荒蔓延到整个阿拉伯半岛，威胁着半岛人民的生命安全。为此，欧麦尔无心去考虑其他事，人都快饿死了，还谈什么攻打埃及的罗马人呢？饥荒还未消除，瘟疫又在巴勒斯坦流行开了，接着又传到了叙利亚和巴士拉。这使得欧麦尔和所有的穆斯林都很头痛，他们甚至想到了伊拉克和叙利亚会背叛他们，波斯、罗马人会卷土重来，推翻他们的统治。很自然，在饥荒和瘟疫流行时，欧麦尔彻底忘记了阿慕尔·本·阿斯和他谈论的关于攻打埃及的事情。

欧麦尔态度的转变

在这一系列的事情发生时，阿慕尔·本·阿斯暂时保持了沉默，没有再向欧麦尔谈起攻打埃及的事。但他仍然希望，如果时机成熟能说服哈里发去攻打埃及。当半岛恢复了往日正常的生活，叙利亚也摆脱了瘟疫的威胁时，欧麦尔来到了叙利亚，处理政务，休整军队。在扎比耶阿慕尔·本·阿斯见到了欧麦尔，并陪同他视察了各地。这时，阿慕尔又和他提起攻打埃及的事，并向他列举了不应再犹豫的理由。他说：“如果穆斯林在承受住了饥荒和瘟疫的考验之后，再死守在这些已经解放的地方，那么敌人就会认为我们懦弱。而这种猜想会怂恿他们向穆斯林发起进攻。在这方面，埃及的艾塔利布就是证明。如果我们不进攻他，他就会带兵进攻我们。他已经聚集了兵力准备战斗，所以我们给他以措手不及不是更好吗？再者，进攻就是最好的防卫方法！如果阿拉伯的部队去攻打埃及，罗马人就会感觉到穆斯林仍然和过去一样英勇无敌，他们就会害怕，就要对穆斯林的部队进行防御。这样叙利亚就会得到安宁，他们根本不会卷土重来去攻打它。再说，穆斯林到埃及攻打罗马人，罗马皇帝希拉克略又岂能派兵从埃及乘船去因达卡或是别的什么地方？尽管双方军队实力相当，如果穆斯林军队能够在安拉的襄助下解放了埃及，拥有了埃及的大地，那么这种胜利所带来的结果和影响是不可想象的。如果罗马人求和，穆斯林就可以保全在叙利亚、伊拉克和所有已顺服了穆斯林的地方的势力。同时也不必担心穆斯林在埃及会失败，更不必担心他们的失败会使他们失去过去从罗马皇帝恺撒那儿夺取的胜利果实。因为叙利亚到处都是保护穆斯林军队的堡垒，当地的阿拉伯人会与过去侨居那里的阿拉伯后裔共同保护他们，而非阿拉伯人也将看到穆斯林的统治比罗马人的统治好，因为大多数穆斯林都是公正无私的。”

欧麦尔听了这些慷慨陈词以后，心有所动，心里已基本同意阿慕尔的意见。使他同意阿慕尔意见的另一个原因是他对阿慕尔能战胜埃及充满信心。其实，欧麦尔和许多在那个时期的阿拉伯人都十分了解埃及，了解它的富有，了解罗马人对其人民的统治方法。诸多因素使欧麦尔没有拒绝阿慕尔的请战要求。但他劝他不要着急，等他回麦地那后再给他明确答复。阿慕尔在叙利亚一边等着欧麦尔的答复，一边运筹设计攻打埃及的计划。

古代埃及和阿拉伯之间的关系

欧麦尔和许多阿拉伯人对埃及都十分了解。这些了解并不仅仅局限于商贸往来。其实，埃及自古以来就和阿拉伯国家有着密切的联系。埃及是一个沿海国家。自法老时期，它的商船和舰队就经常航行在地中海和红海之间。这些船只从阿拉伯国家把货物运向埃及，再从埃及带来各种商品。这些商品中最主要的就是香料和做木乃伊所必需的配料。这些船只经常停靠在今天的格萨尔。法老一世就已开通了的从地处红海之滨的格萨尔到尼罗河上的格夫塔的航道。考古学家们从克郎克的雕塑图像中就充分肯定了以上的这些活动。同时从“海上修道院”的雕塑图中也肯定了法老辛努塞尔特三世（其名字即为“苏伊士”一词的来源）开辟了尼罗河和苏伊士湾的运盐之路。当时的埃及是世界上著名的贸易中心，远远超过它今天的地位。这条盐道上的船只不停地穿梭于地中海和红海之间，把埃及和摩洛哥的商品运到东部地区，再把东部地区和埃及的商品运到西部地区。

船队并不是古代埃及和阿拉伯国家之间唯一的交往工具。苏伊士峡地也是历来两地往来的要道。原来在西奈半岛上有一条古埃及人修建的通向铜矿的道路。这条路经过希贾兹北部，通过通向幼发拉底河岸上巴比伦的道路而到达堤曼。当时的巴比伦和伊拉克都归属于埃及管辖。所以这条道路既是联系两地区间商贸往来的纽带，又是两地战争冲突的原因之所在。

同时，这条道路还与到麦加和也门的商道（驼道）相连。所以，这条路的另一重大作用就是通过它将埃及和红海地区国家的商品运到也门、波斯、印度和一些远东国家，再把这些国家的商品运到埃及和地中海地区。原来的埃及人和阿拉伯人都经常随队往返于两地之间，后来又发展到用船在海上运输货物。

古代历史学家认为，这种联系导致了在法老时期就有许多阿拉伯人侨居埃及，又有许多埃及人定居在驼道旁的绿洲上。这些侨民就是日后发展起来的使者之城麦地那的核心住民。

远古时代，埃及人和阿拉伯人的关系不仅仅是商贸交往和保护驼队的关系，更主要是他们之间还有血缘关系。尽管也门人忘记了这种关系，但希贾兹人没有忘记它，特别是麦加人更没有忘记它。先知易卜拉欣的儿子易司马仪是阿拉伯人的祖先，伊斯玛仪的母亲哈哲尔是纯粹的埃及人。当时易卜拉欣和他的妻子萨拉从伊拉克到巴勒斯坦，然后到了埃及。哈哲尔许配给了易卜拉欣，并和他生了伊斯玛仪。当萨拉看到易卜拉欣对她和哈哲尔一视同仁时，十分生气，就发誓不让哈哲尔和自己住在一起，所以易卜拉欣带着哈哲尔和伊斯玛仪去了阿拉伯国家，他让他们住在位于今天麦加的山谷。伊斯玛仪娶了朱尔洪部落（古代阿拉伯部族）特别能生育的姑娘为妻。她生了十二个男孩，他们就成了部分阿拉伯人的祖先。就朱尔洪部落方面来论，他们属于叶阿拉布·本·格哈塔后裔的阿拉伯人，而就他们的父亲的舅舅而论，则属于埃及人。

先知易卜拉欣把哈哲尔带回阿拉伯国家，使两地人的血缘关系在公元前就维系了两千一百年之多。然后，两地人民之间又有了新的经贸关系。

自血缘关系开始两个世纪后，两地人民间又产生了在历史上有重大影响的政治联系。原来，游牧的海克苏斯阿拉伯部落到了巴勒斯坦，在那儿定居后又攻克了埃及并在那里定居下来，执政达五个世纪（公元前20世纪初——公元前15世纪末）。他们的势力范围一直在尼罗河谷一带。后来，埃及人将他们赶走。有部分历史学家认为，先知优素福的故事就发生在他们那个时代。当时，在埃及的以色列人大约有二十五万人（下面我们再叙述）。

埃及与阿拉伯国家间的这种经贸、政治和血缘关系历代保持着。有时密切，有时疏远。罗马人一度占领埃及，曾使这种关系淡漠，后来又得到恢复。阿拉伯人一直在夏季经商到叙利亚。其中有人取驼道经艾叶莱（亚喀巴）而到埃及，更多的人是到叙利亚卖完商品后再去埃及。在蒙昧时期和伊斯兰时期，阿慕尔就是这伙商人中的一员。

两地间的海路联系也并不比驼道的联系逊色。埃及水手所驾的船只停靠在吉达等阿拉伯国的港口内，在那儿进行贸易活动，并在港口买取他们所需的食品。这种关系使部分埃及人来到阿拉伯国家，并在那儿定居下来。与此同时，进行夏日商业活动的部分阿拉伯人来到了埃及，并在那儿定居下来。据史书记载，洪水冲毁了天房的建筑，在阿拉伯先知被差遣之前，天房荒废了数年之久。海水将一只来自埃及的船只击毁，船的主人是一位叫巴古木的罗马商人。为了对天房进行修葺，麦加人买下了这只船上的木料。麦加人请居住在麦加的懂木工的科普特人来修葺天房，他答应在罗马商人巴古木的协助下完成这项工程。这位埃及科普特人不是唯一的定居在禁城的埃及人。

《古兰经》中描述的埃及

阿拉伯人就是通过这些往来联系，深刻地了解了埃及。同时，《古兰经》在很多章节中谈到过埃及，这就使穆斯林增加了对埃及的了解，对其伟大的尼罗河、富饶的土地和丰富的宝藏的了解。《古兰经》所提到的优素福、穆萨的故事，也使阿拉伯更加了解了埃及。

他们曾抛下若干园圃和泉源，庄稼和美宅，以及他们所享受的福泽！(《古兰经》烟雾章：25—27节)

法老曾喊叫他的百姓说："我的百姓啊！密斯尔[埃及]的国权，和在我脚下奔流的江河，不都是我的吗？难道你们看不见？"(《古兰经》金饰章：51节)

当时，你们说："穆萨啊！专吃一样食物，我们绝不能忍受，所以，请你替我们请求你的主，为我们生出大地所产生的蔬菜——黄瓜、大蒜、扁豆和玉葱。"他说："难道你们要以较贵的换取较贱的吗？你们到一座城里去吧！你们必得自己所请求的食物。"(《古兰经》黄牛章：61节)

如此等等。还有很多《古兰经》章节提到埃及的宫殿、古迹、埃及的历史和埃及人的信仰。这一切使穆斯林了解了埃及的自然情况和各个历史时期的情况。

先知穆萨的故事进一步解释了前面所提到的《古兰经》烟雾章25—27节的内容。法老曾梦见有人篡夺他的王位，于是找人圆梦，圆梦者解释近日出生的一个孩子将推翻其王位。为此，法老命令杀掉所有在他王国里近日出生的男婴。先知穆萨的母亲不得不将刚出生的穆萨放在一个盒子里，然后把他放在河中随水漂走。法老的家人捡到了他并将其收养。当穆萨长大成人后，曾帮助一个以色列人打埃及人，他一拳打死了埃及人。他打死人后，害怕埃及人报复而逃到马丁，并以服务于老者十年为聘金而娶了那里一个老者的女儿为妻。后来，他取道图尔山想回埃及，走到图尔山谷时，安拉呼唤了他，并赋予他使者之使命。就这样，他和他的弟弟哈伦一起去劝告法老及其民众归信安拉，而法老则傲慢自大，他曾对他的民众说：

我就是你们至尊的主。(《古兰经》急掣章：24节)

穆萨显示了他的奇迹，而法老则号召魔术师们来与他比赛。当魔术师们看到穆萨的手杖吞掉了他们所变幻的魔术时，就归信了安拉。以色列的后裔也追随了穆萨，归信了安拉。法老看到这种情况后，就想彻底消灭穆萨及其追随者。为此，穆萨带着以色列的后裔们逃向穆阿德，法老的军队在后紧紧追赶，安拉把法老和他的军队全部淹死在海中。他被毁灭了。抛下了若干园圃和泉源、庄稼和美宅以及他们所享受的种种福泽。

优素福在埃及的故事，进一步说明了埃及的食物之丰富程度。如前面《古兰经》黄牛章61节所谈。优素福，当他被一个埃及人买去后，那个埃及人对他的妻子说：

> 你应当优待他，他也许对我们有好处，或者我们抚养他做义子。（《古兰经》优素福章：21节）

当他长大时，他的漂亮使他的女主人倾倒。这一消息传了出去后：

> 都城里的一些妇女说："权贵的妻子勾引她的仆人，他迷惑了她，我们认为她的确是在明显的迷误之中的。"她听到了她们狡猾的流言蜚语，就派人去把她们邀请来，并为她们预备了一桌席，发给她们每人一把小刀，她〔对优素福〕说："你去见见她们吧。"当她们看见他的时候，她们赞扬了他〔她们都被迷住了〕，以致餐刀割伤了自己的手。她们说："哎呀！这不是一个凡夫，而是一位高洁的天神。"她说："这就是你们为他而责备我的那个人。我确已勾引他，但他洁身自好。如果他再不听从我的命令，他势必要坐牢，他势必要成为自甘下贱的人。"（《古兰经》优素福章：30—32节）

结果优素福坚持洁身自好不为所动，被女主人诬告而坐牢。后来由于他给国王圆梦而被释放。国王曾梦见七头胖牛被七头瘦牛吃掉，又梦见七穗青麦子和七穗干麦子。优素福为他圆了梦。

> 他说："你们要连种七年，凡你们所收获的麦子，都让它存在穗子上，只把你们所吃的少量的麦子打下来。此后，将有七个荒年，

来把你们所预备的麦子吃光了，只剩下你们所储藏的少量麦子。此后，将有一个丰收年，人们在那一年里要得到雨水，要榨葡萄酿酒。”（《古兰经》优素福章：47—49 节）

当他从牢里出来后，国王让他管理全国的仓库。他管理得很好，直到丰收年到来。大地长出了安拉所意欲的庄稼和蔬菜，有黄瓜、大蒜、扁豆和玉葱等。如前面《古兰经》黄牛章 61 节所述。

这些叙述穆萨和优素福故事的《古兰经》章节，谈到了埃及的自然环境和它的资源，也叙述了埃及人的宗教信仰和崇拜，埃及人的风俗习惯和品德，埃及人的历史，在古时的统治制度。上面我们简述的是《古兰经》谈的部分埃及的情况。先期穆斯林关心《古兰经》提及的事情是很自然的。当时，犹太人和基督徒常常在关于摩西（穆萨）和耶稣（尔撒）及《古兰经》谈到的众先知问题上同穆斯林争论。争论使穆斯林增加了知识，并从深度和广度上增加了对埃及的了解。

穆斯林对埃及的了解并不仅仅局限于远古时代，同时他们对于埃及的近况也非常了解。因为，阿拉伯人特别关注在波斯与罗马之间发生的一切，甚至他们为波斯和罗马而分为不同的党派，有倾向波斯的，也有倾向罗马的。在 7 世纪 20 年代，波斯战胜了罗马，占领了埃及和叙利亚，此时先知已被钦遣。反对先知的多神教徒们倾向于波斯，他们说罗马定会败北。因为，他们和穆斯林一样是有经典的人。穆斯林则倾向于罗马。特别是《古兰经》有关罗马章节的降示，使他们更加确信无疑。

罗马人已败北于最近的地方。他们既败之后，将获胜利，于数年之间。（《古兰经》罗马人章：2—4 节）

争论双方都在关注着在波斯和罗马这两大帝国之间所发生的事情，都在评论着他们所看到的和听到的有关这两个帝国的情况和消息。

先知时代埃及和阿拉伯的关系

波斯与罗马两国在埃及发生战争是由来已久的事。波斯曾在公元616年攻占了埃及，他们在埃及的统治长达九年之久，直到希拉克略把波斯人赶出了埃及和叙利亚。在这期间，阿拉伯穆斯林更加关注这些地区。他们深信罗马定将战胜波斯——正如安拉启示的那样。当安拉的预言成为现实时，波斯人被迫撤到了他们自己的国家。在这一时期，先知则迁都到了麦地那。一切事务安顿好之后，先知派使节到库思老、恺撒以及加萨尼人的国王、半岛南部的一些首领、埃及的统治者们那儿，号召他们归信伊斯兰教。

在这些领导人物中，只有埃及的统治者居鲁士（摩高基斯）对先知的使命反应得最为积极。他曾让先知的信使哈蒂布·本·艾比·拜勒特尔带回书信一封。信中谈到，他深信先知将会出现，但他原以为会在叙利亚出现。他以应有的礼节善待了信使，并且让他带回了两个婢女、一匹白骡子和不少的钱财，以及埃及的特产。先知选择了一个名为玛丽娅的科普特婢女，后来升为妻室，她为先知生下了儿子易卜拉欣。

先知曾选择哈蒂布·本·艾比·拜勒特尔给居鲁士传信，阿慕尔·本·阿斯也曾让哈蒂布卜·本·艾比·拜勒特尔做他的使节去拜会阿曼国王。这证明哈蒂布当时经常到埃及去经商，他很可能懂埃及人的语言。如果阿慕尔·本·阿斯了解埃及、懂埃及人的语言，先知就会选择阿慕尔·本·阿斯做他的使节去给居鲁士送信，而不是选择哈蒂布·本·艾比·拜勒特尔了。

当然，穆斯林对埃及的更多了解是先知逝世以后。在解放伊拉克和叙利亚之后，穆斯林在这两地定居。在阿慕尔·本·阿斯与信士的长官谈开拓埃及之前，穆斯林曾与伊拉克和叙利亚的居民往来了数年。在罗马皇帝希拉克略将波斯人赶出埃及之前，波斯人统治埃及达十年之多。波斯人了解埃及的地理环境，了解埃及的防御工事，了解埃及的物产和文明。波斯人将他们了解的这些情况告诉了与他们来往的阿拉伯人。叙利亚人和埃及人过去都曾受过罗马人的统治，因此他们的关系非常密切，相互往来，互通有无，使得叙利亚人非常了解埃及，而定居在当地的穆斯林又从叙利亚人那儿了解了埃及。故欧麦尔和阿慕尔及很多人都很了解埃及的情况。因此，阿慕尔才向哈里发欧麦尔提出进军埃及的事。

先知时期的亚历山大

埃及的自然资源是诱人的，其物产丰富举世闻名。埃及土地肥沃，它盛产的大麦、小麦等各种粮食曾喂饱过罗马皇帝。它的石材、矿藏十分丰富。尽管受过波斯人的入侵、罗马人的统治，但它仍然是当时世界上最大的集艺术、工业、农业和商贸等为一体的欣欣向荣、令人神往的国际中心。以上这些因素无疑也是使欧麦尔倾向攻打埃及的一个原因。其首都亚历山大城依旧散发着往日的威严和辉煌。当时，它的人口约一百万，其居民拥有着各种不同的国籍和信仰。纯粹的埃及人约为半数，另一半则是罗马人、希腊人、腓尼基人和阿拉伯人。这些人中有信仰犹太教的，有信仰基督教的。他们大都和睦相处，共同生活在一种富庶、体面和优裕的环境中。被称为世界七大奇观之一的法洛斯岛的亚历山大灯塔就坐落在这儿。另外，还有宏伟的寺庙、宽广的艺术广场、雄伟的宫殿等庞大的建筑物。所有这一切都吸引着世界各地的游客。这里的小麦、亚麻、纸和玻璃等埃及的工农业产品举世瞩目。大量的黄金和从努比亚、埃塞俄比亚运往这里的象牙琳琅满目。从印度、中国运到红海再转运到亚历山大的银器和珠宝，也令人赞不绝口。

亚历山大之所以如此繁荣，原因就是它的港口是当时世界上最大的港口。它的造船业也是最大的工业。它的港口可同时供一万二千只不同吨位的船只停泊。那里的造船业日夜繁忙。造船的木材由叙利亚进口。而埃及则盛产一种特别扎实的名叫“迪格希”的亚麻，特别适合做缆绳和船帆。在那里制造的战船主要有两种：一种是可容纳千人以上的大型战船，一种是可容纳百人的小船。这两种类型的战船都有巨大的战斗力。一部分大战船上还有高大的城堡，一旦靠上城墙，士兵可直接从城堡登上城墙。

在亚历山大制造的商船也十分著名，有的商船能载四千艾尔代卜[①]麦子。这些商船大部分航行于红海，停靠在半岛诸多码头上。商船把埃及的商品带到希贾兹、也门等地，同时给埃及带来其他地方的商品。

亚历山大璀璨的文明和伟大的建筑

亚历山大不仅仅是商贸、制造业的中心，同时也是世界科学、文化的中心。它是文人墨客和艺术家们的乐园。那里的学术、教育是其他地方无与伦比的。那里的法律、神学研究和哲学的普及也是世界上独一无二的。天文学、数学、历法和几何学等在亚历山大的学府里也十分先进。

科学、文学和技术的繁荣无疑也使亚历山大充满了活力。埃及自从法老时期就以其出色的工程建筑而闻名遐迩。当时的埃及人民很自然地把基督教风格的建筑特点，古寺庙的威严壮观与非洲建筑的修饰融为一体。亚历山大的建筑大部分都是用埃及一种奇异的雪花石、彩色马赛克[②]和玻璃马赛克来装饰的。而亚历山大建筑布局同样令人赞叹不已。它的城市布局呈棋盘状分布，八条东西大道与八条南北大道纵横交错。其中心的两条大道路面宽广，在道路两侧庞大宏伟的建筑物鳞次栉比。城墙、城堡、宫殿和教堂都是用洁白的雪花石所建，令人赏心悦目。

这就是当时埃及首都的情形。它证明了其居民的奢侈及其璀璨的文明。因为在亚历山大聚集了其他大都市所不具备的各种文化和智慧。当时，不同的哲学学派和宗教学派可以在亚历山大自由发展，不受任何约束。如艾比古利人主张尽情享受现世中的一切，但后来他们却发现这种享受会给人带来毁灭。而拉瓦格人则嘲笑艾比古利人的享乐主义，他们主张不贪享受，因为享受会使人堕落，破坏心灵的纯洁。至于基督教的清教徒则主张远离红尘，到亚历山大附近的沙漠中去修身养性。

① 埃及容量单位，一艾尔代卜等于197.6公升。

② 又称锦砖或纸皮砖，建筑上用于拼成各种装饰图案用的片状小瓷砖。——译者

宗教迫害和本亚民大主教逃离亚历山大

在宗教迫害时期的情况就和上面所说的情况大不一样了。昔日养尊处优的亚历山大后来变成了动乱的舞台。原来，就在阿慕尔劝服哈里发攻打埃及的时候，宗教迫害遍及整个埃及。原因是希拉克略战胜了波斯，使十字架高竖于耶路撒冷时，世界各地的基督教徒都把求救目光投向了他，希望他能把他们从痛苦中拯救出来。此时，希拉克略也想将基督教的各种学说统一为一种学说，并且他也将此事宣告给了叙利亚各个派别的大主教们，然后号召他们共同参加一个叫“赫尔格都尼亚”的教会。他们都承认了这个统一的基督教派。这时，希拉克略把亚历山大大主教的位置给了一个来自“古格兹”国名叫“格尔斯”的人，让他去说服埃及人信奉这个统一后的官方教派。但是，他没有想到这个教派却遭到了埃及各教堂的拒绝和抵制，他更没有想到当埃及人拒绝这一教派时格尔斯所采取的强硬手段是如此的卑劣残暴。

当时本亚民是埃及科普特人的大主教。他非常聪明，热心于善事。但对那些顽固自大的牧师和教堂看门人却非常冷淡。所以他深受人民的爱戴和尊重。他极力支持埃及人民所信奉的基督教派——一性教派（主张神性和人性在耶稣中混合，两性混成为一性，就是在其成形时是两性，而成形后则成为一性）。在埃及还有一种教派为麦勒卡派，它和一性教派有所区别。当格尔斯在公元631年秋到达亚历山大说服埃及人信奉官方教派时，本亚民逃离了亚历山大。他通过分布在沙漠中的村庄到了高斯，并在高斯建了一座小屋住了下来。这里群山环绕，人们很难找到他的住所。

本亚民的逃跑引起了科普特人的恐慌，他们由此认为，格尔斯所号召的新的教派无疑是叛逆。尽管格尔斯刚到埃及时还装出一副慈善的模样，但这也毫无用处，他开始的时候还不将新教派强加于人，只是号召人们、说服人们归信，但一性教派否认它，麦勒卡教派也否认它，他们都认为他所号召的是迷误、是异端。更为甚者，从耶路撒冷来的萨夫尔尼尤斯也站在麦勒卡派的一边，这就更加使得人们认为格尔斯的主张是异端。当格尔斯在亚历山大召开宗教会议，号召所有宗教人士来研究他所号召的新教派时，萨夫尔尼尤斯用各种证据和方式来说服他，让他放弃他的主张。到此时，格尔斯才看到了埃及人民对他号召的敌视，便施展暴力手段，强迫人们归信他所号召的教派。

格尔斯实施的宗教迫害时间长达十年之久。他所使用的刑罚野蛮得令人发指。本亚民大主教的弟弟曾被架在火上烤得遍身流油。当他仍然不动摇时，他的牙齿也被打掉，然后被装进沙袋拖到河边恐吓，说如果归信新的教派就饶他一命。但他拒绝了，反复三次后被扔到河里淹死。这就足以说明格尔斯在宗教迫害中的残忍。许多拒绝接受新教派的人都被鞭打、受暴刑后被投入大牢中死去。这样残酷的迫害使人们更加憎恨希拉克略和格尔斯。当时有许多人都纷纷逃离埃及到努比亚避难。而那些无法逃走的人被逼无奈只得淡化自己的宗教，隐瞒自己的信仰。就连那些有钱有势的人也不得不假装喜欢新的教派。其实他们根本就不喜欢，也不相信。但为了现世生活中的利益他们只好口是心非而已。尽管这种状况持续了很久，但他们对格尔斯的怨恨却一直在他们的血管里撞击。

埃及人民之所以反对新的教派，不仅仅是门户之见的原因，政治因素无疑也起了很大作用。埃及人民对罗马的统治感到不满，曾不止一次地发生过革命。原来的统治者福卡斯的统治是野蛮的、暴虐的。而希拉克略也是如此。但埃及人民又推翻了他的统治。后来，在波斯人统治埃及的十年里，埃及人民感觉到了在福卡斯时期所没有的自由。因为波斯人让他们生活在一种似乎没有中央统治的环境当中，减免了许多原来加在他们身上的负担。当希拉克略战胜波斯收复埃及时，埃及人民曾空喜一场，他们曾希望希拉克略不再压迫他们，因为他和他们一样是基督教徒。然而事与愿违，他们很快发现古罗马的统治又回来了。他们看到的统治比波斯人的统治还要坏得多。罗马统治者不仅仅为恺撒横征暴敛，还将土地收归国有，给耕种者施加人头税，随意收取所耕之地的租金。他们所强加给人们的苛捐杂税，若是在丰收之年，还能勉强交付。但当埃及落入希拉克略之手时，是饥荒之年，福卡斯统治时期已使红海和尼罗河的运输贸易荒废。波斯人时期也未将其修复。希拉克略也没有改善这一状况。因此，当时的商贸十分萧条，航运的荒废使很多犹太人和希腊人在亚历山大的商业贸易破产。埃及农副产品和工业产品价格大跌，引发了令人不安的经济危机。原因是在中埃及和下埃及十分繁荣的玻璃制品、纺织品和造纸业因无法外运找不到市场。在这种情况下，统治者还是只顾得上为恺撒征收人头税。因此，人们十分反感罗马统治，他们都希望有朝一日埃及能摆脱罗马的统治而独立。但罗马人禁止埃及制造和运用武器。埃及人在国家任职的官员都被降职使用。人们被迫反抗。在这样的大环境下，格尔斯带来了新的教派强加于埃及人民，这就成了人民起义的导火索。这种残酷的宗教迫害增加了埃及人民对恺撒和格尔斯以及他所带来的新的教派的极大怨恨。

攻打埃及的理由

所有这一切，欧麦尔都很清楚。在埃及宗教迫害已有十年之久，这一迫害从先知逝世的前夕开始一直延续到欧麦尔时期。但在此十年间，阿拉伯人和埃及人的经贸往来却和原来一样一直没有间断。阿拉伯半岛的一些重大事件也不断地传到埃及人的耳中，在埃及的阿拉伯人对此也一清二楚。阿慕尔就是一位埃及通。他们原来居住在巴勒斯坦，距离埃及最近，最清楚埃及人民对恺撒及其爪牙们的愤怒。因此，欧麦尔深信，如果阿拉伯人到埃及攻打罗马人的话，那些受迫害的埃及人尽管不会加入阿拉伯人的队伍，但他们也绝对不会支持罗马人。因为他们害怕如果阿拉伯人失败，会带给他们更大的痛苦。再说，他们与阿拉伯人的关系尚未发展到能加入其行列的地步，因为他们双方是不同的民族，持有不同的语言和不同的信仰。

使阿慕尔更加坚信埃及人会对攻打罗马人表现冷淡的原因还有：无论是埃及还是其他地方的人们都知道，当时穆斯林的政策是号召信仰自由，不强迫放弃自己的信仰。谁走正道只益于他自己，谁坚持自己的信仰可以，但须缴纳人头税。而罗马人的宗教迫害早就激起了埃及人对罗马人的怨恨。他们无疑会对穆斯林的宽容极有好感，肯定会对穆斯林攻打罗马保持沉默。

前面我们已经谈过，在瘟疫后信士的长官到叙利亚视察时，阿慕尔曾陪同他察看了巴勒斯坦和叙利亚各地。其间他不断向欧麦尔提及解放埃及和前面所提到的各种理由，直到欧麦尔被他说服，让他等他回麦地那后再给他来信做最后决定。

欧麦尔之所以倾向于阿慕尔的主张的另一原因是阿慕尔的果断、骁勇善战和足智多谋。后来的事实证明了穆斯林的领袖对他的评价是千真万确的。阿慕尔的人格以及其在解放埃及的战争中所表现的果断与勇敢足可与哈立德·本·瓦利德相媲美。他的足智多谋绝不是一般人所能及的。他深信，战争就是谋略。

当时，阿慕尔已年过五旬，他个子很矮但志向远大。凸脑门，浓眉大眼炯炯有神，四肢发达，虎背熊腰。他精通骑术和剑法，体魄强壮、行动敏捷。另外，他还能言善辩。在穆斯林迁徙阿比西尼亚初期，古莱什人曾因他的辩才而将他派往阿比西尼亚来说服尼加斯（阿比西尼亚古代国王的称号）将穆斯林赶回麦加，尽管他没有完成外交使命，但却表现出了令人折服的智谋。后来，他凭理智信仰了伊斯兰教。原因是这样的：他当时看到安拉的使者迁徙到了麦地那，后来又看到使者的号召在阿拉伯人中引起了巨大的反响，他开始怀疑古莱什人对先知的斗争的正确性，所以他又干起了老本行——经商。他回到商界首次经商就是到叙利亚、也门、埃塞俄比亚和埃及。当联盟之战发生，古莱什败北时，他就断定古莱什已经奈何不了穆罕默德。这时，他召集了一伙古莱什人，并对他们说："指主起誓，我看到穆罕默德的事业将征服一切，我认为我们应该投靠到尼加斯那儿去，如果穆罕默德战胜了古莱什人，那么我们就留在尼加斯那儿。对我们来说，在他手下比在穆罕默德手下更好。如果古莱什人胜利了，我们也只会得到好处，因为他们是认识我们的。"在场的人都同意了他的主张并和他一起逃到了埃塞俄比亚。他们都主张暂居，等古莱什和先知的斗争结果明朗化后决定下一步行动。当先知和古莱什人结下侯代比亚和约时，阿慕尔已确信穆罕默德已彻底胜利，他将要在埃塞俄比亚久居下去。条约签订一年之后，当穆罕默德和广大穆斯林进入麦加，环游天房，奔走于赛法和麦尔卧之间时，他开始坚信穆罕默德所做的一切都是真理。于是，他去了麦加，在那儿遇到了准备去麦地那归信伊斯兰教的哈立德·本·瓦利德。两人同行，哈立德归信了伊斯兰教，宣誓效忠先知。阿慕尔靠近先知说："安拉的使者呀！我向你宣誓效忠，请你饶恕我过去所犯的罪过吧！你看我们的行动吧！"先知回答说："宣誓效忠的阿慕尔呀！伊斯兰教不计前嫌，希望你彻底放弃从前的一切。"接着，阿慕尔宣誓效忠了先知后便离开了。

阿慕尔曾和他的民众们一起反对过先知，当古莱什的敌对势力被消灭时，他理智地思索，观察先知的传教事业，很快他理智而非被迫地信仰了伊斯兰教，并很快得到了先知的信赖。他自己曾说："在我们归信伊斯兰教后，安拉的使者没有将任何一位圣门弟子在战争中的表现与我和哈立德的表现相提并论。"先知之所以对这两人信任是有原因的。先知在麦加时就知道他俩以及他俩在民众中的地位。后来又了解到阿慕尔足智多谋，这更加使先知信任他。阿慕尔后来曾在希贾兹北部地区的一系列战斗中被任命为穆斯林的将领。

先知在传教方面对阿慕尔的信任更为突出。他曾是被派往外地号召国王酋长们归信安拉宗教的众特使之一。先知派他到坐落在波斯湾的阿曼，号召它的酋长贾法尔和阿巴德（朱奈德的两个儿子）归信伊斯兰教。当时的阿曼屈服于波斯人的势力。尽管如此，为了完成使者交给他的任务，他还是毫不犹豫地去了阿曼。他到阿巴德那儿以后，时而用明证说服他俩，时而用武力来警告他俩。他对阿巴德说："如果贾法尔归信伊斯兰教，安拉的使者仍然让他做阿曼的酋长。"此时，贾法尔开始从阿曼的富人中收取施舍品，将它分给阿曼的穷人。兄弟俩商量了几天，贾法尔看到了穆斯林事业的伟大，他害怕阿慕尔所警告他的话：穆罕默德要踏平他们的大地。所以他后来归信了伊斯兰教，并且仍然为阿曼的酋长。阿慕尔留在了他的身边继续传教，向人们解释教律，一直到先知逝世后艾布·伯克尔为哈里发时期。当阿拉伯人发动叛乱时，阿慕尔受命回到了麦地那去平息叛乱。

艾布·伯克尔任命阿慕尔为首领去平息盖达尔部落的叛乱。当他平息了叛乱，整个阿拉伯国家的叛乱也得到了平息。艾布·伯克尔决心解放叙利亚。他派艾布·欧拜岱和阿慕尔率领部队前往叙利亚，任命艾布·欧拜岱为两军总指挥。为此，阿慕尔跪到欧麦尔面前，要求他给艾布·伯克尔说情，让他做叙利亚穆斯林军队的总指挥。欧麦尔对他说："我可以明确地告诉你，我决不会跟他说这件事情。在我们看来艾布·欧拜岱比你的品级更高。”阿慕尔再三请求说：“我领导也丝毫不降低艾布·欧拜岱的高贵地位。”欧麦尔对他这种强烈要求的答复是：“阿慕尔呀！你真差劲，你喜欢做领导，你喜欢的是今世的浮华，你应当敬畏安拉。一切只为寻求安拉的喜悦。虽然这次你没有成为领袖，如果安拉意欲的话，你很快就会成为最高将领的。”阿慕尔被说服了，心甘情愿地服从了艾布·欧拜岱的领导。虽然他没有成为部队的统帅，但却丝毫没有降低他在艾布·欧拜岱和其他将领面前的威信。因为有很多人都知道他是足智多谋之人。在以前他们遇到问题时，都是向他请教，他的指挥使很多战斗化险为夷、转败为胜。

阿慕尔的首次埃及之行

阿慕尔首次去埃及充满了传奇色彩。据传述，他作为古莱什商队中的一员去耶路撒冷经商。亚历山大的罗马人舍姆斯此时去耶路撒冷朝觐。当他从山上下来时，遇见了阿慕尔和他的驼队。那天天气非常炎热，舍姆斯渴得受不了了，就找阿慕尔要点水喝，阿慕尔就让他喝饱了水。后来舍姆斯在一个坑旁边睡着了。此时从坑里爬出来一条大蛇，阿慕尔看见后立即用剑把蛇挑到一旁杀了。舍姆斯醒来一看，身旁有一条大死蛇。阿慕尔就将刚才的事情经过告诉了他。舍姆斯听后立即过来吻了他的头，并对他说：“安拉让你救了我两次，一次是干渴，一次是这条大蛇。”他接着又问：“你来这地方干什么呢？”阿慕尔说明了他的来意是做生意，他希望能买上所需的货物。舍姆斯为报答阿慕尔的救命之恩，就对他说：“你可以跟我到我们国家去吗？安拉见证我要双倍地报答你，因为安拉让你救了我两次。”阿慕尔知道舍姆斯是亚历山大人，他们那样的国家他还从没有去过。所以他和他的同伴商量后，决定让他们中的一个人陪他一同前往。他们随舍姆斯一块儿到达了亚历山大。当阿慕尔看到亚历山大那高大宏伟的建筑，车水马龙的景象，不禁为它那如此繁荣发达的经济而赞叹不已。他说：“我从未见过像埃及这么富有的地方。”阿慕尔去亚历山大的时候正巧赶上当地最大的节日，达官贵族和市民都聚集到一起庆祝节日。舍姆斯让阿慕尔穿了一件丝绸的衣服和他一起去参加了这一重大节日活动。恰好在这天，国王和王子们要抛金球。球落到谁那儿，谁就会成为统治者。那天，球正好落到了阿慕尔的袖中。当地人民都为此感到吃惊。他们说："这个金球从来都没有骗过我们，但这次例外。你一个阿拉伯人岂能统治我们！这绝对不可能的！"后来舍姆斯为阿慕尔从亚历山大的居民那儿募集了两千第纳尔，并派一个向导将他和他同伴送到了耶路撒冷。伊本·阿卜杜·哈克姆说："因为这次之行，阿慕尔知道了进出埃及的道路，发现了它是最美好的、最富有的国家。"

阿慕尔进攻埃及

欧麦尔回到麦地那后，召集了有关人士，向他们提出了阿慕尔的建议，并和他们商量攻打埃及的事。但他们的意见有分歧。因为欧麦尔主张进攻，他已写信让阿慕尔带兵向埃及进发，并且让夏利瓦·本·阿卜代送走了这封信。信中说："你动员人们和你一起出征埃及，谁愿意和你去就让他去。"当这封信送到阿慕尔手中的时候，他正包围着格赛利叶。于是，他让穆阿维叶·本·艾比·苏富扬为将领继续包围它，而他带着一小股部队离开了。这支部队可能是三千五百人，也可能是四千人。然后他让哈里发的信使夏利克·本·阿卜代回去请求援兵，部队至少不能少于叙利亚的武装力量。他沿海岸线向着阿里什方向慢行，之所以慢行，一是希望援军能在他们进攻埃及以前赶上他们，二是他听到了有些人反对出征埃及的消息。他们认为进攻埃及对年轻的伊斯兰政权会有危险。这些人当中最主要的反对者就是奥斯曼·本·阿凡。因此，阿慕尔害怕欧麦尔事后会被迫听从他们的意见而不给他派援兵，或者甚至会将他从行军途中调回。

阿慕尔的估计没有错。奥斯曼等一些人的确反对进攻埃及，他们认为这次战争具有巨大的危险性。他们不断地向欧麦尔重复这一观点，特别是奥斯曼，他说："信士的长官呀！阿慕尔是一个爱出风头、领导欲极强的人，我害怕他一意孤行，这样会使穆斯林遭到毁灭性的打击。不知道事情的最终结果会是怎样？"欧麦尔听了他这些话以后会怎么办呢？难道他要将他的将领由前线调回？而他已经同意了他的建议，并已命其出发了，或许阿慕尔已经踏上了埃及的土地。再说，将他调回会不会使穆斯林气馁，从而助长敌人的威风呢？但如果他不理睬奥斯曼等人的意见，又害怕激起奥斯曼及同意其主张的人的反对。在这种情况下,他给阿慕尔写信，信中说道:“如果我的信在你进入埃及之前收到的话，你就回到你的营地。如果你已经进入了埃及，你就勇往直前，应知道我是会帮助支持你的。”他把信交给了信使送往在去埃及途中的阿慕尔。

当信使赶上阿慕尔时，他正在拉法。信使丝毫没有向他提及他所等待的援军一事。而只是把哈里发的信给了他，并说了欧麦尔与奥斯曼等人的辩论。阿慕尔估计欧麦尔会改变他的命令，因此，他开始和这位信使东一句西一句地拖延时间。他们一边走，阿慕尔一边询问麦地那的一些情况。这样不知不觉到了在拉法和阿里什之间的一个村庄。阿慕尔问这个村庄属于什么地方？有人说，它是埃及的村庄。于是他驻扎下来，信使这时才顾得上把信交给了阿慕尔。他读完信后，对他身边的人说：“信士的长官在信中说，如果我收到这封信的时候，我还没进入埃及的地面就让我回撤；如果已经进入埃及，就让我们托靠安拉，以安拉的襄助而继续前进吧！”于是，阿慕尔拉开了解放埃及的序幕。

阿慕尔之所以急于把他的军队开进埃及的领土，是因为他害怕他驻扎的村庄不是埃及领土，哈里发不但不会给他增加援军，甚至会因为奥斯曼等人的反对而让他撤回巴勒斯坦境内待命。这样，穆斯林就会失去一次必胜的机会。因为，在埃及的罗马人比在叙利亚的罗马人更加不堪一击。而埃及又是那么富有，如果它被解放，那将会对穆斯林事业产生深远的影响。

阿慕尔带四千人马到了阿里什，发现那里没有一个罗马士兵，这更增强了阿慕尔继续前进的决心。哈里发的信使回到了麦地那，向欧麦尔汇报了阿慕尔的情况，说阿慕尔已经进入了埃及领土并在那里搜寻罗马人。但他绝不会退出埃及，除非是战败而逃。事情已到了这种地步，那些反对攻打埃及的人们也无话可说了，只有等待最好的结果。如果阿慕尔胜利了，他们也会向阿慕尔表示钦佩和祝贺；如果他战败了，则证明了他们的主张是正确的。

命运已经注定了阿慕尔的胜利。安拉使阿慕尔在伊斯兰的保护下胜利进入埃及，从而使埃及成了伊斯兰国家领袖皇冠上的又一颗璀璨的明珠。

第十九章　解放开罗

欧麦尔的信使带着阿慕尔·本·阿斯已经进入埃及，并决心解放埃及，但迫切需要援军的信息返回麦地那。阿慕尔·本·阿斯进入了阿里什城，城中根本没有任何防御部队。他又从阿里什出发，奔向萨尔布纳湖的南岸。这条路线是二十五年前波斯人攻占埃及时所走的路线。他非常顺利地到达了法尔玛城，但遇到了罗马军队的阻击。罗马人企图阻止他向埃及内地挺进。

从阿里什到法尔玛的距离是七十英里[①]。这条路横穿沙漠，沿途有散落的村庄和水源。这条在巴勒斯坦和埃及之间的道路是条古道。先知易卜拉欣、叶尔孤白、优素福等就曾通过这条道路到达埃及。这条路也是从埃及到耶路撒冷的朝觐者的必经之路，是一条连接亚非的商道。阿慕尔·本·阿斯为了经商，曾经不止一次地走过这条道路。前面我们已提到，舍姆斯为了报答阿慕尔的两次救命之恩，他带阿慕尔到亚历山大时，就是走的这条道路。

尼罗河在埃及的七条支流

法尔玛在科普特时期叫“巴尔蒙”，在法老时期称作“巴鲁齐”。法尔玛位于邻近地中海和尼罗河七条支流之一的巴鲁齐支流入海口处的高原上。当时及之前下埃及的尼罗河有七条支流，其中两条现在叫杜姆亚特和拉希德。前者在法老时期叫菲唐堤，后者叫百里比堤。第三条支流距

① 一英里约等于 1609 米。

离以上两条支流六十英里处向东延伸，经过我们今天悉知的东部省，距塞得港东二十四英里处流入地中海。这就是巴鲁齐支流。而另外四条支流则分布在今天仅存的两条尼罗河支流上。其中两支流经东部省和代盖赫利耶省，由齐门勒湖注入地中海。这两条支流中的一条流经台尼斯，也就是台尼堤支流。另一条则是流经代盖赫利耶省而流向塞得港和杜姆亚特中间地带的门迪齐叶支流。萨班堤支流流经米努夫和西部两省注入巴尔里斯湖。再有一条就是流经亚历山大附近奔腾东去的卡努比支流。

这些星罗棋布的河流，给富饶埃及大地上的三角洲带来了丰富的水资源。这块三角洲在亚历山大后面向西延伸到昔兰尼加。在这片土地上，有个富饶的地区叫马尔尤塔。那里的人民生活在美丽的环境之中，居住着花园般的美宅。这一盛产水果的地区与昔兰尼加相连。那里盛产的甜美水果，大都被运送到罗马帝国，尤其以葡萄和葡萄酒最为著名。

阿慕尔·本·阿斯率军驻扎在法尔玛时，实际上驻扎在三角洲的东北角上。他到达埃及的消息在其踏上埃及国土时就传到了罗马。罗马人会怎样对待他的入侵呢？他在通过阿里什到法尔玛之间的沙漠之路时，罗马人丝毫没有想阻拦他。因为他们知道，阿拉伯人最善于沙漠作战。阿里什及周边地区邻近巴勒斯坦，在耶路撒冷及其周边地区的援军很容易就能到达阿慕尔·本·阿斯那儿。为此，埃及的罗马统治者选择了任随阿慕尔·本·阿斯行进，让他远离援军。罗马人选择把法尔玛坚固的城堡作为迎战穆斯林的第一站。罗马执政官想自己亲自去或是派大将军艾塔拉本到法尔玛应战。

罗马兵隐蔽到城中，等待与穆斯林交战。他们坚信能够保护法尔玛城而打败敌人。他们知道随阿慕尔·本·阿斯一同来的阿拉伯人为数不多，并且他们没有像波斯人原来进攻法尔玛时所拥有的装备。阿慕尔·本·阿斯也清楚敌人的数量是自己队伍人数的若干倍。尽管如此，他毫不犹豫地驻扎下来，并点燃了战火。他在动员时对他的部下提到，穆斯林在进攻罗马和波斯时经常以少胜多。因为安拉确已许诺他们胜利。安拉与他们同在。阿慕尔·本·阿斯没有欺骗他的部下。他们包围了法尔玛长达一个月之后攻克了此城，并在罗马惨败后，他们将法尔玛作为了战斗堡垒。

事情怎么会这样呢？四千人怎么能攻克重兵把守的城池呢？他们是怎

样闯过城墙、越过堡垒的呢？部分历史学家认为此事为奇迹。他们寻找原因，认为是围攻时，法尔玛的科普特人帮助了阿拉伯人。他们的帮助是穆斯林将士战胜敌人的原因。

伊本·阿卜杜·哈克姆及后来的历史学家确认这一说法，除此之外他们没有找到阿慕尔·本·阿斯取胜的理由。他只有得到埃及人的支持才能取胜。他们确认，这一说法是由于科普特人当时憎恨罗马统治和罗马人强加于他们的宗教迫害。事实上，科普特人没有帮助穆斯林，也没有支持罗马人，他们对穆斯林能战胜罗马人没有起任何作用。

埃及人对阿拉伯人在法尔玛胜利的态度

科普特人没有帮助罗马人阻击阿拉伯人。同时，他们也没有帮助阿拉伯人攻击罗马人。但个别对罗马人及其统治深恶痛绝，愿以死相抗的人除外。后者暗地里给穆斯林提供帮助，让阿拉伯人看到罗马人的薄弱环节，向他们揭示罗马人的秘密。总体而言，埃及人民对战斗的双方持观望的态度。罗马人使他们遭受各种磨难、剥削和迫害，这使埃及人民打心眼里不想帮助他们。同时,他们也不知道阿拉伯人将会给他们带来什么。因此，他们对阿拉伯人也谈不上憎恨或欢迎。再者，罗马在埃及的军队以及他们的英勇善战，使埃及人民不敢断定最终的胜利会归于谁。他们已经知道阿拉伯人在叙利亚和伊拉克的胜利，但他们也未忘记罗马皇帝希拉克略在埃及战胜了波斯，并且把波斯人赶出埃及的历史事实。如果他们公开支持阿拉伯人，倘若罗马获胜，那他们就会倒大霉了，罗马人会更加残酷迫害他们。他们对罗马的统治深恶痛绝，自然不会支持罗马人。再说战争才开始不久，谁也不知道最终的结果。对埃及人民来说，最明智的立场就是观望事态的发展，最终做出有利无害的选择。

埃及人民持这种态度很自然。面对当时的局势，谁都会这样。他们希望罗马人离开埃及，让他们拥有自己的财富，最终获得完全的自由和尊严。埃及人自从被亚历山大剥夺了他们的自由之后就一直处于被压迫地位。亚历山大死后，埃及的事务落到了希腊的托勒密人手中。在公元前 323—30 年间统治埃及的是马其顿王朝。埃及人民想推翻外国的统治。当时，埃及政权在外国人之手。这种情况一直延续到今天，这些外国人利用雇佣军抢夺某些国家的政权。当战争平息，人民走向和平时，这些外国人就掌握了国家政权，侵吞当地人的劳动果实。当地人民又不得不拥护他们，把他们视为抵御战争的堡垒。托勒密人的情况就是如此。他们定居埃及成为埃及公民，他们占有了埃及，埃及也承认了他们。就这样一直到卡鲁巴特拉时期。尤利乌斯先到埃及，紧接着安东尼尤也到了埃及。随即埃及归属了幅员辽阔，横跨欧亚的罗马帝国。

埃及归属于罗马皇帝不久，在世界上出现了追求崇高精神境界的思想，这就是基督教。它号召人友爱，和睦相处，远离残杀，蔑视现世的享受。基督教很快就在罗马和埃及传播开来。它使人们忘记了他们之间以往的恩恩怨怨，他们在信奉上帝的旗帜下和平友好、兄弟般地生活着。基督教的派别逐渐增多。不同教派的人互相仇视，这样人们又回到了过去的仇恨之中。埃及人又开始憎恨罗马统治者对他们国家的统治。这种怨恨因罗马人强加于埃及人民的巨大的宗教迫害而到达了极点。

攻克法尔玛和罗马人没有派援兵的原因

埃及人在法尔玛没有援助阿慕尔·本·阿斯，那么为数不多的部队怎么会攻下重兵把守、固若金汤的城池呢？军队是如何捣毁城墙越过城堡的呢？他们包围城池一个月之久，有人说是两个月。敌军经常出城来向他们进攻，接着又退回休整。阿慕尔·本·阿斯在此期间曾派小股部队攻打法尔玛城的周边小镇，以此获取所需的粮食。城池长时间被困，守城卫兵估计罗马人会给他们派来援军击退阿拉伯人，并将他们赶出埃及。但援军迟迟未到。这时，守城主帅决定冒险迎战阿拉伯人。他希望能够获胜。但在激烈的决战中，他们发现穆斯林将士英勇善战、不畏牺牲，犹如不怕死的雄狮。守军害怕了，主帅命令部下撤回到城中。穆斯林看到他们回撤，便乘胜追击，使敌军乱作一团。穆斯林抢先占领和控制了城门。只见他们越城墙、过堡垒，一举拿下了法尔玛城。罗马人只有投降求生。阿慕尔·本·阿斯占领城池后，捣毁了其堡垒，烧毁了停靠其附近的船只，毁坏了所有教堂和可用来做堡垒的建筑。然后，建起了通往巴勒斯坦和阿拉伯国家的驿站。紧接着穆斯林们开始考虑在取得胜利后下一步的行动计划。

罗马统治者埃及总督居鲁士没有给法尔玛的军队增援的原因是什么呢？历史学家一直在研究这一问题。

我们认为，居鲁士不敢出兵支援法尔玛军队的原因很多。首先，在埃及的罗马人深感埃及人民对他们的仇恨是一触即发而不可收拾的。如果他们把开罗或亚历山大的兵力调到法尔玛，假若开罗人民起义，那他们就无法抗拒。其二是他们没有忘记他们在叙利亚和巴勒斯坦被穆斯林打得惨败的历史教训。所以，他们对派兵援助法尔玛没有把握，也没敢冒险抵抗强悍的穆斯林军队。为此，他们选择了把靠近开罗和马纳夫的巴比伦城堡作为抗敌屏障，把尼罗河作为他们抗敌的防线。至于法尔玛等一些小城市,就让当地人去抗击穆斯林去吧。罗马人想以此来拖延时间，以便他们有充足的时间来加强在重要地区的堡垒建设。阿拉伯人再要冒险挺进就要到达开罗城，他们在那里的堡垒也许能阻挡他们，并将他们消灭，这样就保住了开罗城。

从战争的角度来说，这种想法是错误的。后来的事实也证实了居鲁士为阻击阿拉伯人进入埃及的作战计划是错误的。阿慕尔·本·阿斯在解放法尔玛后，穆斯林军队得到了扩充。那些居住在埃及沙漠边缘的游牧人为了得到战利品纷纷加入穆斯林的队伍中，弥补了穆斯林部队由于牺牲而缺员的不利状况。紧接着阿慕尔·本·阿斯开始沿着这些边界南下，开向古城马吉达勒——今天的格塔拉一带。又从那里西行到格萨斯，最终到达比勒拜斯。在这条漫长的行军路上，阿慕尔·本·阿斯没有受到什么抵抗。这里离开罗城及其他城堡只有三十三英里了。

比勒拜斯之战及战争所造成的影响

历史学家认为，穆斯林在比勒拜斯停留了一个月后才开始攻城并战胜了敌人。但他们对于战况有不同的描述。是两军展开了激烈残酷的战斗呢，还是穆斯林没有遇到罗马人的激烈抵抗，如同他们在法尔玛时一样呢？部分传述说，居鲁士在阿慕尔刚到比勒拜斯时，曾派人到他那里和他谈判，让他撤离埃及。阿慕尔·本·阿斯对来者说："安拉以真理派遣他的使者，使者命令他的门弟子向人类劝告：'我们号召你们归信伊斯兰教，谁响应我们的劝告而归信，那他就是我们的弟兄；谁不响应，那么，我们就要他们缴纳人头税，我们保护他的安全。我现在劝告你们，为了我们之间的亲戚关系，如果你们答应，你们将受到保护。'"这些主教们以为阿慕尔·本·阿斯所说的亲戚关系是指伊斯玛仪的母亲哈哲尔（她是埃及人），为此他们说："这种亲戚关系太遥远了，只有先知有幸与这种关系靠得上。"接着，他们又补充说："我们归信与否，等我们回去商议后再说吧！"于是，阿慕尔·本·阿斯说："我不是好欺骗的。我可以给你们三天的时间让你们商量。三天后没有结果，我就攻打你们。"他们要求再增加点时间，为此，他又给他们增加了一天。第五天则是最后的期限。他们回到了居鲁士那里，把情况向他作了汇报。将军艾塔拉本不接受这种条件，决定要和穆斯林战斗。参与谈判的主教们看到人们十分害怕当前形势，于是他们对人们说："我们将会想办法保护你们。我们不会扔下你们不管，而且现在还有四天时间，你们不会有危险。"

艾塔拉本率领一万二千装备精良的罗马部队直奔比勒拜斯想偷袭穆斯林部队。阿慕尔·本·阿斯早有防范，穆斯林部队时刻处于戒备状态。两军展开了鏖战。结果罗马人损兵折将，元气大伤。罗马士兵一千人被杀，三千人被俘。最后他们一败涂地、溃不成军。艾塔拉本仓皇而逃，也有人说他被当场击毙。

阿慕尔·本·阿斯为何在比勒拜斯停留整整一个月呢？这一个月是在与罗马军队交锋前还是在他胜利以后停留的呢？如果是在战斗之前，为何不直奔开罗城呢？如果是在胜利之后，他为何不乘胜追击而在此停留呢？史料并没有对此做出解释。但是有人推论阿拉伯人胜利的时间是这样的：阿慕尔·本·阿斯在阿里什的时候是伊历18年的宰牲节，这相当于公元639年的12月。解放法尔玛大约是公元640年1月20日左右。同年4月他到达海里尤里斯，那么他到达比勒拜斯是在2月份，然后3月份大部分时间都是在那儿度过的。这个时间表并没有说明我们前面所提到的问题，不过可以推论出埃及的谈判者和阿慕尔·本·阿斯的谈判时间是他刚到比勒拜斯的初期。他和艾塔拉本之间的战斗发生在他驻扎比勒拜斯的前一时期。战斗结束后，他没有继续行军，而是驻扎在那儿与周边地区建立信任和友谊。在此期间，他曾和埃及人联络感情，增进友谊。他在比勒拜斯驻扎的另一个月是等待哈里发的援军。当艾塔拉本阻击被击败时，阿慕尔·本·阿斯要利用胜利做战斗动员及激发战士们的战斗热情。他也要利用胜利给敌人制造恐怖，让敌人感到，穆斯林是战无不胜的。然后他向开罗城挺进，希望安拉帮助他解放埃及。

那么，他所等待的援军到了没有呢？他战胜艾塔拉本是和援军一起战斗的结果，还是他自己的部队和在解放法尔玛之后加入部队里来的游牧人一起以少胜多而取得的胜利呢？显然，他在比勒拜斯胜利后离开时，援军仍未到来。当他到达乌姆·杜乃时，一场激战又展开了。穆斯林迟迟未能解放它。于是他向欧麦尔求援，欧麦尔给他增兵四千，这样他的军队人数壮大到八千人。显然，在援军到达之前，阿慕尔战胜了艾塔拉本并离开了比勒拜斯。他以四千人的兵力战胜了率领着一万两千人马的艾塔拉本。

穆斯林面对巴比伦堡和马纳夫

阿慕尔离开比勒拜斯沿沙漠来到了乌姆·杜乃附近。乌姆·杜乃位于今开罗的阿孜比格地区。此地是开罗的一道坚固的防线，它紧靠尼罗河的一个颇具规模停靠着很多船只的港口。而开罗城最大的堡垒就坐落在巴比伦以北，远古法老时期此地就是法老王权所在地。巴比伦的堡垒就是罗马人的防御工事，这些工事分布在今天的旧开罗一带。整个工事异常坚固，经受了漫长历史的洗礼。直到公元 9 世纪 80 年代才被毁坏，至今其残垣仍存。从城堡往南若干里，坐落着在人类史上有光辉记录的马纳夫城。在埃及备受世界瞩目时期，马纳夫城是埃及的首都，在那里留下了埃及伟大的文明。它的辉煌一直到亚历山大时期。亚历山大政权仍然以埃及法老当年留下的巨大遗产而深感自豪，同时还以金字塔及其周围的墓穴而荣耀。在古代，马纳夫城就是埃及的象征。在马纳夫和吉扎之间向西延伸的沙漠中，分布着一些闻名遐迩的金字塔。胡夫金字塔和它旁边两座小金字塔以及双目注视着太阳升起的狮身人面像也坐落于此。

那些和阿慕尔·本·阿斯同道而行的穆斯林们能想象得出世界上竟有如此奇观吗？当他们接近乌姆·杜乃时，尼罗河的美景更使他们眼花缭乱、目不暇接。那宽广的田野、无垠的绿色牧场、苍劲挺拔的大树，真可谓人间天堂。景色美不胜收，令人叹为观止。但耸立在他们面前的堡垒很快使他们无心再欣赏这些自然美景。他们知道罗马人确已为对付他们而做了充分准备。罗马人知道，如果在此阻挡不了穆斯林的挺进，那么他们将再也无能为力了。为此，罗马人把他们强大的兵力部署到巴比伦堡防线，给乌姆·杜乃增调了强大的武装力量，准备与穆斯林军队在此决一死战。他们知道要么击退阿拉伯人，要么将同希拉克略告别叙利亚时一样要说：“埃及，再见吧！”

乌姆·杜乃之战以及穆斯林的胜利

阿慕尔·本·阿斯深知面前这一战的重要性和危险性。侦察员给他带来了有关堡垒的消息。凭他现在的兵力要想攻克巴比伦城堡或包围它，那是不可能的。如果攻不破这座城堡，攻克开罗城就是一句空话。开罗戒备森严，重兵把守，堡垒林立。但他也知道如果放弃攻打埃及的罗马人，就会削弱自己军队的士气、长敌人的威风。如此一来，后果不堪设想。他只能背水一战。他相信穆民领袖的援军马上就会到来。他必须要冒险攻城,这样做或许会获得胜利。他要想办法拖延时间，等待援军到来。他首先包围乌姆·杜乃城。为攻克它，阿慕尔使尽了浑身解数。一旦占领乌姆·杜乃城，那么在其港口停靠的船只就会成为他胜利的筹码，他就会有很大把握克敌获胜。

阿慕尔·本·阿斯时刻警惕着，他不能使他的部下遭毁灭性的打击，所以他谨慎而行。他迫切希望穆民领袖的援军早日与他的军队汇合而实现胜利的愿望。他一边派人给麦地那送信，汇报他在埃及的行动和处境，告诉穆民领袖他攻打埃及堡垒急需援兵。另一边在军队中广做动员，并说援军马上就来。他要以此稳定军心。然后，他率兵急奔乌姆·杜乃，将其包围。在乌姆·杜乃的前方穆斯林将士安营扎寨，并阻止敌人的武器粮草运进城中。在巴比伦的罗马人根本没有想出来与他作战。因为艾塔拉本的下场使他们很明白，他们是无力与穆斯林正面交锋的。乌姆·杜乃的武装力量有时出城，刚一开战，便又退回城中。几周过去了，尽管穆斯林未感到任何威胁，但由于敌人获得了粮食，乌姆·杜乃的战局尚未有任何变化。

当穆斯林得知首批援军马上就要到达时，士气倍增。援军到来了，堡垒里的罗马士兵看到穆斯林援军立即惊慌失措，再不敢出城作战。阿慕尔·本·阿斯看到这种情况，立即命令大军全面压上，强行攻城。他身先士卒，一马当先奔向城堡大门。原来他已经弄清了堡垒的出入口。经过一番激战，安拉使他们胜利了。他们占领了敌人的堡垒，活擒了其中的敌人。

历史学家没有详细叙述此战在关键一天所发生的事情。阿拉伯史学家曾有如下的描述：当阿慕尔看到一伙人犹豫不前时，他大声喊叫鼓励他们前进。其中一人对他说："我们不是铁打的！"阿慕尔指责他说："闭嘴！你是条狗！"此人回答说："那你就是狗首领！"阿慕尔没再理他。他对圣门弟子们道："前进！安拉以你们而获胜！"圣门弟子们投入了激战，其他人跟了上去。安拉使穆斯林获胜了。史学家伊本·艾西尔谈阿因·舍姆斯战斗时也提到了上述描述。但这次胜利是与援军的到来分不开的。阿慕尔·本·阿斯占领了乌姆·杜乃后，利用在其港口停泊的船只渡过了尼罗河，率兵穿越沙漠。穆斯林将士在行军路上看到了吉扎金字塔。

在埃及的罗马避难者们得知他们的伙伴在乌姆·杜乃的遭遇后，逃向巴比伦堡。当他们听说穆斯林军队已过了尼罗河奔向沙漠地带时，他们大吃一惊。阿慕尔·本·阿斯过河干什么呢？他又要去哪里呢？他会沿卡努比支流去亚历山大吗？阿慕尔·本·阿斯的做法令罗马人大惑不解。他不想去亚历山大，那他又为何朝亚历山大方向去呢？他是知道罗马人援军随时可以从海路到达亚历山大的，那他又怎么放弃巴比伦堡垒而去那儿呢？其实，他只是要去法尤姆制造紧张气氛，使他们感到惊恐。他要让埃及人知道：罗马人是无能的，罗马人最终要在埃及土地上消失。在法尤姆和巴比伦堡之间的沙漠之路上，穆斯林军队没有遇到任何障碍。经过这条路是对当地居民的蔑视。阿慕尔·本·阿斯，他就是要使这一地区的人感到惊恐。以便实现他的目的。等待新的援兵，赢得时间。他将实施自己的作战计划，使埃及归于穆斯林统治之下。

阿慕尔·本·阿斯刚到法尤姆边境时就得知，罗马人为了保护这一地区已经做好了充分的准备。罗马人在必经之路上布下了重兵。为此，阿慕尔·本·阿斯将部队驻扎在沙漠之中。他派小股部队到周边地区活动，以便获取必要的粮草。有一天，当地居民告诉他，有一股罗马部队，在头领哈纳率领下，在枣椰树林中正秘密行进。罗马人的暗堡就设在他的前面，以便侦察穆斯林军队的情况。如果他要攻打这一居民区，部署在法尤姆边境的军队就会招之即来。面对这种情况，阿慕尔·本·阿斯率部队迅速前进，避开了哈纳率领的部队。这样给敌人造成了错觉。而后，他忽然杀了回马枪，把哈纳的人马杀得一个不留。

这一行动震撼了本地区所有的居民。罗马在法尤姆的将军对哈纳部队的惨败感到十分痛心，并命令找回哈纳的尸体。哈纳的尸体在沙漠里被找回，并被制成木乃伊送往了巴比伦堡，后又被送到驻扎在君士坦丁堡的希拉克略面前。希拉克略面对惨败悲伤万分，他发誓动用所有军队保卫埃及。从法尤姆出来了一支军队要和穆斯林军队交锋。但阿慕尔·本·阿斯战胜哈纳，使这一地区人惊恐之后采取了回避的策略。他令军队退入沙漠之中，暂不和那些见沙漠就害怕，以为沙漠中充满死神的敌人战斗。后来，罗马人看到他走出沙漠奔向平原时，他们欣喜若狂，误认为阿慕尔·本·阿斯是害怕他们逃跑了。为此，他们兴奋地回到各自的居住地。

实际上阿慕尔·本·阿斯撤军并不是害怕敌人，而是要回到乌姆·杜乃，重整军队后加速进攻的步伐。当时穆斯林信使已给他送信：穆民领袖派的新援兵已经来到。这支援军经法尔玛到比勒拜斯，现正在与阿慕尔·本·阿斯会合的途中。这支援军很快就要到达罗马人的防区了。此时此刻，他必须派兵迎接援军。否则罗马人会切断援军与他的部队会合，并不让援军过河。阿慕尔表现出了超人的判断力和谋略。事实就是这样，罗马军队确已从巴比伦防线封锁了尼罗河。按道理罗马军队必定会从堡垒出来渡河切断穆斯林援军之路，但他们没有这样做。阿慕尔·本·阿斯得以从容来到东河岸邻近罗马堡垒的海里尤利乌斯与援军会合。

杰出将领阿慕尔怎样实现了这一战略目的呢？他是利用夜幕掩护渡河呢，还是罗马人疏忽他们乘机过河了呢，或者是罗马人知道他将和援军会合而不敢从堡垒出来呢？历史学家没详细叙述从法尤姆到海里尤利乌斯的经过。但阿慕尔·本·阿斯自从踏上埃及土地一直到援军到来，在此期间他所指挥、策划的各种战斗都充分表明了他是一个战争奇才，既骁勇善战，又足智多谋。逆境中，他沉着冷静；顺利时，他头脑清醒。这使人们坚信，在他的领导下，罗马人不堪一击。难道不是这样吗？在法尔玛、比勒拜斯、乌姆·杜乃及法尤姆，在罗马大军的阻击下，他战无不胜。战争期间，他曾由于兵力不足而要求增援。虽然援兵的数量很少，但这没有动摇他胜利的信心。他运筹帷幄，寻找崇高的精神食粮，鼓励士兵。从而使他们深信大批援军将会到来，其战斗计划将会圆满实现。

这次援军共八千人。首领为祖拜尔·本·阿瓦姆，还有欧拜德·本·萨姆特和来格达德·本·艾斯瓦德、麦斯莱麦·本·马赫莱德等一干将才。他们的到来使阿慕尔·本·阿斯喜出望外。

祖拜尔是先知的姨兄弟，属于圣门弟子，是阿拉伯大英雄之一。当欧麦尔知道他十分关注埃及之战时召见了他，并对他说："哎，艾布·阿卜杜拉，你想统治埃及吗？"祖拜尔回答道："我没这种需要。但我想去征战，帮助穆斯林们。如果我到达埃及时，阿慕尔·本·阿斯已攻克开罗，那我就到海岸线驻守，如果阿慕尔·本·阿斯正处于战斗中，我就和他并肩作战。"欧麦尔替他做了祈祷，并向他告别。于是他带兵直奔埃及而去。

欧麦尔之所以挑选祖拜尔为将领，是因为他是众所周知的大英雄。他英勇无畏，不屈不挠，并且深受人民爱戴。他十六岁归信伊斯兰教，曾两次迁徙阿比西尼亚。到麦地那后他对使者的敌人从不心软。吴侯德之战时曾向先知效忠，视死如归。在壕沟之战时，先知曾让人们选一个给他传达盟军消息的人。三次推举这一任务都落到了祖拜尔身上。为此，安拉的使者曾说："每位先知都有使徒，我的使徒就是祖拜尔。"祖拜尔还是解放麦加时三位掌旗手之一。所有这一切使他与先知关系甚近。先知也十分喜欢他。在麦地那时，先知曾赐给他一大块土地，允许他穿丝绸衣服。艾布·伯克尔及欧麦尔都和先知一样十分喜欢他，他的部下也都很拥护爱戴他。

阿慕尔·本·阿斯渡过尼罗河来到了阿因·舍姆斯（太阳泉）。在此他与祖拜尔率领的援军会合了。阿因·舍姆斯已失去了往日的辉煌。它曾是法老伟大的太阳城，它也曾是学术中心。柏拉图等希腊哲学家曾对它情有独钟，他们曾在那里获得了知识和智慧，研究哲学和天文学。那里高大的建筑、雄伟的寺庙、法老时期的方尖碑及周围的神像雕塑闻名天下。当罗马人统治埃及时，基督教盛行，阿因·舍姆斯往日的辉煌一去不复返了。那里的很多法老时期的方尖碑和偶像雕塑被运到了三角洲的其他城市，部分被运往罗马。凝聚着智慧的太阳城在其辉煌了若干世纪之后衰败了。当阿拉伯人到达此城时，这里已一无所有。人们只能看到希腊语的名字“海里尤里斯”及残存倒塌的城壕和偶像。不过有一根法老华表仍矗立在马塔利亚地区，向人类展示了古太阳城昔日的辉煌。

阿慕尔·本·阿斯选择了阿因·舍姆斯的遗址作为军营，并在此与祖拜尔的援军会师。因为这是一块高地，易守难攻。这里还有丰富的水源和能够满足驻军的粮食。当时穆斯林军队人数已达一万五千五百人。他深信与罗马人决一雌雄的日子为期不远了。他召集有智之士一起商讨谋略。最令他头痛的是和罗马人在平原作战。侦探带来了可喜的消息。罗马军队将领提尤杜尔和其士兵一致认为，如果罗马士兵留在城堡中等阿拉伯人来攻会使埃及人误认罗马人害怕，也会促使埃及人加入穆斯林军队中去。罗马军队装备比穆斯林军队强得多。因此，提尤杜尔决定罗马军队走出堡垒到阿因·舍姆斯围剿穆斯林，将他们撵出埃及。阿慕尔·本·阿斯知道他的计划后马上做好了战斗准备。他派五百人夜间从山后绕到白尼·瓦伊勒山洞。另外派五百人，在赫利杰·本·哈扎发的率领下天亮前到乌姆·杜乃。他自己亲率剩下的所有部队到达了今天的阿拔斯叶地带，在那儿严阵以待。

穆斯林在阿因·舍姆斯之战中大获全胜

一大早罗马军队离开堡垒出发向阿因·舍姆斯方向行进。在路上，他们知道了穆斯林军队离开了阿因·舍姆斯准备迎击他们。但他们过高地估计了自己，深信能彻底消灭穆斯林将士。他们没想到假若失败，那么他们将要滚出埃及。两军对峙，战斗开始。两军阵前杀声震天，尘土飞扬，谁也不示弱。突然，隐蔽在白尼·瓦伊勒山洞里的穆斯林军队冲下山来直冲罗马军队后方。罗马军队惊慌失措。这是罗马军队始料不及的，他们顿时乱作一团，溃不成军，纷纷抱头鼠窜。此时，另一支穆斯林伏兵冲来。罗马军队以为三支阿拉伯军队从三个方向杀过来了，他们无望了。大多数人不再应战而是设法逃避阿拉伯人的刀枪。有的逃到了堡垒中躲了起来，有的逃到了河上，准备借船逃生。这次战争中罗马军队死伤无数，无法统计。当阿拉伯人看到敌人这等惨状时，马上攻入乌姆·杜乃堡垒，再次占领了它。这次战争被历史学家称为穆斯林彻底胜利的一次战斗。他们的足迹已踏遍尼罗河两岸，整个开罗已在他们的控制之中。

为什么说整个开罗已控制在穆斯林手中呢？战败后罗马逃兵进了巴比伦堡。当他们听说自己的军队伤亡惨重时，又马上从巴比伦堡逃走。他们乘船沿尼罗河西部拉希德支流往马努夫以北的尼格尤斯堡垒逃窜。穆斯林的胜利使所有人坚信阿拉伯人是战无不胜的。为了增强阿拉伯人必胜的这种信念，阿慕尔·本·阿斯带兵直奔开罗城并且不战而胜。那些在堡垒中的敌军再也没像以往那样奋起反抗。阿慕尔将军营由阿因·舍姆斯迁到开罗堡垒北面地区，即后来旧开罗的一个城区。

法尤姆的罗马人听到穆斯林获胜后迅速逃往尼格尤斯。阿慕尔·本·阿斯得知这一消息马上组织一小分队横渡尼罗河，穿越沙漠，很快占领了法尤姆地区。另外他又派遣一支部队奔赴三角洲南部，占领了米努夫一带的艾斯利布和马努夫。所有这一切证明了穆斯林是常胜的。人们都顺服了阿慕尔·本·阿斯的命令，缴纳规定的赋税和粮食。当罗马统治者手戴桎梏，脚系镣铐出现在人们面前时，人们产生了恐惧。于是，他们纷纷逃往亚历山大城。他们希望那里的堡垒城墙能保卫他们，希望恺撒从海上派来援军，抗击阿拉伯人。

穆斯林包围巴比伦堡

阿慕尔·本·阿斯没被胜利冲昏了头脑。在攻克巴比伦堡之前他不想攻打亚历山大。如果现在就攻亚历山大城必然分散力量，后果难料。逃往巴比伦堡的罗马人为数众多，他们有能力守护堡垒。再者如果阿拉伯人强攻，堡垒就有倒塌的危险。那样就会杀人无数，造成大屠杀的悲剧。

城堡里的人把希望寄托于罗马皇帝希拉克略。因为他们清楚，穆斯林会长时间地包围城堡。夏季汛期将至，尼罗河水位上涨，那么穆斯林就难以过河进攻水上堡垒。他们必须等待水位下降后再动手。

阿慕尔·本·阿斯决心围城。敌人誓死抵抗。敌人的信心是由于巴比伦堡是最坚固的城堡。其墙高六十步[①]，墙厚十八步，里面高楼超出城墙若干步。每座楼都有阶梯可直通楼顶。在楼顶向东可观看马格达木山景,向西可观看吉扎金字塔和鲁比亚大沙漠，向南可见宽广的尼罗河流域。从尼罗河可直通堡垒最大的门。船只可以到堡垒的阶梯旁。这个最大的门是铁铸或铁包的，坚固无比。再加上有船保卫，城堡易守难攻。此外，河中心还有一个花园岛。上面的堡垒比巴比伦堡垒更加坚固，且堡垒内有供士兵饮用的水井和向他们提供粮食的广阔农场和园圃。城堡四周有壕沟围绕，并且有能从里面才能启动的吊桥。这一切使堡垒里的守敌不惧任何来敌。

阿慕尔·本·阿斯包围了城堡。他明白，由于河水上涨，浪猛流急，包围肯定持久下去。但他也知道，汛期不过一两个月。在这两个月内进攻敌人，能保证士兵士气的旺盛。由于浪大水急，从尼格尤斯和亚历山大的援军到达这儿也是很困难的。如果继续进攻数日或数星期，堡垒内罗马士兵一定会对援军的到来失望。这样会削弱他们的士气。如果能坚持到洪水退去，那时攻破堡垒已是有把握的了。

居鲁士和穆斯林之间的谈判

居鲁士自城堡被包围开始就在巴比伦堡之中。指挥罗马军队的是一个罗马将领，阿拉伯历史学家称他为艾阿尔杰。城堡内的士兵大都是罗马人，只有少数给他们提供服务的科普特人。罗马人从城堡里用弩炮（古代一种用来投掷石头的武器）向阿拉伯人投掷石头，阿拉伯人则以石头和箭还击。包围持续了一个月，阿拉伯人攻破城池的决心毫不动摇。居鲁士注意到洪水在减退（当时是公元 640 年的 10 月份），于是他秘密召集有关

① 一步等于 30.479 厘米。

人士商议战事。他向他们表明了自己的观点。他认为，援军几个月内是不会到来的。在这期间，阿拉伯人会使他们遭受苦难。以前在法尔玛、比勒拜斯、乌姆·杜乃、法尤姆和阿因·舍姆斯，穆斯林消灭了他们的军队。穆斯林军队无人能够阻挡。如果用钱财赎回他们的生命，让阿拉伯人离开他们，由罗马统治埃及不是更好吗？居鲁士反复强调这一主张，申述其好处。直到与会者都同意了他的主张。但他们认为，最好先秘密和阿拉伯人谈判，不要让堡垒内任何士兵知道这件事。于是居鲁士亲自安排此事。夜幕降临后，他召集一部分人乘船来到花园岛，然后派了巴比伦堡主教带人给阿慕尔·本·阿斯送去了书信。信中提道："你们进入了我们的国家，血腥地杀害了我们的士兵。你们已在我们的地面上逗留了很久。我们知道你们人数不多。罗马人已做好攻打你们的准备。这条尼罗河已包围了你们。你们只有当我们的俘虏。但战争肯定会给双方带来巨大损失和人员伤亡的。所以，不如我们谈判，找出个满意的办法来。在罗马援军到来之前停止我们之间的战斗。这些都是为你们好。否则，你们会后悔的。请你们派人过来，以商谈满意的解决办法吧。"

居鲁士当天就等着信使归来，以便带回阿慕尔·本·阿斯的回音。但他预料不出对方是否接受谈判的提议。提议如果遭拒绝，战争还会进行；如果接受则和平解决有望。居鲁士的信使两天未归。他开始担心了。为此，他对同僚们说："你们认为，我们的信使被杀还是被俘了呢？"其实，阿慕尔·本·阿斯留信使只是为了使他们看看穆斯林士兵的状况。两天后，居鲁士的信使带着阿慕尔·本·阿斯的信返回。

回信的内容是这样的："我们之间没什么可谈的。在你们面前只有三条路供选择。要么你们归信伊斯兰教，那我们都是兄弟；要么你们拒绝归信伊斯兰教，但要老老实实地缴纳人头税；要么我们血战到底，直到安拉判决胜负，安拉是最好的判决者。"

居鲁士读了回信后十分震惊。他认为这种立场不是谈判的态度，而是胜利者对失败者的逻辑。信使回答："我们确已看见一伙视死如归的民众。他们谦恭和蔼，不恋红尘，坐在土地上，吃在马背上。他们的领袖及各个成员间没有贵贱之分主仆之别。当礼拜的时间到来时，他们用水净身，谦恭地做礼拜。"

居鲁士听完，低头沉默了一会儿，然后抬起头对同伙说："以神之名起誓，这伙人假若他们面对大山，他们也会将其搬走。谁也不可能战胜他们呀！今天，他们在被尼罗河所困的情况下如果不能让他们和解，那么日后等站稳脚跟，他们绝对不会答应和解。"

居鲁士说这番话是出自一种什么心理呢？是真的害怕还是另有所图？后来的事实将回答这一问题。

居鲁士再次派信使给穆斯林送信。他在信中说道："你们赶快派使节过来，咱们商量寻求一个我们双方都满意的解决方案。"

阿慕尔·本·阿斯对居鲁士的和谈提议不感兴趣。他派了一行十人去谈判，其中之一是欧拜德·本·萨米特。欧拜德是一位黑人大汉。阿慕尔·本·阿斯命令他们不要答应敌人任何条件。摆在敌人面前的只有上面所提到的三条。他们到了居鲁士那儿以后，欧拜德要上前同居鲁士说话，而居鲁士说："你们让这个蠢人离我远点儿，让其他人和我说话。"他想在穆斯林和使节之间制造矛盾。但众使节一致表示听从欧拜德的话，同意他的意见。欧拜德发言了。他向居鲁士提到了安拉及其使者命令穆斯林淡泊今世而渴望后世，命令穆斯林要为主道奋斗、献身。居鲁士对他的话感到莫名其妙，扫视了其同伙之后，对欧拜德说："罗马援军准备攻打你们。众所周知，他们是强大的。我知道你们势单力薄，绝不能够战胜他们。你们在我们面前驻守已一个月，现在已是生活困难，步履维艰。我们可怜你们人少，装备差。所以我们发善心同你们和解。我们给你们每个人两个第纳尔，给你们的首领一百第纳尔，给你们的哈里发一千第纳尔，你们拿到钱后，在罗马大军到来之前，赶快回你们的国家去吧！"

这是一番软硬兼施，诱骗恫吓各半的言辞。作为放弃战争的代价，三万第纳尔放在了欧拜德面前。意思很明显，如果拒绝接受，就意味着穆斯林军队将受到罗马大军的攻击。但阿慕尔·本·阿斯对欧拜德的命令是明确的。欧拜德本身就是一个不怕死的勇士。为此，他向居鲁士念了下面一段《古兰经》：

少数的部队，赖安拉的佑助，往往战胜多数的部队。安拉是与坚忍者同在的。(《古兰经》黄牛章：249节)

然后说："每个穆斯林都朝夕祈求安拉赐予他们烈士之地位，赐他们生活美满。"接着，他说："你不要对我们有什么妄想，我们只接受你从三条路中做选择。你不要抱侥幸心理。我们的首领是这样命令我们的。安拉的使者以前也是这样为我们规定的。"他又向罗马人提到，如果他们归信伊斯兰教，阿拉伯人就不攻打他们。如果他们拒绝归信伊斯兰教，就必须缴纳人头税以求穆斯林的保护。如果他们不归信，又拒缴人头税，那只有通过交战以决胜负。

居鲁士企图让欧拜德放弃这一条件而寻求别的出路。他看了看他身边的罗马人，并听取了他们的意见。他们拒绝答应穆斯林提出的任何条件。欧拜德也毫不让步。居鲁士又回过头来劝说自己的伙伴与穆斯林议和。他问他们："我们答应哪一条呢？"并又说："说实话，和他们作战，我们是打不赢的。但我们只有选择战争吗？"罗马人说："如果不战，我们将永远是他们的奴仆。"他说："不错。但你们在你们的国家里也是受强权者统治。如果选择战争，你们会死在战场上，你们的后代，家属仍还是永久的奴仆。"他们说："死也比当奴隶强。"罗马人回到堡垒之中，切断了通向岛屿的桥梁。他们和穆斯林之间的战斗又重新开始了。

在战斗中又发生了什么呢？阿拉伯历史学家记载：在战斗中，穆斯林奋勇攻敌。他们战胜了堡垒中的敌人。敌人死的死，亡的亡，被俘的被俘。所有船只都开到了花园岛。

希拉克略拒绝接受阿慕尔和居鲁士签订和约

第一次谈判失败后，居鲁士没有放弃和解的希望。他再次说服在埃及的罗马人必须缴纳人头税以求保命。罗马人无奈同意了。之后，他马上派人到阿慕尔·本·阿斯那儿送信，提出了议和的意见："你保证我们安全，你我各带随从直接面谈。成功则皆大欢喜，不成功我们各回各自的住地。"阿慕尔·本·阿斯的伙伴不同意居鲁士的要求，主张用战争取得最终的胜利。为此，阿慕尔·本·阿斯对他们说："你们知道信士的长官就是这样嘱咐我的：如果敌人接受我们提出的条件，我们就应当和他们和解。"其实这也是智勇双全的阿慕尔·本·阿斯的政治主张。因为，当时的形势并非全有利于穆斯林。尼罗河将穆斯林四面包围，他们想撤到其他城镇或乡村都已不可能。此时，鲁莽作战是错误的行动。如果等到河水全退，也许亚历山大的罗马援军会开来，对穆斯林造成威胁。最好的办法是和敌人谈判，伺机行动。

阿慕尔·本·阿斯和居鲁士最终达成和议：规定所有居住在埃及（上埃及和下埃及）成年的科普特人，不分贵贱每人缴纳两个第纳尔，妇女和老人、小孩不必缴纳。穆斯林有权居住他们所居住的任何地方，并在当地居民家做客三天，由他们招待。他们的生命、财产、山川、教堂十字架都受到保护。居民可照常进行贸易活动。

这一和约的实施还要得到罗马皇帝希拉克略的认可，所以居鲁士亲自把条约送给希拉克略。根据和约双方同意：双方军队原地不动，等待着罗马皇帝的答复。此时的城堡仍在罗马人手中。居鲁士乘船前往亚历山大，并派人把发生的一切告诉了君士坦丁堡。在信中，他要求希拉克略同意和解，以免埃及遭受战争摧残。希拉克略见到和约后，感到十分为难。这种和解是针对巴比伦堡垒呢，还是把埃及全让给阿拉伯人？阿拉伯人收了人头税后是留在埃及还是离开呢？为此，他召见了居鲁士，并向他提出了质疑。居鲁士企图大事化小，硬说阿拉伯人不久也许会离开埃及。当希拉克略提出了些他无法回答的问题时，他说："假若你亲眼见到这些阿拉伯人，你就会知道他们是怎样顽强、怎样战无不胜了。在阿慕尔·本·阿斯强攻下巴比伦城堡之前，我们没有发现比议和更好的办法。"

希拉克略并不是不知道阿拉伯人的厉害和英勇。他曾在叙利亚居住了若干年，阿拉伯人给他的教训令他终生难忘。他估计在埃及的罗马军队也许不会遭到厄运，不会这么快败北。因为，阿拉伯人在埃及不像在叙利亚那样占天时地利人和。同时，他也很了解巴比伦城堡。它固若金汤，可以抵御来犯者。他在埃及有十万大军，而在埃及的穆斯林只有一万二千人。这些为数不多来自大沙漠的部队，怎么能战胜在铜墙铁壁堡垒中的十万大军呢？为此，他对居鲁士的所作所为十分气愤。说他对国不忠，要把埃及让给阿拉伯人，于是以胆小叛国罪将他送到了法庭，后来他被流放赶出国门。

希拉克略拒绝承认在埃及的罗马人与穆斯林所订的和约。在埃及的穆斯林们是在公元 640 年 12 月底知道这一消息的。两军的战斗又重新开始。守城堡的士兵人数已减少，援军没有到来，河水这时已退下，那些环绕城堡的壕沟已干涸。这一切对穆斯林非常有利。攻克堡垒指日可待，但罗马人又在壕沟里扔下许多铁刺，特别是在各个入口处放下了厚厚的铁刺栅栏。他们想以此来阻止阿拉伯人的进攻。穆斯林军队已驻扎在堡垒外面几个月了。其间两军的战斗只是用弩炮投石、射箭。堡垒内的士兵也只能如此。每次他们想出来攻打穆斯林都被阻截。就这样冬天过去了，城堡仍然安然无恙。假若尼格尤斯或亚历山大的援军到来，假若希拉克略派一个有经验的将领来解救罗马人，那么局势就会成另一种情况了。穆斯林必然要撤出这一地区。但瘟疫袭击了堡垒内的罗马人，援军又没有到来。他们的探哨每天站在塔顶观望，等待援军的到来，但天天盼，天天失望。穆斯林加紧攻城。公元 641 年 3 月，尼罗河几乎要干涸了。这时，他们得到了希拉克略 2 月初逝世的消息。因此，罗马人惶恐不安。尽管如此，罗马人仍负隅顽抗，仍对援兵寄予厚望。

埃及的局势也是加速希拉克略死亡的一个原因。他召见居鲁士时已患病在身，已无心考虑支援巴比伦堡或组织抵抗了。也没有其他任何人去考虑此事。因为，自从阿拉伯人占领了大马士革和耶路撒冷之后，整个罗马就处于失败、耻辱的阴影笼罩之中。

祖拜尔·本·阿瓦姆勇登城堡，穆斯林攻克巴比伦堡

穆斯林包围城堡七个月了，一直对它束手无策。他们已把生命和一切置之度外。他们回忆着哈立德 · 本 · 瓦利德在大马士革的英雄行为，赛尔德 · 本 · 艾比 · 瓦戛斯在泰西封的壮举以及努尔曼 · 本 · 穆卡林在尼哈万德的骁勇善战。祖拜尔 · 本 · 阿瓦姆是位为主道不怕死的人。他说：“我确已将我的生命交给了安拉，我希望安拉使我们胜利。”几天后，他在夜色的掩护下，带着一支部队来到城堡边。他们在环绕着城堡的壕沟里选了一个地方，然后将梯子靠到了城墙上。他命令他的部下，当听到他喊“安拉至大”时大家一齐喊“安拉至大”，并且跟他上墙。接着他乘梯登上了城堡最高点时，他手挥宝剑，高声赞诵“安拉至大”，接着他的部下齐声

响应，登梯上墙到达他的身边，共同高喊："安拉至大!"为此，罗马人以为阿拉伯人已闯进城堡，纷纷仓皇逃窜。祖拜尔奔向城堡大门，他打开门后，穆斯林们一拥而进占领了城堡。

穆斯林历史学家提到，穆斯林闯进城堡后，阿慕尔·本·阿斯答应了居鲁士的请求，以缴纳人头税而和解。但前面已叙述了居鲁士当时已不在城堡中，他见希拉克略后被流放他乡。那么，也许是城堡里的另外首领和阿慕尔·本·阿斯签订了和约。

罗马军队是公元641年4月6日撤出城堡的。阿拉伯人解放开罗首战告捷。如我们前面所叙，这一时期经历了艰苦的战斗。阿慕尔·本·阿斯以他的韬略取得了最终的胜利。同时，他在治理被占领区的时候又请令攻打亚历山大。

阿慕尔·本·阿斯和埃及的科普特人

阿慕尔·本·阿斯知道向欧麦尔请求攻打亚历山大是会被允许的。他坚信亚历山大将会被攻破，他将会登上托勒密人和罗马人的宝座。这如同赛尔德·本·艾比·瓦戛斯消灭萨珊后代的库思老后登上泰西封的宝座一样。因为，他看到了科普特人对罗马统治的深恶痛绝，看到了罗马人的软肋。

阿慕尔认为，信士的长官看到穆斯林军队士气旺盛，周边地区也都顺服了，他会马上同意他出征亚历山大。因此，他在城堡、花园岛和吉扎之间用船连成一座桥，方便运送货物及食品。然后，他将士兵安置到被占领区的各个地方。但是，他发现埃及国民卫队中的科普特人用仇恨的眼光看着穆斯林，并说："衣衫褴褛的阿拉伯人还趾高气扬，我们这样的人怎能顺服于他们?"面对科普特人的敌对情绪，阿慕尔·本·阿斯如何处置呢?阿慕尔命令宰牲，将所宰的牲畜用水煮，在水中加放食盐，然后叫科普特人来坐在阿拉伯人旁边，看阿拉伯人喝汤吃肉。这好像是增加科普特人对阿拉伯人的怨恨。第二天，他又命令做各种各样的埃及食品，并且让他的部下全穿上埃及人的服饰和鞋，和前一天一模一样，然后，又叫科普特人来看穆斯林吃埃及人的食品。之后，科普特人带着很大疑惑离开了。第三天，阿慕尔·本·阿斯命令部队当着科普特人的面接受检阅。然后，阿慕尔对科普特人说："我已知道你们在看到阿拉伯人生活简朴时，已看到了你们自身的某些东西。我担心你们遭到毁灭。所以，我让你们看看他们的情况，看看他们在自己的领土上是怎样生活的，然后再看看在你们的领土上又是怎样生活的。"科普特人离去了。他们说："的确，阿拉伯人是一伙无敌的民众。他们能上能下——上可跻身于贵族行列，下可当一名战士。我们确已被他们踩在脚下。"阿慕尔·本·阿斯的这种做法传到了欧麦尔那儿以后，欧麦尔对他跟前在座的人说："阿慕尔·本·阿斯是位善于和敌人用谋之人啊！"

科普特人看到了阿拉伯人的英勇行为，他们顺服了穆斯林，并且其中有很多人不顾同族的谩骂归信了伊斯兰教。他们成了穆斯林，他们的人头税被免除了。就这样，阿慕尔·本·阿斯的权力得到了巩固和加强。他已完全有能力进攻亚历山大。他安心等待着穆民领袖的命令。

命令很快下来了。因为，欧麦尔知道尼罗河的洪水再过三个月就要到来。所以，部队最好在洪水到来之前去解放埃及的首都亚历山大。阿慕尔·本·阿斯接到命令后，马上命令赫利杰·本·哈扎发带一支部队驻守巴比伦城堡，然后亲率大军直奔世界知识、艺术之都——亚历山大。

第二十章　解放亚历山大

在叙述阿拉伯军队进军亚历山大情形之前，我们先看一看罗马帝国的内讧以及这种内讧对首都君士坦丁堡的影响。

君士坦丁堡的内讧

希拉克略在君士坦丁堡死后，由于罗马帝国在叙利亚和埃及遭到的战争创伤使得皇宫内讧四起。希拉克略的死使内讧加剧。宫中贵族中的野心家们各自施展自己的阴谋，为自己谋取政治资本。这些阴谋家的活动对国家的影响极大，结果导致国家政权在希拉克略死后没有落到有能力和抱负的王子手中。皇权落到了希拉克略另两个儿子君士坦丁和希拉克利昂以及他的妻子、希拉克利昂的生母马尔堤娜的手中。希拉克利昂的母亲马尔堤娜企图像她在希拉克略晚年时期那样独揽大权。君士坦丁是哥哥，他身后有个强有力的党派支持。这种局势必然发生内讧。所有名门贵族和各大首领都用讨好君士坦丁或是马尔堤娜为手段，来为自己谋取权力和地位。这样一来，拜占庭国家出现了如同叶兹德吉尔德没有登上库思老宝座以前波斯帝国的混乱局势一样的情况。也正是由于这一切，穆斯林才能战胜强大的波斯、罗马两大帝国。

尽管如此，人们还是寄希望于坐上了希拉克略皇位的“三位一体”，希望它能把名扬天下的罗马帝国从衰亡中拯救出来。罗马帝国在希拉克略执政初期曾达到了辉煌的顶峰，而在其晚年罗马人的势力由高峰跌落到低谷。埃及问题是国家要员和所有罗马人民所关注的首要大事。因为埃及为罗马提供粮食和给养，埃及的失陷就意味着罗马帝国所有的地方都要缺粮。为此，君士坦丁马上派人将格尔斯从流放地召来。同时，将在埃及的一位罗马将领召回罗马共商保卫埃及的大计。马尔堤娜得知君士坦丁召见格尔斯感到十分高兴。因为，她知道格尔斯是倾向于她的人。格尔斯仍支持希拉克略的政见，主张罗马帝国不同阿拉伯人和解。君士坦丁承诺派大批援军去埃及，并命令准备船只运送这些援军。女皇马尔堤娜对此表现出极大的热忱。但在希拉克略死了一百天的日子里，人们突然听到君士坦丁病死的消息。人们很快想到是马尔堤娜谋害了他。皇宫内外都传开了这样的猜测。君士坦丁的儿子君士坦斯就是主张和传播这一控诉的人之一。结果导致了人民开始反对马尔堤娜，去埃及的援军也未能成行。

马尔堤娜竭力否认人们对她的指控，否认她要使皇权彻底归她的儿子希拉克利昂一人所有。其实，这正是她的政治野心。这引起了军队的不满。人民起来造反了，斗争一直延续了数月。最终以效忠君士坦丁的儿子君士坦斯与希拉克利昂共同执政而结束。

格尔斯率罗马军队赴亚历山大

格尔斯看到宫廷内斗即将结束，君士坦斯将继承他的父亲执政，于是他马上征得马尔堤娜的同意去了埃及。同他一起去的有很多弓箭手和援军。也许他使女皇感到这支军队将会成为她在法老大地上自己的力量。如再有不测或是人民再次反对她和她的儿子，他们可以避难于军中。格尔斯所统帅的舰队于公元 641 年 9 月到达埃及首都亚历山大城。老将巴塔利格以迎接战斗英雄的仪式迎接了援军舰队——来自皇帝跟前的将士们。因为，他们是为拯救他们的城市、他们的宗教和他们的帝国而来。

穆斯林在尼格尤斯的胜利

阿慕尔·本·阿斯率领大军于当年（641 年）5 月离开巴比伦堡前往亚历山大。当时，正是由于君士坦丁的死，罗马人自己闹得乌烟瘴气的时候。阿慕尔·本·阿斯选择了走尼罗河左岸（现在名为布哈拉地区），这样把三角洲南部米努夫省分为两半的尼罗河支流就不会成为行军的障碍。在他驻扎在巴比伦堡期间，已得到了那些归顺的科普特人的帮助。科普特人为穆斯林大军清理道路、架设桥梁。这为大军的前进提供了很大方便。与此同时，阿慕尔还挑选了科普特人的一些头面人物和他一起前往亚历山大，以便让他们在途中与本土人联系。

占领尼格尤斯及其坚实的城堡是阿慕尔·本·阿斯首先想到的问题。尼格尤斯坐落在尼罗河的右岸，在马努夫以北若干法尔赫[①]处。关于马努夫我们前面已叙述过了。它已处在穆斯林的控制之中。罗马人选择在阿慕尔·本·阿斯过河到尼格尤斯之前阻截他，将他困在尼罗河左岸、马努夫南角上的塔尔努塔。结果两军在塔尔努塔相遇。尽管敌人拼命地厮杀、挣扎，穆斯林还是战胜了他们。

穆斯林继续前进，直抵尼格尤斯城堡的前沿。阿慕尔·本·阿斯心想，最大的困难是敌人躲在城堡中，将尼罗河作为防线。为此，他设法要过河与敌作战。他和那些同行的科普特人商量计策。他决不会抛下尼格尤斯不管而直奔首都亚历山大。因为，他但心城堡中的武装力量会出来抄后路袭击他，从而破坏他的行动计划。在5月份过河并不是难事，因为尼罗河的河水已下退，没有什么大浪，乘船或是架桥过河完全是力所能及的事情。

但是，罗马人所想的与阿慕尔·本·阿斯所想的不一样。他们想，如果不阻截穆斯林，让他们继续向首都亚历山大前进，特别是在塔尔努塔的卫队刚刚败北的情况下，那么就会削弱士兵们的斗志，他们会马上向这伙无人阻挡的部队投降。为此，城堡内的将领带领所有将士离开了城堡，乘上了本已准备好的用来保卫城池的船只，企图去阻碍穆斯林前进。阿慕尔·本·阿斯看到敌人已乘船而来，而且其中有人已准备下船，为阻拦敌人，他命令弓箭手放箭。离船要登岸的敌人又向船上退却，想将船作为躲避与敌人交锋的避难所。穆斯林的英雄们没有任随他们逃窜。他们追赶到水边，然后放箭。罗马将领认为，穆斯林要闯过尼罗河向他们进攻了。所以，他乘船向亚历山大逃去，罗马士兵们看到自己将领的这种行为便都放下了武器。他们最大的愿望是能死里逃生，但穆斯林没有让他们如愿以偿，将他们重重包围，斩杀了敢于抵抗的罗马人。后来，穆斯林

① 1法尔赫约等于6.24千米。

进入了空城。

阿慕尔·本·阿斯在尼格尤斯驻扎了下来。他开始清理其周边残余的罗马人。他派夏利克·本·素曼率一支部队去追杀那些从尼格尤斯逃向亚历山大的罗马人。夏利克追上那些罗马人时，发现穆斯林为数不多，不能与他们抗衡，于是罗马人调头反将他们给包围了起来。夏利克看到敌人人多势众。这时，他发现不远处有块高地，于是，他占领了高地，居高临下地与敌作战。他认识到，他是孤军对敌，如果没有援军来救他，他必败无疑。于是，他派骑士马立克·本·纳伊迈从高地冲下去，突破了罗马人的重围，火速赶到尼格尤斯向阿慕尔·本·阿斯报告战况。阿慕尔·本·阿斯立即派出援兵。罗马人知道援兵马上会到，便又抱头逃窜。从那天起，那块高地便更名为“夏利克高地”，一直沿用到今天。

阿慕尔·本·阿斯率兵赶上了夏利克的部队。他率领所有的部队，离开了他右边拉希德支流，取道通向亚历山大的卡努比支流。他知道罗马人已在距达曼胡尔以南六英里的萨勒堤斯做好了与他作战的准备。他毫不畏惧地向前挺进，他与敌人展开了血战。罗马人又战败了。他们怎么能不败呢？那里没有他们可以躲避的城堡。失败的敌人没有在达曼胡尔停留，他们甚至都没有在亚历山大前面的最后一道防线——克尔尤尼城堡停留，便直接向亚历山大逃窜。在亚历山大，逃来的罗马士兵被编入到罗马的其他部队。罗马士兵准备全力以赴，在堤尤杜尔的率领下背水一战。

穆斯林和罗马人在克尔尤尼之战的较量

罗马军队在埃及的最高将领堤尤杜尔估计，如果他们在克尔尤尼失败，那首都亚历山大就会暴露在阿拉伯人面前。阿拉伯军队就能很容易地包围它。亚历山大尽管有重兵把守，但最好的办法是将阿拉伯人阻截在克尔尤尼城外，再一举歼灭他们。为此，他亲自带领重兵到克尔尤尼。他坚信能够阻挡敌人的入侵，能够保护克尔尤尼。罗马人已修复了克尔尤尼城堡，并且加强了防御工事。因为尼罗河苏阿邦支流流经城前，克尔尤尼和亚历山大之间建有康庄大道。援军可以很方便地从亚历山大到达克尔尤尼城。

阿慕尔·本·阿斯究竟率领了多少人马呢？历史学家们没有具体提到此事。前面我们曾谈到：信士的长官曾给埃及增援一万二千人。信士的长官很有可能在阿慕尔·本·阿斯攻克了巴比伦堡后，他同意阿慕尔·本·阿斯进军亚历山大的时候，又派了新的援兵。因为，当时增兵对穆斯林已是很轻松的事了。巴士拉和库法穆斯林的武装力量足可以支援在波斯的穆斯林军队，而叙利亚的局势已经稳定，不必担心其居民会反叛他们的统治。罗马人忙于应付埃及的战乱已无法派兵叙利亚及其周边地区。另外，罗马皇宫的内讧已使他们焦头烂额。在这种情况下，欧麦尔不断向埃及增派援兵是情理之中的事。阿慕尔·本·阿斯率领去亚历山大的部队没有两万人，也至少有一万五千人。

也许在修路或运粮时阿慕尔借助过埃及人的力量。但他只是借助了那些穆斯林所信任的人。阿慕尔给他们配备武器，负责维护治安。那些与罗马人面对面作战的人都是阿拉伯人，都是穆斯林。

罗马人在克尔尤尼的失败及原因

阿慕尔·本·阿斯和罗马人在克尔尤尼相遇。双方展开了鏖战。双方的激战一直延续到夜幕降临，胜负仍未见分晓。似乎罗马人略占上风。因为他们人数众多，又有誓死保卫阵地的决心和克尔尤尼城堡的保护。第二天一早，战斗又重新开始。与第一天一样，战斗打得难解难分，直到夜幕降临，还是胜负未分。就这样，一直延续了十几天。在战斗中，有时穆斯林占上风，有时罗马人占上风。罗马人在战斗中表现出的英勇果敢、坚强无畏，使穆斯林感到紧张。阿慕尔·本·阿斯曾分别带领各支军队礼了两拜抵御恐惧的拜功[①]。罗马人的英勇无畏没有削弱穆斯林的士气，没有改变他们的决心，反而激起了他们的战斗热情和牺牲精神。当时，阿慕尔·本·阿斯的仆人瓦尔达尼高举战旗冲杀在前。阿慕尔·本·阿斯的儿子阿卜杜拉在瓦尔达尼的身边。在战斗中阿卜杜拉受了重伤。他对瓦尔达尼说："慢一点，让我喘口气。"瓦尔达尼高举着战旗，一边向前冲，一边

① 穆斯林在遇到重大恐惧事件时，要礼两拜，以求安拉揭去恐惧。——译者

回答说："你的气在前面而不是在后面！"阿卜杜拉听后又向前冲去。阿慕尔·本·阿斯知道儿子受伤后派人来了解情况，当他得知儿子很坚强后便说："这才是我的儿子！"经过残酷的战斗，穆斯林最终还是攻克了克尔尤尼城堡，战胜了罗马人。

他们是怎么实现胜利的呢？罗马人那么英勇顽强又是怎么失败的呢？这一切历史学家没有做详细描述。但他们一致认定，克尔尤尼战斗进行了十天左右。毫无疑义，穆斯林的胜利，罗马人的失败，都有精神上的因素。罗马人在战斗刚开始的时候勇如猛狮。他们需要援军时，亚历山大不断地给他们增援，他们人数比穆斯林多若干倍。他们没有想到会失败。因为他们有坚固的城堡，有首都亚历山大的源源不断的援助。失败是因为他们的将领指挥无方吗？还是因为罗马帝国首都混乱的消息传来而削弱了他们的精神力量呢？还是埃及人帮助了穆斯林而使他们战胜了罗马人呢？也许以上因素兼而有之才导致了最终罗马人战败的结果。我们无法肯定是哪种因素起决定性作用。历史学家没有像评述卡迪西亚和尼哈万德等战役的胜负那样详述这次胜负的原因。

但我们可以从史实中推论出，埃及人对这一战没有起什么决定性作用，他们对罗马人深恶痛绝，决不会向他们提供任何援助；与此同时，他们对穆斯林也心怀恐惧，特别是在战争时期穆斯林从埃及人手中获取他们所需的粮食和武器，对不顺从的人十分强硬。在阿拉伯人未到埃及以前，埃及人就希望有一天希拉克略就像在叙利亚遭到败北一样，被赶出埃及。让埃及人摆脱他的统治和剥削，拥有自己国家的主权。阿拉伯人如果在埃及战胜罗马人，他们会不会像罗马人一样剥削他们呢？难道穆斯林在战胜巴比伦堡之后，没有给其居民规定人头税吗？穆斯林与他们在人种、信仰和习俗上都不一样，他们会不会像罗马人那样强迫他们改变宗教呢？所以，埃及人既憎恨罗马人的统治，又害怕阿拉伯人的统治。他们既不会帮助罗马人，也不会支持阿拉伯人。所以，他们对克尔尤尼之战中穆斯林的胜利和罗马人的失败不感兴趣。

我们也不否认会有少部分埃及人为了他们自身利益或对基督教的感情而加入罗马人的军队中，因为他们害怕穆斯林会强迫他们改变宗教信仰；同时，也不否认有少数埃及人因为对罗马人暴虐的憎恨而加入穆斯林的行列里，或归信伊斯兰教。类似于这类的少数人在任何民族和群体中都存在。

阿拉伯人兵临亚历山大

阿拉伯人在克尔尤尼战胜罗马人后，没有在那儿停留。部队稍作休整之后，阿慕尔·本·阿斯就率领英勇的大军向亚历山大进发了。途中没有受到任何阻击，一直开到美丽的亚历山大城下。如此漂亮的亚历山大，使穆斯林们不敢相信自己的眼睛。城池的东面是一望无垠的地中海，水天一色，波浪轻拍海滩，如天上的琼楼玉宇。再看城池更是美不胜收，令人赞叹。城郊花园密布，苍翠葱绿的大树间，星罗棋布的宫殿、民宅，树枝果实累累，鲜花含苞待放。穿过郊区便是高墙林立，然后是城堡威严耸立的城池。他们所见过的城墙、城堡与其相比，那真可谓小巫见大巫。这些城墙、城堡将那些独具匠心的建筑物保护在其中。人们在外面只能看见那些显露鳞次栉比、精雕细刻的圆顶和撑托圆顶的擎柱。这些圆顶之间，不时会出现比阿因·舍姆斯的塔更高的尖塔。如此雄伟壮观，如此和谐的风景真乃举世无双。尖塔下的教堂更显得威严、神圣。教堂是建筑物中的精品，它凝聚了建筑师的智慧、人间艺术的美。再放眼城池的另一边，金顶辉煌的萨拉尤木庙，更是扣人心弦。高耸入云的达哥勒亚努斯圆柱，俯瞰着周围的一切。远方的大海，空中闪烁的亚历山大灯塔向人类展示着它是世界七大奇观之一。阿拉伯人在这些奇观中感到眼花缭乱，似梦似幻。那时的亚历山大是世界上最漂亮、最迷人的城市。无论是建筑，还是雕塑；无论是宝塔，还是教堂；无论是城墙，还是城堡，都堪称举世无双。穆斯林英勇的部队就要闯进城去，就要解放它了。他们不会再考虑什么困难和阻力了。安拉已将胜利许诺给他们。

亚历山大的抵抗和长期被困

阿慕尔·本·阿斯看到战士们对亚历山大城感到十分惊奇，便毫不犹豫地命令他们一到就对城墙和堡垒发动进攻。他想，罗马人在克尔尤尼的失败必定会使保卫亚历山大的士兵感到畏惧，会使他们认为自己的下场也不会比克尔尤尼的卫兵更好。穆斯林深信不疑，辉煌的城市将因他们的进攻而敞开大门。为此,他们高喊着“安拉至大”的口号发起了猛攻。但等待他们的只是从城墙上的弩炮里纷纷射向他们的石头。罗马人从克尔尤尼撤军时就断定阿拉伯人将要追踪他们而来，胜利将使他们放松警惕，会促使他们马上攻打亚历山大城。为此，堤尤杜尔让所有军队都撤到城堡里，将城郊腾空，让敌人进来。他命令在城墙上的弩炮手准备向敌人攻城的方向投石阻击。当阿慕尔·本·阿斯发现如滂沱大雨的石击时，他明白罗马人已为对付他们做好了充分的准备。所以他马上警惕起来，命令部队撤到弩炮射程以外，安营扎寨再作计划。

阿慕尔·本·阿斯将部队驻扎在城东面的哈勒瓦和法洛斯宫殿的中间地带。很快，他知道攻克城池不是一件容易的事。因为城北面临海，罗马人又牢牢地控制着海域，阿拉伯人无懈可击。马尔尤塔湖从南面保护着城池，穿过湖泊困难重重，几乎是不可能的事。城的两侧有尼罗河苏阿班支流流过。因此，攻城也只有一条路可行，那就是从克尔尤尼通向亚历山大的道路。而城池朝路的一方又有坚固的城墙和堡垒保护，整个城池固若金汤。埃及的沿海城市都在罗马人的控制之下，从海上给亚历山大城运送给养是轻而易举的事。他们可以派船只给亚历山大城中的居民和士兵运送粮食等必需品。当时，城中的卫兵人数已超过五万人，他们都很清楚，他们的失败将意味着罗马人在埃及的消亡。当时，皇帝的指示已传给了他们：“如果穆斯林在亚历山大获胜，那罗马就会灭亡，而罗马没有像亚历山大的基督大教堂。”这句话鼓舞着他们誓死保卫亚历山大。在这种情况下，攻下亚历山大城是不可能的。穆斯林也无法和这些在城墙堡垒里的卫兵们交锋。除非是他们从城堡中出来。他们会出来吗？如果不出来，阿慕尔·本·阿斯又会怎么办呢？难道仅仅一个亚历山大就能拯救罗马人在埃及的命运吗？

局势严峻，阿慕尔·本·阿斯仍然没有丧失战胜敌人的信心。他首先要远离敌人弩炮的攻击。其次是如果长时期包围罗马人，罗马人会认为这是一种耻辱，那么他们会冒险出来袭击穆斯林，那样穆斯林就有战胜他们的机会。为此，他把军队驻扎在哈勒瓦和法洛斯宫殿的中间地带长达两个月之久。在这期间，罗马人并没有出来与他交战。于是，他又将军营迁到穆格斯，结果有一支隐藏在城堡里的军队由湖上袭击了他。穆斯林中有十二人牺牲。当这些罗马人看到穆斯林大批拥向他们时，便又逃回城堡里。尽管这样，阿慕尔·本·阿斯仍然未动摇围城、攻城的决心。但他对敌人更加警惕起来。罗马人被包围在城堡里，他们很少出来，穆斯林就守在他们面前，从他们附近的一些地方获取给养。阿慕尔·本·阿斯丝毫没有冒险攻城。因为，他知道城是攻不下来的。

包围了亚历山大城池以后，阿慕尔既不硬攻，也不撤围，他要等待罗马人自己走出来，再捕捉战机。这使穆斯林将士感到厌倦。在这种情况下，他仍然没有动摇战胜敌人的信心。他想了一个一箭双雕的办法。此法既能消除将士们的厌倦情绪，又能削弱动摇罗马人保卫首都的决心。他派遣一些部队，在三角洲搜索追赶散居的罗马人，主要兵力仍留下包围亚历山大。

阿慕尔·本·阿斯留下来，包围亚历山大，还是亲自率兵去围剿其他地方的罗马人呢？有人说，当他看到亚历山大坚不可摧时，便亲自率领一部分部队去了上埃及，解放了埃及中部一些地区，然后回到了巴比伦堡，居鲁士和他讲和。也有人说，他一直在包围亚历山大，直到解放它，其实是别的将领率军队到了三角洲地带和上埃及地区。

欧麦尔责怪解放亚历山大的进程太慢

时间一个月一个月地过去了，但亚历山大仍然久攻不下。穆斯林想都不敢想去进攻它，更何况攻克它！这是因为城池三面大门紧闭，一面朝海的方向，大门敞开，罗马人可以随意得到援军和装备。很显然，无法展开什么战斗，充其量双方只能有一点小摩擦。阿慕尔·本·阿斯对此一筹莫展，无法使部队再前进一步。因为他害怕会使他的部队遭到毁灭性的灾难。前面曾经谈到奥斯曼及其主张他的观点的一些人，曾经警告过他，责备他攻打埃及。如果遭到毁灭，那反对他的人就会更有话说。再说，尽管他深信大多数战士会视死如归，但真要让他们硬拼，也许会有人退却。

天有不测风云。希拉克略死后不久，罗马就停止了向亚历山大增派援兵。拜占庭的罗马人被发生在皇宫里的动乱折腾得狼狈不堪。在首都发生了反对马尔提娜和她儿子的运动。罗马人忘却了亚历山大，忘却了埃及。再也无人考虑保卫亚历山大的事。这是穆斯林的历史学家在提到希拉克略的死亡时所叙述的：“安拉以他的死亡而削弱了罗马的强大势力。”援助的中断，自然对亚历山大的守卫者们产生巨大的影响。他们有了不祥的预感——阿拉伯人要侵袭亚历山大或是要占领沿海地区。一旦阿拉伯人占领沿海城市，那么，他们的粮食供给就会中断。使他们更加害怕的是，他们听到了阿拉伯人已遍布了上埃及和下埃及广大地区。如果粮食中断，饥饿流行，那么，亚历山大还能做什么用呢？罗马在亚历山大的军队面对这种内外交困的局势会怎么办呢？所有这一切，都是可能动摇军心的因素，是影响亚历山大守卫者情绪的直接原因。他们感到，尽管亚历山大是铜墙铁壁，但如果包围者发起进攻，城池也难免失陷。

怎么能不影响他们的情绪呢？罗马人忙于君士坦丁堡的内乱而无心考虑埃及的战局。守卫亚历山大的士兵对这种现象的体会越来越深。这使他们的精神一天天崩溃了。而阿慕尔及其军队一直包围着亚历山大城，他们拥有充足的粮食和武器，还不时听到他们的弟兄们在上埃及地区和三角洲上的喜讯。而欧麦尔在麦地那焦急地等待着埃及的消息。他是最急切地要得到埃及落入穆斯林手中消息的人。但是数月过去了，迟迟未能收到穆斯林攻克亚历山大的捷报。这使他焦虑不安，他开始寻找原因。他想，这些在埃及的将士身经百战，曾攻克过最坚固的堡垒，曾解放过防守最严密的城镇。他们都是优秀的战士。而他曾不断给阿慕尔·本·阿斯增援以保证他能战胜敌人。那么，又是什么原因使他们在被包围的城池面前，停留如此之久呢？好像他们只满足于包围而不想攻克它一样！罗马人政权的动荡，欧麦尔都很清楚。那么，阿慕尔·本·阿斯为什么不利用这一难得的机会战胜敌人呢？希拉克略活着的时候，他们不是曾在艾季纳代因战胜过罗马人吗？当时，罗马人曾把艾季纳代因作为他们保卫耶路撒冷的第一道防线。他们认为，保卫耶路撒冷就是保卫他们的宗教信仰。罗马人不可能有这么大的力量将穆斯林抵挡在亚历山大的大门之外。这肯定是这些穆斯林英勇无畏的作战精神发生了变化，致使他们变化的原因肯定是埃及的那些花花世界里，令他们迷惑的今世的财富！欧麦尔深信，贪图今世会削弱人的信念和勇敢。为此，他每当想到埃及迟迟不能解放就生气。控制不住这种气愤的时候，就对他身边的人说：为什么他们迟迟不能解放埃及，到底他们干了些什么？后来，他在写给阿慕尔·本·阿斯的信中说道："我对你们迟迟不能解放埃及感到困惑。你们已和他们交战两年了。你们之所以这样是因为你们贪恋了你们的敌人所喜悦的今世浮华。安拉的吉庆和襄助赐给虔诚的穆斯林。我给你派了四员大将，你曾宣布他们一个人胜过敌人一千个人。你接到我的信后，就马上动员人们，鼓励他们奋勇杀敌，要经得起今世浮华的考验，要虔诚地为主道而奋斗。让人们多多地祈求安拉，求安拉襄助，来战胜敌人。"

阿慕尔·本·阿斯读了信士的长官的信后，开始考虑解放亚历山大的计划。有人说，他在麦地那的信到来之前，就已经筹划攻克亚历山大。阿慕尔·本·阿斯召集了众将士，向他们宣读了欧麦尔的信。他还叫来信中所提到的那几员大将。然后，他命令人们洗大净，礼两拜，接着向安拉祈祷，求安拉帮助他们战胜他们面前的敌人。

阿慕尔·本·阿斯和麦斯莱迈·本·马赫莱德在亚历山大被俘

罗马人和穆斯林展开了激战。正当他们厮杀得鱼死网破的时候，有一个罗马人突然出现在麦斯莱迈·本·马赫莱德面前，将他从马上挑下，要不是解围及时，麦斯莱迈·本·马赫莱德就被杀了。他是一个骁勇善战的英雄，阿慕尔·本·阿斯看到他这种情形，十分生气地说："这哪像一个男子汉？简直像个女人。男子汉怎么这么窝囊？"麦斯莱迈·本·马赫莱德对阿慕尔·本·阿斯的批评很生气。但他压住了火，没有说什么。战斗仍在继续，并且越来越激烈。后来有一伙穆斯林闯进了亚历山大城堡，其中就有阿慕尔·本·阿斯和麦斯莱迈·本·马赫莱德。罗马大军压上，又将穆斯林赶出了城堡。但有四人未能走出城门。阿慕尔·本·阿斯和麦斯莱迈·本·马赫莱德就在这四个人之中，但是罗马人不认识他俩。有个罗马人用阿拉伯语对他们说："你们已成我们的俘虏，你们投降吧，不要找死。但你们的同伙也俘虏了我们的人，我们给你们一个活命的机会。我们用你们交换我们在你们手中的人。"四人没吱声。后来，罗马人又说：

“我们给你们一个公平竞争的机会，你们派一个人，让他同我们的人比武。如果我们赢了，你们就释放我们的人。如果你们赢了，那我们就放你们回去。你们看这样如何？”四个穆斯林对此很感兴趣，愿意决一雌雄。有一个罗马人站了出来，他深信自己能胜利，能拯救他们被俘的弟兄。此时，阿慕尔·本·阿斯要出来比个高低。麦斯莱迈·本·马赫莱德阻止了他。他不想让他遭到什么不测。否则，将是全体穆斯林的灾难。他自告奋勇要求出来比武。阿慕尔·本·阿斯说：“你去吧，安拉会使你胜利。”于是麦斯莱迈·本·马赫莱德和罗马人比武开始了。没有几个回合，安拉就帮助他战胜了罗马人，将对方杀死。罗马人为四人打开了城堡的门，他们平安地出来了。阿慕尔为他批评麦斯莱迈·本·马赫莱德的话感到抱歉，并要求麦斯莱迈·本·马赫莱德原谅他。后者接受了他的歉意。接着阿慕尔·本·阿斯说：“以安拉发誓，我一生中说过三次粗话。两次是在蒙昧时期，这是第三次。每次我都后悔，但没有哪一次比我对你说那番话而感到更不好意思了。以安拉之名发誓，我希望在我的一生中不要有第四次。”

以上故事，从某一方面给我们叙述了麦斯莱迈和阿慕尔的崇高道德品质，他们为主道而不畏牺牲的高尚情操。

穆斯林攻克亚历山大

穆斯林经过艰苦的搏斗，闯进了城墙，打开了城堡大门，进入了城堡。罗马人夺水路陆路而逃。首都亚历山大的居民顺服了穆斯林，并把其管理权交给了穆斯林。这些半岛上的游牧人开始在亚历山大城中搜索，他们几乎踏遍了城中所有的地方。遗憾的是历史学家没有详细叙述这一战争的经过，没有描述穆斯林是怎样打开城门，闯入城堡的，也没有谈到罗马人是如何失败而逃的。但我们前面已谈到了罗马的士兵在亚历山大的处境和精神状态，他们在失去增援和被罗马人忘却后就已感到失败将是他们最终归宿。而穆斯林则恰恰相反，在敌人精神崩溃的情况下，他们接到哈里发的来信，称决心为主道浴血奋战。于是，激战开始了，罗马人已无心抵抗，他们都为自己生死存亡而寻求退路。而穆斯林则将他们的生死置之度外，为主道献身或杀身成仁。所以，他们英勇无畏、势不可当，在安拉的帮助下，一举攻克了亚历山大城。

> 先知啊！你应当鼓励信士们奋勇抗战，如果你们中有二十个坚忍的人，就能战胜二百个敌人；如果你们中有一百个坚忍的人，就能战胜一千个不信道的人；因为不信道者是不精明的民众。（《古兰经》战利品章：65节）

穆斯林刚到亚历山大时，他们就被城郊的一切城堡高墙以及从高墙内显露出的建筑所吸引。他们惊叹这些建筑物的建筑艺术和风格。而现在，他们越过了坚固、结构奇妙的城墙进入城堡，不仅看到了外观的宏伟，更感受到了其巧夺天工、迷人的内部布局的魅力。两条大马路贯穿城的东西南北，这两条宽广的马路旁，竖立着闪光夺目的雪花岩石柱。两条路交错于其中心的巨大的花园广场。广场旁的宫殿周围被葡萄、果树、鲜花和绿色植物所环抱。有一条马路直达海港。人们从那儿又能看到一个奇妙的世界。这些托勒密人的宫殿向人类显示着威严，这是科学和艺术的结晶。那里还有亚历山大一世的墓，他的尸体放在金罩中。还有四排柱子环绕的大殿。除此以外，那里还有以古都司教堂为中心的很多建筑精美的教堂。

恺撒教堂及其中的两座塔

恺撒教堂位于亚历山大最大的码头旁边，它在人们心中的地位几乎是崇高无比的。它本来不是教堂，是由一座有偶像的庙改建而成。最早由克利奥帕特拉在一块临海的高地上所建，以便来亚历山大的人可以从中观看海景。后来，托勒密人的一位女王将它改建为庙，以示对盖乌斯·尤利乌斯·恺撒的纪念。为此，人们称它为恺撒庙。但庙没有完全建好她就自杀了。埃及的统治权落到罗马人手中后，罗马皇帝将庙建成教堂。这座庙的建筑宏伟、结构精湛、布局巧夺天工。里面装饰有精美的图画、栩栩如生的偶像、金碧辉煌。内设有博物馆、图书馆、圆顶建筑庭院、客房和回廊。有丛林、花园，所有这一切布局都恰到好处，给人以美的享受。

在恺撒教堂正中间有两座令阿拉伯人感到特别奇怪的塔。这两座塔由红花岗石所建。为正方形。有一座塔的塔基上有包铜的四只蜣螂。这四只蜣螂将塔和塔基分开，塔基则是一大块花岗岩石。下面有三个台阶。另一座塔的塔基上则有四座透明石头雕像将它与塔分开。两座塔的塔顶都包有青铜，上面雕有雕像。其中一个塔尖上的雕像也许是胜利之神，另一个塔尖上的雕像也许是海神。这两座塔从塔基到塔尖都美不可言。在港口乘船看塔，的确是一种美的享受。

萨拉皮雍神庙、地下建筑和最大的灯塔（亚历山大灯塔）

在靠近亚历山大城南门的西边，林立着一些被毁坏的萨拉皮雍神庙的石柱[①]。它们至今仍然展示着萨拉皮雍神庙的往日风采。这座庙是在托勒密时期为神灵萨拉皮斯建造的。传说，它的建造者图特摩斯从非洲一个岛上带回了一个神的偶像。此神的名字叫作萨拉皮斯，亚历山大的埃及人和那些定居于埃及的希腊人对此神顶礼膜拜。图特摩斯将这个神的圣地建在了一个小丘上。有人说这是个自然小丘，也有人说这是一个人造小丘。但这个土丘的核心是天然石头。由于它的高度，从丘上可以观看全城的景色。通向这个庙有两条路。一条是有一百级台阶的阶梯路，一条是平面斜向下的、可以行车的斜坡路。

根据历史学家的介绍，萨拉皮雍神庙的结构是长五百米，宽二百五十米的长方形。萨拉雍神神殿坐落在中心部位，其内外都是由最贵重的雪花岩石建造。它的建筑完全摆脱了埃及的建筑风格。神殿的中间是巨大的萨拉皮斯的木质雕像。雕像镶有象牙、镀金。雕像的两臂平伸，几乎摸到了两边的墙。整个神殿雕梁画栋，美不胜收。神殿外有一排与环绕大院的四排柱子相平行的柱子。在阿拉伯人进入亚历山大前，基督教徒们不但砸碎了偶像，还捣毁了这座偶像神殿。萨拉皮雍神庙没有了萨拉皮雍神殿就失去了往日的威严。萨拉皮雍神庙的辉煌是语言无法表达的。其

① 即庞贝柱或称萨瓦里石柱，是一根高达27米的粉红色阿斯旺花岗岩石柱。——译者

雕像栩栩如生，是世界艺术遗产之最，是大罗马帝国永恒的骄傲。

在萨拉皮雍神庙附近有一个赛马场。有人说它能容纳一百万观众，并且百万人都能很容易地看到和听到场内发生的一切。

从这些奇特宏伟的建筑中，阿拉伯人饱赏了人间艺术。但他们很快又被城中的地下建筑吸引住了。在这些庞大的建筑物下面还有四层或五层地下建筑，并且层层都有大石柱和蓄水池。原来，在尼罗河的汛期，水可通过与哈勒瓦支流相通的运河流到城中地下的蓄水池。水池充满就可供城中居民一年饮用。这种设计和建造使阿拉伯人惊愕不已。

然而，所有这一切地上、地下的建筑与水上建筑的大灯塔相比较，仍然是不足为奇。这座为建筑之最的大灯塔屹立在与城相连的法洛斯岛的东北部，由图特摩斯二世建造，属于世界七大奇观的航标。它由白色石头建成，白天在阳光下闪闪发光，夜幕降临后，它仍然发亮，航行者远远就能看见它，它将行船导向这座迷人的城市。

图特摩斯将这座塔建在了海中的一块岩石上。整个塔由坚实的雕刻石头砌成，由铅灌缝，不渗海水。其高达三百阿拉伯腕尺[①]。灯塔分为四层。接水面的第一层为正方形，第二层为八面形，第三层为圆形，第四层则是露天放航灯和镜子的地方。每层都有飞檐。在阳台上可观城景。各层之间有楼梯相通，可从最下面爬到顶层。通道内由不同方向开着的窗子提供阳光。

塔里面有很多相通的房间。有人说，所有进塔的人都会迷路，分不清是哪一层的什么房间、什么通道。塔里就是一座迷宫。而塔顶上的那面镜子更是奇中之奇。有关于它的制作材料、设置的目的和它的光的射程的说法很多。有人说：它是一面由透明石头做成的大镜子。从中可以看到从罗马开来的船只，它的照程特别远。另外有人说，它是由精制的玻璃而制作成的。还有人说，它是由中国用铁制成。这面镜子宽为七阿拉伯腕尺。这是苏尤蒂的说法。能从镜中看见从欧洲航行来的船舶，它是用来烧毁船只的。人们根据一定的角度将它转向太阳，反射太阳的光线来烧毁敌人的船只。大家一致认为，通过它能看到很远很远地方的船只。

① 一腕尺约为 0.5883 米。

位于法洛斯岛的亚历山大灯塔是在阿拉伯人心中印象最深的建筑。阿拉伯人进入亚历山大时，灯塔还完好无损，镜子还光亮夺目。但不久就被损坏了。至于是怎么坏的说法不一，我们在此就不作猜测了。

亚历山大是充满生活激情的城市

穆斯林一进入亚历山大，一靠近亚历山大的郊区，就感到了亚历山大的威严，看到了亚历山大的伟大之所在。那里的一草一木、一砖一瓦、每座建筑、每条道路，都赋予人类美妙的遐想。然而，亚历山大的生活更是令人惊愕。那里居住着不同国籍、不同信仰、不同语言和不同肤色的人。他们共同编织着艳丽的生活花环。不同的习俗，不同的生活方式丝毫没有影响到他们的安居乐业。他们沉浸在色彩斑斓的安逸生活中。这种生活使他们忘却了他们之间存在的差异，忘却了安逸之外的任何东西。阿拉伯人几乎不敢相信，他们所看到和所听到的一切。

亚历山大城在解除包围后，马上恢复了往日的生活节奏和祥和，到处是一派欢声笑语、歌舞升平。各种研讨会络绎不绝，有哲学的、数学的、医学的、艺术的。似乎他们都生活在纯理性的世界中，享受着精神、艺术的快乐。那里的表演、音乐和各种艺术都是阿拉伯人从未见过的，从未听过的，也是他们想象不到的。那里的生产活动也是那么生机勃勃。人们积极地工作。各色各样的亚历山大特有产品被不断投放市场。没有遭到战争影响的店铺生意兴隆。各种埃及的工农业产品源源汇集于首都，同时又源源不断地运往努比亚、远东、叙利亚和欧洲各国。这些幸福的亚历山大人穿戴着五颜六色、漂亮的服装，三三两两地进入娱乐城、商店、科技场馆和剧院。当他们回到他们的家中时，更是安逸幸福。如此这般的生活，与其说是现实，不如说是幻想。阿拉伯人对于亲眼所见这一切的情景，除了惊讶，还能说什么呢?

面对在亚历山大的所见所闻，阿慕尔·本·阿斯及其士兵们一样感到惊奇。他无法形容他所看到的一切。所以他派穆阿维叶·本·赫迪吉到麦地那向信士的长官报喜，而未写信。穆阿维叶·本·赫迪吉曾问他："你写的信呢?"他回答道："我不需要写信，你不是阿拉伯人吗?你把你的见闻说了就够了。”他说这番话的意思是，亚历山大要写的太多了，他无从下笔。这说明了他对亚历山大的一切都惊叹不已。

穆阿维叶经过数日的日夜兼程，在某天中午之前到达了麦地那。他把他的骑驼拴在清真寺大门口，进了清真寺就坐在靠门的地方。欧麦尔家的用人出来一看，发现他像一个远道而来的人的样子，便知道他是阿慕尔·本·阿斯派来的信使。便马上回到屋里，然后又很快回到他的跟前。说："你起来，进去吧！信士的长官叫你呢！"穆阿维叶跟着他进了屋子。当欧麦尔问他有什么情况时，他回答道："喜讯！信士的长官呀！安拉使我们解放了亚历山大！"于是，欧麦尔马上起身去了清真寺，穆阿维叶跟随其后。他命令宣礼员召唤人们礼聚礼拜。当人们都聚集到清真寺的时候，欧麦尔对穆阿维叶说："你起来，你告诉你的朋友们吧！"于是穆阿维叶向人们宣告了亚历山大已解放的消息。接着，欧麦尔起来，带着人们礼了感谢安拉的拜功。然后，他回到了家中，面朝天房，做了很长的祈祷。接着，他让用人拿来饼和奶油，款待带来喜讯的信使。待穆阿维叶不好意思地吃完后，又给他端上了一盘椰枣。欧麦尔问他："穆阿维叶呀，你刚到清真寺时说了什么？"穆阿维叶回答说："我说，信士的长官睡觉了。"欧麦尔接过话来便说："你的猜想错了！如果我白天睡觉，我会失去民意；如果我夜里睡觉，我就会丢失自己。我怎能睡觉呢。"哈里发的意思是，他时刻操心着国家大事，大中午的哪能睡觉。

亚历山大解放后，居鲁士的生活

穆阿维叶前往麦地那的时候，罗马军队就开始由陆路和水路撤离亚历山大。因为在亚历山大城被攻克后，阿慕尔·本·阿斯和居鲁士达成了协议：罗马军队必须撤出亚历山大，撤出整个埃及，且停战数月。

居鲁士没有随罗马人撤离亚历山大，而是一直住在他在亚历山大的宫殿里，一直到他死后埋在了亚历山大墓地。他一开始就没有想离开亚历山大。因为他知道，他如果回到君士坦丁堡，他的人身自由，乃至生命都会受到威胁。他的归宿不是充军发配就是死刑。前面我们已经谈到，罗马人在埃及的军事统帅一直住在希拉克略流放他去的流放地。希拉克略死后，君士坦丁，马尔堤娜的儿子将他召到拜占庭宫，后来，他经马尔堤娜的同意去了亚历山大。他一直住在亚历山大,直到阿拉伯人解放了它。在此期间，因君士坦丁被害，马尔堤娜和她的儿子遭到了反抗。最终君士坦丁的儿子君士坦斯登上了皇帝的宝座。原来，居鲁士和马尔堤娜的关系是有目共睹的,君士坦丁堡的人是不会放过他的。假若他回去，他所遭到的下场必定是和女王马尔堤娜的下场一样。所以，他选择了留在亚历山大。尽管阿拉伯人已解放了这座城市，他在那儿仍然有使他安度余生的实力。

很多躲避在亚历山大的埃及人和罗马人在巴比伦堡失陷后就希望，如果亚历山大被攻克，他们就告老还乡。亚历山大解放后，他们曾要求居鲁士替他们请求阿慕尔·本·阿斯实现他们的愿望,但阿慕尔·本·阿斯没有同意他们的要求。因为，有部分地区还仍在坚持顽抗。如果这些人加入抵抗者的行列，那将对穆斯林有危险。居鲁士认为，阿慕尔拒绝他的请求，说明他已不把他放在眼里。他已没有任何分量了，于是忧愤而死。也有人说，他害怕阿慕尔·本·阿斯杀他，于是就吞了毒戒指，很快便死了。公元 642 年 3月 21 日，被葬于亚历山大。

格尔斯和居鲁士死了，罗马军队撤离了，穆斯林掌管了亚历山大的政权。他们开始治理它的事务。尽管有些角落里还藏有罗马的士兵，但罗马帝国在亚历山大已是没有任何势力了。为此，亚历山大落到了穆斯林的手中，就意味着安拉将使整个埃及顺服了穆斯林。他们开始清理战场，修复被战争毁坏了的建筑。尽管罗马人没有彻底离开埃及，埃及人民已感到了安全，并已安居乐业。

第二十一章　解放全埃及，建立新秩序

亚历山大的解放意味着整个埃及落到了穆斯林的手中。赫利杰·本·哈扎发已占领了上埃及地区,控制了直到塔伊白地带的区域。首都解放后,剩下为数不多的罗马人没敢再冒险挑起战争，也没敢同解放者们争夺政权。这伙罗马人深知，由于自己对科普特人的压迫及宗教迫害使他们对罗马人仇恨。这种怨恨使科普特人忍无可忍。当科普特人看到单独的罗马人时,他们就会把他杀掉。当然,这也不说明他们对解放者的热爱和欢迎。解放初期上埃及人远离穆斯林政权，因此也谈不上他们仇恨穆斯林。他们把仇恨记在了使他们几个世纪饱经苦难的罗马人身上。

那些在三角洲围剿罗马人的穆斯林部队，也已占领了很多村庄，他们的势力范围已扩展到三角洲各个地方。除了少数城堡外，无人敢阻挡穆斯林的部队。这些城堡里的敌人，虽然可以暂时保护自己，但他们也被重重包围着。当阿慕尔·本·阿斯解放了亚历山大时，这些地区的很多城堡都自动打开了城门投降。因为他们知道，阿拉伯人将会缩小包围圈，他们的抵抗不可能持久。而那些处在地中海沿岸地区城市中的敌人，则仍然在负隅顽抗，大有不见棺材不落泪的架势。

在这些城市里有罗马武装力量。他们认为自己无论如何都逃脱不了灭亡的命运，投降也罢，反抗也罢，都是同一种下场。居住在这些城市中的埃及人由于误听了关于穆斯林残酷的消息，他们也进行了抵抗。无疑这是罗马人宣传的结果。当时的罗马人曾通过各种宣传手段误导人民。说穆斯林虐待科普特人，蹂躏百姓，抢夺粮财，强迫人们放弃他们的基督教而信仰伊斯兰教。这样一来，那些觉得抵抗穆斯林无望的人也只好坚持抵抗了。

历史学家提到了负隅顽抗的主要城市。其中有靠近亚历山大的伊赫纳、拉希德南部的巴勒海布，还有巴尔鲁斯、杜姆亚特和堤尼斯。伊赫纳的统治者后来要和阿慕尔·本·阿斯讲和。阿慕尔·本·阿斯没有轻信他的谎言。尽管他们投降了，还是派部队将里面的俘虏押送到了麦地那，使他们成为受保护的外籍人。巴勒海布也发生了与伊赫纳同样的情况。有人说，阿慕尔·本·阿斯在巴勒海布的时候，曾接到了哈里发的来信。信中要他善待俘虏，谁归信伊斯兰教谁就是穆斯林弟兄，哪怕是俘虏也罢。为此，有很多人归信了伊斯兰教。穆斯林因伊斯兰教的壮大而高赞安拉至大。阿拉伯人又从巴尔鲁斯开赴杜姆亚特，并且占领了它。这样从阿里什到亚历山大的沿海地区，已基本控制在穆斯林的手中。尽管当时堤尼斯还没有束手就擒，还有不少地区在负隅顽抗，但这种抵抗不过是垂死挣扎。堤尼斯之所以反抗，原因也许是因为它是一座人口众多的工业重镇，它有坚固的城防工事。后来穆斯林强行攻克了各个反抗穆斯林的地方。

就这样，罗马人和那些偏向于罗马或希望从战争中获得独立的埃及人的抵抗一一被粉碎。从亚历山大海岸到努比亚的整个区域都牢牢控制在了穆斯林的手中。

阿慕尔·本·阿斯和他的军队奔赴昔兰尼加和的黎波里

阿慕尔·本·阿斯解放埃及后，准备暂时休整，没有想攻取埃及以外的地方。但他估计罗马在昔兰尼加[1]和的黎波里的武装力量可能会伺机侵犯穆斯林，找机会反攻埃及以报血仇。为此，他把埃及的事情安顿好以后，便率军离开了亚历山大，奔赴昔兰尼加。当时从亚历山大至昔兰

① 昔兰尼加（古希腊语），在阿拉伯语中称为拜尔盖，是利比亚东部的一个地区，得名于古希腊城市昔兰尼，古称“五城地区”，在罗马帝国统治时期是克里特与昔兰尼加行省的一部分。——译者

尼加的道路并非像今天那样是一片沙漠，而是绿树成荫，道路两旁土地肥沃，庄稼成片，果树成荫，农舍连成一片。当时的穆斯林骑士们行走在这条道路上，欣赏着安拉创造的自然美景，不知不觉就到了昔兰尼加。在途中没有遇到任何麻烦，昔兰尼加也只是进行了微不足道的抵抗，接着就投降了。他们愿意每年缴纳一万三千第纳尔而过上安居的生活。

昔兰尼加是的黎波里的一个地区。这个地区里有很多城镇，河流纵横，绿树成荫。原来那里的很多农民和农场主都种植番红花。很多商人穿梭来往于昔兰尼加。它以缴纳人头税求和后，穆斯林的收税官没有进驻到那儿，而是他们将人头税交送到阿慕尔·本·阿斯的面前。奇怪的是当地居民竟有卖孩子交人头税的人。但归信伊斯兰教者不允许这样做。

阿慕尔·本·阿斯又从昔兰尼加奔赴的黎波里。原来的的黎波里是一个受罗马武装力量保护的港口城市，在其周围的堡垒里储存了大量的粮食。当他们看到穆斯林到来时，就关闭了所有城门，抵御穆斯林的进攻。他们等待着海上罗马援军的到来，但数周之后援军仍没消息。在此期间，穆斯林已了解到城朝向海的一面没有防卫。于是一伙穆斯林从海边潜入到城中。他们进城后便高声呼喊："安拉至大！"罗马人听到喊声后吓得屁滚尿流，弃城乘船而逃。门卫打开了城门，阿慕尔率兵进入城中。

穆斯林在这一地区开始搜索。这使罗马人惶惶不可终日。结果他们纷纷投降，穆斯林控制了这一地区。接着，阿慕尔·本·阿斯写信给信士的长官，要求出征北非突尼斯。欧麦尔没有同意他的要求。所以，他又回到了昔兰尼加。在深信罗马势力在这些地区已荡然无存之后，他带着俘虏和战利品回到了亚历山大。

阿慕尔·本·阿斯希望埃及的南部边疆也像它的西部边界一样安全。所以他派阿盖白·本·纳菲阿到努比亚去扩展穆斯林的势力以保证埃及南部的安全。在埃及南部，穆斯林们遭到了抵抗。他们与穆斯林展开了激烈的斗争。阿盖白·本·纳菲阿不得不退却，没有与努比亚人签订任何和约和停战协定。努比亚人向来擅长射箭，他们个个都是神射手，几乎是百发百中。这令穆斯林束手无策。在阿盖白·本·纳菲阿与努比亚人发生冲突后，阿慕尔·本·阿斯的部分部队一直待在边界线上，直到哈里发奥斯曼时期。阿卜杜拉·本·赛尔德和努比亚人签订了停战协议。两军互不侵犯。努比亚人给穆斯林提供食品和奴隶。穆斯林付给努比亚人同等价格的货物。

努比亚人从未想越过国境到埃及去和穆斯林的武装发生冲突。他们只想保护自己的家园，防止阿慕尔·本·阿斯派兵入侵。所以，阿慕尔·本·阿斯再也不必担心南部边疆的安全问题了。边界局势稳定后，他马上考虑到治理埃及的大政方针。他如何治理埃及呢？埃及算是用武力解放还是和平解放呢？

从前面的两章中，我们已清楚地了解到阿慕尔·本·阿斯武力解放埃及各地，没有与罗马人签订什么和约。埃及的科普特人受希拉克略和他之后的统治者的统治，也没有和阿慕尔·本·阿斯签订和约。罗马统治者居鲁士在阿慕尔·本·阿斯包围巴比伦期间曾和阿慕尔·本·阿斯签订和约。但这一和约遭到了希拉克略的拒绝。尽管如此，有部分穆斯林历史学家认为埃及是和平解放的。但学界对埃及究竟是武力解放还是和平解放的这一问题，没有确切的结论。

主张埃及是武力解放的历史学家，他们的根据是：那些参与解放埃及的人都说埃及是武力解放的，没有任何和约。进一步说明这一点的是：在欧麦尔的文件箱里存放着所签订的所有条约文书，但在里面没有发现任何一份关于埃及和约的文件。

认为埃及是和平解放的根据是：除亚历山大是用武力解放的外，其他地区都是和平解放的。传说阿慕尔·本·阿斯解放开罗后，除老人、妇女、儿童外，科普特人全部成了顺民，每人缴纳两个第纳尔人头税。当时的科普特人已达八十万。有人说，亚历山大解放后，大部分穆斯林要求割据埃及的领土，阿慕尔·本·阿斯没有同意。他说："我要写信征求哈里发欧麦尔的意见。"结果欧麦尔不同意分割埃及的主张。还有一传述，曾有三个文字和约。三个和约分别是与伊赫纳地区的统治者塔勒玛、拉希德地区的统治者古兹曼和巴尔鲁斯地区的统治者尤哈纳斯签订的。其内容是：每个人缴纳两个第纳尔的人头税和提供穆斯林给养，穆斯林不将他们驱逐出家园。他们的土地、生命和财产都受到保护。

其实，这两种说法只是表面上矛盾，而实质都是一种结论。埃及部分地区被武力解放的同时，某些地区是和平解放的。因为，在埃及大地上发生的战争，是穆斯林与罗马人之间的战争，而不是穆斯林与埃及的科普特人之间的战争。埃及人民对战斗的双方持同一种态度，那就是坐山观虎斗。同时，他们执行胜者的命令，放弃自己的意愿。在罗马人地盘上的科普特人，曾被迫帮助罗马人修路建桥，做战争所需的一些事务。同时，在阿拉伯人地盘上的科普特人，也给予穆斯林一些力所能及的帮助。罗马人对他们进行宗教迫害和剥削，使他们对罗马人恨之入骨。其实，他们当初也害怕阿拉伯人会像罗马人一样残暴。后来他们发现，穆斯林比罗马人要好得多。事实上，埃及人民不属于战斗的任何一方。只不过因为罗马人与穆斯林的战争发生在他们的土地上而已。从这种意义上讲，针对与穆斯林作战的罗马人而言，穆斯林是武力解放了埃及。而针对那些没有与穆斯林发生战争的埃及人而言，穆斯林又没有用武力解放埃及。

前面我们已经谈到，亚历山大解放后，伊赫纳、巴勒海布、巴尔鲁斯和杜姆亚特是怎样没有抵抗而和解的。埃及人没有与阿拉伯人发生战斗。其实，罗马人没有组建任何由埃及人组成的部队，更没有给他们留下能防卫的武器。当时罗马人禁止埃及人制造和使用武器，以免发生叛乱。所以，当阿拉伯人战胜在埃及的罗马人，并将他们赶出埃及领土时，埃及人民就顺服于阿拉伯人了。在此之后，穆斯林向科普特人阐明伊斯兰教的观点，如果他们归信伊斯兰教，那么他们将和阿拉伯穆斯林一样享有应有的权利，尽同样的义务。如果他们坚持自己原有的宗教，那将必须缴纳人头税，以便得到穆斯林的保护。埃及人民接受了这一条件。为此，对罗马人来说，埃及是武力解放的；而对埃及人民而言，埃及是和平解放的。

和平解放埃及的条件

欧麦尔决定的、埃及人愿意接受的和解条件是什么呢？关于这一问题，传说很多。但我们可以肯定地说，其和约内容与当初阿慕尔·本·阿斯和居鲁士在穆斯林包围巴比伦堡时所签订的遭到希拉克略拒绝的和约内容是一致的。史学家泰伯里引述了这一和约的原文：

奉至仁至慈的安拉之名

这是阿慕尔·本·阿斯对埃及人生命、财产、宗教、教堂、十字架及他们陆地和海岸领土的保护契约。以上所提到的这一切不受任何侵犯。与罗马人居住在一起的努比亚人，如果同意这一条约也照此执行。在尼罗河水没有泛滥成灾的情况下，他们该缴纳人头税，不可偷税漏税。如果他们中有人不愿接受这一条约，可不交人头税。但他们不受我们的保护。如果尼罗河干旱或泛滥成灾，那么就视情况减少人头税。罗马人和努比亚人中凡同意这一条约者，享有以上的权利和义务。如果他们中有人愿意离开穆斯林的控制区，那他可以安全地到达他的目的地。但他必须分三次交付应交的人头税以后才能离开。根据这一条约，他们受到安拉、安拉的使者、信士的长官和众穆斯林的保护。需要保护的努比亚人应参照此条约交付若干头牲畜。那么他们不受侵犯，他们可以自由来往经商。见证人：祖拜尔、阿卜杜拉和穆罕默德·伊本纳。

书写人：瓦尔达和哈达尔

以上这一条约是阿慕尔·本·阿斯和居鲁士之间签订的。其中提到了有关和约和条款，但并不是说这就是信士的长官同意的和埃及人的和约。其实这种条件是针对那些在被解放领土上进行过反抗的人而定的。罗马人并不是埃及领土的合法拥有者，所以当穆斯林战胜了埃及领土上的罗马人以后，让罗马人在一定的时间内全部撤出埃及大地已是极宽容的政策了。当年撤军的时间为自希拉克略同意之日起第十一个月。也就是说这十一个月为停战时间，在此期间他们的生命财产不受侵犯。而这和穆斯林与埃及的科普特人及其他民族签订的和约是不一样的。所以，上面所提到的条约原文只是说明条约所涉及的保护范围。欧麦尔签署的埃及人愿意接受的和约则是涉及穆斯林保护埃及人民的生命财产安全，宗教信仰自由，领土不受侵犯的和约。但埃及人必须缴纳人头税。当然，埃及人中谁如果归信伊斯兰教，那他就是穆民兄弟，不必缴纳人头税。

给埃及人规定的人头税

前面提到的和约中没有详细说明人头税的具体数量。但历史学家们一致认为，人头税是每个成年男子每年缴纳两个第纳尔。老弱病残、妇女和奴隶不交人头税。人头税是论人头数来缴纳的，不同于以耕地面积计算的土地税。在史书中曾有如下记载：欧麦尔规定，除了穷人外，每个成年男子缴纳两个第纳尔的人头税。每个有土地的人除两个第纳尔的人头税外还应交三伊尔达勃[①]小麦、两桶油、两桶蜂蜜和两瓶醋，作为穆斯林的给养。这一切交到国库，然后再分发给穆斯林。有一部分人认为，规定的负担太沉重了，该取消小麦、油、蜂蜜和醋。不知道这些负担是人头税以外的附加税呢，还是算作人头税之中所包括的税务的一部分呢?史学家白莱吉在谈到阿慕尔·本·阿斯的话时，又补充了史学家耶济德·本·艾比·哈比卜的记载。他说："缴纳人头税的埃及人和欧麦尔达成了取消小麦、油、蜂蜜和醋，再增加两个第纳尔的协议。为此，每个成年男子应该缴纳四个第纳尔的人头税。他们十分愿意这样。"还有部分传述说，欧麦尔写信给阿慕尔·本·阿斯，让他根据不同能力的埃及人情况，制定不同的人头税标准。所以，阿慕尔·本·阿斯让他们中富有的人缴纳四个第纳尔，一般的人缴纳两个第纳尔，而生活水平较低的人缴纳一个第纳尔。欧麦尔让他因人而异制定人头税的方法一直被后人沿用。艾布·优素福在有关土地税的书中说："人头税是所有需要保护的人应尽的义务……它只是成年男子的义务。富人该交四十八个迪尔汗，生活水平中等的人交二十四个迪尔汗，为生活而奔忙的体力劳动者则交十二个迪尔汗。人头税每年交一次。"

① 容器名，约为197.6升。

信仰自由、减轻赋税是国家政治的基础

阿慕尔·本·阿斯在埃及制定的条约受到了埃及人民的欢迎。他们接受了和约中的条件。为此，埃及的局势由战争转向了和平。阿慕尔·本·阿斯在战争期间也曾残酷无情地对待罗马人及支持罗马的埃及人，这是无可非议的。战争本身就是残酷无情的。为胜利铺平道路，保护部队安全，在战争中是将军的职责。如果他软弱、优柔寡断，那么就不能胜任统帅之职。在穆斯林彻底胜利，罗马人从埃及大地上撤离以后，他就由部队将领变成了政治家。在处理所有事务中，他都表现出了一个卓越的政治家的风范。欧麦尔是最了解他这一点的人，所以欧麦尔让他做埃及的领导人。他在埃及的政治表现远远超过了他在战争期间驱赶罗马人时的表现，将埃及管理得井井有条。

阿慕尔·本·阿斯认为，首先应该解决埃及人民反应最强烈的问题。罗马人统治时期，宗教迫害是引起埃及人民反感的首要问题。为此，阿慕尔·本·阿斯向从努比亚到亚历山大的所有人宣传宗教信仰自由的政策。他告诉人们，信仰自由是神圣的事情，任何人不得干涉他人的信仰自由，也不可以以任何借口变相伤害那些与自己宗教信仰不同或教派不同的人。谁愿意继续信奉基督教麦勒卡教派，也完全可以。谁愿意改变自己的信仰，变更自己的教派，也不受任何非议。谁归信伊斯兰教，那么他将享受穆斯林应享有的权利，尽穆斯林应尽的义务。这一政策得到了不折不扣的贯彻。萨唯尔斯曾说，麦勒卡的主教一直坚持了他的教派，到死都未受到任何伤害。基督一性论的主教本亚民曾一直劝人们信仰他的教派，他的传教活动没有受到任何阻碍。麦勒卡和基督一性论教派的教堂一直都举行活跃的宗教活动。没有任何人胆敢玷污宗教信仰的神圣性，没有任何人被迫改变自己的宗教信仰或教派。他的这一政策在饱尝宗教迫害的埃及人民心中引起了深刻的反响。埃及人因自己的宗教信仰而受迫害达十年之久，现在他们得到了真正的信仰自由。

使埃及人民更加信赖穆斯林统治并消除了他们心中的怨恨的另一因素是，阿慕尔·本·阿斯为他们减轻了沉重的税务负担，取消了罗马人强

加于他们的规定。原来罗马人在收取人头税以外，还收取一些五花八门不公正的税务。同时，穆斯林政权又减免了部分人的人头税和应缴的税务。亚历山大人是受到减免优待最多的城市。阿慕尔·本·阿斯取消了一些不公平的税收，使人们公平地承担义务。所以，他的这一政策又得到了人民的广泛赞许和支持。

阿慕尔·本·阿斯在实施以上两大政策的同时，还将公正、改革作为他对埃及政策立足的根本。他的这一政策在穆斯林的政治生活中，在伊斯兰的政治生涯中起到了重大作用。

建立首府

阿慕尔·本·阿斯在埃及实施了一系列改革措施。那么，他将其首府所在地设在哪儿呢？他原想把亚历山大城定为首府。因为很久以来，它就是罗马帝国的陪都。这是一座美丽的城市，是其他城市无法比拟的。那里有托勒密国王和罗马统治者的宫殿。为此，他写信给欧麦尔，要求他允许在此建立首府，成立他的政府。欧麦尔问前来送信的信使："从我这里到亚历山大有陆路直达吗？"他回答说："没有。当中有尼罗河相隔。"欧麦尔希望他和被征服地区的穆斯林政权之间可以直接从陆上往来。为此，他写信给阿慕尔·本·阿斯说："我不希望你使穆斯林定居在与我之间有水相隔的地方。"也就是说，欧麦尔不喜欢将亚历山大作为埃及的首府。阿慕尔·本·阿斯接到信后，再三考虑，最终发现根据信士的长官的愿望，没有什么地方比巴比伦堡附近更适合作首府的。它地处尼罗河三角洲各支流的汇合处，又邻近法老时期埃及古都马纳夫城，与希贾兹之间可陆路直通，没有水域相隔。哈里发欧麦尔可以从麦地那直接到达这里。

阿慕尔·本·阿斯在包围巴比伦堡的时候，曾在城堡附近搭建过一个圆顶房。那些和他在一起的穆斯林把这个圆顶屋称为"费斯塔特"（帐篷）。当解放了城堡，他要行军到亚历山大时，他命令人拆掉这个帐篷。当人们要拆的时候，发现里面有一只野鸽子，它刚孵出了一只小鸽子，因而他说："这也许是不让我们拆！"于是，他命令留下帐篷，嘱咐城里的人等到鸽子会飞后再拆。当他从亚历山大回到巴比伦堡时，又让部队扎营在费斯塔特周围，并计划在其周围建造家园。就这样，一个新的小镇在科普特人的帮助下建立起来了。阿慕尔·本·阿斯在原来帐篷的基础上建了一座花园环绕的清真寺。后来，他又在清真寺里建了一个宣讲台，他在上面向人们讲演。当欧麦尔得知他的这一做法时，便写信对他说："我听说你建了一个宣讲台，你在上面可以监督穆斯林。难道你不是每天都在他们之中，他们不是天天在你的监督下吗？我要你拆毁这个宣讲台。"为此，阿慕尔·本·阿斯拆除了这个宣讲台。

阿慕尔·本·阿斯在施工中，也为欧麦尔建了一座宅院。他写信对他说："我已为你在清真寺旁边设计了一处宅院。"欧麦尔则回信说："一个在希贾兹的人怎么会在埃及有宅院呢？"他命令将它变成穆斯林的市场。阿慕尔·本·阿斯执行了他的命令。

阿慕尔·本·阿斯之所以在埃及选择这块空地作为费斯塔特所在地，是为了避免在埃及人离开他们的家园后，穆斯林们在他们腾出的地方建造家园。因为这样做，会引起埃及人民的不满和反感。也许他这样做，另一方面还是为了建立一座崭新的伊斯兰城，使穆斯林的军队和家庭方便温馨地生活在那里。这就像赛尔德·本·艾比·瓦戛斯在解放库法和巴士拉时的做法一样。尽管阿慕尔·本·阿斯只是把这个地方作为其工作的所在地，但很快这里涌来了很多居民。有许多埃及人搬到此地，并兴建家园。城市规模扩大后，穆斯林在城郊建立了军营，把行政机构搬到军营中。为此，埃及的费斯塔特成了整个国家的首府，并很快繁荣起来。人们纷纷从上埃及、下埃及和地中海、红海的口岸地区来到费斯塔特。还有很多亚历山大和马纳夫的人，也离开自己的家园侨居到费斯塔特。这样一来，费斯塔特的繁荣使马纳夫黯然失色。后来，马纳夫成了一个可以令人回想法老时期古老文明的历史古村。亚历山大也不及当年那样吸引着世界各地的文化信使了。

阿慕尔·本·阿斯安居在埃及的费斯塔特。在那里，他日夜处理国家大事。他所实施的信仰自由的政策，集聚了民心。当科普特人的僧侣们知道此事时，他们中的很多人都从他们躲避宗教迫害的避难所里出来，到阿慕尔·本·阿斯那里表示顺服。大主教本亚民是深受科普特人爱戴和敬仰的。他为逃避罗马人的宗教迫害躲到沙漠里去以后，科普特人更加惦念他。阿慕尔·本·阿斯知道这种情况后，希望大主教本亚民能重返宗教领袖的岗位。所以他向所有的科普特人致信保证本亚民的安全。后来，本亚民从隐居的沙漠中走了出来，回到了亚历山大，受到了科普特人的热烈欢迎。

当本亚民在教民中安顿好之后，阿慕尔·本·阿斯接见了他。他热情地款待他，并与他进行了热情、庄重的会谈。最终，阿慕尔·本·阿斯让他负责管理科普特人的宗教事务。本亚民对伊斯兰统治者的这种政策赞不绝口。回到亚历山大后，他高兴地对他的教民们说："我回到了我的故乡亚历山大。在遭受磨难后，它已是天下太平。神已为我们消除了黑暗的迫害。"这些日子来，他更加感慨并对穆斯林倍加赞颂。科普特人自由地团结到了他的周围，他为他们修整教堂，走访他们的家园，人们手持香炉和椰枣树叶欢迎他的到来。

科普特人因得到了宗教信仰自由而无比高兴。萨唯尔斯曾这样描述他们的喜悦之情："他们高兴得就像被解开绳索的小羊羔，回到了母亲怀里吃奶。"我们完全可以想象，信仰受到压迫的人们在获得自由时的心情。因此，穆斯林得到埃及人民怎样的拥戴也是可想而知的。埃及人曾经说过，罗马人之所以被赶出埃及大地，穆斯林之所以能战胜他们只有两个原因：一是希拉克略专横暴虐的统治，二是格尔斯对科普特人的宗教迫害。

埃及人和定居于埃及的罗马人，他们中的麦勒卡教派的教徒从信仰自由政策中得到的好处也并不比科普特人少。其实，阿慕尔·本·阿斯也一直像保护基督一性论人一样保护着麦勒卡教徒。本来麦勒卡教徒比基督一性论的人少得多。有很多过去被迫归信麦勒卡的科普特人，在得到宗教信仰自由后又纷纷回到了自己原有的教派。但也有一些被迫归信了麦勒卡教派的科普特人坚持了这一教派。伊斯兰法律没有强迫他们更改，所以有不少麦勒卡教派的埃及人在埃及解放后一直坚持这一教派长达五十年，后来才逐渐减少。因为这些埃及人感到社会关系的发展要求他们进入大众教派，而那些定居埃及的罗马人也认为应该入乡随俗，所以都归信了多数人信仰的教派或者是统治者信仰的宗教——伊斯兰。

埃及人归信伊斯兰教及其原因

宗教信仰自由使很多罗马和埃及的智者们开始研究，并理性地思索不同的教派。最终，他们折服并归信了伊斯兰教。他们从基督教教派的相互纷争和迫害中发现了他们应该远离的东西。当时伊斯兰教号召人们无拘无束地参悟宇宙万物，并且没有教派、学派之分歧。《古兰经》的崇高立法地位令人敬仰。所以，人们纷纷归信伊斯兰教，完全是出于理性的选择。他们在得到宗教信仰自由的同时，也开始寻求真理。他们发现真理后又自由地去追求真理。尽管当时在埃及的穆斯林完全有能力强迫埃及的罗马人和科普特人归信伊斯兰教，可是阿慕尔·本·阿斯还是选择了让人们用理性选择真理的传教方法。安拉引导了他所意欲的人归信伊斯兰教，当然也不排除当时有少数人为了迎合穆斯林，为了现世的利益而归信伊斯兰教。但这些人在真理的熏陶下，在伊斯兰的沐浴下，由当时的违心归信转向了虔诚信仰。虔诚的信仰使他们忘却了今世的浮利。

阿慕尔·本·阿斯对政权的分配

阿慕尔·本·阿斯保护信仰自由，制定了有关税务、改革等一系列政策。并要求他的官员们认真执行这一系列法律法规。那么，这些官员是阿拉伯人，还是埃及人呢？或者是其他什么人？穆斯林解放了埃及，自然军队的领导权掌握在穆斯林的手中。穆斯林负责保护埃及和埃及的一切。其实，埃及在罗马统治时期没有军队，只有维护治安的国民卫队。穆斯林统治埃及时，这种卫队仍然保留，与过去一样执行其使命。而军队、军队的首领和武器都只归穆斯林掌管。

埃及解放初期，由于穆斯林时刻准备着出征杀敌，所以不允许他们拥有土地。他们及他们的家属的给养都实行供给制。在欧麦尔任哈里发期间，一直实行这种制度。之所以这样，是为了巩固埃及的稳定。后来虽然允许在埃及的穆斯林拥有土地，但他们得和其他人一样缴纳同等的土地税。

这是军事和土地的管理情况，而民事管理权则由留在埃及的罗马人执掌。他们在解放前就掌管民事，在解放后他们仍然留在了埃及。他们中的很多人后来都归信了伊斯兰教，他们拥有了和阿拉伯穆斯林同等的权利和义务。阿慕尔·本·阿斯曾任命米纳斯为下埃及的军政长官，让与他同籍的人为其他部分地区的地方长官。有一些科普特人的事务，过去罗马人让科普特人自己管理，如今仍由他们自己管理。

刚解放的时候，阿慕尔·本·阿斯并没有实行这种政策，而是沿用穆斯林在伊拉克和叙利亚地区所实施的政策。但阿拉伯人不懂埃及人的语言。埃及与伊拉克及叙利亚有所不同。要彻底改变一个民族的现有制度必须需要时间。因此，在有关领导职位的安排问题上，阿慕尔·本·阿斯采取了务实的态度。他不搞政治迫害，主张领导者和被领导者在法律面前一律平等。

阿慕尔·本·阿斯写信将埃及的工作向哈里发作了汇报。把他治理埃及的计划让哈里发过目。当欧麦尔知道了大主教本亚民在民众中的地位时，便写信给阿慕尔·本·阿斯，让他多征求本亚民的意见，让他为治理国家多提建设性意见。本亚民不遗余力地为治理国家而献计献策。阿慕尔·本·阿斯恢复了他所有的权利。他曾建议在农闲时期根据收成征收土地税；要开挖海湾，治理河流，建造桥梁；要供给国家职员足够的给养，以避免官员收受贿赂。不允许无理侵犯人民的合法权益。不义之人，不可为官。阿慕尔·本·阿斯对本亚民的这些意见非常赞赏。为此写信给全国各地的长官，命令他们不折不扣地执行这一建设。接下来阿慕尔开始考虑水利治改工作，以此来增加国家财富，促进人民安居乐业。

阿慕尔·本·阿斯开通连接尼罗河和红海的运河

也许在本亚民指点以前，阿慕尔·本·阿斯就考虑要兴修水利工程。他考虑到的第一件大工程就是开挖连接红海和尼罗河的图拉真运河，使埃及和半岛地区的联系更加便捷。我们前面已经说过，这一运河在数千年以前的法老时期就已挖通。但由于罗马、波斯对埃及的长期侵略，导致了运河的荒废。阿慕尔·本·阿斯在不到一年的时间内，完成了长达六十英里的运河清挖工程，沟通了尼罗河和红海之间的航运。

这一运河自巴比伦堡北部向北流向比勒拜斯的东部，然后东泻入鳄鱼湖，接着从湖的南面流经咸水湖在苏伊士注入红海。这一巨大的工程能在如此短的时间内完成，无疑证明阿慕尔的卓越管理才能。其实，当时的运河已完全消失，所以他曾让一个科普特人为向导寻找河床原址，并且免除了这个向导的人头税。

也许阿慕尔·本·阿斯在实施这一庞大的工程时曾使用徭役，招募了数千名劳工。有部分历史学家认为，阿慕尔的这种做法是对埃及人民的压迫，但从当时的实际出发，从历史的角度去理解阿慕尔的做法，就不会责备穆斯林的这种行为。其实当时的埃及，徭役是司空见惯的事。并且在那之后，仍然延续了一千多年。苏伊士运河国际公司在19世纪仍然运用了徭役来开挖运河。事实上，徭役只不过是一种强制执行公共事业的募工方式。之所以有人责备欧麦尔时期穆斯林在埃及的行为，那是因为他们认为挖图拉真运河，只是为了阿拉伯国家的利益，而不是为了埃及的利益。阿拉伯国家从运河的开通中获益了，但更加肯定的是埃及从中得到的利益是最大的。它使埃及同印度和远东地区的商道畅通，因此恢复了埃及在历史上的商业地位。再说，阿慕尔·本·阿斯在考虑开挖这条运河时，他所想到的主要是为了发展埃及的经济。前面我们已经谈到本亚民为帮助阿慕尔治理埃及，曾诚恳地向他提到开挖图拉真运河的计划。所以说，开挖运河的主要目的，就是为了埃及的富强稳定，为了减轻埃及人民的负担。事实上，这一政策的实施完美地将阿拉伯民族和埃及民族的利益统一在了一起，加固了伊斯兰帝国的基石。所以说，阿慕尔·本·阿斯即使动用徭役来开挖运河湾，也是无可非议的。埃及人民的共同利益由埃及人民自己动手来实现，这是天经地义的。阿慕尔·本·阿斯的这一伟大设想和举动是功不可没的。当时阿慕尔·本·阿斯曾想要开通鳄鱼湖和罗马海，连接红海和罗马海，使其像今天的现状。他雄心勃勃像图特摩斯三世和在他以前的辛努塞尔特三世法老那样大兴水利。要不是哈里发的反对，他是要决心完成这一巨大工程的。哈里发之所以反对兴建这一工程是因为：如果那样罗马人就很容易通过运河，他们的船只就很方便地到达红海。当时阿拉伯人没有任何商船或战舰能与罗马船舰相抗衡。就是说放弃连接两海的行动是因为其中有警惕的因素。穆斯林的哈里发高瞻远瞩的担心是完全可以理解的。19 世纪的英国之所以反对开通苏伊士运河，也只是担心其在印度的地位。

阿慕尔·本·阿斯减轻赋税的政策及埃及税收的情形

根据大主教本亚民的建议，税收制度进行了改革。土地税的多少根据洪水的情况和收成的多少而定。所以，每年所有地区的村庄都将有专门的委员会对年景进行评估。如果年成好，多收的土地税将用于改善当地的生产条件，并且每个地方都划出专门的一块地作为公益事业的税收地。将其土地税用来修缮教堂、修路建桥等。尽管如此，当时埃及人所缴纳的土地税已比过去罗马人强迫他们缴纳的土地税少得多。这样，减轻了人民的负担，给所有科普特人带来了安慰，这使他们信赖了新的政权。

但阿慕尔·本·阿斯所实施的减税政策并没有受到亚历山大人的欢迎，相反引起了他们的不满。因为，自从建亚历山大城以来他们就享受着免交人头税和免于诉讼的特权。犹太人和那些定居于亚历山大的罗马人享有比当地埃及人优越的政策。后来托勒密政权沿袭了亚历山大的政策。罗马人又将这种特权扩大到所有的罗马人，不但免于人头税和被诉讼，还免了亚历山大人的徭役，以及亚历山大周边地带的土地税。

取消亚历山大人原来所享有的豁免权，并不是以此来弥补因减轻赋税而造成的国家收入的不足，而是为了实行公道。尽管减轻赋税给国家收入带来损失，但阿慕尔·本·阿斯仍没有动摇减轻赋税的政策。这一政策被埃及人民称为福音和吉庆。

至于当时在埃及收土地税的具体数目，有着不同的传述。白莱吉曾提到阿慕尔每年收土地税为一百万第纳尔；马格利齐曾说是一百二十万第纳尔。关于数目的分歧是因为部分历史学家说这单单是土地税的数目，有部分历史学家说的仅仅是人头税的数目，也有部分历史学家说是土地税和人头税的总和。但无论如何分歧，大家公认的一点，那就是生活水平。一般的成年男子每年缴纳两个第纳尔。当时埃及应缴人头税的人多达六百万，还有传述说是八百万。无论人数多少，有一点是可以肯定的，那就是当时他们所缴纳的人头税远远少于罗马人让他们缴纳人头税的数额。无疑阿慕尔·本·阿斯减轻了埃及人民的负担。

阿慕尔·本·阿斯所任命的所有官员，无论是罗马人还是科普特人，他们都以国家利益为重，各尽其责，忠于职守。埃及被治理得有条不紊，欣欣向荣。阿慕尔·本·阿斯对土地政治业绩感到十分满意。更使他高兴的是，埃及风调雨顺，百业兴旺。当欧麦尔写信让他汇报埃及的情况时，他曾写信告诉欧麦尔，把埃及描写得活灵活现，欧麦尔看到信中所写如身临其境，好像埃及就在他的眼前。信的内容如下：

信士的长官：

信已收到，愿安拉使您长寿！

关于埃及的情况，信士的长官啊！你可曾知道，埃及像一座土褐色的村庄，又像一棵翠绿的大树。它幅员辽阔，群山环绕，金沙遍地。吉祥的尼罗河孕育了整个国土，它潮起潮落，如日月轮回。支流如织如网，遍布全国各地。有很多村庄如水上仙境，人们用叶叶小舟彼此往来。丰富的水源，肥沃的土地，勤劳的人民，再加上社会的稳定，埃及处在历史上前所未有的兴盛时期——五谷丰登，百业兴旺。信士的长官啊！埃及美不可言。它既是白色珍珠，又是黑色美人痣；它既是绿色宝石，又是五彩的丝绸。安拉赐予了它丰富的资源，得天独厚的条件。现在我们根据情况收取土地税，并将其取之于民用之于民，修桥建路，挖渠造田。如此下去，只要所有官员齐心协力，定会国富民强。安拉给予了美好的开端，将会给予完美的结局。

尼罗河新娘的传说

当时，在埃及曾流传着有关尼罗河的神话。阿慕尔·本·阿斯刚掌管埃及时，曾出访巴乌纳。当地的一些有声望的科普特居民见到他后说:“生活在尼罗河两岸的人民之中有个习俗。没有这个习俗尼罗河水就不会流。”阿慕尔问他们是什么习俗，他们说：“这个月的第十二天一过，我们就寻访一位大家喜爱的姑娘。我们将姑娘打扮成新娘，给她穿戴首饰，然后将她扔到尼罗河中。于是尼罗河水就会不停地流淌。”阿慕尔·本·阿斯对他们说:“这在伊斯兰法律中是不允许的。伊斯兰教清除以前的陈规陋俗。”后来在埃及旧历的十一、十二月尼罗河曾出现短期停流，为此这些科普特人想离开埃及。因为他们认为尼罗河断流是一种不祥之兆。尼罗河是他们生活的来源。阿慕尔·本·阿斯看到这种情形后便写信给信士的长官，向他叙述了所发生的事情。为此，欧麦尔回信说：“你说得对，伊斯兰教消除一切陈规陋俗和迷信活动。我给你寄去一张卡片，你接到信后把它扔到尼罗河里。”阿慕尔·本·阿斯接到信后,看到了卡片。只见在上面写道：

安拉的仆人、信士的长官给埃及尼罗河的信函

你过去流淌不断，而今发生断流。我们求唯一能使你流淌的安拉让你继续流淌。

阿慕尔·本·阿斯让科普特人知道了哈里发来信的内容以及卡片上所写的一切,然后在十字架节的前一天将此卡片丢进了尼罗河中。尼罗河从此流淌不息，于是埃及人民改掉了过去给尼罗河娶妻的恶习。

哈里发和阿慕尔·本·阿斯之间的书信往来

历史学家所记载的这些往来于哈里发和阿慕尔·本·阿斯之间的书信中，第一封是欧麦尔写给阿慕尔的信，他在信中写道：

对你的事情确已考虑很久，你现管辖的地域，宽广富饶，百业俱兴。原来那是法老们拥有的土地，他们暴虐无度，不信安拉。但他们将这片大地治理得很好，我感到惊讶，不过使我更惊讶的是，你在风调雨顺的今天缴纳上来的土地税还不到从前埃及缴纳给罗马的一半，为此我已给你写过很多信。我本以为会有很多税收交予

我们。关于这一问题我希望引起你的重视。对此，你要给我一个解释。如果你没有足够使我相信的理由，我将要收取比过去更多的土地税。我不知道你为什么对我的去信会有如此反应。如果你有正当的理由那就作罢，如果是你渎职，那事情就不像你想象的那么简单了。去年我就没有过问你的事情，本想着你会给我一个交代。我知道你之所以这样做不是你的主意，而是你的那些胡闹的手下，把你当挡箭牌。我这里可有解决问题的办法，你不要固执己见，真理会大白于天下的。

这封信充满了责备和威胁之词。那么阿慕尔·本·阿斯是否因此而改变治理埃及的政策呢？不然，他充满自信地坚持自己的主张，并澄清了信士的长官来信中所提到的对他的误解。他在给欧麦尔的回信中写道：

信士的长官：

来信收阅。信中言及土地税交得太慢。过去法老曾治理埃及有方，税收颇丰。而自从穆斯林控制埃及，土地税则锐减。事实确实如此。过去的埃及赋税繁重，土地税颇丰。那是因为法老们的暴虐。自从伊斯兰教传到埃及，我致力于建设它的大地。你在信中多次提到此事，对我进行责备，这说明你对埃及的情况还有所不知。我只是为主道而尽自己的努力，尽对安拉的使者及哈里发的义务。我没有任何个人企图和地方保护主义，我没有干什么不对的事。我对你所责备我的事保持沉默。但你要知道人言可畏。

欧麦尔没有因这封信而恼火。他看到过激的话对阿慕尔·本·阿斯是不起作用的，故对阿慕尔应该采取更明智的态度。为此他又写信说：

你对我多次提到土地税交得太慢感到意外。而你给我的回信又说明了什么呢？你知道我只希望你以理办事，我派你到埃及并不是让你和你手下的民众去埃及享受。而是希望你能够多征土地税，施展你的管理才能。你接到我的信后，马上把土地税送到麦地那，那可是穆斯林们的战利品。

阿慕尔·本·阿斯对这封信回答口气不再生硬，但他仍未改变土地政治主张，他在回信中说：

信士的长官：

来信已收到。你是嫌我交土地税拖拉，说我顽固不接受真理，说我迷路了。以安拉发誓，我没有放弃我所知道的善功。但是，埃及人民要求我等到他们收了庄稼后根据收成而收土地税。所以我反复思考后认为，对他们温和比对他们强硬更好。这样以免逼迫他们变卖他们的生活必需品。

当读者读了他们之间的这几封信，站在今天的立场上是无法想象的。这是哈里发欧麦尔和下属之间的书信。它充分地说明了当初的穆斯林在正道的事务中充分地享有自由、自尊、自信和平等的权利。他们遵从制度，毫不轻视安拉及伊斯兰教赋予哈里发的权力。而他们遵从制度，承认哈里发的权力也没有使他们忘却自尊、自信。在尊敬哈里发应有的权力基础上与哈里发共享平等，从而使制度不会对任何人形成屈辱。哈里发的权力既没有使哈里发凌驾于他的权力之上，也没有削弱穆斯林们所享有的自由、自尊。自由和制度是相辅相成的，是相互制约和促进的。当哈里发对某人产生误解时，一旦真相大白，他就会公开向被误解的人道歉，在众人面前给他平反。相反如果有谁违背了制度，损害了大众利益，他也会毫不留情地追究其责任，撤其职务，且公开阐明撤职的原因以免引起误会。这种相互尊重，法律面前人人平等的制度是伊斯兰教迅速传播，立足于世界宗教之林的重要因素之一。

欧麦尔是遵从这一制度的典范。他对确信无疑应该革职的人，毫不犹豫。他认为,这是尊重自由和制度应尽的义务。我们从上面的信中看到，欧麦尔险些将阿慕尔·本·阿斯革职。如果不是欧麦尔被害，也许他会这样做。阿慕尔·本·阿斯则坚持在不知道收成之前不收土地税，以免伤害农民的利益，以免他们被迫变卖生活、生产必需品。他认为，对人民的温和会促使他们缴纳应缴的土地税。而欧麦尔则认为，该从埃及收取不少于罗马人和法老所收取的税收数量。据说，原来罗马人在埃及的税收为两千万第纳尔。而法老时期税收达九千万第纳尔。在埃及的历史上先知优素福时代则收七千三百万第纳尔。至于阿慕尔被派到埃及后，有人说税收是一千二百万。有人说第一年收得最少，只有二百万第纳尔。欧麦尔误以为阿慕尔·本·阿斯所说的理由只是借口，是不合情理的。后来，欧麦尔曾派穆罕默德·本·麦斯勒迈到埃及接管了阿慕尔·本·阿斯在埃及的财权。

阿慕尔·本·阿斯在解放埃及和在埃及政治中的地位

阿慕尔·本·阿斯后来被奥斯曼革了埃及总督的职务，取而代之的是阿卜杜拉·本·赛尔德。历史学家没有提到他被革职在埃及人民中产生的反应。但他在解放埃及和治理埃及中所立下的汗马功劳是有目共睹的。他在被革职后，仍然不懈地为主道事业而奋斗，为伊斯兰事业尽自己的义务。当阿卜杜拉·本·赛尔德在埃及因税收激起亚历山大人民的仇恨时，他正住在麦加。当他们中的罗马人给在君士坦丁堡的皇帝写信，告诉他报仇的时机已到，并且罗马皇帝答应了他这一呼唤时，哈里发召见了阿慕尔·本·阿斯，要求他再度去埃及与罗马奋战。他毫不犹豫地答应了哈里发的要求，丝毫没有考虑哈里发曾革他职务一事。当时，罗马皇帝曾派将领马维勒率领一支由三百艘战舰组成的舰队，开向了亚历山大，占领并驻扎在亚历山大城，杀了驻守在那里的穆斯林战士。当地人民恐慌不安，阿卜杜拉·本·赛尔德无力抵抗这种入侵，只好派人到哈里发那里求援。在这种情况下，阿慕尔·本·阿斯到达了巴比伦堡。马维勒的军队已到了下埃及。阿慕尔率军在尼格尤斯与罗马军队相遇，一举将罗马人赶回到亚历山大。敌人躲到了亚历山大城里，阿慕尔看到敌人躲到城堡里与他对抗时，十分后悔当初没有毁掉城堡。他发誓如果安拉使他胜利，他一定要毁掉城堡里的城墙。由于埃及人民记念着阿慕尔·本·阿斯对他们的恩情，没有忘记他在埃及的政策，于是纷纷自发帮助他抗敌。阿慕尔获得了最终的胜利，捣毁了亚历山大城堡的城墙，俘虏了许多敌人的妇女和儿童，杀掉了反抗之敌。

奥斯曼为了奖赏阿慕尔·本·阿斯，委任他为埃及军队的将领，而阿卜杜拉·本·赛尔德为埃及总督和税收官。但阿慕尔·本·阿斯谢绝了委派而回到了麦加，直到穆阿维叶·本·艾比·苏富扬时期，他又被委任为埃及总督。他一直住在埃及，直到逝世后埋在了埃及，但后来人们忘却了他坟墓的确切位置。

至于阿慕尔·本·阿斯在欧麦尔时期之后的功绩，我们就不在此书中细谈了。但我们已谈到了他自从考虑解放埃及以来的情况，还有他将埃及由罗马人手中转移到穆斯林手中所起的作用，也谈到了他在治理埃及时的政治主张。他是欧麦尔正确决策解放埃及的功臣。

现在，我们暂停叙述欧麦尔时期震撼世界的巨大的解放运动。让我们再一次回到麦地那，再回到欧麦尔身旁看一看，在欧麦尔时期的阿拉伯半岛是怎样发展的，其居民又是如何面对他们亲眼所见亲耳所闻的那一系列变迁的。读者将会和我们一起发现这一变迁的辉煌和它对整个世界产生的深远影响。

第二十二章　欧麦尔政权

欧麦尔时期是伊斯兰版图快速扩大、伊斯兰节节胜利的辉煌时期。伊斯兰延伸到东至阿富汗和中国边界，北至阿尔达比勒和里海，西至北非的突尼斯，南至努比亚地区。伊斯兰帝国疆域之广阔是艾布·伯克尔和欧麦尔未曾想到的。我们前面已经讲述，欧麦尔当初的政治主张是将阿拉伯民族统一在南起亚丁湾北至萨玛瓦荒漠的区域之内，并将伊拉克和叙利亚纳入伊斯兰版图。因为，原来这两个地方的统治者莱赫米人和加萨尼人都属于阿拉伯人。当他完成这一统一大业时，他希望他的军队不超越以上所提的范围。他希望他与波斯之间有道互不超越的火山，他与罗马之间有道屏障，罗马人不能收复穆斯林开拓的疆域。但事情的发展是不以人的意志为转移的。时局促使穆斯林们继续开拓，使伊斯兰版图不断扩大。

伊斯兰统治制度及其在阿拉伯国家的发展

伊斯兰疆域的扩展速度令世界震惊，令那些探索其原因的历史学家们惊叹不已。我们前面已经谈到穆斯林之所以会获得如此胜利，有穆斯林的精神作用，也有罗马和波斯人的心理因素。然而，还有一个对穆斯林胜利产生巨大影响的关键因素，那就是半岛上的伊斯兰统治制度。这一制度自先知迁都经历了二十年的发展。它已完全能够使阿拉伯民族信心十足地面对一切巨大的历史事件，并使阿拉伯人坚信他们有能力在全世界完成传播伊斯兰的历史使命，没有任何政权任何力量能阻挡这一使命的完成。

这一制度不是哲学家思索的结果，也不是法学家研究、讨论的结果，它是先知和他的哈里发带领穆斯林奋斗的结晶。年轻的伊斯兰国家飞速发展，其掌权者必须时刻注意在发展中出现的新事物。他们首要的任务就是组织发展动力，加强国家团结。其实，这种推动发展的动力在阿拉伯民族统一之前就已在阿拉伯人中存在。当时波斯制度在伊拉克盛行，而罗马制度在叙利亚盛行。但没有任何一个麦地那人曾想过借鉴这两种制度，也没有人企图将阿拉伯制度或伊斯兰制度形成文字，然后再在全国各地实施。

这种制度自麦加和塔伊夫解放、阿拉伯人团结到伊斯兰的旗帜之下以后就已开始产生。原来半岛各地的代表团纷纷到麦地那，倾听安拉使者的伊斯兰教诲。安拉的使者派其门弟子到各地向人们传授伊斯兰教，从他们中收取天课。但各地方的统治权仍然由地方那些在归信伊斯兰以前执政的统治者所有，直到安拉的使者逝世。艾布·伯克尔为哈里发后，他仍然与先知时期一样，派圣门弟子到各地去收取天课。但很多阿拉伯人并不喜欢这种做法。他们认为，只有先知才具备收天课的资格。所以他们敌视这种做法，寻求所谓的政治统一和生活自由，因此发生了平叛战争。艾布·伯克尔平叛获得了胜利，麦地那的统治地位得到了肯定。这一胜利为阿拉伯地区的政治统一奠定了坚实的基础。欧麦尔继任哈里发后，他全身心投入到这一统一大业中去，如果说是他完成了这一巨大的精神革命，并使其政权在全世界稳固下来，也并不过分。

这就是伊斯兰传播和稳定初期的情形。所以，伊斯兰政权建立者的传记，往往就是与政权建立者个人行为有关的伊斯兰政权制度的写照。安拉使者的传记，就是伊斯兰精神的写照，是伊斯兰集体制度文明的开始。伊斯兰制度按着《古兰经》体现的精神生活和文明生活的原则在发展。当然，这一发展不免受到周围世界的影响。尽管先知时期阿拉伯半岛的政治制度较以前没有什么改变，但《古兰经》在人们的现实生活中已产生了深刻的影响。艾布·伯克尔发动的平叛战争揭开了阿拉伯半岛地区政治统一的序幕，为今后的统一奠定了坚实的基础。解放伊拉克和叙利亚，是平叛未结束时就已开始。艾布·伯克尔时期面对罗马和波斯的威胁，平叛战争尚未结束，艾布·伯克尔不可能全力以赴地制定详细的符合新形势的制度细则。

阿拉伯政治的统一性不断向前发展。自从阿拉伯人归信了伊斯兰教，他们的信仰、习俗和行为标准就得到了统一：禁止吃高利贷、饮酒、自死物、血和猪肉以及未念安拉之名而被宰杀的动物；禁止多妻（超过四个）、活埋女婴；规定了交往法则和继承权的分配制度。他们的日常生活得到了前所未有的协调。这使得他们的信仰和功修有了统一的标准。另外，他们的语言也是统一的。当平叛结束，穆斯林奔赴伊拉克和叙利亚时，他们更加感到他们需要团结一致来获得更大的胜利。那些艾布·伯克尔曾禁止他们参战的曾参与造反的穆斯林又获得了和其他穆斯林同等的参战权和获得战利品的权利。他们为了主道事业和共同的奋斗目标视死如归。读者可以从中看到，阿拉伯半岛的统一是如何形成发展和强大的，又是如何走向成熟的。

统治制度及其实施者的品德

半岛上伊斯兰教大业实施者们，以他们的品德和榜样的力量形成了统一的核心。阿拉伯先知穆罕默德的品德及他担负的伊斯兰使命是统一的根本和基础。第一任哈里发艾布·伯克尔铲除了企图破坏统一的因素。欧麦尔任哈里发时半岛的统一已初见端倪并成为必然趋势。欧麦尔丝毫没有懈怠。他为加强和推进统一付出了巨大的努力。

欧麦尔没有懈怠。在前面我们所讲述的很多事件中读者都会看到他的突出能力。他是个在伊斯兰教兴起前后都具有影响的人物。穆斯林迁徙到麦地那之后，他在伊斯兰教中的作用更加显赫。他和艾布·伯克尔一样是先知的左膀右臂，在某些事情上，他曾同安拉的使者有不同的意见。比如在如何处理在白德尔之战所抓到的俘虏时就如此。艾布·伯克尔为哈里发时期，他与他有过分歧，但一旦艾布·伯克尔坚持自己的决定时，他也是无条件服从。这些丝毫没有影响他的个性。

有关阿拉伯地区政治统一的大业，在艾布·伯克尔时期，欧麦尔就已承担了很多重任。他不遗余力地帮助艾布·伯克尔实施其政治主张。当他为哈里发时，便全身心地投入到这个统一大业的实现中去。经过深思熟虑，他发现要使统一大业目标顺利实现必须要净化半岛的政治环境，统一半岛的宗教信仰，这如同统一半岛上的语言一样。犹太教、基督教在阿拉伯半岛尚存，他是否能在不违背安拉使者意愿的前提下将犹太教徒、基督教徒赶出半岛呢?

安拉的使者一到麦地那，就和犹太人讲和。当他们破坏条约背信弃义时，先知将他们赶出了麦地那。当他们仇视先知时，先知又将他们中的很多人赶出了他们在半岛的家园。当时还有部分犹太人仍留在了阿拉伯半岛。先知到达麦地那后和犹太人讲和是国家利益所需的一种政策。当安拉的使者看到国家更崇高的利益时，便改变其原来的政策。国家最高利益使欧麦尔看到必须要统一整个半岛的宗教信仰。为此，他任哈里发时的第一大举动，就是将纳季兰的基督教徒清理出半岛。他命令叶阿莱·本·伍麦叶不要干涉他们的信仰，让信仰基督教的人离开半岛到伊拉克，在那里给予他们同等面积的土地。他用同样的方法将海白尔和发达克犹太教徒迁到叙利亚。同时，他没有过分伤害任何犹太人和基督教徒。就这样，半岛上只剩下伊斯兰教。他以此加固了政治统一的基础。

这就是促使欧麦尔将犹太教徒和基督教徒清除出半岛的动机。他这样做丝毫没有违背先知的意愿。先知和犹太教徒、基督教徒签订和约，只是先知时期的一种权宜之计。欧麦尔也是根据事态的发展，围绕阿拉伯半岛政治统一这一中心课题而采取的以上政治措施。

欧麦尔消除阿拉伯人之间的差别

加强阿拉伯地区的统一，如果在其居民间存在着令他们感到有高低贵贱之分的差别，那么仅仅靠净化宗教信仰还是远远不够的。如果他们之间没有真正的平等，也就不会有真正的团结。过去因为叛乱的原因，他们之间存在着诸多不平等。欧麦尔既然要实现真正的统一，那么就必须消除这些不平等的差别和不平等的因素。为此，他取消了过去艾布·伯克尔曾定下的参加过造反的人不可参战的决定。同时，他还命令将阿拉伯战俘送还给他们的部落，给予他们自由。因而，他开创了新时代。在新时代，所有阿拉伯人尽管住在半岛不同的地方，但他们有共同的感情，有共同的目标，实行统一的政策，由信士的长官统一领导。他们属于同一民族。

这些最高利益，要求欧麦尔努力将阿拉伯人统一在伊斯兰的旗帜之下。他将安拉的使者迁到麦地那之年作为阿拉伯历史的新纪元。欧麦尔认为，先知迁徙到麦地那是伊斯兰历史上最重大的事件。这次迁徙是安拉帮助他的使者，弘扬其宗教的开始。从此后，阿拉伯的团结统一加强了。在伊历 16 年，伊斯兰的旗帜已胜利地飘扬在波斯及罗马统治的国度。伊斯兰历史比波斯及罗马史更加辉煌。伊斯兰在世界上占据了重要地位。欧麦尔面对瞬息万变的国家大事，在制定政策时要选择最佳方案。在选择政策时，欧麦尔往往靠自己的悟性。欧麦尔执政时往往是靠他的品德、觉悟、悟性做出重大决策。当时的国家刚刚建立，叙利亚和伊拉克还在战火之中，这就更加要求他不能有丝毫的差错。他不但要亲自拟订战斗计划，而且还要为被征服地区做重建家园和改革等政务工作。

在欧麦尔执政时面临着如此众多的事件，他能够制定一种详细的适合于所有阿拉伯国家的新的统治制度吗？或是从当时在伊拉克盛行的波斯制度、在叙利亚实施的罗马制度中选择一种应用于阿拉伯半岛？阿拉伯半岛的情形与当时的伊拉克和叙利亚的情形有着天壤之别。阿拉伯人习惯了一种与上述两种制度有所区别的制度。战胜罗马和波斯都是以少胜多，以弱胜强的胜利。统一阿拉伯半岛是将他们统一在伊斯兰的旗帜之下，以培养人们崇高的思想境界来增强人们的战斗力。所以欧麦尔所采取的策略是：让人们在《古兰经》和圣训的指导范围内，让时间来使统治制度逐步完善成熟。假若欧麦尔硬要给阿拉伯半岛不同的国家规定某一种统一的制度，那会导致众穆斯林不愿看到的结果。因为定居者不喜欢游牧制度，而游牧人不习惯于定居者的制度。但人们都因欧麦尔所命令的归还阿拉伯各部落的俘虏、取消禁止曾经造反者参战的决定而欢欣鼓舞。欧麦尔以此获取了民意，增强了人们之间的团结和凝聚力。在此期间，欧麦尔只从麦地那派任收税官和宣教员到各个地区收取天课、教导安拉的法度。除此之外的事务，每个部落或民众都享有充分的自治权。他们保持了已习惯了的不违背伊斯兰教规的习俗。但任何地方性事务不可损害国家的公共事务。

首都（麦地那）的协商制度

麦地那是阿拉伯地区的首都。这不仅仅是平叛胜利的结果，也是诸多因素造成的结果。即使没有发生平叛战争，麦地那也是当之无愧的伊斯兰国度的第一个首都。因为它接受并帮助了安拉的使者。在麦地那启示的《古兰经》经文比在麦加启示的经文还要多。那里聚集了迁士和辅士，他们听从安拉使者的教训，深刻理解圣行。他们帮助安拉的教门，帮助安拉的使者。它是天启降示的地方，是伊斯兰立法的发源地。它是伊斯兰先驱者的所在地。安拉的使者曾将它作为自己的首都，曾在那儿向各国国王、酋长派遣使节，劝告他们归信伊斯兰。总之，麦地那在阿拉伯地区所享有的地位决定了它成为伊斯兰国度令世人瞩目的首都。麦地那一直是伊斯兰统治的中心，一直到穆阿维叶·本·艾比·苏富扬时代，首都迁到了大马士革。

欧麦尔时期麦地那的统治制度是建立在先知时期和艾布·伯克尔时期的制度所坚持的基础之上的。那就是依据安拉的教诲所采取的协商制度。

……当与他们商议公事。（《古兰经》仪姆兰的家属章：159 节）

他们的事务，是由协商而决定的。（《古兰经》协商章：38 节）

先知曾经常与他的门弟子们商议大事，特别是与艾布·伯克尔和欧麦尔。艾布·胡莱勒曾说："我没有发现任何人像先知那样爱与人商议。"当艾布·伯克尔为哈里发时，他以派遣伍赛迈·本·栽德征战罗马而开始了他的时代，当时他曾要求欧麦尔留在麦地那以便商议有关事务。欧麦尔时期，仍然将商议作为其统治制度的基本政策。

当时的商议制度并非像我们今天所理解的议会制度。当时给哈里发出谋划策的圣门弟子也没有将他们的意见强加于哈里发的权力。哈里发在与人协商的同时享有绝对的自主决策权。他向安拉负责，向自己负责，向那些效忠于他的人民负责。如果他违背安拉的意愿超越法度，那么人民有权罢免他的职务。

当时参与商议者也并非像今天我们所认为的那样，是通过选举而产生的。哈里发自己选择他要与之商议的人，然后他对他们的观点加以比较分析。他接受他所意欲的观点，放弃他不主张的建议。在先知时期最有发言权的是麦地那的迁士和辅士。他们与先知生活在一起共同战斗。到艾布·伯克尔时期，很多迁士和辅士去了伊拉克和叙利亚。古莱什人中的圣门弟子则留在了他身边。欧麦尔时期的情况也是如此。很多迁士和辅士中的圣门弟子辅佐在他的左右。他遇到《古兰经》、圣训中没有涉及的问题，就与他们商议，特别是与那些有崇高威望的圣门弟子商议。当时最主要的有阿拔斯·本·阿卜杜拉·穆塔里布、阿卜杜拉·本·阿拔斯、阿里·本·艾比·塔利卜、奥斯曼·本·阿凡，阿卜杜·拉赫曼·本·奥夫等。除此之外，欧麦尔还经常与大众商议。如把人们召集到麦地那的清真寺或是利用聚礼等时机，将一些重大问题交给大家讨论，让大家畅所欲言，集思广益。一旦商议有了结果，他就竭力去实施。如果商议没有结果，他再到小范围的有识之士那儿去研讨，最终达到他认为是正确的结果。有关欧麦尔与众人议事的事例，我们前面记叙了很多。如他去叙利亚的途中，遇到了一些军队将领，他们向他提到了叙利亚正在流行疾病、瘟疫蔓延。为此他召集人们询问他们该怎么办？是继续前进呢？还是返回麦地那？结果人们意见分歧，有人主张不考虑瘟疫而继续前往叙利亚，有人主张应该返回麦地那。最终他还是带着随行者回到了麦地那。

当时欧麦尔认为，商议制度是全国各地都应该执行的制度。所以他任命地方长官、部队将领时，总是提醒他们要遇事多与别人商议。如他派艾布·欧拜岱到伊拉克去的那天他就曾对艾布·欧拜岱说：“你多听圣门弟子的意见，遇事与他们商议，不可盲目行事，战争是需要把握时机的。”

欧麦尔对哈希姆家族及古莱什部落首领的态度

有人发现安拉的使者家族中有主见的那些人，他们只给欧麦尔当参谋，而欧麦尔没有任命他们中的任何人为军队将领，或阿拉伯国家及被征服地区的地方长官。欧麦尔对他们特别尊重和崇敬。我们看到，他在饥荒之年为向安拉祈雨时曾向安拉使者的叔叔阿拔斯求情，并向安拉祈祷。当他为处理耶路撒冷的事去叙利亚时，曾让阿里·本·艾比·塔利卜为他的代理人在麦地那处理政务。同样，他临终时曾嘱咐人们在六位候选人中商议产生哈里发，其中就有阿里·本·艾比·塔利卜。所以，他不像有人所说的那样，他对哈希姆家族有戒备之心。

那么，究竟为什么他没有任命他们中的任何人为军队将领或地方长官呢？因为他们是安拉使者的同族人，所以这样做是对他们的尊敬。这种意识我们可以从欧麦尔有一天与伊本·阿拔斯的谈话中得知。他对伊本·阿拔斯说："的确，我发现安拉的使者任用了很多人，而不任用你们。你们是有能力胜任这一切的……以安拉发誓，我不知道安拉的使者这样做是他不让你们劳累，还是他害怕你们因他而谋政会受到责备？"很显然，欧麦尔因此也没有委任他们为官，而是让他们为国家大事出谋划策。

有人说，欧麦尔之所以对伊本·阿拔斯说这番话，只不过是为他不任用他们而找一个婉转的借口，而实际上是他害怕古莱什的首领和哈希姆家族的人们分权，会削弱他在麦地那的权力。其实，这种说法是不正确的。如果真正了解欧麦尔及其为政历史的人，就不会对欧麦尔产生误解。他把毕生的精力都用于了主道事业。他克己奉公为阿拉伯的统一大业，从未把自己的名利放在眼里。下面我们将进一步论述。

事实上，欧麦尔从未否认哈希姆家族成员与其他家族成员一样拥有任哈里发的权利。他只是反对哈希姆家族独享继任安拉使者的哈里发的观点。欧麦尔将哈希姆家族和古莱什的首领们留在麦地那为他的参谋，除了前面所谈到的原因外，还因为他们足智多谋、经验丰富，是商议大事所必需的力量。信士的长官是一切事务的仲裁者、决策者，他承担着国家政治的所有责任。为此，他把所有大权集中在他的手中，也是合理合法的。他既是执行命令者，又是法官、军队最高领袖。他的确已胜任了所有责任，他的功勋永载史册，永放光芒。

欧麦尔胜任了这些历史使命。他是令世人瞩目的历史人物。有很多人探究他之所以有如此神奇的能力的秘密，显然，奥秘在于他纯正的动机和目的。他只是为主道尽自己的义务和努力，而完全不考虑个人的安危、得失。他从未看重哈里发的权势和利益，他看重的是任哈里发的责任和义务。他的这种责任感是众所周知的。强烈的责任感使他把自己放在弱者和穷者的行列，他为弱者从强者那儿讨回公道。他为穷者抵御富人们对他们的伤害。这一方面的例子不胜枚举。譬如在饥荒之年，他曾克制自己终年没有吃奶油和肉。后来他面黄肌瘦，人们曾为他的生命而担忧。

麦地那先知寺是研究国家大事的场所

欧麦尔时期，伊斯兰版图的扩大没有改变他在清真寺处理国家大事的习惯。这一点他与安拉的使者、艾布·伯克尔一样。他执政的前几年，麦地那先知寺仍是安拉的使者初建时的老样子。墙是土坯的，屋顶用椰枣树枝建成。当时欧麦尔完全有能力推掉旧的清真寺而建造与其时代相适应的、与其统治地位相称的宏伟壮观的新清真寺。他要那样做，也是无可非议的。赛尔德·本·艾比·瓦戛斯解放泰西封后，住进了库思老的宫殿，他把它作为了自己政权的所在地。当他回到库法时，为自己建造了人们称之为“赛尔德宫”的宅院。但欧麦尔在他执政的头四年丝毫没有动过麦地那先知寺。后来麦地那人增多，清真寺已无法容纳众多的人礼拜。他才依据先知的话“我们应该扩建清真寺”，下令扩建麦地那先知寺。欧麦尔说：“假若我没有听到过安拉的使者曾说过‘我们应该扩建清真寺’，我就不会扩建它。”

欧麦尔当时扩建清真寺，只是为了容纳更多的人做礼拜和处理军政事务。原来麦地那人将清真寺作为宣教场所的同时，也在里面谈论商务。甚至还有人在里面聊天。信士的长官也在里面料理国家大事。为此，扩建后欧麦尔在清真寺旁边专门设置了应该称之为布塔哈的地方。他说：“谁要大声喧哗或吟唱诗歌就让他进这里面去唱去闹。”尽管如此，欧麦尔所谓的扩建只是增大了建筑面积并多开了几个门，而其他结构仍然是安拉使者所建造的老样子。墙脚是石头的，墙是土坯的，柱子是木头的，房顶则由枣椰树枝建成。就是在这个简陋的清真寺里，欧麦尔治理着整个国家。当时库思老已离开了波斯王宫，恺撒已逃离叙利亚到了君士坦丁堡。世界文化之都——亚历山大也向穆斯林打开了大门。无论从哪方面来说，他完全有条件和理由住进自己的宫殿，但欧麦尔却没有这样做。

欧麦尔严以律己、宽以待人

伊斯兰版图的扩大丝毫没有改变欧麦尔简朴的生活。他没有追求现世浮华的生活。在他任哈里发初期，穆斯林给予他与艾布·伯克尔同样的待遇，从国库中支付他以及其家属的生活费用。当战利品不断送到麦地那的时候，他没有享受比一般穆斯林更多的份额。因为，他不认为哈里发就该比别人享受更多的战利品。有一天，有人问他如何消费安拉赐给他的钱财时，他说："我告诉你们，我认为对我合法的衣服就是两件：一件冬天穿，一件夏天穿。我及我的家属的生活需求是一般古莱什人的生活。我是一个穆斯林，应承担穆斯林应承当的责任。"他还说："我将安拉赐予我的钱与孤儿的财产放在一起。如果我不需要它，那就不取用了；如果我需要用钱，那我就合理地从中拿取我所需要的。"欧麦尔生活简朴得有时让人不可思议。曾有穆斯林去告诉他的女儿、信士之母哈芙赛，希望她能劝说他不要过于亏待自己，但她劝告父亲时遭到了他的批评。

欧麦尔把自己视为一个普通的穆斯林。他主张自己和其他穆斯林一律平等。法赫里曾传述下面一个关于欧麦尔的故事：欧麦尔接到一批从也门送来的斗篷。他将斗篷每人一件分给穆斯林，自己也分得一件，且经常穿着它讲演。后来有人说他穿着斗篷上讲台不严肃，于是他用斗篷做了一件衣服。有一天他号召人们出征，结果有一个人对他说："我们不听你的。"欧麦尔问他为什么，这个人说："你将我们的斗篷据为己有，你说也门的斗篷一人一件，而一件不够你做这件衣服，你的个子那么大，一件斗篷怎么能够做你的衣服？"欧麦尔看了看他的儿子说："阿卜杜拉呀！你回答他的提问。"阿卜杜拉说："他拿我的斗篷和他自己的斗篷拼成了他现在所穿的衣服。"此人马上信服地说："好！我们响应你的号召！"

欧麦尔任哈里发期间没有谋取任何私利。他把自己当成既是穆斯林财产的忠实保护者，又是推动他们自由、统一的忠诚卫士。正因如此，他受到了人民的爱戴。特别是欧麦尔把哈里发的职权看成如同穆斯林父母的职权。父母应向他的孩子们尽到责任。怜悯和善待是父亲最神圣的感情。

欧麦尔最怜悯需要帮助和怜悯的人，因为他把怜悯和行善看成是统治者的义务。我们下面看看有关这方面的例子：

有一天晚上，他和他的管家艾斯勒迈去了麦地那郊外。他俩发现远处有一座草房。于是就朝房子走去，发现里面有个妇女在哭。她马上就要分娩。欧麦尔询问她的情况，她说："我是个阿拉伯妇女，但一无所有。"欧麦尔听后马上回到家里对他的妻子乌姆·库勒苏姆说："有个忙你愿帮吗？"他把事情告诉了她。她说："好的。"于是欧麦尔背着面粉和油，乌姆·库勒苏姆拿着分娩所需的东西一同来到郊外。乌姆·库勒苏姆来到那个女人跟前，欧麦尔则和她的丈夫聊了起来。这个男人并不知道他面前的这个人就是哈里发欧麦尔。等那个女人生了一个男孩后，乌姆·库勒苏姆出来对欧麦尔说："信士的长官啊！你向与你谈话的人报喜吧！他得了一个儿子。"这个男人听到此话，知道了自己面前之人就是欧麦尔，他惊呆了。他向欧麦尔致歉，欧麦尔对他说："没关系，没关系。"然后欧麦尔把东西放下便走了。

有一天夜里，欧麦尔听到一个小孩的哭声，于是随声找到了孩子的家。他对孩子的母亲说："你要敬畏安拉，善待你的小孩。"过一会儿，他又听到孩子的哭声，于是又返回去对孩子的母亲说了第一次所说的话。到下半夜，他又听到孩子哭，他马上去对孩子的母亲说："不像话，你是一个坏母亲！为什么我听到你的孩子整夜在哭？"这位母亲说："他饿了，我喂他食物他不吃。"欧麦尔问那是为什么，她说："因为欧麦尔只给断了奶的孩子分配食物。"[①] 欧麦尔问她的孩子多大，她说才一个月。于是，欧麦尔说："你真可悲，你不要急于断他的奶！"次日晨礼后，他朝着人热泪盈眶地说："欧麦尔真可恶！他害了多少穆斯林的孩子！"然后他让人宣布："你们不要急着给你们的孩子断奶。我现在宣布所有穆斯林的孩子不管断奶与否都有得到供应的权利。"他将此决定通告全国各地实行。

这是家喻户晓无人不知的欧麦尔夜救贫苦人的故事。有一天深夜，欧麦尔见一个妇女将锅架在火上烧，而她的孩子围着锅哭闹。他问这位妇女这些孩子们为什么如此哭闹？她说："因为饿的。"欧麦尔问锅里烧着

① 为了得到一份供给，母亲早早地给孩子断了奶。——译者

什么？她说："是白开水，我想以此来让他们睡觉。安拉知道我和欧麦尔之间的差别。"欧麦尔知情后马上回到面房，扛了一袋面和一皮囊油来到这位妇女的家里。他将面粉放到锅里，又加了一些油。然后，去添火加柴。很快煮熟了一锅油面，孩子们吃饱后，睡觉了。欧麦尔离开了这位妇女。他自言自语地说："是饥饿使他们哭，睡不着觉！"而这位妇女并不知道他就是欧麦尔。

欧麦尔严格要求家属和部下

欧麦尔的怜悯、乐善好施使他的统治受到了人民的欢迎，使人民把哈里发看成是穷者、弱者和孤儿的父亲。哈里发的英明、公正，使人民对他无比地爱戴。他喜爱自由平等，始终把自己等同于弱者和穷人。他执政时对人们的第一次讲演中说道："以安拉发誓，在我看来，你们没有强弱之分。强者我要他尽应尽的义务，弱者我帮他得到该得到的帮助和权利。"有一天，他还对人们说："我任命你们的官员，不是让他们侵犯你们的权益而作威作福，也不是让他们侵吞你们的财产。我任用他们是让他们教导你们安拉的经典，先知的教诲。谁要以权谋私，坑害他人，我一旦知道，将会严惩不贷，毫不姑息。"他曾写信命令军队的将领："你们不要伤害和羞辱穆斯林，不要侵犯他们的权益。"他把这些教诲传达给每一个他能见到的部下。对不能见到的外地官员一律写信告之。欧麦尔对自己能够过问、能够办理的事，一律亲自过问，亲手办理。他在任哈里发时曾说过："以安拉发誓，任何我能办理的事，我都不让别人去做。"确实，无论是大事还是小事，无论是军事，还是政事，他都亲自操心料理。有一天，阿里·本·艾比·塔利卜知道他要向麦地那郊外去。于是对欧麦尔说："信士的长官！你到哪里去呀？"他说："有一头人们施舍的骆驼惊逃了，我去把它找回来。"他连这样的小事都尽可能自己亲手去做，不愿发号施令，可想而知欧麦尔是多么的平易近人，是如何把自己看成是真正的穆斯林的公仆的。

欧麦尔经常惦记着他所任用的外地官员，害怕他们中有人渎职，有人会以权谋私。特别是他任哈里发的后期，他时时想到伊斯兰国度的各个地方，并经常亲自视察工作，看看部下们的行为是否合理合法。据说埃及解放后他曾说："如果安拉意欲，让我还活着的话，我一定要到各地去巡视一整年。我知道人们有很多要求，我不知道详情，而他们的长官又不告诉我，他们本人又无法见到我。我到叙利亚住两个月，后到半岛上住两个月，接着去埃及住两个月，最后再去巴林住两个月，再去库法住两个月，然后再去巴士拉住两个月。以安拉发誓，那该是多美的一年啊！"但是，很遗憾他未活到实现愿望的那一天。

欧麦尔的公正堪称人们的典范。他不管亲疏，只认真理。这是因为，他敬畏安拉。他深知自己每决定一件大事，在广大穆斯林心中都是很有分量的。他对自己的亲朋好友也毫不偏袒。当他要禁止人们做某件事，首先就会对他的家人说："如果我知道你们中任何人违背了我的禁令，我将加倍惩罚他。"事实也是如他所说。他的儿子阿卜杜·拉赫曼在埃及和艾布·萨尔瓦一起饮酒喝醉后被带到阿慕尔·本·阿斯面前。阿慕尔严厉地指责了他俩，但没作处罚就让他俩出去。阿卜杜·拉赫曼说："如果你不处罚我，我见到我父亲后，我要告诉他你未执行法度。"阿慕尔知道如果他不处罚他俩，欧麦尔知道后肯定会生气，甚至会免他的职。所以他把他俩带到家里的院子里进行了处罚。阿卜杜·拉赫曼进了他家，阿慕尔只将他的头剃完了事。此事不知怎么被欧麦尔知道了。他很快给阿慕尔写信说："阿慕尔·本·阿斯呀！我真没想到，你竟敢违背我的命令。我看我只能革你的职了。你在家里仅对阿卜杜·拉赫曼施行剃头的处罚，你明知道这是违背我的命令的。阿卜杜·拉赫曼只是你领导下的普通一员，你应该将他和其他穆斯林一样对待。但是你说，他是信士的长官的孩子，要另眼相看。你知道，在我看来，人们享有平等的权利，没有什么特殊人物。你接到我的信后，马上让他来见我，让他尝尝他犯罪的后果。"接到欧麦尔的命令，阿慕尔将阿卜杜·拉赫曼送回了麦地那，并写信给欧麦尔说明了真相。他说："以安拉发誓，我处罚犯罪者一般都在我家的院子里实施。无论犯罪者是穆斯林，还是顺民都一视同仁。"阿卜杜·拉赫曼回到麦地那后，欧麦尔气愤地对他说："阿卜杜·拉赫曼呀！你真敢做！"当时在场的人对欧麦尔说："他已受到了应有的处罚。"欧麦尔根本不听别人的劝说便把阿卜杜·拉赫曼痛打了一顿。阿卜杜·拉赫曼说："我现在正在生病，你要打死我呀？"据说，在进行了第二次处罚后，阿卜杜·拉赫曼的病情加重逝世了。

关于欧麦尔公正廉明的事迹无法一一列举。也正是因为他的优秀的品德，动人的事迹和严以律己、乐善好施的表率作用，使他的统治受到了人们的欢迎和支持，使他具备了承担史无前例的重任的威望。他的表率作用培养了穆斯林为主道忘我奋斗、英勇不屈的精神。穆斯林认为，信士的长官是他们权益的最好保护者。由于他处处关心穆斯林的利益，使他奔赴战场也无任何后顾之忧。在信士的长官教导下，人们都认为为主道牺牲，为伊斯兰而献身会进入安拉赐予他们的乐园，他们的家属和后裔都会得到比他们活着时更好的安置。

西方历史学家对欧麦尔的品德和行为给予了充分的肯定和赞美。他们中部分人认为，欧麦尔的这些品德和行为勾画了当代的众所周知的类似部落制度的阿拉伯统治制度。说它像部落制度是因为权力高度集中在欧麦尔手中。他以众人心服的法规和公正处理一切政务。如同部落首领一样。他们认为，《古兰经》将阿拉伯人的习俗制度化、文明化，但并没有让阿拉伯人摆脱他们以前的原有制度。

欧麦尔之前的伊斯兰统治

艾布·伯克尔的统治无疑是纯粹的阿拉伯化统治，没有受到罗马和波斯制度的丝毫影响。当时，半岛各地的游牧制度是单纯的，游牧制度的单纯性在先知时代就受了影响。先知一到麦地那就开始团结那些不懂什么是受到别人统治的部落。当时在奥斯族和海兹拉吉族之间的战争时有发生，在阿拉伯人和麦地那的犹太人之间的冲突司空见惯。当先知定居麦地那时，他使迁士和辅士情同手足。后来，他驱逐了犹太人，消除了存在于部落之间的矛盾，使他们统一在麦地那政权的周围。《古兰经》成了他们共同的法度。安拉的使者开始主持麦地那的事务。尽管这种统治制度的发展当时未被希贾兹人认识，但麦加解放后，这种制度的发展模式很快从麦地那传到乌姆·古拉。在侯奈因之战后又从麦加和乌姆·古拉传到塔伊夫。

安拉的使者逝世的前一年，当各地、各部落派代表团到麦地那向先知学习伊斯兰时，先知便派他的一些门弟子到各地、各部落去教导人们，收取他们的天课。原先这些被派往各地的人是阿拉伯人逐步开拓的先驱，他们和其他人一样后来受到平叛战争的严格考验。平定叛乱之后，麦地那拥有了任何阿拉伯人都无法否定的地位，也增加了艾布·伯克尔任命的那些官员的权威。艾布·伯克尔所任命的主要官员有：分管麦加事务的阿特德·本·艾塞德；分管塔伊夫事务的奥斯曼·本·艾比·阿斯；分管萨那事务的伊本·艾比·伍麦叶；分管哈达拉毛事务的齐亚德·本·莱比德；分管胡兰事务的叶阿莱·本·伍麦叶和分管祖拜德事务的艾布·穆萨。

这种权威不仅仅在教导人们宗教知识、收取天课的职权范围内，实际上穆斯林官员们在治理国家事务中相当于部落长老或城市长官的作用。政权、军权都集中在他们的手中，同时他们在哈里发面前要对他们的行为负完全责任。

在阿拉伯人全部统一到伊斯兰旗帜下之后，治理国家的重任落在了欧麦尔的肩上。此时他已不再担心害怕会有什么叛乱，因为穆斯林的英雄们已遍布各地。他们为主道而骁勇善战，不屈不挠。为此，欧麦尔看到应该进一步加强穆斯林的团结，所以他命令他的下属官员们要团结一心，秉公执法，一视同仁，帮助弱者，乐善好施。

欧麦尔与他的官员们的交往

前面我们已经谈到，欧麦尔任命官员的目的不是要管人，而是要在人们中秉公执行安拉的法度。为此，他对其官员们说：“你们要对所有的人一视同仁，无论亲疏、贵贱。你们要远离贿赂，警惕随心所欲地判决，不要在恼怒时拿人出气。无论何时，你们都要坚持真理。”他时刻认为自己对他的官员的行为负有不可推卸的责任。在他看来，他任命的官员行为不轨就等于是他自己行为不轨。所以，他对他们的要求特别严格，甚至到了不近人情的程度。有人说：艾布·欧拜岱在叙利亚时曾让他的孩子挥霍浪费。欧麦尔知道此事后减少了他的俸禄直到饿得他面黄肌瘦，衣带渐宽。欧麦尔得知他的情况后便说：“愿安拉慈悯艾布·欧拜岱。他是多么自律，多么的能忍耐啊！”他又将减少的俸禄补给了他。

我们前面已谈到，他不止一次地革他部下的职。他考虑的完全是国家和民族的利益。如他曾革了库法总督赛尔德·本·艾比·瓦戛斯的职。原因很简单，只是因为有一伙库法人反对他，他们对欧麦尔说，他（赛尔德·本·艾比·瓦戛斯）分配不均，判决不公，不随军出征。而欧麦尔派穆罕默德·本·麦斯莱迈到库法了解情况。他发现所有的库法人都很爱戴赛尔德·本·艾比·瓦戛斯。尽管如此，他还是撤了赛尔德的职以免发生纷争。因为当时的波斯部队正蠢蠢欲动。

欧麦尔每年朝觐期间，都和各地官员在麦加相会一次。他询问他们的工作，同时也询问人们对他们的评价，看看他们是否尽职尽责，廉洁奉公。廉洁在欧麦尔看来，是为官最重的条件。所以，他在委任官员前都对他们的财产进行统计。如果在他们为官后财产有了不明的增加，那就意味着他们为官不清，他就要没收他们来路不明的财产。他曾对他们说:“我委派你们为官，没有委派你们为商人。”

欧麦尔任命法官及其他对有关审判的看法

欧麦尔为哈里发的初期，各地命官掌管着各地的审判权、实施权以及军权。在伊拉克和叙利亚的军队使他牵肠挂肚，耗费他很多时间和精力，各地命官的行为也使他放心不下。麦地那的日常事务随着居民和财产的增多而日趋复杂。被征服地区不断扩大，在被征服地区推行的政策，给外地将领写信复函等等，要欧麦尔处理的事越来越多。所以，他必须任命一些助手来帮助他处理一些事务。

他做的第一件事就是将麦地那的审判权与行政分开。他任用艾布·杜尔德为法官，负责处理人们之间的纠纷。后来又任命夏利哈为库法的法官，任命艾布·穆萨·艾什尔里为巴士拉的法官。埃及解放后，他将埃及的审判权交给了善斯·本·艾比·阿斯。这些法官在《古兰经》及圣训精神指导下处理穆斯林的纠纷。任命法官是完善统治制度的第一步。

欧麦尔选拔法官比任命地方长官更加认真严格。作为法官他必须精通教法。欧麦尔在归信伊斯兰教以前，就掌管着古莱什和其他部落之间的外交事务。他归信伊斯兰后和安拉的使者形影不离，直接得到了安拉使者的教导，并亲自经历了安拉的使者对各类事务的处理过程。此外，欧麦尔刚毅诚实，智慧超人，对问题的分析洞察极其精辟。他对审判的态度更是令人敬仰。从他给艾布·穆萨·艾什尔里的信里就可以看出这一点。这封信的内容如下：

奉至仁至慈的安拉之名

审判应靠主命，应遵圣行。一旦遇到案件你要认真了解情况。证据确凿就立即实施判决。仅讲真理是不够的。你要秉公执法，要使有权势者不敢徇私舞弊，使弱者不会失望。诉讼者必须有证据，防止伪证。在非原则问题上可以在穆斯林之间进行调解。办案要讲真理、讲证据，不可凭经验主观判断。真理就是真理，伪证就是伪证。对于那些《古兰经》及圣训中没有出现过而你又吃不准的问题，你要反复推敲，然后进行分析。力求公正无私，符合真理的判决。要切记安拉是深知任何人的秘密的，安拉会向大家揭示真理。要警惕徇私舞弊。

以上简短的书信，阐明了当今社会审判机关仍应当遵循的基本原则。那就是秉公判决，以事实为依据，以法律为准绳。

财务制度

随着伊斯兰版图的扩大，送往麦地那的各种税赋逐渐增多。信士的长官由于忙于国家大事，无力管理和分发日益增多的钱财。这就要求制定专门的财务制度。财务制度的产生是阿拉伯国家社会生活中新的事务。

当时，欧麦尔整日忙于管理和分配他的部下从各地送来的财产。后来他认为，必须要制定有关财产统计和分配制度，并由专人管理这一事务，以便他专心致力于办理国家大事。这些钱财不是半岛穆斯林缴纳的天课。

天课应根据教法规定分发给有权享受它的人。天课的大部分就地分发，不送往麦地那。送往麦地那的钱财是被征服地区缴纳的人头税和土地税。各地的人头税及土地税就地打包烙上封印后送往麦地那。这些钱财放在麦地那郊外叫哈玛的地方。一旦穆斯林出征，那些没有乘骑的穆斯林就用这些钱财购买乘骑去征战。政府用余下的钱财给贫穷的穆斯林购买牲畜。先知时期、艾布·伯克尔时期以及欧麦尔执政的初期，穆斯林们征战所得的战利品，战后全部分给参战的将士及麦地那居民。随着被征服地区的扩大，战争所得土地税、人头税不断增加。穆斯林将这些所得用于被征服地区的建设以后还有大量盈余。这些钱财都集中在麦地那。这导致了麦地那钱财的积累和财务工作的繁忙。其实，在波斯尚未完全解放、解放埃及的战争还未发起时，麦地那的财产就已很富足，哈里发就已经考虑要建立国家的财务制度。

有关哈里发为何考虑建立国家的财务制度的传说很多。其中有人说，艾布·哈利勒从巴林来到麦地那。欧麦尔当众询问他一些情况后问他："你从巴林带来了什么？"艾布·哈利勒回答说："我带来五十万迪尔汗。"欧麦尔感到吃惊。又对他说："你说什么？"艾布·哈利勒再一次回答道，他带来了五十万迪尔汗。欧麦尔想这个人口出狂言，他又重问了一遍，但得到的仍是同样的回答。为此欧麦尔对他说："你困了吧？回去睡觉吧！"第二天，欧麦尔再次问艾布·哈利勒，得知他真的带来了五十万迪尔汗。欧麦尔对人说："他给我们带来了很多钱，如果你们愿意，我们可以当面清点后分发给你们，也可以不清点整把地抓着分给你们。"此时，有人对欧麦尔说："信士的长官啊！我发现那些外国人建立财务账目，按账目分配财物。"于是，欧麦尔下令清点并造册登记。

有人说，欧麦尔与人们商量清点财物登记造册之事时，阿里·本·艾比·塔利卜对他说："每年收集到你这儿的钱财，你全部分光，何须造册。"奥斯曼·本·阿凡则说："我看钱财很多，分钱的人也很乱。如果不统计清楚，你就不会知道谁拿了，谁未拿。我担心事情会乱套。"而瓦利德·本·哈希姆·本·穆吉拉则说："信士的长官啊！我是从叙利亚来的，我看到叙利亚的国王们清点财物时登记造册。你也当建立账目。"于是，欧麦尔采纳了他的意见，叫来阿格勒·本·艾比·塔利卜、马赫拉迈·本·努菲勒和祖拜尔·本·穆塔阿姆。他们都是古莱什人。哈里发对他们说："你们按照财物的数量及人们的品级进行统计造册。"

有关欧麦尔命令统计人数，按账目分配的起因还有很多传述，我们在此就不一一列举。但欧麦尔登记造册，按账进行财物分配的目的只是让阿拉伯人全身心地投入到主道事业中去。也正因为这一目的，在欧麦尔时期，禁止把被征服地区的土地分给战士，以免他们忙于耕作而延误征战，以免土地使他们忘却弘扬伊斯兰教的伟大使命。

按品级登记人口

欧麦尔决定将人口造册登记，按账目分配财产。然后他吩咐阿格勒·本·艾比·塔利卜、马赫拉迈·本·努菲勒、祖拜尔·本·穆塔阿姆，按人们的品级进行登记。他们将哈希姆家族成员记录在最前面，然后依次是艾布·伯克尔所在的泰姆家族成员、欧麦尔所在的阿迪家族成员。当欧麦尔看到他们这样编排顺序时，说："以安拉发誓！我希望从先知的近亲开始，然后再向远编排。"

根据人们的品级高低进行分配，这是一种新的倾向。艾布·伯克尔没有这样做过，欧麦尔为哈里发初期也未这样做过，因为《古兰经》没有将穆斯林分为贵贱不等的阶层。在安拉跟前贵贱之分不是因为出身和家族，而是因为其敬畏的程度。为此，欧麦尔自己也说过："以安拉发誓，假若非阿拉伯人做了善功，而我们无所事事，那么到了复生日，他们比我们更应受先知的亲近。不应看他与先知的亲疏，而应看他为主道所做的工作。谁玩忽职守，出身再高贵也对他无济于事。"但是后来，他改变了初衷。欧麦尔所主张的新动向不仅仅表现在登记人员的先后顺序上，而且还涉及分配的多寡。这一做法在伊斯兰生活中留下了巨大的影响，这种影响至今犹存。

分配原则和特殊情况

在分配中欧麦尔使部分穆斯林优越于他人。这种做法违背了艾布·

伯克尔的政策。艾布·伯克尔一直坚持人人平等的分配原则。有一天，欧麦尔对艾布·伯克尔说："难道你不优待早期归信的穆斯林吗？"艾布·伯克尔回答说："归信安拉，安拉将给予他们报偿，复生日将得到应得的回报。而分配财物只是现世的事情，不该有别。"在欧麦尔要在分配中优待伊斯兰的先驱者时，有人向他提到艾布·伯克尔的原则时，他说："我不会是非不分的！"为此，欧麦尔将参加白德尔之战的人视为最高级别，然后依次顺排。但他对安拉的使者的近亲，则另当别论，不考虑他们是否出征和归信伊斯兰的先后。所以，他规定给先知的叔叔阿拔斯·本·阿卜杜拉·穆塔里布一万二千迪尔汗，给他的妹妹苏菲叶·宾特·阿卜杜拉·穆塔里布六千迪尔汗，给先知的每位妻子一万迪尔汗。而阿伊莎因安拉的使者对她的喜欢而另加二千迪尔汗，但阿伊莎没有要多给的部分。

欧麦尔规定，每位参加白德尔之战的人年薪五千迪尔汗；参加吴侯德之战的人年薪则为四千；每位白德尔将士的后裔则为两千，哈桑和侯赛因除外，他俩属于安拉使者的近亲，每人的年薪为五千迪尔汗；每位解放麦加前迁徙到麦地那的穆斯林年薪三千；每位娶了被征服地区穆斯林女子的男人年俸禄为两千，迁士和辅士的未成年后裔也是如此。欧麦尔根据人们的级别地位和精通《古兰经》的程度进行不等分配后，其他人都一律平等。规定也门人以及在叙利亚和伊拉克的盖斯人的俸禄在两千到三百不等，但没有低于三百的。欧麦尔曾说："如果钱多的话，我给每人四千迪尔汗，一千用于出征，一千用于购买武器，一千留给其家属，一千用于他的乘骑。"

欧麦尔为刚出生未满月的婴儿分配一百迪尔汗，成长到青年时增加到二百。如果谁捡拾弃婴，弃婴有一百迪尔汗的补贴，抚养他的人有适当补贴，弃婴的抚养费由国家负担。弃婴的生活费和其他孩子的生活费一样，随着年龄的增加而增加。

欧麦尔制定的分配原则很明确，他曾说："每个人从国家财产中都有应享的一份，并且人人平等。我也是其中的一员。但是，我的分配则根据安拉的经典中所提到的不同的品级、根据与安拉的使者的亲疏关系进行分配，看他为伊斯兰教所遭磨难的程度，看他归信伊斯兰的先后，看他为伊斯兰做出的贡献，看他的实际需求。以安拉发誓，只要我活着，就是有个从萨娜山而来的牧羊人来到我这儿，我也会根据他的地位将他应得的份额给予他。”

欧麦尔掌握分配原则且自己亲手主持这项工作，他尽可能使每个人得到自己应得的数额。无论俸禄多少，凡是麦地那的人，欧麦尔都亲手发放。麦地那以外的地方，其居民的俸禄账目都在地方长官手中。欧麦尔经常写信给有关人士，督促他们公正地发放每个人应得的份额。

有部分人将自己比别人多的俸禄施舍出去，但绝大多数人仍然以自己的俸禄来发展自己的经济。由于分配不均，很快那些年薪数千元的人们财产得到了成倍的增长，因而出现了对社会制度产生明显影响的贫富分化，欧麦尔对此十分关注。他反复考虑，最终找到问题的症结在于分配战利品和俸禄时的不平等。他希望以后能像艾布·伯克尔一样，在分配时人人平等。所以他说：“以安拉发誓，如果来年我还活着，我一定使人人享受平等的分配权。”他的意思是减少那些他曾使他们优越于他人的俸禄，增加过去待遇低的人的待遇，使人们收入相当，贫富无大的差别。但是，他未能做到这点，因为他未能活到来年就遇刺了。为此，贫富阶级存在了下来，它对后来的伊斯兰民族生活产生了巨大影响。

欧麦尔不仅建立了财物分配的账目，而且规划了建设蓝图。尽管当时的叙利亚建设蓝图是用罗马文写的，伊拉克建设蓝图是用波斯文写的，而埃及建设蓝图是用科普特文描绘的。这些蓝图由波斯、罗马和科普特人保管，而不在穆斯林的手中。建设蓝图包括建立造币工厂，在各大城市设立国库等。正因为这些周密的设想、宏伟的计划，伊斯兰以迅雷不及掩耳之势席卷了波斯、罗马两大帝国。而在这些蓝图之前，伊斯兰国家没有任何建设计划。先知时期，曾有专人为他书写信函，这些信函和有关回执都保存在先知的麦地那家中。当时也没有国库，所有战利品和天课都及时发给有权享用的人。艾布·伯克尔时的情形基本与先知时期一样，他的有关信件也都保存在他的家中。战利品和天课同样是随时收取，及时分配。而到欧麦尔时期，伊斯兰的版图扩大了很多，为此国家事务日渐繁忙，国家钱财也剧增。针对这种新的形势，必须要有相应的、新的政策和手段来保护国家利益。在人们中力行公正，使被征服地区人民看到这一统治制度比罗马、波斯皇帝的统治制度优越、严明。

欧麦尔自从先知迁徙到他统一半岛这一时期，为建立伊斯兰统治制度而做出的巨大努力是令人敬佩的。麦地那政权统治了波斯、伊拉克、叙利亚、埃及和整个阿拉伯半岛。伊历 6 年（公元 627 年）前，麦地那政权统治只限于麦地那周围。

穆斯林从此以后开始了新的生活，统治制度逐渐形成。伊历 7 年（公元 628 年），安拉的使者向周边各诸侯、国王和酋长派遣特使，号召他们归信伊斯兰教。波斯国王库思老反应积极，后来他死了，他委任的在也门总督因他的积极态度而归信了伊斯兰，他加入伊斯兰队伍后，仍为使者在也门的总督。伊历 8 年，麦加和塔伊夫先后解放，其居民归信了伊斯兰，安拉的使者将其身边的工作人员派往两地执政。伊历 9 年，半岛代表团到麦地那接受伊斯兰。伊历 10 年，安拉的使者向半岛各部落派遣工作人员，让他们教导人们伊斯兰法规，收取天课。伊历 11 年，安拉的使者逝世，人们向艾布·伯克尔效忠。艾布·伯克尔平息叛乱就预示着新的制度将在阿拉伯半岛产生。伊历 12 年，艾布·伯克尔开始进攻伊拉克和叙利亚，为全面胜利和建立伊斯兰帝国铺平了道路。伊历 13 年，艾布·伯克尔逝世。欧麦尔成了第二任哈里发。在他为哈里发期间解放了伊拉克、波斯、罗马。伊斯兰疆域成了实力强大的国度。这一系列重大的事件和变革发生在不到十五年的时间里，震撼世界，揭开了人类历史的新篇章。

在这有限的岁月里，统治制度逐渐由阿拉伯游牧制度发展到我们前面所描述的文明制度。这种文明的精髓就是伊斯兰。它在协商原则上建立起了新的制度，建立了最现代的立法原则。原来罗马、波斯的皇帝妄称他们的权势是从神灵那里获得的，他们的行为不受任何约束。而信士的长官则认为，权力是向他效忠的人给予的。他的行为受《古兰经》、圣训的监督。在协商事务中，人人都享有发表意见的充分自由。这种自由是建立在人人平等的原则之上，在安拉跟前，在安拉的命令和禁止面前人人平等。领袖不比群众优越，阿拉伯人不比非阿拉伯人优越，高贵与否在于敬畏安拉与否，在于是否廉洁地工作。

这些建立崇高的伊斯兰制度的原则，穆斯林将其视为座右铭。欧麦尔尊重这些原则，他希望这些原则得到不折不扣的执行。公正廉洁的统治是民族尊严、伟大的最有力的因素。为此，穆斯林在欧麦尔时期实现了如此宏伟的目标。在他为哈里发时期，伊斯兰国家成立了，在他以后，伊斯兰国家得到了进一步发展壮大。

第二十三章　欧麦尔时期的社会简况

社会生活的巨大变化

麦加光复后的十五年间，阿拉伯国家发生了令人震惊的巨大变化。毫不夸张地说，那不是简单的进步，而是一种飞跃。在这短短的时间内，阿拉伯人由偶像崇拜过渡到归信伊斯兰教；由像一盘散沙互相敌视的众多部落改变成一个统一、团结和拥有共同奋斗目标的伟大民族；由一个濒临灭亡的半岛各部落发展到横扫罗马、波斯势力的庞大国家；穆斯林告别了过去艰难困苦的游牧日子，实现了他们从未有过的幸福生活。这一系列巨大变化无疑影响了他们的社会生活，使他们对社会生活的观点和需求产生了新的变化。

导致这一巨大飞跃的因素，都会对社会生活以及个人生活产生相应的影响。宗教因素的影响，政治因素的影响，经济因素的影响……尽管这些影响有时相互矛盾和制约，但正是它们之间相互作用、互为结合，才导致了社会生活引人注意、令人深思的变化。这样的变化会给伊斯兰及穆斯林带来怎样的后果呢?

为进一步了解这一巨大的变化，我们有必要回顾一下在伊斯兰教诞生以前阿拉伯人的社会生活情形。原来大部分阿拉伯人是沙漠地带的居民，城镇和农垦区居民甚少。因为阿拉伯半岛雨水稀少，没有一条终年流淌的河流。即使偶尔大雨倾盆，也只能造成毁灭性的泥石流。紧接着连续干旱无雨。所以，除了极少数地方外都不适宜农业生产。城镇一般都坐落在泉水丰富的地带。其他都是一些在雨季是牧场，而雨季过后就会干枯的荒漠。也门的大沙漠养育着大部分也门人。在也门荒漠中定居的游牧人数比例高于在纳季德[①]、希贾兹[②]等其他阿拉伯国家定居在荒漠中的人数比例。

荒漠中的社会基础是部落。部落由一些具有血缘关系的、聚集在一起的居民区组成。所有居民区的人都居住在帐篷中。他们一旦要迁居，搬运也很方便。部落游牧最多的时候是春夏两季。因为在这两季，荒漠中小的泉眼周围牧草丰盛。一旦冬季来临，牧草枯萎，他们就向定居居民区靠近，在那儿驻扎下来。通过交换或偷袭，从定居居民那儿获得他们简单的生活需求。对游牧民来说，自由比吃穿更重要。

蒙昧时期的家庭制度

当时每个部落都有部落长老。每个居住区有领袖，每个家庭有家长。通常家长就是父亲。父亲在家中享有绝对的权力，特别是对其妻室。妻子的工作就是为家庭服务及生儿育女。妻子对丈夫如同奴隶对主人一样，妻子在丈夫面前没有发言权。因此，不能生育是许多妇女被休的主要原因。原来，娶妻的数量是不受限制的，孩子越多越好。阿拉伯人特别希望人口增多，以便能保护其部落和家族的昌盛。先知的爷爷阿卜杜勒·穆塔里布·本·哈希姆的故事就是典型的事例之一。他曾许愿如果他能生十子且都能健康成人，他一定要在克尔白前宰一个儿子向安拉献牲。结果，他如愿以偿。他准备宰阿卜杜拉来献牲。后经人劝阻未宰，所以他就宰杀了一百头骆驼代替了阿卜杜拉。

阿拉伯人选择妻室多半是从不同部落里挑选。因为他们认为，这样生下的孩子聪明、健壮。另外，娶本部落的姑娘经常会导致部落男人之间的纷争和仇恨。他们常常留下女俘虏为他们生儿育女。如果他们索要杀人罚金，首先是要求提供两个姑娘。他们宁愿放弃牛羊驼等财物的赔偿，

① 纳季德，又译作内志，位于阿拉伯半岛的高原地带，以帖哈麦、也门、伊拉克和叙利亚为界。

② 希贾兹，又译作汉志，位于沙特阿拉伯王国西部沿海地带。因其辖区内有伊斯兰发祥地麦加和麦地那而闻名于世。

也绝不会放弃索要两个姑娘的要求。叔伯兄弟仍然享有娶堂姐妹的优先权。如果一个男人想娶他的堂姐妹、表姐妹为妻时，他只需要缴纳聘金就可以了，她的父亲也无权干涉。即使有其他人给的聘金再多，也无济于事。

男的求婚只需向女方家长提出，一旦得到同意，交付一定聘金就可以结婚，女方要随男方居住到男方的居住区和部落当中。这就是蒙昧时期的婚俗。这一婚俗的部分内容在伊斯兰时期保留了下来。与此同时，伊斯兰也废除了其他一些他们曾习以为常的婚俗。如：男方娶了女方之后，女方仍然住在自己娘家，只有当男的经商或旅行经过她家时，才与她同宿。有的妇女选择婚后留在她们的家中生活，这样的妇女大都是有钱有势的女人。她们不愿离开自己的财富，孩子就一直随着母亲生活，并且孩子们的血统也归属于她的部落。

部分史学家认为，这样的婚俗就是在伊斯兰初期被允许的享受婚俗的起源。欧麦尔禁止了这种婚俗。但这种享受婚俗至今在什叶派穆斯林中仍被视为合法婚姻。

临时婚姻还有另外一种形式。当妻子不愿同丈夫在一起生活时，她只要改变一下帐篷门的位置就可以了，这样丈夫就知道她已不是自己的妻子了。伊本·白图泰在他的游记中就提到在也门祖白德地区有这样的婚俗。

也门的历史学家还提到历史上曾有公共婚姻。妻子归家庭男成员共享。一旦有一成员进入她的帐篷与她同欢，他就将他的手杖放在门口，这样其他成员就不会闯入。但她常常同家长同住。如果她要与外人通奸就会被处以死刑。据说，有位酋长的女儿成了某一家庭的公共妻子，而她却喜欢上了这个家庭成员以外的一位青年。每当她与这个青年幽会时，她就将一个手杖放在门口，以防有人闯入。有一天，这个家庭所有的男子都聚集在了一起，而他们发现她的帐篷门口仍然放着一根手杖，于是他们就发现了她的丑行，并将她处死。

看起来这种婚俗很奇特，但还有更奇特的婚俗。那就是买卖婚姻，或称其为借种生子婚姻。那就是男人结婚后将他的妻子放到其他男人家里，等她怀孕后再回到她的丈夫家，所怀的孩子归其丈夫。他们这样做也许是由于男的不能生育而又想要孩子的原因。先前的阿拉伯人还有收养义子的习惯，义子和亲生子一样在家庭和部落享有继承权。这都是蒙昧时期阿拉伯人的风俗，后来伊斯兰否定了那些不合情理的习俗。

蒙昧时期的妇女地位

从前面所提到的蒙昧时期阿拉伯人的婚姻习俗中，我们可以看到，阿拉伯人是非常轻视妇女的。而事实也是如此，妇女接近于奴隶。男人们可以随意挑选她们，只要交了聘礼，就可娶走她们。除了临时婚姻外，她们没有任何拒绝的权力。妇女随时都可能被休、被抛弃。母亲、妻子、女儿没有继承权。因为阿拉伯人认为，继承权是属于持枪打仗、保卫领土和分配战利品的人。

男人对妻子的绝对权威我们上面已经谈到。男人对孩子的权力也非常大，特别是对女孩。有许多部落中的男人因为害怕耻辱和贫穷而活埋女婴，孩子的母亲无权干涉。同样，一旦嫁出去的姑娘被休或受到虐待逃回家中，也只有父亲负责保护其女儿。至于男孩，随着其年龄的增大，父亲对他的权力会有所减弱。男孩成家后如果仍与父亲住在一起，那父亲仍享有家庭的绝对权威。

以上是荒漠居民的家庭制度简况。阿拉伯城镇居民的家庭制度也大致如此，因为他们大多数人原来都是荒漠中的居民。尽管伊斯兰教消除了阿拉伯人许多恶俗陋习，但直到今天，仍然可以在他们的生活中显现出他们祖先游牧生活的痕迹。这些痕迹表现在所有说阿拉伯语的国家。他们中许多人都有伊斯兰教以前的某些习俗，如阻止女儿的继承权。认为男人对女人有绝对的权力，对女儿的婚姻，母亲没有任何发言权。女人一旦死了丈夫或被休，或是受到丈夫的虐待，仍然是回到父亲家中受到保护。父亲对那些未能独立并仍与他住在一起的孩子仍然享有绝对的权力。

部落生活及其特征

无论是游牧的阿拉伯人还是城镇的阿拉伯人，他们的家庭、婚姻制度都是类似的，但两者的生活方式和经济制度却是完全不同的。定居的城镇居民依靠经商生活，而定居的农民依靠种植的农作物而生活。他们的商业和农作物的利润是很可观的。有许多人还从事借贷和放高利贷等经济活动。这些人贪图享受，过着游牧人想象不到的奢侈生活。他们唱歌跳舞，饮酒赌博，尽情地满足私欲。伊本·赫勒敦曾评价他们说："他们的灵魂受到了玷污。他们贪图今世而无恶不作，尔虞我诈，言而无信。当然他们也有许多优点，否则，他们的生意必会萧条，从而他们就无法抵御恶劣的自然环境。但他们大都是一些诡计多端的奸商。他们只顾挣钱而忽视道德情操。"

而荒漠的游牧人则逐水草而居，以食用肉奶为生，生活简朴。他们只拥有栖身的帐篷和帐篷周围的少量农田和水果树。而围绕部落家庭的牧场则属于部落共同所有。同时，沙漠中生长出的牧草也保护着他们的家园。

各部落的居住区有公认的界限。当某一部落周边的草场枯萎时，他们会远离家园而寻找新牧场。因为每个部落都不允许别的部落成员侵占自己的领地，也不允许其部落居民受到他人的伤害。也正因为这些因素，蒙昧时期部落之间的仇杀是司空见惯的事情。游牧人耿直好战，部落生活经常是战争和掠夺。掠夺钱财跑到帐篷之中是荒漠游牧人习以为常的事。某一部落一旦掠夺而归后，就在其营地严阵以待，防止被掠夺者的复仇或是再被人掠夺。伊本·赫勒敦这样评价说："他们是些拉帮结派、拦路抢劫的野蛮民众。"

由于害怕别人的报仇和侵略，部落居民自然紧密地团结在一起。为了加强团结，其部落中的男人长者自然要向其居民大谈他们祖先的英勇行为，以此教育部落成员为保护家园及部落的荣誉而奋斗。荒漠生活是苦不堪言的。荒漠居民经常遭到外来的袭击。如果其居民不慷慨待友，不保护邻里，那么部落就会有遭到毁灭的危险。荒漠生活是同自然和外来侵略做斗争的生活。如果部落成员不勇敢、不足智多谋的话，就无法承受来自生活的巨大压力。如果他们不向别人宣扬自己的威力，不让别人对自己有所畏惧的话，他们就会遭受灾难。因此，他们在诗歌中抒发得最多的是对祖辈所建立的光荣和自豪、慷慨和热忱及英勇行为。

阿拉伯人不仅仅因敌人侵犯自己的家园而复仇，还往往由于钱财、荣誉和受到侮辱等事情进行复仇。他们认为，由于以上这些原因进行报复是理所当然的。每个部落都视向任何应当报仇的事情而报仇，作为自己的责任。一旦他们中的一人被他人所杀，他们会全体拿起武器讨还血债。杀人凶手会被杀死，其牛羊驼会被赶尽杀绝，他家中的妇女会被侮辱三天。在这种情况下，凶手所在的部落也无权干涉。但大多数情况下是凶手杀人后，寻求他人保护。一旦有人保护，那么凶手只需付杀人罚金。一般情况是这样：被害方家属索要姑娘或骆驼等钱财。凶手家属答应支付赔金，然后再对赔偿的多少进行讨价还价。但索赔方绝不会放弃要凶手交付两个姑娘的罚金的要求。复仇者可以自己享用这两个姑娘，也可以将她俩送给他愿意的人。

为荣辱复仇往往会导致部落之间连续数年的战争。如果要报仇的部落比对方弱小，他就会把所遭到的欺辱告诉给其邻里或同盟，寻求他们的帮助，以实现报仇的愿望。当时，因为这种目的而结盟是司空见惯的。也许你还记得先知在他为圣之前就曾加入过“恩德联盟”。当时麦加的一些部落缔结盟约，让任何受害者得到应有的补偿。后来先知迁徙到麦地那后，攻打麦地那的盟军也是麦地那的犹太教徒和麦加等地的阿拉伯部落联盟的结果。类似这种联盟在蒙昧时期比比皆是。有关它的情况在历史书和文学书中随处可见。

复仇、侵略和冒险的生活导致了阿拉伯人特别迷信凶吉之兆。这不仅仅表现在战争当中，而是涉及他们生活的各个方面。有部分历史学家说，阿拉伯人用动物名给孩子起名字就是一种迷信吉凶之兆的表现。他们中如果有人死了婴儿，后来又生了孩子，他就会给后生的孩子用动物的名字命名，如狐狸、牛、狗、狼、豹和狮子等。他们之所以这样，是仿效其部落祖先们为了防止死亡而采用的避邪命名的方法。其实，除阿拉伯人外，还有很多人也用动物名称给孩子命名。如英国、法国和德国的人名中也常用狐狸和狼之类的名字。也许他们和阿拉伯人一样是出于用动物名能逢凶化吉的目的。

蒙昧时期的偶像崇拜

抽签、算卦和对偶像的崇拜加深了阿拉伯人对吉凶之兆的迷信。当时，他们在办某事之前，首先要在偶像面前抽签。签是由木头或石片制成的。其上面分别写有："行""止""不算"的字样。他们在胡白勒偶像[1]的监视下，摇摆签子。接着抽出其中一根。如果上面写着"行"，他就义无反顾地去做他所要做的事情。如果他所抽之签上面写着"止"，他就毫不犹豫地放弃他想做的事。如果所抽之签上面写着"不算"的字样，他就会重新摇晃，再抽第二次。他们深信，这是他们所崇拜的偶像的旨意，他们百分之百地顺从神灵的旨意。

每个部落甚至每个家庭都有自己所崇拜的偶像。如果他们要出门，临行前必须要祈求神灵允许，而出门归来后的第一件事就是向偶像汇报。伊本·凯勒比在偶像篇中曾说道："崇拜偶像和石头可追溯到古代。在麦加，任何人要离开麦加时，都会带上他所崇拜的石头制成的偶像以求保护。他们无论住在哪儿，都把石头放到地上，然后绕石块环游，如同巡游天房一样……然后给偶像献牲。"当时的胡宰勒·本·马德莱克部落以叶布阿大地上的素瓦尔为神，克利卜部落则崇拜杜迈·金代勒的旺德，海木丹及其所属的也门人崇拜叶欧格，哈木叶尔部落崇拜奈斯尔，马子吉哈部落和纠尔希部落则以叶巫斯为神灵。《古兰经》以明文否定了这些偶像。

> 他们说："你们绝不要放弃你们的众神明，你们绝不要放弃旺德、素瓦尔、叶巫斯、叶欧格、奈斯尔。"他们确已使许多人迷误，求你使不义的人们更加迷误。（《古兰经》努哈章：23—24节）

默那属于最古老的偶像之一，它是坐落在麦加和麦地那之间的古戴德的一块黑石。阿拉伯人都崇拜它，在它周围献牲。拉特是塔伊夫的偶像，本是一块方石。塞基夫的守卫者们在其上面建造了一个小建筑以示尊敬。欧萨偶像被放在麦加东部奈赫莱的椰枣山谷的一个房子里。有人说，他们能在这房子里面听到偶像发出的声音。它是古莱什人最尊崇的偶像，他们为其献牲。古莱什人将上面提到的三位偶像说成是安拉的女儿。它们在安拉面前能为他们说情。

① 伊斯兰教以前供在麦加克尔白内的偶像。

你们告诉我吧！拉特和欧萨，以及排行第三，也是最次的默那，怎么是安拉的女儿呢？难道男孩归你们，女孩却归安拉吗？然而，这是不公平的分配。这些偶像只是你们和你们的祖先所定的名称，安拉并未加以证实，他们只是凭猜想和私欲。正道确已从他们的主降临他们。(《古兰经》星宿章：19—23节)

当时，古莱什人在天房内放有很多偶像。最受他们尊崇的是胡白勒，它是由光玉雕刻成人形的偶像。其右手曾碎过一次，后来，古莱什人给它装了一只金手。以萨夫和纳以勒分别是坐落在赛法和麦尔卧的两个偶像。除此以外还有许多偶像，我们就不一一列举了。

阿拉伯人崇拜各种偶像，但同时他们也不否认安拉的存在。他们给安拉举伴，把这些偶像当成安拉的亲近者。所以他们在朝觐时的响应词是在纪念安拉的同时，也纪念他们崇拜的偶像。“响应你啊！主啊！响应你。只有它（偶像）是你的合作者，你掌管它及它所拥有的一切。”原来的古莱什人在巡游天房时说：“拉特、欧萨和排行第三的默那，它们是最漂亮的美女，它们的说情是可指望的。”为此，安拉降谕说：

他们虽然大半信仰安拉，但他们都是以物配主的。(《古兰经》优素福章：106节)

伊斯兰教彻底消灭多神崇拜

以上为伊斯兰教之前阿拉伯人的宗教信仰和社会习俗的大概情况。伊斯兰教首先要消除的就是阿拉伯人心中信仰的毒瘤——多神崇拜。阿拉伯人听到了严厉痛斥举伴安拉的呼唤。同时，他们也深刻地认识到举伴安拉的错误和罪恶。

他们为安拉树立许多匹敌，以便他们使人背离主的大道。你说：“你们享受吧！因为你们必归于火狱！”(《古兰经》易卜拉欣章:30节)

众人啊！有一个譬喻，你们倾听吧！你们舍安拉而祈祷的〔偶像〕虽群策群力，绝不能创造一只苍蝇；如果苍蝇从他们的身上夺取一点东西，他们也不能把那点东西抢回来。祈祷者和被祈祷者，都是懦弱的！(《古兰经》朝觐章：73节)

你们舍他而祈祷的偶像，不能助你们，也不能自助。如果你们叫他们来遵循正道，他们不能听从你们；你以为他们看着你，其实他们是视而不见的。(《古兰经》高处章：197—198节)

你说："你们告诉我吧，你们舍安拉而祈祷的那些配主，怎么应受崇拜呢？你们告诉我吧！他们曾独自创造了大地的哪一部分呢？还是他们曾与安拉共同创造诸天呢？还是安拉曾授予他们一本经典，而他们是依据那本经典中的许多明证呢？"不然，不义者仅以欺骗互相应许。(《古兰经》创造者章：40节)

先知和信士们，既知道多神教徒是火狱的居民，就不该为他们求饶，即使他们是自己的亲戚。(《古兰经》忏悔章：113节)

当禁月逝去的时候，你们在哪里发现以物配主者，就在那里杀戮他们，俘虏他们，围攻他们，在各个要隘侦候他们。如果他们悔过自新，谨守拜功，完纳天课，你们就放过他们。安拉确是至赦的，确是至慈的。(《古兰经》忏悔章：5节)

阿拉伯人听到这些在经文中提出的警告后，举伴安拉的错误已从他们内心中消除了。所以我们发现，先知逝世后的那些叛教者们并没有举伴安拉，而只是妄称各民族都有自己的先知。穆罕默德也只是他的民族中的先知。平叛胜利后，所有的阿拉伯人都归信：除安拉外，绝无应受崇拜的；穆罕默德是安拉的使者。

消除以物伴主在阿拉伯的社会生活中产生了深刻的影响。穆斯林除安拉外不相信任何偶像，他们再也不抽签拜偶像了。他们只向主求佑护，只托靠安拉，顺从安拉。安拉引导人走正道。为此，阿拉伯人的思想和心灵从崇拜偶像的桎梏中得到了彻底的解放。他们再也不迷信吉凶之兆、算命之说及以观星象来确立人生和民族的归宿的言论。宇宙万物都依照安拉的意欲而运行发展。安拉的大道是不可改变的。

伊斯兰教尊重妇女以及它对社会变革的影响

社会生活中影响最深的是男人改变了对妇女的看法。安拉教诲人们，男女穆斯林在安拉面前是一律平等的。无论是男穆斯林还是女穆斯林都会受到报偿。无论什么性别的以物伴安拉者都要受到惩罚。

他们的主应答了他们："我绝不使你们中任何一个行善者徒劳无酬，无论他是男的，还是女的……"（《古兰经》仪姆兰的家属章：195节）

信士和信女，谁行善谁得入乐园，他们不受丝毫的亏枉。（《古兰经》妇女章：124节）

以便他惩罚伪信的男人和女人，和以物配主的男人和女人，就是对安拉作恶意猜想的人……（《古兰经》胜利章：6节）

你的主曾下令说：你们应当只崇拜他，应当孝敬父母。如果他俩中的一人或者两人在你的堂上达到老迈，那么，你不要对他俩说："呸！"不要呵斥他俩，你应当对他俩说有礼貌的话。你应当毕恭毕敬地服侍他俩，你应当说："我的主啊！求你怜悯他俩，就像我年幼时他俩养育我那样。"（《古兰经》夜行章：23—24节）

《古兰经》中的这些章节对蒙昧时期男女地位悬殊的主张给予了批判。男女在安拉面前一律平等，都同样受奖赏和惩罚。这一点是阿拉伯人从未听到的说法。他们从波斯、罗马那里，同样未听到过男女平等的说法。这是新的宗教的教义，每个穆斯林都应遵从它。

因此，这一观念的改变对夫妻、父子、弟兄之间的关系都产生了巨大的影响。妻子不再是家庭中的奴隶，而是丈夫的生活伴侣，她对丈夫有义务，也可以得到自己的权利。

他的一种迹象是：他从你们的同类中为你们创造配偶，以便

你们依恋她们，并且使你们相互爱悦，相互怜恤。(《古兰经》罗马人章：21 节)

从此后，再也没有人因害怕贫穷和耻辱而活埋自己的女婴。

你们不要因为贫穷而杀害自己的儿女，我供给你们和他们……(《古兰经》牲畜章：151 节)

难道他从自己所创造的众生中自取女儿，而以男儿专归你们吗？他们妄言至仁主有女儿，但他们中的一个人听说自己的妻子生女儿的时候，他的脸色变成暗淡的，而且他是拗怒的。(《古兰经》金饰章：16—17 节)

这些对传统陋俗发起的革命，必然导致阿拉伯社会生活发生变革。这是一场启示给安拉的使者的革命。它是安拉的命令，安拉的命令是不可阻挡的，其哲理是不言而喻的。无疑这场革命在阿拉伯人心灵深处产生的震撼比消除崇拜偶像、举伴安拉的理性革命更加强烈。

伊斯兰教的一夫多妻制和继承法

伊斯兰教所允许的一夫多妻制，不同于蒙昧时期的一夫多妻制，也不同于我们从字面上所理解的一夫多妻制。首先，它限制了原来的绝对一夫多妻，规定最多可娶四个妻子。然而，如果不能公平对待众妻室，则只可娶一位妻子。

你们可以择娶你们爱悦的女人，各娶两妻、三妻、四妻；如果你们恐怕不能公平地待遇她们，那么，你们只可以各娶一妻，或以你们的女奴为满足。这是更近于公平的。(《古兰经》妇女章：3 节)

这一节《古兰经》文所规定多妻制，是符合《古兰经》所规定的妇女的地位和身份的。它和蒙昧时期无条件、无限制的多妻制是迥然不同的。

如果说，男女平等对社会变革产生了巨大影响的话，那么，伊斯兰教所规定的妇女具有继承权这一点，更加抨击了蒙昧时期的错误偏见。当时的妇女连人的基本权利都没有，岂能有继承权。女人和那些持枪卫国、夺取战利品的男人们一起享有财产继承权，表面上看是所有权问题，实质上则是物质利益问题。有部分阿拉伯人对实行女人的有关法律的表现不够积极的原因是，他们误解了规定有关男人享有两个女人数额的继承权的条文。其实，这些有关经文主要是因为注意到男人负担养家卫国、为主道出征费用的责任。

男人是维护妇女的，因为安拉使他们比她们更优越，又因为他们所费用的财产。(《古兰经》妇女章：34 节）

如此众多有关妇女权利地位的经文降示，必然导致了阿拉伯社会生活的巨大变迁。因为女人是家庭的基础，家庭又是部落、民族和社会的基础。男人尊重妇女，妇女与男人一起参与适合她们的生活事务，这样会形成祥和、团结的社会生活环境。

伊斯兰教与社会秩序

伊斯兰教给阿拉伯世界带来的经济变革对社会变革同样产生了巨大的作用。在蒙昧时期，有钱的商人，放高利贷的人们，他们用蔑视的眼光看待穷人和劳动者。如果他施舍给穷人一点钱财，他们也会要求别人对此感恩戴德，随意地伤害被施舍者。他们把施舍作为提高自己在人们心中威望和地位的一种手段。

伊斯兰教一开始就反对和抵制这种自私自利的个人主义行为。伊斯兰教主张人人平等，共同富裕的原则。谴责那些施舍是为了让别人感恩，鄙视伤害穷人的富有者们。规定富有者必须缴纳天课接济穷人。

与其在施舍之后，损害受施的人，不如以婉言谢绝他，并赦宥他的烦扰。安拉是自足的，是至容的。信道的人们啊！你们不要

责备受施的人和损害他们，而使你们的施舍变为无效……（《古兰经》黄牛章：263—264节）

如果你们公开地施舍，这是很好的；如果你们秘密地施济贫民，这对于你们是更好的。这能消除你们的一部分罪恶。安拉是彻知你们的行为的。（《古兰经》黄牛章：271节）

施舍并不是富人对穷人的恩惠，而是穷人在富人的钱财上应享有的权利。为此，《古兰经》指出：

赈款只归于贫穷者、赤贫者、管理赈物者、心被团结者、无力赎身者、不能还债者、为主道工作者、途中贫困者；这是安拉的定制。安拉是全知的，是至睿的。（《古兰经》忏悔章：60节）

他们问你他们应该怎样费用，你说："你们所费用的财产，当费用于父母、至亲、孤儿、贫民、旅客。你们无论行什么善功，都确是安拉所全知的。"（《古兰经》黄牛章：215节）

这些新的启示给人以许多耳目一新的概念。自古以来，人们都认为善功和施舍是对受施者的恩惠，而不是他应得的权利。为此，这一呼吁，对伊斯兰的传播，对后来伊斯兰社会的发展产生了巨大的影响。

放高利贷更是伊斯兰教深恶痛绝的。《古兰经》对此明确禁止：

吃利息的人，要像中了魔的人一样，疯疯癫癫地站起来。这是因为他们说："买卖恰像利息。"安拉准许买卖，而禁止利息。奉到主的教训后，就遵守禁令的，得已往不咎，他的事归安拉判决。再犯的人，是火狱的居民，他们将永居其中。安拉褫夺利息，增加赈物。安拉不喜爱一切孤恩的罪人。（《古兰经》黄牛章：275—276节）

《古兰经》将利息视为借诈术而侵蚀别人的钱财。

我禁止犹太教徒享受原来准许他们享受的许多佳美食物，因为他们多行不义，常常阻止人遵循主道，且违禁而取利息，并借诈术而侵蚀别人的钱财，我已为他们中不信道的人而预备痛苦的刑罚。(《古兰经》妇女章：160—161 节)

而在蒙昧时代，放高利贷是十分猖獗和流行的，安拉禁止了这一恶行。

信道的人们啊！如果你们真是信士，那么，你们当敬畏安拉，当放弃余欠的利息。如果你们不遵从，那么你们当知道安拉和使者将对你们宣战。如果你们悔罪，那么，你们得收回你们的资本，你们不致亏枉别人，你们也不致受亏枉。(《古兰经》黄牛章：278—279 节)

伊斯兰教的这一经济整顿，对阿拉伯人的社会生活产生了深刻、巨大的影响。

欧麦尔对伊斯兰发展所起的作用

将阿拉伯国家的宗教和社会变革与使一盘散沙似的阿拉伯民族统一起来的政治变革相联系，将宗教和社会变革与伊斯兰版图一日千里的扩展相联系，我们会发现，欧麦尔时期的伊斯兰革命达到了鼎盛时期。这些因素的相互作用，使阿拉伯人的经济、社会生活发生了他们的先人们从未想过的变化。成千上万的荒漠游民定居在了伊拉克、叙利亚的居住地。他们从亚历山大、马纳夫、泰伊巴等埃及的国度里看到了宏伟的建筑、发达的工业、丰盛的牧草和翠绿的丛林。战利品和税收使他们获得大量的收入，远离了生活的艰辛。他们从叙利亚罗马闺秀、埃及的少女、伊拉克的新娘身上享受到了他们从未经历过的温馨。在罗马教堂、基督教堂里随处可见艺术珍品。各种雕塑栩栩如生。亚历山大、大马士革和泰西封所遗留的、经过若干世纪才成熟的罗马、波斯文化更是令人神往。

那么，当时阿拉伯人社会生活中，各种因素共同导致的作用又是什么呢?

回答这一问题，首先我们必须提出以前所提到的各种因素的指导因素，它就是欧麦尔的领导的因素。他在教法、政治、经济和社会问题中的领导，对无论是居住在阿拉伯半岛还是侨居在被征服地区的阿拉伯人和伊斯兰社团都产生了重大的影响，使伊斯兰精神得到了弘扬，保护了社会生活免遭颓废。这是欧麦尔的一大功劳。另外，他公正廉洁，勇挑重担的精神也起了很大作用。

欧麦尔深刻地意识到，人要达到一种崇高的精神境界，就要时刻和私欲做斗争。这如同鸟要高飞必须战胜地球的引力一样。鸟在高空中飞翔，如果力量不够就会受地球引力的作用而落地。人的私欲就是这样时刻影响着人的纯洁。如果信士的长官不以身作则，为人师表，不去战胜会使人堕落的各种私欲的诱惑，那么促人向上的法则就会荒废，伊斯兰的教诲就会名存实亡。我们知道，欧麦尔对自己的要求是严格的。甚至人们会感到他是最穷、最弱的一名穆斯林。他生活简朴，平易近人，有时候他身边的人都不忍心看他过如此简单的生活。但他对任何有损于公正廉洁，有悖于伊斯兰精神的言行则毫不手软。所以他能主持正义，任人唯贤。他能对很多人所不知，在先知和艾布·伯克尔时期又无先例的新事物、新问题做出英明的判断。他开创出一系列社会和经济新秩序，确保了正教法则纯洁健康地实施。

那么，在阿拉伯人归信伊斯兰教之后，在他们的社会生活中还存在着哪些蒙昧时期的习俗呢?在他们的国家强大，他们中成千上万的人定居到阿拉伯半岛以外的地方时，他们的社会生活又发生了什么变化呢?

民族宗派主义及其影响

蒙昧时期的阿拉伯人以部落为单位拉帮结派。伊斯兰教否定这种蒙昧的宗派主义，主张人类一律平等，贵贱之分只因善功和敬畏安拉之别。

在安拉看来，你们中最尊贵者，是你们中最敬畏者。(《古兰经》寝室章：13 节)

信士们皆为教胞。(《古兰经》寝室章：10 节)

伊斯兰教是面向全人类的宗教，无论是黑人还是白人，无论是阿拉伯人还是非阿拉伯人，都具有同等的权利和义务。为此，安拉的使者在辞朝演说中曾说："人们啊！安拉确已消除了你们无知的傲慢和家族的矜持。你们都是阿丹的后裔。阿丹是从土上被造的，阿拉伯人不比非阿拉伯人高贵，除非是凭着敬畏安拉。"尽管《古兰经》和安拉的使者都制止宗派主义，但大多数阿拉伯人仍然坚持部落宗派主义和民族宗派主义，特别是阿拉伯人分布到波斯、罗马两大帝国后，这种民族宗派主义更加严重。阿拉伯人坚信，他们所肩负的使命是其他任何人无法和他们相提并论的。

在哈里发统治的初期，部落宗派主义曾一度停止。因为穆斯林们忙于开拓疆域而没有时间去考虑他们之间的纷争。到阿里和穆阿维叶时期，部落宗派主义又卷土重来，甚至又回到了蒙昧时期哈希姆家族和伍麦叶家族之间纷争的境地。这种部落宗派主义在阿拉伯的游牧部落一直持续到今天。

而民族宗派主义在某种程度上又增加了阿拉伯人的斗志和开拓精神。他们看到，波斯、罗马两大帝国都败在了他们的手下。也许他们没有发现这种宗派主义有什么不好的地方。他们经常提到如下这段《古兰经》文：

你们是为世人而被产生的最优秀的民族，你们劝善戒恶，确信安拉。(《古兰经》仪姆兰的家属章：110 节)

我这样以你们为中正的民族，以便你们做证世人，而使者做证你们。(《古兰经》黄牛章：143 节)

但他们也忘却了很多安拉对他们责备的经文以及伊斯兰所号召的平

等友爱的原则。

我们不好责备阿拉伯人的宗派思想。因为民族宗派思想曾是阿拉伯民族强大的一种力量。难道今天的白种人没有歧视有色人种吗?亚述人不是称自己比闪族人和其他人种高贵吗?他们称自己最聪明，最具创造力，最善言辞。撒克逊人、日耳曼人也都妄称自己是人类的精英，人类历史的拥有者。众所周知，民族的昌盛和威严有时与民族精神生活相关，有时与经济生活分不开，但与人的肤色、种族毫无关系。阿拉伯人在他们所向无敌时，自然也会像其他民族一样以自己的民族身份而自豪。

但这种宗派现象导致了阿拉伯人固执地坚持了一些伊斯兰所否定的蒙昧习俗。如他们酷爱复仇、墨守成规，而伊斯兰的教诲则反对蒙昧时期司空见惯的引起部落间数年战争的复仇行为。

> 如果你们要报复，就应当依照你们所受的伤害而报复。如果你们容忍,那对于容忍者是更好的。(《古兰经》蜜蜂章:126节)
>
> 信道的人们啊!今以杀人者抵罪为你们的定制，公民抵偿公民，奴隶抵偿奴隶，妇女抵偿妇女。(《古兰经》黄牛章:178节)

报复不可过分。抵偿多少是执法者定夺的事，不是当事人自行了断的事。《古兰经》告诉人们可以适度报复，但有更多的《古兰经》经文命人要宽容忍让。尽管如此，复仇在阿拉伯人中已成了世代相传的习俗。一直到今天，为了民族的尊严，他们仍未放弃报仇的行为。

由于穆斯林上上下下忙于征战和拓展疆域，部落宗派主义和部落间的仇杀，在欧麦尔时期都曾一度平息。但随着打胜仗给他们带来战利品，游牧人在伊拉克、叙利亚和埃及定居后生活方式的改变，激起了他们心中贪图享受的欲望。

前面我们已谈到蒙昧时期的阿拉伯人嗜酒成性，沉迷女色，玩世不恭。伊斯兰将他们从毁灭的边缘拯救出来。随着伊斯兰版图的扩大和生活的改善，他们中又有很多人旧病复发，再度为满足私欲而寻找借口。特别是饮酒的现象十分严重。前面我们曾介绍了欧麦尔之子阿卜杜·拉赫曼在埃及饮酒受到欧麦尔严惩致死的故事。这说明，当时饮酒已不是个别现象。尽管欧麦尔执法严厉，有许多文学、历史书籍对阿拉伯人迷恋酒色的事实做了很多介绍。

阿卜杜·拉赫曼·本·艾比·伯克尔和莱雅来·宾特·朱迪的故事

艾布·伯克尔之子阿卜杜·拉赫曼有一天晚上在耶路撒冷看到了在婢女侍从前呼后拥之中的莱雅来·宾特·朱迪，被她的美丽所迷住。她本是大马士革的公主，当穆斯林解放大马士革时，将她俘虏。阿卜杜·拉赫曼把她当作战利品带到了麦地那。尔后，他彻底地拜倒在她的石榴裙下。人们对此议论纷纷。后来信士之母阿伊莎把人们的议论告诉了他。但他说："我的妹妹啊！你不要管我的事！以安拉发誓，我太爱她了。"

开始，莱雅来与他情投意合，两人沉浸在爱河之中。但随着时间的推移，她开始思念亲人，留恋她的公主生活。她在麦地那的生活岂能和在大马士革宫中生活相提并论？她在大马士革其父的宫殿里，随心所欲，应有尽有，仆人前呼后拥。而在麦地那，她尽管从其主人那得到疼爱，但终究是一名婢女。她越来越思念家乡，经常泪水洗面。阿卜杜·拉赫曼每次回到她的身旁都问其究竟，但她总是缄默不言。有一天，他对她说："你选择吧！你想怎么办就怎么办。如果你愿意我可以释放你，然后娶你为妻；如果你想回到你的民众那里，我就让你回去！"但她还是不做任何回答。阿卜杜·拉赫曼问她为什么总是哭哭啼啼。后来她说："我为我的王宫生活而哭泣。这里的日子太难熬了！"她的回答，在阿卜杜·拉赫曼的心里引起了震撼。他发现她并不喜欢他。于是，他抛弃了她。这样一来，她更加痛苦。她忧虑成疾，容颜逝去。阿卜杜·拉赫曼开始厌烦她，她也更看不起他。他们间的关系恶化。她的遭遇使信士之母阿伊莎产生恻隐之心、同情之感。于是，她对其弟说："阿卜杜·拉赫曼呀！你本来是喜欢她的，曾爱得神魂颠倒。而现在你又恨她，恨得咬牙切齿，你太过分了。要么你公平善待她，要么让她回到她的亲人身旁。"后来，阿卜杜·拉赫曼为她准备好行装，让她回到了她魂牵梦绕的亲人身旁，在他们中间度过了余生。

类似于阿卜杜·拉赫曼的故事很多。它反映了阿拉伯人生来喜欢女色。在他们归信伊斯兰以后，仍旧习难改。他们在被征服地区的女俘中挑妻选妾。阿卜杜·拉赫曼在麦地那况且如此，那么库法、巴士拉、大马士革、亚历山大等地的情况更是可想而知。前面我们曾提到穆吉拉·本·苏阿拜在巴士拉为官时，就因为有人告发他与乌姆·杰米勒的不正当关系而被罢免。

阿拉伯人追求各种享受的原因

有些人认为，很多阿拉伯人在伊斯兰教诞生以前就有喜欢饮酒、贪色等纵欲行为，是由于他们长年驰骋疆场。巴士拉、库法以及伊拉克、叙利亚的一些地区是军旅之地。战士从战场归来，在那儿休整以后又继续远征。历史告诉我们，战争确能激起很多人的欲望，使人为满足私欲而胡作非为。其原因是战士在战斗之余生活空虚，他们用谈论一些令他们自豪的过去及寻找生活刺激的方式来充实自己。战士们每当胜利时都会获得战利品和俘虏，其中就有被征服地区的妇女和姑娘。经常是打胜仗以后，战士们可在解放的地方放纵自由数日，吃喝玩乐，尽情享受。那些拥有女战俘的人就地寻欢，而那些没有艳福的人则另寻他欢。任何时期的战士都是如此。

但这种解释并非真正的理由。因为在非战争年代的伍麦叶、阿拔斯王朝以及以后的时代里，有很多阿拉伯人仍贪婪各种享受。

欧麦尔对歌舞和诗歌的态度

阿拉伯人是最喜欢歌舞的民族之一。唱歌是他们生活中不可缺少的一部分。唱着山歌赶着骆驼，会使他们忘却荣辱和辛劳。他们经长途跋涉后到达某一地方休整。如果此时有一位歌喉清亮的人在他们中放声高唱，会使他们的疲劳随歌声而消失，会精神振奋，忘却对家乡和亲人的思念。如果是在征战的途中，歌声会使他们英勇无畏，奋勇杀敌。这是当时普遍存在的现象。无论是游牧人，还是城镇居民都是如此。在麦加、麦地那和半岛的其他地方会经常举行歌会，荒漠地区更是有过之而无不及。欧麦尔虽以严厉而驰名，但是他也是一位爱唱歌的人，他经常放声高歌。有一伙年轻人出游，其中就有欧麦尔、奥斯曼和伊本·阿拔斯。队伍里有一位擅长领唱的拉拜哈·发海利。当夜幕降临时，年轻人要求拉拜哈给他们唱一首歌。他不同意，他说："欧麦尔在呀？"他们说："你唱吧！如果他阻止你，你就停止。"于是，他开始唱起来。欧麦尔没有反对，并且听得很起劲。当夜深时，欧麦尔对他说："你停下吧！现在是向安拉祈祷的时间了。"到第二天晚上，小伙子们又要求拉拜哈为他们唱阿拉伯人族谱。拉拜哈仍然拒绝，害怕欧麦尔责备。他们仍照例说："你唱吧！如果欧麦尔制止，你就停止。"于是，他开始唱，欧麦尔一直听到深夜。然后说："你停下！现在是向安拉祈祷的时间了。"到第三天晚上，小伙子们又要求拉拜哈教他们唱婢女唱的歌。他刚开口，欧麦尔就大声喊道："你住口吧！这种歌令人心碎！"

有一次，在朝觐途中，欧麦尔的随从中有人建议胡瓦特·本·杰比尔教他们迪拉尔的诗歌。欧麦尔说："你们让他唱吧！"胡瓦特唱了，欧麦尔听得很高兴。当人们听得入迷时，他对胡瓦特说："你大点声吧！我们都入迷了。"

有一天，欧麦尔骑着骆驼唱着歌，人们纷纷围过来聆听他的歌声。他看到这种情景时，马上改念《古兰经》。结果他们又纷纷离去。反复几次后，欧麦尔斥责他们说："你们这些没有人管的东西！我吹恶魔的笛子你们就聚了过来，我念《古兰经》你们就纷纷离去！"

他制止拉拜哈唱婢女的歌，而允许他唱颂歌家谱的歌。他气愤那些听歌而不听《古兰经》的人。这两件事证明了欧麦尔喜欢听歌、唱歌。但他更喜欢那些令人向上、健康的诗歌，而反对并制止那些挑逗人私欲的不健康的诗歌。尽管他喜欢听歌、唱歌，他还是更喜欢听、诵《古兰经》。当欧麦尔恼怒时，他就听别人诵读《古兰经》，听完后他就会马上息怒。他曾经听着《古兰经》而泪流满面。这充分反映了他虔诚的信仰、高尚的品德。

尽管欧麦尔喜欢诗，但他仍然对那些煽风点火，诽谤中伤的诗人毫不手软。他曾拘留和惩罚、警告过很多有损社会安定、影响心灵健康的诗人。因为他知道诗歌在人类集体生活中的作用和影响是其他艺术所不能及的。人们从小到老都受其影响，都会根据他们所受到的教育去工作。我们的信仰、习俗、知识和思想、感情和爱好，所有这一切都是从我们的儿童时代，从我们的家长、老师、伙伴们那里学习和仿效而形成、得到的。诗歌在蒙昧时期一直分为两种：一种是歌颂自己的部落、民族和祖先的；一种是诽谤中伤他人的文化习俗的。这也是当时社会生活的两大基本成分。在部落战争不断的蒙昧时期，诗人们为战争的一方歌功颂德，同时也尽情诽谤另一方。而在阿拉伯人作为一个民族对付共同的敌人时，就必须要从整个民族社会生活中消除这种无知的习俗，消除内讧。信士的长官也应该为此而努力奋斗，使战争年代里的整个民族团结一心，英勇抗敌。

欧麦尔在消灭部落沙文主义的过程中所采取的政策是完全正确英明、及时伟大的。任何会影响民族利益的因素，都要给以严厉的打击。这并不是阻碍人们的言论自由，因为观点看法和诽谤中伤是两种不同的概念。对某一事务的看法，它是一种源于逻辑的思想意识。思想者的目的是让人们更加幸福，减少痛苦。也许观点的拥有者是错误的，也许是正确的。你在指出其观点错误的同时，也可以反驳这种观点。但是你无权反对拥有这种观点的人，除非是有证据说明，他发表观点的动机是恶意的，他不是为了人们的共同利益。

伊斯兰精神和蒙昧思潮之间的斗争

欧麦尔对诽谤中伤者做斗争的政策平息了民族内部的怨恨，团结了人民。但这种诽谤中伤行为在欧麦尔去世不久又卷土重来。尽管它再没有像蒙昧时期那么严重，但它仍然是伊斯兰社会生活中司空见惯的现象。在很多已归信了伊斯兰的阿拉伯人的心目中，蒙昧时期的烙印仍然很深，未能将这些阴影斩草除根。也许他们就没想彻底清除它。有关这一点，艾哈迈德·爱敏在其著作《阿拉伯—伊斯兰文化史·黎明时期》中做了精辟的阐述。

伊斯兰精神和伊斯兰现象与蒙昧精神和蒙昧现象之间的斗争是激烈的，是长期的。这一说法是完全正确的。伊斯兰并非使阿拉伯人一下子脱胎换骨，改头换面。受伊斯兰感染最深的是那些早期归信的迁士和辅士们。伊斯兰已根深蒂固地植入了他们心中。他们虔诚地归信，无畏地执行命令，远离安拉的禁令。而在战争威胁下归信的人们，他们心中仍有叛逆的意识。他们只是看到了先知和圣门弟子节节胜利，能够保护他们的只有伊斯兰时，他们中大多数人才无奈地选择了归信伊斯兰教。

> 你们中在胜利之前施舍而且参战者，与在胜利之后施舍而且参战者，不是平等的，前者比后者品级更高。安拉以最优的报酬应许每派人，安拉是彻知你们的行为的。(《古兰经》铁章：10节)

历史学家将圣门弟子根据他们的品级分成若干阶层。有的甚至将他们分成了十二个阶级，最低一层是胜利日归信的人。

欧麦尔是最领悟教门真谛、精通教典的穆斯林之一。所以他竭力反对一切伊斯兰未加以肯定，而阿拉伯人在蒙昧时期早已习以为常的东西。在社会上，他努力让伊斯兰精神起作用，让伊斯兰精神深入到社会生活中的方方面面。伊斯兰就其本质而言，就是顺服，首先是精神上的顺服。先知说："你们中的一个人信仰不会完美，除非他为他的弟兄喜爱自身所喜爱的东西。"

欧麦尔为此做了不懈的努力。他不折不扣地执行安拉的法度。我们曾看到他在为惩罚在叙利亚和其他地方饮酒的人时，召集有关人士商量。结果阿里·本·艾比·塔利卜说："我认为对饮酒者该实施对诽谤者的刑罚，打八十鞭子。因为他饮酒就会醉，醉了就会胡说，胡说就是诽谤。"为此，欧麦尔规定，凡饮酒者必鞭打八十。此种处罚被定为对饮酒者的处罚。有部分传述说是安拉的使者规定了饮酒的处罚。穆罕默德·本·胡泽里在其著作《伊斯兰教法史》中说：《古兰经》中提到了对行奸、诽谤、偷盗和拦路抢劫的处罚。圣训确已说明了对饮酒者的刑罚。安拉的使者确已规定了它。关于此事我们在下一章里再做详细介绍。总之，欧麦尔坚定不移、想方设法使信仰伊斯兰的穆斯林生活稳固在《古兰经》所启示的、安拉的使者所肯定和实施的原则基础之上。

欧麦尔对阿拉伯社会发展的贡献

在欧麦尔时期，社会生活受到不同因素的影响而发展着。其中很多因素是先知时期所没有的。也有一些在艾布·伯克尔时期尚未出现。蒙昧时期的一些习俗并没有从阿拉伯人内心深处彻底根除。在安拉的使者逝世前夕宣布归信伊斯兰的阿拉伯人，淡化了许多蒙昧时期的习俗和传统，但并未彻底根除这些陋习，它在生活中时隐时现，这就充分说明了这些恶习陋俗在他们内心深处已挥之不去，并且时刻有死灰复燃、卷土重来的可能。加之穆斯林在被征服地区受到新异文化的干扰，这使得欧麦尔更加担心正教的传播会受到影响。

当时的经济因素对其社会发展的作用也是十分显著的。胜利给很多人带来了物质利益，有人习惯并贪图起了现实生活的享受。那些定居到伊拉克、叙利亚和埃及的游牧人，很快接受了定居的生活方式。富饶给他们带来了荒漠地区所没有的生活享受。而那些定居在半岛的人，也因欧麦尔规定给他们的俸禄而开始享受人生。

社会发展诸多因素的涌现，导致在精神生活领域中发生了一场当时只局限于阿拉伯人的运动。那就是对《古兰经》的教诲和安拉使者的言行没有涉及的事务进行“圣行”类比的运动。

社会的发展给穆斯林被征服地区的民族带来了一种新的生活方式，这种新的方式在伊拉克、叙利亚和波斯产生的影响又有别于在埃及产生的影响。因为阿慕尔·本·阿斯在埃及的政策不同于艾布·伯克尔时期哈立德·本·瓦利德在伊拉克的政策，也不同于在叙利亚解放后的那些长官的政策。因为埃及的政治形势不同于波斯。当时波斯是独立的帝国，而埃及是罗马帝国的殖民地。但波斯人和罗马统治下的埃及人有相同之处，他们都与阿拉伯人的语言、宗教信仰不同。所以，阿慕尔的政策在促使埃及人从接受语言到信仰伊斯兰化的过程中起了不可低估的作用。

欧麦尔在阿拉伯国家社会发展中的指导作用是十分重大的。这些作用体现在我们此章及以前的篇章中所叙述的方方面面。

第二十四章　欧麦尔的协商准则

传说，欧麦尔曾问萨勒曼："我是国王还是哈里发？"萨勒曼回答说："如果你从穆斯林的大地上征收一文钱，或少些或多些，然后将它用于不该用之处，那么你就是国王而不是哈里发。"欧麦尔听后泪流满面。又传说，有一天他说："以安拉发誓，我不知道我是哈里发还是国王？如果我是国王，那么问题就严重了！"这时，有一个人说："信士的长官啊！两者之间是有区别的。"欧麦尔问："有什么区别？"他回答说："哈里发只按制收税，且将所征之税用于正道。你确是这样做的。国王则欺压百姓，搜刮民脂民膏，随意挥霍。"欧麦尔听后沉思了很久。

这一理解与早期穆斯林对哈里发的理解是不同的。因此，前几任哈里发被称为"正统哈里发"。之所以称前四位哈里发为正统哈里发，是因为他们代理安拉的使者治理管辖穆斯林事务。他们走使者的道路，追随使者的言行，以使者的法典实施现实政务。欧麦尔曾说："我有两个行为榜样——先知和艾布·伯克尔。如果我违背他俩，那么人们应当违背我。"至于"正统哈里发"以后的那些领袖，他们是以国王的身份实施他们手中的权力。为此，他们是穆民的领导人而不是安拉使者的哈里发，也不是安拉使者哈里发的哈里发。

安拉的使者绝不是国王。他没有用类似于当时罗马、波斯皇帝及其他民族历朝历代帝王的统治方法去统治和管理麦地那的穆斯林政务。安拉的使者只是人们的向导和指示正道者，他是报喜讯、传警告者，向人类传达养主的使命者。他以哲理和美好的言语劝告并号召人们归信正确的宗教。穆斯林在他周围听从安拉的启示，仿效他的言行。正统哈里发，他们在人们中的地位类似于安拉使者在人们中的地位。他们不是使者，未受到安拉的启示。但他们是安拉使者的门弟子，他们遵行安拉使者的教诲，精通其法则。当他们任哈里发时，他们向人们传达这些教诲和法则，指引人们走向正道。他们中的每个人都依法办事，而不滥用职权。根据这一定义，欧麦尔是哈里发。同样，艾布·伯克尔也是哈里发。所以，欧麦尔竭力追从艾布·伯克尔的道路——生活简朴、言行公正、推崇真理，以真理为标准来处理穆斯林的事务。

为回答询问者而降示《古兰经》文

安拉的使者号召人们追随安拉启示给他们的正道。当他的门弟子增多时，他们问他安拉的启示未涉及的事务，当时他们仍按蒙昧时期的习惯去理解这些事务，而他们的理解又有悖于使者的教诲，经常是安拉降示经文给使者，回答他们的询问。如安拉在《古兰经》“黄牛章”中说：

> 他们问你他们应该怎样费用，你说：“你们所费用的财产，当费用于父母、至亲、孤儿、贫民、旅客。你们无论行什么善功，都确是安拉所全知的。”战争已成为你们的定制，而战争是你们所厌恶的。也许你们厌恶某件事，而那件事对你们是有益的；或许你们喜爱某件事，而那件事对于你们是有害的。安拉知道，你们确不知道。他们问你禁月内可以作战吗？你说：“禁月内作战是大罪；妨碍主道，不信安拉，妨碍〔朝觐〕禁寺，驱逐禁寺区的居民出境，这些行为，在安拉看来，其罪更大。迫害是比杀戮还残酷的。”如果他们能力充足，势必继续进攻你们，务使你们叛教。你们中谁背叛正教，至死还不信道，谁的善功在今世和后世完全无效。这等人，是火狱的居民，他们将永居其中。信道的人，离别故乡并且为主道而奋斗的人，这等人他们的确希望安拉的慈恩。安拉是至赦的，是至慈的。他们问你饮酒和赌博〔的律例〕，你说：“这两件事都包含着大罪，对于世人都有许多利益，而其罪过比利益还大。”他们问你他们应该施舍什么，你说：“你们施舍

剩余的吧。”安拉这样为你们阐明一些迹象，以便你们思维今世和后世的事务。他们问你怎样待遇孤儿，你说：“为他们改善他们的事务是更好的。如果你们与他们合伙，那么，〔你们应当记取〕他们是你们的教胞。安拉能辨别破坏的人和改善的人。假若安拉意欲，他必使你们繁难。”安拉确是万能的，确是至睿的。你们不要娶以物配主的妇女，直到她们信道。已信道的奴婢，的确胜过以物配主的妇女，即使她使你们爱慕她。你们不要把自己的女儿嫁给以物配主的男人，直到他们信道。已信道的奴仆，的确胜过以物配主的男人，即使他使你们爱慕他。这等人叫你们入火狱，安拉却随意地叫你们入乐园，和得到赦宥。他为世人阐明他的迹象，以便他们觉悟。他们问你月经的〔律例〕，你说：“月经是有害的，故在经期中你们应当离开妻子，不要与她们交接，直到她们清洁。当她们清洁的时候，你们可以在安拉所命你们的部位与她们交接。”安拉的确喜爱悔罪的人，的确喜爱洁净的人。(《古兰经》黄牛章：215—222 节)

以上这些经文，就是在不同的时期针对人们向安拉的使者提出的一些问题而降示的。安拉降此经文指引人类，阐明他们所提出的问题。这些经文所针对的事件和问题，称之为“降示原因”。穆罕默德·本·胡泽里在他的著作《伊斯兰教法史》中说：“没有原因降示的法度是很少的，我们很少看到某一法度注释者没有提到与降示有关的事件。”

传说，安拉的使者派马尔赛德·盖奈维到麦加去，将其中的懦弱民众带出来。结果有个以物配主的女人要嫁给他，她既富有又美丽，于是他同意了这桩婚事。但他必须得到安拉使者的同意后才能完婚。当他回到麦地那时，将此事告诉了安拉的使者，以便得到他的允许。为此，安拉降示了“你们不要娶以物配主的妇女……”这一经文。读者仍记得犹太教徒和麦地那的伪信者们经常利用饮酒的时候挑起奥斯族和海兹拉吉族之间旧有的恩怨。欧麦尔为此曾向安拉的使者询问有关饮酒的律例。当时在《古兰经》中找不到有关禁酒的启示。于是，使者诉求道：“主啊！你为我们指明此事吧！”结果经文降示：“他们问你饮酒和赌博（的律例），你说：‘这两件事都包含着大罪，对于世人都有许多利益，而其罪过比利益还大。’”

穆斯林大众有时候询问一些事情，一开始并未降示经文给予回答。这时，先知就根据自己的看法在他们中判决。为此，先知说：“有关没有降经阐明的事，我根据自己的看法在你们中判决。”如果先知判决后又降示启示，而安拉的启示有异于先知的判决时，那么先知就立即放弃自己原来的判决。《古兰经》也曾不止一次地否定过先知的判决。前面我们曾经介绍过有关白德尔战俘的事情，这些战俘企望以高价赎身。于是，安拉的使者召集他的门弟子商量此事。艾布·伯克尔主张释放他们而收取高额赎金，而欧麦尔则坚决反对。欧麦尔曾对先知说：“他们否认你，他们驱逐你，你把他们推出去斩首吧！这些人是‘卡菲尔’（不信道者）的表率，安拉确已使你无求于他们的赎金。”先知在听了两位大贤的话以后，选择了接受赎金，释放了俘虏。此事发生后，安拉降示了经文，在经文中对这种做法给予了指正。

> 先知在大地上重惩敌人之前，不该有俘虏。你们欲得尘世的浮利，而安拉愿你们得享后世的报酬。安拉是万能的，是至睿的。假若没有从安拉发出的以往的判决，那么，你们必为收纳赎金而遭受重大的刑罚。你们可以吃自己所获得的合法而佳美的战利品，你们当敬畏安拉。安拉确是至赦的，确是至慈的。（《古兰经》战利品章：67—69节）

当这几节经文下降时，安拉的使者说：“假若安拉用此降罪于我们，只有欧麦尔能获救。”

安拉的使者在处理塔布克之战的滞留者时，安拉也曾降启示予以指正。当时，安拉的使者号召人们参与塔布克之战，与罗马人作战。那些不愿出征的人于是寻找各种借口向先知请假要留在麦地那。结果安拉的使者允许他们留在麦地那，于是安拉的启示下降了：

> 假若那是临近的浮利和中程的旅行，他们必定追随你，但那

距离对他们太遥远了。他们将以安拉发誓说："假若我们能出征，我们必定与你们一道出征。"他们自陷于灭亡。安拉知道，他们确是说谎的。安拉已原谅你了！认清诚实者和撒谎者之前，你为什么就准许他们不出征呢？（《古兰经》忏悔章：42—43节）

假若这一节经文在安拉的使者允许他们留在后方之前降示，那么，他就不会同意他们的要求。

穆斯林把安拉的使者在处理《古兰经》没有明示的事务时的决策称为"圣行"。安拉启示纠正使者的"圣行"的地方是极少的。所以安拉的使者没有违背安拉启示的言行是应当追随的。使者的"圣行"准则也是应当仿效的。安拉的使者是采取协商的方法进行判决。原来有个海赛阿米叶的婢女问安拉的使者道："安拉的使者呀！我的父亲已年迈，不能够去朝觐了，如果我替他去朝觐，会有益于他吗？"使者对她说："你告诉我吧！如果你父亲欠了债，你替他偿还。这样可以吗？"她说："当然可以。"于是，使者说："欠安拉的债也是该还的。"在此他用协商的方法将欠安拉的债与欠世人的债联系起来了。

安拉的使者在穆斯林之间判决时，曾对他们说："你们有纷争来让我判决，也许有人会花言巧语说得头头是道，而我则依据我听到的证据做出判决。如果我错把某人的权利判给了某人，请他千万不要获取这种权利。我错判给他的只是火狱里的火。"这说明安拉的使者也许会做出不正确的判断。因为这种判决是根据矛盾双方所提供的证据做出的，而不是根据安拉的启示而做出的判决。如果拥有真理的一方拿不出充分证实真理在自己手中的证据，公正的法官在根据认定的证据做出判断时是无能为力的。

圣行是安拉的使者以行为或语言来阐明《古兰经》所昭示的原则和法度。

我降示你教诲，以便你对众人阐明他们所受的启示，以便他们思维。（《古兰经》蜂蜜章：44节）

圣行是先知的身教。如拜功和朝觐的仪式。安拉的使者曾带领穆斯林礼五番拜功，并且对他们说："你们像我这样礼拜。"当安拉的使者朝觐时，他对同他一起朝觐的人们说："你们按照我朝觐的方法去朝觐。"

圣训是先知的言教。圣训有的是与安拉的启示有关，是对安拉启示的解释；有的则是与生活相关，是圣人穆罕默德在处理事务时发表的谈话，或是在与圣门弟子们商量后发表的观点。

> 当与他们商议公事；你既决计行事，就当信托安拉。（《古兰经》仪姆兰的家属章：159节）

就有关召唤人们礼拜的事，先知曾与他的门弟子们商议过。有人主张，以点火为召人礼拜的信号；有人说，用吹喇叭来召唤人礼拜；也有人提议用敲锣来召人礼拜。但最终他们还是主张，用念"召唤"词（邦克）来召唤人礼拜。有关战争的事务，他同样与别人商量。如吴侯德之战的开始，先知与门弟子们商量是以麦地那为堡垒呢，还是到城郊去迎敌？在侯代比亚的日子里，先知也与弟子们商议过。艾布·胡莱勒曾说："我没有发现任何像先知那样遇事就与他人商量的人。"

阿慕尔·本·阿斯传述：一次，有两个人争吵着到安拉的使者那儿请求判决某件事情。安拉的使者对我说："阿慕尔呀！你给他们两个裁决吧！"我说："安拉的使者呀！你来判决是最合适的。"他说："尽管是这样，还是你裁决吧。"我说："我根据什么裁决呢？"安拉的使者说："你对他俩的裁决如果是正确的，你能得到十件善报。如果你错了，你照样有一件善功。"

先知曾派穆阿兹·本·杰拜勒到也门去做法官。临行前先知问他："你凭什么裁决？"穆阿兹回答说："我以安拉的经典为依据。"先知说："如果你没有找到经典明文可依呢？"他又回答说："我以安拉使者的言行（圣行、圣训）为依据。"先知又问："如果还找不到根据那将如何？"他回答说："那我就依协商准则来裁决。"先知肯定了他的这种做法。

但是协商准则在先知及其以后的时期，并不是为了建立某些人们想到或是假设会发生的事情的原则，而是针对现实生活中确已发生，且需要通过协商准则对事务进行裁决。所以协商准则是处理日常生活中出现的、在《古兰经》、圣训中又找不到依据的事务时所遵从的准则。协商准则不能成为树立什么宗派或制造分歧时的借口。安拉的使者曾禁止他的门弟子在宗教中分裂和争论。因为《古兰经》曾教诲人们说：

你们应当谨守正教，不要为正教而分门别户。(《古兰经》协商章：13节)

分离自己的宗教而各成宗派的人，你与他们毫无关系……(《古兰经》牲畜章：159节)

同样，先知看到有人深谈前定时，也禁止他们不要深究。他曾对他们说："在你们之前就有深究前定而遭毁灭的人。"正因如此，我们发现没有任何人传述圣人有关前定的圣训。

早期穆斯林的协商准则

在先知逝世后先期归信的穆斯林们是需要按协商准则处理一些事务的。因为先知生活在穆斯林中间的时候，他们遇事就问先知，先知给予他们答复。有事求先知判决，先知给予裁断。先知看到人们做好事就加以赞赏，看到人们有不当行为就加以制止和否定。圣门弟子们发表观点时，先知给予正确与否的裁定。先知逝世后，他们在一些没有明文规定（《古兰经》、圣训中没有明文规定）的事件中不得不采取协商的方法来进行裁决。对此，无任何人提出异议。但他们没有把自己的看法说成是必须执行的法度，而是说那是一种推断。如果是错误的，他们求安拉饶恕其错误。

他们第一个按协商准则对事务作出裁决的例子是推举艾布·伯克尔为第一任哈里发。先知逝世后艾布·伯克尔为哈里发时，为有关派伍赛迈做军队统帅征战罗马人一事，穆斯林中产生了分歧。有一伙迁士和辅士，看到阿拉伯人公开反对麦地那政权时，便对艾布·伯克尔说："你已亲眼看到阿拉伯人已公开反对你，而伍赛迈的军队是穆斯林的核心力量，你就不应该让他们离开你。"（意即：伍赛迈的军队离开麦地那，麦地那就会受到威胁）甚至于伍赛迈自己也有这种担心。他曾要求欧麦尔让他面见艾布·伯克尔，说明自己的看法。而艾布·伯克尔则回答说："指掌握我生命的安拉发誓，即使猛兽要袭击我，我也要遵照先知的命令派遣伍赛迈出征，即使只留下我一个人，我也一定要这样做。"

当麦地那周边的一些部落拒缴天课时，艾布·伯克尔曾召集有关人士，商议对付办法。他主张以武力镇压拒缴天课者。而大部分穆斯林，包括欧麦尔在内则都反对这一危险的主张。穆斯林想让拒缴天课者在对叛教者和伪称先知者的斗争中起一定作用。因为拒缴天课者终究是信仰安拉、相信安拉使者的人。所以欧麦尔曾向艾布·伯克尔尖锐地指出："你怎能和这些人斗争呢？安拉的使者说过：'我受命与那些不归信安拉及其使者的人做斗争，直到他们承认。凡承认除安拉外绝无应受崇拜的，承认穆罕默德是安拉的使者的人，其财产和生命受我的保护。'你这样决定只有在有安拉明示的前提下才可行。"艾布·伯克尔则有自己的独特见解，他回答说："以安拉起誓，我一定同那些把拜功和天课截然分开的人做斗争。天课是穆斯林在财物方面应尽的义务。"欧麦尔听了艾布·伯克尔对他的回答后说："以安拉发誓，我认为安拉开阔了艾布·伯克尔的胸怀，他主张与这些人做斗争，我坚信这是正确的。"

叶麻麦之战中，大批背诵《古兰经》的人阵亡。欧麦尔对战争的后果考虑很久后，去见了艾布·伯克尔。他对哈里发说："叶麻麦之战中很多人牺牲了。我担心众多能背诵《古兰经》的圣门弟子阵亡会危及《古兰经》的存亡。我认为，你当把《古兰经》收集成册。"艾布·伯克尔听到他的话感到十分惊讶。艾布·伯克尔说："我们怎能做安拉的使者没有做过的事情呢？"两个人之间进行了很长时间的谈话。最终，艾布·伯克尔接受了欧麦尔的建议，便随即叫来栽德·本·萨比特，把欧麦尔建议收集《古兰经》的事告诉了他，并说："我曾对欧麦尔说：'我怎么能做安拉的使者没有做过的事呢？'而他说：'以安拉发誓，这可是件好事。'他不停地劝说我，直到安拉为此开阔了我的胸怀。我认识到，欧麦尔的建议是正确的。你年轻有为，曾经是安拉使者的记录员。你着手收集《古兰经》吧！将其收集成册。”栽德说：“你们俩怎么敢做安拉的使者未做过的事情呢？”艾布·伯克尔说：“以安拉发誓，这可是件善举啊！”栽德也看到了艾布·伯克尔和欧麦尔所看到的收集《古兰经》的必要性。他毅然承担起重任，开始收集记录在羊皮、石块、骨头等上面的《古兰经》。

平叛结束后，攻打伊拉克的战争开始。战争胜利后，哈立德·本·瓦利德派人把五分之一的战利品送到了麦地那。艾布·伯克尔命令将战利品在人们中平均分配。而欧麦尔则对他说：“你怎么使与安拉的使者并肩作战的人和未曾与使者并肩作战的人一样呢？”（或是说：“你怎么使那些抛弃家业和钱财迁徙到安拉的使者那儿的人和那些被迫归信的人一样呢？”）艾布·伯克尔对他说：“归信安拉，他们的报酬在安拉那里。而现实的生活是现世的事情。”

这些例子都是艾布·伯克尔在处理有关国家、公共事务时按协商准则办事的具体体现。有关教法方面，他这样做的例子也很多，如他让外祖母对外孙的财产有继承权，而祖母对孙子的财产则无继承权。有人问他“克莱勒”是何人，他则说，关于“克莱勒”一词的意思，他是根据他的看法而说的，如果说得对，那是来自安拉的指引；如果说错了，那是源于恶魔的唆使，是他的错误。他说的“克莱勒”是指不知其父亲，也没有孩子的人。

欧麦尔在为哈里发之前的按协商准则办事的实例

前面我们曾经提到，欧麦尔在先知时期及艾布·伯克尔时期就曾在很多问题上有着自己的独到之处。他按协商准则提出的一些主张深受人们的赞许。《古兰经》中有明显的节文对其观点给予了支持和肯定。先知对他在这方面的主张给予了充分肯定，乃至安拉的使者说：“安拉将真理放到了欧麦尔的舌和心上。”我们曾经看到，欧麦尔时期，一开始他就命令释放那些在平叛战斗中穆斯林获得的俘虏。在这个问题上他采取了和艾布·伯克尔不同的政策。他说："我讨厌俘虏成为阿拉伯人的一种惯例。"在分配制度上，他同样打破人人均等的艾布·伯克尔规定的政策。他根据穆斯林对伊斯兰教贡献的大小，归信的先后和与先知的亲疏来分配战利品及制订俸禄。我们下面再进一步列举欧麦尔在这方面的作为。

在叙述欧麦尔对有关事件按协商准则办事的实例之前，我们必须提醒大家，欧麦尔是一位深刻领悟了伊斯兰精神的先贤。他深信，伊斯兰是一种精神和信仰。人要得到完美的信仰，必须知道安拉启示给其使者的正教精神。为此，他实施《古兰经》的法度是以《古兰经》精神为基础的。他一旦发现符合"圣行"精神的事情，就会不折不扣地去完成它。他对事件的引经据典是以其对精神的理解，而不是字面意思的照本宣科。欧麦尔具有坚强的信念，他坚定不移地执行安拉使者的教诲。尽管有时他的判决与教诲的表面意思有别，但他根据实际情况灵活地运用有关法律、法规。在处理问题时，做到既解决了问题，又符合伊斯兰精神及先知的教诲。

有一伙阿拉伯人曾率先表示归信伊斯兰。为此，安拉为他们规定了可享受部分赈款。先知命令将他们应得的份额给予他们，以便稳固他们的信仰，并团结他们。

> 赈款只归于贫穷者、赤贫者、管理赈务者、心被团结者、无力赎身者、不能还债者、为主道工作者、途中贫困者；这是安拉的定制。安拉是全知的，是至睿的。(《古兰经》忏悔章：60节)

安拉的使者曾从战利品和天课中给艾布·苏富扬、艾格拉阿·本·哈比斯、阿拔斯·本·马尔达斯、萨夫瓦·本·伍麦叶、奥叶奈·本·哈斯恩每人一百峰骆驼。艾布·伯克尔为哈里发时，照例按先知定的标准办事。后来奥叶奈·本·哈斯恩、艾格拉阿·本·哈比斯又找哈里发艾布·伯克尔要土地，艾布·伯克尔为他俩划了土地。当欧麦尔为哈里发时，他俩到欧麦尔那儿要艾布·伯克尔已为他俩划出的土地。欧麦尔撕掉了艾布·伯克尔写给他俩的批条，并说道："安拉的确已使伊斯兰强大。它无须求你们。如果你们敢背叛，那就要武力镇压。”后来欧麦尔取消了这伙人的特权，使他们和其他穆斯林平等享有各项待遇。

这是欧麦尔在实施安拉经典法度时，采取的协商准则中的实例之一。当时，安拉的经典中规定这伙阿拉伯人享有一定量赈款的原因是伊斯兰需要团结他们。而伊斯兰强盛后，这种需要就消失了。假若欧麦尔发现波斯、罗马人中有伊斯兰需要团结的人，他一定会给他们拨发一定数量的赈款。他给波斯将领霍尔木兹规定俸禄就充分说明了这一点。规定待遇是根据教门的需要，一旦没有必要，这种规定也就自然取消。

> 休妻是两次，此后应当以善意挽留〔她们〕，或以优礼解放〔她们〕。(《古兰经》黄牛章：229 节)
>
> 如果他休了她，那么，她以后不可以做他们的妻子，直到她嫁给其他的男人。如果后夫又休了她，那么，她再嫁前夫，对于他们俩是毫无罪过的……(《古兰经》黄牛章：230 节)

很明显，这些经文的意思是：事实上的休妻是说一次之后再一次。说二次休妻后丈夫有权反悔(与妻子和好)。如果他说第三次休了她，那么他再不可以后悔，直到她嫁给其他的男人，她再离婚后，她原来的丈夫才能和她复婚。这一经文的法度是很明显的，休妻就是夫妻生活的结束，它带来的后果十分严重，特别是对孩子的影响是终身的。所以经文规定，允许丈夫在说第一次和第二次休妻后反悔。并且指出在休妻之前，应当对夫妻双方进行调解。

> 如果你们怕夫妻不睦，那么，你们当从他们俩的亲戚中各推一个公正人，如果两个公正人欲加以和解，那么，安拉必使夫妻和睦。(《古兰经》妇女章：35 节)

一旦调解失败，就会夫妻分离。尽管如此，说两次休妻后丈夫可以反悔。为防止夫妻双方以分居为儿戏，故经文规定说第三次休妻后不可再复婚。直到妻子嫁给其他人，然后再离婚后，方可与前夫复婚。当丈夫对他的妻子说三次“我休了你”，这事实上就是完成了离婚手续。先知时期和艾布·伯克尔时期一直如此。

“休妻是两次，此后应当以善意挽留（她们），或以优礼解放（她们）。”伊本·杰利利是这样解释这节经文的：这节经文是针对蒙昧时期和伊斯兰初期的穆斯林婚姻情况而降示的。当时尚未有休妻制度可言，休妻也没有限制。丈夫可以随意将已休的妻子在她未再同他人结婚前叫回来同居，所以安拉降示经文规定，休妻两次可以复婚。如说第三次不可再复婚。据传，先知时期有一个男人曾对他的妻子说：“我不和你在一起，也不放你走，看你能怎么办！”他的妻子问他：“你想怎么做？”他说：“我休了你，待婚姻临近结束时，我再把你叫回来复婚，这样你永远别想嫁给他人。”为此，她到安拉的使者那儿以求公判。于是，以上这节经文降示。据盖塔代传述：原来蒙昧时代的人，休妻十三次或更多次之后仍可在待婚期内复婚。于是安拉规定，休妻的限度是三次。

从上面的降示原因就能清楚地看到，规定男人在待婚期内有挽回被休之妻的权利，并且只有两次挽回的机会。其宗旨是让男人不要伤害妇女，不要让她们过一种无依无靠的生活。这种善待妇女的做法是符合伊斯兰教精神的。

> 你们不要把她们从她们的房里驱逐出门，她们也不得自己出门，除非她们做了明显的丑事。（《古兰经》离婚章：1 节）
>
> 凡被休的妇女，都应得一份照例的离仪。（《古兰经》黄牛章：241 节）
>
> 当你们休妻，而她们待婚期满的时候，你们当以善意挽留她们，或以优礼解放她们。（《古兰经》黄牛章：231 节）
>
> 在等待的期间，她们的丈夫是宜当挽留她们的，如果他们愿意重修旧好。（《古兰经》黄牛章：228 节）

如果你们休妻，而她们的待婚期已满，可以看出虐待妻子是大罪。安拉规定可以挽留是为了改善夫妻关系，一旦改善无望，丈夫再强求挽留妻子，就是虐待。

在欧麦尔时期休妻的那些人，他们对被休之妻没有以优礼相待。他为了维护妇女利益做出了某些新的规定。这是因为当时伊拉克和叙利亚的女俘虏很多，大多都如花似玉，使麦地那及阿拉伯半岛的男人们垂涎三尺。很多人喜新厌旧，纷纷休妻，迫不及待地寻求新欢。也许还有其他原因导致当初有部分穆斯林以休妻为儿戏。

欧麦尔对休妻一事的新规定是独树一帜，不同于任何时代和今天伊斯兰国家的婚姻法，也有别于经文的表面意思。他从当时的特殊环境出发，做出了也许是符合当时社会的规定。至于他的这一规定是否正确，我们不做深入的研究。因为我们前面说过，他的规定不是必须遵守的法规。如果是正确的规定，那是来自安拉的引导；如果是错误的，那是源于恶魔的唆使。有关婚姻法，欧麦尔还做过很多规定。如有关妻子和母亲的权益方面的规定，对后来的伊斯兰教法产生了深刻的影响。他曾禁止临时婚姻，禁止母亲卖儿卖女。在先知时期、艾布·伯克尔时期曾有过卖儿卖女的现象。后来，到阿里为哈里发时，这种现象又出现了。

有关欧麦尔的规定，我不想更多更详细地谈论它。我在此只需指出，欧麦尔在确立有关法度时是根据类比准则而做出的规定，他也有权做出新的规定。

欧麦尔及收集圣训

欧麦尔对于圣训的收集和传播起了很大作用。首先该再次肯定的是，欧麦尔是最坚信安拉及其使者的穆斯林之一，他竭力遵循安拉的使者带来的安拉的教诲，时刻仿效使者的言行。同时，他也竭力保护安拉的经典不受玷污。警惕各种会使穆斯林偏离《古兰经》的行为。在这一点上，他几乎完全按照先知和艾布·伯克尔的方针行事。据传述，先知曾说过："除《古兰经》外，你们不要记录我个人的事情，谁记录了除《古兰经》以外有关我的东西，请抹掉它。"又说："在我之后你们将要分歧，一切有关说是我给你们的东西，你们要将它与安拉的经典进行对照，如果符合经典，那真是我的言行；如果有悖经典，那就不是源于我的。”①

先知不希望在他之后，人们在关于他的言行上产生分歧。欧麦尔深刻理解安拉使者的心情。伊本·阿拔斯传述：先知临终的时候，家中聚集了很多人，其中就有欧麦尔。先知说：“你们过来，我给你们写遗嘱，你们在它之后绝不会迷误。”② 欧麦尔便说：“你确已病痛难忍，我们跟前有《古兰经》。安拉的经典就使我们满足了。”房子里的人意见不一，发生了争执。他们中有人说，快给安拉的使者拿纸来，让他为你们写遗嘱，你们在它之后就绝不会迷误。先知说：“你们离我远一些。”伊本·阿拔斯则说：“就是因为他们吵闹，安拉的使者已无法给他们写了。”欧麦尔则一直坚持他的观点——安拉的经典就是足够使我们满足的了。

据传，艾布·伯克尔在先知逝世后曾召集人们说：“你们谈论一些有关安拉使者的言行，并且你们说法不一，那么，以后的人们就会更加分歧，所以你们不要谈论安拉使者的任何言行。谁要是问到你们，你们就说我们中间有安拉的经典。你们应视经典规定的合法为合法，禁止经典所禁止的东西。”

欧麦尔任哈里发时，在这一点上仍是坚持艾布·伯克尔的道路。他命令人们不要谈论安拉使者的事情，以免分歧。为防止人们传述，他甚至禁闭过三位圣门弟子：伊本·麦斯欧德，艾布·杜尔德和麦斯欧德，因为他们经常谈论安拉使者的情况。欧麦尔竭力制止人们谈论安拉使者的做法，使当时有关使者的传述变得很少。

尽管如此，有关圣训的传述在某些特定的、欧麦尔未制止的环境和场合中仍然流传着。特别是在审判工作中，先知的言行仍然是判案的证

① 有关这段圣训，部分学者认为它不是先知说的。沙斐仪甚至说，没有任何人能肯定这是先知所说的话。有部分学者认为，它是异教徒们故意编造的。尽管如此，伊玛目艾哈迈德·本·罕百勒曾传述了内容相似、言辞有别的圣训。他说：“安拉的使者说：‘我给你们带来的东西，如果是好事，无论我说了还是没说，我都是会说的；如果是坏事，我不会说坏话。’”否认前面圣训的人也只是否认“一切有关说是我给你们带来的东西，你们将它与安拉的经典进行对照，如果符合经典，那就是我的言行……”这一段话，其实，这两种说法没有什么本质的区别。

② 有部分传述说：“你们给我拿纸来，给你们写遗嘱，在我之后（逝世后）你们绝不会迷误。”或是说：“你们给我拿来纸笔，给你们写遗嘱，在遵循它之后你们绝不会迷误。”

据依据。艾布·伯克尔在安拉的经典中未找到祖母和外祖母的继承律例。有一位妇女让他就有关此案进行裁决，此时，穆吉拉·本·苏阿拜说："我曾听安拉的使者说给她六分之一的遗产。"穆罕默德·本·穆斯莱迈证实了穆吉拉·本·苏阿拜的这一说法。结果艾布·伯克尔以此而做了判决。曾经有个人在门外给欧麦尔道"色兰"，道了三声"色兰"欧麦尔仍未让他进来，此人便想离去。欧麦尔问他："你为什么要走？"他说："我听到安拉的使者曾说：'你们中的任何人，当他去见某人给他说三遍色兰，仍未得到回答时，那就是让他回去。'"欧麦尔让他拿来这一圣训的依据，结果他拿来了。原先欧麦尔的法官们都是依照安拉的经典、安拉使者的言行进行判决的。当被告人给他们带来安拉使者的圣训或圣行时，一旦得到肯定，他们就会以此而裁决。欧麦尔没有像制止人们传述圣训一样，禁止判决中引证圣训和圣行。他确实很担心由此会使传述增多，利益驱使部分人会编造假的圣训。为此，他考虑就像艾布·伯克尔指导人们汇集《古兰经》那样汇集圣训，以免假圣训的产生。可是他举棋不定，他召集圣门弟子们与他们磋商此事。结果大多数人都同意他的想法，让他主持收集圣训。

欧麦尔取消收集圣训的指示

收集圣训的决定已过去了一个月了，欧麦尔对此决定仍心有疑虑：是勇往直前地执行这一决定，还是取消这一决定呢？有一天，他终于拿定主意，他对人们说："我曾向你们提到收集圣训的事情。你们都已知道这件事。后来我再三考虑，过去的犹太教徒们就是在有安拉判决的情况下，编写其他书籍，结果他们本末倒置，放弃了安拉的经典。"他取消了收集圣训的决定，然后写信到各地阐明这一观点："谁已收集了圣训，请马上将其销毁。"

欧麦尔取消收集圣训的决策是对还是错呢？后来，又产生了怎样的后果呢？

事实证明了欧麦尔的这一做法也许是错误的。因为在欧麦尔之后，传播圣训的行为开始泛滥。从奥斯曼被杀之后，伍麦叶家族后裔和哈希姆家族后裔之间的矛盾日渐激化，直到发生阿里和穆阿维叶之间的内战。再后来阿伊莎和阿里之间的矛盾升级。由于政治和非政治的需要，编造假圣训已成为司空见惯的事情。每伙人都用一些所谓的圣训来支持自己的观点和立场。有很多编造的圣训甚至和《古兰经》有明显的抵触，同时违背安拉经典的教导。阿里的支持者们编造的圣训连阿里本人都感到震惊。他们为达到支持阿里的目的，编造了很多有关阿里的圣训。阿里在世的时候也曾制止人们的这种做法。他曾说："我自己没有什么经典，我念给你们的只是安拉启示的经典。我只是从安拉的使者那儿了解到《古兰经》中的一切。"尽管这样，人们仍然大肆地编造圣训来抬高阿里的地位。伍麦叶王朝曾做过努力来制止这种虚假圣训的蔓延。可是，这不但没有取得什么效果，反而使编造行为日益猖獗，到先知逝世两个世纪后的阿拔斯王朝时期才得安宁。但此时的虚假圣训已经流传、遍布到各个角落，其危害程度可想而知。下面几组数字就是最好的说明。布哈里从约六十万段圣训中发现正确的真圣训才四千多段。艾布·达乌德收集了五十万段圣训，发现真的圣训只有四千八百段。就是这两位圣训辑录者认为是真实的圣训，也有不少遭到其他学者的置疑。假若欧麦尔当时将真的圣训都收集起来，就不会出现虚假圣训泛滥的现象。

也不能把虚假圣训蔓延的责任归咎于欧麦尔。因为欧麦尔认为，他以后的信士的长官们也会执行他的政策，禁止人们随意传述圣训，会像他一样拘留那些爱谈圣训的人。但是，后期的哈里发们没有这样做，他们为了政治和其他目的而故意编造谎言，鼓励人们造假。所以说，这一责任的罪过不在欧麦尔，而是那些自己参与并怂恿他人编造虚假圣训的后人们。公正地说，欧麦尔是没有错的。

虚假圣训的产生是在欧麦尔以后的事情。阿里和穆阿维叶的内战，伍麦叶人和哈希姆后裔的内战，都把传述圣训作为了这些战争和内乱的理由。在这种情况下，你说人们怎么会停止编造圣训呢？又有哪些掌权者能像欧麦尔那样收集圣训呢？后来收集圣训中出现了欧麦尔所担心的事情。他曾说："以安拉起誓，我绝不以任何文辞来混淆安拉的经典。"他还说："我想到以前的民众，他们曾著书立说，而抛弃了安拉的经典。"假若后来的人们都像欧麦尔那样谨小慎微地对待传述和收集圣训工作，就不会出现真的圣训在伪造的圣训中所占的比例之小，小得如同黑牛身上的一撮白毛那样的现象。

其实，欧麦尔当初收集圣训，并不是听到一条就记载下来，而是经过栽德·本·萨比特和其他一些圣门弟子的审查，确定真是使者所言之后方被录入。这样人们便发现有两部经典，一部是安拉启示给其使者，以便他将其传述给人类的《古兰经》，而另一部则是安拉的使者与人们谈话的记录。两部经典在编录之时常常被人比较，这样也许会发生欧麦尔所担心的：人们接受圣训而放弃安拉的经典。正是因为这种担心和警惕，欧麦尔才下令停止收集圣训的工作。正因他的小心谨慎，正是因为他对收集圣训的决定，《古兰经》才未受到混淆，在他任哈里发时期伪造圣训的现象没有发生。

欧麦尔的这一决定对伊斯兰教法所起的作用，并不亚于他对伊斯兰所做出的政治贡献。他为后人确立了一系列教法和原则，这些原则对伊斯兰立法、伊斯兰教法的形成产生了巨大作用。

欧麦尔取消对被迫犯罪者的惩罚

欧麦尔的立法原则中有被迫犯罪不受惩处的原则。安拉的经典确已明文规定了对杀人、偷、盗、行奸、诽谤和拦路抢劫的处罚。

> 凡不依安拉所降示的经典而判决的人，都是犯罪的。(《古兰经》筵席章：47 节)

欧麦尔认为取消被迫犯罪者的惩处，其依据也是出自《古兰经》：

> 凡为势所迫，非出自愿，且不过分的人，〔虽吃禁物〕毫无罪过。因为安拉确是至赦的，确是至慈的。(《古兰经》黄牛章：173 节)

一天，有人把一个行奸的妇女带到欧麦尔跟前听候判决。她承认行奸。欧麦尔命令将其以石击死。此时，阿里·本·艾比·塔利卜说：“也许她罪出有因！”接着，欧麦尔问她：“你为何行奸？”她说：“我同我的伙伴外出办事。他的骑驼上有水有奶，而我的骑驼上水尽奶绝。后来我渴得厉害找他要水喝。他提出除非我以身相许才给我水喝，我三次拒绝了他的要求。后来我实在口渴难忍，只好满足了他的要求，他给了我水喝。事情就是这样。”听完后阿里高赞安拉至大，念道：

凡为势所迫，非出自愿，且不过分的人,〔虽吃禁物〕毫无罪过。因为安拉确是至赦的，确是至慈的。(《古兰经》黄牛章：173节)

欧麦尔与人们商议此种被迫犯罪的律例，最终给她免受处罚的判决。

又据传，哈塔布·本·艾比·巴勒塔阿家族的一些小伙子们偷了穆宰奈家族的一峰骆驼。人们将这伙盗贼抓到了欧麦尔跟前判决。这伙人承认了偷盗行为。因而欧麦尔命令凯西尔·本·萨勒特给他们断手。凯西尔刚转身离去，欧麦尔又将他叫了回来，说道：“以安拉发誓，假若这伙人被迫无奈而吃了非法之物，那应另当别论。”经详问后欧麦尔得知，是由于哈塔布·本·艾比·巴勒塔阿的奴役使他们饥饿难耐，这才偷了骆驼来充饥。欧麦尔把此案的诱因告诉了阿卜杜拉·本·哈塔布·本·艾比·巴勒塔阿。后来，他问穆宰奈族人：“你们的骆驼需要赔多少钱？”他们说值四百（第纳尔）。欧麦尔对阿卜杜拉·本·哈塔布说：“你应拿出八百（第纳尔）来赔偿他们。”此案就这样解决了，并免去了这伙偷驼者的处罚，因为这是哈塔布·本·艾比·巴勒塔阿逼迫得他们无奈才干出非法之事。

欧麦尔所确立的很多原则，仍然被现在众多民族所沿用。如在法律面前人人平等的原则。他曾写信给各地的法官，要求他们要不折不扣地实行公正判决，法律面前人人平等的原则。

欧麦尔有关被征服地区土地事务的法规

现在我们看看，欧麦尔对年轻的伊斯兰国家的集体事务所表现出的具有深刻影响的政治谋略。他对伊斯兰帝国的发展、版图的扩大，采取了一系列新政策。针对伊拉克和叙利亚的土地事务的新政策就是其中一例。

穆斯林在伊拉克、叙利亚的情况，我们前面已经谈到。他们在卡迪西亚战役中取得了伟大的胜利。解放了泰西封、古鲁莱、霍姆斯、阿勒颇等城市，获得了丰厚的战利品。他们将其中的五分之一送到了麦地那信士的长官手中，剩余五分之四在所有参战者中进行合理分配。

> 你们应当知道：你们所获得的战利品，无论是什么，都应当以五分之一归安拉、使者、至亲、孤儿、赤贫、旅客……(《古兰经》战利品章：41 节)

当穆斯林解放了伊拉克苏瓦德领土时，他们也要按有关规定将土地分配给有关人士。五分之一归国库，其余五分之四在参战者之间分配。欧麦尔反对他们分割土地的主张。他曾说："(你们把土地分了）那么，穆斯林的后人们，当他们发现土地都被分割、继承时，他们会怎么办呢？分土地不是我的主张。"阿卜杜拉·本·奥夫则说："土地也是安拉给胜利者带来的战利品。"欧麦尔则反驳他说："这只是你的说法，我不这样认为。以安拉发誓，以后解放的地方会大量增加，也许这是穆斯林的负担。如果把伊拉克和叙利亚的土地都分了，那这些地方的孤寡老弱吃什么？"

参战者们对欧麦尔的决定感到不满，有很多人到欧麦尔那儿说："难道你要剥夺安拉给我们通过战斗获得的战利品吗？"欧麦尔仍然坚持土地观点。他说："我已决定不分土地！"当他们看到欧麦尔坚定不移时，便对他说："你该与大家商量商量。"于是，他召集起迁士们对此进行商议。他们也分为两种看法：阿卜杜拉·本·奥夫坚持自己的观点，认为该将土地分给战士；奥斯曼、阿里、泰勒哈则同意欧麦尔的观点。于是，欧麦尔让人叫来十位有威望的辅士。其中五位是奥斯族人，另五位是海兹拉吉族人。他对他们说："我让你们来只是为了和我共商有关你们的大事。我和你们一样，每个人都有平等发言的权利，发表自己的看法，我不要求你们和我的看法一致。以安拉发誓，如果我命令某事，我都是依理而行的。"他们说："信士的长官呀！有什么事儿说给我们听听吧！"于是欧麦尔说："你们已听到那些人说我剥夺了他们的权利。我求安拉保佑，不要亏待任何人。如果我真亏待了他们什么，把他们应得的东西给了别人，那么我确是蛮横的。但是，我认为，自库思老的土地被征服，所获得的一切战利品我都按规定进行了分配。我认为，异教徒的土地还归他们所有，但给他们规定土地税、人头税。这些税收也是穆斯林的战利品。将来还会有战争，人们还要吃饭，这些城市还需要装备军队。他们需要给养。如果把土地都分了，那么所需的一切又由谁来负担？”

可以看出，欧麦尔与那些要分土地者们的分歧，并不是他们对《古兰经》及圣行的理解和执行的分歧。他坚持自己的观点，也不是依据经典而做出的判决，而是为了国家的利益做出的新政策。他所说的理由使入会的十位辅士心服口服。他们一致说："你的看法是正确的，应该按你说的做。如果不为将来的国防、战士的给养着想，那么，不信道者将会卷土重来，杀回他们的故土。"欧麦尔对他的新政策感到心安理得。在这之后，他写给赛尔德·本·艾比·瓦戛斯的信就完全表达了他对分配战利品的观点。信中说："你给我的信已收到，信中所提人们要求你在他们之间分配战利品和其他所获一事的批复如下：接信后你统计战斗所获的牛羊和钱财。然后，就地分发。土地和河流仍归原主人所有，以便使其成为穆斯林的给养所在。如果你把它也分给了参战人员，那他们的后人将一无所有。"欧麦尔对处理土地的所有权问题的新政策是具有远见卓识的、令人敬佩的政策。

综上所述，欧麦尔根据当时出现的新情况所制定出的若干新政策充分表明了他具有一位伟大的政治家的谋略和风范。他在伊斯兰立法方面推行的一些新政策更是难能可贵，为后来的四大伊玛目和伊斯兰教法学家们的立法提供了可靠诚实的依据。无论是有关哪方面的新政策，都表现出他既严厉果断，又公正廉明的工作作风。尽管他是众所周知的怜悯弱者的人，但他在执行新政策中果敢严厉、毫不含糊。下面的小故事就完全可以看出，他在执行新政策中的严厉作风。

有一天，欧麦尔守夜时，听到有个女人在说："美酒已与我无缘，我能和纳赛尔·本·哈贾吉销魂吗？"早晨的时候，他询问纳赛尔是何许人，并让人将他带来。欧麦尔发现他头发浓密，脸若明月，十分俊俏。于是，欧麦尔命他剃掉头发。他照办了。然而，理发后他更加漂亮、有魅力。于是，欧麦尔又命令他戴上头巾，他又照办了。然而这样一来，他还是光彩夺目。结果，欧麦尔说："以安拉发誓，你不能在我的这片领地上久留。"于是，命令他安排妥当，将他送到了巴士拉。纳赛尔的漂亮并没有罪过，为何将他流放到外地呢？欧麦尔这样做，是要消除麦地那的妇女对他的非分之想。

又有一天，他守夜时听到麦地那的一个妇女说："麦地那的人中谁最漂亮？"她们中的另一位说："那该算艾布·宰伊卜。"于是，欧麦尔次日将他传来。发现他确实算是美男子。于是，欧麦尔对他说："你是她们的猎物。"一连说了三遍。最后说："以安拉发誓，你不宜在此久留。"艾布·宰伊卜说："如果你觉得我非走不可，那我到纳赛尔去的地方。"于是，欧麦尔命令将他安排妥当，送到了巴士拉。

欧麦尔之所以如此严厉地处理这些事情，目的是要和阿拉伯人心中的不良欲望做斗争。欧麦尔是最能领悟伊斯兰精神的人之一，他深知在日常生活中有很多因素会时刻腐蚀着伊斯兰纯洁向上的精神。他时刻不屈不挠地和这些诱因做斗争。事实上，人的精神境界在各种复杂的因素之中，如逆水行舟，不进则退。退容易，进则需要付出努力和决心。一个人要想不陷入欲望之网，就必须时刻经受住欲望之网的考验。在这一点上先知是穆斯林最好的榜样。接着，艾布·伯克尔和欧麦尔的言行在穆斯林的心目中留下了不可磨灭的影响。欧麦尔在伊斯兰与各种腐蚀势力的斗争中，贡献了自己的一切。

第二十五章 欧麦尔遇难

欧麦尔在任信士的长官、穆民领袖的十多年时间内，虔诚为安拉、为安拉的宗教忘我地工作。为完成肩负的历史使命，他贡献了自己的毕生精力。他是军队的领袖、穆斯林公正廉洁的、平易近人的法官。他伸张正义，同情弱者，无私奉献，坚守主道，紧随先知兢兢业业。他是一位伟大的、老练的政治家，他胸怀韬略，具有真知灼见，而且他还是一位管理者，他靠自己的聪明才干成功地领导了不同种族、不同语言、不同宗教的各个民族。在欧麦尔时代；穆斯林在他的领导下以大无畏的牺牲精神为主道战斗。他们攻克了波斯、伊拉克、叙利亚、埃及等地。在伊斯兰之前，阿拉伯民族是一个屈服于外来势力的游牧民族。由于他的领导，阿拉伯民族成了东西方世界的中心。

欧麦尔在这十多年间，为完成这一伟大历史使命所付出的艰辛是巨大的! 我们从这本书中可以看到欧麦尔努力的真实情况，然而这些情况并不能完全反映出他所付出的巨大艰辛，一位作家不可能完全详细地刻画出一代伟人的生活全部，作者所看到的只能是整个生活的某一侧面。从这一个侧面来反映其辉煌的一页。我写这本书的目的和写《艾布·伯克尔传》一样，只是为了探讨伊斯兰帝国的历史。所以，此书仅涉及这两位伟人与伊斯兰帝国的诞生和发展有联系的方面。

欧麦尔任信士的长官十年多之久，他当时的年龄究竟是多大，历史学家对此说法不一。伊本·艾西尔说他被害时为五十五岁。也有人说为六十岁。还有人说是六十一岁，或六十三岁，或是六十五岁。从这些传述中我们可以得知，欧麦尔遇难时的年纪为五十五岁到六十五岁之间。最大的可能是他已年逾六旬。

欧麦尔预感到寿限临近

前面我们已经谈到，欧麦尔每年都要去朝觐天房，并利用在麦加朝觐的机会与各地穆斯林负责人相会，以便了解他们的情况，共商各地的军政大计。伊历23年（公元644年），他与往年一样和安拉使者的众妻室们朝觐了天房。当他完成了朝觐仪式从米那山下来后停在河谷里。在那里他堆了一堆沙子，将他的衣服铺到上面，然后躺到沙堆上。然后，他举手向天诉说道："安拉啊！我已年迈，我已筋疲力尽，我的臣民已遍及各地，你让我无怨无悔地回到你那里去吧！"像这样的祈祷词不到六十岁的老人是说不出来的。特别是像欧麦尔这种身强力壮的人。

也许欧麦尔已感到，自己的身体状况已不比当年，所以祈求早日去见安拉。他对此归宿已考虑甚久。伊本·赛尔德传述：他朝觐回到麦地那后，顾不上休息，马上就在聚礼日给人们作了演讲。他在演讲中提及安拉的使者和艾布·伯克尔之后便说："人们哪！我确已做了一个只有大限来临者才做的梦。我梦见一只红色公鸡在我的头上啄了两下。"他还说："人们啊！你们该做的事都已明确，各种法规都已健全，一切都清清楚楚。你们不会左右摇摆使人们误入歧途。"最后的这几句话酷似遗嘱。讲演中，他还说道："我没有留下任何比继承法更让我牵肠挂肚的事务。安拉的使者也曾十分重视此事。自从我和他在一起，我没有发现他对任何事像对继承法一事那样费神。他曾用手指顶着我的肚皮对我说：'欧麦尔啊！妇女章的最后面的经文能使你满足吗？'如果我要活着的话，我要用读《古兰经》和不读《古兰经》的人都能懂的语言阐述此事。"接着欧麦尔又说："安拉啊！你为我见证，我派遣命官到各地的目的是让他们向人们传播你的宗教和先知的法典，为人秉公办事，合理分配战利品，并将各地的问题反映给我。"泰米姆族人祖外拉·本·古戴卖也曾说："欧麦尔去世的那一年我也去朝觐了。他回到麦地那后作了讲演。在讲演时他说：'我好像看到一只公鸡啄了我一下。'后来他就遇刺了。"

欧麦尔感到寿限已近的原因不是因为自己患什么病，而是感到自己已力不从心。他对人们说的这些话完全是一个已感到自己将要离世的人要说的话。欧麦尔向安拉祈求早日归真。有关此点，穆斯林史学家们有多种说法。在叙述完欧麦尔遇难后，我们将在后面再向读者介绍。

伊历 23 年的 12 月 26 日（公元 644 年 11 月 3 日）星期三的黎明[①]，欧麦尔与往常一样，从家里来到清真寺，给众穆斯林领拜。当时有固定的人员在拜前整理班次。当班次排好后，他来到前排，看看有没有不齐的地方。如发现有人向前或是退后，便亲自让他们排齐。所有的人都站好班后，他开始礼拜。这一天，他和往常一样在班次排好后来到最前面。当他举意礼拜时，突然有个人窜到他的跟前，接着用匕首刺了他三刀或是六刀，其中一刀刺入他的肚脐下。欧麦尔感到一阵剧痛。他转向后面礼拜的人，用手指着凶手说："你们抓住这个狗东西，他刺了我。"被欧麦尔称为"狗东西"之人是穆吉拉的用人，基督教徒艾布·鲁厄鲁厄·菲鲁孜。他是波斯人，在尼哈万德战役中被俘。后来，当了穆吉拉·本·苏阿拜的用人，是故意来刺杀欧麦尔的。这天清晨他潜到清真寺，将一把双刃匕首藏到了衣服下，隐蔽到清真寺的一个角落里。当礼拜开始时，他行凶得逞，接着夺路而逃。人们听到欧麦尔的喊声后蜂拥上前，紧紧追赶在逃的刺客。艾布·鲁厄鲁厄狗急跳墙，进行顽抗。他挥动匕首横劈竖砍，结果伤害了十二名在场的穆斯林，其中六人不幸身亡（也有人说九人身亡）。后来有位穆斯林从艾布·鲁厄鲁厄的身后将其制服。刺客看到逃命无望，自己罪不可恕，便用行凶的匕首自杀身亡。

刺向欧麦尔肚脐下的一刀切断了他的筋膜和肠子，导致了他的身亡。据说，欧麦尔当时疼痛得已不能站立，倒在了地上。欧麦尔及其他穆斯林遇刺后，人们乱作一团。当欧麦尔被抬到清真寺旁边的家中时，有位穆斯林说："快礼拜吧！太阳都出来了。"于是，大家让阿卜杜·拉赫曼·本·奥夫带着他们读了两章最短的《古兰经》礼了拜。

礼完拜后人们纷纷离开清真寺，大家都谈论着他们目睹的一切。消息

① 关于欧麦尔被刺和被埋的时间传说不一。一种说法是，伊历 23 年 12 月倒数第四天，星期三被刺，倒数第三天星期四入土的。一种说法是，星期三遇刺，而是星期天、伊历 24 年 1 月的第一天下葬的。再一种说法是，他逝世时间是伊历 23 年 12 月的倒数第四天。还有传说是，他是伊历 24 年 1 月的第八天或是第十天逝世的。

很快传遍了麦地那，男女老少都想弄清事情的真相。那些受伤和遇难的人都被抬到他们各自的家里。头面人物们都去了欧麦尔家处理有关问题。阿卜杜拉·本·阿拔斯说："我一直守在欧麦尔的身边。他一直昏迷，直到中午才苏醒过来。他醒来后看了我们一眼说：'大家礼拜了没有？'我说：'礼了。'他接着说：'放弃拜功者不是穆斯林。'"后来伊本·阿拔斯为了回答欧麦尔所提的问题出去了。他对众穆斯林说道："众人们啊！信士的长官说，这（谋杀）是不是你们中的一些人的主张？"众人听到这话感到震惊，并不约而同地说："求安拉保佑，我们丝毫不知道这件事。假若用我们及我们孩子的生命能赎回欧麦尔的生命，我们会毫不迟疑地去做。"伊本·阿拔斯问他们说："是谁行刺了信士的长官？"他们说："行刺者是安拉的敌人，他是穆吉拉·本·苏阿拜的雇工艾布·鲁厄鲁厄。"

欧麦尔躺在床上等待着伊本·阿拔斯回话，等待着家里人去叫医生。伊本·阿拔斯回来后，将人们所说的话告诉了欧麦尔。他说："刺客是艾布·鲁厄鲁厄。他行刺多人后自杀了。"欧麦尔听后说道："感谢安拉，杀我的人是从未叩拜过安拉的非穆斯林。这样在安拉的清算中就没有什么麻烦了。阿拉伯人绝不会杀害我！"

有位阿拉伯医生来了，他给欧麦尔喝一些椰枣汁。结果这些血红的枣汁从他脐下的伤口中流出。欧麦尔的儿子阿卜杜拉·本·欧麦尔又从辅士中请来一位属穆阿维叶家族的医生。他给欧麦尔喝了一杯奶。结果奶又原样没变地从他的伤口中流出。此时这位医生说："信士的长官啊！你准备后事吧！"欧麦尔说："我的穆阿维叶弟兄呀！你说了实话。如果你说别的，那我认为你是在说谎。"医生与欧麦尔的对话使在场的人无比震惊。个个都泣不成声。欧麦尔看到这种情景时说："你们不要为我而痛哭！谁哭就让谁出去。难道你们没有听过安拉使者的话吗？亡人因为其家属的痛哭，会受到惩罚。"

在欧麦尔听取伊本·阿拔斯的汇报和接受治疗时，众穆斯林们都成群结队地聚集在清真寺及其周围，谈论着艾布·鲁厄鲁厄行刺之事。部分历史学家对有关此事的记载也许就来源于人们对此事的议论。但无论怎样说，这次谋害欧麦尔是预谋已久的事情。

欧麦尔遇难的先兆

根据祖拜尔·本·穆达阿木的话伊本·赛尔德有如下记载：欧麦尔最后一次朝觐站阿拉法特山的时候，他突然听到有一个人在喊："喂！哈里发。喂！哈里发。"另外一个人听到后便说："你叫什么呀！神经病！"此时，祖拜尔则责备第二个人说："你不要骂人。"第二天，欧麦尔去射石打鬼时，祖拜尔和他一起同行。结果有一块飞石落到了欧麦尔的头上。石块砸破了他的头，出血了。祖拜尔又听到有一个人从山上呼喊着："以克尔白的主发誓，我感到欧麦尔从今年以后再也不会站到这个地方！"原来这个呼喊的人就是昨天叫"喂！哈里发。喂！哈里发"的那个人。

泰伯里及其他人的传述：欧麦尔朝觐归来后的一天，他在市场上转悠时，遇到了艾布·鲁厄鲁厄。艾布·鲁厄鲁厄对欧麦尔说："信士的长官呀！穆吉拉·本·苏阿拜对我太苛刻了。他给我规定了很多课税。"欧麦尔问："你的课税是多少？"他说："每天两个迪尔汗。"欧麦尔又问："你是干什么的？"他说："我是木匠、雕刻家、铁匠。"欧麦尔说："你干这么多工作，我认为税收不多。我听说你会做风磨。"他说："是的。"欧麦尔说："那你为我做一个风磨如何？"他说："如果你没事的话，我一定会为你做一个令世人赞扬的风磨。"接着，艾布·鲁厄鲁厄转身而去。欧麦尔说："这个奴仆在威胁我！"

欧麦尔回到了家中。第二天，犹太人克尔布来到欧麦尔面前说："信士的长官呀！你准备后事吧！你三天之内一定会死。"克尔布在先知时期就是犹太教的大学者。对归信伊斯兰教，他一直举棋不定。在奥斯曼任哈里发时，他归信了伊斯兰。欧麦尔对克尔布的警告感到奇怪。于是问他："你知道了什么？"他说："我在我们的主的经典《讨拉特》中看到了将要发生的事。"欧麦尔对他的话感到奇怪。便说："奇怪，你在《讨拉特》中发现过欧麦尔·本·哈塔布？"克尔布说："没有，但是我发现了有关你的征兆。的确，你的寿限已到了。"欧麦尔当时没有感到身体有任何不适，因此他对克尔布的话更加感到莫名其妙。但对他的话，欧麦尔也没有给予特别的注意。

过了一天，克尔布又来见欧麦尔说 :“信士的长官啊! 一天过去了，你的寿限还有两天。”又过了一天，他又来对欧麦尔说 :“过去两天了，还剩下一天一夜。”第三天黎明时分，艾布 · 鲁厄鲁厄行刺成功。当人们都去看望信士的长官的时候，克尔布也来了。欧麦尔看到他后说 :

克尔布示警仅活三天，他的话已发生在眼前。
我未对死亡的警告留意，死亡已来到我面前。
这是对罪恶的警告，其后必有罪恶的渊源。

我们从这奇怪的故事中可以猜想。也许克尔布从波斯人威胁欧麦尔话中发现了某些迹象，从而提醒欧麦尔。从艾布 · 鲁厄鲁厄和欧麦尔的谈话及克尔布的故事中，我们可以做如下推想 : 波斯人和犹太人制订了刺杀欧麦尔的日期，所以波斯人艾布 · 鲁厄鲁厄才来威胁欧麦尔。克尔布知道了事情的秘密,所以他提醒欧麦尔。由于欧麦尔的疏忽悲剧才发生了。要说他从犹太教的经书《讨拉特》中看到了什么征兆是不可能的, 任何人都不会相信经书会如此准确预见某人某天会发生什么。

穆斯林要求欧麦尔确立“哈里发”

人们在清真寺里相互询问艾布 · 鲁厄鲁厄的犯罪动机。欧麦尔躺在他家中的床上, 医生让他准备后事。穆斯林和他谈论着如果哈里发逝世,可能会发生的一切。而由谁来做他的哈里发则是欧麦尔考虑最多的问题。他会像艾布 · 伯克尔那样指定自己的继任者吗? 还是会像安拉的使者那样，让人们去推选众人的领袖呢? 据说，伊本 · 欧麦尔对哈里发欧麦尔说 :“你指定哈里发吗? ”他说 :“指定谁? ”他说 :“你自己定夺吧。”这时欧麦尔打了一个比喻说 :“假若你有一块地，你派你所喜欢的人去替你管理它。而你所委托的人又要委托别人去管理它，那么你会高兴吗? 假若你有一群牲畜, 你要委托人去放管, 而你所委托的人又转托给他人去管理,那么你会高兴吗? ”伊本 · 欧麦尔回答说 :“那当然不会高兴。”哈里发欧麦尔又说："如果我指定哈里发，是的，比我好的人[①]曾这样做过；如果我不指定哈里发，是的，比我更好的人[②]也曾这样做过。"又传说，赛尔德·本·栽德·本·阿慕尔曾对欧麦尔说："如果你指定哈里发，不管是谁，人们都会听从你的命令"。欧麦尔则说："我发现有人并不希望这样。"接着他又说："如果艾布·侯宰法和艾布·欧拜岱·本·贾拉赫在的话，他们两个人中的任何一个人担当此任我都放心。"此时有人对他说："信士的长官啊！你看阿卜杜拉·本·欧麦尔（欧麦尔的儿子）怎么样？"欧麦尔回答说："该死的东西，以安拉起誓，这是无稽之谈。我怎么能让一个连休妻都做不好的人为哈里发呢？"又传说，欧麦尔遇刺后，被抬到了家中。他让人叫来了阿卜杜·拉赫曼·本·奥夫，并对他说："我要托付你一件事。"阿卜杜·拉赫曼说："信士的长官呀！只要你委任我，我接受。"欧麦尔说："你想什么呢？"阿卜杜·拉赫曼问道："以安拉发誓，我要问，你是不是让我为哈里发？"欧麦尔说："主呀！绝对不是。"后来阿卜杜·拉赫曼说："以安拉发誓，我决不参与此事。"

这些传述都说明了如何指定或推选哈里发，当时还没有固定的制度。这同样证明了，伊斯兰国土扩张后穆斯林们在有关国家领导职位问题上已表现出相互竞争的倾向。所以欧麦尔说："我已发现有人并不希望这样（指定哈里发）。"正因如此，欧麦尔对是否像艾布·伯克尔那样的指定继任者犹豫不决。他说："如果艾布·侯宰法和艾布·欧拜岱有一个活着的话，那么他会让他俩中的一个人任哈里发。"这说明欧麦尔在世时，并没有对谁任他的继任者形成明确的意见。

欧麦尔决定在六个人中间协商产生哈里发

尽管如此，欧麦尔不能对此事撒手不管，让人们去竞争。他很明白，现在的情形与先知逝世时的情形已经大不一样了。所有的阿拉伯人都参与了攻打波斯和罗马的战争，每个部落都有资格和迁士、辅士竞争哈里发之职。这样一来，如果任凭人们去竞争哈里发之位，那么，其危险是

① 指艾布·伯克尔。——译者

② 指安拉的使者穆罕默德。——译者

可想而知的。欧麦尔对此比其他任何人都清楚。他经过思考后马上决定：他死后，哈里发将在六位候选人中协商产生[1]。这六位候选人是：奥斯曼·本·阿凡、阿里·本·艾比·塔利卜、祖拜尔·本·阿瓦姆、泰勒哈·本·欧拜杜拉、阿卜杜·拉赫曼·本·奥夫和赛尔德·本·艾比·瓦戛斯。关于这六位候选人他说："我没有发现任何人比他们更有资格为哈里发。这六人是安拉的使者在世时所喜悦的人。在我之后，他们任何一个为哈里发都可以。"他说了这六个人的名字后又说："如果赛尔德被选中，那么他就是哈里发。要是六人中的其他人为哈里发，他应借重赛尔德的能力。我不会再因为能力或忠诚革他的职了。"

人们知道了欧麦尔的意见后，表示支持。欧麦尔将六位候选人叫到面前，他说："阿里呀！如果你掌管了人们的事务，千万不要使哈希姆家族的后裔凌驾于人们之上。奥斯曼呀！如果你成了哈里发，千万不要让艾布·穆埃退族的后裔高人一等。赛尔德呀！如果你当了权，千万不要让你的亲戚们优越于其他人。"欧麦尔对另外两位做了同样的嘱咐。接着他说："你们去商议确定你们的事情吧。先让苏海卜带领人们礼拜。"

欧麦尔希望在他逝世前能看到商议的结果，挑选出哈里发以便他放心而去。他让他的儿子阿卜杜拉和他们一起去商议，但没有发言权，只负责他们与欧麦尔之间的联络。阿卜杜拉·本·欧麦尔说："他们进行商议时，奥斯曼好几次叫我也参与此事，但是我没有介入。以安拉发誓，我不希望我成为我父亲所指责的人。当奥斯曼多次叫我参与商议时，我对他说：'难道你不知道吗？信士的长官还活着呢！'我的话惊醒了欧麦尔。他说：'你们不要着急，如果我有不测，可让苏海卜领拜三天，然后你们确立你们的事务。你们中的任何人如果未经商议就自封为首领，你们就群起杀掉他。'"

欧麦尔遇刺的当天，泰勒哈·本·欧拜杜拉不在麦地那。所以欧麦尔让人们不要着急。然后又对人们说："你们等泰勒哈三天，如果三天内他再不回来，你们就不要再等他，自己裁决你们的大事吧。"

好像欧麦尔害怕他死后，民众会出现分歧，从而导致动乱。哈希姆

① 即"舒拉会议"。

家族会支持阿里，艾布·穆埃退家族的后裔会支持奥斯曼，军队的将士会支持祖拜尔，或泰勒哈，或赛尔德。因为后两位都是军队的将领。所以欧麦尔把辅士们叫到他的跟前说："你们让六位候选人到一个单独的房子里，给他们三天时间磋商。如果有谁不端庄行事，你们就杀了他。"他又把泰勒哈的父亲叫到面前。泰勒哈的父亲是位不可多得的勇士。他对他说："你把守住他们协商之地的大门，不让任何人进去。"

读者可以看出假若欧麦尔任命这六个人中间的任何一个人为哈里发，穆斯林们会认可。就像艾布·伯克尔指定欧麦尔为哈里发而得到人们的认可一样。但是欧麦尔的直觉告诉他，不可掉以轻心。所以他对人们说："你们中的谁如果未经商议就自封为首领，你们就杀掉他。"事实上，欧麦尔逝世之后，奥斯曼受到了人们的爱戴。但时间一长，人们便失去了对他的爱戴，以致后来造了他的反，将其杀害。他被杀后在穆斯林之间兴起内战，一直延续数年。这些事实证明了欧麦尔对民众们分歧的担心不是多余的。他特别清楚民众心中所隐藏的一切。他估计到自从阿拉伯半岛统一到安拉使者的旗帜之下，已宁息的部落宗派主义会卷土重来。让哈里发在六个人之间协商产生，是当时最好、最明智的做法。这种处理方法在欧麦尔逝世后的十年内取得了良好的效果。但欧麦尔一直与其斗争的各种不良动机和私欲战胜了人的理智，因而导致了安拉的使者逝世二十五年之后在穆斯林内部发生了剧变。

欧麦尔不仅决定哈里发的人选指定在六个人之内协商产生，而且还希望能亲手将军政大权交到新的哈里发手中，将他认为有利于国家安定和发展，有利于伊斯兰壮大的正确方针和路线传授给他的继任者。他对新任哈里发的嘱咐就充分表明了他的这一愿望。他曾嘱咐说："我嘱咐我以后的哈里发要敬畏安拉，要保护迁士们的权益，认识到他们的尊贵。我嘱咐他要善待麦地那周边城市居民。他们是伊斯兰的堡垒，是敌人的克星。我嘱咐他要大方地对待那些将自己的家园让出来的辅士们。我嘱咐他要善待游牧人。他们是阿拉伯人的根本，是伊斯兰的基础。对他们要扶困济贫。我嘱咐他要尽力保护好受保护者的利益（在伊斯兰统治下，非穆斯林缴纳人头税后，其生命财产受到穆斯林的保护）。要根据他们的实际情况规定人头税。"

欧麦尔考虑他逝世之后穆斯林的未来

欧麦尔自从遇刺，他就反复考虑穆斯林的将来，他特别希望不留下任何拿不准的决策。我们前面已经谈到，他在最后一次讲演时说了关于孤独人的律例及他和安拉的使者间的谈话。安拉的使者对他说："妇女章最后面的经文能使你满足吗？"这节经文是：

> 他们请求你解释律例。你说："安拉为你们解释关于孤独人的律例。如果一个男人死了，他没有儿女，只有一个姐姐或妹妹，那么，她得他的遗产的二分之一；如果她没有儿女，那他就继承她。如果他的继承人是两个姐姐或妹妹，那么，她们俩得继承遗产的三分之二；如果继承人是几个兄弟姐妹，那么，一个男人得两个女人的份子。安拉为你们阐明律例，以免你们迷误。安拉是全知万物的。"(《古兰经》妇女章：176节)

从欧麦尔的最后一次讲演中，我们可以肯定，欧麦尔对"孤独人"中律例的决策还未最后决定。他曾说："如果我要活着的话，关于'孤独人'我要用明确的判断进行裁决。"其实，他有关这一点规定祖父有继承权的决策，在他被刺的头天晚上已写在了一块肩胛骨[①]上。当他知道自己已受了致命的伤害后，他对自己的儿子阿卜杜拉说："你把我昨天写的有关祖父继承事情的肩胛骨拿来。"他要把昨天写的给抹掉，以免以后有人以此为借口。阿卜杜拉说："信士的长官啊！这件事我们做就行了，你就不必操心了。"阿卜杜拉是不愿让他的父亲带着伤再劳神。但欧麦尔不同意。他说："不行。"他不放心，他要亲手擦掉已写下的东西。

也许读者还记得。欧麦尔任哈里发后，马上命令人们遣返在平息里达暴动中的战俘。他对众人说："我讨厌俘虏成为阿拉伯人的惯例。"他

① 用来记录东西的牛驼的肩胛骨。

的这一做法对后来伊斯兰版图的扩大起了巨大的作用。这些俘虏都是阿拉伯半岛的阿拉伯人。欧麦尔看到自己的寿限已尽时，他要进一步增加阿拉伯统一的力量，增强阿拉伯人的团结。所以他躺在床上说："我死后，所有的阿拉伯战俘获得自由。"他之所以这样，是他担心后来的哈里发不能够正确执行他的有关战俘的决策。他希望阿拉伯人都成为自由的公民。

欧麦尔考虑更多的是穆斯林，考虑他所做的一些决策是否正确。接着，他考虑的问题是他是否在今世有未偿还的债务。这是因为，他曾在国库里借过八万六千迪尔汗。他叫来他的儿子阿卜杜拉。他向他提到了此事，然后说："你变卖欧麦尔的财产，如果不能还债的话，就找阿迪族人借钱。如果还不够就再找古莱什人借贷。不要找其他人借贷。"原来，阿卜杜·拉赫曼·本·奥夫知道事情的内情。而其他穆斯林并不清楚。欧麦尔并没有借支这些钱财，而是将这些钱财用于了穆斯林的事务。为此，他对欧麦尔说："你没有从国库里借钱，还还什么？"欧麦尔回答说："求安拉保佑你和你的同伙们。我不想让众人在我死后说：'我们给了欧麦尔一笔财产。'你们也不要以我开这样的先例。我不愿这样。我所能做的只有这些。"接着他对欧拜杜拉说："你保证让我儿子偿还这笔债务。"他做了保证。后来不到一周的时间，阿卜杜拉让几位协商继位者和一些辅士们见证，把所有的借款在欧麦尔入土之前还给了奥斯曼·本·阿凡。他让欧麦尔清白无债地离去了。

欧麦尔考虑他的坟墓和安拉的清算

欧麦尔考虑完现世的清算后，考虑到他死后的期望。他最大的希望就是能在死后埋到安拉的使者和艾布·伯克尔的身旁。在出事之前，他曾向阿伊莎提出过自己想埋到她的房里，埋到安拉的使者身旁的要求。阿伊莎曾答应过他的要求。当真的面临死亡时，他说："我死后你们请示阿伊莎，如果她同意我埋在安拉的使者和艾布·伯克尔身旁，那就如愿以偿。如果她不同意，那你们就别说什么。我害怕她答应我的要求是因为我的权势。"据传说，当欧麦尔遇刺的时候，他嘱咐他的儿子说："阿卜杜拉呀！你去信士之母阿伊莎那里去对她说，欧麦尔向你道'色兰'。你不要提信士的长官这种称呼，我今天不是以信士的长官的身份和她谈事。”欧麦尔的儿子到她那里后，发现她正坐在那儿哭，他向她道“色兰”后说，欧麦尔请求他死后埋在他的两位诤友旁边。她说：“我原本就想这样做。让他放心吧！”阿卜杜拉回来后，把阿伊莎同意了他的要求一事告诉了欧麦尔。欧麦尔说：“没有什么事对我来说比这件事情更重要了。阿卜杜拉呀！你听着，我死后，你把我放在停床上，然后你把我放到她的门口说，欧麦尔·本·哈塔布请求埋到他的两位朋友身旁。如果她同意，你就把我抬进去，如果她不同意，你就把我埋到穆斯林公墓。”

此后，欧麦尔开始考虑自己的行为将受到完全的清算。他开始回想自己一生中的所想和所为，回想自己公开的和隐藏的行为。安拉为他准备的归宿将会是什么呢？他是功大于过，还是过大于功呢？安拉将要给予完全的报赏。欧麦尔对此感到忐忑不安。因而有一个探望他的人对他说：“以安拉发誓，我希望你一点都不会遭受火狱的折磨。”他深情地望着他及其周围的人。大家都流着伤心的眼泪。接着欧麦尔对他说：“伙计呀！你知道的太少了。假若我拥有大地上的一切，我都会以它来赎那将来的惊恐！”据传，这是欧麦尔说的最后一句话。当时，伊本·阿拔斯在他的身旁。伊本·阿拔斯便对他说：“没有一个人不到火狱。但我希望，你仅遭受安拉所讲的那个限度。”

> 你们中没有一个人不到火狱的，那是你的主决定要施行的。（《古兰经》麦尔彦章：71节）

伊本·阿拔斯接着又说道：“你是信士的长官。你按安拉的经典行事，你公平地分配。”欧麦尔听到这句话后，立即坐起来，说：“伊本·阿拔斯呀！你做证我是这样的人！”伊本·阿拔斯没有马上回答。欧麦尔拍着他的肩膀说：“伊本·阿拔斯呀！你为我做证吧！”伊本·阿拔斯说：“好的，我为你做证！”

事实上，这些有关欧麦尔害怕后世清算，从而惊恐的传说，说明了他的信仰诚实，说明他敬畏安拉。他遇刺时，人们纷纷去探望他，为他做祈祷，赞扬他，称他是伟大领袖。而他则说：“这个时候你们还给我加冕！

我伴随过安拉的使者，他去见主了，他是喜欢我的。后来，我又追随艾布·伯克尔，我听从他的领导。后来，艾布·伯克尔也归真了，他也是喜欢我的。我害怕的只是你们的这些奉承。”他的伤口疼痛，在场的人想用赞扬之词分散他的痛苦。而他说：“对欧麦尔的奉承是没有用的。以安拉发誓，我希望我离开这个世界时，同我来到这个世界时一样是清白无辜的。”

伊本·阿拔斯曾有如下述说：欧麦尔遇刺时，我是第一个到他跟前的人。我对他说：“我以乐园向你报喜！你伴随过安拉的使者，成了他的门弟子。你掌管穆斯林的事务，你付出了巨大的努力，尽到了责任。”欧麦尔则说：“你向我以乐园报喜。以安拉发誓，假若我拥有整个世界，我也需要以其赎回我对将来的惊恐。至于你提到我是安拉使者的门弟子，这倒是真的。”欧麦尔的惧怕，随着人们赞扬而剧增。据说，他伸手拽起了他床边的一根草放到他的眼前说：“但愿我原来是这根草。但愿我没有被造！但愿我的母亲没有生我，但愿我原来什么也不是！但愿我原来是被忘却的失物！”

这些情形见证了欧麦尔诚实的信仰，证明了这位伟大人物深感到自己在治理穆民事务中的责任重大。他没有因他战胜波斯和罗马而沾沾自喜，也没有因人们的颂扬而慰藉。相反，他害怕自己也许曾在某一天亏待了弱者，而弱者向安拉祈祷，因而欧麦尔的善功会被用来抵罪！

这些惧怕使他深情地望着他的女儿——信士之母哈芙赛。当她哭着说:“安拉使者的门弟子呀！安拉使者的岳父呀！信士的长官呀！”他对她说:“你说这样的话，让我心烦。至于你的眼泪，我管不了，死人因受到不该有的赞许会令天使恼怒。”欧麦尔禁止他的家人痛哭流泪，也禁止别人大哭。苏海卜在看到血从他的伤口流出时哭着说：“欧麦尔呀！我的弟兄呀！将来有谁管我们啊！”他对他说：“难道你不知道（亡人）因为别人哭而会受到惩罚吗？”

欧麦尔害怕他的家人在他死后大办丧事，所以他嘱咐他们不要像有权势的阿拉伯人那样用麝香给他洗身。他对他的儿子们说：“你们在为我选‘克凡’[1]时要简朴。如果我在安拉那儿有好的衣服，马上就会换掉

① 穆斯林去世后，用来裹遗体的白布。——译者

它（克凡）。如果不是这样，我穿多好的‘克凡’也会很快被脱去。你们在埋葬我时要从俭，不要让女人跟着。你们不要用不实之词赞扬我。安拉是最知道我的。你们抬我的时候要快走，因为如果安拉跟前有我的好事，那么你们尽早让我得到我的好处。如果不是这样的话，那么你们也尽快扔掉你们所抬着的坏人。”

阿卜杜拉聆听欧麦尔的这些遗嘱时坐在他父亲的床上，并把父亲的头放在自己的大腿上。当欧麦尔感到自己快要离世时，欧麦尔对他的儿子说：“你把我的头放到地上。”阿卜杜拉对他说：“我的大腿和地不是一样吗？”欧麦尔说：“你把我的头放到地上。不要再说什么！”当他的儿子把他的头放到地上时，就两脚伸直，嘴里不停地说：“如果安拉不饶恕我，那就太可悲了！”不久欧麦尔便离开了人世。

穆斯林们为欧麦尔的逝世而悲哀

一代伟人欧麦尔永远地离开了我们。他最大的愿望就是他清白地离开这个世界。人们聚集在清真寺里谈论着他的被害，谈论着欧麦尔逝世后他们及年轻的伊斯兰帝国面临的局势，他们担心，他们害怕。这些担心和害怕是有理由的。有谁能像欧麦尔那样来承担起哈里发的伟大使命呢？有谁能像欧麦尔那样，忘我地把自己的一切都奉献给主道，奉献给穆斯林的事业呢？在欧麦尔时代开始之时，只有阿拉伯半岛在他的统治之下，而他逝世时，伊斯兰帝国已包括了波斯、伊拉克、叙利亚和埃及。尽管如此，欧麦尔没有改变严格要求自己俭朴的生活作风。权势没有使他飘飘然，他始终如一地把自己看成是穆斯林中的普通一员。人们为他的离去感到万分悲痛。据传，艾布·泰勒哈曾说：“没有一个阿拉伯人不认为欧麦尔的被害是他们教门和现世生活的巨大损失。”欧麦尔被害的那天，赛义德·本·栽德曾大哭。有人问他为什么哭，他说：“我为伊斯兰而哭。欧麦尔的逝世，的确是伊斯兰事业的巨大损失。”毫不奇怪，哲学家和有识之士都认同这一观点。至于弱者、贫困者，他们认为，欧麦尔的去世是他们的灾难。欧麦尔是他们的慈父，是他们的保护人。

欧麦尔逝世后，阿里来到欧麦尔的家中。他看到欧麦尔被衣服盖着放在房间的一边，于是揭开了欧麦尔脸上的衣服说："安拉怜悯你，哈芙赛之父呀！除先知之外我最希望安拉能使我得到你的好评。"有很多传述谈到，在欧麦尔的遗体洗完、穿上"克凡"，放到殡床上之后，阿里来到欧麦尔遗体前，他说："以安拉发誓，大地上没有任何人能像这个被盖着的人更使我期望安拉让我得到他的好评。"当欧麦尔的殡礼结束时，阿卜杜拉·本·色俩目才赶到麦地那。他说："你们在我到来之前给他举行了殡礼。让我同他说几句话吧。"于是，他站到欧麦尔的遗体前说道："欧麦尔，我的伊斯兰弟兄啊！你活着时坚持真理、平易近人、光明磊落、艰苦朴素、无私奉献。你是我们的榜样啊！"

在悲痛的同时，有识之士们开始考虑协商，由谁来继承欧麦尔的职位？欧麦尔指定的六位候选人更是忙得不亦乐乎，急于磋商出最终结果。欧麦尔下葬前被抬到了清真寺，放到了先知的坟墓和讲台之间。这时，奥斯曼和阿里来到清真寺，他俩都想给自己的朋友领殡礼。阿卜杜·拉赫曼·本·奥夫看到这种情况后说："这是越权行为，你们俩知道该怎么办。欧麦尔命令领拜的不是你俩。苏海卜呀！你来领殡礼！"于是，苏海卜领了欧麦尔的殡礼。前面我们说过，欧麦尔曾嘱咐让苏海卜带人礼拜。

欧麦尔的葬礼

欧麦尔的遗体被洗净穿上三件"克凡"后抬到了清真寺。苏海卜带领人们为他举行了殡礼。然后，人们抬着他的遗体在阿伊莎的门口停下。欧麦尔的儿子阿卜杜拉说道："欧麦尔·本·哈塔布请求埋到他的两位诤友身旁，是否可以？"阿伊莎回答说："让他平安地进来吧！"民众进到了安拉的使者的墓房。然后把他的遗体放进了墓穴。艾布·伯克尔的头与先知的两肩平齐。欧麦尔的头和艾布·伯克尔的两肩平齐。阿卜杜拉·本·欧麦尔下到墓穴摆放遗体。跟他一块儿下去的还有五位哈里发的候选人。他们是奥斯曼·本·阿凡、阿里·本·艾比·塔利卜、阿卜杜·拉赫曼·本·奥夫、赛尔德·本·艾比·瓦戛斯和祖拜尔·本·阿瓦姆。而第六位候选人泰勒哈·本·欧拜杜拉则仍未赶回麦地那。

随后人们给欧麦尔的坟填土、封墓。众人在其坟前久久不愿离去。

他们为失去了这位伟人而悲痛万分。

在欧麦尔执政初期穆斯林们是贫穷的。在欧麦尔的领导下众人走上了富裕之路。在历史上，阿拉伯人曾在波斯、罗马的威胁下生活。今天他们击败了波斯人、罗马人，成了统治者。伊斯兰壮大了、发展了。欧麦尔可以安宁地沉睡于他的两位挚友的身旁，他不折不扣地完成了安拉赋予他的使命。

在此应提到的是，伊本·赛尔德在其记载中指出，下到欧麦尔墓穴摆放遗体的人是奥斯曼·本·阿凡、赛义德·本·栽德·本·阿慕尔、苏海卜·本·萨南和阿卜杜拉·本·欧麦尔。

刺杀欧麦尔的阴谋

欧麦尔被安葬后，人们怀着无比沉重和无比悲哀的心情离去了。很多人开始回想欧麦尔被刺那一天的事变。他们相互询问或扪心自问：是什么原因使艾布·鲁厄鲁厄如此残忍?给他规定的赋税再多也不至于使他不顾自己的生命，行凶杀人啊。他向欧麦尔诉苦赋税太重是真的希望哈里发减轻他的负担，还是醉翁之意不在酒，还有其他更阴险的目的呢?也许他向欧麦尔诉苦赋税太重只是掩人耳目的骗局。

当时波斯人、犹太教徒和基督教徒都对阿拉伯人怀恨在心，特别是对欧麦尔恨之入骨。因为穆斯林战胜了波斯和基督教徒，统治了他们原来统治的国家。穆斯林迫使波斯皇帝四处逃窜，最终死在他乡。欧麦尔在得知凶手是波斯人艾布·鲁厄鲁厄时说：“我曾禁止你们把任何异教徒招到我们这里，而你们违背了我的命令。”原来在麦地那有一伙异教徒。尽管他们的人数很少，但他们怀有共同的怨恨。也许很久以来他们就蓄谋要刺杀哈里发欧麦尔。艾布·鲁厄鲁厄的行为就是他们预谋的结果。这些异教徒要离间阿拉伯人联盟，破坏穆斯林的团结。

欧麦尔的孩子们迫切希望了解事情的真相。如果艾布·鲁厄鲁厄活着的话，他们就完全能够揭开行凶的真相。但是，他已自杀身亡，唯一的线索已断。那么揭开此案还有别的线索吗?

当然会真相大白的。阿卜杜·拉赫曼·本·奥夫看到刺杀欧麦尔的匕首时曾说:“昨天,我看见这把匕首在霍尔木兹和祖费纳那儿。我曾问他俩:‘你们俩拿着这匕首干什么?’他们俩说:‘我们用它来割肉。’当时我未看到有什么肉。”阿卜杜·拉赫曼·本·艾布·伯克尔曾说:“我见到刺杀欧麦尔的凶手艾布·鲁厄鲁厄时,发现他和霍尔木兹及祖费纳在一起窃窃私语。他们看到我时,神情慌张,一把两面刃匕首从中掉出来。你们去看看刺杀欧麦尔的匕首是什么样子的!”结果他们发现凶器就是阿卜杜·拉赫曼·本·艾布·伯克尔所叙述的那把匕首。这样,事情的真相就很快明白了。这两个见证者是诚实可信的穆斯林证人。他们俩都看到刺杀欧麦尔的凶器曾在霍尔木兹和祖费纳跟前出现过,并且他们中还有一人看到杀人凶手——艾布·鲁厄鲁厄曾和他们俩在一起鬼鬼祟祟地密谈。他俩都肯定所见到的一切都发生在欧麦尔遇刺的头天晚上。这样一来,谁都会知道信士的长官遇刺是这三个人预谋策划的,也许参与谋杀的还有其他人。

欧拜杜拉·本·欧麦尔听了阿卜杜·拉赫曼·本·奥夫的话和阿卜杜·拉赫曼·本·艾比·伯克尔的证词后,怒火中烧。他立即拔出剑,奔向了霍尔木兹和祖费纳的住处,结果了他俩的性命。

欧拜杜拉·本·欧麦尔杀了霍尔木兹和祖费纳之后并没有罢休,他接着去杀艾布·鲁厄鲁厄年幼的女儿。他要斩草除根,在麦地那不留下任何后患。麦地那的人对欧拜杜拉的行为感到震惊,马上去到他那里劝阻。迁士们制止他不要妄为,但他已怒不可遏,甚至说:“以安拉发誓,我要杀掉他们,杀掉他们所有的人。”部分迁士们上前制止,其中包括阿慕尔·本·阿斯。他对他既好言相劝,又严厉训斥,直到他放下手中的剑。

赛尔德·本·艾比·瓦戛斯赶来。当他得知祖费纳被杀后,他抓住欧拜杜拉的头发。欧拜杜拉也抓住他的头发。要不是人们将他俩隔开,一定会出现一场恶斗。接着奥斯曼·本·阿凡也赶来了。当时,他还未被推选为哈里发。他拽住欧拜杜拉的领口,欧拜杜拉也拽他的领口,揪在了一起。人们将他俩分开了。奥斯曼说:“该死的东西。你杀了礼拜的人,你杀了小孩!你还杀了受安拉使者保护的人!你讲不讲道理?”但是欧拜杜拉只想着父亲的不幸。于是他像猛狮一样狂杀非阿拉伯人,直到被拘留。

但欧拜杜拉的其他兄弟没有因父亲被杀而像他那样报仇。信士之母哈芙赛是兄弟姐妹中情绪最激动的人。阿卜杜拉·本·欧麦尔曾说:“愿安拉怜悯哈芙赛！是她鼓动欧拜杜拉杀人的。”

欧拜杜拉的行为无疑是蒙昧时期人们的复仇行为。在伊斯兰时期，判决权归安拉的使者和他之后的哈里发。任何人不应私自报仇。欧拜杜拉清醒后，知道应该请求信士的长官的裁决。如果谋害罪成立，杀人者必偿命。如果罪名不成立就应当别论。

伊本·凯西尔在描述欧拜杜拉杀霍尔木兹和祖费纳时说，当时欧麦尔曾命令把案件有关人员扣押起来，等待他之后的哈里发裁决。但更多传述是说，欧拜杜拉杀人的事是在欧麦尔逝世后，奥斯曼任哈里发之前这几天发生的。

协商推举哈里发

欧麦尔逝世时，怎样协商推举哈里发一事是穆斯林最关心的事情。这次推举事件在穆斯林之间也播下了怨恨的种子，从而导致了奥斯曼被杀，导致了阿里和穆阿维叶之间的内战，以及后来伍麦叶家族和阿拔斯家族之间的纷争。

有关商议推举哈里发一事，历史学家们的传述不统一。但所有的传述都反映了，哈希姆家族认为，协商是他们收复穆民领导权的良机。因为他们认为，他们是先知的继承人。而很多古莱什人则迟迟未能答应哈希姆家族的这一要求。他们不愿先知和哈里发出在同一家族。

对很多传述我不必做什么评论。但哈希姆家族认为，他们最有资格为先知的哈里发掌管穆斯林的事务。原来他们推选阿里·本·艾比·塔利卜为哈里发是因为他是属于最早归信伊斯兰的人之一。他归信伊斯兰时，还未成年，是安拉使者的女婿、堂弟。但阿里在安拉的使者逝世后，没有争哈里发之位。当艾布·伯克尔指定欧麦尔为哈里发时，阿里及哈希姆家族的任何人都未出来反对。欧麦尔被刺后，他指定了六位哈里发候选人，其中就有阿里。这样一来，哈希姆家族又重新燃起了夺回领导权的希望。但阿里首先考虑的是穆斯林的发展大业。

欧麦尔下葬后，几位候选人已经开始协商。有人说他们在米斯瓦尔·本·马赫拉马家里开会。有人说他们在国库里开会。也有人说他们征得了阿伊莎同意后在她家里开的会。也有人说是在这几位候选人中的一位候选人家中开的会。阿卜杜拉·本·欧麦尔参加了他们的会议。他们命令艾布·泰勒哈给他们把门，不让任何人进去打扰。

阿卜杜·拉赫曼·本·奥夫在协商中的态度

几位候选人在一起磋商着，他们展开了激烈的争论。有时候大声吵得守门人艾布·泰勒哈心烦。他曾跪到他们跟前说："你们无休止的争下去吧！以安拉发誓，我只负责守三天门。所规定的三天过后，我就回家。看你们怎么办！"

据说，这种激烈的争论持续了整整两天。面对这种局面，阿卜杜·拉赫曼·本·奥夫没法平息争论。他采用了一种绝好的办法来结束他事先就已预料会有的持久战。阿卜杜·拉赫曼对所有的入会者说："你们中谁愿意自己放弃竞争，让你们中最优秀的人胜任此职？"他的发言令大家感到吃惊，没有一个人做出反应。哈希姆家族和其他古莱什人在领导权的纷争上正日趋明显化，他们怎么能响应他的提议自动放弃呢？阿卜杜·拉赫曼又说："我自愿从候选人中撤出，放弃自己的权利！"奥斯曼表示："我赞同他的做法。"赛尔德和祖拜尔也表示支持阿卜杜·拉赫曼的退出。而阿里则保持着沉默，没有发表自己的观点。阿卜杜·拉赫曼问他："阿里呀！你的意见如何呢？"阿里回答说："你给我一个保证，你们要坚持真理不可追随私欲。不要搞亲亲相护，要竭力劝告民众以伊斯兰大业为重。"他这样说是因为阿卜杜·拉赫曼是奥斯曼的女婿，是赛尔德·本·艾比·瓦戛斯的堂兄弟。阿里害怕他这样做是为了奥斯曼当选铺路。阿卜杜·拉赫曼听完阿里的话后马上说："你们也给我一个保证，我们一起遵守诺言。你们要服从我为你们选择的人，我向安拉保证不搞亲亲相护。"于是双方这才达成了默契。

阿卜杜·拉赫曼自己退出了欧麦尔指定的候选人行列，他最大的希望就是将穆斯林的舆论统一在他为他们选定的领导人上。为此，他开始缩小候选人范围。因为他知道竞争只是在阿里和奥斯曼之间，于是开始将候选人缩小到他们两个人的范围内。他为此所做的第一件事就是单独和阿里谈话。他对阿里说："你说你是最有资格胜任此职的，因为你出身门第，你的过去所为和你在宗教中的巨大作用，这是不可否认的。但是，你说如果这一要职没有落到你的肩上，那么，除你外这伙人中谁最为合适？"阿里回答说："那该是奥斯曼。"接着他又单独和奥斯曼谈话，他对奥斯曼说："你说你有胜任哈里发的很多优势，我不否认。但如果让你以外的其他人为哈里发，那么，你认为谁最为合适？"奥斯曼回答说："那应当是阿里。"其实阿卜杜·拉赫曼在分别与他们俩谈话之前就和所有的候选人谈过。要求他们将六个人的圈子缩小到三个人中间。原来，赛尔德和祖拜尔知道自己竞争无望，于是祖拜尔将自己的竞争权让给了阿里。而赛尔德则将自己的权利给予了阿卜杜·拉赫曼。泰勒哈将自己的一份权利送给了奥斯曼。但阿卜杜·拉赫曼自动退出，这样候选人就局限在了阿里和奥斯曼两人中间，而选择二人其中之一的重任就这样落在了阿卜杜·拉赫曼的肩上。

对安拉的敬畏、对宗教的虔诚、对穆斯林的负责，使阿卜杜·拉赫曼·本·奥夫能够完成这一巨大使命。他开始会见安拉使者的门弟子，会见在辞朝后居住在麦地那的长者和军队将领、知名人士。他明察暗访，或三三两两或单独地询问各方面的意见，以便他确立两位候选人之一为哈里发。经过了解他发现，更多的人倾向奥斯曼为哈里发。尽管如此，他未急于向人们宣布对阿里不利的调查结果，而是连夜来到了他的外甥米斯瓦尔的家中。当时已是欧麦尔所规定三日协商推举信士的长官的最后一夜的后半夜。他让他去把阿里和奥斯曼叫来。当他俩来到他跟前时，他对他俩说："我已询问了众人，我未发现他们否定你们两个人中的任何一个。"接着他和他们俩立下了誓约："如果自己当选定要秉公办事，如果他人当选定要服从支持对方。"

他将他俩带到了清真寺。此时，人们已被叫到清真寺做聚礼，清真寺里挤满了人。阿卜杜·拉赫曼走上讲台，做了很长时间祈祷后说："人们啊！大家都希望自己喜欢的人为他们的领袖。大家也知道谁该是他们的领袖。"此时，赛义德·本·栽德说："我们认为你是。"阿卜杜·拉赫曼说："你们指出我以外的人。"结果，阿马尔·本·雅希尔和米格达德·本·阿慕尔提出由阿里当选；阿卜杜拉·本·艾比·萨拉哈和阿卜杜拉·本·艾比·拉比阿提出由奥斯曼当选。两伙人的分歧导致了阿马尔和伊本·艾比·萨拉哈之间骂了起来。这时，赛尔德·本·艾比·瓦戛斯大声说道："阿卜杜·拉赫曼呀！你不要让人们争吵了，你决定吧！"阿卜杜·拉赫曼说："我考虑并和众人商量过了。你们千万不要乱来。"

向奥斯曼宣誓效忠以及阿里的态度

然后，他叫来阿里拉着他的手说："你可以向我保证，你一定会遵从安拉的经典及安拉使者的圣行和他之后两位哈里发的方针政策吗？"阿里说："我想我会尽力去做的。"他放开了他的手。他叫来了奥斯曼，拉着他的手说："你能向我保证，你会遵从安拉的经典及安拉使者的圣行和他之后两位哈里发的方针政策吗？"奥斯曼说："主啊！我会这样的。"阿卜杜·拉赫曼抬头望着清真寺的房顶，手拉着奥斯曼的手连说三遍："主啊！您听到了，你见证吧！"然后他说："安拉啊！我完成了我的重任。我愿奥斯曼承担哈里发之职！"于是，他向奥斯曼宣誓效忠，清真寺里的人都蜂拥而至向奥斯曼宣誓效忠。

那么，阿里对奥斯曼当选为哈里发的反应如何呢？有关此点，传说不一。有的说，第一个向奥斯曼宣誓效忠的是阿卜杜·拉赫曼·本·奥夫，接着就是阿里·本·艾比·塔利卜。也有传说，阿里是第一个向奥斯曼宣誓效忠的人。还有人说，阿里是最后一个宣誓效忠的人。在阿卜杜·拉赫曼宣誓效忠后，人们纷纷去向奥斯曼宣誓效忠，而阿里在那儿站着不说话。这时阿卜杜·拉赫曼说："背约者，必受背约之害。实践自己以安拉名义许下的诺言者，安拉将赏赐他重大的报酬。"于是阿里马上去向奥斯曼宣誓效忠。

奥斯曼对欧拜杜拉·本·欧麦尔一案的判决

人们向奥斯曼表示效忠仪式后，他坐在清真寺旁边，然后把欧拜杜拉·本·欧麦尔从监狱中叫来进行审判。当欧拜杜拉来到奥斯曼跟前时，信士的长官奥斯曼向在座的一些迁士和辅士们请教说："你们告诉我如何处理这一在伊斯兰中大逆不道的问题？"阿里·本·艾比·塔利卜说："如果不杀，情理不容。”有部分迁士们认为，这种裁判太严厉了，是不能接受的。众人说：“欧麦尔昨天被害，难道今天又杀了他儿子吗？”在场的人都沉默不语。但阿里坚持自己的意见。奥斯曼用眼光搜寻着众人的脸色，希望有人站出来发表看法。假若他答应阿里的提议杀掉欧拜杜拉，那么欧麦尔的家属一定会悲痛欲绝，由此产生的后果只有安拉知道。就奥斯曼的本意来说，他希望不要太残忍，可以从轻处罚欧拜杜拉。阿慕尔·本·阿斯也在场。他发言说：“新任哈里发啊！安拉会原谅你，你处理此案吧！此案发生时，你还没有掌管穆斯林的事务。现在你已任信士长官之职，本案可由你亲自裁夺。”奥斯曼认为，阿慕尔·本·阿斯的看法含糊不清，没有表达出他的看法。但他已从中发现有回旋的余地。于是他说：“我是被杀人的监护人，我判决交付罚金了结此案。罚金从我的财产中出。”

判欧拜杜拉死刑是残忍的。尽管欧拜杜拉一口咬定霍尔木兹和祖费纳及艾布·鲁厄鲁厄合谋杀害他父亲的说法不一定正确，但他的这种想法是情有可原的。也许奥斯曼会查个水落石出。再说，阿卜杜·拉赫曼·本·艾比·伯克尔和阿卜杜·拉赫曼·本·奥夫的证词也对欧拜杜拉有利。

也许奥斯曼认为他对此事不做调查会激起波斯人的不满，会增加他们对阿拉伯人的怨恨。为此，他用自己的钱替欧拜杜拉交付了罚金，命令停止对欧拜杜拉的监禁。就这样，一场风波平息了，穆斯林们又恢复了往日的平静。

值得一提的是，欧麦尔虽然离开了我们，但他的名字和业绩将与世永存。愿安拉赐福于他，愿安拉喜悦他！

后　记

艾布·伯克尔为伊斯兰帝国的建立奠定了基础。在欧麦尔时代，伊斯兰疆域往东发展到中国边境，往西发展到巴尔干，往北发展到里海，往南发展到努比亚。伊斯兰将波斯、伊拉克、叙利亚、埃及纳入阿拉伯国家疆界之内。伊斯兰内各个民族所具有的特点相互融合，这对日后的世界文明产生了巨大影响。这种融合是很自然的，信士的长官或其他掌权人无法消除这种融合的影响，同时他们也无法改变这种融合所产生的结果。

伊斯兰国家内的各个民族，在其加入国家旗下时，各民族的基础状况很不一样。每个民族的语言、信仰、文明、社会环境、经济环境都与别的民族有所不同。居住在伊拉克与叙利亚交界处的阿拉伯部落曾建立了希拉王国及加萨尼王国。土生土长的叙利亚人及伊拉克人原来不属于阿拉伯人，所讲的语言也不是阿拉伯语。波斯人、埃及人在人种和语言方面与阿拉伯人毫无关系。其中波斯人的信仰不同于叙利亚人及埃及人的信仰。

当时伊拉克人部分信仰基督教，部分信仰波斯的拜火教。各个民族的生活及文化也各不相同。但尽管有各种各样的差异，在约十年内，这些民族都聚到了伊斯兰之内。使各个民族屈服，使各个民族统一到一个政权之下的力量没能消除各个民族基本状况的差异，而是历史的发展改变了各民族的情况。历史是如何发展的呢？在欧麦尔时代发展的程度如何呢？发展的趋向又如何呢？

让我们回顾一下史学家所记载的穆斯林使节同波斯国王库思老及其将领罗斯图姆所讲的话，哈立德·本·瓦利德在叶尔穆克之战时同罗马将领吉尔杰所讲的话，这之前迁徙到阿比西尼亚的穆斯林们同阿比西尼亚国王所讲的话。这些话的中心思想是，在历史上，阿拉伯人是软弱的，其他民族掌握着他们的命运。他们的生活也是很贫穷的，当安拉将他的使者派到阿拉伯人中之后，他们的意志统一了，过上了富余的生活，自己掌握了自己的命运。穆斯林们无论走到哪里，他们首先考虑的是他们所肩负的伊斯兰使命。信仰伊斯兰的阿拉伯人的胜利必然使他们要改革精神生活及社会生活的方式和制度。任何一种思想，一旦在人们当中流传开来，一旦控制了人们的感情，它必然产生或强或弱的影响。有的思想在人们的心中扎根，直到变成人们的信仰。有的思想随着时间推移，则会慢慢被人遗忘。

伊斯兰思想在穆斯林们开拓的地区很快就家喻户晓了。这是因为，伊斯兰思想的精神基础很简明，其道德观很高尚，伊斯兰社会制度同它的精神基础及道德观念一样，也是优越的。当时伊斯兰思想的本质很纯洁，还没有受到教派之争的侵蚀。穆斯林们高举伊斯兰大旗，在伊拉克、叙利亚、波斯、埃及所向披靡。这些国家的居民必然要考虑穆斯林胜利的原因，必然要考虑他们胜利所依靠的精神支柱，即伊斯兰思想。

与此同时，基督教、拜火教的教派之争达到了顶点。在一些国家，由于教派之争，很多人受到了虐待。部分人的信仰动摇了，他们对此感到迷惑。另一部分人则盲信，并愿为他们的信仰献身。这也是促使人们思考新兴的伊斯兰教及其教义的另一个因素。

穆斯林从未强迫过基督教徒、拜火教徒归信伊斯兰教。他们宣教的基础就是信仰自由。这在人们心目中产生了很大的影响，也使人们不用仇视的目光看待伊斯兰教及穆斯林。当时穆斯林同叙利亚人、伊拉克人、波斯人及埃及人所签订的和约都突出了信仰自由、保护寺庙及教堂这一条。在埃及，穆斯林们鼓励信仰不同的人要相互尊重，不能伤害拥有任何一种信仰的人。很自然，这使被开拓国家的居民认真思索伊斯兰教，并对在众人中提倡公正的穆斯林大加赞扬。

另外，穆斯林同各地居民所签订的和约中都规定，任何人都有信仰自由，但凡是坚守原来所信仰的宗教者，必须向穆斯林缴纳赋税，他们的人身、财产、信仰受保护。凡是归信伊斯兰教者，免交赋税，与穆斯林一律平等，享有同穆斯林一样的权利和义务，同他们一起礼拜，一起参加征战，一起分得战利品。在欧麦尔时代，很多人归信了伊斯兰教。

征战的阿拉伯人与伊拉克人、叙利亚人、波斯人、罗马人及埃及人的交往对社会变革也产生了影响。各民族中成千上万的人离开家乡到异地征战，他们看到了他们原来所不知道的生活方式，打开了他们思想及观念的新天地。史学家们至今仍在谈论十字军战争给东西方关系所带来的影响。伊斯兰的开拓大业，在伊斯兰初期，也给东西方关系带来了类似的影响。阿拉伯人同各个被占领民族的交往，使各民族认识了新兴的伊斯兰教。同时，阿拉伯人也从而认识了波斯、罗马和埃及的文明，这使他们的思想境界更加开阔了。阿拉伯人开始考虑文明的生活，越发使被占领国家的各个民族开始考虑精神生活。这使双方接近了很大一步。

当然，被占领国的各个民族，特别是波斯人，对胜利者阿拉伯人总是心怀不满与愤恨。这种不满与愤恨在历史上常常有所表现。但这种不满没能阻挡住各民族的自然交往、各民族的思想变化及由此产生的各民族的接近。这种变化在欧麦尔时代没有明显地显露出来，但它时时在起作用。数年之后，它的影响明显地暴露出来。阿里·本·艾比·塔利卜将库法作为自己的首府，穆阿维叶·本·艾比·苏富扬将大马士革作为了自己的首府。希腊哲学的各个派别进入了阿拉伯人的思想。波斯人的艺术、波斯人的统治制度进入到伊斯兰生活之中，从而使巴格达成了伊斯兰世界的首府。

种种变化虽然在欧麦尔时代没有显露出来，但它发展很快，这为新的文明的产生铺平了道路。这种新的文明集伊斯兰教义、希腊、波斯、埃及哲学及其科学、艺术、文学于一身。于是，这为新的政治、经济、社会制度的产生铺平了道路。

在欧麦尔时代，这一发展变化所带来的影响并不明显。当时，阿拉伯人正忙于考虑如何战胜他们的敌人。战败的民族则正处在失败的痛苦之中而顾及不到其他事情。读者在先期史学家的书籍中，很少发现描写人们心理变化的记载。如果读者在这些书籍中偶然发现少许关于这方面的记载，那也只不过是不显山露水的暗示。叙述重大事件的发展占了这些书籍的绝大篇幅。尽管如此，在开拓年代上，各种因素的融合是不容置疑的。

史学家统计了穆斯林们在欧麦尔时代的各个战役中的战利品。这些战利品种类、数量之多令阿拉伯人惊叹不已。这些史学家们也提到，欧麦尔担心，这些战利品会使穆斯林们忘记了使他们战胜敌人的原则立场，会使他们的心理发生变化，从而导致安拉改变他们的命运。史学家们也提到了巴士拉和库法的竞争及居住在这两个城市之中的阿拉伯各个部落之间的分歧。所有这一切及阿拉伯人和非阿拉伯人之间的融合使我们相信，日后发生的哈里发与国王之争，在伊斯兰集体中产生的各种艺术、思想及自从伊斯兰初期种种发展变化所产生的后果，使在欧麦尔时代被开拓的国家变成了伊斯兰家园，变成了研究伊斯兰教义的学校。这一切都对伊斯兰文明的产生发生了影响，对伊斯兰初期几个世纪的发展壮大发生了影响。同样，上述的一切对伊斯兰实体的衰落也产生了重大影响。

各民族基本要素的交往如何产生了不同，甚至是矛盾的影响？它又如何使伊斯兰国家兴旺发达起来，又如何使伊斯兰国家走向了败落？

回答这一问题能说明伊斯兰国家的兴亡，也能说明其他所有国家的兴亡。各个民族的要素及各种要素的融合程度在不同的时期是不同的，这种不同导致了不同的结果。这在社会现象和自然现象中都是很正常的事实。化学元素的不同和量的不同会导致不同的反应，反应的不同会导致不同的结果。在社会因素中，质和量的不同也会如同化学反应一样，导致不同的结果。在集体中，精神、道德和思想这些非物质力量增加时，它会与物质力量反应后使这个集体变得更加崇高和伟大。非物质的力量促使我们要求人类的完美和为此不懈努力。当然，一个集体也离不开物质力量及其发展。物质力量在非物质力量的促使下会加快发展。如果非物质力量削弱了，物质的发展也会陡然削弱，从而导致生产的减弱。

在本书中，我不止一次地提到，伊斯兰打碎了阿拉伯人心目中偶像崇拜的枷锁，伊斯兰统一了他们的信仰后，阿拉伯人的非物质力量，也就是精神力量变得崇高了。穆斯林们战胜波斯和罗马的事实在他们开拓的国家中产生了有利的影响。波斯朝廷的阴谋活动是使波斯动乱和管理不善的根本原因；罗马帝国内的宗教混乱是罗马人在叙利亚和埃及管理不善的根本原因。当穆斯林们战胜了伊拉克和波斯，波斯帝国已不复存在，帝国的阴谋活动也告结束。因此，波斯各地区的首领开始忙于治理各个地区的事务，他们都愿改善各个地区的政策，以免遭受穆斯林负责人及信士们首领的不快。伊拉克人和波斯人看到了穆斯林们在管理国家时所表现出的公正立场，他们感到穆斯林在管理方面优于自己。他们本能地看到，如果在穆斯林们面前，不能显示他们的优点，就不能消除失败给他们带来的耻辱。在胜者眼里，他们会更没地位，胜者会更加鄙视他们。伊拉克人和波斯人开始努力表现他们民族的优点及从他们祖先那里所继承的在艺术、科学、工业方面的优势。在这方面他们有自己的长处，阿拉伯人是不能与他们相匹敌的。

叙利亚人、埃及人也是如此。当阿拉伯人解放他们的国土之后，宗教压迫消失了，使他们愤怒、造反的原因没有了，因此而产生的管理不善和混乱也随之销声匿迹。于是，他们开始显示他们从祖先那里所继承的，在商业、农业、工业、艺术方面的优势，他们开始发扬大自然赋予他们的健康力量。这一健康力量开始活跃起来，并结出了硕果。

所有这一切，都使人们争先恐后地去追求功绩、光荣，使所有集体依靠自己的天赋去创造，创造一个使伊斯兰各民族相互尊重的良好环境。这一竞争提高了伊斯兰在世界上的崇高地位。

信士的长官在帝国各个地区鼓励这一竞争，并对此表示很满意，并希望这一竞争继续发展。伊斯兰规定的自由、结兄弟、平等的原则使不同民族、不同语言、不同信仰的工作者们更加心心相印。在这种气氛下，新兴的伊斯兰国家内的各民族子弟们纷纷归信了伊斯兰教。各民族形成了一个有机整体，这个整体的各部分都在为共同目的而努力工作。这一共同的目的就是组成帝国整体的繁荣及帝国各个地区的繁荣。

事态的发展使组成伊斯兰的各个民族努力工作，他们的努力使伊斯兰更加发展和壮大。随着时间的推移，各民族的团结、融洽使伊斯兰的力量不断加强。伊斯兰原则之一是信仰自由，不强迫任何人去加入伊斯兰教，但这没有阻碍大批埃及人、叙利亚人、伊拉克人、波斯人心甘情愿地归信伊斯兰教。

这些人归信伊斯兰对加强他们之间的团结起了很大影响。伊斯兰不仅是一种信仰，它超过了精神领域，并在道德领域和社会领域中起作用。信仰伊斯兰的人要遵守道德规范和立法制度。伊斯兰的道德规范和立法制度在本质上与基督教和拜火教的规范和制度不同，也与阿拉伯先知差遣之前，在半岛上蒙昧时期的规范和制度不同。

在一个集体中，道德价值的一致可以使这个集体的各个部分团结在一起，使他们相互理解并和睦相处。大家有共同的荣辱观、有共同的善恶标准、有共同的是非原则。这一切增加了这个集体的精神力量，也加强了这个集体在物质领域中的行为。这种共同的观念来源于共同的信仰，那就是大家在创造万物的安拉面前共同担负责任。安拉会按他们的行为奖惩他们，善有善报，恶有恶报。所有这一切是大家团结融洽的原因，然后团结又加强了他们的力量。当被开拓国家的居民走上了新生活之后，整个伊斯兰就走上了欣欣向荣的康庄大道。

伊斯兰从宗教信仰、道德范畴发展到立法领域。归信了伊斯兰教的各个地区的穆斯林们，在有关家庭制度、继承制度、社会经济制度及生活各个领域，都服从《古兰经》中所指出的原则。当然，《古兰经》所提到的有关各个领域的言语只不过是原则性的教导。这些有关立法的原则对制定法律的细则有着极大的影响。阿拉伯人通过法官在整个伊斯兰国家实施这些立法原则，这就更加深了这些原则对制定法律细则的影响，也形成了立法的统一。这种情况在伊斯兰国家内持续了数代之久。伊斯兰立法、伊斯兰道德规范、伊斯兰信仰准则在那个时代是不可分的整体。这更增加了各民族的融洽气氛，也加强了各地区的团结。

安拉的经典《古兰经》是伊斯兰教的基础。为了提高宗教知识，为了懂统治者语言，被开拓国家的居民学习《古兰经》的语言是很自然的事。信仰、语言是影响信仰者统一和团结的两大力量。我认为，这不必拿什么例证来说明此事。现在我们看到了拉丁语系各民族的团结，讲英语各民族的团结，信仰基督教各民族的团结，等等。我们正处在一个与基督教 7 世纪相比，在更宽广领域内承认自由原则的时代，在这个时代知识指出了团结的原因。在那个时代的任何人都想不到，当今世界显得越来越小。

给伊斯兰初期撰写历史的很多学者都知道，伊斯兰的传播、阿拉伯语的推广对伊斯兰的建立及其力量的发展所起的重大作用。因此，他们部分人提出了下面这个问题：开拓者们为什么不把他们信仰的宗教和使用的语言强加在被开拓的国家头上？他们认为，开拓者们如果这样做了，日后衰落的因素就不会在伊斯兰国土内出现。这样的观点用不着我去批判。这不是因为强加的事情没有发生，而是因为讨论此事是浪费时间。这种提法是很荒唐的。如果阿拉伯人将自己信仰的宗教和使用的语言强加到被开拓的民族头上，伊斯兰政权就建立不起来，就算建起来，也会马上倒塌。不是人们自愿选择的社会一定会很快消失，强加到别人头上的制度会使人生厌，人们会起来造反。如果穆斯林们将伊斯兰教强加到被开拓民族头上，人们就会马上起来造他们的反，穆斯林们不可能在被开拓国家建立起自己的统治。假如强行建立起自己的统治，这一统治也会很快消亡。初期归信的穆斯林们已看到了罗马皇帝希拉克略在这方面所遭到的失败下场。希拉克略想强行用基督教统一的教派来代替基督教的各个不同的教派，但人们起来造反了。结果在穆斯林的强大压力下，希拉克略逃出了叙利亚，失去了埃及。

如果人们接受了某一种信仰，自愿地加入这一信仰中去，这种信仰就会变成他们生活的一部分。他们就会认为这种信仰是神圣不可侵犯的，他们就会保卫这种信仰，并甘愿为其而牺牲自己的生命。初期穆斯林就是这样做的。他们主张信仰自由，不强迫任何人加入他们信仰的宗教，是这种明智的政策使伊斯兰发展壮大起来。

语言和宗教一样，如果人们不情愿地去接受它，不知道学习它的益处，任何强迫学习这一语言的企图都会失败。

正是穆斯林在被开拓国家施行的信仰自由政策，才使波斯人、罗马人等接受了伊斯兰教和阿拉伯语。穆斯林提倡，凡是信教者，尽管肤色不同、语言不同、习惯不同，但大家一律平等；他们也提倡，阿拉伯人也好，外国人也好，全凭敬畏安拉的程度来分好坏，信士们都是兄弟，只有做到爱自己兄弟像爱自己一样，才算有信仰。结兄弟、自由、平等的政策加强了伊斯兰教的力量，也加强了伊斯兰教在各个地区的力量。

你可以看到，在伊斯兰初期或初期之后的时代，伊斯兰各个地区在律法、文学、知识、哲学、工业、农业等精神生活和物质生活领域所创造的不同业绩。每个民族都有其生活环境给这个民族带来的特色，由于继承的原因，随着时间的推移，这一特色得以稳固下来。民族特色在文艺、思想领域显露无遗。在工农业及其他物质生活领域，我们也能看到这一特色。阿拉伯文学史告诉我们，波斯人和罗马人给阿拉伯文学带来了半岛上的阿拉伯人所不习惯的色彩。这毫不奇怪，语言是活的，语言要为它存在的环境服务。语言是表达思想的工具，它的表达方法必然受不同思想的影响。阿拉伯语受到了波斯、罗马文化及思想的影响也是很正常的。为了达到目的，波斯、罗马文化思想的表达方法进入阿拉伯语诗歌、散文的现象也不足为奇。

波斯人、罗马人给阿拉伯文艺带来的新色彩，也给阿拉伯人本身带来了明显的影响。在语言方面，巴士拉人的学派不同于库法人的学派，从中我们能看到波斯人及罗马人所带来的影响。直到今天，语言文学家仍在提及巴士拉人和库法人在语言方面的不同点。伊拉克的巴士拉和库法邻近波斯，波斯文化的不同色彩进入了这两座城市，所以造成了两城语言方面的差异。一个城市保留了更多的阿拉伯特色，而另一个城市在接受波斯文化方面更自由。

民族特色不仅在包括文化艺术在内的精神生活领域表现得很明显，在物质生活领域我们也可以看到很多。比如他们生产的斗篷、大马士革生产的绸缎、埃及生产的科普特亚麻布。在工业经济领域中，这些独具特色的产品与人们生活的环境有关，这些产品见证了民族特色的存在，也见证了伊斯兰的统一没有取消这一特点。

尽管在精神、物质生活领域的民族特色表现得很明显，但在伊斯兰初期，这一民族特色丝毫没有影响到统一团结，从东到西、从南到北，各种力量协调一致地努力奋斗。因此产生了伊斯兰国家内的大融合，大融合将各个地区紧密地连在了一起。在伊斯兰统一的旗帜下，西方哲学与波斯文化融合了，由此产生了伊斯兰哲学。波斯的想象力通过阿拉伯语与拜占庭的艺术融合了，从而在阿拉伯诗歌和散文中产生了伊斯兰特色的文学。波斯的彩绘与拜占庭建筑艺术融合后则产生了阿拉伯建筑艺术。这种融合发展到伊斯兰国度各地生活的各个领域，于是出现了与日俱增、欣欣向荣的新产物。阿拉伯人的开拓大事与这一新产物并驾齐驱，新产物的影响力遍及全世界。这一新产物比阿拉伯人的开拓事业影响更深广。这一新的产物就是伊斯兰文明。

在伊斯兰文明的影响下，伊斯兰以让世人惊叹的速度成长起来，她把四面八方的目光全部吸引到自己身上。在伊斯兰国家内，人们忘记了民族区别，他们只知道自己是穆斯林，是生活在伊斯兰自由、结兄弟、平等原则下的兄弟，他们之间以公平、敬畏安拉来论是非。于是各民族的穆斯林开始通婚，阿拉伯人娶波斯、伊拉克、叙利亚、埃及的姑娘为妻，这些国家的男性穆斯林娶阿拉伯姑娘为妻。这种血肉关系使穆斯林更加友好，并从他们心目中消除了民族偏见，也给伊斯兰注入了一种精神和力量。这种精神和力量使穆斯林子弟们更加热爱精神和物质生产，于是伊斯兰文明日益发扬光大。

这种情况持续了数代之久。伊斯兰各民族所具有的各种因素的融合给世界东西方文明带来了巨大的影响，推进指导这一融合的推动力起了很大作用。在伊斯兰初期数代之内，分裂的因素隐匿下来了，它的影响也减小了。一旦出现分裂的苗头，推动社会发展的力量马上就会把其消灭掉。在哈里发欧麦尔被刺时，我们看到了这一状况。分裂的因素虽然隐匿起来，并不意味着它的彻底消失。这种分裂的因素就像隐匿在健康人机体内的病菌一样，原地潜伏起来了。病菌一旦想活动，健康的因素马上会克服它，并将其击退。在社会发展推动力的影响下，在伍麦叶王朝时期，叙利亚人是阿拉伯穆斯林的好帮手；由于阿拔斯王朝的建立者们与安拉使者的血缘关系，波斯人是阿拔斯人的有力助手；埃及人也出现在伊斯兰政治舞台上。这种种原因使伊斯兰国家迅速发展壮大，国家内各地区紧密团结在一起。

在伊斯兰初期，分裂的因素虽然偶尔冒出来，但在国家健康因素的压力下，很快被击退。这种分裂的因素每出现一次，都会给人们留下一定的影响，但人们周围发生的重大事件使他们很快忘掉了分裂因素所造成的影响。

欧麦尔被刺杀是伊斯兰内部分裂因素出现的先兆。当欧麦尔的儿子欧拜杜拉·本·欧麦尔杀了他认为是谋杀其父的人之后，几乎爆发了一场内乱。是奥斯曼任哈里发之职后消除了这场内乱的萌芽。此后，人们又转向了开拓及巩固伊斯兰基础的大业中去了。

在奥斯曼·本·阿凡任哈里发六年之后，哈希姆家族子弟与伍麦叶家族子弟间的旧怨复发。奥斯曼任用与自己有血缘关系的人掌握各种职务。而奥斯曼的政敌们走到了一起，他们纷纷指责奥斯曼在用人方面的偏差。结果导致了一场内乱，奥斯曼被杀。当时居住在埃及的穆斯林对奥斯曼的被杀起了很大作用。此后阿里·本·艾比·塔利卜被选为哈里发。伍麦叶家族子弟要为奥斯曼讨还血债。于是伊斯兰教内的穆斯林们分裂了。部分穆斯林支持哈希姆家族，而另一部分穆斯林则支持伍麦叶家族。

后来阿里及其儿子哈桑被杀，伍麦叶家族掌握了政权。这次事变虽然没有毁坏伊斯兰教的基石，但它带来了极大的震动。伊斯兰教的基础仍很稳固，分裂的力量仍很弱小。政权稳固之后，伍麦叶子弟们又开始了征战政策。分裂的势力收敛起来，伊斯兰各民族团结起来为建设伊斯兰大厦、伊斯兰文明而努力工作起来。

原来被穆斯林所占领国家的民族恢复了活力。波斯人最先达到了自己的目的。他们利用了哈希姆家族子弟要为阿里及哈桑报仇的机会，起来四处活动。结果阿拔斯家族子弟们战胜了伍麦叶家族子弟，他们把伊斯兰国家的首府从大马士革迁到了巴格达。

阿拔斯王朝政权稳固之后，很多波斯人被任命为大臣。波斯人给伊斯兰生活带来了很大的影响。在阿拔斯时代，先知的言行被收集成册，希腊哲学被译成了阿拉伯语，文学艺术空前繁荣起来，使得伊斯兰文明大放光芒。

繁荣的结果，使思想、语言、文学、教法领域产生了不同的学派。于是每个民族都在她的伊斯兰思想上打上了民族的烙印，各个民族在伊斯兰各地都传播各自的具有民族烙印的思想。而且各个民族看到，这种行为在国内畅行无阻。因为她们的思想带上了伊斯兰色彩，并且是用阿拉伯语书写。于是，各个民族恢复了各自的带有阿拉伯和伊斯兰文明色彩的个性。各个民族开始渴望得到帝国的政权，如果不能得到政权，他们也渴望在伊斯兰文明之下享有民族独立的权利。

伊斯兰已没有统一的政策了，也放弃了在人们中传播伊斯兰使命，民族思想在政权中占了上风。土耳其人征服了伊斯兰各个地区，然后他们建立了奥斯曼帝国。奥斯曼帝国是土耳其民族的帝国，不是阿拉伯人的伊斯兰帝国。奥斯曼帝国已不把传播伊斯兰教使命作为自己的目的，而是把伊斯兰教作为保持他们地位和政权的手段。

上面我简单表述了伊斯兰帝国在不同时期各民族特性相互融合的过程。融合使帝国兴旺发达，也造就了伊斯兰文明。同时，这一融合也是日后伊斯兰帝国衰败的原因。我认为，详述和分析各民族的特性，分析在各个民族特性相互融合过程中出现了什么、隐匿了什么，分析在融合时代伊斯兰帝国与其他民族和其他文明相互交往中发生了什么，这对伊斯兰世界、对全世界都是有益的。

很多阿拉伯作家、穆斯林作家及东方学家对伊斯兰历史进行了研究。我愿参与到这一行列，由我撰写《穆罕默德生平》的方法来研究伊斯兰历史。在下一册书里我将重点研究分析在奥斯曼任哈里发时期的事变。

愿像过去一样，安拉能使我的努力成功。

图书在版编目（CIP）数据

欧麦尔传 /（埃及）海卡尔著；王永芳译. -- 北京：华文出版社，2015.10（2022.8 重印）

ISBN 978-7-5075-4432-9

Ⅰ. ①欧… Ⅱ. ①海… ②王… Ⅲ. ①欧麦尔（584～644）– 传记 Ⅳ. ①B969.937.1

中国版本图书馆CIP数据核字（2015）第253697号

欧麦尔传

OUMAI'ER ZHUAN

著　　者：〔埃及〕海卡尔
译　　者：王永芳
策　　划：杨　平　李荣欣
责任编辑：张立坤　袁　博
特邀编辑：杨学良
出版发行：華文出版社
社　　址：北京市西城区广外大街305号8区2号楼
邮政编码：100055
网　　址：http://www.hwcbs.cn
电子信箱：silkroadlibrary@qq.com
电　　话：总编室 010-58336239　发行部 010-58336267
　　　　　责任编辑 010-58336191
经　　销：新华书店
印　　刷：北京画中画印刷有限公司
开　　本：710 × 1000　1/16
印　　张：29.5
字　　数：360 千字
版　　次：2015 年 10 月第 1 版
印　　次：2022 年 8 月第 4 次印刷
标准书号：ISBN 978-7-5075-4432-9
定　　价：68.00 元